# 步兵崛起

## 先秦千年步兵进化史



廉震 著

民主与建设出版社
·北京·

图书在版编目（CIP）数据

步兵崛起：先秦千年步兵进化史 / 廉震著. -- 北京：民主与建设出版社，2020.2
ISBN 978-7-5139-2872-4

Ⅰ. ①步… Ⅱ. ①廉… Ⅲ. ①步兵 – 军队史 – 中国 – 春秋战国时代 Ⅳ. ① E292

中国版本图书馆 CIP 数据核字 (2020) 第 016356 号

# 步兵崛起：先秦千年步兵进化史

BUBING JUEQI XIANQIN QIANNIAN BUBING JINHUASHI

著　　者　廉　震
责任编辑　彭　现
封面设计　王　涛
出版发行　民主与建设出版社有限责任公司
电　　话　（010）59417747　59419778
社　　址　北京市海淀区西三环中路 10 号望海楼 E 座 7 层
邮　　编　100142
印　　刷　重庆共创印务有限公司
版　　次　2020 年 4 月第 1 版
印　　次　2020 年 4 月第 1 次印刷
开　　本　787 毫米 × 1092 毫米　1/16
印　　张　36
字　　数　564 千字
书　　号　ISBN 978-7-5139-2872-4
定　　价　149.80 元

# 目录

CONTENTS

# 前言

步兵，是最早诞生的兵种，也是唯一一种能够贯穿整个人类战争史的兵种。虽然有战车、骑兵、坦克曾经在某一时期称霸过战场，但是步兵在军队作战体系中的主力地位从来没有被取代过。甚至有军事家曾说过，步兵将一直伴随人类的历史，直至战争从人类社会中消亡。古代战争中，任何一个兴盛的农耕文明最为可靠的依仗依然还是步兵——由广大自耕农阶层为主体所组成的规模庞大的精锐步兵军团。

我们似乎再也找不出来任何一个比步兵更加“简单”的兵种了，只要给一名士兵配发一支最简单的单兵武器，就能将之称作一名步兵。而上万年前，当某个男孩第一次拿起木棒与敌人对战，即宣告了步兵这一人类历史上最古老的兵种的诞生。而骑兵的出现还需要等到第一次社会化大分工（种植业与畜牧业分离）的前夕，人类学会骑马才算出现。至于更加“高级”的战车，则要随着文明国家的诞生才一同出现。

太过遥远的虞夏之朝已难以考究，而自从商周这样的文明国家诞生之后，作为人类最早的武力载体——步兵的地位却日益下降。先秦的这种部族式国家中，贵族阶层垄断了国家武力以求保住自己的统治地位，为此特意设计了一套能最大限度发挥出贵族阶层武力优势的战争模式——车战。甲士必须自幼就开始接受专业的军事训练才能掌握利用战车作战，而平时忙于生计只能在冬天进行简单军事训练的平民步兵根本无法依靠自身的力量抵挡住奔驰而来的战车。至于原始骑兵，因为没有合适的马具与专用马上兵器，很多时候都需要下马步战，根本无法与强大的战车相抗衡。

到了两汉时期，步兵的地位已经发生了翻天覆地的变化。中原骑兵在漠北战场的辉煌依靠的是十几万步兵为其建立了稳固的根基。西汉步兵以强弩让曾经不可一世的匈奴骑兵胆战心惊，东汉步兵用长枪方阵让数倍于己的敌人饮恨于锋芒之下。汉末三国时期，鞠义的先登步兵、袁绍的大戟士、高顺的陷阵营、刘备的白毦亲兵、季汉政权的虎步军、孙吴政权的解烦兵和丹阳兵都曾在战场上叱咤风云。骑兵虽然能在战场上起到一锤定音的作用，但作战的主体则始终是步兵，而精锐步兵大败骑兵的战例也是不胜枚举。

那么步兵是在何时在何种契机之下成长为战场主力的？或者说步兵是如何实现崛起的？

春秋战国是中国历史上最为漫长的乱世，也是中华文明的方方面面逐渐成形的时期——一个伟大的充满了创造与变革的时代。思想的碰撞，沙场的对决，青铜与鲜血中淬炼出的不朽文明，中华民族的璀璨少年期。在战场上，青铜之间编钟般清亮的打击乐逐渐变成了铁器铿锵的碰撞，战争也由贵族间的游戏演变成了举国投之生死的较量，原本胜负的决定因素由少数精锐轻车甲士之间的对决变成了数量庞大的步兵军阵之间的厮杀。

步兵崛起的最根本因素源自这一时期内社会性质与国家制度的剧变。春秋战国被称为“礼崩乐坏”的时代，也是中华文明的奴隶制社会逐步瓦解、封建社会渐渐形成的重要时期。各个国家为实现求强图存，不得不开始改变税收体制，改革行政与司法制度，以解放被原有落后经济关系所束缚的人力与生产力。这种社会变革反映到军事上，就是军队规模的急剧膨胀，军队主力兵员不再是各级贵族及其仆从，而是广大的解放奴隶与自耕农。需要极大技巧和较高装备成本的车战依托的是特定军事贵族阶层的兴盛，而规模庞大的正规步兵军团则必须根植于大量自耕农阶层——希腊重步兵、罗马军团步兵和秦汉步兵依靠的就是广大自耕农阶层作为其力量源泉。正因如此，步兵部队的编制规模得到了扩充，而各国步兵军团的规模也发生了膨胀。

春秋中期，步兵只能作为战车的附庸，为整队集结中的战车提供必要的掩护。春秋末期，吴越第一次以精锐步兵战胜了军事贵族们长久以来引以为傲的战车，但是此时的精锐步兵已然根植于当时的军事贵族阶层，比如越国最为精锐的“君子军”就是由贵族子弟组成。

进入战国之后，职业化募兵首次登场，魏武卒的出现使天下的君主们都认识到步兵军中所蕴含的强大战斗力，以及广大平民阶层赋予步兵部队的强大生命力。自此以后，想要加强中央集权变法图强的君主们不约而同地建立了一支属于自己的精锐步兵军团，并将之推广到全国，以完成自上而下的集权制改革。此时列国的军队以步兵为绝对主力，而随着技术的发展，由平民组成的步兵也开始装备以前只有贵族甲士才拥有的精良装备。

春秋之际的大国最多不过“千乘”，而战国时期非“万乘之国”不能称大国，一些中等国家就能出兵“千乘”了。为何会发生如此巨大的变化？生产力的进步可以为军队提供足够的武器装备，社会制度与军制的改革极大地扩展了兵力的来源——车战时代，一乘战车必须由能够满足其战斗单元人数需求的贵族子弟来组成；战国时代，“一乘”更多地成了衡量军队的兵力规模与相对应人口的单位名词，其兵力主要来源则变成了广大的自耕农阶层。到了战国后期，长平之战、秦灭楚之战，双方参战的兵力总数甚至达到上百万！

故称：“争地以战，杀人盈野；争城以战，杀人盈城。”

步兵的崛起，便在此之间。

# 第一篇

战记 1

# 齐鲁长勺之战

## 曹刿论战

《左传》记载，鲁庄公十年（公元前 684 年）春，齐国出兵讨伐鲁国。此战便是闻名于后世的长勺之战。长勺之战之所以成为春秋时期意义重大的一次战役，其原因是，此战是鲁国军队在曹刿这位布衣之士的指挥下，第一次打破以往军礼至上的战争规则，不惜以诈术获得胜利的战役。

齐侯小白（齐桓公）即位之初，以报复鲁国在夺位斗争中协助自己对头公子纠为名，出兵讨伐鲁国，这实际上是齐国迈出争霸战争的第一步。仰仗着周庄王十二年（鲁庄公九年，公元前 685 年）乾时之战的胜利，在夺取了鲁国重要的汶阳之田后，齐军继续向鲁国国境纵深推进。鲁国面临着立国之后最严重的一次军事危机。

长勺之战前，曹刿便言“肉食者鄙”，自请到鲁公同（鲁庄公）面前陈述国是利害。鲁公同被这位布衣英才的才华折服，并心悦诚服地将军队的临阵指挥大权赋予了曹刿。商周以来，国人直接参与政事并不罕见，要面见国君也并不困难，但为何我们在《曹刿论战》文中看到的短短三段对话，就能让鲁公同大胆地将军事指挥权交予这么一个连贵族身份都没有的布衣之士?

不如先让我们看看鲁公同与曹刿两人问对间所暗含的意思。

曹刿见到鲁公同，首先问“何以战”——国君打算凭借什么力量来打胜这一仗？“兵者，国之大事，生死之地，存亡之道，不可不察也。”虽然距离《孙子兵法》问世还有近 200 年的时间，但曹刿早已深知这个道理。鲁公同回答曹刿，出身贵族家族的甲士才是决定战争胜负的关键，平日必须争取国内的贵族的支持。鲁公同平时对贵族大臣们都挺好的，自己享受什么物质待遇，贵族们都能享受什么样的物质待遇，因此鲁公同认为贵族们应该和他是一条心，到了战场上甲士们应该以命报效。

曹刿直接给鲁公同泼了盆冷水：“这些恩惠只能让你身边这几个高级贵族分享到，甲士大部分都是出身中下级贵族，您平时施与大贵族们的恩惠并没有让这些

▲ 先秦战车车轮

人享受到，他们不见得愿意为您在战场上拼尽全力啊。”

鲁公同又说道：“寡人敬天法祖，顺应五行（夏启在《甘誓》中列举的有扈氏的罪行中就有“威侮五行”这一条；后来这一条罪名又被有穷氏首领羿栽给了启的儿子夏王太康，并以此为借口夺取了夏王之位），祭祀祖先必以礼法所规定的祭典程序和祭祀用品等级进行，必无欺瞒。”意思就是，自己是周礼最虔诚的维护者，在精神文明建设（祭祀天地、祖先算是那个时代的精神文明建设，是统一思想的手段）上我也敬守礼法，先祖和天地都应该庇佑我。贵族和国人们应该愿意把我当作全国最高精神领袖，愿意为我在战场上效命。

曹刿有些着急了：“我说国君啊，战场搏命提鬼神可没有什么用。您虽然是周礼的维护者，但是兵战凶危，这些也不见得能为我国带来胜利。”

鲁公同思索了一下，说道：“平时处理大小事务，审判各种案件，寡人虽然不能说完全做到明察秋毫，但是都能以认真负责的态度来处理，做出的判决基本都是合乎情理的。没有因为涉案双方的地位尊卑、远近亲疏，就偏袒其中一方。”

曹刿欣慰地说：“这样的话，国人才会尊敬和爱戴您，战场上甲士和国人才会为您而战，我们可以凭此打一仗。”曹刿将政治清明、施政有利于广大国民视作战争胜利的根基，这是兵家常说的“先胜”，即“决胜于庙堂”的原则。

其实，曹刿作为鲁国的普通国人，愿意主动为国君排忧解难，正是因为鲁公同施政合情合理，惠及广大中小贵族和普通国人。可以说，二人问对中曹刿是在明知故问，双方是在用这种问对的方式来互相了解对方。曹刿知道鲁公同是一位有雅量的国君，能够尊重虽身份不尊贵但有实际才能的人，愿意信任自己并予以重任，因此提出了“战则请从”，向鲁公同提出了跟随其一同上战场的要求。鲁公同则在问对中了解到，曹刿将会在这一战中突破以往的常规和道德约束，只为了两个字——胜利。

曹刿是布衣国人，和贵族参与国战只为分个胜负的心态不同（同文明圈之内的国战是国君与公室的分内之事，封地贵族仅仅需要尽军事义务。根据西周的传统，尽军事义务之后，贵族的封地根基不会因战事的胜败受到太大影响）。鲁国所面临的巨大威胁对曹刿这样的布衣阶层的影响要远大于卿士大夫们，可以说长勺之战的胜负将直接决定鲁国布衣国人之后的生存状态。不同的利益相关程度，面对战争的态度也不同，因此曹刿才会说：“肉食者鄙，未能远谋。”曹刿这种为了胜利不择手段的作风，不单体现在战斗之中：长勺战后，齐、鲁两国国君会于柯城邑，依然是齐国强势。大庭广众之下，曹刿拔剑劫持了参加会盟的齐侯小白，逼迫其归还了鲁国在乾时之战中被夺走的汶阳之田。曹刿这种无视贵族礼法，只求结果的行为准则可见一斑。

从长勺之战起，战争的准则不再是贵族们说所的“军无礼不胜”，而是“以正和，以奇胜”。再过150年，将会有另一个兵法大家提出“兵者诡道”的理论。

## 鱼丽阵的产生

在长勺之战爆发的二十多年前，中原腹地打了一场在当时世人看来极为荒唐的战争：周天子与臣子之间因为互相斗气最后兵戎相见，结果天子战败。也是这一战让周天子的神圣光环被首次真正打破。没错，相信大部分读者都猜到了——这一战便是繻葛之战。为什么在分析长勺之战前要先提这一战？因为在这一战中发生了一次意义重大的军事改革。

在讲述这场战争之前，首先来说说此战主角之一的春秋小霸郑伯寤生（郑庄公）吧。

要说郑伯寤生，就不得不提到郑伯克段事件。事件的起因是寤生同母弟公叔段因其母的偏爱而恣意妄为，甚至威胁到了郑伯寤生的统治。

事实上，郑伯寤生本可以轻松地限制其弟公叔段的所有举动，但出于对其母与其弟的怨恨，以及稳固自身统治的需要，郑伯寤生使出了欲擒故纵的手段，有意“养祸”：不但坐视公叔段违背周朝礼制将“京”邑扩建到超标水准[①]，还放纵公叔段暗中谋得周边城邑（西鄙、北鄙两个较大城邑）行政权的行为。当公叔段愚蠢地将颠覆计划进行到军队编练阶段时，郑伯寤生派出的一支拥有200乘战车兵力的大军如泰山压顶一般地杀到了。战败后的公叔段醒悟到兄长的狠心，只得自尽。

通常政客在面对这种政治风险时最常见的做法是一开始就对公叔段多加限制，派心腹之人常驻其身边监视，公叔段一有不轨举动，就进行直接的打击和限制。但是在当时的礼法道德的背景下，些许的小过让郑伯寤生完全得不到合适的理由来杀掉公叔段，甚至连剥夺公叔段名下封地的举动都不能有。但事先故意纵容公叔段作乱，而后将之彻底扑灭就完全不同了。在不用背上故意杀弟之不悌罪名的同时，一劳永逸地解决了公叔段问题。

攻打许国之役中，颍考叔[②]被子都暗箭所杀之后的处置手段【假意举行鬼神诅咒仪式，声称让颍考叔的鬼魂复仇。真有什么鬼魂能复仇吗？不过是郑伯寤生搪塞舆论的借口，让子都（公孙阏）逃脱了惩处。颍考叔只是普通的一个士出身官员，而子都是郑国公室的重要成员，郑伯寤生因此有意偏袒子都。当然，在明代小说《东周列国志》中，子都最终被颍考叔的鬼魂给吓死，作者以此讽刺郑伯寤生这种掩耳盗铃的行为，并表达出对正义的渴望】，也反应出郑伯寤生此人气量不大、好耍小手段的政客习气。

了解了郑伯寤生的为人与行事作风，我们对以下战争之所以发生就不难理解了。

郑国和周王室之间的矛盾由来已久：镐京之变，郑伯寤生之父武公旗帜鲜明地支持了周平王，并出兵协助平王完成东迁，因其功（更准确地说，应该是因为

---

①城邑规模越大，则其基础设施也就越好，也越能吸引贵族来居住。贵族和国人越多，城邑周边的地区开发也就越好，城邑本身的经济实力也越强，其控制权辐射半径也越大。城邑的大小决定了该城邑所能居住的人口以及收获的粮食和其他物资的多少，也就间接决定了该城邑可以动员多少甲士和步卒，还决定了城邑中手工作坊的规模和工艺水平——这两点决定了当地领主所能掌握的军事资源的上限。周礼对不同等级封主所能拥有的城邑规模大小做出的相应规范，其中就带有限制各级封主军事实力的意义。

②在《三字经》中留名的孝子楷模：“颍考叔，至纯孝。”也是他以旁敲侧击的手法劝服了郑伯寤生与其母和解。

此时郑国在中原诸国中领先的国力和军力）被封为平王卿士。武公死后，郑伯寤生继承了父亲的周王卿士之职。这种职位向来是不能被继承的，推测周平王是出于稳定局面的考虑而授予郑伯寤生的。作为在位数十年的老政客，周平王深知如此高位不可长期让一家独占，故私下召见另一位身份高贵的近畿诸侯之君——虢公（洛阳王畿周边诸国中虢国国君为公爵，第一代虢公为周文王之子，历代虢公均为王室重臣），欲让其取代郑伯寤生为平王卿士，借机拉拢其他近畿国家，削弱郑国的影响力。但是近畿各国郑国最强，虢公权衡后回绝了周平王的提议。周平王私下会见虢公一事被郑伯寤生知晓，为缓和矛盾，双方做出了一件在当时看来骇人听闻的大事——周天子与所封诸侯相互交换人质！[①] 周王室权威之倾颓、郑国此时国势军力之强盛可见一斑。

公元前720年，在位长达51年的周平王去世，在郑国当质子的王孙林回国即位，是为周恒王。怀着对郑国、对郑伯寤生的怨恨，周恒王降郑伯寤生为左卿士，以虢公为周王卿士。为了报复，郑伯寤生连续数年不进贡，不朝拜周天子，还三番两次派兵抢收王室土地上的成熟粮食。从军事角度讲，这样做可以有效削弱敌方战争潜力与动员能力，但就郑伯寤生个人而言，恐怕主要还是出于和周恒王斗气的心理。将周王室视作敌人，也可见郑伯寤生的政治远见不足。后来的春秋霸主，如齐侯小白、晋侯重耳，都摆足了尊王的架势以号令诸侯并干涉国际局势。

尽管双方有些和解的举动，但对郑国多年侵占王畿土地与数年人质生活的积怨，让周恒王对郑伯寤生欲杀之而后快。当然，伐郑更重要的目的还是为了重塑周王室的威严。周恒王二年（公元前718年），周王室较为成功地干涉了晋国公室嫡系翼城和分支曲沃之间的争斗。周恒王派遣虢公率军出征，战胜曲沃庄伯，扶持晋哀侯即位。周恒王十二年（公元前708年），周恒王又联合秦国一起出兵围攻芮国，俘虏芮国国君芮伯万。这两次胜利，让周恒王产生了自身的军事实力已经恢复到西周王室强盛时期的错觉，因此迫不及待地想要打倒眼前最大的敌人郑国。

---

① 交换人质这事，往往发生在诸侯之间。诸侯之间的地位大致是平等的，但天子与诸侯属于上下级关系，法理上说，天子没有以人质为凭据向臣子许诺的义务。

洛阳近畿诸国中，郑、虢等国原本是关中王畿的近畿诸侯，这些诸侯国在西周王朝后期陆续迁至洛阳周边的中原腹地。郑国迁徙最早，预先占据了中原地区土地最肥沃、人口最稠密的地区，还借王室内乱之机侵占了洛邑王畿的大量土地——因此周王室才会对郑国不满——稳定发展时间也长，因此国力最强。

虢国最初的封地在今宝鸡市附近，虢国东迁与镐京之乱基本时间一致。仓促东迁造成其财富流失过多，重新定居后的发展时间又相对不足，地位虽高，国力却远不及从前。

自 20 世纪 60 年代起，考古工作者陆续在宝鸡市周边地区发现了大量西周时期遗存的青铜器窖藏。这些窖藏便是平王仓促东迁之时居住于王畿附近的贵族们因携带不便而被迫留下的（不知当年虢国埋藏的青铜器现在是否仍深藏于地下，等待后人的发掘）。平王东迁何其仓促，从这些贵族们连最贵重的青铜宝器都来不及带走就可以看出。由此可以推测仓促东迁的虢国在迁徙过程中同样损失了不少财富，重新定居后很难在短时间内恢复国力。

▲ 宝鸡青铜器博物馆收藏的西周窖藏青铜器

从这些遗存的青铜器我们还可以推测出，东迁时不仅是大贵族被迫离开了故土，更多的依附于周室的中小贵族们也被迫放弃了大量家产跟随东迁。按照礼制，不同等级的贵族只能享有不同数量与尺寸的青铜礼器。此外，我们还可以从青铜器的铸造工艺水准上看出原主人家庭的财力情况：那些数量少、器型偏小、纹饰简单、工艺粗糙的青铜器可以推测是那些并不富裕的家庭的用器，而那些器型恢宏、纹饰精美、刻有大量铭文的青铜重器一看就是出自富贵之家。

西周末年政局动荡，在这动荡之中，原本的豪族变为破落户，而原本的小角色却又成长为举足轻重的重要力量，我们从出土的不同时期器物上就能看出这一变化，比如春秋北虢国墓葬出土的器物铸造水平就不如西周虢地墓葬中的器物好。

正巧，郑国近年来对周边国家内政多加干涉，动辄强邀诸侯协同出兵围攻他国都城，俨然一副霸主做派，让邻国对其十分不满。大家一拍即合，周恒王十三年（公元前 707 年），周天子及虢、卫、陈、蔡四国一同出兵，以 400 乘的兵力联军伐郑。郑伯寤生则以攻为守，亲率 300 乘战车的兵力主动迎击，双方战于繻葛（在今河南省长葛市东北）。

此战中，出现了步兵与战车紧密合作的全新战术——鱼丽阵。

在车战流行的最早期（殷商及西周早期），兵车部队进行整体编组时，所有兵车不分先后全部沿横向一字展开列阵。在战车之前，车属步卒先以各伍为单位纵向对齐列队，然后各伍横向排列形成一条完整的战线。开战时可以让步卒与战车一起进攻，也可以选择让步卒给战车让出冲锋的通道，战车先行发起攻击——只不过这样容易造成己方阵形的混乱。牧野之战时，周军可能还在战车部队之后布置了一些纯步兵部队，并将辅兵进行武装，也编入这个步兵军阵中以增加可用兵力。

如果将整支军队视作一把利剑，那么在会战中战车部队就是这把剑进攻的尖

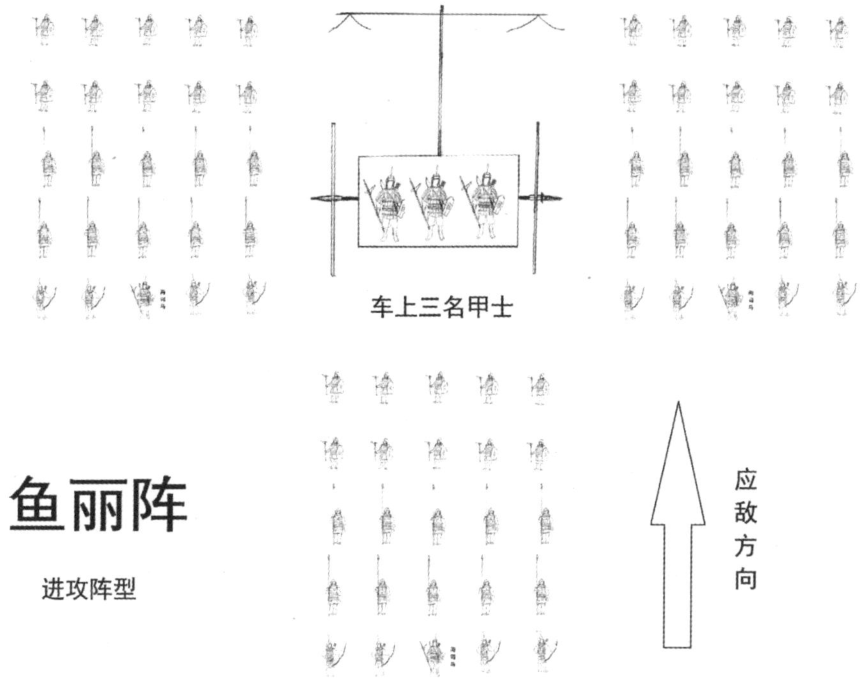


▲鱼丽阵示意图

锋，纯步兵部队则为剑身。从夏、商直到西周，纯步兵部队一直存在，只不过随着战车战术的发展完善，早期的纯步兵部队由于战斗力相对低下，同等国力所支持的兵力规模的战斗效率也不如战车步卒混编部队——同等国力下，可以供养一支编制100乘总兵力为3000人的战车部队，或者一支总兵力1万人的早期纯步兵部队，很显然，100乘兵车的战斗效率要高于1万名早期步兵，所以步兵在华夏文明圈军队中的地位逐渐下降。

牧野之战，周军300乘战车一字排开，这样宽大的阵形在运动中难以维持，周军不得不在进攻中多次停止推进进行整队。《尚书·牧誓》中就有这样的语句："今日之事，不愆于六步、七步，乃止，齐焉。勖哉夫子！不愆于四伐、五伐、六伐、七伐，乃止，齐焉。"如此笨重的阵形，每推进六七步（先周时8尺为一步，约合今天的1.84米）距离就要停下进行整队。西周立国后的几百年间，并不是一派天下太平的景象，诸侯间战争一直不断，华夏文明圈与其他文明之间的战争也从来没有中断过。早先这种笨重的无纵深、宽正面阵形被缩短正面、多排列阵的有纵深军阵所取代。纵深列队的阵法可以帮助战车实现之前所不能做到的多波次轮番冲击战术，攻击力更加强大。牧野之战中，周军使用这种无纵深的战术，可能是在己方兵力远远低于对手又必须排出一个正面宽度足够迎战 17 万商军的阵形时最合适的选择。进攻中反复停下整队，也是为了维持阵形的完整性，毕竟商军兵力是周军的数倍，如果某支部队超出阵形，冲击过于深入，就很可能陷入重围，被商军一口吃掉。

经过数百年的时间，车战军阵（各乘的配合与更高建制单位的展开模式）在宏观层面上进行了多次改进，但微观层面（每乘建制之下单车与车属步兵的配合）上却一直保留旧有模式。车战布阵，步卒列队在战车之前，两者分开。步卒先发起进攻，战车发现敌军在战斗中暴露出的薄弱点后，发起猛烈冲击，一战定胜负。然而这种战术的缺点很明显：步卒陷入混战后，难以得到战车的及时支援；战车需要步卒掩护时，步卒可能没有力量去完成掩护任务，双方脱节的情况时有发生。

鉴于旧式战阵的这些弊端，经过数年干涉战争的锻炼，以及对东门之战失利教训的总结，郑军在战争中发展出了一个全新的战术——鱼丽阵阵法。

鱼丽阵，取“鱼丽于罶”[①]之意：每乘编制在布阵时步卒以伍为单位环绕战车侧翼及背后列队——看上去环绕战车的步卒队列像渔网，战车则是网中之鱼。进攻时车驰卒奔，战车冲击一举撕裂对方薄弱的步卒阵列后，己方步卒跟上战车的脚步一同围攻敌方战车。这样就能在战车选择先行发起冲击时既不会破坏己方军队现有阵形的严整性，又能更好地发挥战车的冲击力。当然，步卒的战术作用与地位也在鱼丽阵中得到了提高。如果第一次战车冲击不利，步卒上前协助战车，掩护战车完成回转重组再次冲击；如果不冲击，则步卒重新环绕战车列队转为防御。

---

① 罶是以竹子为框架制作的渔网，“鱼丽于罶”直译是鱼在网中。不过在春秋之时，“鱼丽于罶”还是一个含义独特的俚语，有兴趣的读者可以自行查阅其具体含义。

鱼丽阵战法可以让战车与步卒更好地发挥出兵种自身的特长。从列阵方式看，鱼丽阵与之前战车和步卒分开列队的模式相比，每乘编制下需要编入更多的步兵，这也就造成了春秋时期军事发展的一个重要趋势——每乘编制下编入的步卒数量越来越多。此战后各国也都开始采用鱼丽阵来编组、训练各自的战车部队。

当己方使用鱼丽阵对阵旧式军阵时，对方的步卒要首先面对己方战车的攻击，己方战车可以轻松地将对方步卒单薄的阵形贯穿撕裂，己方步卒赶到后可以轻松地将之解决，并同时分出一些步卒继续跟着战车推进，不必理睬敌方步卒。贯穿对方步卒阵形后的己方战车在步卒掩护下继续对战敌方战车也会占据一定的优势。如果对方选择战车先冲击，那么迎击对方的是己方战车和步卒完整编队的阵形，

▲ 东周王陵陪葬车马坑“天子驾六”

一直以来，人们只能在典籍中看到“诸侯驾四”“天子驾六”的记载，后世之人一直不清楚“驾六”之意到底是指天子之车为6匹马驾驭，还是天子出巡共有6辆副车随行，直到洛阳东周王陵陪葬车马坑的发现，才揭开了“天子驾六”的神秘面纱。

己方将以绝对优势击退敌方战车，并趁着对方步卒阵列未完成重新整队之机对其发起冲击，将对方一举击败。可以说，只要双方甲士和步卒的装备水平与战术素养没有本质上的区别，使用鱼丽阵的一方将占尽优势。更何况郑军在数年的征战中从未遭受过严重损失，军中士卒可谓能征惯战——此时各国都没有建立起职业化军队，军队战斗力的高低就看军中士卒参与军事行动的次数。

双方完成列阵，周王联军方面，以周天子王师为中军，虢公林父统领右翼的虢、蔡、卫国联军，周公黑肩（周桓公，周公旦后裔）统领由王师和陈国军队组成的左军。开战前，郑伯寤生与诸将商讨作战计划，子元分析：陈国内乱，联军左翼的陈军三心二意必然不愿意死战，如果郑军猛攻，其师必退；联军右翼的卫、蔡两国军队早已被郑军打怕了，不敢面对郑军战车的冲锋；中军的王室士气高涨——先前武装干涉晋、芮两国成功带来的信心——不可小觑，周、郑持续斗气，让周王室及其附属贵族利益受到很大的损失，甲士和步卒们都憋着火气，就等今天一战。郑军应该先攻联军左右两翼，将之逐退后，再一齐包抄中央王师；左右翼完成包抄前，中央方阵尽量拖住王师主力，在交战中争取拖延时间。等郑军两翼完成包抄后，全军再协同突击王师中军。

会战开始，果然如子元事先所预料的那样，凭借数年干涉战争的积威和鱼丽阵阵法更强的战斗力，郑军先击溃了联军左右两翼的卫、虢、陈、蔡几国军队，随即包抄中军的周天子王师。中央的僵持局面也随着郑军两翼夹击的开始而结束，混战中一支羽箭射中了周恒王的肩膀，王师战败，郑军追击百步距离后回师。逐北百步而退是先秦军礼，早期诸侯间的这种仪式性战争只是贵族间的争斗，分出胜负即可，不必赶尽杀绝。当然，这也是对战车的战地机动能力限制所做出的妥协。另外，此战陈、蔡、卫军队只是被郑军逐退，实际兵力损失并不大，如果郑军追击过甚，很可能激起几国军队与王师协同发动反击，胜负难料。

此战，郑军凭借鱼丽阵战胜了兵力强于己方的周王室联军，初霸春秋。郑伯寤生虽多智却尽是些小聪明；郑国虽强，但其早先的威势更多还是来自于周王卿士一职，是周王室统御天下数百年的余威。郑伯寤生最初争夺天子卿士一职，就是为了扯周王室的“虎皮”来做自己驭使诸侯的“大旗”。而到了最后，又是郑伯自己把周王室最后的一点尊严击碎。与周王师对阵疆场还射伤周恒王本人，让周天子从神坛跌落，郑国获得了战斗的胜利却失去了原有的国际声望。击碎周天子威望后，周边那些大国忽然发现，天下是可以凭自己的强兵壮马来称霸的，他们一定也渴望用武力夺得霸权。郑国虽然可以笑傲中原诸国，但绝对敌不过周边那些庞然大物般的国家。

郑伯寤生在外交上唯一可称道的是：郑国一直与东部大国鲁国结好，维持了准盟友关系，以此避免了两线作战局面的出现，可谓后来“远交近攻”模式的雏形。然而，这也是郑伯寤生爱耍小聪明的突出表现：中原周边大国齐、燕、晋、鲁，唯独鲁国此时政局稳定有余力干涉中原，故只全力结好鲁国而置其他大国于不顾，这完全是急功近利的表现。郑国小霸中原，但与周边大国相比则逊色一筹，当齐国（此时齐国一方面正在稳固对刚刚从东夷势力手中获得的土地与人口的统治，一方面正竭力摆脱西周时期频繁发生的弑君事件的不利影响）、晋国（晋国此时仍忙于激烈的内部派系斗争，也就是史书中所说的“曲沃代翼”，经过数十年文争武

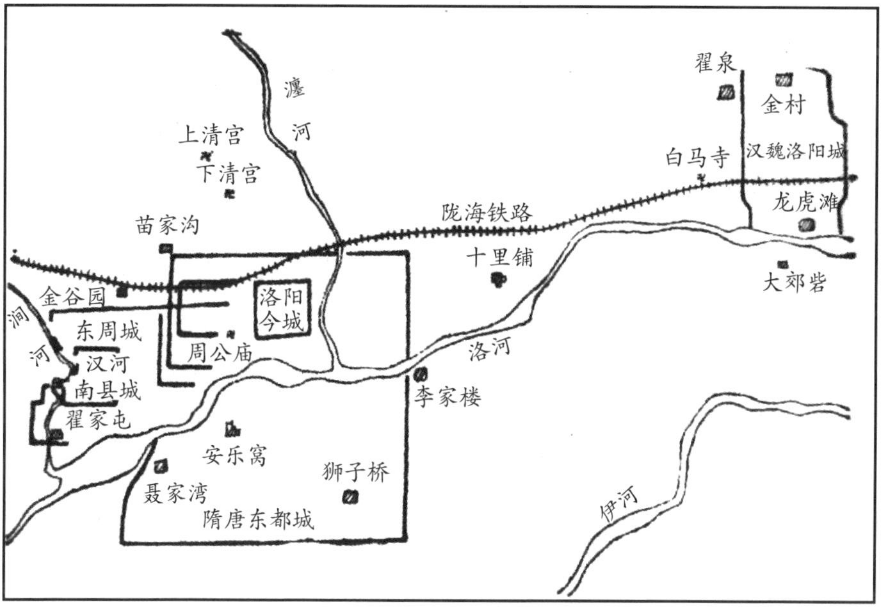


▲ 雒邑

王室的洛阳成周王畿内，雒邑城与成周王城应该是两座城，雒邑地处雒水之侧，成周王城地处汉魏洛阳城附近。

斗后，公室旁系取代了嫡系的国君地位）、楚国（楚国忙于征服汉阳诸姬及其他文明的小国）等大国也加入争霸游戏后，以郑国为代表的中原国家渐渐沦落为大国称雄的演兵场。而历史事件往往是重复发生的，一战前巴尔干半岛动荡不安的局势，就是周边的欧陆大国所遥控主导的。号称巴尔干军事强国的塞尔维亚境遇与春秋中后期的郑国何其相似，不是成为大国在博弈中利用的工具，就是成为大国间直接交锋的战场。

## 齐人三鼓，一鼓作气

周时战场规则，完成列阵后，双方先行致师，派出单独一辆战车载着麾下武艺最高超、最有勇气的甲士在两军阵前往复奔驰，向对手挑战。致师这一周代军礼可能是原始步战时代的战争遗存：两部族之间争斗，阵前派出自己最强壮的勇士先进行一场公平较量。分出胜负后，如果双方愿意接受现有决斗结果并达成和解，那么就算胜负已定；如果失败方执意不接受决斗结果，那么双方再全军出击决出个你死我活。其实这样的习俗在全世界也是普遍存在的，我们在电影《特洛伊》中就看到阿喀琉斯利用其个人超群的武艺力压群雄，协助其兄阿伽门农降服了很多希腊部族。后世战场上出现的“斗将”也是致师之礼的一种延续，只不过“斗将”在战场上实际发生的次数是比较少的，目的也是为了鼓舞己方士气，打击对方士气（致师的本来目的也是如此）。

公元前1046年1月20日清晨，牧野战场上。周王发（周武王）派出几名最为骁勇的虎贲甲士驾着各自的战车单独出阵，冲向17万商军阵前行致师。只见周人甲士从奔驰的战车上跳下来，以迅雷不及掩耳之势冲入敌阵。这些虎贲之士干净利落地杀掉几名商军甲士后，再用锋利的短剑现场割下死者的头颅。在瑟瑟发抖的商军步卒充满恐惧的目光中，刚刚完成杀戮的虎贲甲士手上挥舞着敌人的“甲首”（敌军甲士的头颅）追上自己的战车，并跳上车欢呼着奔回本阵，耀武扬威地显示着自己出众的勇武。商军中的大批奴隶兵为周军虎贲甲士的悍勇所震慑，士气萎靡。周武王也顺势命令全军向战意动摇的商军大阵进攻，取得了辉煌的胜利。

自此之后，每逢作战，华夏文明圈内的军队都会在战前行致师之礼。战车来回飞驰，甲士跳下战车或向敌军呼喊挑战，或直接冲入敌阵折馘（杀死敌兵，割下死者耳朵记功）执俘而还，以展示自己的勇武。再追上战车跳回到车上自己的位置，显示个人的强悍体魄。致师一般会选择攻击敌军中的甲士。牧野战场上的商军可以说是一锅大杂烩，大量没有军事经验的国人、奴隶被临时编入部队，唯一具备一定战斗力的只有兵力稀少的留守部队、宫殿卫队和朝歌城防军，还有一堆三心二意的贵族私军（倒戈相向真正的主力）。商帝辛（商纣王）只能这样编组麾下兵力：保留几支宫廷卫队作为自己的直属部队，剩余的甲兵全部充作各级军官建立起一批批空架子部队，然后再用大量临时武装起来的国人和奴隶将编制填满。如果能干净利落地杀掉商军中的甲士，一方面会让这些临时军队失去军官的约束，从而变成一摊散沙，另一方面也让这些奴隶们直观地感受到这些原本看着高不可攀、武艺精湛的商军甲士在周军虎贲甲士面前表现得如此不堪一击，那么对面周人的虎贲甲士该有多么可怕！商帝辛的战鼓敲得再响亮，也无法消除普通商军士兵心中的恐惧。战后，牧野之地血流漂杵。

鲁僖公三十三年（秦穆公三十二年，公元前 627 年）的崤之战，秦军经过周王城北门时，甲士虽然免胄行礼，却在周王的大臣面前模仿致师，穿戴重甲跳下战车，然后再跳上去，以显示自己的悍勇（“秦师过周北门，左右免胄而下，超乘者三百乘”）。年少的王孙满看到这种情形，说：“秦军举止轻狂不依军礼，一定会失败。轻狂就不会有完整的军事计划，无礼则行事不谨慎。进入险境并没有完整军事计划和预案，行事又不谨慎，能不失败吗？”其实在西方军事界中，也有一句类似的格言：“参加战争，是你这一辈子中做过的最不理性的决定，在此后的日子里，你就不能再有任何不理性的举动。”

晋楚邲之战，《左传》记载：“楚子又使求成于晋，晋人许之，盟有日矣。楚许伯御乐伯，摄叔为右，[①] 以致晋师。许伯曰：‘吾闻致师者，御靡旌（驾驶战车快速奔驰，使得风力将旗帜吹展）摩垒而还。’乐伯曰：‘吾闻致师者，左射以菆（利

① 即许伯为驭手，乐伯为车左，摄叔为车右。此外主帅战车与其他战车不同，一般战车驭手居中，车左弯弓射箭，车右持兵以卫；主帅战车，主帅必须站在中央以示主宰，驭手站在主帅左边驾车。车右则持长矛、戈戟以卫，错毂时与敌交战。

箭)，代御执辔，御下两马，掉鞅而还。’摄叔曰：‘吾闻致师者，右(车右)入垒，折馘、执俘而还。’皆行其所闻而复。”楚国也依照了周人军礼，战前先行致师。齐晋鞌之战的前一天，齐将高固到晋军大营前挑战。并俘获晋军战车一辆、甲士一人，还留下了“余勇可贾”这个成语。到了唐代，致师这一先秦军礼还有遗存，《新唐书·尉迟敬德传》中记载：“令敬德执矟，略其垒，大呼致师。”

致师之后，中军击鼓全军出击，双方战车、步卒在鼓声的协调下发起进攻。通常一次对冲结束后胜负的趋势就会明朗起来。如果第一轮不分上下，那么双方整队再次对决冲锋，如果一方暂时处于下风，那么这一方将转为防御阵形，抵挡来自优势一方的攻击，直到出现转机或者彻底失败。

但是长勺之战一开场，鲁军却没有遵守周礼军礼中约定俗成的惯例。会战前两军列阵，鲁军在没有接战的情况下，就直接摆出了防御阵形。我们还可以这样猜测，按照惯例，双方行致师的时候，对方不应该放箭干扰。长勺之战打响前，鲁军非但不先行致师，当齐人行致师之礼时，还将前来挑战的齐国勇士乱箭赶回。姜太公(民间称姜子牙，姜姓吕氏，名尚，字子牙)治齐国并未一味恪守周礼，大量保留并学习了当地东夷人的习俗，让齐人的性格中大量揉入了原东夷民族冲动开放、尚武好勇的基因。鲁军这种缩头乌龟一样的态势，让好勇斗狠的齐军将士们十分恼火，却又无可奈何，只能更加瞧不起鲁军。乾时之战后齐军产生的优势心理此时已经逐渐膨胀到了轻敌的地步，更何况此战齐军兵力要高于鲁军。

此时各国军队都普遍采用了鱼丽阵列队：每乘编制下，步卒环绕战车列队。具体来说就是步卒分成三部分，分别在战车左右两侧和车后列队(不阻碍战车冲锋的通道)。郑伯寤生第一次摆出鱼丽阵时，步卒以伍为单位分为两组或三组环绕战车列队，兵力可能为4~6伍(这样的编制配合五兵并用的战术)，即20~30名步兵，之后随着时间的推移每乘随车步卒的人数在逐渐增加，至春秋晚期，一乘战车之下的步卒人数(含作为士官长或骨干军士的步战甲士)达到了75人。各乘左右各留出足够一乘战车通行的间隔后，横向对齐完成第一排的列阵，然后第二排各乘采取和第一排相同的方式列队，只不过列队时和第一排错开，每乘战车对着第一排预先留下的空隙。如果有第三、第四排的话，也以此类推来列阵，组成一个大型的方阵。通常情况下，各国军队在战斗前都会将兵力分为三部分，编成左、

▲长勺之战古战场

中、右三军（或称“三拒”）的三个方阵应敌。

由鲁公同授权，曹刿命令鲁军在开战前就摆出防御阵形。还下令各乘编制之间将间距缩到最小（勉强能容纳一辆战车缓速通行），拴住战马并将战车车轮暂时锁住，防止战马受惊乱跑导致阵形解体。仍嫌不足的曹刿可能还下令，让士兵们将防守用的重车也排布在大阵之前，分明是一副彻底放弃进攻，打算把缩头乌龟当到底的架势。齐军将领鲍叔牙也没看明白对手到底是什么打算，仗着己方兵力多于对面的鲁军，于是下令击鼓进攻。

第一通战鼓敲响后，齐军前阵战车齐步前进，好似一排排海浪向鲁军压来。齐国兵车一边逐渐加速推进，一边射出羽箭。早已列好坐阵（与立阵相对应，阵中所有士兵以半蹲、半跪的防御姿势迎敌）的鲁军也以弓箭回击：车上甲士持弓半蹲在战车上，利用车厢前护板作为掩体。步卒环绕战车前半圈列队，仿佛是战车的人肉装甲一般，持短戈、戟的士兵半蹲着将身子基本隐藏在盾牌之后，在最前面排成密集横队为身后的战友提供掩护；持殳、矛和长戟的士兵们则站立在盾牌手背后，压下身子双手支起自己手中的长兵对准前方，各种兵器做到了长短相卫；弓箭手则在相对安全的最后一排张弓射箭，射箭向来是一个需要同时结合力量与技巧的高难度军事动作，为了提高弓箭手的战斗效率，需要给他们营造一个较好的作战位置——五兵队列的最后一个位置。齐军战车冲到面前，短戈手用正面已经带着几支齐国甲士射来的羽箭的盾牌抵御对方车右刺来的夷矛[①]与长戟，短戈手身后的步卒们也用手中的长兵与齐军车上甲士以及随后赶到的步卒对战。步卒弓箭手和战车上的甲士将弓箭火力分为远近两个层次：射杀近处比较有威胁的敌人；用抛射的羽箭来阻断前来支援的齐军后续部队。前军进攻不利阻碍了后续战车的进攻，车上的齐军甲士见鲁军步卒依托兵车防御不易击溃，于是驾驭战车准备从鲁军各单位之间的空隙冲进去，破坏鲁军阵形完整性，并寻找机会杀伤在后排的鲁军。但是鲁军在布阵时将间隙缩至最短，让齐军战车难以冲入鲁军严整的军阵内部。

第一次进攻失败，鲍叔牙下令先头部队暂时先收拢整队，主力部队准备出击。显然鲍叔牙认为第一次进攻不利主要是投入进攻兵力不足的缘故。第二通战鼓响起，半数的主力部队会合先头部队一起发动了更有力量的进攻，齐军甲士们心里憋着一团火，誓要将面前这个“缩头乌龟”的壳敲开。鲁军以相同的方式继续迎击齐军的进攻，齐军拼尽全力也难以冲破鲁军的军阵，最多只能突破到鲁军阵形的前两三排战车中间，并杀伤这一部分鲁军，鲁军主力还是保持着完好无损的阵容，持续稳定地对齐军射出密集而致命的箭雨。就这样，齐军无法打破鲁军严密的防御阵形，部分突入的战车也面临着附属步卒难以跟进、友军战车之间无法相互配合支援、后续部队也难以利用突破口打开的局面。

看到齐军气喘吁吁、行列混乱地堆在鲁军面前无法改变局面，主将鲍叔牙这时犹豫地下令敲响第三通鼓，让手上最后一支部队投入行动，发起第三次冲锋。

---

① 战车五兵之中酋矛与夷矛并存，根据最新的考古学观点，酋矛与夷矛的区别是：夷矛柲尾无镦，全长2丈4尺，约合5.5米，用于两车之间突刺；酋矛柲尾有镦，长2丈，约合4.6米，主要供步卒使用，在战车上则充当旗杆和备用武器。镦使用青铜铸造，带有尖头，可以扎入地面以树起戈矛。

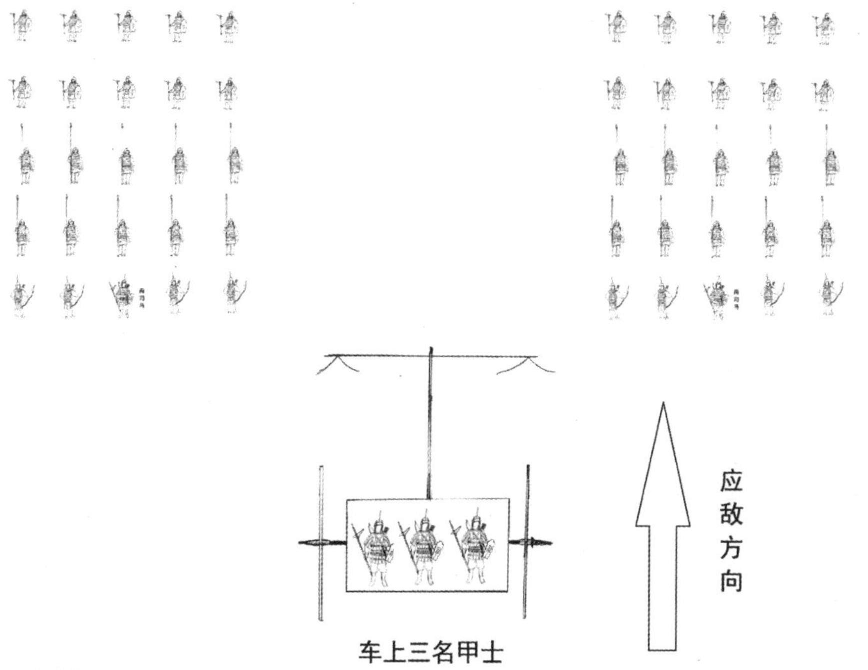

▲战车编制

可以说，此时的鲍叔牙如同现代的一个股民，在股市已经进入下跌区间后才选择入市。之前的投入已经出现了亏损，如果敢于及时割肉离场或许损失还不太大，但总是有人相信眼前的下跌只是所谓的“技术性调整”，从而投入更多本钱。其实仗打到这个分上，鲍叔牙应该知道：己方攻击部队虽然损失惨重，但是给鲁军造成的杀伤并不小。如果这时选择让预备队掩护进攻主力后撤，尽管鲁军保有数量较大的预备队，也不敢轻易追击，只能目送齐军有秩序地撤退。这样的结局只能算齐军小败，有前面乾时之战的胜利保底，齐国还是占了很大的便宜。但是可能出于维持自身主将地位（鲍叔牙能骤获高位的主要原因是他是齐侯小白的老师，出于平衡朝中政治实力的目的，齐侯小白选中他拜将）需要立下更多军功的心理，鲍叔牙选择了押上所有兵力再赌一把。

与重骑兵相比，战车部队欲发挥出最大冲击力，对阵形的严整性的要求远大于对速度的需求。这也是牧野之战中周王发要求周军大阵频繁止步整队的根本原因所在。骑兵攻击力的主要来源是速度，并不是说重骑兵部队发起冲击战术对阵法就没有要求，而是骑兵因为更加灵活可以在冲击中调整阵形，如果遇到不利的情况，骑兵可以更容易地选择对其他目标发起冲击或者干脆放弃冲击。与骑兵相比最大的不同在于，战车作战排在第一位的是阵形严整，其对速度的要求反倒要向后排一点。此时的齐军阵形已经完全紊乱，先头部队还有一部分和鲁军纠缠在一起，后排的战车准备发起新一轮攻击，但部分进攻路径被战死的士兵、毁坏的战车、陷入混战的友军所阻碍。曹刿等待的就是这个时机——齐军主力已经被鲁军做出巨大牺牲的前几排战车折磨得秩序全无、士气衰竭。曹刿下令击鼓，之前一直只是提供辅助弓箭火力而没有投入战斗的鲁军主力，解开车马羁绊转入了进攻。

先前齐军在奋战中打开的突破口反而变成了鲁军预备队出击的通道。齐军以为鲁军只会消极防御，为准备第三次冲击而毫无防备地转身后退，想拉开距离脱离混战，此时鲁军突然发起的进攻直接打在了齐军的软肋上。正常情况下，战车对决，双方交手后离开一定距离才会回转重新整队。任何时候，在敌人面前暴露自己背部都是一件极其危险的事情。但是齐军战前就对鲁军过分轻视，鲁军一副不做进攻准备的态势以及连续两次面对进攻时的固守防御让齐军放下了对鲁军的

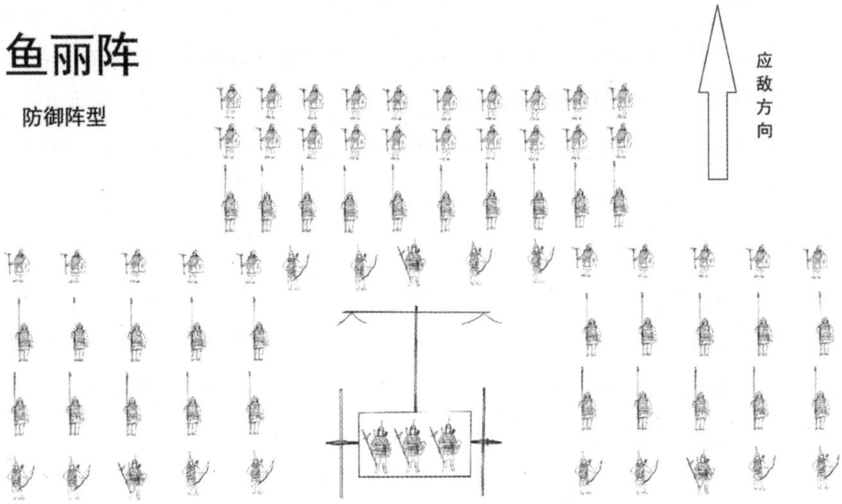


▲单乘战车与隶属步兵的防御阵形

警惕，轻易地在对方面前暴露出自己的后背。沉寂已久的鲁军战鼓突然敲响，鲁军出人意料的反击让准备重整的齐军被迅速击溃。溃败的齐军又将准备发起第三次冲击的友军阵形也冲散了，全军被裹挟着后退。

看到如此快地击溃齐军，鲁公同兴奋地准备下令追击，但曹刿担心齐军还留有一支可以进行反击的预备队，更担心齐军并没有失去秩序，兵力少于齐军的鲁军会因在追击中过于深入对方的阵形而战败，因此特意登上车轼（在车上站立时用的扶手）远望。他看到此时齐军为了逃跑已经将碍事的军旗从战车上拔了下来，无法利用旗帜指挥，又观察到齐军战车在后撤时车辙印混乱，纵横交织，确定齐军已经彻底失去秩序，这才下令全军追击。

笔者曾翻阅过某本历史小说，小说作者在描写某次双方骑兵进行会战时，篇中全部的战斗情节与人物对话几乎不假思索地照搬《曹刿论战》的内容，最大的

▲车战中车上甲士利用战车冲击力击杀步兵（杨翌绘）

区别不过是改掉了文中人物的姓名，并将车辙印换成了马蹄印。该作者可谓一点军事常识都不了解，战车进退如果秩序井然，那么大部分车辙痕迹会比较规整，且多呈平行排布，但是骑兵的马蹄印就不可能出现这种情况了，无论军队是否尚保持秩序，大量战马奔驰而过所留下的马蹄印的整齐程度都不会存在太大区别，更何况骑兵在进行变阵时马蹄印变得混乱是十分正常的，此刻如果冒失地冲上去，没准正好进入对方的陷阱。

此战，曹刿有意牺牲了鲁军军阵中前几排部队，来换取齐军投入所有预备队全军出动。又利用战术欺诈的手段，让齐军轻率地在鲁军面前回转调整阵形，将背部暴露在鲁军兵锋之下。曹刿灵活地使用了预备队，在战斗前期保证了预备队战斗力的完整，并在最关键的时刻果断地投入预备队作战。更重要的是，在这次战斗中，曹刿充分利用了步兵在战场上的优势，建立了一个坚固到在进一步军事改革完成前难以被攻破的军阵。虽然这个时候步兵依然还是战车的附庸，但是步兵在车战体系中的地位得到了提高，为后续的进一步军事改革埋下了伏笔，步兵崛起的种子已经埋下。

第一章

# 战车的附庸——车驰卒奔

## 奴隶制与分封制

周礼的分封制所建立的封国真的是所谓的封建社会吗？马克思历史哲学按照经济基础的不同将人类社会划分为原始社会、奴隶社会、封建社会、资本主义社会、共产主义社会这几个阶段。当这一学说被引入中国后，官方定义中国的奴隶社会是从夏朝为起源的整个漫长的先秦时代，秦的统一宣告中国正式进入了封建时代。然而一直有学者反对这一观点，认为西周才是我国封建社会的起源——因为西周有着正式的封土列国，和西方的土地册封制度如出一辙。近些年来这一说法的声音变得越来越大。甚至有人认为中国并没有经历过奴隶社会，因为没有看到史书关于奴隶的直接描写，或者说没有直接证据表明，中国像西方那样拥有大量的奴隶种植园。

但是我们应该看到，要真正界定一个社会的性质，不是看表面制度的描述，而应该看这个社会的生产关系和不同阶级之间的关系。商周时期，社会由人数从少到多的贵族、奴隶、平民（部分富裕平民也蓄奴，可算作奴隶主）三个阶级构成。与后世的封建时代地主阶级压迫数量庞大的农民阶级不同，奴隶社会的基本特征绝对不是奴隶人数超过非奴隶人数——任何一个社会中，奴隶人数超过非奴隶人数都是十分危险的。奴隶因为自身境遇的糟糕且看不到任何未来，更愿意铤而走险，走上暴力反抗非奴隶阶层的道路。如果没有人数足够多的非奴隶阶层来压制奴隶，那么整个社会即将面临一场彻底的颠覆——而应该是奴隶生产所覆盖的范围基本包含所有的生产领域。

在贵族的农田里，贵族家族的成员像役使牛马一样，强迫奴隶干着劳动强度最大的农活，当然，也会有贵族家庭中的普通成员在一旁监视奴隶，并从事一些轻体力的农活，有财力的国人也可以购买奴隶来为自己干最累的农活；贵族的烧陶作坊里，负责那些最繁杂劳作的是奴隶；冶炼青铜的工坊里，贵族的家养奴隶顶着熔炼金属的酷热，冒着熔炼的金属液体泄漏、模具在铸造过程中发生爆炸的危险小心劳作；建筑工地上，奴隶气喘吁吁地夯筑墙壁、树立梁柱，一不小心就死伤在各种事故之中；采石场和伐木场上，奴隶日以继夜地为城邑提供石料和木材，稍不留神就可能遭到监工的毒打，所获得的食物只能确保自己不会被马上饿死；矿坑中的奴隶忍受着地下的闷热和氧气不足，小心翼翼地在渗水和塌方事故的阴影下将一块块矿石开采出来……这就是奴隶社会。

在农业和手工业生产中，由奴隶承担了最辛苦、最没有技术含量的工作。区分封建制和奴隶制的标准，从经济关系上看，应该是不平等劳动关系的剥削基础是源自于土地的所有权，还是源自于对人身的直接控制权；从政治角度看，应该是政治特权的获得是政治权力自上而下的层层分封，还是依靠拥有更多奴隶所带来的经济实力从而产生的政治权力。

先秦分封制，领主手中的权力并非从上级贵族处所获得的，实质是以其家族或族群自身拥有的武力与经济实力（奴隶、土地）为后盾，周天子的分封只不过是对领主权力的认可而已。获得上级封主的认可后，该领主的地位可以得到整个贵族群体的共同认可与平等对待。因此，先秦这种分封表面上看类似于欧洲中世纪的封建社会，但实质上还是奴隶制社会。所以将中国封建制社会的源头定在西周王朝的建立并不合理。

商鞅变法后秦国行使的军功勋爵名田制度才是我国封建制社会的真正发端：爵位来源于军功，封主（地主）的土地要由上一级大贵族赐予，而依附在土地之上的各种政治与经济特权也是由上级所赐予的。整个社会中，以秦王为贵族体系最高层，按等级依次将政治与经济特权授予下一级的领主。最终，我国的封建制社会在西汉时期正式成型。只不过我国较早地在政治上完成了中央集权制建设，最高领导层可以越级，直接对下层行使赏罚予夺，让我国的封建制社会显得不那么典型。行政上的郡县制，虽然表现为中央可以直接领导地方，但在中下层，还是以权力的层层分封来实现统治的。

儒家描绘的西周井田制是否真正在历史上被实施过都难说。这种制度太过理想化，完全忽略了人类本能的利己性。人在面对个人利益与他人利益时，潜意识里都是以利己为出发点，只是在为了避免群体整体利益受损，导致所有社会成员境遇都变差的前提下，被道德和法律所约束，不致成为纯粹的利己者。经典儒家思想认为井田就是用阡陌将一大块土地分为 9 小块，中央一块为公田，所有人一起耕种，收获归公（交予领主），然后再去耕种属于各个家庭的周边8块。但只依靠说服教育和道德的约束，让农夫心甘情愿地在中央的公田努力劳作，这种土地与税收制度显得过于理想化了。只要区分公田与私田，那么任何人都愿意先耕种自己的私田，干完自己的活之余才会考虑去公田应付一下差事，这样公田最终将会沦为抛荒地。如果我们从这个思维中跳出去，重新从社会演化及农业技术进步的角度来思考，就会得到一个全新的答案。

农耕出现之初，因为人们不理解土壤中肥力的来源，更不懂得如何维持土壤肥力，所以早期的农耕形式以游耕为主。同时，因为耕种技术的落后和种子品种的良莠不齐，粮食的收获量并非取决于耕种面积，而是由投入到农业生产中的劳动力的数量直接决定。在没有剩余产品的时代，氏族部落全体成员必须一起劳作，才能尽可能多地收获粮食。随着技术和种子水平得到一些改进，粮食产量提升，这时候剩余产品就出现了。由于历史的惯性，氏族部落的人们还是会集体耕作，集体储存收获的粮食，然后按照个人所需支取，剩余粮食都算作氏族共有。

逐渐的，部落中成员身份出现了分化：一部分成员不再专职进行农业生产，转而专注于部族的管理，或者为部族提供武力保障，成为最早的贵族阶层。部族的其他成员还是要集体耕种土地，用剩余产品来供养这些原始的贵族们。这时候，随着农业技术的发展，游耕也转变为定耕：部族开始固定耕种某块土地，这就是氏族的“公田”。随着独立的夫妻小家庭逐渐出现，除了部族集体耕种的土地之外，个人开垦土地的情况——“私田”也出现了，单个家庭通过耕种家庭私有土地获得了更多的粮食。但是供养氏族中贵族们的物资还是需要从氏族的公田中获得。贵族们为了保证自己还能获得氏族成员的供应，以权威或武力要求普通部族成员继续耕种公田（当然，贵族并非没有家庭私田，而且就单户拥有的面积而言，贵族拥有的土地更多，贵族的私田还可以交由抓来的奴隶进行耕种，总产量更高），这就转化为最早的原始税

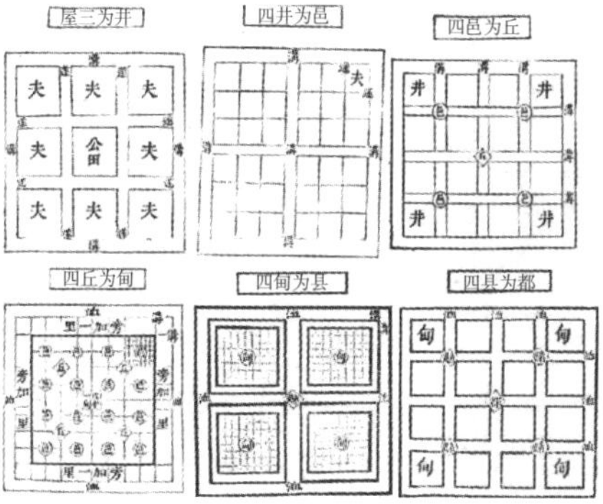

▲井田制

收。既不是实物税，也不是货币税，而是劳动力税——直接无偿占有劳动者的固定劳动时间为税收。这种劳动力税征收起来难以被辨识，而且往往被隐藏在氏族社会的所谓脉脉温情之下。

国家产生之后，税收变得固定，征税的目的是获得可以维持国家机器运转的物资。虽然社会形态发生了变化，但是在生产技术的约束下，收获粮食的总额取决于投入劳动力数量的这一大前提并没有改变。因此，统治阶级只能继续依靠征收这样的劳动力税来维持阶级国家统治。为了缓和阶级矛盾，麻痹民众的反抗意识，统治者又利用道德、宗教或者刑罚作为手段，来保证劳动者愿意继续付出“劳动力税”。在漫长岁月的模糊下，这也就成了经典儒家思想中理想化“井田制”的样子。

这样的“劳动力税”制度一直实行到了春秋中晚期。随着旧秩序的瓦解，这种粗糙的低效率税收方式被一同淘汰。“劳动力税”只能保证劳动者付出劳动时间，而不能确保劳动效率。农夫们完全可以故意磨洋工，省下体力好去精心耕种自己的私田，最终导致国家机器获得的实际税收额锐减。春秋之后的税收方式逐渐转变为按固定的数额或比例直接收取劳动者的劳动成果。开阡陌实际上就是规定了私田也应上税，改变了公田田租的征收方式，废除了这种原始的“劳动力税”——事实上，后世所有封建王朝的徭役，就是“劳动力税”的一个变种，只不过有时候统治者愿意拿出一些粮食物资来供养服徭役的劳动者，作为占用其劳动时间的补偿。

▲ 周人先祖后稷

周人在岐山渭水河谷的周原以农业起家，“社稷”一词中的“稷”即周人先祖、农耕始祖、谷神后稷，周人经过数代人的奋斗之后，终于在牧野之战中一战灭商成就王道之业。然而在“小邦周克大邑商”心态与实力对比悬殊的情况下，怎么建立并稳固周天子对

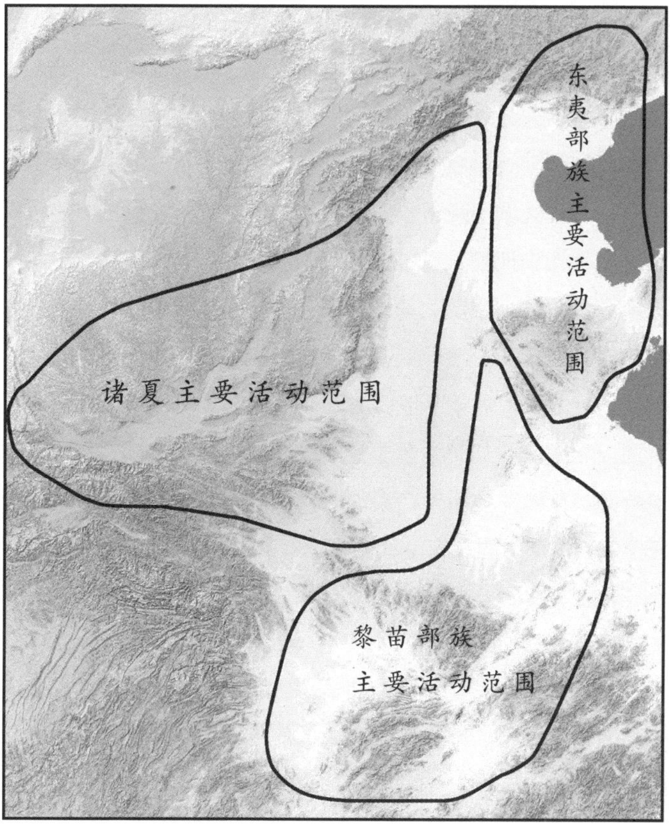

▲ 早期华夏文明圈

天下的统治，成了悬在周王室头顶的达摩克利斯之剑。为此，周武王发及其弟周公旦制定了一套完备的治国体系和理念：以血亲宗法制与分封制为核心所组成的西周礼乐制度。

周礼的分封制实际是一种隐藏在礼法之下的武装殖民体系：让宗室重臣与有功之臣将自己的部族与军队带到统治不稳固的地区，以周天子授权的名义建立自己的武装殖民地——封国，例如蔡、随、应、息等汉阳诸姬或齐、燕这样的边境大国。这样的分封对周天子而言完全是惠而不费，名义上“普天之下莫非王土”，但这些土地完全不是周天子实际拥有的。以分封的名义，给予某位封主对该片土地的征服权，一方面封主的精力会被消耗在争夺土地之上，无暇参与王朝中央的争权夺利，另一方面，为了守住自己夺得的土地，他们又不得不将敌对势力挡在王朝领土核心圈之外，义务为周天子守卫边境。

中华文明能够占据几乎整个现代中国版图，依靠的就是这样的模式：武装殖民的势力在某一大片区域中最适于发展农耕的地方修筑自己的城邑作为武装殖民据点，而后开垦周边土地繁殖人口。然后随着人口繁衍以及自己的文明优势逐渐将势力范围向周边扩展，用武力与怀柔两种手段同化当地原住民。慢慢地占据了整个地区。有时候，因为一些原因，在某些地区只能长时间维持据点统治，要等到几百年后的后世才实现对整个地区的开发。比如，秦统一后征服岭南百越，但实际只能稳固控制南海、桂林、象郡这三个主要城邑及其附属据点，勉强维持交通线安全；湖南、广西等地虽然在秦汉时期已被划入华夏之地，但真正得到充分开发则是一千二百多年后的赵宋王朝了。

近畿诸侯则是类似状态下的另外一种情况：有些势力较弱，不能负担远征成本，或者与周天子依附关系更为密切的贵族家族被封在王畿——关中平原、洛阳盆地的周边地区。一方面是满足现阶段制度、行政与税收效率低下的前提下控制较大面积土地的需求，另一方面也是护卫王畿、组建王师——西六师、殷八师、成周八师这样的周天子直属军队的兵员所在，比如早期的虢、郑、鱼、褒等国。

▲周武王画像

还有由其他文明进化而来、实力强大到周王室动员自己全部直属力量也无法彻底消灭，但是又愿意承认周天子是天下共主的国家，比如南方的楚国（楚国后来公然宣称不服周，并在周昭王时期击败了著名的西六师）、西北方的申国（戎人建立的国家，西周末年的惊天巨变中，申国就是主角之一）。对于尚有一定声望与实力、已臣服于周、短时

◀宝鸡市岐山县周公庙

间不能完全同化的部族势力，实力较弱、周天子可以派兵彻底消灭但不方便派兵征服的势力，周王室肯定其对自身势力范围的控制，承认其为一封国，这一类封国有原夏、商王族后裔的封国，例如陈、宋①。

周王宗室的部分重要成员也被分封到关键地带，肩负起代行周天子统御天下的使命，并承担着监视本地诸侯的重任，如周公长子伯禽受封的鲁国——周公旦将自己的亲儿子封在最强大外姓诸侯姜尚的齐国旁边，其中的监视意味不言而喻，故鲁国为诸侯"望国"，"周之最亲莫如鲁，而鲁所宜翼戴者莫如周"。鲁国成为周礼制度最顽固的保存者和实施者，世人称"周礼尽在鲁矣"。召公奭被封燕地，其南部是齐国，北边是孤竹等商王朝同姓（子姓）方国。此外周边还密布着狄人国家，其军事意义之大可想而知。因此，天子才会将这位手握重兵的王室重臣分封于此。

周成王以桐叶封其弟叔虞于唐（后其子燮改唐为晋），而周公为了维持天子一言九鼎的权威，坚持将叔虞分封到唐，看似荒唐，但是像周公旦这种位高权重的

① 宋国为商人后裔，三监之乱后，商人势力被再次大幅削弱，并表示愿意臣服于周天子。周天子鉴于要彻底消灭商人后裔的难度太大、代价过高，因此接受其臣服并封国。

政治人物，任何重大举动的背后都有着深刻的现实原因，决不会为了一些幼稚的理由或空有虚名却无实利的口号而做出建立一个封国的重大举措。叔虞与周成王年龄相近且关系亲密，如果成王发生意外，很可能出现野心家扶持叔虞与成王的太子争位，必然发生严重的内耗，造成周王室实力大减，无力压制其他蠢蠢欲动的诸侯方国。其次，周王室直接统治的土地包括西边关中盆地，以及接壤的陇西部分地区和东边伐商之后获得的洛阳盆地，连同周边的河南西北部、山西南部的两大块王畿，这两大片土地结合部的北面出现了一大片势力空白区。当然，此地绝不是真的什么势力都没有，而是缺少亲周的势力。这块土地自三皇五帝时代起就是华夏文明圈最为核心的地带，当地农业与手工业发达，还有富甲一方

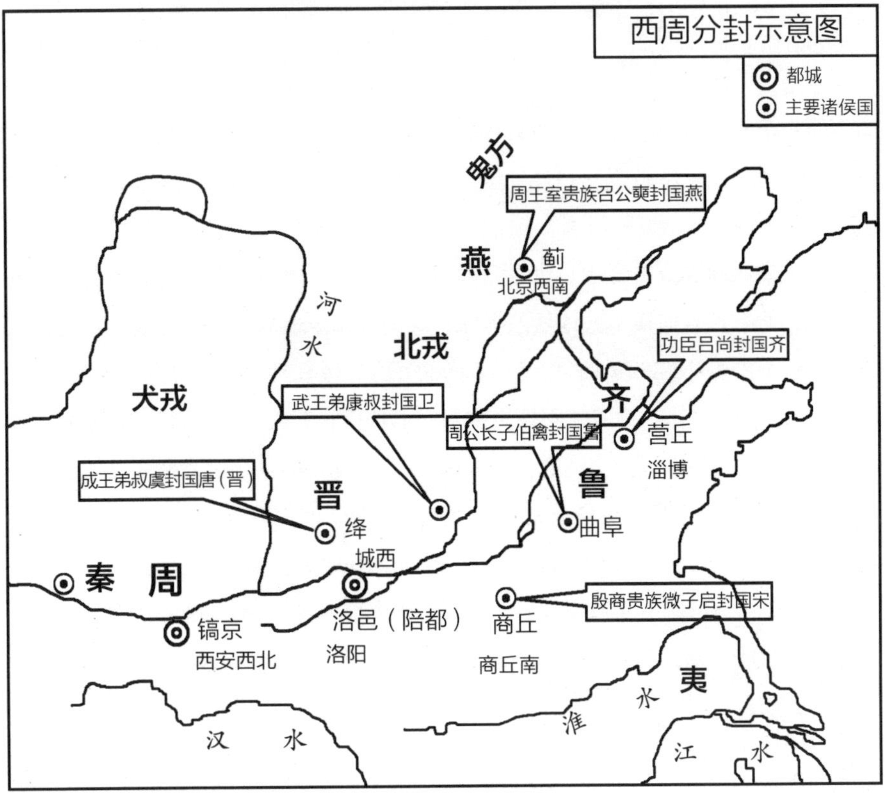


▲ 西周分封诸国

的解州盐池，如果不加强控制，很可能崛起一个能同时威胁周天子两块王畿安危的强势国家，事实上殷商时此地就存在一个亲殷商的唐国。三监之乱时唐国加入了武庚的叛军，周公率军东征时攻灭了唐国。为了控制这一大片区域，也为了确保关中与洛阳的联系不被切断，需要分封一方周王室出身的诸侯在此地，而叔虞无疑是最佳人选。周公旦出于以上两种考虑，坚持将叔虞封在唐地。

还有顶着“禅让”名头出奔的太伯所建立的吴国——太伯兄弟二人真的只是因为弟弟贤明、父亲也更偏爱弟弟才决定让位去国的吗？很显然是经历了一场残酷的政治斗争，甚至是小规模的内战，最终在斗争中失败的太伯兄弟二人只得带着自己的班底逃到了遥远的吴地立国（不过从现代考古发现的线索来看，兄弟二人出奔实际应当只到达今山西平陆县一带，建立了虞国，而后虞国后代的一支迁徙至今天江苏宁镇一带，建立了吴国），建立了自己的武装殖民地以安身。如果不是在政治斗争中失败并被追杀，何苦要跑得这么远，还是一片远离周人统治势力之外可谓彻底的蛮荒之地？此外兄弟二人能成功立国，显然也是带着自己的班底出逃的。能够成功地带着一批政治势力重新建国，可见其小团体的向心力。与之对比，同样号称让位出国的孤竹国王子伯夷、叔齐兄弟可是孤身出奔的。很多美好的童话背后，往往隐藏了血腥的真相。

除此之外，也包括一些自为一体的小势力，拥有陶器和金属加工能力，修筑了自己的城邑，也被称作“国”，例如徐、杞[①]。林林总总算下来，也就有了“夏有万邦，商其能存者三千余国，周天下诸侯八百”的说法。

从性质上看，西周时期的封国就是同一文化圈内的城邦国家。在西方也是这样。希腊文明圈内有着斯巴达、雅典、科林斯、叙拉古这些城邦国家，他们自认都是希腊人，但是也会为了霸权相互间征战不断，这是奴隶制社会在初步完善时必然经过的一个阶段。奴隶社会是由原始社会直接演化而来，部族首领、巫师、勇士利用自身的权威、武力建立了自己在部族之中独特的地位，垄断了资源的分配，然后成为贵族阶层。普通的部族成员没有更好的经济条件，也没有获得特殊地位，

① 就是“杞人忧天”的那个杞国，据说该方国早在夏初就已经存在，因此被附会为夏朝王室的直系后裔。

▲ 轩辕庙黄帝手植柏。黄帝虽然被誉为华夏始祖，然而真正为华夏文明奠定文化根基的还是周公旦

成了居住在城邑中的自由民，即“国人”①。

当然不能简单机械地认定，住在城墙内的才算国人，住在城墙之外的就不是。因为生产力的落后，修筑周长过大的城墙既费时费力又难以防守，通常周代一座城邑城墙的长宽不过数百米，城内面积与现代一个大一点的住宅小区接近。城墙内主要是封主及贵族们的住宅、官所、金属冶炼作坊、仓库、市场；很多国人住在城墙附近的区域，这也属于城邑的范畴之内。当大敌入侵时，国人才会尽数进入城墙以内寻求庇护，这时候全体国人也有拿起武器保卫城邑的义务，即“执干戈以卫社稷”。国人因为原始社会留存的习俗，有着一点残余的参政议政权力，当贵族之间发生斗争时，贵族们也会极力争取国人势力。国人暴动，实质上是贵族以“民意”为借口煽动国人而发动的，他们借此驱逐触犯了诸多贵族利益的周厉王；齐襄公被公孙无知所弑后齐国内乱，最终是国人们组织起来杀死了公孙无知，平息了事态。

随着单位劳动力的回报率上升，部族间争斗不再选择杀死所有俘虏，敌对部

①国（國）字是用方框围绕的一个领域，即城邑，有时也指代城墙。奴隶社会或者说国家形成的根本性标志之一就是城邑的建立（另外几条标准是文字的发明、烧造陶器与人工冶炼金属）。居住在城邑中的自由民被称为“国人”，以区别于居住在城外的“野人”。

▲ 城邑模型

族的俘虏成了第一批奴隶。又有一些本氏族中的普通成员破产，只能卖身给部族里的富人，成为债务奴隶。国人不愿意干的苦工（如犁地、修水利）和危险活计（如采矿、冶炼金属）就由这些“会说话的工具”去完成。后来一些奴隶掌握了比如金属冶炼、木工、陶工等专业技能，生存地位有所提高，但正因如此，贵族只会加强对其人身监管，使之成为世代的奴隶。

国野对立，野人最直接的标准是不居住在城邑中，用现代一点的话来说就是没有城乡户籍的黑户。

野人，有的是原本世代居住在这块土地上的原住民，有的则是因沉重劳役税赋、债务逃离城邑的原国人，他们同样明显区别，比如孔夫子感慨“苛政猛于虎”时遇到的野人与吃了秦穆公放养的骏马的野人绝对不是同一类型的人群：前一种野人明显是不堪前领主的横征暴敛，不得已逃至深山野林的原城邑居民；后面的这些野人显然是一群尚武好勇、文明程度相对落后、刚迁徙至秦国境内的异族人部落——这从韩原之战中野人们为报吃了秦穆公的马却未被责罚还得到秦穆公赠酒的恩义，在战场上使用原始的武器帮助秦穆公攻打晋军，爆发出可怖的战斗力可以看出。这群野人擅长步战，头脑中可能完全没有马是专门被人驯养用来驾车骑乘的意识，所以才会将骏马杀掉吃肉。只要是懂得战马价值的人，都不会轻易杀死战马。野人没有国人的政治权力，甚至在稍早时期，贵族和国人们还可以劫掠野人当奴隶，不过时间越往后（到春秋后期），国野之别也越模糊。

## 旧时代的终结——西周灭亡

烽火戏诸侯的周幽王最终在犬戎的兵锋下自尽，周平王东迁雒邑，宣告了西周灭亡，春秋之世开端。然而因为一笑倾国这个桃色情节太过于著名和耀眼，让人们往往忽略了对整个事件真实性的深究，无端让周幽王和褒姒背了几千年的黑锅。我们可以先用军事常识对整个事件进行分析。

传说周幽王为博美人褒姒一笑，不顾大臣劝阻点燃烽火，报虚警引得天下诸侯紧急出兵前来救援。各国军队因为赶路弄得狼狈不堪，当大军赶到骊山脚下之时，没有看到入侵的犬戎大军，只有在阵阵乐声中高坐台上观赏歌舞、饮酒作乐的周幽王和褒姒。周幽王派人告诉他们说，辛苦了大家，这儿没什么事，不过是大王和王后点燃烽火取乐。诸侯们始知被戏弄，偕怨而回。褒姒见千军万马招之即来，挥之即去，如同儿戏一般，觉得十分好玩，禁不住嫣然一笑，周幽王见到后大喜。同样的戏码再次上演了几回之后，当犬戎大军真的杀到镐京时，烽火再也没能招来任何一家诸侯国的援军。

烽火，可以说是先秦时代的有线电报了。其信号传递速度如何？周朝没有留下相关记录。不过我们可以参考一下年代与技术条件相对接近的汉代时的情况。根据居延汉简的记录[①]，天气良好的情况下，烽火信号一昼夜可以前进约 580 千米，平均每小时前进 24 千米。在不考虑沿途烽火台被攻克，或者遇到天气影响、燃料

---

①居延汉简中有一篇文章名为《塞上烽火品约》，具体讲解了烽火台的设置、信号传递方式以及信号传递速度。

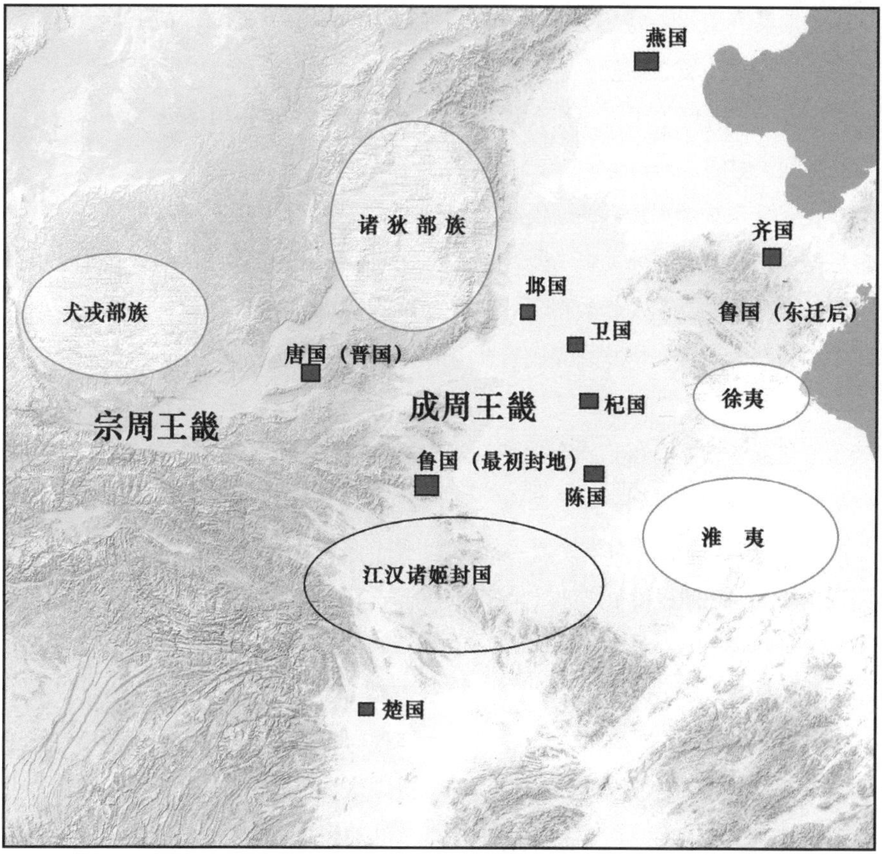


▲ 西周疆域

用尽、人员没有就位等可能导致信号延误的情况的理想条件下，我们再假设从骊山烽火台（传说中周幽王点燃烽火的地方）到各个主要诸侯大国——如晋、齐、鲁、燕——统治的国都之间的所有烽火台均是按照最合适的间距、沿着最短的直线方式排列的，那么我们先大概推测出最短要用多长时间各诸侯国可以看到王畿有难急需救援的烽火信号。

骊山到晋国国都翼城直线距离大概是 270 千米，信号传递大概需要 12 个小时；骊山到齐国国都临淄直线距离大概是 860 千米，信号传递耗时大概为 36 小时；骊山到鲁国国都曲阜直线距离大概是 750 千米，信号传递需要约 31 小时；骊山到燕国国都燕城[1]直线距离大概是 900 千米，信号传递大概需要 38 小时。换言之，周幽王为博褒姒一笑，即便在第一天清晨点燃烽火，距离最远的齐燕两国收到消息也已经是第二天晚上了。显然，周幽王和褒姒不太可能在骊山脚下为等待信号传输空耗两天时间。

但是光考虑烽火通讯的通信速度是不完整，更重要的是各诸侯国收到求援信息后需要多长时间赶到关中王畿。军事动员一直是一个大问题，从国君接到消息到出兵，先发布动员令将散布于国境内的所有军官和士兵召集就位，各部队检查战车和兵器的妥善率情况，完成后勤物资的调拨和转运作业，将各种作战物资配发给各战斗单位，怎么说也需要一周左右的时间。退一步看，假设所有国家全部处于一级战备状态，接到指令后第二天各国勤王部队就能出发，那么大概多长时间后各国援军能够赶到周幽王面前？周王室王畿到诸侯大国如晋、齐、鲁、燕统治的核心区之间都修筑有方便调兵的周道，各国军队都可以按照较快的速度行军；路程方面我们按照直线距离加权 50% 来计算，行军速度我们按照每天 30 千米（略多于一日两舍）的理想速度来计算，那么，晋军赶到宗周王畿大概需要 13 天，鲁军大概需要 37 天，齐军需要 43 天，燕军需要 45 天。更何况故事中还说，天下诸侯同时赶到了骊山脚下，莫非距离近的国家不先去勤王，还一定要等路程较远的他国军队到了身边才肯出发？通过最简单的推理，我们可以看出烽火戏诸侯的故事是有大问题的。

▲ 汉代烽燧

再退一步来讲，烽火召集的不是那些地处远方的大国，而是关中范围内的近畿诸侯，那故事是否就能说得通？关中之地东西最长距离约 300 千米，南北

① 召公奭最初被封“燕地”，蓟城成为燕国国都则是在燕国吞灭蓟国之后。考古工作者在北京市房山区琉璃河乡黄土坡村附近发现一处从商代末期延续到西周的大型城邑遗址，推测很有可能就是燕国最初的国都燕城。

极点距离约 170 千米，烽火信号一日内基本可以完成传递，这样看来好像是没有问题了，但是军队出动必须要考虑动员与行军时间，王畿内勤王的军队赶到骊山脚下也需要至少两三天时间，这几天周幽王和褒姒不可能就在烽火台下风餐露宿地等着看笑话。当然若真如此，没准是勤王军士卒们看着周幽王和褒姒这对活宝夫妻被山风吹得鼻涕眼泪直流那副狼狈不堪的模样而哄然大笑。很明显，烽火戏诸侯事件的真相是被有心人用这种喜闻乐见的妖女魅惑昏君模板式的故事掩盖了。

我们先来看看周幽王时期朝廷内外发生了什么大事。这段时间里影响最大的事情莫过于周幽王废太子宜臼，然后改立褒姒所生的儿子伯服为太子。原太子被废后跑到自己母亲的母国申国寻求外公（也可能是舅舅）申侯的帮助。自古以来，废长立幼乃取祸之道，为何周幽王却做出了这样的决定？难道真的是被褒姒的美貌所蛊惑？分析任何政治事件，首先要了解事件的大时代背景、政治事件中各方的具体情况，以及那些没有直接参加核心政治冲突的其他势力的情况。

首先我们必须认识到，西周王朝并非人们想象的那样政局安稳、国力强大，最直接的一个标志就是周厉王十二年（公元前 841 年），一场由共伯和等王室重臣主导的政治风暴——国人暴动，将当朝周天子赶下了台。当年以共伯和为首，连同本代周公（周定公）、召公（召穆公）共执权柄，号称“共和执政”，这在之后的封建王朝中是一个完全不可能发生的事件——我们要时刻记住先周的社会性质与之后的封建王朝完全不同，贵族是奉周天子为天下共主，绝非臣子只是皇帝的“高级打工仔”。对于封邑贵族而言，周天子只不过是最大的贵族而已。如果在位的周天子不能维护有邑贵族阶层的利益，那么贵族们并不介意换一个愿意维护大家利益的人来做天子。

周礼宗法制度是维持周王室统治最重要的工具，因此周王室必须以兢兢业业维护周礼为前提，才能获得统治上的法理支持。但是周王室并不能时时刻刻维护周礼。公元前 868 年，周天子以齐哀公不尊天子号令为名，将其用大鼎烹

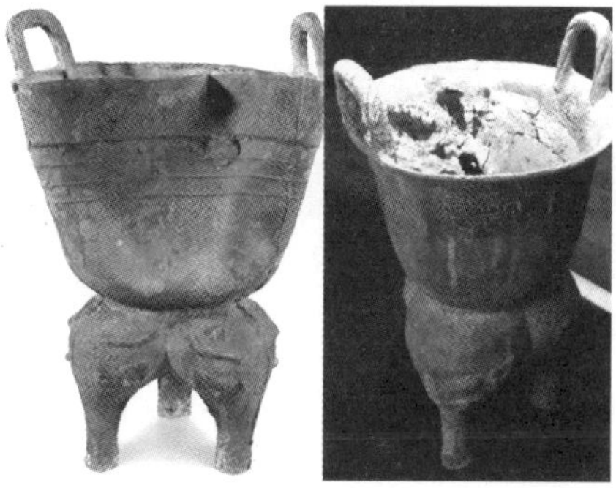

▲殷墟出土内煮有人头的甗

杀。后周天子指定哀公异母弟即国君位，是为齐胡公。依照礼法本来应当由哀公之子即位，周天子此举分明是在破坏周礼制度。后来，齐国贵族杀死被周天子指定的齐胡公，拥立哀公同母弟公子山（即齐献公）即位，公开与周天子作对。面对这种犯上作乱的行为，周天子大怒，令王师讨伐齐国，这次的武装干涉最终以王师的失败告终。而对周礼制度最大的破坏来自周王室内部：周懿王死后，即位的周孝王不是懿王太子，而是其叔辟方。周孝王在位9年后，懿王之子周夷王才在诸侯们的支持下登上王位。周王室内部的无底线宫廷权力斗争、即位顺序混乱无疑是对宗法制度的公然践踏。这几位周天子无疑用自身的行为破坏了周礼秩序，毁掉了自身统治的法理根基。

**西周历代天子年表（根据《古本竹书纪年》一书记载内容辑录）**

| 周王 | 在位时期 | 在位年数 |
|---|---|---|
| 周武王 | 前1046—前1043 | 4年<br>公元前1046年伐纣成功，建立周朝，2年后重病，4年后病逝 |
| 周成王 | 前1042—前1006 | 37年 |
| 周康王 | 前1005—前980 | 26年 |
| 周昭王 | 前979—前961 | 19年 |
| 周穆王 | 前961—前906 | 55年 |
| 周共王 | 前906—前895 | 12年<br>周共王即位当年即改元 |
| 周懿王 | 前894—前870 | 25年 |
| 周孝王 | 前869—前861 | 9年 |
| 周夷王 | 前860—前853 | 8年 |
| 周厉王 | 前852—前841 | 12年 |
| 共和 | 前841—前828 | 14年<br>周厉王十二年国人暴动，共伯和执政，当年改元，史称“共和执政” |
| 周宣王 | 前827—前782 | 46年<br>共和十四年周厉王去世，共伯和还政，太子即位，是为周宣王 |
| 周幽王 | 前781—前771 | 11年 |

*一般情况下，前代周王逝世后即位者次年才会改元，不过出现过两次例外：一次是周穆王去世周共王即位，一次是国人暴动周厉王被驱逐，当年改元共和。

“枪杆子里面出政权”这句话入木三分地揭示了对任何一个势力而言其所直接掌控的武装力量才是其所能享有政治权威的根基这一事实。周礼宗法制度只是周王室统治天下的工具，真正让周天子成为天下共主的原因是西周王朝建立时周王室拥有天下最强悍的军事实力——西六师（西周老牌部队，武王伐纣主力）、殷八师（武王伐纣后，将大量殷人迁至洛阳以监视，属于二等公民。三监之乱后周天子为威慑东方，并看管被迁至成周王畿的殷商遗民，因此建立了一支全新的重兵集团，以其主要驻守殷地而称殷八师。经过长时间的稳定统治后这些殷商故人归心于周，因此殷八师逐渐被打散抽调至各处镇守）、成周八师（为弥补殷八师被拆分两部分别移防后成周与中原地区军事实力出现的真空，故而按殷八师编制就地组建了一支重兵集团。该支部队主要以归心的原殷商故民构成，因其主要兵员来自成周王畿故被称为成周八师），这 22 个师建制、兵力总计十数万的重兵集团就是周王室统御天下的底气所在。

▲西周甲士

然而，在烽火戏诸侯事件中，我们可以看到一个可怕的细节：为防备犬戎入侵，周天子不得不在宗周王畿内外大造烽火台。将战胜外敌的希望寄托于诸侯派出的勤王援军，可见此时王师战斗力已经衰落到周天子自己都不信任的地步。那么为何会出现这样的情况呢？

周昭王十九年（公元前 961 年），昭王南征楚国失败，周朝最老牌的主力部队——西六师在汉水之畔全军覆没。周懿王七年（公元前 888 年），西戎的军队入侵关中，打到了镐京城边。周懿王十三年（公元前 882 年），翟人部族入侵了周人的发祥地西岐。周懿王二十一年（公元前 874 年），王室重臣虢公率军攻打西戎，大败而归。周厉王三年（公元前 850 年），淮夷部族进入洛水流域，虢公出兵驱赶，未能取得胜利，直到共和三年到四年（公元前839—公元前838年）间才将之完全逐退。周厉王十一年（公元前842年），西戎攻克秦人重要城邑犬丘，将当时的嬴秦嫡系大骆氏一族灭族，秦人推选秦仲为首领，秦仲受周天子之封为西陲大夫，镇守宗周王畿西部边境坚持与西戎作战，直到周宣王六年（公元前822年）在一次与西戎人的战斗中阵亡。

共和二年（公元前840年），𤞤狁（西戎中较为强大的一支）再次入侵王畿，此次其兵锋甚至打到了宗周王畿沣、镐二京附近。周宣王三十三年(公元前795年)，周室再次讨伐盘踞在太原（今宁夏回族自治区原州区，并非今山西省太原）的西戎部族，王师惨败而归。汉水之战中，西六师全军覆没，后重建，但在之后的多次战斗中，重建的西六师损失惨重，基本失去战斗力，宣王不得已将"南国之师"——根据周穆王时期铸造的"兢卣"（现藏于日本泉屋博古馆）上的铭文"惟伯犀父（伯辟父）以成自（师）既东，命戍南尸（夷）"来看，"南国之师"应该是成周八师的别称——调至宗周王畿。周宣王三十九年（公元前789年），王师在与姜氏之戎的千亩之战中再次惨败，刚被调回不久的南国之师也尽数覆没。

此时周王室手中掌握的军队可能不到成王、康王全盛时期王师总兵力的四分之一。祸不单行，又一次重大打击来临了：周宣王四十一年（公元前787年），王师与申国的军队大战，再次惨败。这个申国也就是前文中提到过的那个由戎人建立的强悍国家。为了缓和双方矛盾，周宣王让太子涅迎娶申侯之女。宣王死后，太子涅即位，是为西周末代天子周幽王，申侯之女成为周王后，其所生之子即前面提到的太子宜臼。周幽王六年（公元前776年），周王命伯士师率领王师讨伐六济之戎，王师再次大败而归。经过这么多次的军事失利，周王直属的王师部队已经基本丧失了战斗力，没有一二十年的休养生息难以恢复实力。雪上加霜的是，西周后期王畿之地天灾频发，共和末年甚至连续五年发生大旱，关中盆地内的三条主要河流——泾、渭、洛在周幽王二年（公元前780年）还发生了断流的可怕情况。这些天灾造成了周王室的财政困难，重整王师的进度只能被迫再三延迟。

对西周王朝最大的打击其实还是来自于王朝内部。西周得天下后实行分封制以酬功臣，在朝廷内部也是以分封作为维系君臣关系的手段。我们在前面提到过分封制最初的实质是周天子授权下的武装殖民制度，但是时移世易，后来的周天

▲战车复原图

子们已经忘记了分封最初的目的，只记得这是酬谢功臣的方式：先周时期由于行政制度不完善，加上农业技术的落后，与后世的封建王朝不同，周王室是不给大臣们发俸禄的。官员们虽然出身贵族家庭基本上衣食无忧，但天子也必须给予大臣们物质上的酬谢，且只有一个手段——赐予封地，以封地上的产出作为大臣任职时的“工资”。但是这些封地在大臣去职或死去后并不收回。大臣们要在朝廷任职，那么赐予大臣的封地就不能放在遥远的边疆地区，周天子只能把自己的王畿切下一块来，赐予任职的大臣。

另一方面，王畿内的贵族们逐渐发现，就算不用天子赐予，自己也可以凭借权势侵占王畿内的山林、田土与人丁，于是他们开始私自侵蚀王畿领地。在两方面的作用下，王畿内真正属于周天子的土地与人口越来越少，直至下降到一个危险的程度而被周厉王注意到。事实上，同样的情况并非第一次出现。上一次是在商朝末年，纣王发现了这个问题，于是进行了大刀阔斧的改革，结果触犯了大批旧贵族的利益，弄得整个统治集团内部离心离德，最终导致牧野之战的惨败，商纣王身死国灭。显然周幽王对商朝末年那些龌龊事了解不深，武王伐纣成功后出于维护周王室统治神圣性的需要，将很多当年的线索掩埋了。

面对因贵族拼命挖王室墙角导致王室财政入不敷出的窘境，周厉王颁布了一系列诏书，勒令贵族停止侵占王畿土地与人口。欲将财政大权重新收归于天子，并希望占据王畿内土地的贵族大臣们能够向天子缴纳一定数量的赋税。无论古今中外，只要牵涉到利益分配，从来都是充满了钩心斗角，温情的文字下面隐藏的是各种暗箭伤人甚至是赤膊上阵式的斗争。不论当事人或者后来者是否愿意承认，利益的争斗中可没有君臣父子。

周厉王试图重振王室经济的政令被歪曲成了周厉王本人贪财好利，要将所有土地山林收归天子一人独占。周厉王为了打击贵族树立威信，曾下令将贵族的领地赐予自己任用的官员——事实上，周厉王也拿不出更多土地作为官员的酬劳了——这就等于直接捅了马蜂窝。一场军事政变过后，周厉王被赶出王畿，甚至连最后的容身之所都被反叛的贵族们蔑称为彘地——猪的住所。14 年后，周厉王客死他乡，死后又被贵族们栽上了“厉”（谥法：杀戮无辜曰厉）这一恶谥。

周宣王统治的 46 年中，天子与贵族们暂时保持着相安无事的态势，但周王室在财政上的窘境没有得到根本性的改善。年轻的周幽王即位后深感头顶上压着两座大山：不停侵占天子利益，还将自己祖父周厉王放逐的旧贵族群体，以及自己妻族申国。我们并不清楚周幽王即位时的确切年龄，但从其在千亩之战后遵父命

▲雒邑城模型

迎娶申女为王后，以及其子周平王的年龄来看，刚即位的周幽王可能还是个年轻人。周幽王元年（公元前 781 年），“王锡太师尹氏皇父命”，幽王即位当年就在人事组织上做出巨大的变动，将“太师”这等要职换成了自己的心腹。

周幽王五年（公元前 777 年），废太子宜臼出奔到自己母亲的娘家申国。同年，另一位大人物也黯然离开宗周——皇父作带着他的家人举族迁到了向地。这位大贵族所代表的势力，很有可能是当年煽动国人暴动的幕后黑手之一。即位才 5 年，就敢对压在自己头顶上的两座大山同时开刀，周幽王勇敢到了近乎鲁莽的地步。这第一座大山，就是他的父亲周宣王执政的 46 年中也未敢轻易撼动的。在一通王八拳之后，头顶一身轻的周幽王决定按照自己的意志统御天下。周幽王首先是任命了虢公石父与郑伯多父为朝中重臣，然后在周幽王八年（公元前 774 年）册立褒姒之子伯服为太子，自以为彻底搬倒了压在头顶的第二座大山，但是他即将被

犬戎，又被称作西戎，一个构成复杂的政治势力，是商周时期主要活跃于陇西与河套地区一带古羌人的一支。商周之际，西戎势力与周部族关系良好，两族还有着共同的敌人——商王朝。我们在殷墟出土的甲骨文字中，也经常能看到商王杀羌人与周人俘虏祭祀的记录。甚至周人曾被商朝人视作西戎的一支，但从文献上来看，周人自古公亶父时期便自视为华夏之民，不愿以戎人自居。著名的太公望吕尚就是出自其中的姜姓一族，牧野之战中戎人也出力颇大。西周中期，双方的友好关系破裂，仅有部分曾经的友好部族还愿在周—戎战争中持中立态度。《诗经·国风》的诗篇中反复出现过的周人死敌玁狁（或写作“严允”）实际就是戎人中最仇视周人的一支，其中比较强大的势力有姜氏之戎与申国。

在近几年的考古发掘中，发现西周早期的姜戎人墓葬中常会出土来自殷商的器物，可能为灭商之后获得的缴获与赏赐。在灭商之后，由于周王室将大批的贵族与部众（包括周王室与亲周的西戎部族）封往东部新征服或未征服地区，双方在西部地区的实力对比悄然发生了改变。同时，大批亲周部族离开，也导致西戎内部对周王室态度开始发生变化。

自周穆王起，双方开始了漫长的战争。两者争斗的焦点中有一个叫作“千亩”的地方，《清华简·系年》第一篇中有这样一条记载：“昔周武王监观商王之不龏（古同恭）上帝，禋祀不寅，乃作帝籍，以登祀上帝天神，名之曰千亩，以克反商邑，敷政天下……宣王是始弃帝籍田，立卅又九年，戎乃大败周师于千亩。”《竹书纪年》中也曾提到：“周宣王二十九年，初不籍千亩。”这个千亩之地似乎就是一个与西戎势力相接壤的肥沃之地，有可能最初就是西戎势力献给周武王的。

西戎并不是我们想象中的游牧部族，恰恰相反，西戎在文明上与周人十分相近。周人所使用的三人制战车（从出土实物上看，商人多采用双人战车）、青铜短剑可能就是在与西戎的交流中产生的。军事上，与周人一样，西戎人的主战力量也是战车部队，可能最初是在与商人的战争中学会了车战，并在丝绸之路的前身“玉石之路”上从东迁的中亚民族处学会了制造青铜短剑的技术。

夏商之时，华夏文明圈中尚没有青铜短剑这种兵器。从出土实物上看，最早使用匕首、短剑类武器的是地处草原边缘的鄂尔多斯青铜文化、巴蜀青铜文明与地处西陲的周人，而这三者早期使用的青铜短剑、匕首在造型上又极为接近，或者说存在着一定的传承关系。可以推测这三者所使用的青铜短剑很可能是从更遥远的中东地区经中亚扩散而来的。

▲鄂尔多斯文化青铜短剑

▼出土于陕西省宝鸡市境内的草原式青铜弯刀

▲骊山烽火台今貌

迫吞下由自己这番折腾所酿成的恶果。各地邦君诸侯与周天子离心离德，并开始不再献上朝贡之物，周王室的财政愈发困难。

即使我们假设所有人在竞争与博弈中都是理性的，但是在不可调和的矛盾中，任何人都可能撕破脸皮。为了保住自己亲外孙（或外甥）的太子之位，申侯决定采取父亲曾使用过的手段，出兵宗周以武力胁迫周幽王就范，就如同当年以武力让周宣王承认申国方伯地位，迎娶申女为太子妻一般。周幽王九年（公元前773年），申侯结好西戎及鄫人【周幽王二年（公元前780年），周王室与晋国曾联军讨伐鄫国，因此鄫人对周王室怀恨在心】，拉帮结伙准备再次出兵。但是申侯却忘记了周宣王四十三年（公元前785年）申国能够击败王师的根本原因在于周天子王师尚未从两年前千亩大战的惨败中恢复过来。而现在，十多年的恢复让周幽王拥有了再次与申国决胜疆场的勇气。周幽王十年（公元前772年）年初，周天子会盟诸侯（可能只是部分还愿意听命于周天子的亲近诸侯）。当年九月，王畿获得了一次难得的丰收（《竹书纪年》中称："秋九月，桃杏实。"）。在敌人已经有所动作，以及当年物资较为充实两方面的刺激下，周幽王决定先下手为强，在当年年底主动出兵讨伐申国。

不过早有准备的申侯与废太子宜臼并不畏惧周天子的王师。双方首先在申国国都附近交战，而后申侯的援兵犬戎与鄫人救援申国。双方在关中王畿近郊大战，王师小败，被迫后撤至镐京。在镐京城下王师再次大败，残余的兵力将周天子、郑桓公、太子伯服、褒姒等人护送到了镐京以东的骊山脚下。此时周幽王可能点起了烽火向诸侯求援，但是没有一家诸侯前来救援。本应拱卫天子的诸侯们，此刻却无一例外地选择了观望。

申侯及其盟友犬戎的追兵很快也看到了烽火，追赶到了骊山脚下，杀死了周幽王一行，并掳走了传说中一笑倾国的美人褒姒。为了显示自己的“正义性”，申侯、曾侯、许男、郑子在申国拥立废太子宜臼即周天子位，也就是后来我们所熟知的周平王。周幽王的重臣虢公翰则在周人的支持下，于携地（《清华简·系年》中作虢地，地处关中平原西部）拥立周幽王之弟王子余臣（一作余）为新王，是为周携惠王，形成了短暂的二王并立局面。

周平王即位后，在晋、郑、秦三军的“扶助”之下迁都雒邑，这三家诸侯的所作所为十分耐人寻味：秦国在第二年“作西畤”，即从陇西老家出兵与犬戎等势力作战，占领了原关中王畿西部的一些地区。郑武公似乎完全忘记了杀父之仇，与晋文侯一起拥戴间接的仇人周平王。周平王本为盘踞西部地区的申国等势力拥立的周王，此时为何要东迁至雒邑？可能出于三个原因：一、关中周人根本不承认这个勾结外敌弑父的凶手而拥立周携惠王，与周平王坚持军事斗争；二、秦人此时可能倒向了支持周携惠王一方，或者作为独立的第三方而攻击周平王所属势力；三、天下诸侯不希望周王室再度崛起，故而要将周平王放在更容易监视且发展潜力小的东部成周之地。因此，晋、郑、秦三国联军在击败犬戎军队后，从申侯手中抢夺下了周平王。周平王实际是在晋、郑两军的押解之下，被怀有敌意的秦军一路跟随目送至雒邑的。周平王二十一年（公元前 750 年），晋文侯出兵杀害了被周人视作正统的周携惠王，西周末年惊天之变的最后余波宣告最终平息。

千百年来，人们都将西周亡国的污水泼到褒姒与周幽王的身上。当初的卑鄙者为了掩盖自己身上的污点而篡改记录、编造故事，后人又不假思索地采信了那个有心人特意编造的桃色故事。以传统的忠孝是非观来看待西周灭亡的这段历史，我们可以看到一个邪恶的臣子为了一己私利，杀掉本应效忠的君王，然后颠倒黑白。当君王面临生死危局时，其他大臣们也没有为王朝尽忠。在坐视君王被杀后，又与叛逆者争权夺利，最后达成妥协，一起用谎言掩盖真相。不过，如果以一种超脱的、发展的眼光来看，西周王朝的覆亡是历史的必然。以周天子为核心的周王室拒绝改变，连社会改良都不愿意去做，一心维持旧有体系的运转，严重地阻碍了社会的发展。或许正是因为西周王朝的灭亡，让礼乐尊卑体系走向了瓦解，才为春秋战国时期的百家争鸣奠定了基础。

对于中华文明而言，一个王朝的灭亡并不意味着传承的毁灭，只要文明没有断层，那么中华文明就永存。有时一个混乱无序的年代还会为文明的进化提供最好的发展土壤，让我们的文明在前进的过程中可以不断地试错，从历史的迷雾中为后人蹚出一条路来。当后人产生迷茫时，祖先的智慧也会为我们点亮一盏可以看清道路的明灯。这就是我们学习历史，研究历史的意义。

## 甲士与步卒

甲士，衣重甲，舞干戚，通六艺。他们是周礼社会制度下最低等级的贵族，是战场的骄子、君侯的心腹、国家的干城（保卫国土的将士）。甲士有着最基本的军事义务，听从封主或者国君的征召，在战场上乘车作战，是当时军队的核心战斗力。步兵此时的身份只是战车的附庸，作用仅仅是为战车提供掩护。牧野之战的周师虎贲是甲士的第一次辉煌，周人在记载牧野之战的周军兵力时，只写下了“车三百乘”“虎贲三千”“甲士四万五千”。当然，此处的“甲士四万五千”一条应该是指周军的总兵力，可能是周武王发为了表彰士兵们的英勇战斗，将原本出身国人不能算作士的步卒们均赐以贵族的身份，可以称作甲士。

“国”一字在金文中已经出现，四方有城墙与壕沟环绕，圈定一个范围即领域。而这个领域由戈来保卫，保卫居住在内部的人民。著名的青铜重器何尊内铭文有“宅兹中国”一句，最早提出了中国的概念。“中”字在金文中也是一个有趣的象形字：方框之中一面大旗在高高的旗杆顶端迎风飘扬。可以想见其最初模仿的是这样的场景：在一座城邑的中央，在一个像广场这样供族人集会、大酺、议政的公共场所，

▲国宝何尊

树立起一面巨大的旗帜，旗帜上绣绘着本座城邑独有的章纹。

而只有阶级国家才拥有真正意义上的军队，这支军队由贵族出身的精英甲士和由广大平民充任的步兵共同组成。西周后期的国人暴动反映了这样一个事实：宗周王畿内的平民势力之强，足以引起权力天平的倾斜。因此，贵族们为了推翻周厉王，不得不大肆造谣，好哄骗国人一起参加政变。那么是否可以依此来认定西周社会中平民阶层的军事实力更加强大呢？不如让我们从周礼制定时期的社会背景中去寻找答案。

先秦社会是一个闪耀着青铜金色光泽的贵族社会。贵族，一个听上去很高不可攀的名词，实际上不过是原始社会中的酋长和勇士们利用其掌握的武力建构了自身权威，垄断了资源（物质资源与教育资源）的分配。随着文明的崛起、城邦国家的诞生，这些人为维持自己在群体内的地位，在进一步加强自身的武力建设的同时，又利用神话与宗教在自己身上镀上了一层神圣的光辉，因此商人重鬼神，

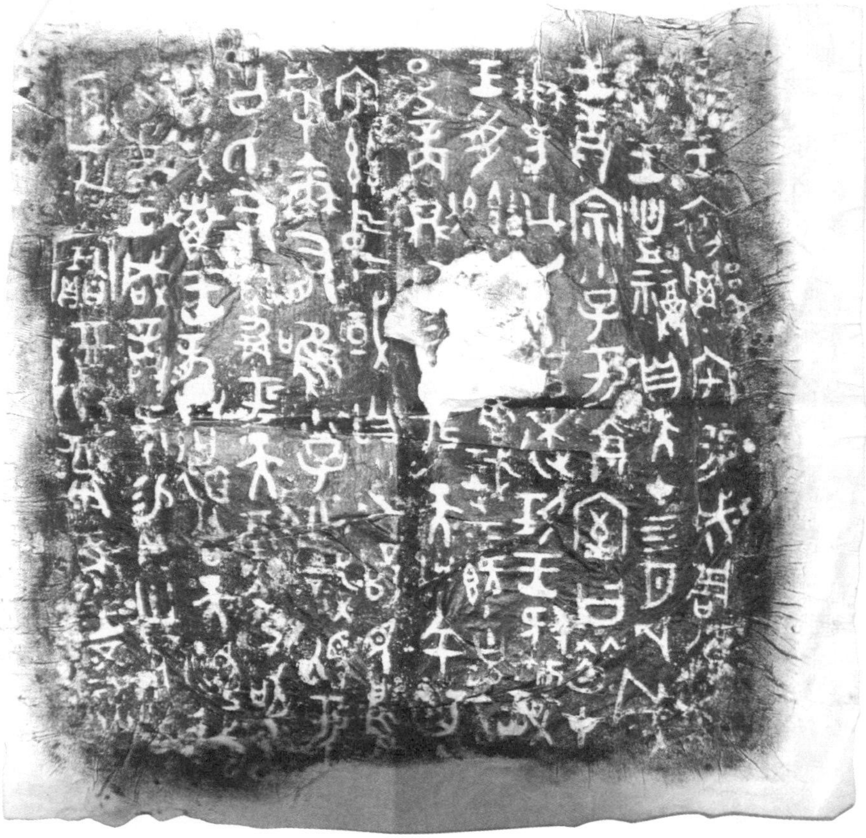

▲ 何尊内铭文拓片

历代商王均与祭司群体争夺着神明的祭祀权与占卜结果的解释权，并逐渐将历代商王们塑造成“帝”，即天上的神明。

在周天子取代了商王之后，为了在宗教法理上解释周代商的神圣性与合理性，周人将“上天”与“天理”（即所谓“存天理灭人欲”中的“天理”）的概念搬了出来，在思想上用一套更完备更自洽的崇拜体系彻底打倒并替代了商朝供奉先王为鬼神的宗教体系。周人对内用祭祀与血亲宗法团结自己的族人，对外用分封朝贡将天下诸侯绑到周天子的战车上。礼的亲亲尊尊、长幼有序实质上是设计了一套完整的有邑贵族等级体系。周王朝对待贵族的态度与末代商王帝辛完全不同：随着国家机器的发展，旧有的贵族政治系统已经不能满足大疆域国家统治的需求，必须建立起一套官僚体系。

商帝辛想出的解决之道是限制和打击旧贵族势力，提拔出身贫贱的人组建新的行政队伍，结果造成了在听命于商王的官僚体系彻底成型之前自身统治根基（本族贵族势力）便已离心离德的窘境。周文王、周武王、周公旦两代人在批判地接受了商帝辛的政治思想后，认识到行政官僚体系的建立势在必行，但贵族对知识的垄断使得组建行政队伍的人才只能来源于贵族阶层，那么，将之前混乱的贵族等级体系规范化，将贵族们按照各自等级填充到军政官僚队伍中，这样就能在安抚贵族的前提下解决行政效率问题，同时潜移默化地将周天子至高无上、不可僭越的意识进行植入。周王室用分封制稳定了局面，达到了贵族社会制度建设的顶峰：公、侯、伯、子、男五等爵位，天子、卿、大夫、士的尊卑体系也被规范起来。

一千多年后的北周能够在建设军政体系时大量参照西周官制，正是由于两者所处的经济背景与社会背景相似。北周在建立初期其政权架构正处于从原始的部族式贵族政治往律令型国家进化的过渡阶段，内部的经济基础、族群内部人员关系、外部力量对比等状况与西周建立时如出一辙。为示正统，北周在继承西周礼制的同时，也继承了“周”这一国号。

透过现象看本质，西周早期的社会形态才是分封制与礼乐尊卑制度存在的经济基础。此时的中华大地上既有成熟的城邦国家，又有刚从原始社会进化至文明国家阶段的部族，更有很多发展阶段处于两者之间的准城邦国家。这就导致了统治上的困难——周王室无法向全天下推行同一套行政体系，甚至在政治体系的架构上，制定周礼之前的西周还要落后于商王朝。因此周王室以分封制度认可了各个国家可以自行使用适用于自身特色的具体政治架构，并将所有部族和国家按照实力大小、所在地域进行了尊卑与隶属关系的划分，形式上将天下所有的文明势力都纳入了周人的统治范畴，宣称“普天之下莫非王土”。

再进一步用礼乐制度对各个文明势力进行同化。利用血亲尊卑确定了上下等级关系，让所有人都忘记自己曾经是一个独立的势力，以为自己不过是周天子的臣属——率土之滨莫非王臣。如果有不遵从周礼、不认可周天子为天下共主的势

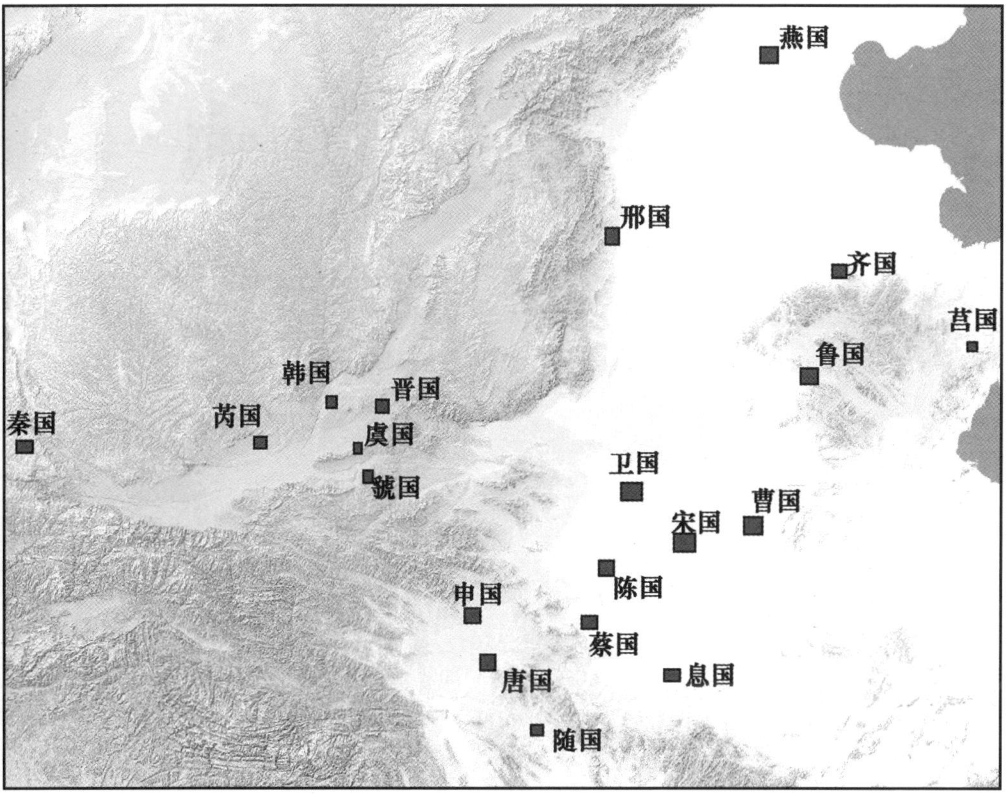

▲ 西周诸侯国形势图

力存在，那么周天子就会派出王师用武力来进行“劝服”。周礼的存在一定程度上促进了落后部族尽快进入文明社会，但是更多地成了周人实施扩张手段时的上佳借口。齐、鲁、晋、秦等大国在初分封时，一国不过方圆数百里大小，就是利用征伐不敬周礼的由头积极扩张。将原本的大片“蛮荒之地”纳入华夏文明的势力范围，当年那些被蔑称为东夷（山东一带）、西戎（陕西、甘肃一带）、北狄（山西一带、河北一带）、南蛮（湖北、湖南、安徽一带）族群的后人们，现在都将炎、黄二帝视作自己共同的祖先。

贵族社会在军事上最大的特点就是军队中贵族兵和平民兵的对立与统一，具体表现就是先秦时代的车战军事体系、南北朝的甲骑，以及辽、金和西夏的步骑

▲古代日本社会的传统贵族兵阶层：武士

军事体系，中世纪欧洲以骑士为核心的军事体系，中古日本的平安、镰仓时期到南北朝时期以乘马武士为核心、其郎党为主要架构力量的军事体系[①]。越是特征明显的贵族社会，军事力量就越发仰仗装备精良、体格优越的贵族士兵。

正所谓“天之道，损有余而补不足；人之道，损不足而奉有余”，军队与社会对贵族兵的倚重使军事贵族们能够在社会分配时获得更多资源，提高了自身军事武装水平，更进一步将贵族兵与平民兵战斗力之间的差距彻底拉开（资源向贵族倾斜，平民的装备会变得更差，而贵族越能发挥自己的优势），使得在新的巨大军事变革发生之前（比如强弩、火药等在战争中的应用），贵族兵的地位无法被挑战。

社会中贵族、平民的对立统一关系决定了发生战争时贵族有义务自备武装，且可以为自己置办个人财力承受范围内质量最为优良的武装（西方，马略改革之前的罗马军团只招收有财力自备剑盾等优质武器的士兵），而平民除了平时防身的

---

①即从公元 8 世纪日本的军团征兵制崩溃到 14 世纪轻步兵逐渐成为战场主力的这段时间，这一时期在经济上最大的特点是庄园制度，武士其实就是贵族为了管理地方庄园而任命的庄头阶层武装化后的结果。到了 14 世纪，随着庄园制解体，乘马武士阶层生存的土壤消失了，日本武士的构成与行为方式也因此发生了改变。

兵器（防身的匕首，制作简便、价格便宜的殳。战国至两汉期间，民间佩剑风气浓厚）之外，不愿意自备武装，在没有切身利害关系的情况下缺乏参与战事的热情。因此，我们可以直观地发现：贵族社会在统计军队人数时往往只记录贵族兵（甲士、骑士）的数量，而忽略掉平民兵。

除非贵族们事前许诺，在战后给予平民足够的好处，或者统治者政治清明，能够赢得平民的支持，否则根本招不到足够多的平民兵——贵族兵有针对封主的军事义务，但是平民兵则没有类似的军事义务。统治者还需要承担部分武装平民的费用，这一点也是社会现实与原始部族习俗遗存的共同产物：部族中占据经济特权的贵族有财力自备兵器、盔甲、车马等装备，但普通部族成员却没有这个能力，只能拥有个人财力所能允许的最简单兵器；然而原始部族的共同劳作、共同收获、按需取用的旧规则又没有完全消失，因此贵族可以出钱出物，召集平民们一同生

▲ 周代宫殿模型

产军事装备，平时储存在公库，需要时直接下发。

极度不满状态下的国人时常也会自发地使用自备的武器和倒行逆施的贵族进行“相互间深入的交流”，因此国君更愿意自己出钱出人来生产军备并自行管理，而不是让平民们自备全套装备进行武装——即使是隋唐时期须自备武器的府兵，士兵们自备的也仅仅是弓、刀、箭矢等轻武器，如长槊、劲弩、盔甲等重装备，还是国家统一生产、保管、发放和回收（唐代法律中规定：私藏弩、甲、长槊等“禁兵器”，轻则流放，重则死罪；私造者形同谋反），其目的就是剥夺平民自行武装后对抗官府掌握的精锐骑兵和重装步兵的能力。

在外敌入侵时，国人会积极参与守城战，保护自己的家人田宅；当攻伐其他部族时，只要能够让平民兵从缴获与分赃中获得足够的好处，那么平民们也会积极参战。如果只是贵族阶层内部矛盾所引发的战争，那么平民兵在战场上则是一副出工不出力的状态。我们经常看到一些先秦时期的会战打得虎头蛇尾，也多是这样的因素所造成。《诗经》中有不少以平民士兵口吻创作的诗歌，态度大多是对战争充满厌恶，对被征兵打仗满腹牢骚。因此从西周到春秋前期，决定战斗胜败的关键因素还是贵族出身的甲士。

西周到春秋的车战军事体系完全根植于当时的奴隶制社会体系。甲士出身于贵族阶级，车上甲士 3 人，也应该有数名战斗中不乘车的甲士来指挥附属步兵作战，同时作为战车附属步兵中的主要战斗力来源。这一时期步兵的构成主力是国人，奴隶则只能做杂役或者随军工匠，几乎没有哪个封主或者国君会让奴隶作为步兵的主要构成。周军西来之时，商王朝的野战精锐主力陷在征战东夷的战场上，国中只剩老弱留守，商纣王不得已临战武装了大量奴隶，拼凑出 17 万大军①，然后出现了两个著名的典故——血流漂杵、倒戈相向。奴隶无论在政治上还是军事技能上都完全不可靠，纣王殷鉴不远，周王室想必不会拿着自己的脑袋开这么大

①关于牧野之战商军总兵力，存在《史记》的“七十万”与《帝王世纪》中的“十七万”这两个说法。结合《逸周书》中周武王伐纣杀“一亿三万”俘虏“三亿”（按十进制计算，这里的“一亿”应当为 10 万）的记录，应该是周军在牧野和攻破朝歌的战争中共杀死 13 万商人，俘虏 30 万人做奴隶。笔者认为“十七万”这个数字更加靠谱一些。

## “倒戈相向”的背后

牧野战场倒戈的主力应该是不满纣王统治的相当大一部分贵族势力，而非不满于商纣王“残暴”统治的奴隶。商末期政治斗争十分严重，比干被杀、微子被贬、箕子去国正是实例。纣王为进一步提高商王权威，做出了一系列改革。“登用小人，不用君子”，实质上是清除贵族在政治上的干扰，利用出身低微的人才试图建立商王直属官僚体系的尝试，比如带领着剩余东征商军和自己嬴姓族人为殷商王朝战斗到最后一刻，即使在亡国后也率领着两代族人用鲜血实现了对商王朝自始至终的忠诚的飞廉、恶来父子就是被商纣王特意提拔的出身不算高贵的人才，即所谓的“小人”。这严重侵害了贵族们的特权。

周灭殷商的成功具有较大的偶然性，但也有其必然性。从部分遗存的古老资料（如出土的商人甲骨卜辞）来看，商、周两族的实力对比并非特别大。周人算得上当时一霸，就像春秋时齐国与晋国那样。《诗经·周颂》篇中的诗句便记录了文王与武王时代周军征伐其他亲商邦国整合力量的过程。周文王伐商失败，周军实际的兵力损失应当在可控的范围内，只不过周文王本人被俘对周人士气与信心的打击比较大。也正是因为这一次的胜利，让商王帝辛放心大胆地将主力部队尽数东调与东夷部族作战。商王动用自己派系的军队与东夷部族死斗，客观上促成了武王伐纣的成功。但就当时的情况而言，也是出于无奈，毕竟沟通关中与商都的道路上存在较多利于防御的险阻（300 里崤山与黄河），东夷部族的领地与殷商的腹心之地之间基本为一望无垠的大平原。

当然，如果只有这一个因素，周人也不会在仅仅一代人的时间里就敢再次组织伐商。

然而，堡垒往往都是从内部被攻破的，曾经强大的商王朝也摆脱不了内部崩溃的命运。商帝辛统治时期商王朝的政局越发动荡不安，商王与贵族势力之间的矛盾愈演愈烈，最终一些商人贵族选择了私下联合周人来推翻这个不愿意维护自己阶层利益的统治者。商军主力东征而国内空虚，周武王能获得这么一个千载难逢的机会，恐怕背后少不了商族中

"反对派"贵族群体的运作。牧野之战，实际更应该理解为周军在反水的商人贵族协助下，伙同其他反对派部族，以斩首战术一同干掉了以商帝辛为核心的政治派系。随后的数十年里，周人使用各种手段将商远征军、商族其他派系力量、亲商派部族、被商人打残的东夷部族等逐一消灭，诸如史书中记载的诛飞廉与恶来父子、三监之乱（又称管蔡之乱或武庚之乱）、周公践奄等诸多耳熟能详的历史事件。

的玩笑。既然自身就是一个成功的案例，那么周王室自然要将自己的这套军事体制发扬光大。

牧野之战中周军有战车300乘，如果这个数字没有计入其盟友的兵力，那么可能还会再增加一些，但是不会增加太多（如果盟军拥有战车比自身的还多，那就不能称其为盟友，而应称之为宗主更为合适），当然这"四万五千兵力"中包含盟友军队的可能性更大。在经历过灭商之役后，周国内部大量国人在周天子的恩赏之下也迈入了新贵族的门槛，新生的西周王朝获得了扩军的基础。贵族社会中，有多少贵族兵才能够组建相应规模的部队这个问题，对于先秦时代的中国而言，计算军力的指标是战车与甲士数量，对于中世纪的欧洲而言，则是骑士的数量，对于中古时期的日本而言，就是有多少"骑"武士。得到了殷商积攒多年的财富的周军步卒们不但收获了物质上的奖励，更获得了周天子赐予的贵族身份，成了最低级的贵族——士。这一点对周天子而言也是有好处的——更多的贵族为其扩军提供了条件。面临全新国防形势下对扩军的要求，逐渐消化了商王朝遗产的周王朝决定在原有的西六师基础上抽调骨干力量建立新的一批部队。

首先建立起来的是殷八师。盘庚与三监的叛乱被彻底平息后，仅依靠西六师难以兼顾宗周王畿的驻防与看管被迁至成周王畿的殷商遗民的双重任务，于是周王朝在成周与殷地组建了新的部队，称作殷八师或东八师。殷八师建立后负担了相当繁重的军事任务，既要展开针对东夷的军事行动，还要在宗周面临军事压力时去支援西六师作战。

大概在穆王统治时期，为了解决维持广大控制区与兵力相对不足之间的矛盾，西周王朝又在成周王畿组建了第二支新部队——成周八师。武庚与三监叛乱被彻底镇压后，周人将大批殷商遗民迁到洛邑，放在周王的直接控制之下。同时，把大批殷人分给到东方建国的姬姜贵族。经过几十年时间的同化，当初被迁至成周王畿的殷人已经愿意接受周王朝的统治，并得到了新朝的信任。周王室以此新组建了最后一支直属部队——成周八师，从西六师与殷八师中抽调骨干力量，再大量编入已归心的商民成军。

殷八师的主要任务是应对东夷，因此又被称作东八师[①]；成周八师的主要任务是针对南方的淮夷等，因此也被称作南国之师。也有观点认为殷八师与成周八师是同一支部队，但就出土的西周青铜器上的铭文（两个名称曾多次同时出现）来看，两者应该是相互独立存在的，只是编制上接近，成军时的最初驻防地接近。殷八师成军较早，士兵的主力为周族人；成周八师的主要兵员则是商族遗民。

牧野之战周军总兵力 45000 人，此时周军建制为周王直属的虎贲军与西六师。那么按照 300 乘兵车来计算，平均一辆战车配属 150 人，这个比例明显过高。如果按照《司马法》的说法：西周初年，每一乘兵车有甲士 10 人、步卒 20 人（可能为 15 名正兵与 5 名辅兵）算，则 3000 虎贲正好与 300 乘兵车的数量相对应。那么我们可以做这样一个有趣的推测：假定虎贲军是周部族中直属于周王的精锐力量，其兵力构成则为 300 乘战车，每车配属 3 名车上甲士与 7 名步战甲士，并直属有 20 名国人出身的步卒，则整个虎贲军的兵力为 9000 人。除去虎贲军这支标准的战车部队，再假定其中有 1 万名左右的盟友部队，那么剩余的 26000 人都是步兵部队了。这 26000 人左右的部队就是西六师，如果按照 3000~5000 人为一师的话，这个规模正好可以对应上（平均每师有 4300 多人）。

周王朝建立后，天子利用新获得的财富大肆制造战车，并对西六师进行了“战车化”改造。经过改造后的西六师以战车部队与步兵部队混编，战斗中战车部

---

① 在部分出土的西周时期青铜器铭文上，“师”字有时会被写作“𠂤”，从繁体字上看，正是“師”一字的简写手法。

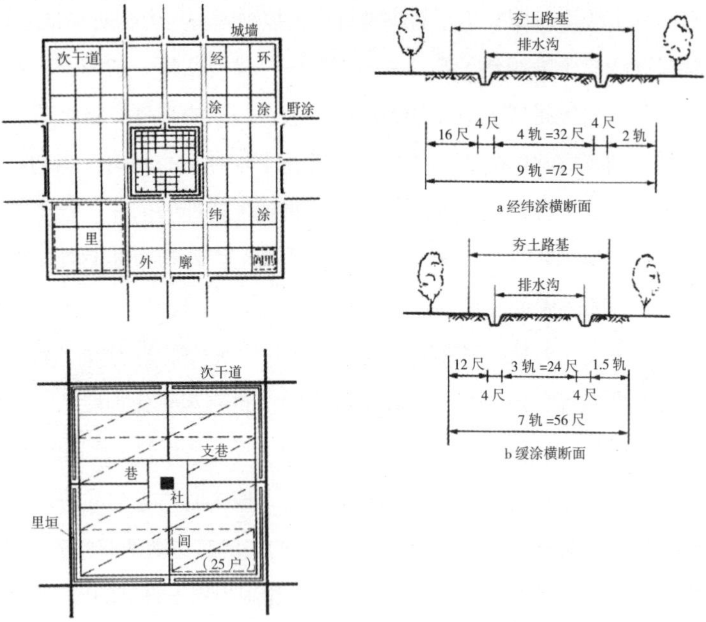


▲ 周王城规划示意图

队作为野战中先锋力量，步兵则为驻防主力与野战的重要补充力量。战车部队沿用了虎贲军的模式，以一辆战车 10 名甲士和 20 名步卒构成一个最基本的战斗单位——乘，然后再将乘合成偏、旅这样的编制，最后合成师级单位。“天子六军”的说法出现得相对较晚，至少到西周末期或春秋早期“军”这个建制单位才正式出现。如果以虎贲为一军算，西六师按一军算，东八师按两军算，殷八师按两军算，则正好可以组成六军。东八师与殷八师在建立时，应该抽调了西六师中的部分兵力作为骨干，这就直接导致了西六师中各部队的兵力规模在编制上普遍少于东八师与殷八师中的各部队。而且经过西周时期的多次大战，西周军队的各师均出现了比较严重的缺编现象。按照原先的编制，一师拥有兵力 3500~5000 人（牧野之战时的满编情况），到了西周中后期，一师下辖的兵源可能仅有 2500 人左右，甚至更低。

当然，对于西周军队的构成还可以做另一种推测：3000 名虎贲与 300 乘兵车就是西六师的全部精锐兵力与贵族军官的数量。除去 1 万人左右的盟友军队，除去应该与战兵 1 ∶ 1 配属的后勤辅兵，则剩余 16000 人左右。平均下来一乘兵车对应步卒 50 人、甲士 10 人，一师拥有战兵大约 3200 多人，算上辅兵则为 5800 多人，这样的兵力配属情况也可以说得通。但不管实际情况如何，周军的规模都是取决于其控制区内贵族的人数，而商周之际的步兵则由贵族兵与国人兵组成，无论采信哪一种周军兵力构成情况，战车兵都相对是少数。战车数量的激增要等到春秋之时了。虽然此时步兵的人数占到了多数，但是在战术层面，步兵一直是战车的附庸，作用只有三个：为战车回转重整提供掩护、为战车打开便于冲击的突破口、战车击溃敌军后为战车扩大战果。

从西周到春秋，车驰卒奔的景象构成了这一时代战场的主画面。战车上装备精良的贵族甲士带领着一群国人组成的步卒，或征讨四夷，或攻伐不臣，或为“尊王攘夷”的目标而搏杀。身份卑微、装备简陋的弱小步兵，作为贵族战争的附庸，也从此战战兢兢地走到了战争舞台的大幕之前，开始了自己千年进化史的第一步。

### 先秦时代的战车

驷马战车可以说是我国先秦时代最具代表性同时也最具战争美学的武器了。车上甲士三人分工明确：驭手驾车；车左弯弓射击，负责远程火力输出；车右使用戈矛与敌车周旋或杀伤沿途步卒。

在远古时期，不仅华夏文明一家将战车作为主战武器：两河流域的苏美尔人、建立世界历史上第一个军事帝国的亚述人、最早发明了冶铁技术的古赫梯人、人类历史上最早熟文明的古埃及人、建立了第一个地跨欧亚帝国的古波斯人，均使用了战车作为重要的战场突击力量。

西亚北非地区的战车发展一脉相承。世界上最早的战车应该是约公元前 3000 年苏美尔人发明的用 4 匹野驴拉动的四轮战车。这种战车使用由木板拼接而成的 4 个小直径实心无辐条车轮。战车车厢上可能蒙有兽皮提供防护，车上有两名乘员，使用战斧、长矛和投枪进行战斗。

▲苏美尔战车

这样的四轮战车因为使用小直径轮（技术水平限制，只能制作出可用的木板拼接出小直径的轮子，为了负担全车重量，保持全车平衡而采用了四轮结构），行驶速度慢，地形适应能力也偏弱，四轮的结构又导致了其转向困难。1982 年在俄罗斯乌拉尔地区克里沃伊湖墓葬中出土了一辆双轮（车轮有辐条）战车实物，据分析，制作年代应为公元前 2026 年，属于安德罗诺沃夫文化的乌拉尔分支金沙达文化。

现在已难以考证，双轮战车最早是被哪个古代文明首先运用于战场之上，只能确定亚述人和赫梯人均大量使用战车，作为战场主要突击力量。后来古埃及人在与赫梯人的战争中也学会了驾驭双轮战车。西亚北非地区的战车最大的特点是：车轮位于车厢偏后位置、单辕、使用有辐条直径较大的双轮、使用双马拉动、车体较为小巧、多使用轻质材料制作。因此全车重量偏轻，制作方便，乘员多双人。其中赫梯人的战车相对重型，使用了三人乘员编制，其人员分工与我国的驷马战车不同：中央为驭手；右侧的士兵投掷标枪，提供了主要的打击力输出；左侧的人持盾牌掩护另外两人。著名的卡迭石战役中，参战的双方各自出动了数万名士兵、数千辆战车激战两日。之后的波斯帝国在两轮战车的基础上，将

▲ 卡迭石之战中的战车

拉车用马匹从 2 匹增加到了 4 匹，并在轮毂上加装了具有杀伤能力的刀刃，这种战车就是著名的大刀战车。后来古希腊人和古罗马人也学会驾驭双轮战车，但限于所在地战场环境，并未在军队中大批量装备使用。

虽然在《尚书·甘誓》中夏启宣誓“左不攻于左，汝不恭命；右不攻于右，汝不恭命；御非其马之正，汝不恭命”，提到了战车的三人制分工，似乎可以表明在夏王朝建立之初，可以搭载 3 名甲士作战的战车便已经出现，但此文部分内容存在为后世杜撰的可能，可信度存疑，另外也没有考古实例可以证明夏代已有战车。商汤灭夏桀的鸣条之战中，记载商军有战车 70 乘，这里的记载似乎更加可信一些。殷墟出土的战车已经非常完备，不排除在更早的商朝初年商军已经装备了战车。

我国现存最早的战车实物是于 1935 年在殷墟遗址考古发掘中从商王陪葬车马坑中出土的双轮双马三人战车。1972 年，在殷墟孝民屯发掘出一辆结构完好的商朝战车，1981 年和 1987 年又各发现了一处完整的商朝战车遗迹，青铜制作的车马器保存情况良好，但是车辆的木质构件早已腐朽为灰渣，只在泥土中留下了可以证明其曾经存在的空洞，考古工作者将石膏等流体填充材料灌注其中，待其凝固后清理掉泥土，获

▲ 古埃及战车

得了完整的车辆结构。

与西亚北非的双轮战车相比，中国战车最直观的特点是尺寸大。古埃及战车车轮直径通常在 1 米左右，而中国战车的车轮直径在 1.5 米左右，地形适应能力更强。而且中国战车的车轮拥有高达 28 根的辐条（根据出土实物显示，商代战车车轮辐条数量较周代少，通常为 18 根，周代车轮辐条数量增多，达到了 28 根，这显然是根据实际使用经验发展出来的结果），古埃及战车辐条数量常见为 6~8 根，这就使得中国战车

▲古埃及战车（右上）与中国驷马战车（左下）尺寸对比

的车轮更加坚固，能够经受得住路途中可能出现的障碍物的冲击；且抗打击能力远超古埃及战车——即使数根辐条出现断裂，驷马战车依然能够保持行驶能力。车厢尺寸上，古埃及战车车厢宽度不到1米，除驭手外只能再容纳一名战斗人员，中国战车车厢宽度达到了1.6米以上，前后空间长度为60~80厘米，可以轻松容纳3名全副武装的战士。

最大、同时也是最难以被常人注意到的区别在于，古埃及战车的车轮安装于车厢尾部的位置上，中国战车的轮轴则位于车厢底部正中间的位置，因此可以看出，两种战车在重量分担上的设计完全不同。在承重分配上，古埃及战车让战马颈部承担了更多的重量（这也与古埃及战车车轴与车厢连接结构强度不足有关）；中国战车让车轴与车轮承担了主要的重量，战马的负担相比起来轻很多。更加合理的重量分配、受力设计与更好的马具（中国的马具多让挽马的胸肌部位来受力，而西方早期基本将拴马的绳索直接系在马匹的脖子上，容易导致挽马呼吸受阻），让中国战车具备了更强的负重能力，因此驷马战车在承载3名全副重装的甲士之余，还能携带“五兵”作战，并在车厢四边敷设“装甲”提高防御力。因此，尽管在重量上中国战车是古埃及战车的数倍，但是在更合理的重量分配与4匹战马的拉动下，中国战车拥有更快的行驶速度与对复杂地形更强的克服能力。

驷马战车在车厢与车轮制作上充分应用了中国传统木工精华的榫卯工艺，使得整车更加坚固，而且安装方便利于修理。

在只有摩擦轴承的技术前提下，为解决战车车轴运动性（运动部件润滑）与牢固性（运动结构不易破损散架）的两大难题，中国战车采用了大长度的青铜车毂，配合轮毂、轮辖、轮帽三件套间的最佳组合，最大限度地解决了问题。为了达到更佳的润滑效果，中国战车还进化出了带有中空结构的青铜轮毂，可以定期将一定量的油脂注入这个内部空间（实例可参见秦始皇陵陪葬铜车马），可谓是最早使用含（润滑）油轴承的实例。相对于西亚系战车，中国先秦时代的驷马战车可谓是一件制作精良的庞然大物。

著名的文物复制学家罗伯特·赫福德与军史学家麦克·洛斯（此君不是人们传统印象中老学究形象的历史学家，他精通武艺，尤其擅长骑射，是一位罕见的“身体力行派”军事历史学家）曾以出土实物为样本，使用中国传统工艺复制了一辆春秋时代的战车。在复制的过程中，两位历史学家对中国战车各种精巧而又具有针对性的设计赞不绝口，随后两位学者驾驭着复制好的战车进行了一系列的实战战术演练。测试中，麦克·洛斯发现，车左甲士在射箭时应采用蹲跪式射击，这样的姿势可以让射手的姿态最稳定，命中率可以得到有效提高，同时射击速度也更快。

随后二人将这辆复原的驷马战车带至城濮之战古战场上进行了一系列的实地性能测试。中国战车在战地中发挥出的优良机动性令麦克·洛斯感到惊讶：没想到仅使用了两匹战马，就能带着如此巨大的战车跑得如此轻松，行驶中的转向也精准灵活。可以想见，战场上，一辆奔驰而来的先秦中国驷马战车不但在物理上具有巨大冲击力，还会在心理上给对手造成强大的冲击。在对战测试中，二人也发现为何战车最终会被淘汰：拥有了合适马具的骑兵在机动力、冲击力上表现出了对战车全面压倒性的优势。二人将全部复制与测试过程制作成了一期（PBA 频道）节目，有兴趣的读者可以自行查找观看。

虽然说双轮战车可能是随着民族迁徙从西亚、中亚地区传到中国来

▲ PBS电视台纪录片：复原中国战车

的，但是中国人根据自身的环境对战车进行了适应性的发展，并根据自身掌握的精湛木工、漆器与金属加工技术改进了战车的制作工艺，使之成为一张代表本民族军事力量的名片。任何一个兴盛民族无不注重对外交流，积极地学习外来的先进技术，中华文明正因自身所具有的海纳百川的特质才能屹立东方。文明从来就不是相互孤立的，交流愈是频繁，文化愈是灿烂辉煌。兼容并包、不卑不亢才是大国特有的自信。

# 第二篇

战记 2

# 晋楚争霸

## 晋国六卿体系的成型

晋国卿士之间时而同心协力时而斗得个你死我活的矛盾对立统一关系，可谓贯穿并主宰了整个晋国中后期的基本政治格局。翻开史籍我们便会发现，似乎晋国朝中格局始终摆脱不了内斗这个阴影。晋国第八任国君晋穆侯[①]（在出土青铜器的铭文中被称作“晋侯邦父”）在其即位的第四年迎娶了齐国公主为夫人，生太子仇与次子成师（后世常以封地之名称其为曲沃桓叔）。晋穆侯去世后其弟殇叔自立，太子仇出奔。晋殇叔篡位后的第四年（周幽王元年，公元前 781 年），太子仇带兵杀晋殇叔夺回君位，是为晋文侯（注意与春秋之时的晋文公相区别）。

据《古本竹书纪年》载，晋文侯一生做了两件堪称影响了历史进程的大事：第一件，周幽王二年（公元前 780 年），晋文侯协助周厉王之少子王子友（又称王子多父）出兵征讨鄫人大胜[②]，王子多父因功被封于“郑父之丘”，建郑国，是为郑桓公。晋文侯与郑桓公之子郑武公在西周末年的惊天之变中都扮演了不太光彩的角色：为保外甥宜臼太子之位，申侯引鄫人、犬戎之兵攻陷宗周杀死周幽王与郑武公之父桓公之后，郑武公背弃父命站到了原本的敌军阵营——废太子宜臼一方，并与晋文侯一同拥立宜臼即位。其后，晋文侯又出兵杀死了被宗周国人视为正统的周携王，这也是晋文侯一生中做的第二件大事。

自从插手周室内斗后，晋国便与内乱结下了不解之缘。公元前 746 年，晋文

---

①唐叔虞被封于唐国，应被称作唐伯。其子晋侯燮父迁都于晋水之畔的翼城并以此改国号唐为晋，是为第一代晋侯。根据晋侯墓地出土的青铜器铭文可以推断其在位时间为周召王与周穆王时期。依此计晋穆侯为第八代晋侯。

②1980 年于陕西省西安市长安区斗门镇出土的多友鼎，其上 279 字的铭文记录了一次艰难的战役。是役周军将领武公之师斩获首级 350 余，俘获 23 人，缴获战车共 127 辆，将獫狁军队逐出宗周境内，并解救了一批被俘的周人。多友在战斗中立下战功被赐予铜料，多友以这批铜料铸成鼎器并刻下铭文记录功绩。根据《古本竹书纪年》记载，周厉王十四年（公元前 866 年）“皞狁侵宗周西鄙”，周宣王三年（公元前 825 年）“王命大夫仲伐西戎”，周宣王四十年（公元前 788 年）“晋人败北戎于汾隰”，多友鼎上所记录战事应当发生于这段时期内。

▲国宝多友鼎

侯死后，其子太子伯即位，是为晋昭侯。晋文侯之弟公子成师在封地苦心经营自己的势力，接纳人才发展生产。其封邑曲沃也得到了巨大的发展，城邑规模扩张到了比晋国国都翼城还要大的地步。大夫师服曾劝谏晋昭侯，如此“本末倒置”，将来必生祸乱，可惜晋昭侯并未因师服的谏言做出相应警惕。曲沃桓叔的政治野心则随着曲沃城邑规模的扩张而日益增大。晋昭侯七年（公元前 739 年），大臣潘父弑君杀晋昭侯，曲沃桓叔趁机出兵前往翼城欲夺取国君之位。然而翼城国人此时心怀召侯，于是自发武装起来击败了曲沃桓叔的军队，并拥立召侯之子平即位，是为晋孝侯。至此晋国之内翼城、曲沃两系之间的矛盾彻底公开化，揭开了这场持续了 60 余年之文争武斗大戏的帷幕。

晋孝侯十五年（公元前 724 年），曲沃桓叔之子曲沃庄伯借赤狄入侵的机会，出兵翼城，杀死晋孝侯。翼城国人最终在荀国军队的协助下击败曲沃庄伯，拥立孝侯之子公子郤即位，是为晋鄂侯。6 年后（公元前 718 年），曲沃庄伯联合郑国、邢国攻打翼城，晋鄂侯战败，出逃至随邑，同年夏天晋鄂侯病逝。曲沃庄伯再次攻晋，然而此次不甘寂寞的周桓王转而支持翼城公室，遣虢公率军共击曲沃庄伯。

曲沃庄伯被迫逃回曲沃，晋鄂侯之子光即位，是为晋哀侯。晋哀侯九年（公元前709年），曲沃庄伯之子武公（也被称作晋武公）联合陉廷共伐翼城，俘虏晋哀侯。先拥立晋哀侯之子小子即位（史称晋小子侯），而后派韩万（死后谥号韩武子，为曲沃桓叔庶子，日后三晋中韩国的先祖）弑杀晋哀侯。4年后，晋小子侯被曲沃武公诱杀，周桓王派虢公再次出兵干涉，曲沃武公被击败退回封邑。因实力不济且为维护自身名声，曲沃武公在国人民意的压制之下，只得拥立晋哀侯之弟公子缗继承晋国国君之位，然而晋侯缗只能算作一个傀儡。晋侯缗元年，曲沃武公攻翼城，灭其宗嗣。27年后，曲沃武公出兵攻打晋侯缗，弑君自立，两系之间最终决出胜负。

曲沃代翼，其间67年，弑杀5代国君，放逐一位国君。其间龃龉不断：周王室在收取曲沃小宗的贿赂后，默认了其对翼城嫡系的攻伐；而后又反悔支持翼城嫡系，并数次出兵干涉；最后在曲沃武公以珍宝器物的重金贿赂下，周釐王承认了曲沃一系为晋国公室嫡系，并封曲沃武公为晋国之君。以臣弑君而篡取国君之位，曲沃代翼堪称开春秋之世礼崩乐坏之先河。不过从地缘政治的角度来看，"曲沃代翼"却是一件必然发生的事情。晋国早期国都翼城地处临汾盆地东北角，其三面环山，处于临汾盆地之内的一个小型盆地东侧。由于城邑背后两山相夹山势如双翼齐飞，故名为翼城。晋昭侯在即位的第二年（公元前745年），将自己的叔父成师封于曲沃，自此之后，公子成师也被称作曲沃桓叔，晋公室曲沃小宗就此宣告诞生。

据考证，曲沃位于今山西省闻喜县境内，位于运城盆地东北角。与翼城之间相隔一座叫作绛山的小山系，该山系也是运城盆地与临汾盆地的分水岭。南北朝后期，齐周两家也围绕这一天然的地理分割线多次交战。正因为分属两个不同的小地理单元，故而两系的争斗才会持续67年之久（一千多年后的南北朝后期，齐、周两国也曾以绛山为界对峙于晋南，可见这一天然平衡线对运城盆地在地理与军事上的分割作用）。从地缘的角度来看，小宗所占据的曲沃更利于扩张发展，可以不停地拿周边华夏系小国开刀，吞并之以壮大自己。由于曲沃所处地域更加广阔，可以比较方便地向南扩展，直至将自己的势力范围填满整个运城盆地。而翼城所处的小型盆地，从防御的角度而言确实很好，但同时也缺乏扩展的空间，东侧与

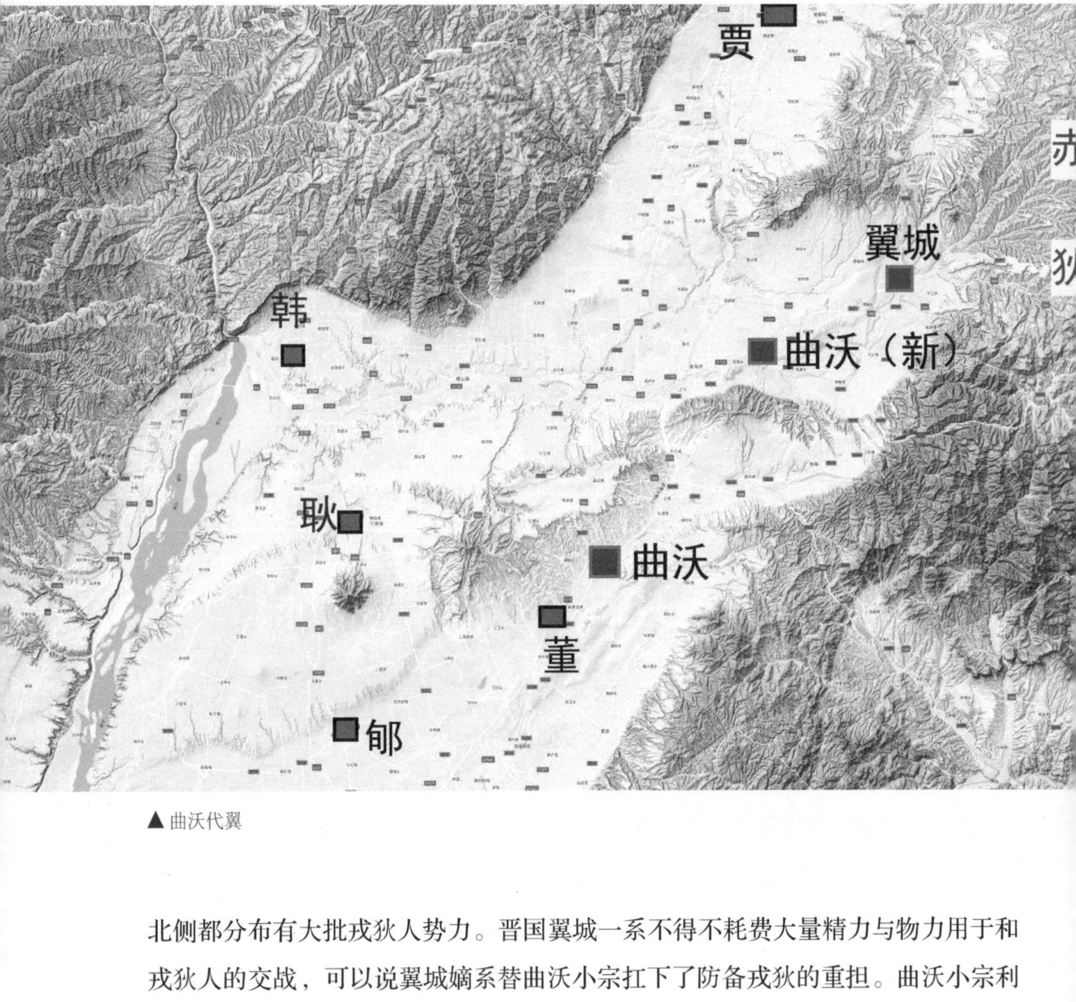


▲曲沃代翼



北侧都分布有大批戎狄人势力。晋国翼城一系不得不耗费大量精力与物力用于和戎狄人的交战，可以说翼城嫡系替曲沃小宗扛下了防备戎狄的重担。曲沃小宗利用其地缘优势战胜了翼城大宗，后为彰显自己的正统（也为了方便弹压不太服气的翼城国人），晋国曲沃一系将政治中心迁至绛山以北（今山西省曲沃县一带，与翼城同属一个小地理单元），并继续沿用曲沃之名。

春秋早期，郑国、虢国等中原国家实力强劲，为当时大国，若论军事实力，晋国只算一个中等国家，又因“曲沃代翼”67年的内斗与外国干涉，实力被消耗大半。在政局稳定之后，晋侯称（晋武公）、晋侯诡诸（晋献公）父子两代励精图治，先后攻灭荀（晋武公灭荀国后，以其地赐大夫原氏黯，是为日后晋国六卿中的荀氏）、

▲ 晋献公（中）人物绣像（出自中国古典小说《东周列国志》）

骊戎、耿、霍、魏（地处中条山南麓东侧）、虞、虢（成语“假途伐虢”之出处）等小国而霸，史称“并国十七，服国三十八”。晋国能够从仅有“一军”的中等国家迅速扩张为一个坐拥上下两军、实力强盛的大国，晋侯诡诸功不可没。为了预防“曲沃代翼”之事重演，晋侯诡诸在即位后的第八年，用士蔿之计，诛杀了势力日益强大的“桓庄之族”（桓叔、庄公、武公三代曲沃系家主的旁系子孙）。

然而，公室内斗的阴影再次笼罩在晋国头顶。晋侯诡诸晚年，太子申生势力日渐壮大：晋侯诡诸自领上军，太子申生领下军，太子在军事上可谓能与国君分庭抗礼。

此时还发生了一个重要的插曲，晋侯诡诸的驭手赵夙（嬴姓部族以善于养马驭马而著称，昔日有著名的王御造父为穆天子效命，传说其凭借为周穆王日驰千里平徐偃王叛乱之功被封赵城，成为嬴姓赵氏始祖。赵夙继承了家族的优良驭马技能，成为晋献公的驭手，再次以战功光大赵氏门楣）和车右毕万（周文王第十五子毕公高之后）在灭霍、魏、耿三国之役中立下功劳被分别封于耿、魏两国，成为后世赵、魏两国的直系始祖。

在漫长的君主制时期，太子一直是一个地位极为尴尬的角色。一方面，作为未来的国君，现任国君既希望其才华横溢，能够逐渐开始负担政务，使之后的权力交接变得更加平稳；另一方面，他们又被现任国君深深忌惮，唯恐其将自己架空，最后落得个凄惨晚年，历史上这样的事情可谓屡见不鲜。因此出现了后来的骊姬之乱。骊姬之乱，太子申生被杀，公子重耳（流亡狄地）、夷吾（流亡梁国，在今陕西省韩城市附近）去国流亡，骊姬所生的公子奚齐继位。晋国内部诸大夫卿士家族则在此大乱之时做出了一次有趣的风险分散型政治投资，派出族中子弟分别去辅助一位公子。狐偃、赵衰、颠颉、魏犨、胥臣等人辅助公子重耳，另一些人如郤氏家主郤芮则去辅助公子夷吾。

公子奚齐、公子卓子（《清华简·系年》中称之为悼子）、大夫里克（应该是以里克为代表的大夫政治势力，多为太子申生旧部）相继被杀，公子夷吾继承国君之位后，晋国的内乱才算暂告一个段落。但即位后的晋侯夷吾(晋惠公)对内乱杀大臣——里克与其所代表的政治势力的骨干力量“七舆大夫”[①]皆被杀，对外背信弃义，直接引发了韩原之战，造成晋国内忧外困，国人离心离德。在其病逝后，晋国大夫势力反攻倒算，废其子晋怀公，迎立其兄公子重耳为晋国之君。

▲晋文践土

早在重耳、夷吾兄弟二人逃出晋国之时，秦伯任好（秦穆公）便欲支持公子重耳即晋侯位，然而在狐偃的劝说下，重耳拒绝了。对重耳来说，在当时的情况下，如果接受秦伯的扶持，确实可以不用在外流亡十数年，但是有一利必有一害，如果接受秦国的扶持，那么等于舍弃了自己的贤名，晋国之内必然不会心悦诚服，而且在面对秦国索要回报时也会难于应对，即位之后的所作所为，恐怕也会与历史上的晋侯夷吾毫无差别。重耳此时舍弃君位，而把即位的机会让给夷吾，看上去是自讨苦吃，实际上是让夷吾成为吸引国内不满情绪的靶子，当夷吾将晋国之内的所有怨恨都充分激发后，重耳再借助贤名回国继位。这样重耳就能获得一个绝对支持自己的晋国，不但可以从容地应对秦国索取回报的要求，又能让晋国继续保持外交上的独立。

19年的颠沛流离，历经了翟国的提心吊胆、齐国的繁华、曹郑的轻慢、荒野

①晋国上下两军，每军中各设7名中层指挥官，号为“七舆大夫”，以“侯伯七命，副车七乘”的礼制而得名。此处被杀的七舆大夫应该是曾经由太子申生领军的下军之七舆大夫，里克为太子申生旧部，骊姬时高举为申生复仇的旗号笼络党羽，弑杀了奚齐和卓子两任晋侯。

的饥馑、楚国的诱惑，公子重耳终于在鲁僖公二十三年（晋惠公十四年，秦穆公二十三年，公元前637年）秋获得了来自秦国的扶持。就在公子重耳东渡黄河入晋之前，追随其流亡列国19年的狐偃忽然拿出一块玉璧，并流着泪对重耳说："臣下追随公子流亡诸国，然而智术浅短，一直不能辅助公子继承君位，实在是有罪于公子！我有此自知之明，才能不足以辅助公子成就大业，公子也应该知道，不如让我等离开就此自生自灭吧。"

重耳立即说道："舅舅（重耳之母为狐偃族姐，故称其为舅）此话从何说起，我定不负卿等的追随之义，必厚待与我共度苦难的诸位。此誓以此白璧与大河为证。"说完就将狐偃之前递给他的玉璧丢进滔滔黄河起誓。主从双方都是聪明人，流亡生涯即将结束，很多君主与臣子可以共患难但不可同富贵。此时重耳即将成

▲晋文公复国图局部（宋，李唐）

为晋国国君，而追随者的内心也开始变得惴惴不安。重耳之弟晋侯夷吾即位之后就杀掉了一批曾经迎立自己的大夫，而此时晋国国内，荀氏家族掌握晋国军政大权可谓一家独大，随重耳流亡在外的臣下们唯恐自己就算回到国内也过不上好日子。即将渡河的时候，狐偃能拿出一块珍贵的白璧来让重耳盟誓，二人的所言所行很显然是早有预谋。重耳与狐偃故意上演了这样的戏码向从人昭示，公子重耳绝非那种只可共患难不可同富贵的薄凉之辈，就算成为晋国国君，他也不忘诸位多年追随之忠义，定当厚待。

果然，在重耳即位之后，这些跟随重耳流亡多年的跟班们摇身一变成为晋国朝堂之上的新贵。鲁僖公二十七年（周襄王十九年，公元前633年），晋侯重耳（晋文公）始设三军，郤縠为中军将（在职仅一年便去世，先轸继任其位，并指挥了城濮之战、崤之战）、郤溱为中军佐、狐偃为上军将、狐毛为上军佐、栾枝为下军将、先轸为下军佐（先轸为中军将后，胥臣继任其职，参与城濮之战），晋国六卿（三军将佐）体系正式成型。

晋国六卿，荀氏后来分为中行氏与智氏两家；狐氏在第三代家主狐射姑时，与执政大臣赵盾在君主选择上出现分歧，逃离晋国；先氏在第五代家主先縠时，勾结犬戎作乱，被晋公驱逐出晋国；郤氏的三郤（郤芮、郤缺、郤克连续三代为晋国执政）骄横霸道，后被晋厉公和胥童用计联手诛灭，郤氏败亡；胥氏的第四代家主胥童被中行、栾氏联手杀死，退出晋国政坛高层；栾氏本为晋国公族分支，第七代家主栾盈时遭六卿围攻被灭家，仅有栾鲂流亡宋国。赵衰初为大夫并得封原邑，后随晋侯重耳参加践土之盟，又被任命为新下军佐，后升任为新上军将，其子赵盾则成为掌控晋国朝政的正卿，执政期间杀公子两人、弑君一人、拥立新君一人，可谓权倾朝野。

晋侯重耳即位后确立下来一条规则：除太子外，成年的公子不可留于国内。这样也是为了防止诸位公子因抢夺君位而相互厮杀。国内只留太子一人，其他成年公子均不可居于国内，这样自然无人会来夺位。但这一政策并没有彻底断绝兄弟手足相残的惨剧的再次发生。另一方面，诸公子们没有了权势，无法成为国君的助力，而掌握晋国实际权力的卿大夫们却可以操纵君位废立。晋侯欢（晋襄公）去世后，卿大夫们为决定由谁来即位而争得不可开交，并直接导致了公子成与公子雍被杀（均为赵盾下的手），最终即位的太子夷皋也在数年后被赵盾所杀。

似乎是受自曲沃代翼起至骊姬之乱延续上百年的公室内斗的影响，晋侯诡诸、晋侯重耳父子二人上台后对后世影响最大的举措，均以限制公室旁支势力为基本出发点。晋侯诡诸将自己的曲沃亲族们斩杀得只剩下韩氏一支；晋侯重耳则狠下心来，以身作则，让自己的子孙后代也将除太子以外的儿子们全部逐出国。

天子家中无亲情可言，为了保住嫡系一脉的继承权，古往今来的帝王们可谓挖空心思。晋国公室最终以近似挥刀自宫的手法保证了君位的继承权不致旁落，也在一定程度上避免了兄弟相残的局面再次发生，但是其代价不可谓不大，之后的每一代晋侯都必须在孤立无援（无公室亲近旁支扶助）的情况下与日益壮大的卿大夫家族们斗智斗勇。若国君本人精明强干，还能暂时分化压制住诸卿，若即位的并非雄才大略之辈，便只能沦为“窗边族”。可以说晋国最终被瓜分的命运的种子，在晋侯诡诸时期就已经埋下。

西汉景帝时期的“七国之乱”成为皇族强势旁支武装干政的第一个惨重教训。三国曹魏政权被司马氏篡夺后，司马氏家族总结其败亡的教训，认为曹魏之败在于皇帝缺乏强大的宗族势力扶持，故大肆分封同姓诸侯王并给予兵权。但“八王之乱”的惨重教训，又给后世的帝王们再次敲响了警钟。皇室的强势亲族因野心膨胀可能会密谋篡位，无亲族扶持又会导致皇权旁落，这也成了一个历史上的死循环（唐有玄武门之变，宋有“烛影斧声”谜案，明有靖难之役，清有“九龙夺嫡”大案，至于乱世中的父子、兄弟相残更是数不胜数），直到绵延两千余年的封建帝制落幕才宣告结束。

重耳、夷吾兄弟二人在私德上有亏：重耳气量狭小，即位后便开始针对流亡中所受之辱报复他国；夷吾背信弃义，对内杀害拥立之臣（也有预防性的因素），对外向有恩之秦国要尽无赖，其不要脸的程度到了一个境界。但是此两位身为晋国之君，时刻记着为国谋利，决不因个人的名利得失而出卖国家利益，在这一点上兄弟二人都可以算是合格的君主。

## 退避三舍——城濮之战

晋公子重耳在流亡途中受到楚成王的款待，宴席之上楚成王玩笑般地问道：

“若他日公子重耳能回国继承晋国国君之位，当如何报答寡人的扶助之恩？”（“公子若反晋国，则何以报不谷？”[①]）任何政治投资，其根本出发点都是为了获取相应的收益，否则就不是一次成功的投资。想必楚成王是以这句话来考察重耳，看楚国支持其回国即位是否能让自己得到满意的回报。作为一个政治人物，重耳自然听出了楚成王话里所暗含的意思：如果想依靠楚国的扶持成为晋国国君，即位后是需要付出一些代价的，要么是割让土地，要么是给予大量财货，要么在外交上成为楚国的附庸。

重耳不正面答复，却用吹捧楚国国力强盛、物产丰富的说辞，既不破坏气氛，又滴水不漏地拒绝了楚国割地的要求：“我听闻楚国物产丰富，奇珍异兽数不胜数，黄金美玉俯拾皆是，大王富有楚国，我实在不知道能拿出什么可以献给大王的。”（“子女玉帛，则君有之；羽、毛、齿、革，则君地生焉。其波及晋国者，君之余也。其何以报君？”）楚国国土广袤又如此富庶，我晋国贫弱，财货远不及楚国，根本拿不出手。而楚国之地肥沃、物产丰富，我晋国之地狭小贫瘠，十块也不及大王一块，大王取之无用还要空耗兵马钱粮来驻守，付出远大于回报，实在不值得。说到底就是晋国决不会割让土地，也不会向楚国奉上岁币。

楚成王有些失望，于是继续追问：“既然如此，那公子是不打算回报寡人厚待之恩义了？”（“虽然，何以报我？”）

重耳只得继续回答：“如果我能回到晋国继承国君之位，那么若有朝一日晋楚两国对决于疆场，我必退让三舍以回报大王。若我退避之后，大王还欲一争高下，那我只能驾着战车，左手执弓，右手持箭与君周旋了。”（“若以君之灵，得反晋国，晋楚治兵，遇于中原，其辟君三舍。若以君之灵，得反晋国。”）重耳的言论与潜台词很不友好。楚成王的最低要求是晋国能够承认楚国的霸主地位，当楚国有什么大的举动时，希望晋国能够支持并策应自己的行动（就如同后来齐国在外交上策应晋国那样）。然而重耳开口便说未来某日若晋楚交战，其中意思就是晋国绝对不会对楚国马首是瞻，只要楚国触碰了晋国的利益，那么就在战场上见高低吧！

---

① 此页楚成王与重耳问对语出《左传·晋公子重耳之亡》。

当然，为了回报楚成王收留重耳之后的厚待之礼，晋国愿意首先避让楚国。但是若一定要在战场上分出胜负，那么就作战吧！

见重耳如此不识抬举，楚国令尹子玉大怒："大王对晋公子如此厚待，愿意助其回国即位，但重耳此人却不懂得知恩图报，竟然还说出如此无礼的话，应该杀掉他。"作为楚国的重臣，子玉自然知道楚成王厚待重耳是准备为楚国做一次重大的政治投资，看到重耳这种油盐不进的态度，子玉自然会无比恼怒。此时的晋国有资格取代晋侯夷吾继承国君之位的，只有重耳一人了，既然此人不愿为我所用，不如杀之。

楚成王见投资重耳毫无益处，杀了这位广有贤名的晋国公子也只会破坏自己在诸侯间的声誉，故而制止了子玉的举动。此时秦伯任好（秦穆公）因不满晋侯夷吾对自己的屡次欺瞒，故决定扶持重耳取而代之。秦伯任好当初支持公子夷吾即位，就是为了能获得相应的回报。夷吾为获得秦国的扶助，曾答应向秦国割地，但即位之后立即翻脸，以各种借口赖账。晋国遭遇灾荒向秦国求粟，秦伯任好不计前嫌地爽快答应，并主动承担了转运的成本；几年后秦国遭遇灾荒向晋国买粮，晋侯夷吾却选择不救助秦国。两国撕破脸皮之后在韩原大战，晋侯夷吾被俘后又表示愿意出财货土地赎身，并将太子圉作为人质。其后晋侯夷吾去世，太子圉为继承君位竟然不告而别，自行逃回晋国。可以说秦国针对晋侯夷吾进行的三次政治投资均以失败告终，导致秦廷上下对该系势力彻底失望。于是，秦伯任好向楚国表示出自己愿接收晋公子重耳的意愿，楚成王也不愿在重耳这块"鸡肋"上多花成本，表示同意，并将重耳一行送至秦国。

我们先来看看重耳所说的"辟君三舍"到底是怎么个"辟"（辟即避）法。

"舍"一词原意为小屋，后来引申出休息的含义。"一舍"其实是春秋时代军队正常半日行军的标准[①]——古代军队行军中每天只走半个白天也是很正常的行为，早起吃饭后整装出发，到下午停下休息扎营吃饭。如果要保证军队拥有完整

①车战时代的军队，其正常行军速度绝不可能达到战车进攻中的冲击速度，军队行军既要携带大量辎重物资，还要考虑车辆磨损情况，任何一支军队的行军速度都取决于序列中速度最慢的那一环。

## 宋襄公与泓水之战

春秋五霸的排名存在多种说法：一为齐桓公、宋襄公、晋文公、秦穆公、楚庄王，一为齐桓公、晋文公、楚庄王、吴王阖闾、越王勾践，又一为齐桓公、晋文公、秦穆公、宋襄公、吴王夫差。齐桓公与晋文公是毋庸置疑的伯霸之主；楚庄王一鸣惊人问鼎中原，有威震诸夏之能，当位列霸主之席；秦穆公霸西戎，虽然只是一个区域性的霸主，但是他有服二十余国，拓土千里，为周天子复仇之功劳，为华夏文明的安宁做出贡献，可算一方之伯；吴越春秋之绚烂，吴王阖闾灭楚之功绩，夫差

◀ 东周列国传人物绣像

争雄中原之伟业，也可算作当世强者。其中最让人不能理解的霸主之名，就是在泓水之战中被楚成王击败的宋襄公，其何德何能可位列五霸之一？如果单以霸业而论，楚成王也远胜宋襄公这个失败者。那为何会有人将宋襄公这个现代人看来有些滑稽色彩的失败君主也列作五霸之一呢？

认真说来，宋襄公并非没有功绩，只不过被泓水之战失败的巨大阴影掩盖了。齐桓公死后，宋襄公联合曹国、卫国、邾国三国军队护送齐太子昭即位，第一次在国际上扬名。宋国本为殷商遗民之后，虽贵为公爵，但在春秋之世，宋国的国力并非一流，远不能与其爵位相称。春秋之初被小霸郑国欺辱，乘丘之战与齐国的联军又败于鲁军之手。

依照齐桓公旧例，诸侯确立自己的霸主之位，必须邀请各国之君举行会盟，会盟的发起者与歃血之盟的执牛耳者为盟会之首，即当世之伯霸。宋襄公自然也有想学样地发起了几次会盟来称霸。鲁僖公十九年(周襄王十一年，宋襄公十年，公元前641年)，宋襄公第一次邀请邻国于曹南及邾地举行会盟，然仅有曹、邾、鄫三小国国君到场。宋襄公以鄫君晚到是不尊重会盟为由，在睢水之畔杀其为人牲献祭于社（可以将其理解为祭了睢水河伯）。周人自克商以来便反对杀人为牲，宋襄公这样做很显然是违背了周礼中“仁”的要求，反倒是一派殷商时期的旧俗。

第二次，鲁僖公二十一年（周襄王十三年，宋襄公十二年，公元前639年）春，宋襄公于鹿地举行会盟，宋襄公认为自己出兵助齐国平定内乱，有恩于齐国，齐国应该将霸主之位让给宋国，又以自己为公爵、楚国为子爵，因此轻视楚国，故在齐楚两大强国面前摆出伯霸的姿态，引起两国不满。当年秋天，宋襄公又举行了第三次会盟，地点选在了盂地。参加此次会盟的诸侯比前两次要多，有宋公（宋襄公）、楚子（楚成王）、陈侯（陈穆公）、蔡侯（蔡庄公）、郑伯（郑文公）、许男（许鲁公）、曹伯（曹共公）等参会。会上宋襄公欲再次先行歃血，和楚成王发生争执。这时楚成王的大批随从忽然脱去外衣，露出早已穿好的盔甲，拿出藏在衣袂之下的兵器，冲上高台将宋襄公挟持。楚成王例数宋襄公的各种不是之后，依此为借口押着宋襄公去攻打宋国。但是宋国在公子子鱼（宋襄公的异母庶兄）的带领下顶住了楚军猛攻，楚成王见得不到好处，只得放回了宋襄公。

次年夏季，宋襄公率领宋、卫、许、滕联军攻打已经倒向楚国的郑国。当年十一月，楚国发兵救郑，双方战于泓水。楚军进抵泓水南岸时，宋军已在泓水北岸完成列阵。当楚军开始渡河后，宋国司马固劝谏宋襄公："我军兵少，楚军规模远远大于我军，国君应当机立断，趁楚军半渡之时攻击对方。"宋襄公却说："不可乘人之危。"楚军完成渡河后，乱糟糟的披甲授兵整队列阵，司马再次劝解宋襄公趁楚军列阵未毕、秩序混乱之机发动攻击。但宋襄公仍然不予接受："我一向主张仁义，怎么可以如此不择手段啊？"一直等到楚军布阵完毕，一切准备就绪后，宋襄公这才击鼓向楚军进攻。在进攻前，宋襄公在自己的"仁义"大旗下对全军将士说："君子在战斗中，不可加害已经受伤的对手，不擒老幼之兵（'不重伤，不擒二毛'）。自古以来行军作战，不依靠阻隘地形投机取巧。寡人就算会战败面临亡国，也不会乘人之危进攻的。"

会战的结果我们都十分清楚了，宋军大败，宋襄公本人大腿也中了一箭负伤而归。事后，宋国国人埋怨宋襄公有意放弃战机导致大败，宋襄公也以上面这番话来自辩。值得注意的是，宋国国人并没有反对宋襄公"逐北不过百步"与"不擒二毛"的说法，只是怨恨宋襄公哪怕在兵力绝对劣势的情况下也要坚守旧时战场"不鼓不成列"的军礼而导致战败——此时虽然还有着"军无礼不胜"的说法，但所有人已经对须先取得战役胜利再去讲究这些战场之"礼"达成了共识。

泓水之战，宋襄公在自己的战车上树起"仁义"大旗，来标榜自己的霸主风范。那么，宋襄公真的如同自身所宣称的那般仁义吗？答案显然是否定的：在邾地会盟上，宋襄公因鄫君迟到而杀其祭神的行为，怎么看都与周礼所说的"仁义"背道而驰。大禹昔日在会稽山会盟天下诸侯，就以迟到的名义处决了防风氏部族首领。商代杀人祭祀的风俗更是出了名的，我们在殷墟的考古现场就能看到大量杀人祭祀的遗迹。宋襄公作为殷商贵族的后裔，做出杀人祭河神的事情并不算奇怪（战国时期，西门豹治邺城时也遇到"河伯娶亲"这样的荒唐事，从根子上说这就是同样的杀人祭河神行为），只能说宋襄公是守旧得有些过头了。

同样，宋襄公所宣称的“不鼓不成列”“不重伤，不擒二毛”和“逐北不过百步”也只是旧时代战场上的通则而已。周恒王与郑庄公之间发生的那场“长葛之战”，取胜的郑庄公同样是逐北百步乃止。宋国人常因为是殷商遗民的缘故而被天下人嘲笑守旧，但是此战之后，国人们也觉得宋襄公过分守旧，而非宋襄公过于仁义。当然，宋襄公本人的人格魅力还是获得了广泛的认同。其被楚成王释放后，宋国的贵族与国人们依然愿意奉其为主，“临时即位”的公子子鱼也主动让出君位。事后，宋襄公也没有清算子鱼等人的“不忠”行为。

相似的例子还发生在晋楚邲之战中。晋军战败逃跑，双方士兵之间就发生了这样的一件趣闻：晋军一乘战车因慌不择路陷入了泥坑之中。追击的楚国士兵们非但没有趁机围杀落难的晋军，反而协助晋兵脱困逃生。没过多久，这辆战车又因为负重过多，战马跑不动而落后。这时热心肠的楚兵再次支招儿：车上的战旗风阻太大，把旗帜拔掉就好了。逃出生天的晋军非但不感谢楚人，反倒调侃道：“我们不像贵邦楚国，经常战场溃败，擅长逃跑啊！”在战场上讲究风度与仁义，是春秋时代战争的一大特色。只要不妨碍获取胜利，就没必要对敌方的士兵（只限华夏文明圈内）赶尽杀绝，甚至还协助其逃生。

可以说，宋襄公的所作所为并非其所宣称的仁义，而不过是为人处世极为守旧罢了。东周之时列国都喜爱嘲笑宋国人的保守，比如守株待兔这样的成语，就是在讽刺宋国人一味守旧、顽固不化，不知依照现实情况做出正确的举动。宋襄公曾被评论为“蠢猪式的勇敢”，而我们将之称为“春秋时期的堂吉诃德”应当更加合适。抱着旧时代的“骑士梦”，以不合时宜的古老信念来指导自己的行为，最后只能留下“大战风车”和“大腿中了一箭”的笑话而被人们记住。当然宋襄公的顽固在战后也有体现：为了报复楚国，弥留之际的宋襄公以国君之礼接待了晋公子重耳，重耳即位之后在城濮一战击败楚国，夺取了天下霸权。

楚宋“泓水之战”宣告了“礼崩乐坏”的状况已经延续到了战场之上，这也成为古代战争的一个分水岭：战争不再是贵族之间为分个高下的仪式般的争斗，即所谓的“观兵”，而是不决出个你死我活就决不罢手的残酷搏杀。从此以后，即便是再守旧的人，也都认可战争的第一目的就是取胜，而非只为了分出个高下。“各居一面，鸣鼓而战，不相诈”被扫入了历史的垃圾堆，孙武所概括的“以正和、以奇胜”成了之后的主流。

▶ 宋太宗

宋太宗：我本想收复燕云，建立超越兄长的不世之功，直到我大腿上中了一箭。

宋太宗赵光义无其兄长之武略，却自以为高明，还妄想收复燕云十六州建立远超他人之功业。赵光义的这种无知自大导致了宋军惜败高梁河，最终只能以岁币求和平。

战斗力，即停止行军就能立刻展开战斗，那么一天走一舍就可以了。所以晋军才选择了三日退避三舍，有意保存体力准备反击。如需加快行军速度，可以一天走两舍，即 60 里，约合今天的 24.9 千米。

重耳许下退避三舍的诺言，看似是对楚成王厚待的回报，实则包藏祸心。重耳在流亡至齐国时应该见过春秋第一位霸主齐桓公，对齐国称霸后的兴盛之势产生了向往。回想离开晋国时，自己的父亲一生奋斗，将仅拥有一军只能算中等国家的晋国发展成了掌有二军的强国，他可能就是在这个时候立下志向，要兴盛晋国，从齐国手中夺下诸侯方伯、天下霸主的名号。南方楚国日益强盛，咄咄逼人，江汉诸姬之国为其吞并，很显然，如果晋国要争霸天下，楚国将会是其最大的敌人。即便楚成王待重耳一行再优厚，重耳也决不与楚国做这样的政治交易，今后一定会与楚国战场争锋。因此重耳有意在这里给楚成王挖了一个坑。

春秋时代的军队，通常是作战部队随身携带一定量的粮草物资，主要的辎重与补给物资还得让后勤车队来携带。可以说，如果行军的距离近，则后勤支援部队完全能跟上战斗部队的速度。如果距离远了，那么主力部队就放慢速度，与辎重部队一起行进。三舍这个距离不近不远，刚好可以让战斗部队与辎重车队拉开距离。得不到后勤保障部队的支持，战斗部队的战斗力会发生一定程度的下降：行军中装备可能会出现破损，需要后勤支持部队的及时维修；战斗部队在行军中不会携带备用武器，如羽箭这种重要的兵器携带量也偏少，临战需要有后勤支持部队的及时补充，晚上宿营时，如果没有负责后勤的厮徒，而由战兵自己搭建营帐，那么会消耗士兵大量的精力体力（当然也可以选择露宿野外，但这将对战斗力产生不利的影响）。即便在晋军主动退避后，楚军还是要打这一仗，那么可以推测楚军必定会迫不及待地追上来，辎重部队必然会与战斗部队发生脱节，正好落入重耳的陷阱。

我们都知道城濮之战的起因是鲁僖公二十六年（晋文公三年，楚成王三十八年，公元前 634 年）宋国叛楚。当年冬季，楚国令尹子玉率兵车 300 乘，展开了对宋国的惩罚性攻击。楚成王命令子玉进攻宋国的缗邑，这一点令人费解。即使是春秋中后期，各国基本维持的还是以城邑据点为依托的片区式统治，各个城邑之间多存在大量的“三不管地带”可供各方通行。以楚国的强势，完全可以直趋宋都商丘之下。当然，这可以解释为楚国只是进行试探性进攻，不愿引起他国干涉。从晋国没有立即出兵干涉来看，这一点也能够说通。

但更为奇怪的是，楚成王只调配给子玉 300 乘的兵力。宋国虽在泓水战败，但对付只有 300 乘兵力的楚军应该不算困难。在若敖六卒的奋战之下，子玉取得了战斗的胜利。正当子玉准备乘胜追击直逼宋都之际，却忽然发现楚成王本人此时已率领 800 乘战车的庞大兵力，联合陈、蔡、郑、许之师杀向宋都商丘。楚成王还令子玉的疲惫之师与己方会合，此刻楚军的总兵力在 1100 乘上下，如果按一乘有兵（战斗与后勤人员）

▲城濮之战

100 人计，围攻商丘的楚军达到了庞大的 11 万人。

此时，晋侯重耳认为这是树立晋国权威的大好机会，于是联络了齐、秦两国相约出兵救宋。鲁僖公二十八年（晋文公五年，公元前 632 年），晋军出兵先伐卫、曹两国，打通了救宋的通道。楚成王听闻晋、秦、齐三国联军前来救宋，晋军已进兵定陶（曹国），于是带着大部队后撤。子玉毫无悬念地又被楚成王扔下顶包，同时被留下的还有司马子西、大夫子上——全都是与子玉同族的若敖氏家族重要成员。

我们可以看到，子玉率军出征，楚成王只给其配属了较少的军队，令其攻击宋国边邑，存在不欲子玉取得较大战功的意味。在子玉取得阶段性胜利后，楚成王立刻亲领大军前来摘桃子。当晋军前来时，楚成王又率大军撤退，将子玉及数位若敖氏家族重要成员丢在敌军面前。楚成王的一系列举动颇为反常。

其实，这里面牵涉到了楚国王族内部各支系（氏）之间的派系斗争。楚庄王时期，芈姓王族四大支脉为熊氏（楚成王嫡系）、蔿氏（代表人物有蔿贾、孙叔敖）、屈氏（代表人物有著名诗人屈原）与若敖氏（若敖氏家族内部又分为斗、成二氏）。子玉正是当代若敖氏家主，并以芈姓若敖氏之主担任了楚国令尹。部分读者可能听过一个关于若敖氏的成语——若敖之鬼。《左传·宣公四年》中有言："鬼犹求食，若敖氏之鬼不其馁尔？"意思是说等若敖氏灭族了，那么若敖氏家族故去先人的鬼魂便断绝了血食祭祀，即其家族将要子嗣断绝，走向灭亡。

若敖氏家族长期占据着楚国的令尹与司马两大要职，至此时，若敖氏便有斗伯比、斗廉、斗祁、斗伯（子上）、斗谷于菟（子文）、成得臣（子玉）、斗宜申（子西，子玉为令尹时为楚国司马）担任过或正在任楚国令尹或司马之职【此后还有成大心（子玉之子）、成嘉（子孔）、斗般（子杨）、斗椒（子越，又称斗越椒，楚庄王即位前期发动叛乱，被养由基一箭射死）等人。自斗越椒政变失败之后，若敖氏一蹶不振，从此退出了楚国政治上层。斗越椒之子苗贲皇逃奔晋国，在晋楚鄢陵之战中告诉晋厉公楚军虚实，以此让晋国取得战斗的胜利。此乃后话】，其势力之大，为楚成王忌惮也在情理之中。

因此城濮之战前楚成王这些诡异的举动，核心目的只有一个：削弱若敖氏家族的实力，以危局迫使子玉丢掉令尹之位，打破若敖氏在楚国政坛上一家独大的局面。作为一个骄傲的若敖氏家主，子玉只能选择勇敢地战斗，以求得战功稳固自己令尹的地位（子玉令尹一职是通过同样出身若敖氏的前任子文向楚成王举荐所获得）。楚成王的如意算盘打得飞快：若子玉战败，不但若敖氏的军事力量折损大半，还可以将诸位若敖氏的重臣全部拿下。若子玉取胜，则自己亲率大军争功，还可以压制晋国的上升势头，将楚国霸权推向一个新的高峰。

此时，在商丘城外留守的楚军构成大概是这样的：若敖氏的精锐私兵180乘，子玉出征时率领的另外100余乘兵力，子西、子上麾下的兵力大约200乘，陈、蔡之师大约200乘，合计约六七百乘，士卒约7万余人。而盘踞在定陶的晋、齐、秦联军兵力约为900乘（其中晋国出举国之军，兵力700乘），士卒八九万人。从力量对比上看，子玉率领的楚军处于下风，况且其核心主力部队在外征战一年有余，可谓是兵疲师老。子玉写信向楚成王请求增兵，信中还夹带着大量牢骚话，说朝中有小人造谣，迫使自己仅率少量军队与晋、秦、齐联军交锋。《左传·僖公二十八年》记载楚成王对子玉此举很不满，只派出了很少的部队，象征性地进行支援。面对如此困局，子玉只得被迫尝试以外交途径来解决问题。于是私下致书晋侯重耳：只要晋国方面同意曹、卫两国复国，则子玉愿率领楚军撤出宋国境内。

子玉的盘算不可谓不精明。曹、卫两国不但是楚国的盟友，而且此二国还是晋国南下的重要通道。中原之地，郑国位于周王室雒邑之东，与中原多国西境接壤；

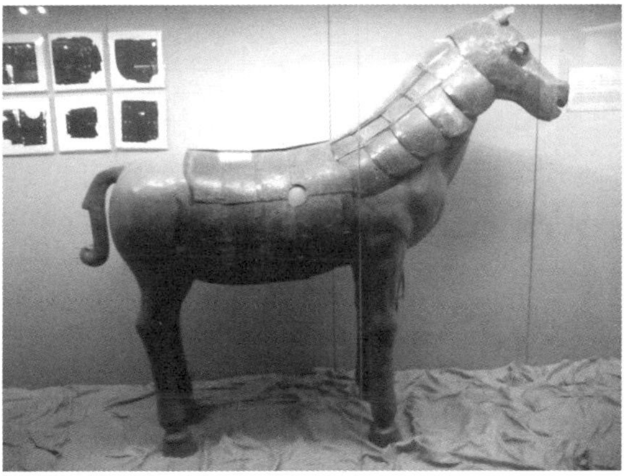

▲ 春秋战马护甲

卫国则处于郑国之北，晋国东南；曹国在卫国东偏南，并与郑国东境接壤，且有较长的国界线；曹国之东为鲁国，鲁国与曹国之南为宋国；陈国则在郑国与宋国接壤地之南，蔡国在陈国南偏西。如果曹、卫复国，则晋国在中原的影响力仅能投射到郑国一隅，最终只能眼睁睁地看着东边的诸多国家一个一个被楚国所吞并。

作为政治斗争老手的晋侯重耳一眼便看出子玉的图谋，还看出了楚成王与令尹子玉之间存在严重不和，他于是对曹、卫两国国君说：晋国可以允许曹、卫两国复国，但是两国必须与楚断交，与晋国结盟。老谋深算的晋侯重耳直接将皮球踢了回去。

困境之中，子玉决意放手一搏，亲率兵车500乘北上挑战。此时晋军也开动了，但是并非南下与楚军交战，而是选择后撤，实现了晋侯重耳曾在楚成王与子玉面前许下的“辟君三舍”的诺言。后世儒家对此大加赞扬，认为是仁义之举，晋国因此必胜。然而这样一来，子玉需要前进的路程就变成了270里，即使以一日两舍的速度行军，也需要走5天。子玉准备与晋军交战，应该按一日一舍的速度行军，需要走9天多。90里的距离，晋军用3天从容地完成了转移（很有可能先轸利用这三天的行军对晋军完成了一次武装拉练，以提高本方战斗力），剩下6天时间可以短暂休整一番，从容地检查武备状况，并提高装备妥善率，士卒们的体力也恢复到了最佳状态。此时齐、秦两军也抵达了城濮与晋军会合。而子玉麾下的楚军在历经了一年的围城作战后，不但没有获得足够时间的修整，在短暂休息几日后，又被迫以较高强度连续行军9日，体力状态与对手不可同日而语。

鲁僖公二十八年（晋文公五年，楚成王四十年，公元前632年），南北两大集团宿命的对决即将展开。周历四月二日，以晋国为首的北方诸侯国盟军——晋、秦、齐、宋，以楚国为核心的南方诸侯国同盟——楚、陈、蔡，在濮水南岸的城濮地区，南北对面，分别将各自的军队完成战斗展开。

此时晋军摆开了阵势，晋侯重耳在战前特意检阅了大阵，表示“少长有礼，其可用也”。上军将狐偃、上军佐狐毛有兵力约200乘，对阵楚军左翼；中军将先轸、中军佐郤溱有兵力约400乘，对阵楚军中军；下军将栾枝、下军佐胥臣有兵力约200乘，对阵楚军右翼。

南方楚军的大阵，中央以令尹子玉家族的私兵——若敖六卒为核心兵力。楚国军制一卒建制下有战车 30 乘，六卒合计兵力 180 乘。这仅是若敖氏一族私兵中可以参加远征的机动兵力，可见若敖氏实力之强盛。左翼以若敖氏的子西为将，率领以申、息县师为主体的军队，约 200 乘。右翼同样以出身若敖氏家族的子上为将，以部分楚军辅以陈、蔡两国军队，约 200 乘。看到晋军中军兵力较多，子玉令楚军两翼略向前突出，中军为预备队，先不与实力强大的晋国中军决胜。楚军右翼稍弱、左翼较强，因此可以推断子玉的策略是希望右翼能与晋军相持，左翼先攻，取得进展后，中军支援左翼扩大战果。

会战正式打响，最初的战况正如子玉所期望的那样，楚军左翼成功地打开了局面，晋将栾枝败退。然而战场上出现了一个并未引起子玉足够重视的奇怪现象——败退中的晋军右翼在奔跑中扬起了巨大的烟尘。实际上，这是晋军有意为之。晋军在每辆战车之后用绳子拖着一束树枝，配合当天猛烈的北风，有意制造出滚滚烟尘。追击中的子西对此苦不堪言，但与取得胜利相比，吃点土又算得了什么？

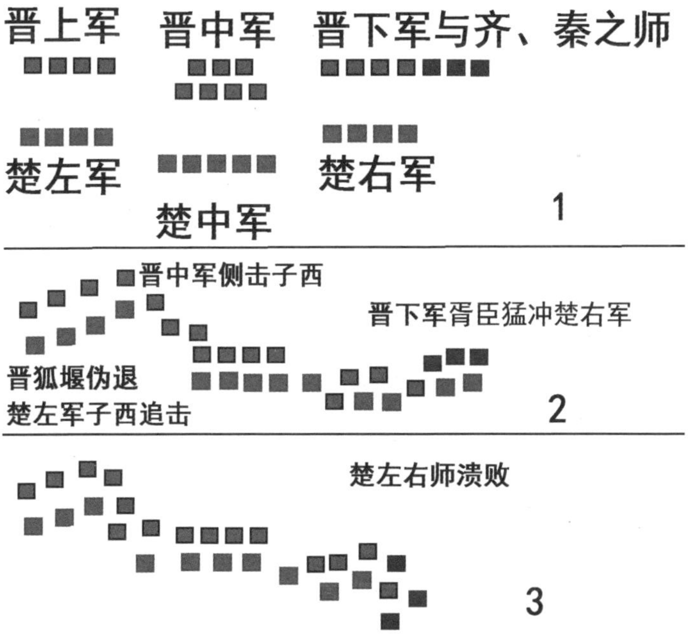


▲会战经过示意图，每个方块代表约50乘兵力

那么，晋军制造出这么大的扬尘目的何在？因为晋军在右翼为楚军准备了一个陷阱，所以在两军刚发生接触时，晋军右翼便后撤以吸引楚军深入。当沙尘与晋军中军阻挡住子玉望向左边的视线后，晋中军将先轸令隐藏在中军背后的晋国公族精锐从侧面对因过于深入而暴露出侧翼的子西军发起突击。与此同时，晋军上军主力部队战车停了下来与车属步兵们在狐偃的命令下密集列阵，建立了一条临时的防线。在上军主力的掩护下，狐毛以最快速度重整了上军机动兵力，对子西军发起了反冲锋。陷入两面夹击的楚左军被击溃。

晋下军则在胥臣的率领下，对楚军右翼的陈蔡之师发起猛烈进攻。《左传》中载："胥臣蒙马以虎皮。"这里暗含的意思是，胥臣的直属部队战斗力十分强悍，为彰显自己的与众不同，还特意在战马的护甲上描绘了虎纹装饰[①]。以胥氏的精锐族兵为先导，晋军击退了陈蔡联军，子上的精锐卫队因兵力较少被败军裹挟溃退。子玉的战役预想，右翼就算不能在进攻中取胜，也至少可以与晋军僵持，但陈蔡之师在对攻之中落败。见左右两翼皆败，幸好晋军未全军压上，左翼的子西败军突围成功与中军会合，子玉只得下令全军撤退。

此战若敖氏领导的楚军战败，但楚成王借此削弱若敖氏的如意算盘并未实现。战败后，令尹子玉主动承担战败职责而自尽，以一人的牺牲让子西、子上等若敖氏的其他成员们免受战败的牵连。更兼此战中还成功保全了若敖氏家族私兵若敖六卒实力的完整，楚成王一时也无法向若敖氏家族发难，只能扶持了蔿吕臣为令尹。在子西、子上等人的打击报复下，蔿吕臣登上令尹宝座仅一年便郁郁而终，子上接任了令尹之职。

战后晋国霸权崛起，楚国的势力范围被压缩至济水以南。直到鲁宣公十二年（周定王十年，晋景公七年，公元前 597 年），楚庄王在邲之战中一战击溃晋军，从暂时衰落的晋国手中夺回了霸主之席。

---

①传言晋军在战马身上蒙上了一层虎皮，以恫吓楚军。先秦车战，为了在箭矢横飞的战场上保护娇贵的战马，各国军队都会给战马穿上一套特质的护甲。战马护甲通常与士卒的护甲相同，均是用经过髹漆处理的皮革甲片穿缀而成。虎皮不但难以获得，且防护力也不见得比鞣制过的牛皮或者犀牛皮更好。所以推测，此处的虎皮应当是在战马护甲上用彩漆绘制了类似老虎皮毛黄黑相间的条状斑纹。

## 晋楚邲之战

楚成王晚年欲改立太子，为太子商臣兵变所杀。后太子商臣自立，是为楚穆王。楚穆王时期楚国转变了扩张的方向，将进攻的重点转向了大别山以东的江淮地区（河南南部、安徽中南部），诸夏称活跃于此的原住民为淮夷。楚穆王灭淮夷人的江（河南正阳）、六（安徽六安）、蓼（河南唐河县）、巢（安徽巢湖）、舒、宗等国。

对内，楚穆王延续了楚成王继续打压若敖氏的策略，以平乱的名义杀子西、子家，并扶持蔿氏、潘氏与若敖氏相争。然而在其执政期间，令尹之职还是为若敖氏子弟成大心、成嘉等所占据。即位后的第十二年，即鲁文公十三年（公元前614年），楚穆王商臣病逝，其子太子吕即位，是为楚庄王。

即位之初的楚庄王在对内治国与对外扩张上不声不响，毫无作为。即位第二年（公元前612年），晋将郤缺率上、下两军攻伐依附于楚的蔡国并订立城下之盟。蔡国背楚，楚庄王对此不闻不问。次年（公元前611年），巴人出兵袭扰楚国西南境，楚国东部的淮夷、越也趁楚军西调之机作乱，而后麇国与百濮也起兵反楚。

在此内忧外患之际，司马斗越椒无法再一人独占兵权，楚庄王化危机为机遇，成功地在军队中建立了自己的班底。三年不鸣不飞的这只不凡之鸟，终于迎来了一鸣惊人、一飞冲天的机会。

鲁宣公三年（周定王元年，楚庄王八年，公元前606年）春，楚庄王率军北伐陆浑（在今河南省伊川县一带）之戎。楚国大军陈兵洛水之畔、成周洛阳王畿之侧向天子示威。周王室看出了楚人的野心，派出得力大臣王孙满以劳军名义展开外交斡旋。楚庄王会见王孙满，并向其询问周王室国宝九鼎之轻重。

九鼎号称是大禹治水后建立夏朝时所铸造①，九鼎对应天下九州铸造，每个顶上都铸有对应之州的风土物产，是历朝天子统御天下的象征。楚庄王问鼎之大小

①以夏朝初年的金属冶炼与加工技术水平，笔者十分怀疑当时的工匠能否铸造出传说中的九鼎。至少从现阶段的考古发掘成果来看，能确切断代为夏朝时期的青铜器体型均很小，像鼎这样的大型器物一般要等到商朝中期才出现。而且大禹时代，华夏文明圈的主要分布范围不过是今天陕西、山西、河南、河北一带，尚未产生出“天下九州”的概念，大禹会天下诸侯的会稽山，也绝非今天浙江省绍兴市境内的那一座，其更可能是春秋时期吴越之地出于对中原文明向往的附会产物。笔者推测，以夏朝的生产力水平，就算制作大鼎，也只可能是大型陶器鼎，就如同龙山文明遗址中发现的大型陶器那样。周天子收藏的青铜九鼎可能是周族人或者是商族人出于向天下宣示其正统性的需求，附会大禹的传说铸造的。

▲ 问鼎中原

轻重，正是向周王室表达出要替其收藏九鼎之意，并有取而代之的野心。王孙满回答道，九鼎不过是九州的象征，要想真的统御天下，当有德（即为政公正与开明，用人清明）、行仁、重义。昔日周天子首义推翻殷商，制定周礼，天下诸侯莫不臣服于周室，今天王室虽然衰微，但是天下诸侯还认同周天子的大义，不敢有所僭越。

楚庄王也自知若此时灭周，虽然在军事上不算困难，但是在政治上必然引起轩然大波。输人不能输阵，楚庄王表示九鼎虽是天下至宝，但我并不稀罕，取我国军队士兵手中所持长戟的“横枝”之铜，也足够铸造出一套同样壮观的九鼎，以此暗示王孙满：我楚国富庶，军力强盛，虽现在不能取周室而代之，但迟早有一日可以大合天下。

鲁宣公十二年（楚庄王十七年，晋景公七年，公元前 597 年），楚国出兵伐郑，围困郑都 90 余日，迫降郑国。此时的晋国内部却陷入了一片混乱，鲁宣公八年（晋成公六年，公元前 601 年），执政 20 年的赵盾去世，郤缺成为正卿。短短 4 年后（公元前 597 年），郤缺去世，荀林父（改氏为中行，谥号桓子，因此《左传》中又称之为中行桓子）继任晋国正卿之职。刚成为晋国正卿的荀林父尚未稳定国内局势，外部就传来了重要盟国郑国（郑国所处位置的战略意义十分重要）遭遇楚国围攻的消息。于是荀林父动员部队出兵救郑。但是晋军慢了楚国人一步，当晋国大军准备南渡黄河时，郑国已向楚国求和，愿奉楚国为主。这一消息传到晋军大营，立即引起了中军帐内的一片哗然。荀林父觉得继续进军已失去意义，且担心秦国从背后偷袭，故提议退兵。栾书认同这一观点，认为郑国现在局外中立，形势对晋军不利，背水作战乃兵家大忌，应当回国修整。先縠、赵同、赵括一干卿士大夫却认为，楚军势头正盛又如何，晋国的中原霸权就是凭城濮大捷战胜楚军所赢得的。郑国十分重要，况且这次楚军都打到了黄河岸边，必须坚决迎击。

支持作战的一派见继续争吵只能白白拖延时间，于是决定自行出击，以行动将大军拖下水。先縠（中军佐）率领麾下军队（先氏之兵）先行渡河，寻求与楚军决战。迫于形势，荀林父只能下令全军东渡黄河（此处黄河流向为自西南向东北）支援先縠，晋国大军在敖（今河南省郑州市荥阳北面的三皇山）、鄗两山之间扎营。此时驻扎在郔（在今河南省郑州市北。两军现在态势为晋军在西，楚军在东）的楚军也萌生了退意，后在伍具的鼓励下，楚庄王下定决心与晋军一决高下。

晋军阵容

| | | |
|---|---|---|
| 三军元帅兼中军将：荀林父 | 中军佐：先縠 | 中军大夫：赵括、赵婴齐 |
| 上军将：士会 | 上军佐：郤克 | 上军大夫：巩朔、韩穿 |
| 下军将：赵朔 | 下军佐：栾书 | 下军大夫：荀首、赵同 |
| 司马：韩厥 | | |

楚军阵容

最高统帅：楚庄王（两广近卫军）令尹：孙叔敖

中军将：沈尹

左军将：子重

右军将：子反

会战前，楚国乐伯、摄叔、许伯共驾一辆战车至晋军营前致师挑战，得胜而回。当三人调头返回楚军大营时，晋军欲挽回颜面，故派出两支部队，以左右两队包抄的态势追击。见晋军欲合围自己，车左乐伯展示出了高超的箭法，不但用弓箭挫败了晋人的围攻，还在回撤的路上射死了一支麋鹿带回营中献予中军。

晋大夫魏锜在战前曾求公室官职，被拒绝，再求致师立功，又被拒绝，赵旃（赵盾的重要打手赵穿之子）欲求得卿士位置也被拒绝，于是两人怀恨在心，准备暗中破坏。两人本来奉命与楚成王讲和，但二人故意无礼挑战惹恼楚军，被逐回。赵旃见魏锜被楚将潘党逐出，遂命车下步卒发起了对楚营的突袭，攻入了楚军营地之内。值守的楚成王左广近卫军[1]立即反应过来迎击赵旃，将虚张声势的赵旃

①从《左传》的记载来看，楚军在日常驻防状态下，楚王的左、右广近卫军会轮流排班执勤，右广值早班，左广值午班。

击退。赵旃为逃命抛弃战车丢掉甲衣，逃入了战车难以深入的树林，与荀林父派来的接应队伍相遇。

此时晋军完全没有做好与楚军交战的准备，荀林父唯恐二人遭遇不测，预留了一支接应部队，但这支队伍没有乘兵车而来，反倒驾驭的是守车[①]。但楚将潘党看到后，未仔细辨认晋人的车辆种类，立即回营向楚庄王禀报晋人已近前。楚庄王见晋军前来，当机立断，下令全军列阵，左中右三军一同发起进攻。

战前，为预防楚人发起突然袭击，晋上军将士会与上军佐郤克令大夫巩朔、韩穿率领所辖上军部队在营地右面的敖山分七处预先完成展开，并建议全军做好迎战的准备。但先縠认为楚军兵疲师老必不敢来战，中军元帅荀林父则在战守（已派出赵旃、魏锜二人与楚军和谈）之间犹豫。中军大夫赵婴齐却预先搜罗船只准备后路，仿佛知道此战必败一样。

此时楚国大军在国君楚庄王的率领之下直扑晋军，争吵不休的晋军只得硬着头皮边作战边安排中军与下军渡河躲避。楚左军对阵晋上军，楚中军对晋中军，楚右军对晋下军。晋军方面，因中、下两军位于大阵左侧，故逐渐向右翼运动以寻求上军的支援。但晋上军陷入与楚左军的战斗，且其依山势布阵，一时间也难以支援中央，只能看着中军与下军在楚人的攻势下苦苦支撑。

一支军队在没有退路的情况下，为了活命可能会爆发出惊人的战斗力，故兵法常言“归师勿遏”。但是主将荀林父因有着保存晋军实力的“好心”，所以预先命令准备渡船方便撤回。见有一条退路尚存，晋国士卒心中的勇气逐渐丧失，在与楚人的对战中逐渐落了下风。雪上加霜的是，主将荀林父眼见战事不利，竟然下令中军加速渡河逃避，直接导致了下军为逃命更加迅速地向中军靠拢，使得两军秩序混乱，中军原本还算严整的阵形被想要逃命的下军士卒冲乱。

下军大夫荀首之子荀罃（后改氏为智，所以又被称作智罃）被楚军俘虏，救子心切的荀首决定调集阵容还算齐整的本族之兵对楚人发起反冲锋。晋军毕竟能

---

①先秦军制，一乘编制下有战车一辆、守车一辆。守车又名軘车、革车，行军时随兵车行动，携带一部分辎重物资。

征惯战，一支优秀的军队只要能有一位勇猛的军官以身作则整顿部队，那么还是会有很多士兵愿意以其为主心骨作战。在荀首的反击之下，晋军射伤并俘虏了楚庄王之弟公子谷臣，射杀连尹襄老，并将其尸体带回，战后荀首凭此换回了被俘的儿子。这也是晋军在大败中唯一的亮点。

战后，楚庄王巡视战场，潘党建议收晋军尸骨筑京观[①]以纪功，但楚庄王以“止戈为武”的理由拒绝了。事实上，作为一个想成为中原霸主的君王，需要在文武两方面都有所作为才行。邲之战击败晋军的武功已足够大，如果能够显示出怀柔仁义的一面，那么对降服中原诸侯是有利的。如果筑京观纪功，则有穷兵黩武、残忍嗜杀之嫌。

晋军败退后，楚庄王继续进兵围攻宋都，迫降了宋国。最终，楚庄王以力压晋国称霸中原，又连灭息、邓、弦、黄、夔、江、六、蓼、庸九国为县，成为一代霸主，雄踞江汉。

## 韩原之战、崤之战与秦晋之好

世人常以“秦晋之好”一词来形容两家族之间通婚频繁关系密切。然而历史上的秦晋却远没有后世人所想象的那般和谐。最初，晋献公将女儿伯姬嫁给了秦穆公，后来秦穆公又将自己的女儿怀嬴嫁给了在秦国当人质的晋侯夷吾之子太子圉。太子圉不告而别回国即位，秦穆公甚为恼怒，又将怀嬴嫁给了重耳。在秦穆公的支持下，重耳成为新任晋侯，成为多余之人的晋侯圉则被投靠了新主人的晋国大夫们诱杀。晋侯夷吾时期，晋国不顾泛舟之役救助情谊欺秦一次，秦晋间发生大战一次。以秦晋之好来形容两家联姻频繁、具通家之谊颇有几分反讽的意味。

鲁僖公十三年（周襄王六年，晋惠公四年、秦穆公十三年，公元前 647 年）晋国天灾，粮食减产，晋侯夷吾派出朝中亲秦派大夫庆郑去向秦国求助，秦伯任好不计前嫌答应了晋侯夷吾的请求，以“泛舟之役”向晋国输送粮食。其后秦国天灾向晋国求粮，郤芮、吕饴甥等却认为，晋侯夷吾为争取秦国相助曾经答应割地，

① 将战死者尸骨以土和之，堆成巨大方台。

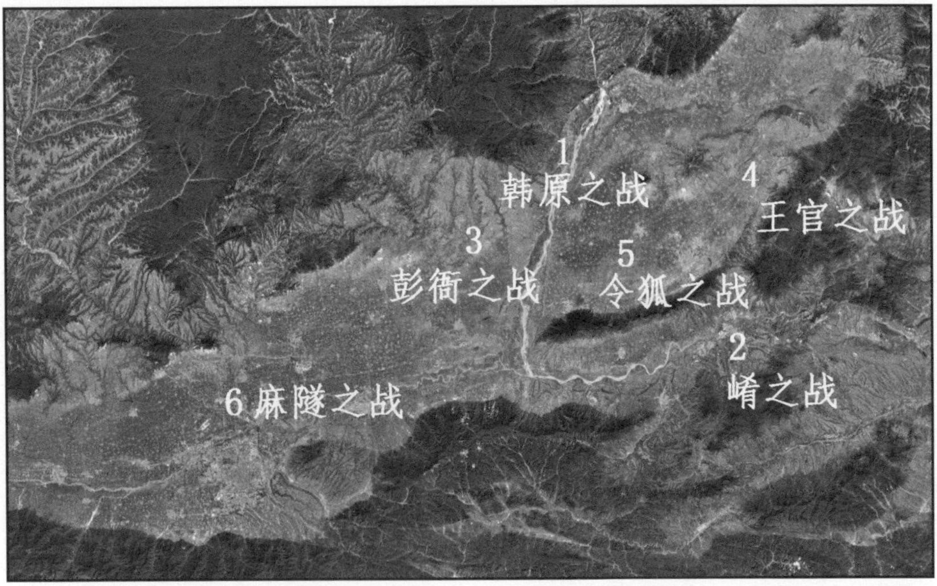


▲ 韩原之战（公元前645年）、崤之战（公元前627年）、王官之战（公元前624年）、令狐之战（公元前620年）、麻隧之战（公元前578年）位置示意图

即位后却没有割地给秦国，两家已成仇敌，现在给秦国救灾，无疑是在助长敌人力量，这事不能答应。晋侯夷吾最终拒绝了秦国的求助。显然，此时晋国朝堂之上“反秦派”势力已经占据了优势。

其实，秦伯任好以舟师载粮至晋都绛城，其中也有着向晋国施压示威的成分：这次秦国可以用船队将大批的粟米从雍城直接运到绛城，那么下次秦国同样可以用船队把军队和随军的粮草一起运送到晋国腹地。作为老牌政治家的晋侯夷吾一眼便看出了秦伯任好友好举动下所暗含的威慑用意，因此开始大力扶持国内“仇秦派”政治势力，并打压“亲秦派”大夫。然而，秦国一直以来的恩惠让晋国的普通国人心怀感恩，晋国受灾秦国救助，秦国受灾晋国却欲攻秦，这让前一年还吃着秦国粟米度日的晋国国人打心底里不愿意为这个忘恩负义的国君在战场上卖命，因此，在韩原决战之前，秦军就取得了三次接触战的胜利。

韩原之战，秦军兵力处于劣势，因此初战不利，秦伯任好本人差点也被晋军俘虏，忽然一群（为报秦伯恩义）使用棍棒作为兵器的野人出现在战场之上，展

▲ 秦穆公画像

现出了强悍的战斗力，以步战击败了前来围攻秦伯任好的晋军，并协助秦军取得胜利。此役是史书明文记载的步兵在硬碰硬的正面对决上击败战车的第一次记录。是役晋侯夷吾被俘，被迫答应了割地要求后才被放回。回国后的夷吾虽然向秦国交割了土地，并派太子圉到秦国当人质，但是心怀怨恨的夷吾回国后立刻对国内的亲秦派大夫动手，杀掉了在韩原战场上未能及时来救的庆郑。

我们可以看到，晋国已经将国土扩展到了黄河以西的关中北部地区，韩原之战就是在今陕西省韩城市附近进行的。史书上虽然说秦伯任好率军渡河与晋侯夷吾交战，不过秦军渡的很可能是今陕西省境内的北洛河（流经今陕西省大荔县、白水县、澄城县、蒲城县后注入黄河，为黄河的二级支流）而非黄河。战国之时三家分晋，魏国就分得了原晋国的河西之地。在吴起的治理下，魏军逐步夺取了整个秦东地区的控制权，秦国的生存空间被挤压到了极点。直至三百多年后的秦惠文王十三年（公元前 325 年）张仪领军攻克陕城，才将三晋势力彻底逐出崤函之外。

两国为何会出现这样的态势？这就要追溯到西周末年的惊天之变了。周平王仓促东迁后，声称将宗周故地赐予秦人，但实际此时的关中地区已为自泾河谷地南下的西戎势力所占据，秦人必须与各色西戎部族交战才能真正地占据关中沃野。秦人发源于陇西，西周时在今关山牧场所在地为周王朝牧马。惊天之变后，秦人沿着陇砥古道、干河河谷进入了关中平原的最西端，建立了新的城邑。经过数代人的血战之后，秦人将西戎人驱逐出关中。当秦人踌躇满志，准备继续向东挺进时，却惊讶地发现，晋人已经跨过了黄河，将势力范围扩展到了河西之地。

晋人在春秋初年通过“曲沃代翼”完成内部整合后，一方面加大了对山西南部“临汾盆地”与“运城盆地”中各诸侯国的并吞力度，另一方面将势力范围从晋南向西、南两个方向推至黄河对岸。西部，晋人占领了今韩城市、渭南市北部的一片区域；南部则控制了“关中平原”至“洛阳盆地”的必经之路——崤函孔道。虽然有周天子的遗令，秦人自认是关中之主，但春秋之世天子倾颓，礼乐征伐自诸侯出，秦人也没有足够理由指责晋人西进关中。最终秦、晋两国以洛河作为双方势力划分的“平衡线”。自此洛河以东、黄河以西的关中平原与黄土高原东部这片区域被称作“河西之地”，秦晋之间的百年恩怨也围绕这块土地展开，直到战国时秦、魏两国最终决出胜负才算结束。

鲁僖公三十三年（周襄王二十五年，秦穆公三十三年，晋襄公元年，公元前627年），执政9年的晋侯重耳病逝。秦国认为现在是偷袭郑国谋取东进之路的大好机会，于是派出至少300乘的兵力东出崤山。途中郑国商人弦高以诈术拖延了秦军的前进步伐，自觉偷袭失败的秦将孟明视决定回师。为了避免徒手而归，秦军在回师途中灭了姬姓的滑国。

得到秦军异动的情报后，新即位的晋侯欢（晋襄公）决意出兵在半路截击秦军。《左传·僖公三十三年》称晋文公出殡时棺木中忽然传出牛叫一样的声音，于是进行占卜，称秦军西来，如果袭击它必然取胜。这或许是晋侯欢为了让反对偷袭秦军的大夫们闭嘴所施的小手段。以孝为名义，借先君之名力排众议，命先轸率晋、姜戎（就是上一章提到过的姜戎人，其从商朝中期一直活跃到春秋中期）联军到崤山设伏。缺乏戒备的秦军在崤山遭遇了毁灭性的打击，据称仅有孟明视、西乞术、白乙丙三名主将被活着放回秦国。凭此战，秦国在三年之内不能东出与晋国争夺中原霸权。

秦晋两国围绕“河西之地”这块是非之地已经进行过一次韩原之战，那为何一代英主秦伯任好在连续经历两次失败后仍顽固地再次选择以崤函之道为进攻方向呢？从地缘政治的角度来讲，若秦国此时出兵夺取河西，则会导致与晋国的矛盾全面激化，“秦晋之好”彻底断绝，这与秦伯任好期望东出天下、称霸诸侯的政治愿望可谓是南辕北辙。如果此时与晋国彻底撕破脸皮，那么秦、晋两国就只能倾全国之力在黄河—北洛河一线持续拉锯，如此只会白白便宜南方的楚国，更何

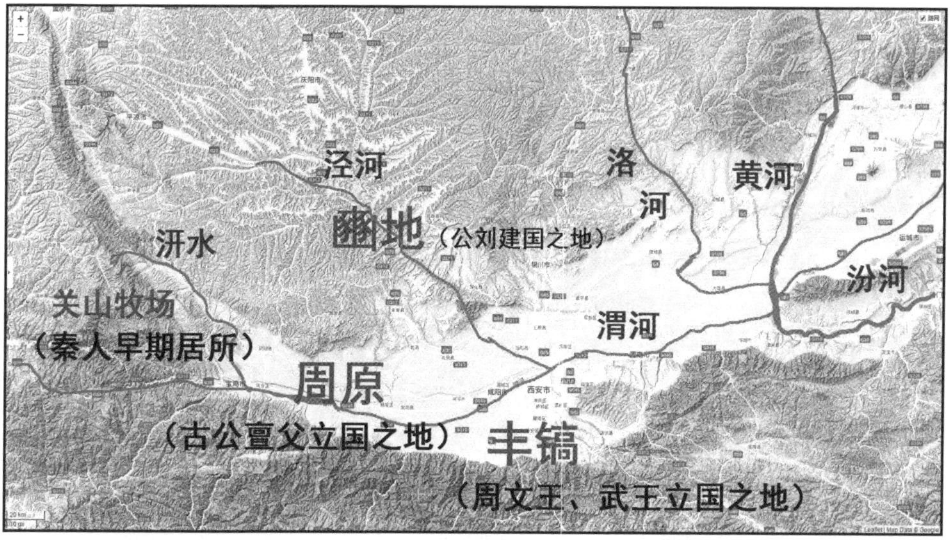


▲秦人东征与晋国占据河西之地示意图
公刘为立国时周人，原居于豳地，古公亶父时周人迁居于周原之地，文王武王时迁居于今陕西省西安市斗门镇一带，建丰、镐二京。周平王东迁时，以周原旧地封秦伯。秦人沿着千河河谷东迁进入关中盆地。晋国在完成内部整合后，西向渡河进入关中盆地东部的北洛河流域。

况秦军在郑国还有内应可用，相比起来，袭击郑国获得一个东出的落脚点，对秦国更为划算。然而，从军事地理的角度来讲，秦国在没有掌握崤函之道控制权的情况下就去突袭郑国，堪称自寻死路。

崤函之道上共有三个关键性节点：最西端为今潼关—风陵渡，战国时潼关未立，有阴晋为屏障；中央为（先秦）函谷关，堪称崤山三百里间最险要之处；东段为陕地（今河南省三门峡市一带）。晋侯诡诸之时，晋军以假途伐虢之计吞并虞（位于中条山较为平缓的谷地）、北虢（位于中条山之南紧邻虞国，在黄河北岸）、南虢（与北虢隔黄河相望）三国，获得了自运城盆地南部到陕地北部的大片区域，以及太阳渡、茅津渡这两处可以沟通黄河南北岸交通渡口的控制权。黄河在进入三门峡之前，河岸较宽，水流平稳，利于水运、渡河，三门峡处黄河河面宽度陡然变窄，加之河中流有巨石将河水三分（即成语“中流砥柱”的出处），使得此处成为控制关中地区与中原之间沟通的要害之地。

秦军远征郑国，至少要通过两处不是己方所控制的区域：其一，晋国获得一半控制权的陕地；其二，周王室的成周雒邑。此外，在这条狭长的道路上还散布有一些小国。自陕地继续向东一段距离，随后崤函道分成南北两支：北崤道过硖石关、渑池、新安进入洛阳盆地；南崤道则过崤陵关（此为先秦名称，后世改称为雁翎关）也可通往洛阳盆地，或继续南下进入洛河谷地的宜阳。从秦军在洛阳城的北门外免胄超乘来看，这次秦军东出选择的应当是北崤道，回程走的应该也是这条路。晋军决定在秦军归途中实施突袭，于是从运城盆地出发，从故虞地穿越中条山，利用太阳渡、茅津渡过河，在南虢至硖石关一带设伏，只等秦军自投罗网。

三年后，秦伯任好亲自领军出征，在王官（王官邑在今山西闻喜县南）之战中取得胜利。回师时则走了一次在崤之战中晋军突袭秦军的进军路线，从运城盆地向东南，过中条山，再渡河到故战场收秦军将士遗骨而归。自此秦国的战略规划由东出天下转变为完成对关中、黄土高原、陇上等相邻地理单元的控制与整合。

崤之战还反映出了一个春秋时代关于交通的有趣历史细节：当时的大部分关隘在非战争状态下根本没有军队驻守！事实上，将关隘简单地理解成单纯的军事设施是不完全准确的。关隘多在可以控制交通道路的险要之地设立，其根本的任务是对道路进行控制。那么在商品经济不发达，周游列国的商旅较少的西周与春秋时代，非战事花费大量成本维持一支军队来扼守关隘，显然是没有意义的。更何况驻守军队就必须时时为驻防军队提供补给物资：关隘之所以可以遏制道路，就在于其地处险要，而在这样的地形上凭借自身的产出（简单来说，就是缺少可供屯田种粮的平地）往往不足以支持军队长期驻守。

直到进入战国时期，商业的发达使得商旅往来频繁，其通过关卡时缴纳的税费才使供养一支常驻部队成为可能。事实上，绝大部分关卡除了起到军事防御的作用外，更是作为控制贸易、征收商税的主要渠道而存在。同时，战国时期频繁的战争也使得各国不得不重视军事设施的日常运作，这才造就了各国之间大修长城的情况。说到底，春秋时的关隘平时无驻军防守是由维持资金的缺乏与没有紧迫军事需求这两方面因素所共同造成的。

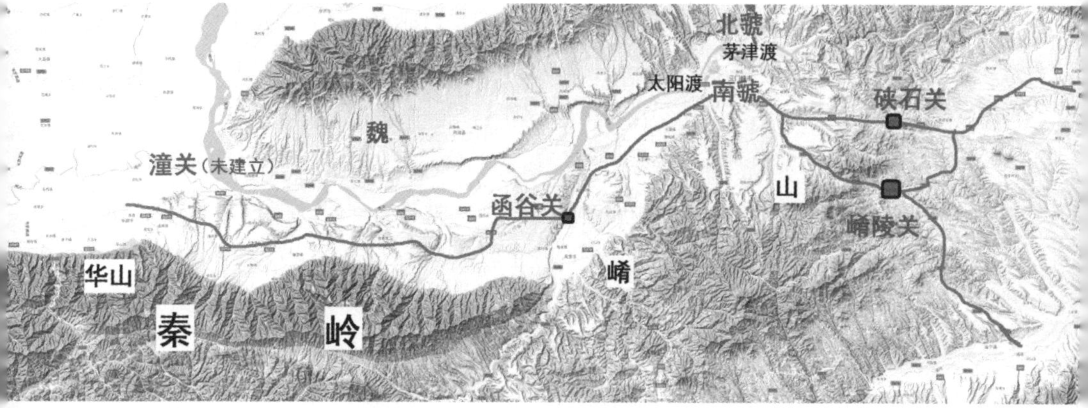

▲崤之战示意图

后来元帅先轸在与赤狄的战争中阵亡，同年（公元前622年）中军佐赵衰、上军将栾枝（先为下军将，后为上军将）、下军佐胥臣一干重臣也相继去世。为了弥补政治上的真空，晋侯欢重新任命了六卿：中军将赵盾、中军佐贾季、上军将先克、上军佐箕郑父、下军将先蔑、下军佐荀林父。赵盾不但成为中军元帅，同时创造出了一个在军、政两方面的权力都可以与国君相抗衡的官衔——正卿。赵氏迎来了一个发展的起飞期，时人评论赵盾如同夏日正午的“炎阳”，威严而酷烈。

鲁文公六年（周襄王三十二年，公元前620年），秦伯任好、晋侯欢相继去世。晋国的诸位卿大夫商议当由哪位公子继承君位。晋侯欢的太子夷皋尚年幼，诸位大臣均认为主少则国疑，当由一位成年的公子来即位。按照晋文公立下的规则，成年的公子不可留在国内。赵盾首先主张接回在秦国“留学”的公子雍来继承君位，与赵盾有夺位之仇的贾季则主张由公子成即位。本轮政治交锋以公子成被杀、贾季流亡翟国、赵盾取得全面胜利而告终，晋国之内再无人可以压制赵盾了。

晋国大夫士会、先蔑前往秦国迎回公子雍，秦伯罃（秦康公）为壮声势，特意派兵护送公子雍回国。听到消息的先君夫人穆嬴怀抱年幼的太子夷皋在朝堂痛哭，并说：“先君无罪，太子亦无罪，为何舍弃先君太子，而迎他人为君？先君临终向您托付嗣君，卿为何忘却先君之言？”看着先君夫人与年幼的太子，赵盾忽然生出了辅助幼主即位的想法，并在朝议上凭借自身的权势强行通过决议。

此时护送公子雍的秦军在令狐（今山西临猗西南）休息，赵盾认为请神容易送神难，决定立刻出兵拦截秦军，赶走公子雍。在未告知对方新君已立的情况下，晋军秘密进兵。在入夜后，晋军偷袭秦军营地，毫无戒备的秦军大败而归。后来公子雍被赵盾派人所杀。而迎接公子雍的晋大夫士会被迫暂留秦国并辅助秦伯罃对抗晋军，后来获得了赵盾的谅解，回到晋国。而士会一子则留在秦国并以刘为氏，传说汉高祖刘邦便是士会留在秦国的这支后裔。

秦晋之好因为赵盾为实现其个人独裁所行的各种无耻之事被最终断送。为了个人的利益而彻底断送了与另一大国的友好关系，赵盾的作为实为祸国，让晋国须全力与南方的楚国争霸的时候不得不分出一大部分精力来应对强劲的秦国，造成自身多面受敌的局面。可以说齐国一度背离晋国，也是因为看到了晋国在处理秦晋关系中各种卑鄙无耻的举动而感到心寒。

晋襄公夫人穆嬴心疼儿子，为其向赵盾求得君位继承权，从最后的结果来看，这样做实际是害死了自己的儿子。作为一个有野心的权臣，并不希望继承君位的是有秦国为外援且年长成熟的公子雍，因为无论是限制其权力再行废立还是弑君篡权都难以现实。目光短浅的夫人穆嬴却给了赵盾专权的最好机会，并且间接害死了自己心爱的儿子。若公子雍即位，至多是将年幼的太子夷皋驱逐他国，若某日能得强国相助，也有可能再现重耳回国的情景；最差也不过是在他邦常住，尚可保一世平安富贵。

鲁成公十一年（周简王六年，秦桓公二十五年，晋厉公元年，公元前 580 年），晋侯州蒲（晋厉公）令人作《绝秦书》，极尽无耻之能事，将秦晋两国关系破裂的过错全部推给秦国，该书可谓是颠倒黑白之集大成者。因其文辞华美堪称千古雄文，最终被收录于《古文观止》。自此之后，秦晋之好彻底断绝，晋国以及其继业者韩、赵、魏三国也多了一个不死不休的敌人。

## 晋楚鄢陵之战

邲之战大胜 6 年后（公元前 591 年），楚庄王去世，其子太子审即位，是为楚共王。次年申公臣（芈姓屈氏，流亡晋国后改氏为巫，即巫臣，后出使吴国教导吴人军事）在令尹子重的压制之下逃亡晋国。

“虽楚有才，晋实用之”的情况自此开始。巫臣作为楚国的封疆大吏，自然最明白楚国的优势与劣势何在，于是献上了联吴与疲楚两策。后来晋人在其故智之上发展出了“三驾疲楚”之策。联合盟友到楚国的敏感地区大搞“武装游行”，迫使楚国频繁地进行战争动员，国力空耗士卒疲惫。后来伍子胥为吴王阖闾奉上的疲楚之策，应当也是充分借鉴了晋国的智慧。

晋国恢复实力后，决定再次与楚国争锋。同样被楚国压制的齐国也终于松了一口气，决心复兴齐桓公时期的霸业，因此齐侯无野（齐顷公）欲发兵攻鲁以树立威信，于是在接待晋国卿士郤克时有意表现无礼[①]，以示齐国绝非晋国附庸，晋国执政卿士在齐侯面前也不过是可以随意羞辱的家奴（士可杀不可辱，但奴隶没有人权可言，只能被贵族肆意凌辱），以此试探晋国对齐国扩张行为的容忍程度。齐侯无野的无礼之举直接惹恼了郤克，也激怒了晋国朝野。然而，晋侯据（晋景公）则担心此时伐齐会导致楚国趁机占便宜，故先压制住了国人的怒火。次年（公元前 591 年），楚庄王去世，晋侯据下令出兵伐齐，以压制齐国的野心，迫使齐国与晋国结盟。

鲁成公二年（晋景公十一年，齐顷公十年，公元前 589 年）春，齐侯无野出兵伐鲁，以再次试探晋国的底线。晋国开始没有直接派兵干涉齐国的伐鲁行动，而让盟友卫国出兵伐齐以牵制其伐鲁行动。但卫师兵败，为收拾局面，晋国只得亲自上阵。此时受辱于齐侯无野的郤克已成为晋国正卿，他亲率 800 乘的兵力伐齐，双方战于靡笄山之下，齐师大败，齐侯无野险些被晋将韩厥俘虏。双方签订条约，齐国的外交策略再次服从于晋国的安排。为了保证齐国今后不再挑衅晋国，晋国还要求齐国尽改其田垄走向，以方便晋军随时出兵齐国。

就这样，晋国以又打又拉的方式，重新将齐国绑在了自己的战车上。以晋国为首的“北方诸侯联盟”逐步完成了内部整合，综合实力反超了南方的楚国（西

---

①《左传》中称郤克跛脚，齐侯无野为羞辱郤克，故意让一个同样跛脚的官吏来接待郤克，并与妇人们一起嘲笑两个跛子。司马迁在写《史记》时，可能觉得这个场面还不够滑稽、不够热闹，于是大笔一挥又添加道：此时另外三国使者也与郤克一起朝见齐侯无野，凑巧的是这三位使者中一人独眼、一人秃顶、一人罗锅，齐侯无野又特意寻来三位有相同残疾的官吏来接待三国使者。于是在齐国的宫廷之上就出现了这样一番奇景：四对身体有残疾的人一同面见齐侯无野，躲藏在后堂窥视的齐国贵妇们见到如此滑稽荒唐的场面忍不住大笑起来。

部的秦国算是楚国的盟友，但是秦国被封锁于崤函之西，难以直接支援楚国；出于自身的野心，秦国更不会听从楚国的号令），双方的决战已不可避免。

此时的晋国，对内已经扫平了赤狄诸部族的隐患，坐拥表里山河；外交方面，重新获得了齐国这个举足轻重的盟友。鲁成公十三年（晋厉公三年，秦桓公二十七年，公元前578年）夏，晋国联军在麻隧（今陕西省泾阳县北）击败秦军，稳定了西部边界。与楚国决战的时机已成熟。

3年后（公元前575年），郑国在楚国的军事打击之下背晋盟楚。同年夏季郑国以楚国盟友的身份出兵伐宋，宋军被击败。此时晋国决定针对楚国的试探性举动做出正面回应，晋侯寿曼（晋厉公）亲率公族精锐与上、中、下、新四军伐郑，用戈矛来“说服”郑国回归晋国怀抱。见晋国大军陈兵本国西境（鄢陵），郑人连忙向楚国求救。楚共王听闻晋国出大军伐郑，意识到晋国意欲寻求与楚国的战略决战，于是也大举动员出兵救郑。又听闻晋国已经召集齐、鲁、卫等盟国援军，楚共王于是决定先下手为强，紧急行军赶赴郑国。与郑军会合后，便直趋晋军所在——鄢陵。

晋军阵容

最高统帅：晋侯寿曼（亲率公族精锐）

| | |
|---|---|
| 中军将：栾书 | 中军佐：士燮 |
| 上军将：郤锜 | 上军佐：荀偃 |
| 下军将：韩厥 | 下军佐：荀罃 |
| 新军将：郤犨（范文子） | 新军佐：郤至 |

楚军阵容

最高统帅：楚共王（左广卫队长：潘党；右广卫队长：养由基）

中军将：司马子反

左军将：令尹子重

右军将：右尹子辛

郑军：郑侯睔（郑成公）

会战当日，为取得先机，楚军特意提早做好了出击准备。全军拂晓时分至晋军大营之前列阵，欲让晋军无法列阵而战。晋军高层最初犹豫应当如何应对，最

▲先秦战车车毂复原品

终晋侯寿曼决心迎战。在范匄（郤犨之子，郤犨一支改氏为范）的建议下，晋军填平部分井水篝灶，扩展营中空间，就地完成列阵，破垒而出迎战楚军。

此时楚共王也在巢车上观察着晋军动向，并向晋国叛臣伯州耕询问晋军各个举动的用意。此时晋军大营中也有一位楚国叛臣为晋侯寿曼等介绍楚军虚实，此人就是斗越椒之子苗贲皇。斗越椒叛乱失败后，其子苗贲皇逃至晋国，鄢陵之战中，苗贲皇作为近臣侍奉晋侯左右。他对晋侯寿曼说："楚国精锐王族士兵都在中军，楚军中央强而两翼弱，如果能先集中力量击破楚军两翼，那么再三面夹攻楚国中军则必然取胜。"

根据史料的记载，晋军大营正面是一片泥淖，不利于战车驰骋，于是晋侯寿曼决心依照苗贲皇的建议，从战线中央抽调兵力加强两翼。中军凭借泥淖对楚军机动力的迟滞作用，以较少的兵力与楚中军周旋。

恰好伯州耕也对楚共王说，晋国精锐尽在中央，建议楚共王在战线中央集中精锐，以求先打垮晋军中军，将晋军战线分割，于是楚共王特意从两翼抽调了兵力，导致楚军两翼更加薄弱。这时，决定胜负的关键点就在于谁能够抢先一步击破对手的薄弱环节。

此时晋国四军，中军对阵楚国中军，上、新两军对阵楚国右军，下军对阵楚国左军。在晋人两军的优势兵力打击下，楚军右翼难以坚持，被迫退却。而后，上、新两军从侧翼攻击楚成王中军。

激战中，还发生了一件颇有春秋之风的趣事：晋将郤至、韩厥分别攻至楚共王近前，但两人却不约而同地选择了“礼让”楚共王。事实上，俘虏楚共王的政治影响实在太大，容易导致局面失控，因此双方才表现出了这种特有的春秋风度。然而到战国时期，俘虏一国之君已成为一个值得夸耀的正常情况。

随着战局的逐渐崩坏，楚共王决定撤出战场，并亲率王族两广近卫殿后。但晋军势大，大夫魏锜（《左传·成公十六年》中作吕锜，也就是在邲之战中有意挑衅楚军，导致晋军被突袭的祸首之一）一箭射中楚共王一目。楚共王招来神箭手养由基，令其回射报复。养由基弯弓射中魏锜所穿护甲未能保护的咽喉，一箭将其杀死。而后养由基与猛士叔山冉一同殿后，叔山冉在步战中干脆抓起近身的晋国士兵，然后将他们投向晋军的步卒与战车，展现出无双的勇武，养由基在一旁以神射掩护叔山冉。晋国士卒被二人的勇武所震慑，最终停止了追击。

入夜后，楚中军将子反令诸位军吏加紧督促工匠，以尽快完成战车与兵甲的维修工作。子反还亲自巡营看望伤兵，整编受损部队，仅用了一个晚上的时间，基本完成了楚军的战力恢复工作。从这个侧面我们也可推测，在白天的战斗中，楚军的永久性损失并不严重，损坏的车辆、兵刃、甲胄也在随军工匠的辛勤劳作之下得到了修复。[①] 然而，此时楚军的士气却很成问题，楚成王下令撤兵虽然有子反醉酒的因素，但是晋国人故意释放俘虏，导致楚人军心更加不稳才是最根本的原因。白天的失败，看到原本无敌的王族精锐无法拿下兵力处于劣势的晋军，随

---

① 从各个方面的因素来看，楚国军中这些随军工匠的身份都应该不再是简单的奴隶了，其劳动积极性与专业技能水平都较高，很有可能是拥有一定家产，且世代从事手工业生产的独立小生产者。而这些小生产者对战争无疑也是厌恶的，且对当时的世袭政治颇为不满。这些小生产者就是后来天下显学——墨家得以生存的经济根基。墨家所主张的兼爱、非攻、尚贤、明鬼、节葬，无疑都迎合了独立小生产者的政治需求。包括自耕农与手工业家庭作坊在内的小生产者，由于其经济实力的弱小，在面对天灾或社会动荡时会表现得十分脆弱，需要相互帮扶才能一起渡过难关。频繁的战事显然会严重干扰小生产者的日常经营，因此他们迫切希望诸侯间能停止攻伐，并希望有“贤人”能够在朝堂上为自己发声。但是随着大一统王朝的建立，墨家的一些政治主张严重地威胁了中央集权的威严，因此惨遭镇压。而随着封建化的加深，一方面小生产者阶层日渐萎缩，另一方面中央皇权为了与地方封建宗族势力争夺人口与资源，不得不站在自耕农基本这一边，维护其基本权益。墨家生存的土壤逐渐消失，最终消亡于历史的尘埃之中。

▲冲击中的楚军

后左右翼又被晋军一举打垮，楚成王也盲一目，这让楚国士卒心中失去了对胜利的信念。尤其是楚成王重伤，所有人都担心大王可能会死于军中。更何况俘虏还带来消息，晋军好整以暇，其盟军也即将前来与之会合，晋军一方将在兵力上占据绝对优势。

然而军事上的胜利并没有从根本上扭转晋国霸权衰落的局面。鄢陵之战后的两年间，晋国四次出兵伐郑，郑国却依然坚持亲楚态度，齐、鲁、卫等国军队也未与晋军会合，摆出一副“我承认你是霸主，但就不听从你指挥”的架势。晋国国内的乱局也愈演愈烈，鄢陵之战的第二年（公元前 574 年），胥童、夷羊五率 800 名甲士伪斗，引三郤（郤锜、郤犨、郤至）而杀之。次年，正卿栾书与中行偃弑晋侯寿曼，立公孙周（一作纠，晋襄公幼子之孙）为新君，是为晋悼公。在晋侯周（晋悼公）统治时期，晋国的实力才真正恢复到可以重新称霸天下的地步。

我们也可以从几次决定性大战的战场所在地看出两国的强弱形势变化。城濮之战（公元前 632 年）的战场位于今山东省鄄城西南，处于南北方的平衡线上。邲之战（公元前 597 年）发生在今河南省荥阳市附近的黄河南岸，楚国已经将刀尖抵在晋国面前。鄢陵之战（公元前 575 年）古战场位于今河南省鄢陵县，双方的战线再次被压向南部。湛阪之战（公元前 557 年）晋军甚至攻破楚国方城防线，即将进入楚国的核心统治区南阳盆地，可以说中原诸侯的军队第一次砸开了楚国的北大门。楚国霸权彻底衰落，柏举之战（公元前 506 年）吴国人直接攻入郢都，之后楚国用了几十年才完全缓过劲来。

## 史书中的冤案：赵盾弑君与赵氏孤儿

如今之世，诸侯杀君如杀一鸡。司马迁在其著作中统计：春秋三百年间，弑君三十六，亡国五十二，诸侯奔走不得保其社稷者不可胜数。

春秋的诸多弑君案件中，赵盾弑君事件可谓很有春秋弑君的特点。《史记·赵世家》将晋侯夷皋（晋灵公）描写为一个昏庸无道，各种坏事、荒唐事做尽的无道君主。与之相对的赵盾就自然而然的是一位非常勤政的执政官，对举止荒唐的国君百般容忍，不与国君对抗。赵盾又是如此正直无私，如果君王有错，不会像没骨气的人那样软言软语地劝导，而是用"骤谏"的方式来教导晋侯夷皋。

不过事实真的是这样吗？不如让我们用更加中立客观的态度来看看《左传·晋灵公不君》中的春秋笔法，细数一下晋侯夷皋做的那些荒唐事。

第一宗罪责：晋侯夷皋爱好奢华，刚即位就在宫中修筑高台，用弹弓打行人，看着行人躲闪不及的样子哈哈大笑。考虑晋侯夷皋幼年即位，显然用不了太有劲的弹弓打行人，也不能算是残暴吧，这样的行为拿到现代来看根本就是个典型的"熊孩子"胡闹而已，晋侯夷皋死时才十几岁，此时应该只是个调皮且贪玩的小孩。

第二宗罪责：某日，厨子因没将熊掌烹调好，被晋侯夷皋下令杖杀。随后厨子的尸体被装进筐篓中，晋侯夷皋让宫女用车子载着筐篓运尸出城。赵盾等人在朝堂议事，运尸体的车子经过堂前，厨师的手露在篓外恰巧被诸位卿士们看到。赵盾于是拦下车子，询问厨子被杀的原因。得知事情始末后，赵盾又开始了对晋侯夷皋的骤谏。

这个故事中存在着诸多漏洞。

第一，杖杀后处理尸体的方法完全不正常。先秦时代宫殿的布局向来是"前朝后寝"，在后宫把厨子杖杀，直接从后门抬出去处理就可以，为什么让宫女驾车运着尸体从朝堂经过？这完全不合理。好吧，退一步说，有观点认为晋侯夷皋这样做的目的是向人示威，那么又会是向谁示威呢？而且还只能用这种没什么魄力与威慑力的手段？

第二，装载尸体的方法也有问题。将尸体放在筐里，显然是不想让人看到。那为什么还会将尸体的一只胳膊露在外面？走了这么久，负责运尸的宫女难道一直都没有注意到吗？除此之外，一辆车子上什么别的都不装，专门只放一个装了尸体的箩筐，明目张胆地运出去，这到底是想将尸体悄悄处理了，还是想高调地进行展示呢？有人可能会说，晋侯夷皋这是想给赵盾示威。可问题是杖杀一个厨子能对赵盾示个什么威？而且若真想示威，干吗遮遮掩掩的？直接让两个寺人拖着尸体在宫廷内转一圈，威慑效果可能还会更好，何必把事情做得如此复杂？另外，晋侯夷皋需要用杀一个下人的手段向赵盾示威，其中意味敢请各位读者仔细思索一下。

▲晋灵公（右二）绣像

第三，也是最可疑的一点，事件发生的时间更加经不得推敲。尸体被运到朝堂前时赵盾等一干卿士大夫们都在场，很明显这是朝会时间，那么晋侯夷皋怎么可能此时在后宫一边吃着熊掌（烹调熊掌需要耗费较长时间，不太可能一大早就做好。当年楚成王被逼自尽前，曾提出想吃熊掌的要求，真实目的则是想拖延时间等待救援），一边下令杖杀厨子？好，退一步说，厨子天没亮就开始烹调熊掌，专等晋侯夷皋在朝会结束后，能在第一时间吃到可口的熊掌。朝会结束后，晋侯夷皋回到后宫，对熊掌的口味不满意，才发生杖杀事件。那么请问，朝会结束后，各位卿大夫们不回自己的开府办公，留在朝堂之外做什么？难道是专门等着被杖杀的厨子被运出来吗？还得专门盯着，生怕错过了装着尸体的那辆车？春秋之时普通人一日二餐，基本上不会像现代人这样随时吃零食。通常是早起后先吃一餐即朝食（晋齐鞌之战前，齐军就喊出了灭此朝食的口号，意思是说晋军不堪一击，打败他们都不会耽搁吃早餐的时间），又称大食（早上一般会吃得比较丰盛，以应对白天的体力消耗），然后再处理各项事务，等下午 3~5 点时再吃一餐。部分贵族则会享有一日三餐的待遇，第三次进餐通常是在夜间，属于两餐的补充，更类似于现代意义的夜宵，相对于前两餐，第三餐的规格相对较低，多以汤食为主。

再让我们回到故事中来，如果说晋侯夷皋是在朝食时吃的熊掌，那么此时朝会尚未开始，与故事的情节不相符合——朝会即将开始，赵盾完全可以在朝会之上谏言。但是这个故事中，赵盾看到尸体后立即进宫谏言，这很明显是在朝会结束之后才会发生的情况。那么再假设晋侯夷皋是在下午吃的熊掌，那么就更加不合逻辑了。就像上文中所说的，难道一众卿士大夫们今日一整天都不回各自官署办公，就在朝堂之外专门等上数个小时？

赵盾的“骤谏”终于让晋侯夷皋忍无可忍，恨不得杀之而后快。晋侯夷皋第一次尝试杀赵盾，找来了一位叫钽魔的刺客，准备暗中刺杀赵盾。这就很值得玩味了，国君杀大臣竟然需要采取暗中刺杀这种手法，我们怕不是眼花看错了人名了？把汉献帝错看成了晋侯夷皋，而把曹操错看成了赵盾？同样的情节，应该发生在汉献帝和曹操这二位身上才算合适吧。

晋侯夷皋的刺客钽魔登场了，天还没亮他就潜伏到了赵盾家中，结果发现赵盾已经穿戴好服冠准备处理政务了。看到这不得不说一句，作为一个刺客的钽魔业务水平未免太差了。竟然没有事先踩点，也完全没有了解被刺杀对象的生活规律，就撞大运式地跑到当朝六卿士之首——中军将家中。我们实在难以忽略掉，一个刺客不经过踩点（若经过踩点，怎么会搞不清楚被刺杀对象的生活规律），怎么就能如此顺利地摸到一位封邑贵族开府重臣的卧室里？要知道，当时的贵族是一整个大家族合居在一个大府邸中，家主的居室在整个院落最核心、安保最好的位置上。

看到赵盾如此操劳国事，可把这位刺客给感动坏了，不由得长叹道：“时刻不忘记恭敬国君（提前准备好政务，以保证按时上朝），真是一位好官员啊。杀害百姓的靠山（贼民之主），这是不忠（请注意此时对忠的定义）；背弃国君的命令，这是失信。杀与不杀，我都会违背忠信中的一项，还不如去死！”春秋之人轻生重义，于是钽魔放弃了刺杀行动，一头撞死在院中的大槐树上。不知各位细心的读者，是否察觉出其中有什么不对劲的地方？

刺客在触槐自尽之前的这段话，完全是他自己内心的独白，赵盾究竟是怎么知道的？写史书的人，又是从何处听到这段内容并记录下来的？焉知是不是刺客钽魔因为业务技能不熟练，被赵家甲士当场擒杀。赵氏为吹捧赵盾的名望，又专门编出这么一段说辞来愚弄视听。当然退一步说，我们也可以认为是刺客在自尽前向赵盾输诚，那么赵盾心也够大的，在自己的居室内，忽然从房梁上窜出这么位刺客，竟然没有先呼喊甲士前来擒拿，而是两人促膝谈心。对话结束之后也安之若素，并让刺客选择安然地自行了断。从结果来看，这位名叫钽魔的人到底算是晋侯夷皋请来的刺客呢，还是赵氏专程为吹捧赵盾而找来的“临时演员”？更加不合理的是，刺杀事件发生之后，不光是晋侯夷皋与赵盾二人，似乎所有人都把这件事情彻底忘记了，既没见赵盾再次“骤谏”，也没见晋侯夷皋对此事有何说法，这一点实在太过古怪。

两人最激烈的对抗即将开始。刺杀不成，晋侯夷皋又生一计，假意宴请赵盾到宫中赴宴，暗地里则埋伏了甲士和恶犬（没错，就是恶犬，很有些孩子气的安排。这个侧面反映出晋侯夷皋此时年龄比较小，还处于怕狗的阶段。在6~13岁这个年龄段的孩子看来，狗是最可怕的动物）准备围杀赵盾。此时的赵盾似乎完全忘了之前晋侯夷皋曾派遣刺客来暗杀自己的事情，只带了一名随从大大咧咧地进入晋国宫中。同样的案例在两千年后再次上演——康熙擒杀权臣鳌拜也是类似的情景。鳌拜自负武力，一人去后宫会见小皇帝康熙，结果被一群练习摔跤的少年擒获。同样是有心算无心的围剿暗杀，晋侯夷皋居然又搞砸了！

饮宴进行了一会儿，赵盾的随从侍卫（车右）提弥明发现情形不对，快步到殿上说：“臣下陪君王宴饮，酒过三巡还不告退，就不合礼仪了。”说着扶起赵盾立马就往殿堂外走去。

看到赵盾要跑了，晋侯夷皋着急大喊：“快！放狗！”

“有人不知用，还非要用狗，真是幼稚。”赵盾此时还不忘出言讽刺晋侯夷皋。赵盾很有“虽泰山崩于前而色不变”的大将风度。当然，更有可能是赵盾早已成竹在胸，知道自己的人身安全完全不是问题。

恶犬张着血盆大口向赵盾扑来，提弥明一剑将獒狗刺死在地。身为臣子的随从，未得国君传召就带着兵器公然走入大殿，这与礼制完全不合。此番行为分明是不把国君放在眼里；同样的举动如果放在皇权高涨的后世，基本可以被视作意欲弑君谋反了。只凭提弥明一人对抗晋侯夷皋的殿前甲士，就算他生出三头六臂也难以应付。更何况，此时提弥明的首要任务是保护家主赵盾的安全，而不是与对方甲士在武艺上一较高下。在晋侯夷皋甲士的围攻之下提弥明伤重倒地，眼看就能成功干掉赵盾了，忽然甲士中有一人反水与其他甲士相搏，并成功救下赵盾。史书中称赵盾曾经救济过一个“林中饿人”，而反水救下赵盾的这名甲士就是当时的那位“林中饿人”。

这一细节就很值得玩味了，曾经的“林中饿人”为了报恩反水救下了赵盾，

▲汉代砖画，狗咬赵盾

表面上看，好像也没什么不对，但是晋侯的殿上甲士可能会是一个曾经困顿到快要被饿死的人么（史册中称之为“不食三日矣”）？春秋之时甲士的出身必须是贵族家子弟，尤其是晋侯的殿上甲士，作为国君生命安全的最后保障，必然出身高贵政治可靠，绝对不会存在这种被敌方小小恩惠与诱惑就能轻易收买的贫苦之民。如果我们换个视角来思索围杀事件，恐怕会获得一个十分可怕的真相：救助赵盾的甲士并非为报赵盾的恩情临时起意悖逆国君，恰恰相反，他本来就是被赵盾有意安排到晋侯夷皋身边的卧底。所以在围杀发生时，赵盾才会表现出如此的临危不惧和胸有成竹。因为在晋侯夷皋身边早已充斥着赵盾安插的人，晋侯夷皋的所作所为全都在赵盾的监视之下。因此，晋侯夷皋所有针对赵盾的小动作没有一件能够成功。

宫廷围杀事件发生之后，赵盾与晋侯夷皋二人的矛盾彻底激化。乙丑日，赵穿在桃园杀死晋侯夷皋。而赵盾为了躲避嫌疑，已然离开了绛都。然而，当时的晋国太史董狐却直接在史册上记下了“赵盾弑君”的文字。董狐认定赵盾弑君的主要原因是：赵盾虽然离开了国都，但是没有离开国境，很明显就是弑君案件的背后主谋，写成赵穿弑君无异于有人用刀子杀人，只追究刀子的刑事责任，却不去追究拿刀之人的罪行。而孔丘却为赵盾辩解：“惜也，越竟乃免。”如果当时他能再跑快点，逃到国境之外就好了。

那赵盾出奔的目的地到底是哪里？《左传·宣公二年》上说，当赵穿在桃园杀死晋侯夷皋后，赵盾离开了都城绛，但是未出山就原路返回了。这里的山指的是温山，距离绛城仅仅数日路程，距离边境线尚远。太史董狐说赵盾弑君有一条最重要的罪证就是：“子为正卿，亡竟不越境。”赵盾不敢正面回应，只得支支吾吾地回答道：“我深爱着这片土地，反而因此留下忧伤。”（“我之怀矣，自诒伊戚。”语出《诗经·小雅·小明》。）这显然是实在找不到可以开脱的借口，故而无奈的拽文。实际上，赵穿弑君就是在赵盾的命令下做的，赵盾唯恐局势失控，故而停留在距离国都较近的温山遥控指挥，大事成功后便立刻返回了绛都。

董狐还用了更加直接的证据，来说明赵穿是在赵盾的指示下杀晋侯夷皋的。“反不讨贼，非子而谁？”下手的是你的部下，弑君后你还不处置凶手赵穿，不是你赵盾下的弑君之令还会是谁？更何况在弑君之后，赵穿非但没有受到任何惩处，反倒得到了赵盾的奖赏，获得邯郸之地作为自己的封邑。很显然，赵盾觉得弑君这事赵穿办得够利索，值得奖赏。在发生晋侯夷皋在宫殿围杀赵盾事件之后，赵盾决定先离开晋都，随后就发生了赵穿弑君。如果说这一连串事件没有任何关联，应该不会有人相信。

司马迁在《史记·赵世家》中认为：下宫之难发生的根本原因就是赵盾弑君所埋下的祸根。幸亏有数位义士舍生取义相搭救，赵氏才免于绝嗣。整个故事无比感人，极具张力与震撼力：赵氏一族慷慨赴死的悲壮，程英的舍生取义，公孙杵臼多年的忍辱负重，屠岸贾的小人嘴脸，最终结局的痛快淋漓。赵氏孤儿的故事也蜚声海外，著名文豪伏尔泰将之改编为戏剧《中国孤儿》，在西方大受赞扬。

在研究历史时，我们应该抱着一种质疑的态度，来分析一些重大事件，尤其是当不同的史料文献在记录同一事件有几种完全不同的描述时。与《史记·赵世家》中那个感人泪下的故事不同，《左传》中关于下宫之难的记载只有冷冰冰的150多字，既没有任何感人至深的故事，更没有杀身成仁的仁人志士。同样出自《史记》一书的《晋世家》篇与《赵世家》篇对“下宫之难”的描述也截然不同，反倒是《左传·成公八年》与《史记·晋世家》篇中所记录的赵括、赵同两家被诛一事上内容基本一致，《左传》书中对事情的前因后果记录得更加详尽一些。

《左传·成公四年》记载，晋国大夫赵婴齐（赵朔叔辈）与赵朔之妻赵庄姬私通。《左传·成公八年》记载：

> 晋赵庄姬为赵婴之亡故，谮之于晋侯，曰：“原、屏将为乱。”栾、郤为征。六月，晋讨赵同、赵括。武从姬氏畜于公宫。以其田与祁奚。韩厥言于晋侯曰：“成季之勋，宣孟之忠，而无后，为善者其惧矣。三代之令王，皆数百年保天之禄。夫岂无辟王，赖前哲以免也。《周书》曰：‘不敢侮鳏寡。’所以明德也。”乃立武，而反其田焉。

公元前601年赵盾病故，因为赵盾嫡子赵朔也已谢世，故继承赵氏公族大夫一职的是出于旁系的赵括（赵衰之子，赵盾庶兄，字原，注意区别于战国后期以“纸上谈兵”闻名的马服子赵括）。赵括之兄赵同（字屏。赵括、赵同即上文提到的原、屏二人）也支持这一继承顺序，与赵括一系相互扶持。作为赵氏嫡孙赵武的母亲，赵庄姬为了给势单力弱的儿子寻求靠山，只能寻求与赵括、赵同二人一母同胞的兄弟赵婴齐的支持。或许在早已觊觎庄姬美色的赵婴齐强迫之下，两人发生了私通。作为家族中的丑事，赵氏必须执行家法以严整家族内部的作风，因此在第二年，赵括、赵同二人将赵婴齐逐出晋国。当然，更有可能是赵括、赵同觉察出赵婴齐与赵庄姬、赵武母子有联合推翻自己家族地位的意图，因而果断做出反击。赵庄姬、赵武母子二人也因此失去了在赵氏家族中的强势旁系支持者。鉴于失去了赵氏族中的强力支持，赵庄姬在一番头脑风暴之后祭出了一招“天魔解体大法”，好为自己的儿子谋得利益。公元前583年，赵庄姬忽然向自己的兄长晋侯据（晋景公）密告：赵氏族长赵括与其弟赵同意欲谋反，国君当诛灭两族！

作为晋国后期最有作为的国君之一，晋侯据准备利用妹妹的密告对赵氏发难。作为一国之君最厌恶的就是国内的权臣，尤其是赵氏这个连出两代执政之卿，还弑杀了晋侯夷皋的强势之族。作为一个成熟的政治家，晋侯据决定借力打力，利用各卿大夫家族之间的矛盾为自己所用。很快晋侯据伙同栾、郤两氏对赵氏展开了攻击：首先，两氏在朝堂上向晋侯据诬告赵氏欲反，当派兵诛灭。随后，在获得了法理上的支持之后，晋公室、栾氏、郤氏一同出兵围攻赵氏。此时，赵庄姬早已将儿子赵武与赵氏族中的亲信势力带入晋宫中避难，远眺赵氏下宫正在发生的杀戮与流血，对他而言不过是隔岸观火。《赵世家》版赵氏孤儿中的关键人物屠岸贾未在其他史册中出现，疑为虚构人物。如果真要说一个关键性人物的话，那只有此时的晋国正卿栾书一人。栾书正常死亡后，其继任者韩厥在后续事件中又扮演了至关重要的角色。

赵氏的封地与人口很快被三方势力共同瓜分，赵氏处于灭族绝嗣的边缘。这时韩氏家主韩厥忽然站了出来劝谏晋侯据，说赵氏先祖于晋国有大功，不可不续其家族祭祀。晋侯据听从了韩厥的劝诫，不但让赵氏续存，还返还了部分封地与人口给赵氏。按常理而言，已经被吃下去的肥肉是不可能吐出来还给旧主的。那么，

▲ 晋景公梦“病入膏肓”

晋侯据为何在续存赵氏之余，还返还了已经归公室所有的土地呢？这就需要我们从更深的层次来解析韩厥所说的这段话。

晋国君主此时面临的最严重的政治问题就是诸卿大夫们瓜分了国内的土地与政治权力。这次虽然可以灭掉一个赵氏，但是吃着赵氏血肉壮大的栾、郤两氏如果失去牵制，那么其权势必然膨胀，将直接威胁到国君。如果这次赵氏灭亡，那么所有卿大夫家族都会仇视国君公族，这也是得不偿失的。赵氏已经被削弱了，如果选择保留赵氏，那么既能为国君赢得名望，换取各家族对国君的支持，又能为其他家族留下一个对手，让其相互攻讦，这样国君的地位也就愈加稳固。权衡了得失之后，晋侯据明白，韩厥这番话虽是以维护诸卿大夫家族的利益为出发点，但是对稳固自身在晋国国中的统治权确有益处，便采纳了。更何况赵氏的新家主是自己的亲外甥，正是因为自己连番举措才能登上家主宝座，应该会亲近公室。

所以晋侯据决定续存赵氏，以赵武为赵氏族长，并返还了赵氏的部分封地。

最终以赵氏实力大衰，丧失了大量的人口与封地为代价，曾经庞大的赵氏主干只剩下原本的嫡系赵武一支，与受封于邯郸的旁支赵穿之子赵旃一系（其实已经可称之为邯郸氏而非赵氏了）并立。在韩氏家主韩厥的扶助之下，赵氏的卿士地位得以存续。而作为唯一的继承人选，赵武自然而然地成了赵氏新族长。在赵庄姬一番令人眼花缭乱的运作下，终于实现了清除强势旁系，让自己的儿子继承了一个只有一个声音的赵氏家族之最终目标。更神奇的是，经过了如此严重的打击，赵氏依然发展成为“晋国六卿”中最强大的一支，并成功地化家为国，其生命力之顽强、发展之旺盛不得不让人惊叹。

赵氏在立国之后为了掩盖先祖的这段龌龊往事，故而精心编造了“赵氏孤儿”这个无比感人的故事，将赵武继承赵氏大夫之位的历史重新包装。不过在这个版本的故事里，还存在着一些明显的逻辑漏洞：屠岸贾此人怎么会有如此大的权力，竟然可以封锁晋王宫，并入内搜查？且未见其出身记录，从姓氏上看也不是什么高门大姓。既然屠岸贾怀疑赵武藏在城中，怎么就会轻易相信程婴手中的婴儿就是赵武？晋景公又是从哪儿听到的消息，说赵家还有遗孤一人？怎么就能确定此人是真的赵武，不是有人冒名顶替？赵武一人怎么就能在十几年后重建赵家？整个事件的容错率实在是太低了，只要其中任何一个环节出现意外，则赵武必死，赵氏必不能复兴。从各种迹象来看，下宫之难只是一场被严重扩大化的赵氏内斗而已。

▲韩厥

第二章

# 晋卒好整以暇——春秋中前期的步兵发展

## 三行步兵——独立步兵部队的出现

熟悉春秋战国历史的读者应该都了解，三家分晋之前晋国朝廷上的最大乱局——六卿之乱，最后以智、中行、范三氏灭亡，赵、魏、韩三家分晋而告终。其中，中行这个姓氏是以自身官职命名的。即位后的第五年，晋侯重耳下令组建了三支独立建制的步兵部队，将之作为应对戎狄势力的主要军事力量。这三支专业的步兵部队被称作“三行”，之后军人常自称“出身行伍”的说法正是由此而来。

三行中，荀林父将中行，屠击将右行，先蔑将左行。三行只设“将”，而未如三军那样设立“佐”，可见在晋文公看来，三军的军事地位是远高于三行的。同时，三行的兵力规模应当也低于三军，因此不需要设立“佐”来协助主将管理部队。作为中行之将的荀林父与大宗分家，改氏为中行。

与三军相对应的三行的建立，标志着步兵地位的一次提升。晋齐鞌之战，晋军中就出现了大量戎族出身的步卒（之后晋悼公统治时期，魏绛提出了和戎之策——史称“魏绛和戎”——让更多戎狄之民为晋国所用），且在战场上有着良好的表现（晋军中的戎族步兵在鞌之战抵挡住了齐顷公最后的全面进攻）。然而相对独立的“三行”仅仅在组建两年之后又被晋文公重新与“三军”进行混编，成为新的五军建制。

表面看来，三行步兵在设立之初虽然有备戎的性质，但是三行步兵最后被并入五军的结局却使人不得不怀疑晋国成立三行步兵真正目的所在。按照周制，天子有六军，诸侯最多只能拥有三军，次一级诸侯有二军。晋武公篡位成功时，尚未进入扩张期的晋国仅有一军。春秋中期，晋国厚积薄发，城濮之战时能出兵700乘远征；晋楚邲之战，晋军仅出动五军中的三军，兵力已有600乘；之后的晋齐鞌之战，晋国出兵800乘；晋楚鄢陵之战，晋军出动上、中、下、新四军，兵力应不少于800乘。

三行步兵在并入新五军之后再未重建过。晋国在这段时间里又短暂地成立“六军”，然后在“国际舆论”的压力下，很快削减为三军。但可以推测，晋国“军”

建制的规模必然发生了扩充。我们应当结合晋文公成立“三行”后仅仅过了两年便将举国军队由“三军”“三行”再次整编为“五军”建制这一事件进行深入分析。从备戎的角度看，这显然是十分不合理的。我们可以看到，即使是到了鲁昭公元年（晋平公十七年，公元前 541 年），魏舒与中行吴领军征讨燕山戎时，晋国军队还是以战车部队为主体。从城濮之战（公元前 632 年）到大原之战（公元前 541 年）这将近 100 年间，戎狄部族的势力一直比较强大，如果保留“三行”这支专业的步兵部队，也不至于需要魏舒临时把车战军阵改编为步阵如此麻烦。因此，我们只能做出如下推论：晋国成立三行之师的目的绝对不是其宣称的那样是为了应对与戎狄部族的战争而专门设立，而是将其作为一支“后备军”力量来建设的。

晋国在情况不允许拥有更多“军”一级建制的情况下，先用别的名义成立一支“准三军”部队，并冠以“三行”之名好躲避国际上的非议。当需要快速扩充兵力，或者“三军”出现较大损耗时，将原本名义上的步兵部队配属上相应数量的战车，就可以直接成建制地将之补充进“三军”的战斗序列之中。后世也存在着类似的手段：一战后的德国遭到凡尔赛体系的全面限制，仅被允许保留一支规模不超过 10 万人的陆军部队，为此德国采取了精兵政策，现役的 10 万人基本为优秀的各级别军官，另外建立了一些士官学校培训专业士官队伍，当情况允许时再征召普通士兵，这样德国就能在内外部环境允许的前提下，只用短短数年时间，便将只有 10 万人的陆军直接扩充至上百万的规模，且大部分部队的战斗力并不弱。二战前夕的苏军则采用了与晋国“三军三行”军制更加相似的手段：在每一个正规师建制的背后，均建有一支番号相同的预备役空架子部队。正规军的各级部队中，长期保留着一部分的超编副职军官，作为预备空架子部队的各级主官——和平状态下，一支部队需要一名主官与一名副职，而苏军则保留有两名副职军官，一旦战事需要，第二名副职则自动成为该级别空架子部队的主官。这时只需将军校新毕业的学员军官作为其副职，然后编入大量退役士兵或骨干民兵，即可完成一支满编部队的组建工作。苏联国防部门以相对完备的义务兵役制度为手段，完成了对大部分国民的基础军事训练。当战争开始时，苏军一个师的番号就可以在极短时间内变成实际兵力为两个师的建制。苏军能够在战争爆发第一年顶住德军的轮番猛攻，也应部分归功于该体系的强大动员能力。

“三行”步兵也是如此，只要有足够的战车、兵器储备，晋国可以随时将自己的主力部队的兵力从3个“军”迅速扩充至5~6个“军”的规模。相对于二战前的苏、德两国，晋国三行的士卒们本来就属于正规军现役军人，因此其战斗力水平基本与三军的士卒持平，不必像前两者那样，需要一段时间的再训练，让新组建的部队进行内部“磨合”，并让新加入现役的士兵重新适应军事生活。

从西周中期到春秋中期，最主要的军事变革还是战车附属步兵的发展与演化。综合各种资料，我们可以得知：武王伐纣时，有“车三百乘”“虎贲三千”“甲士四万五千人”。此时一乘战车的编制中直属兵力为10名贵族出身的甲士，其中车上3人、车下7人，另外有20名平民出身的步卒配合作战。一乘之下编制有27名步兵，其中步战甲士7人，平民出身的普通步兵20人。

春秋初年的繻葛之战中，郑庄公首次排出鱼丽阵迎战周天子联军，在此之前，战车隶属步兵的编制已经完成了一次变革。任何一支军队在建立初期都会习惯性地将伍作为最基础的编制，大概与人的手上有5根手指有关。依次类推，人有双手，则双伍为“什”。周人学习商朝军队以什为基础建制的编制方式，牧野之战的周人精锐“虎贲”便以什配乘。我们已经难以考证到底在具体哪个时间点上，周人舍弃了源自商军的什编制，只能确认在春秋初期，各国的军队已经开始按照伍、两（具体情况且看下文）来编组战车隶属步兵了。

可以肯定的是，从牧野之战西周建立，到晋楚邲之战所处的春秋中期，战车隶属步兵的人数一直在增加，从最初的27人一直增加到了73人（或75人），最终一乘战车建制下有战斗人员75人（另有辅兵25人）的编制成为春秋中期到战国时期的一个惯例而被沿用数百年。在这数百年间，尽管战车原本战场主宰的地位被步兵所取代，但是75名战兵加25名辅兵的编制却得以沿用，直至吴起编练的魏武卒、商鞅变法后的秦国军队在实战中演化出了更大的战斗编制来实现步兵的集团式冲锋战术，并以此战术击败了列国军队。

为何战车隶属步兵的人数会逐渐增加？因为更多的步卒可以演化出更灵活多变的战斗队形，也可以让战车获得更加有力的支持。防御中，拥有更多的步卒，就可以排出更加厚实的队形，也能形成更宽的防线。攻击中，则可以保留一些步兵作为预备队，以防万一。相对于车属步兵人数的变化，其人员构成上的变化意义更加深远。

春秋中期，各国开始了一系列的田制赋税与军事动员体制改革，有鲁国的“作丘甲”与“初税亩”、郑国子产主持的“作丘赋”、晋国的“作州兵”与“作爰田”、秦国在简公时期的“初税禾”。这些改革的核心内容就是将有邑贵族的经济与军事义务进行规范化，算是在原有体制上的修补。各国也依据本国的具体国情，针对公田制度进行了不同程度上的“私有化”改革，承认“井田制”向私田、授田的转变，并模糊了国野之别，以扩展征兵范畴。

鲁国的“作丘甲”制度实际上是被老对手齐国咄咄逼人的进攻态势给逼出来的。长勺之战失利后，齐桓公任用管仲进行了春秋时代的首次变法图强。其《内政而寄军令》规定：“五家一轨，故五人为伍，轨长帅之；十轨为里，故五十人为小戎，里有司帅之；四里为连，故二百人为卒，连长帅之；十连为乡，故二千人为旅，乡良人帅之；五乡一帅，故万人为一军，五乡之帅帅之。”举国上下兵民合一，社会体制军事化，“是故卒伍整于里，军旅整于郊”。虽然在内容上看起来与战国时期商鞅变法的内容有几分相似，但是在执行上，管仲的改革并不彻底：“士之子恒为士”，改革深度并没有触碰到社会结构，更没有建立起一个供人才在社会中不同阶层之间流动的机制。

相对于鲁国与郑国，晋国更早【鲁僖公十五年（晋惠公六年，公元前645年）】地实行了名为“作州兵”的改革。当年秦晋爆发了韩原之战，晋国战败，君主被俘，回到国内后，晋侯夷吾痛定思痛，令国中“作爰田”，实行“自爰其处”，即在法理上一定程度认可了贵族或平民在固定长期耕种某一块土地后即拥有了该片土地的所有权。实行这种田制有利于激发生产者的积极性，提高粮食产量；更重要的是，在法理上承认了国人与大夫们所拥有的私田，增强其对公室的感情，加强了晋国的政治凝聚力——韩原之战失败的根本原因就是晋国朝廷内外的上下离心。然而，虽然“作爰田”可以在短时间内收买人心，但是却也为后来的卿士势力崛起，乃至晋国最终分裂埋下了深深的伏笔。当卿大夫们可以合理地占据更多土地之后，其实力自然会逐渐膨胀，自然会寻求更多的经济利益，在国中争取更大的政治权力。

各国变革有一个共同点——模糊国野之别，让野人从原来没有纳税与服役义务的“黑户”转变为新的税源与兵源，这样一国所能掌握的军事实力也能上一个新

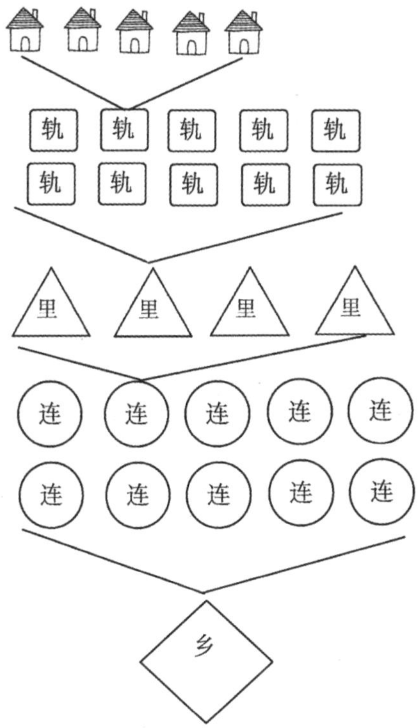

▲ 管仲改革后的齐国兵役制度
一户征兵1人，一轨征兵5人为一伍，一里征兵50人为一小戎，一连征兵200人为一卒，一乡征兵2000人为一旅。

的台阶。但是新的问题又出现了：按照以前的惯例，一乘战车需要配属10名出身贵族的甲士。社会统治较为稳定的时期，一国治下人口增殖的速度会比较快，但是贵族人口的增长速度赶不上人口增长的速度，更赶不上军队对人力的需求。更何况“君子之泽，三世而斩”，太过偏远的旁系在一次次的分家中会逐渐变得贫乏，最终失去了贵族的身份。

这个问题其实在西周中晚期就已经出现了，王师的多次惨败，导致贵族子弟死伤惨重，贵族们与周王室离心离德与此不无关系。最严重的问题是，王师的重建工作也因此变得更加艰难。西周王朝的最后败亡，就是因为周王室军事实力的严重衰落，诸侯已经不再愿意为了一个名义上的君臣之分而心甘情愿地听从周天子的号令。针对现有的贵族兵人数已不能与军队扩张规模相互适应的难题，春秋时代的各诸侯国想出了各自的解决办法。当然，这些解决办法也与上文提到过的政治经济改革有关。各国的改革让整个社会构架变得更加军事化，让原本身份极为卑微的野人地位得到提高，让国人与野人对国家的认同感增加。反映到军事上，则表现为提拔普通国人作为基层士官，贵族兵只需要担当军官。这一改革让军队对贵族兵的渴求变得不再那么迫切。一些原来必须由贵族兵担任的职务现在由平民兵就可以担任了。

为何春秋之时各国军队规模能够在短短几十年间迅速地膨胀起来？其奥秘也在于此：西周初期，一乘战车直属兵力中必须有10名贵族出身的甲士，而到了春秋中期，军制变化为一乘建制之下只需3名贵族出身的车上甲士，其余的70余名士卒完全可以由平民来充任。车下甲士也不再必须由贵族兵来担任，可以由富裕的国人或者贵族家族中有一定地位的仆从来担任。就这样，一乘编制下的兵力规模膨胀到了之前的 3 倍多，同样人数的贵族兵能够建立的乘编制数量也增加到了原来的 3 倍，只要统治下有足够多的国野之民来充当步卒，如此一来一去之后，军队的兵力规模可以激增为先前的 9 倍。

可以说，农业技术的进步反向推动了社会结构的改革。两者又同时催生了人口数量的爆炸式增长，让主动推动变革的政治势力获得了前所未有的长足发展。人口数量与粮食产量的增加，又进一步促进了手工业的发展与进步。手工业技术的进步又会反过来改进农业生产工具，让人均粮食产量进一步得到提升。这一切反映到军事上来，就是军队规模的增大，优质装备的向下普及。最终所产生的结果是，车战的甲士、步卒分立体系逐渐走向解体，步兵在战斗中的重要性得到了显著提升。

## 甲士之衣

甲士，字面上看是穿戴着盔甲的武士。盔甲据传是夏朝的第四代君王杼在讨伐擅于射箭的有穷氏部族时发明的。又传说逐鹿之战中，蚩尤及其八十一兄弟具“铜头铁额，刀枪不入”，实际就是装备了最早的盔甲。

整理考古发掘的成果，中华大地上迄今为止已出土的断定年代最早的盔甲实物是在 20 世纪 30 年代商王禀辛墓葬的发掘清理过程中发现的一副彩绘皮质胸甲残片。从皮甲残片进行推断，该套皮甲是由便于加工的大片皮革所制作的整块式胸腹甲。该套护甲以前后各一片的形式进行穿戴，可以给胸腹等要害部位提供一定的防护。皮甲表面髹漆，并以红、白、黄、黑四种颜色描绘的云纹与几何图案作为装饰。这种使用整张生牛皮或生犀牛皮制作的大块皮质甲片在后期使用中会出现较明显的生硬发板状况，其整体缺乏韧性与弹性的缺点也会妨碍穿着者战术动作的发挥。在青铜制工具尚不发达的时代，裁剪小片甲片十分烦琐，用简陋的青铜或者石质工具给犀牛皮质的甲片上开孔又显力不从心，只能采取这样的整体式胸甲，因此其既无法制作合适的臂甲与下半身防护组件，身甲部分也仅能保护躯干核心区域，不利于增大防护面积。

我们在后来的彝族皮甲上也能看到近似的型制。只不过生产技术的进步，让彝族皮甲拥有了用小片皮甲片编缀的裙甲。同时彝族皮甲的整体式身甲部分也是由数块带有开孔的皮甲片用丝绳穿缀拼合而成的。这样做可以在最大限度保证身甲防护力的同时提供较好的灵活性。

在商代墓葬中还出土了大批青铜铸造的一体式头盔，这批青铜胄通常都在正面铸有模仿饕餮等怪兽面部的装饰性纹样，顶部带有可以插入盔缨或鸟羽的缨管。在所有殷商时期商族人的墓葬或遗址中，只发现了这类使用一体浇筑成型工艺制作的青铜头盔，而未发现皮革制头盔遗迹。很可能是因为早期皮革加工技术的落后，在当时的制作工艺限制下，工匠们无法将大块皮料加工出合适弧度。如果使用小块皮质甲片来制作拼合式头盔，则又需要制作大量的异形片，加工成本太高且防护力不足。

1994 年冬在山东省滕州市前掌大村商周时期墓地的考古发掘中出土了一批青铜、皮革复合头盔。这种复合式头盔首先使用皮革制作主体结构，表面髹有黑漆，然后在皮革制盔体的适当位置开孔，将青铜饰片用丝绳固定于盔体表面。该类复合头盔克服了一体铸造青铜盔重量偏大、整体结构强度不佳、抗打击能力相对不足的缺点。

同样类型的青铜兽面头盔防护组件在湖北盘龙城遗址、江西大洋洲商墓、陕西老牛坡商代墓地、河南殷墟遗址、陕西贺家村西周墓葬等墓葬或遗址中均有出土，时间跨度从商代中晚期直至西周早期，数百年间均发现有使用的情况。经过推测可以得出结论：该类兽面装饰青铜—皮革复合式头盔是基于兽面造型的一体青铜式铸造头盔发展演化而来的。从防御效果上看，前者的正面防护力不弱于后者；从重量上看，前者更轻便，当然可能因为在重量分布上前重后轻，佩戴舒适性上会打一些折扣。大概在西周中期，这两种头盔均被淘汰。

冷兵器时代，任何地区的武器和防具发展，都是在自身条件约束下，做到当时所能做出的最优化，并进行具有针对性的发展或进化。总有人认为，流行于西周至战国中期的皮革制头盔防御效果不佳，相对于商代的一体铸造式青铜胄是技术退步的结果，青铜作为金属，制作出的头盔应该比皮革的机械性能更好，防御力也更强。显然这是忽视了铸造青铜的最大缺点：追求硬度的青铜配方可能导致合金的韧性不足，易在受到打击时发生碎裂；为防止碎裂情况的发生而采用的低

◀▲上海博物馆所藏清代彝族皮甲实物，制作工艺和形制与商代皮甲较为接近

锡配方又容易导致材料硬度不足。如果要保证材料硬度且兼顾结构强度，那么在当时技术条件约束下的可行手段只有对青铜胄壳体厚度进行加厚这一方法了。但是这又造成了两个缺陷：头盔重量过大、头盔主体防护面积不足。

有些人在看到古希腊文明出现过的锻造（也有部分为铸造）式青铜盔甲后，更得出了所谓古代中国军事技术中盔甲技术的发展要远远落后于西方的观点。比如著名的科林斯式头盔以及比科林斯式头盔包裹更严实的勃伊奥第式头盔，其最大特征就是带有较大面积的护面与护鼻，基本将佩戴者的头部完全包裹，只留出眼部的缝隙用以观察。这样的头盔大多采用锻造青铜工艺来制作，这又让有些人坐实了古代中国的青铜加工技术落后于西方这一观点。然而宝鸡地区的姜戎人墓葬中出土的一批锻造青铜护甲则雄辩地击碎了这一流言。

锻造青铜盔为了方便锻打成型，同时也是为了防止在打击中出现碎裂情况，不得不将青铜配方中的铅锡成分降至较低水平，铜在配方中所占到的比重达到了90%以上。同时，为减重，壳体主要部分厚度只有约2.5毫米，仅面部厚度可以达到6毫米。这就直接导致了科林斯式头盔的整体壳体结构偏软，遭受兵器打击的耐久性能不强。同样面对较强劲弓箭时（当然这样的设定可能有些不合理，科林斯式头盔主要考虑的是防御剑、矛这样的近战兵器的攻击），商周青铜皮革复合头盔可以有效抵挡住箭矢打击，科林斯式头盔则存在被箭矢击打变形的可能。且因科林斯式头盔缺乏内衬结构，实际防护效果可能没有人们想象中那么好。此外，锻造出符合使用者头型的整体式头盔，需要一名技艺高超的匠人（熟练工匠的数量一直以来都十分有限）从始至终单独完成整个锻造过程，因此也相对较贵。中国商周时期的青铜、皮革复合头盔则可以将各个工艺流程拆分开来，由专人完成各工序批量化生产，既降低了对单个工匠技能的要求，又可以有效提高总产能。

▲ 商代一体铸造式兽面青铜胄

▲ 出土铜胄碎片

当然，商代流行的青铜一体铸造式头盔并未完全绝迹，其由带有复杂装饰纹样的繁复外形演化为外观异常简洁的一体铸造式素面头盔。东方素面一体铸造式头盔从西周直到西汉时期长期存在，且出土分布范围十分广。不过，就其演化进程来看，其外观造型越来越简单，防护面积上主要掩护佩戴者的脑部与面颊两侧，脸部正面则基本暴露在外。

在古希腊，防具要面对的攻击主要来源，早期主要为采用锻造工艺制作的青铜短剑或者长矛，到公元前 5 世纪，这两种兵器逐渐变成铁质。通常在双方的轻步兵向对方投掷过石块和短矛后，两个重步兵方阵才开始面对面地对战。士兵单手握持长度为 2.2~3.1 米的长矛，或反手将长矛举至肩膀高度，由上向下绕过对手盾牌防护的位置，利用手臂力量与长矛重力对敌人发动刺击，或者正手将长矛握持于腰际，利用腰部发力突刺对手。

在这个前提下，古希腊文明首先发展出了同样采用青铜锻造工艺（也有部分采用了铸造工艺）生产的头盔，以木制胎体为主体制作的、表面包铜与皮革以加固、直径为 80~100 厘米的大圆盾（由于这种圆盾的重量较大，基本上需要用一根皮革带子斜挂在肩部，让使用者的肩膀和左臂一起来负担盾牌重量），以及附有皮革战

▼ 科林斯式头盔

## 宝鸡石鼓山西周早期墓葬出土铜甲与韩城市梁带村春秋早期墓葬出土铜甲

2012 年 3—6 月，考古工作者在陕西省宝鸡市石鼓镇石嘴头村东南的土崖下发现数座西周早期的姜姓贵族（周武王妻族与太公望所属族群）墓葬。在其中标号为“石鼓山 M1”与“石鼓山 M3”的墓葬中发现了一批铜制铠甲的残片。出土时，这套铜甲已断裂为数十片大小不等的碎片。其中一块较大尺寸的残片可以看出是身甲的边缘部位，上面的勾连云纹还清晰可见。还有两片尺寸较大的残片，其中一片残长 29 厘米，呈弧形薄片状，经过简单清理后发现其外形宛如人小腿部形状。表面饰有斜线与弧线花纹，接口处有三组成对分布的共计 12 个铆孔，疑似为胫甲（小腿部护甲）。

经过清理后，这批铜甲残片被带至实验室进行了进一步的检测。使用专用显微镜对样品进行了仔细的金相检测后，研究者们惊讶地发现：这批青铜铠甲使用了锻造工艺进行制作！通过金相分析可以得知，铜甲的材料为含锡 13.2%~15.0% 的青铜合金，其中部分样品还有 0.5%~0.7% 的铅元素。铠甲表面还附有人工涂装的黑色（成分为炭黑）与绿色颜料（成分为孔雀石碎末，经分析其为人工研磨后的产物，并非铜质受侵蚀后产生的锈痕）残余。

经分析，甲片上的铆孔为使用高硬度的锥子类工具冲孔成型。这套铜制铠甲的制作工艺应为：先铸造出比所需成品护甲厚度稍大的铜片，再根据人体各部位的形状，使用热锻工艺进行进一步加工，锻打成型，最后进行冲孔作业及表面打磨处理，上漆后成品。

经过修复，该套铜甲由三大防护组件构成。两片贴合腿部弧线的胫甲，穿戴时将皮绳或者丝绳穿过预先冲出的铆孔，以类似穿鞋带的方式反复串联系紧。身甲造型为一整片式，覆盖穿着者胸前与腹部，边缘则冲有单排或双排铆孔，因一些身甲边缘部位残片保存情况不佳，难以确定冲孔规律。穿戴时可能被固定在皮革衬之上，再行穿戴，或者采用铆孔固定若干条拌甲皮带，利用带钩固定来直接穿戴。

这套青铜锻造一体式胸甲的发现让考古界大为惊讶。一直以来的印象中，中国传统护甲多为将札型或鳞片型甲片用丝、麻或皮革绳索以“组”“旅”原则编组串联而成，而该套铠甲却采取了热锻工艺将青铜材

▲经过修复的锻造青铜胫甲

▲修复后的青铜胸甲

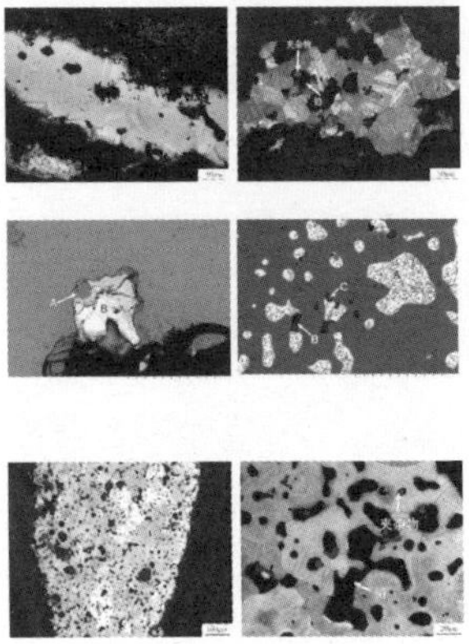

▲陕西韩城梁带村芮国M28号墓葬出土的各种青铜器的金相

▲陕西韩城梁带村芮国M28号墓葬中发现的青铜甲片

质锻造为一体式的胸甲与胫甲，这在中国现阶段的考古发现中是绝无仅有的，其雄辩地证明了我国古代金属加工工艺绝非瘸腿的——在此之前，绝大多数人认为中国的青铜铸造工艺一流，但没有掌握青铜的锻造工艺。

更令人意外的还是其一体式胸腹甲的造型，在人们的印象中，该种模式的护甲通常出现在古希腊、古罗马文明圈内，甚至一些人认为这种护甲是自西亚地区沿着中亚游牧迁徙线传播而来的，但是只要将周人铜胸甲与殷墟出土的一体式皮革胸甲进行对比，我们可以清晰地看出，石鼓山西周早期青铜护甲实际上是将前者进行“青铜化”后的产物，是不折不扣的中国原产。

不止于此，在地处关中北部的陕西省韩城市梁带村附近发现的西周至春秋时期芮国墓葬中也出土了一批使用热锻工艺生产的青铜制护甲。与石鼓山出土的一体式铜甲不同，韩城梁带村芮国墓葬中的铜制护甲采用了中国传统的甲片穿缀模式。从中我们可以看出一个趋势：早期的中国传统护甲倾向于将大片的甲片小型化，以提高生产效率与穿戴的舒适性；同时编缀工艺的发展配合甲片的小型化，使得护甲更加贴合人体，将有效防护部位覆盖得更加严密。

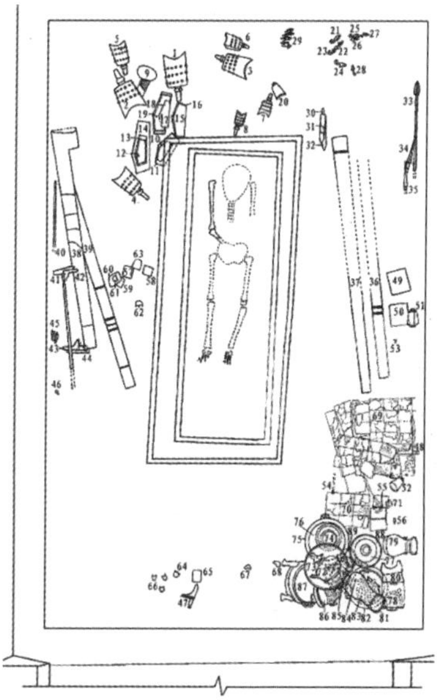

1–8. 铜编钟 9. 漆器 10–19. 石磬 20、51、52. 铜铃 21–28. 铜钟钩 29. 铜镞（10 件）30. 玉圭 33–35. 铜矛 36–39. 钟磬木架 40、55、56. 铜柲饰 41–44、47、48. 铜戈 45. 铜镞 54. 蘑菇形痛柄饰 49、50. 铜牌饰 57–71. 铜甲片 72. 铜盉 73. 铜盘 74、78、85、89. 铜鬲 76、82、87、88. 铜鼎 77、83、84、86. 铜簋 79、81. 铜壶 80. 铜甗

▲韩城市梁带村芮国墓地M28号墓葬平面图

这批甲片共计 90 余片，型制以矩形为主，出土于墓室下层墓主人棺椁左下侧角落处。上部为方形，下部转角成圆弧状，长约 12.5 厘米、宽约 9 厘米，在每片甲片上方开有两孔。从尺寸与具体形制来看，这批青铜甲片应当为战马护甲或者战车车厢附加装甲。邻近青铜护甲片出土的青

铜车马器可作为这一观点的直接佐证。经检测发现，样品成分为含铜79.49%、锡11.96%、铅8.55%的青铜合金，并同样采用了热锻工艺来进行生产。同墓中还发现了青铜制作的战马护胄。芮国为周武王所封姬姓国家，曾担任周王室司徒一职，鲁僖公二十年（周襄王十二年，秦穆公二十年，公元前640年）被秦穆公攻灭。该国地处关中地区东北部的韩城、澄城一带，是一片长期以来为考古工作者所忽视的区域。国家近年来加大了对文物保护与考古发掘的工作力度之后，考古工作者于当地取得了不少重大考古成果。梁国、芮国等被历史尘封的周代近畿诸侯国逐渐浮现在人们面前。

很显然，周人早在建国之时便已经掌握了先进的青铜器生产工艺，并制作出了锻造或铸造式青铜护甲。但是在综合衡量防御性能、生产成本与穿着舒适性后，青铜制作的躯干护甲被淘汰，仅保留了使用铸造工艺生产的头盔。从出现时间来看，西周早期姜戎墓葬中的青铜胸甲并不比希腊文明晚。而芮国墓中的青铜甲片为春秋时制作，并不存在所谓文明衰退的情况，更何况芮国只是一个春秋早期被灭的小国，也不以武器生产技术发达而著称。更有财力的大国放弃用热锻技术生产青铜甲，那么只能说明该类青铜护甲在性能上并不适应当时的中国战场。

▲韩城市梁带村芮国M28号墓葬出土马胄

▲经过修复的青铜甲片
从其尺寸与开孔位置上看，应为战车车厢用护板，而非军人或战马的护甲。

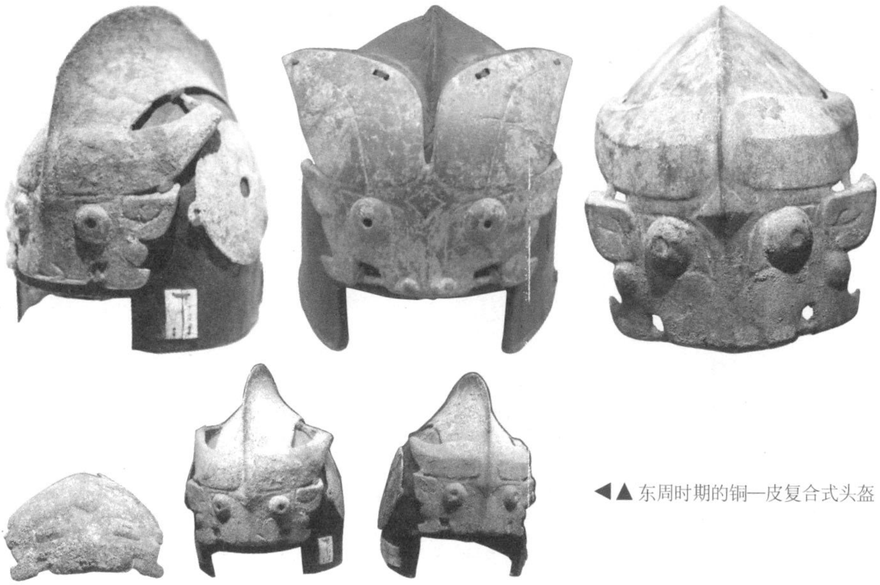

◀▲东周时期的铜—皮复合式头盔

裙的青铜胸甲（胸甲防护面积仅能覆盖腰部以上，因此需要附加皮革制作的战裙来保护穿戴者的腰部与胯部。但从古希腊时期留存的画作来看，也有一些胸甲不带战裙）和青铜锻造的胫甲。为了便于区分敌我，古希腊重步兵往往会在圆盾的正面画上各自城邦的标志，比如斯巴达人著名的倒 V 字图案。随着重步兵的发展，全面防护的科林斯式头盔被带有合页结构、重点防护的迦勒底式头盔所取代，一体式青铜胸甲也被鳞片式青铜甲取代，同时还出现了一些同样用鱼鳞状青铜甲片拼合的头盔。

一直以来，人们都认为古希腊盔甲只有重步兵的青铜盔甲这一种模式，但实际上这是一种误解。自迈锡尼文明开始，亚麻胸甲就已被大量应用，只是因为有机物制成的织物在漫长的岁月中完全腐化了，无法判断其原始的完整形态。横扫欧亚非的马其顿军队中，步兵们装备的基本也都是亚麻制胸甲。

到了公元前 4 世纪的希波战争时期，作为对手的波斯军队因习惯了西亚中东地区的战争类型——波斯地区的士兵更爱使用弓箭作为主要作战手段，通常还会装备青铜刀剑作为近战兵器，因此波斯士兵所装备的防具为多层柳条编制的长方

▲现代人制作的希腊式全身青铜盔甲

形盾牌，以及厚织物护甲。波斯士兵多用一张大面积的盾牌以防护羽箭的攻击，柳条盾的韧性使其在近战中面对青铜刀剑或者长斧劈砍时能够提供一定防御力，士兵身上的护甲更多起到缓冲打击力的作用。不要小看长方形大柳条盾的防护力，在面对劈砍时，柳条盾表现得比较出色（明清时代的中国士兵也大量使用藤条编制的盾牌，其对刀剑劈砍的防御效果良好，类似的例子还有流行于我国西南地区的藤甲。有兴趣的读者可以试着用菜刀劈砍柳条箩筐正面，这样就能够理解了）；而且因为其材料轻，尺寸可以做得比较大，防护面积也就更大。这样也更利于防御弓箭的打击，柳条因为其韧性，可以很好地消耗箭矢动能，更大的面积能够在密集箭雨下更好地掩护士兵的身体。

然而，这一套单兵装备在面对古希腊重步兵时就劣势尽显了：柳条盾可以较为有效地防护（由无反曲单体木弓或早期复合弓发射的）羽箭，但抵挡不了沉重的标枪；可以抵御青铜大刀的劈砍，但顶不住希腊人的长矛突刺。波斯步兵身上作为缓冲打击力量的织物护甲会被锋利的矛头轻易刺穿。而波斯人惯用的羽箭和刀斧也仅能在希腊人的包铜圆盾上留下一个凹痕。波斯国王手中最为精锐的伙伴军[①] 则装备了短矛、刀剑和弓箭。护具上还是同样沿用了柳条盾与纤维质护甲，部分士兵会穿戴鳞甲，然而与希腊人相比也只能算是轻装。且波斯军队最基础的十人队编制

①即通常所说的“不死军”。“不死军”应该是古希腊学者们对古波斯语的一个翻译错误，因为这个名字看上去更威风而广为流传。

▲古希腊重步兵

▼古希腊亚麻胸甲复原品

中，只有站在队首的队长才装备有大型柳条盾牌和长矛，身后的9人均未装备像样的防具，手中也仅有肉搏用的短兵器和弓箭。在面对希腊人那气势汹汹的“由金属与木头组成、可以移动的长墙”时，波斯军队陷入了尴尬的境地——大量投射武器无法有效地阻止希腊人向前推进，而自己面对抵近到眼前的希腊重装步兵又缺乏有力的近战兵器来进行反制。虽然在历次战役中，波斯军队不乏肉搏时徒手折断希腊步兵长矛的猛士，但依然无法改变其整体被希腊重步兵方阵碾压的命运。波斯人面对希腊重步兵时惨重的损失，更多是两种不同的军事体系在某一特定战场环境中对抗时所产生的不适应。

地域特点与技术条件的双重限制决定了一个地区内的军事体系与武备形态。比如我们的邻国日本，其军事体系中最具特点的兵器——和弓就是源自日本相对封闭的环境与岛国有限的资源。日本本土因缺乏适合制弓的木材与筋角材料，只能选取使用本地常见的竹子与藤等材料来制作。为了提高弓的拉力，弓臂截面需要做得比较粗大，因此其重量较大，回弹速度较慢。同时，和弓的弓臂长度也不得不做得很大，利用大拉距来提高最大拉力。也是基于这一因素，在《平家物语》等日本著作中，多以夸张某位武士使用的羽箭长度来展现其过人的战斗力。这也导致了和弓这种上下不

▲ 复原品亚麻胸甲防御力实测效果

经现代人的测试发现，厚度为16层的复原亚麻胸甲可以在极近的距离（测试中为26英尺，即7.93米）有效抵挡拉力为60磅弓的射击。这一防护水平与厚度为5毫米左右的水煮硬皮相当。综合秦陵兵马俑上反映皮甲的细节（如果刻画得足够写实）与出土战国皮甲实物及现代复原实例来看，东周时期的华夏系文明的皮甲甲片的厚度大概为5~8毫米，且经过髹漆、热压等硬化处理，防御力只会更强。

对称的奇异造型的出现——如果上下弓臂等长，那么使用者的身高至少须达到 1.7 米以上，这样的“巨人”在古代日本十分鲜见。日本战国时期著名猛将斋藤义龙，传说其身高达到了 1.97 米（日本典籍记录为 6 尺 5 寸），被视作巨人，但学者对现存其生前使用过的盔甲实物进行研究，得出其真实身高应为 1.75 米的结论（当然，不客气地说，相对于平均身高不过 1.4 米的普通古代日本士兵，1.75 米与 1.9 米的身高看上去差不了太多，都算得上是“巨人”）。

当然和弓上下不对称结构的出现还有方便武士在马上进行骑射的考虑。这样的重型长臂弓，弓臂回弹速度会比较慢。为了提高弓臂回弹力的使用效率，必然需要配合重箭以大拉距来使用，这就造成了和弓所发射的羽箭飞行速度较慢，因此最大直射射程也比较近。日本弓道中著名的“三十三间堂远射”，其距离也不过 60 米。但是在合适的距离上，日本弓的威力依然比较可观。采取类似设计思路的还有使用长弓稍的清弓（现在的一些军事历史爱好者们还给清长稍弓起了个“短矛发射器”的外号，其性能特征可见一斑），十分适合步战时使用重箭在中近距离破甲。与之相对应的比如明代小稍弓与土耳其弓，两者利用很快的弓臂回弹速度来实现较轻的羽箭的高箭速，更适合射击高机动力目标。

▼ 现代日本弓道，注意和弓与箭矢的长度，以及弓臂的上下不对称设计

回归到实战使用的层面，古东方所流行的车战这种战争模式决定了甲士与步卒都不会采用这种全防护设计模式下的古希腊科林斯式青铜锻造头盔。科林斯式头盔只能给予使用者较狭小的正面视野范围，重步兵方阵中横向列阵的士兵在接战时只需看清当面的敌人就足够了，但是飞驰的战车上，驭手使用这样的头盔根本无法驾驭战车奔驰——视野严重不足。需要弯身射箭的车左、利用战车错毂瞬间进行格斗的车右也同样需要足够大的视野。古希腊重步兵的青铜胸甲如果拿到东方来就会更加水土不服：由于青铜胸甲的下缘位于腰部之上，战车加速和减速时产生的强大惯性

可能会让沉重的青铜胸甲将车上甲士的腰椎严重扭伤；在战车行驶状态发生较大变化或者战车发生较大颠簸时，青铜胸甲突出的坚硬下沿还会将士兵躯体与之接触的部位严重硌伤或者划伤。车下步卒穿上如此沉重的盔甲后根本不能指望其能跟上战车推进的速度。也是出于同样的原因，马其顿军队中跟随伙伴骑兵发起突击的是轻装的银盾兵，而不是重装的方阵步兵。

为何古希腊会发展出与东方战车完全不同的重步兵战术？这取决于双方所在的地理环境的根本性不同：希腊半岛多山的地形限制了骑兵和战车这样强调机动与冲击的兵种的发展。根植于单个自耕农家庭的希腊重步兵们，因为其个人财力充足，往往会为自己购置最好的护甲装备，而越是优越的装备，越需要以严密的军阵为载体来发挥装备优势。孕育了华夏文明的中原大地以开阔的平原而著称，虽然关中、洛阳、晋南、河北、河南等平原地理单元被诸多山川河流分割，但中国广阔的原野注定了高机动力、强冲击力的兵种将成为战场的主宰。东方的大宗族式贵族社会又为车战体系构筑了经济基础。这样的战场环境与经济基础决定了单兵装备会将保持战士的战场机动性作为设计的前提，紧随其后的是方便批量制作、质量可靠、便于维修等综合性能的需求。因此，早期东方士兵的护甲没有大量选取青铜这一材料，而是选择了皮革这一更加容易获取，又便于加工与维护，且性能足以满足防护需求的材料。商周之际的中华大地上生活着大量的野生亚洲犀牛族群，在哺乳动物中，犀牛皮的厚度最大且皮质坚韧，是最适合制作皮甲的材料之一。直到春秋后期，犀牛皮制作的甲胄都屡见记载:《周礼·考工记》中说使用犀牛皮做甲需要7个横排组数的甲片来组合，甲胄的使用寿命为100年;《吴越春秋》中有越

▲马其顿轻盾步兵

▲ 希腊半岛的多山地形

王禁卫军穿着犀牛皮制甲胄的记载。到了春秋时期，鞣制过的熟牛皮逐渐成为制作皮甲的主要材料。

头盔上，中国的甲士们最终采取了使用较大块皮革胄片制作的拼合式头盔与使用青铜铸造工艺制作的整体式头盔两条路线平行发展的模式。皮革材料相对较轻，使用多层皮革来制作可以有效地降低全盔重量，且防护效果并不弱。处理得当的话，皮革胄片拼合式头盔的壳体具有足够的刚性与强度，皮革头盔在面对箭矢打击时可以表现出优秀的防护能力。值得注意的是，曾侯乙墓出土的皮革头盔，在盔顶件上使用热压成型技术，特意做出了一条半圆形凸出的起脊结构。这个结构在现代安全帽上极为常见，应该是为增强盔的整体抗打击能力而专门设计的。这一时期的铸造式青铜头盔与商周时期的铸造青铜头盔相比，外观上取消了复杂的装饰纹样，采取了非常简洁的造型，轮廓曲线更加流畅。头盔两侧向下延伸，增加了对面颊部的防护，但难以从出土实物中看出是否在内部保留了皮革衬里。

从出土实物上看，无装饰的简化式一体制造式青铜头盔最早出现于商代，略晚于前文所提到的青铜—皮革复合式头盔。已知现存最早的实物为出土于山西省柳林县高红村的素面铸造式青铜胄，年代为商晚期。随后在北京房山琉璃河西周

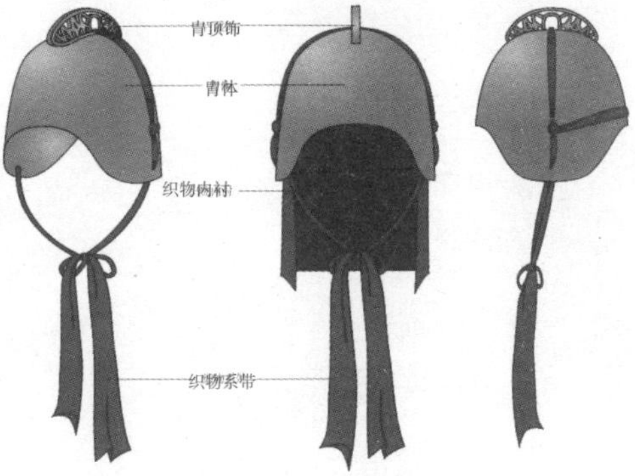

▲ 素面青铜胄各部位名称

◀ 古希腊肌肉式青铜胸甲

早期遗址、北京昌平白浮西周木椁墓（该墓葬中还有更多重要的考古发现，我们将在下面的篇章中介绍）、内蒙古赤峰宁南城南山根石椁墓（东周—秦汉）、河南灵宝（东周）、内蒙古赤峰美丽河（东周）都出土了同类型的一体铸造式青铜胄。这种简化素面青铜胄最初的覆盖面积与之前兽面青铜胄几乎一致，在北京昌平白浮木椁墓中出土的青铜胄则延伸出了一片专门防护后脑的部位，而内蒙古赤峰南山根墓葬与赤峰美丽河出土的青铜胄又舍弃了之前加强后脑部的防护思路，改为前后齐平，两侧向下延伸形成护颊。时间比较晚的素面铸造式青铜盔基本能够覆盖使用者的整个脑部与面颊两侧。

在我国北方出土的东周时期青铜胄也基本沿用此种造型。该种简化型铸造青铜盔不但出土地点分布极为广泛，而且时间跨度也十分漫长。就目前的出土地点来看，不但跨越了长城沿线（最初主要出土于长城沿线），在中原腹地的分布也十分广泛。时间上可断定的最早样本为商晚期，在中原出土的样本断代时间最晚为

◀▲ 东周素面青铜胄

战国时期，长城沿线出土样本的断代年代最晚为西汉。

两相比较，皮革头盔的防护面积更大，各个部位上均比青铜头盔多提供了一些防护面积。从综合防护与勤务性能来考量，两者不分伯仲；从适应性上来看，皮革头盔可能更加适合气候湿润的南方；从生产的角度来看，皮革头盔可以与皮甲使用同一套制作工艺（下文将具体介绍），可以由皮匠来进行全套甲胄的生产，青铜铸造盔则需要更复杂的青铜铸造工艺，不过此时中国的青铜铸造技术已居世界领先水平，完全可以较容易地完成大量青铜头盔的铸造。因此，两种头盔在西周到战国中期一直并行发展，直至战国末期铁质盔甲的出现，铁质兜鍪取代了两者的地位，只有部分皮革头盔作为辅助性护具被沿用到清朝，在铁料相对缺乏时被较大量生产。而铸造铜盔则仅在宋代再次短暂出现过，然后彻底消失。

实际上，西周中早期使用青铜材质制作的防具不仅仅有青铜胄，同时期还存在一些青铜质铠甲。1984 年，在陕西省长安区普敦村（位于沣河东岸）第 18 号西周墓葬中就出土了一批青铜制甲片。考古队员在发掘清理过程中发现，该墓葬已被严重盗扰，这些甲片分布于木椁室内墓主人腿骨附近。大部分甲片分布具有一定规律性，少部分散落他处。可能是盗墓贼进入椁室内时原铠甲非金属连接部分已发生一定腐朽，在被搜寻其他陪葬品的盗墓贼弃置一旁后发生了断裂。根据墓主人的遗骨推断，其生前应为一名身高为 1.8 米左右的强壮男子，推测是一位贵族出身的甲士。这些青铜制甲片基本为长方形，甲片边缘经过打磨，四角各开有一孔，可供绳索进行穿缀。根据尺寸可分为两种类型：长型甲片 14 枚，长度为 10.2~10.79 厘米，宽度为 3.8~4.08 厘米，平均厚度为 1.5 毫米，每片平均重量约 51 克；短型甲片 28 枚，长度为 7.63~7.82 厘米，宽度为 4.00~4.08 厘米，平均厚度与长型甲片基本一致，单枚平均重量为 43.6 克。

考古工作者还发现：在部分甲片的背面，另附着有一定厚度的褐色腐朽层，根据痕迹背面的网状纤维细节来辨认，应是皮革腐朽后所遗留的痕迹。可以推断这些青铜甲片当年以皮革作为维持结构与衬底材料，这一点也是十分合理的。如果使用丝麻等纺织品作为衬底材料，则难以承担这些青铜甲片总计接近 2 千克的重量。这样的皮革衬底不但能起到固定青铜甲片、方便穿着的作用，还能起到加强防护力的作用。根据出土时的分布规律还可以推断该件护甲的甲片排布方式为：所有甲片均纵向对齐排列，横向上每排为 7 枚同类型甲片组成；纵向上第一排为长型甲片，中间四排均为短型甲片，最下一排为长型甲片。

这样的布局十分合理，中间正好处于腰部，使用短型甲片提供防护，可以最大限度地保持穿戴者的身体灵活性。上下两端使用长型甲片可减少甲片用量，以节省制作甲片所耗工时，且减少甲片间缝隙以提高防护力。这些甲片之间组合的

▲ 春秋晚期皮革盔甲

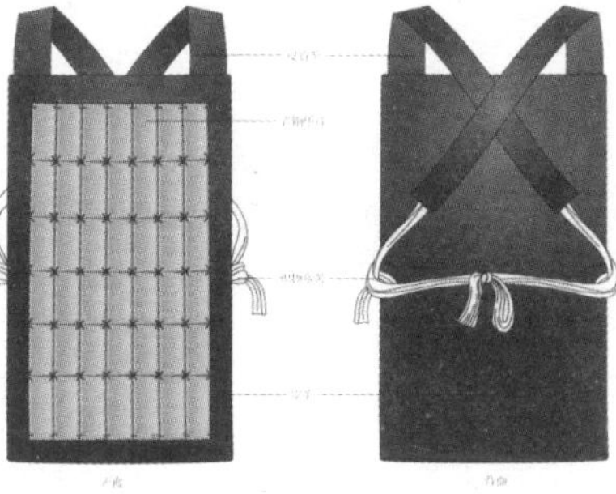

▲ 西周青铜甲复原效果示意图

特点是平面排布，没有相互叠压关系。甲片的四角开单孔，将同一根穿缀用绳索从 A 甲片开孔处穿出，再由邻近的 B 甲片最近开孔处穿入形成联结，不同于后世铠甲各甲片边缘相互叠压的组合方式，属于一种较为原始的组合方式。所有甲片组合成一个长方形，使用皮绳穿缀在厚皮革衬底之上，为防止甲片边缘磨损人体肌肤，皮革衬底四边需较青铜甲片组件边缘均宽出一些。穿着时仅遮蔽穿戴者躯干前面，如同兵马俑坑部分中级军吏俑所穿着的胸腹甲，且由此可以

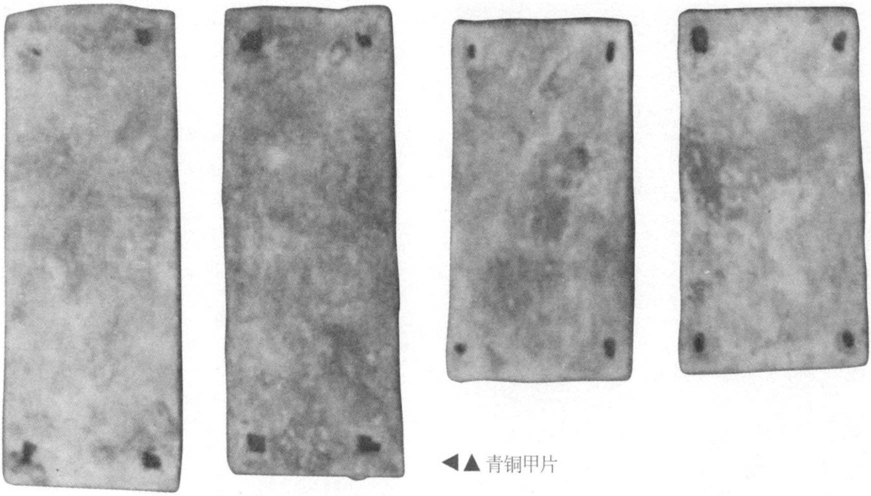

◀▲青铜甲片

推断其穿戴方式也相似：衬底上端左右各有一条皮带，过肩后斜向交叉后皮带下端与衬底中下段两侧联结，腰部再用一条皮带系紧固定。据推测，完好状态下整件护甲的重量应该为3~4千克。

1985年，中国社科院考古队在陕西省长安区张家坡M170号井叔墓中清理发掘出了一批半月形青铜质饰甲片。这些铜片规格统一，忽略掉加工产生的误差后，每片通长6.8厘米、宽4.2厘米、沿宽0.3厘米、中间凸起部分型深1厘米、厚约1毫米。成规律排布于有髹红漆的皮革制衬底之上，铜片间排列平均间隔为1.3厘米。但是有一点颇为费解，这些青铜饰片上未见开孔，应当是利用生漆的黏性（可能还使用了其他天然黏合剂）黏合在皮革衬底之上的：先用胶涂抹在饰片平沿将之贴合在衬底之上，然后髹漆盖住皮革衬底与饰片平沿。不排除此为战车车厢四面挡板上的附加装甲结构。

此外，在全国范围内还发现了一些巴人文化的青铜制铠甲，从时代上看属于西周到战国时期。中国社科院考古研究所白荣金先生牵头，对一套保存状况较为完好的巴人铜甲进行了复原工作。从外形上看，其身甲部分与出土的春秋战国时期的中原皮甲型制十分接近，不排除其中存在相互借鉴学习的成分。

1978年，在湖北省随州市，考古工作者在擂鼓墩一号大墓中获得了令世人瞩

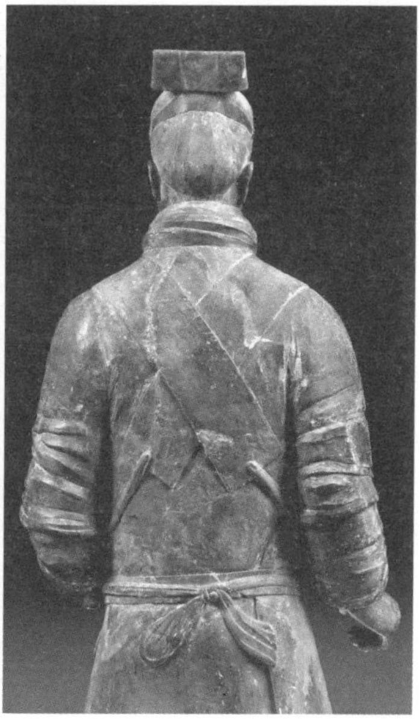

◀▲秦陵兵马俑中级军吏所穿胸腹式护甲

目的重大考古发现——举世闻名的曾侯乙墓。在该墓葬中，不但出土了意义非凡的全套编钟，更为我们了解春秋战国时的军事技术发展提供了重要的实物研究对象。曾侯乙下葬时已属于战国早期，其所随葬的武器装备堪称春秋时期中国武器发展的集大成者。此外，在湖北、安徽、河南等地的楚国墓葬中也出土了一些兵器盔甲等武备，但出土实物的数量与保存状态均不及曾侯乙墓中的发现。不过从大致外形与制作工艺上看，这些楚墓出土的皮甲与曾侯乙墓中出土的甲士皮甲型制基本一致。

考古队员对曾侯乙墓的北椁室进行现场清理时，发现了大量的随葬皮质甲胄。这些皮甲胄较有次序地放置于北椁室西北部上层与中北部下层，既有甲士的甲胄，也有战马护甲，下葬时并未装箱放置，而是采取了类似于武库储存的模式，将身甲按照预留设计卷起，皮胄则放置在卷好的身甲之内。古兵法上有“卷甲而趋”的说法，意思就是行军途中甲胄是被卷好储存的。墓中随葬的甲胄数量十分巨大，甲片堆积层最厚处可达1米！简单估算，其数量不下百套之多。由于墓葬中有大量的水渗入，使得这批人马用皮革甲胄保存良好，为后世的我们研究这一时期甲胄技术的发展提供了大量实物证据。

通过研究我们可以得知，这一时期的人马护甲均是由表面经过多道髹漆处理、形状各异的皮革甲片串联编缀而成。甲片表面漆膜厚度存在一些差异，可以推断皮甲片的制作在各道工序上进行了一定程度的分工，每道工序由多人进行。从颜色上看，甲片上多髹黑漆，有少量甲片为红漆。经过漫长的岁月，甲片的皮质部分早已朽烂无存，只有漆壳部分在水的保护下完好地保存了下来。部分甲片除表面之外，在其底面也有髹漆处理，依据皮胎在漆壳内部遗留下的清晰网状纤维，可推断这批甲片为皮革质地。同时根据漆壳上留存的皮胎痕迹，可以判断出皮革甲胄片制作时使用了模具热压成型的技术，甲片的压边、胄顶梁的起脊、胄片的弧度、马胄上凸起的花纹等等细节都可以证明这一点。

由此，我们可以推断出甲片的整体制作工艺流程。模具制作：先根据所需甲胄片形状制范，并在范的边缘留出余地来；制作平面的甲胄片使用上下两层的双合模具，如果有复杂立体形状则需要制作三合乃至四合模具→皮革粗料鞣制→皮革粗料裁→上料（将裁剪好的皮革粗料用水浸泡使之变得柔软易与模具贴合，然后将其平整地贴合在模具内）→压合（合起模具压实后用绳索缠绕加固，可用增加重物辅助提供压合力，并将之放入烘干箱中，温度保持在60℃~70℃，经过1~2天时间）→开模修整（制作模具和上料时，在设计中甲片的边缘都留出一定余量，以便进一步修型加工，此时应将甲片四边的多余皮料裁去）→开孔（用专门工具开出将来用于串联甲片丝绳所需的孔洞）→髹漆（按一定次序先后分四道上生漆与大漆分层涂装，此处注意温度与湿度保证漆膜干燥成型良好）。

由于皮革甲片为生物材料，主要成分为蛋白质，因此对环境中的温度与湿度较为敏感，极易造成收缩扭曲变形、虫鼠啃食、干裂破损等情况的出现，为此古人发明了相应的髹漆工艺对皮革甲胄片进行处理，解决了上述问题。同时，表面楚地墓葬中的文物保存普遍较好，棺椁及纤维物质如丝麻、竹木等（有机物）能较长时间保存。楚地墓葬的特点：深埋、密封、有水，构成一个与空气隔绝（缺氧）的环境。楚国地处南方，多为黏质土，呈弱酸性或中性。相较于北方墓葬常见的碱性环境，楚地墓葬的弱酸性环境对纤维物质的腐蚀性、破坏性更小。楚墓在木椁四周和椁顶上下间隙内一般均采用白膏泥、青膏泥填充包裹，这种泥密封性好。且南方雨量多，地下水位高，有的墓因长年雨水渗透或地下水位上涨，木椁处于积水之中，墓中器物亦泡于水中，事实上等于处在一种与氧隔绝的状态。

考古界有这么一种说法："干千年，湿万年，不干不湿就半年。"事实上，楚地墓葬多深埋在 5 米以下，地下气温变化较小，处于一种较低温度（一般为 13℃）下的恒温恒湿状态，这对器物、棺椁等的保护极其有利。正因此，在中原和北方地区不易见到的棺椁、漆木竹器、丝麻织品等，在楚墓中有保存极完好者，甚至连铜器、铁器等也极少锈蚀。最有代表性的实例莫过于长沙马王堆汉墓，墓主人尸体保持了腐坏停止的状态，皮肤还具有弹性。墓中随葬的大量精美丝绸制品与帛画保存很好，几乎以一座墓葬中的丰富随葬品支撑起了一座省级历史博物馆。

髹漆还可以起到很好的装饰与增强防护力的作用：经过鞣制的熟牛皮或半熟牛皮较生牛皮要软，髹漆干燥后硬壳般的漆膜可以起到一定的定型硬化作用。同时表面较厚的漆膜也起到了一定的表面硬化与增加防护厚度的作用，利于应对箭矢与近战格斗兵器的打击。成书于明代的《武备志》，在介绍武器生产工艺的章节中就提到过我国西南地区制作皮甲时所采用的特殊表面硬化工艺：将瓷片舂碎至米粒大小，然后加入生漆黏液之中进行搅拌，使之均匀且充分地与生漆混合，然后涂抹在皮革甲片表面，利用生漆的黏性，在皮甲片表面形成一层含碎瓷片的表面硬化层，增强皮甲片的防护力。

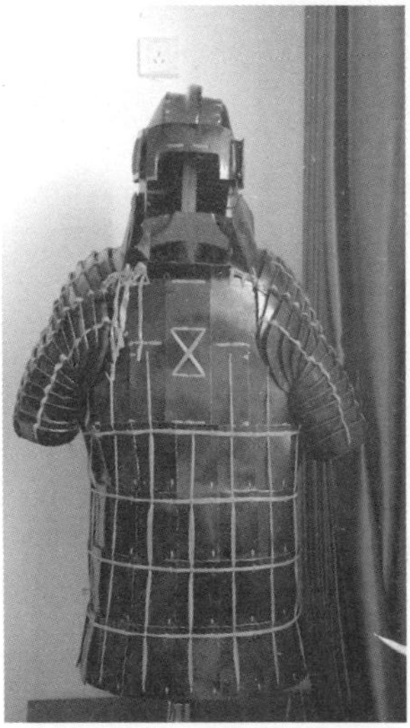

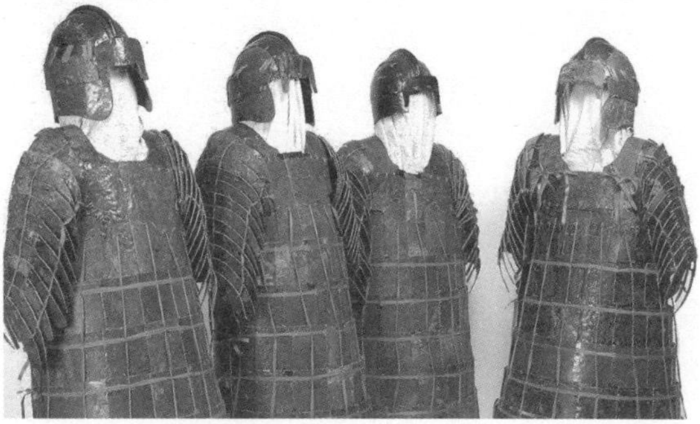

▲经过修复的皮甲胄现状

◀现代复原的曾侯乙墓出土皮甲胄

而东周时期的皮甲则使用漆膜+腻子+漆膜的多层结构来进行表面硬化加固，形成了类似于现代主战坦克常使用的复合装甲式的防御架构。箭矢在侵彻过程中首先会接触到硬度较高的漆壳，其后是起缓冲作用的腻子层。箭头在穿过软硬性质不同的两种材质时，动能会受到较大的损耗，侵撤过程中，腻子层再吸收一部分动能。随后箭头撞到较硬的第二层漆膜上，其后又是较柔韧的皮胎作为缓冲，当箭头穿透第二层漆膜后，又会在穿透软质层时再次加剧动能的消耗。皮甲片在背面髹漆，除了起到保护皮胎的作用外，应该也起到了增强防护力的作用。

皮甲片采取的髹漆工艺，其工艺流程推测大致如下：在皮革底层上先刷一遍生漆，然后放置在专门制作的“荫子”（可以将之理解为现代汽车工业中常见的烤漆房的雏形）内，等待8小时左右，待其完全阴干，再均匀地抹上腻子。接下来，再上第二道生漆，同样放入“荫子”内8小时等待其阴干。然后再上第三层大漆作为装饰的底色，需要注意不能涂得太厚，依然放入“荫子”内待其干透后取出。取出后，对其边缘与表面进行打磨，使之平整光滑，然后用清水清洗擦净，上最后一道漆，干透后制作即完成。传统大漆因为其材料特质，必须在一定湿度与温度下才能固化阴干，所以需要使用专门的“荫子”，温度保持在20℃以上，相对湿度则须保持在70%~80%。

甲士皮甲的制作采取了我国传统漆器的髹漆工艺，导致其成本较高，而步卒用皮甲则不使用这一整套复杂的工艺。在热压成型工艺上会进行一定的简化，不会使用过于精致复杂的模具。为了提高生产效率，首先要减少异形片，尤其是具有立体造型的甲片的用量（立体甲片需要适应技术难度更高的三合、四合模具来热压成型），争取全套身甲多使用同一类的甲片来连缀制作，同时在模具设计上也可以使用更大的模具，一次压合多个皮甲片。在髹漆工艺上只上一层或两层大漆，不需要专门上色装饰，漆膜能起到保护皮胎与增强防御力的作用即可。从制作工艺上看，东周时代的甲胄更加注重对箭矢类武器的防御，在防护机制上对箭矢的侵彻做出有针对性的设计。

甲片的热压成型技术适应能力很强，既能处理普通牛皮材料，也能处理犀牛皮或者兕皮，以及“合甲”材质，或者说热压成型技术本来就是为制作“合甲”甲片而产生的。关于合甲有两种说法：一说是将皮革与木板黏合在一起的复合材质；一说是将两层牛皮材料刮净皮肉组织后，里对里平整粘接在一起，然后再压合成型。就目前发现的出土实物来看，皮木复合材料甲片的实物仅有一例。从实战防御的角度上看，木板并非做盔甲的好材料。鉴于木质材料存在天然的分层结构与纹理结构，在遭遇冲击时，可能会沿着木质纤维之间的缝隙结构发生破裂。如果想提高防御力，只有增加木板厚度一法可行。但是随着木板厚度增加，甲片的重量也会随之增加，如果选用较轻质木材加工，那么因其防护力不足还得继续增加厚度，实际重量并未减少。从这一点看，将两层优质皮革使用生物黏合剂（如鱼鳔胶）黏合起来，其增加的重量在可接受的范围内，而防护力则增强了一倍，比使用木板加强的性价比更高。

木板相对皮革而言刚性更大，而且木板难以加工成带有一定弧度的曲面（正常来说，甲片必须带有一定的弧度，否则会毫无运动性。历朝历代出土的铁质甲片实物基本都带有一定弧度可以证明这一点），因此如果使用皮革—木板的复合结构，那么甲片只能被做成一个简单的平板。将这样的厚平板甲片串缀为护甲后，则会出现运动性严重不足的问题，穿着者就像将一个木质的箱子套在了身上。想要提高护甲的防护性，需要将各甲片串联得更加牢靠，则运动性基本消失。想要

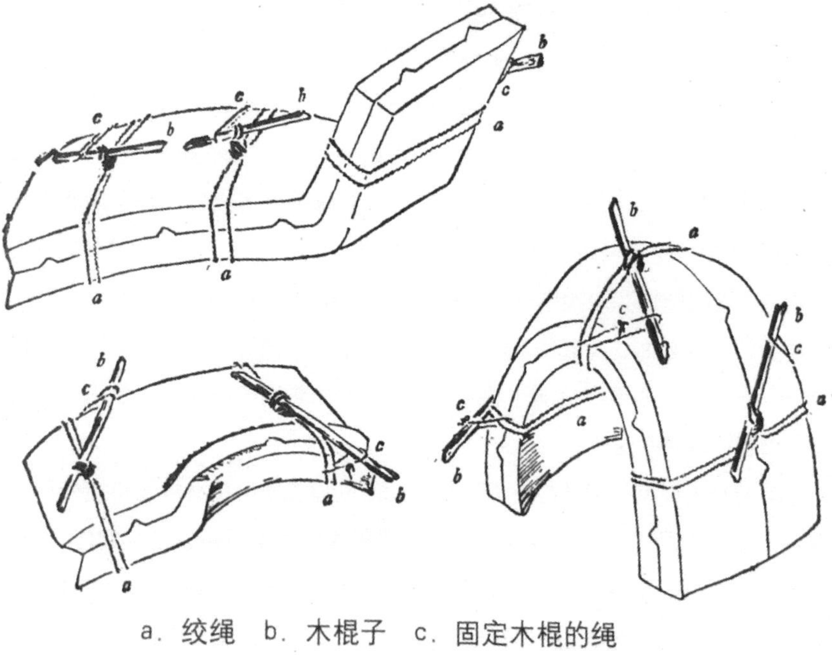


▲皮甲片制作所用的模具（摘自《甲胄复原》一书）

提高着甲后的运动性，只得在使用绳索穿缀时放松各片之间的连接，加长绳索余量，如此，当士兵着甲运动时，各个甲片之间容易暴露出较大缝隙——这在面对任何攻击时都是极度危险的。厚度过大的甲片不但会相互妨碍，还可能对穿戴者皮肤造成磨损。在能提供同等防御力的情况下，甲片的厚度应当越薄越好。从生产的角度来讲，给两层皮革甲片打孔，可以沿用之前的工具与工艺；如果要增加一层木板，不但要准备另外的工具，还不便于进行髹漆与表面硬化工艺。从生产和使用的角度来看，合甲为双层皮革制作的甲片更为合理。

穿戴铠甲的主要目的是防止士兵受到致命伤，这一点与我们日常接触的运动护具完全不同。现代运动护具会利用限制运动范围与角度的方式来保护穿戴者的四肢关节与内脏器官，确保体育运动的无害化，而古代甲胄则要在保持运动便利的情况下提供足够的防护。穿甲胄做不到让士兵免受所有伤害，但是能减少致命

▲春秋时期甲士的装备
需要注意的是，博物馆复原时忽略了弓的反曲，而将弓弦装错。这也是各地博物馆由于对古代军事的不熟悉最常犯的错误之一。

伤的出现。简而言之，穿戴甲胄并非用来保护身体的薄弱区域，以减少受伤概率，而是提高士兵受打击后的存活率。甲胄提供的是一定水平的防护力，而非绝对防御。它尽可能扩大覆盖面积，同时还要保证穿戴者的运动能力不受到过分限制。

此外还有一点也十分重要：甲胄必须穿戴方便，紧急情况下可以尽快形成战斗力。可以不完整穿戴整套盔甲，而是只穿戴核心组件，在第一时间做好对人体核心区域的防护，因此我们常见各类护甲的身甲多为正中开襟（汉代筒袖铠、明清时期东亚地区的布面甲、部分锁甲、背后正中开襟的日本腹卷等）、侧面开襟（秦俑护甲、裲裆甲以及所有基于裲裆类型发展的铠甲，欧洲的钣金甲也可算作是另一种形式的侧开襟）或者套头的笼套式（曾侯乙墓出土的甲士皮甲、大部分锁甲）这三种模式。好盔甲的真正标准是，在提供足够防御力的前提下，尽可能轻便舒适[①]，并做到增大防护的覆盖面积。

我们再从整体的视角来审视一下曾侯乙墓中出土的这些盔甲。首先是甲衣部分，其最大的一个特征就是拥有两条由13排共计52片玉璜状皮甲片串联而成的长甲袖。甲袖的特征为：每排由4片带有弧度、两两对应的片状甲片组成，全部组合完成后下部不封口；最上一排甲片尺寸最大，以下依次缩小。各排之间以每

①这个舒适度的标准与衣服不同，它要求甲胄本身不会给穿戴者造成损伤，各关节的活动不应受到限制，即便是被戏称为“铁罐头”的15世纪欧洲板甲，其关节运动也是比较灵活的。板甲价格之所以高，就是由于为了保证其各关节处的灵活性，必须结构精巧加工细致，不得不由最有经验的甲匠亲手制作。

排中央两块甲片下压上原则用丝绳串联，保证其可以跟随臂肩前后上下自由活动。类似的甲袖防护组件在广东出土的春秋战国时期皮甲上也有出现。这种甲袖设计得十分合理，有良好的活动性，不会过分妨碍甲士的战术动作，还能为臂膀提供最大的防护面积。穿着时，使用丝绦或皮带将之固定在甲士的胳膊上，基本可以掩护上臂内侧以外的区域；前臂部分的主要防护应该由另外的防护组件来提供。

当然，制作这样的长甲袖需要大量立体造型的特制甲片，而制作这样的甲片至少需要技术含量更高的三合式模具进行热压处理，故制作成本偏高。而且当制作盔甲的材料由皮革进化到钢铁之后，锻造形状如此复杂的异形甲片也是一件费力不讨好的事情。因此这种设计精巧的甲袖逐渐被造型简单的批膊所取代。尤其是到了战国后期，只有战车驭手这种有特别防护需求的甲士才会穿戴带有长甲袖的护甲，一线搏杀的步兵们则只需要简单的皮革甲片串联的批膊来提供肩部和上臂部防护，即便是军官也是如此。

到了汉代，铁质筒袖铠的短甲袖也是采用和身甲基本相同的甲片以特种编法串联而成的。直到明代中后期，才再次出现了类似于春秋甲士皮甲所采用的长甲袖。这种新式防护组件被称作大袖，装备大袖的基本是精锐骑兵部队。从制作上看，明代的铁质大袖多将特制的细长甲片按一定原则穿缀于棉质厚底之上。其活动性与防御力虽较好，但制作成本偏高，到清代基本消失。

让我们把目光从长甲袖再移到身甲部分。这些甲士皮甲采用了笼套式穿着，肩部与领部没有开襟设计，身体左侧为连接好的一体式结构，右侧留有开口。穿戴时，利用右侧开口将身甲套头穿好后，再将丝绦或皮带系紧，扎好腰带完成武装。春秋甲士皮甲的身甲可以分成两个部分：上半部分为胸甲，由长方形甲片构成主体结构，领部、肩部为特制的异形片以适应人体结构；胸甲之下为五排矩形甲片（五属甲，推测其应为合甲）串联而成的甲裙，甲裙甲片采取了下压上的原则来穿缀，这样就保持了甲裙部较为良好的灵活性。

春秋甲士的身甲为何要采取这种上下不同的架构？这就需要我们从使用的角度来进行分析了。在之前介绍驷马战车的内容中我们曾提到过，车上甲士在战车上有各种不同的战术动作，三人绝非如同木偶那样始终站立在车厢中。车左为了在奔驰的战车上获得更好的射击稳定性，会选取半蹲的射击姿势；车右在格斗时

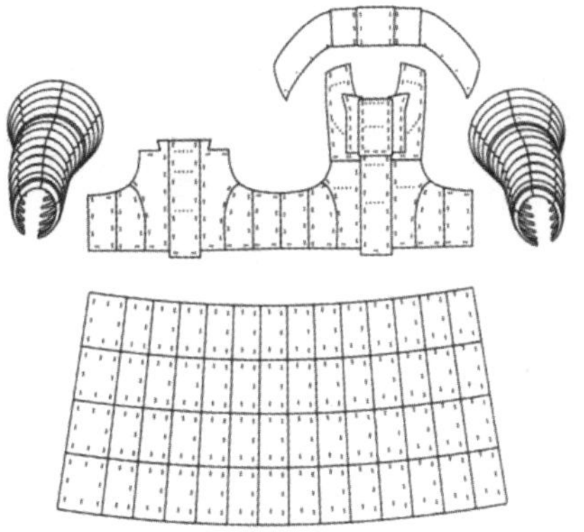

▲ 出土皮甲平面展开示意图（摘自《甲胄复原》一书）

▲ 曾侯乙墓出土皮甲甲袖与甲袖部所使用异形甲片示意图（摘自《甲胄复原》一书）

也会使用腰部发力，更需要低下身子用短戈驱逐那些靠近车厢的敌军步卒；驭手在某些时候也需要半蹲下来以减小受弹面积，防止自己被战场上横飞的箭矢射中。上半身是一个半硬壳的结构，下半身则是一个便于活动的结构，在保证了防护力的前提下，更适于车上甲士做出自己所需的战术动作。这样有针对性的设计不可谓不精巧，不过这种身甲也并非没有缺陷：身甲的全部重量基本由穿着者的肩膀来负担，腰部因为采用了相对松散的缩合式编缀法，不便形成受力点来协助分担全甲重量；此外，因为结构设计的关系，其下缘只能覆盖到大腿根部附近——实际上，这对于车上甲士而言并不算一个缺点，车厢挡板已基本足够掩护车上甲士的下半身。

此外，肩甲之上附有盆领。分别从左、右、后部遮盖使用者的颈部。当甲士戴上头盔后，我们可以直观地看到，头盔护颊

▶ 秦陵兵马俑坑重装驭手的护甲

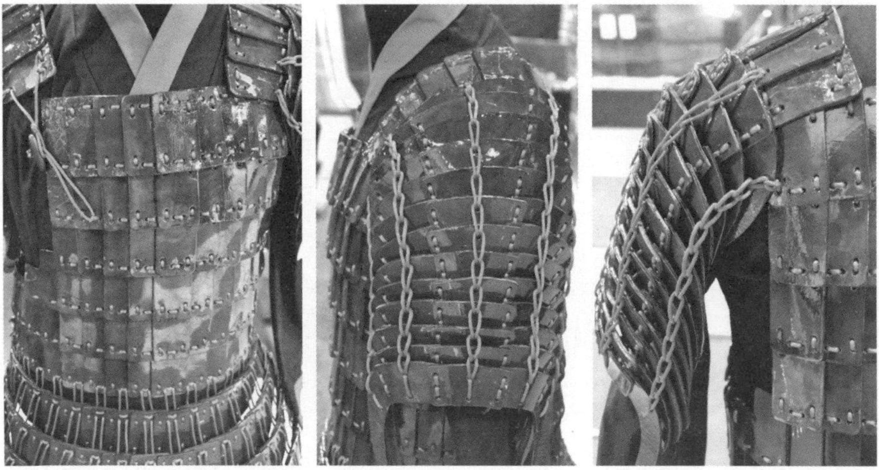

▲广州东周时期墓葬出土皮甲复原品

该套盔甲复原品采用的工艺存在问题，甲袖的甲片缺乏立体结构（出土实物可能在长时间的掩埋中被压扁），且绳索的串联方式也不利于灵活性与防护性。不能与手臂很好贴合，对穿着者的肩膀压力加大。此外原品的肩膀部分设计不如曾侯乙墓甲胄设计合理，没有形成一个整体式结构，进一步加剧了对穿戴者肩膀的压力。考虑其出土自当时非文明核心区，可能是模仿当时先进文明的甲胄但自身制作技术落后的产物。不过该套护甲的身甲部分设计与秦陵随葬兵马俑坑重步兵护甲在外形、甲片类型上十分接近，可以推测，其应该是一套步兵用护甲。

▲秦陵兵马俑坑重装驭手甲袖

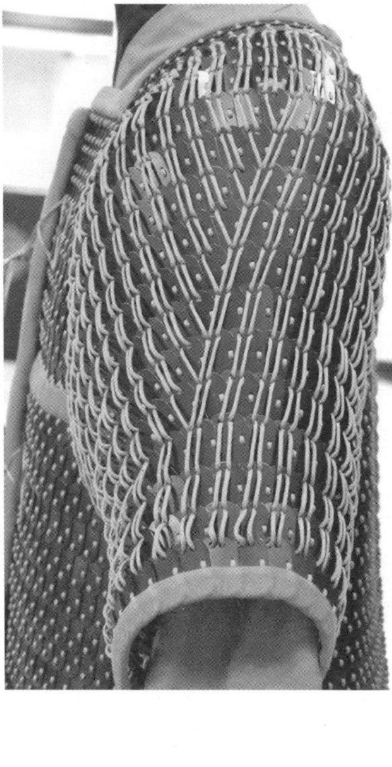

▶汉代筒袖铠甲袖

的部分和盆领已基本将甲士的整个头颈侧面与背面全部遮盖。曾侯乙墓中出土的这批头盔，可以覆盖穿戴者的脑部与脸颊，但是缺少后世头盔上常见的垂缘与顿项，人的颈部基本暴露在外——这也与先秦时期武器发展密切相关：受材料的机

▲明代布面铁甲

◀明代布面铁甲上用于保护手臂的大袖组件

械性能限制，青铜更适于制作刺杀类与勾啄类兵器，而难以制作劈砍类兵器，虽然有青铜斧钺，但是更多作为礼仪用器，由于其较为笨重，在实战中对其进行闪避并不困难。在铁质劈砍兵器普及前，脖颈面临的威胁基本只有戈戟类兵器的勾杀、啄击、推击或叉杀，依靠盆领已基本可以防护（车战中，这两类打击基本来自士兵的侧方与后方）；箭矢也会止步于盆领（能使用直射，精确命中脖子正面狭小区域的神箭手十分罕见。当然，这样的高手还是存在的，比如著名的楚国神箭手养由基，鄢陵之战中，为了掩护楚共王退却，养由基就施展了连珠箭与一箭封喉的神技，震慑住了正在追击的晋军士卒）。此外，头盔的重量基本压在使用者的颈椎上，因此对头盔进行减重是很有必要的，在盆领可以提供足够防护时，没有必要再增加重量加装顿项组件。秦陵石甲胄出土的明器胄与燕下都出土的铁胄都带有简单的垂缘，正是为了弥补取消盆领设计之后颈肩部出现的防护空当。

不过对于步兵而言，这样的身甲不算合格：其甲裙设计不利于步行行军与长时间作战。就复原品来看，甲裙底部的扩张过大，如同一个挂在腰间的大钟，不利于行动，还可能暴露出防护弱点。按常理来说，护甲应该比较服帖，可能是复原者对原始工艺了解不够深入而造成的复原偏差。即便能够比较服帖地穿着，但这种甲裙覆盖到大腿上部、前后下摆等长、左右无对称开口的圆筒式设计，会使穿戴者在走动与奔跑时腿部受到甲裙底端一两排甲片的妨碍。对于步兵而言，多个长条形甲片拼接而成的半硬壳式胸甲也不比制作起来更简单的矩形甲片连缀身甲更有优势。

相对而言，步兵需要的护甲应该是这样的：上部的胸甲应当延长至跨部，方便肩膀与腰胯部一起分担护甲的重量（例如广州出土的东周皮甲以及秦陵兵马俑所反映的皮甲）。胯部以下为缩合式结构编缀的甲裙，甲裙可以分成前后 2 个或 4 个片状结构，而非一个整体式的卷筒。这样既利于士兵奔跑，又能覆盖尽可能多的部位。身甲与甲裙部完全可以使用同样规格、相同尺寸的矩形甲片来连缀。批膊也是如此，尽可能减少异形片的使用，以此提高甲片的制作效率与使用效率，如此也方便了护甲破损后的修补工作。穿着方式上基本没有什么限制。陕西长安区西周墓葬出土的青铜护甲，从外形上看就比较适合步战使用，且可以做出如下推断：墓主人身份是车下的步战甲士，其家庭较为富裕，能够使用贵重且华丽的

▲ 广州东周时期墓葬出土皮甲

青铜制作护甲。至于步兵头盔的装备情况，则是哪种头盔相对便宜、保有量更大就会装备哪种。有些时候，吝啬的领主不会给麾下的步兵们配发头盔。

值得注意的是，同样类型的皮革甲胄不单单在曾侯乙墓中有出土，在其他地方，比如河南淅川下寺春秋楚墓、河南新蔡葛陵村楚墓、湖北荆门包山楚墓、湖北宜昌曹家岗楚墓、湖北九连墩楚墓、湖南长沙楚墓等楚地墓葬中均有发现，但在保存状态与出土数量上无法与曾侯乙墓中的重大发现相比。可见在楚地，甲士们盔甲的样式已经相对统一。由此可知，春秋时期楚国已经做到了根据战场上反馈回来的经验对盔甲的样式加以改进，并选择最优的样式与制作工艺进行大规模推广，以提升全国军队的战斗力。

另外，我们也可以在晋齐鞌之战中发现一个有趣的细节：齐侯无野初阵因轻敌战败，在逃跑过程中，其所搭乘的战车将要被晋军将领韩厥追上，为了掩护国君逃跑，车右逢丑父在车上与齐侯无野暗中调换了位置（车左为驭手）。当被韩厥擒获时，逢丑父便假装自己是主君，呵斥真正的齐侯无野去远处取水，让其得以逃出生天，而在场的晋国将士们却无一人发觉不对。换言之，国君在战阵中所穿着的戎装与盔甲和普通甲士身上所穿戴的护甲并没有什么区别，可能只是头盔上的装饰有一些不同——换头盔的动作很简单，如果想要互换各自所穿戴的身甲则难度过高，这在颠簸的战车上几乎不可能做到，而且如此大的动作也不可能不被追击中的韩厥等人发现。

▲西南地区青铜甲

我们可以推断，同一时期，一国之内皮革甲胄的样式都是较为统一的。这显然是经过了多次的战场选择，最终保留下来的最优化形态。同时也可以推断，此时在一定范围内，甲胄的制作是有一定规范的，很有可能是由专门工坊统一制作。对于制甲这一古代的人力与技术密集型行业，进行一定程度的标准化生产对提高生产效率是有帮助的。

## 步兵伍、两基本战术

任何一支军队作战，都是以最基础编制单位的战术为核心进行展开的。拿破仑时期的步兵战术围绕连排来展开，自第一次世界大战到新世纪的地面作战则以步兵班排战术为基础。那么，春秋时期步兵的基础战术是什么样的呢？

西周早期，步兵多沿用殷商的什为基础编制单位。这也是所有使用十进制计数方式的各个文明中最常见的基础编制单位。牧野之战，周军一乘战车下编制有一什甲士和两什步卒。之后周人以“五兵”混用推广了伍这一基础编制方式，废除了什的编制。在“步兵伍”之上建立了“步兵两”这一级建制，以5伍即25人为一两。此时的基本步兵战术就是在两个建制之下来实现的。

严格来说，春秋中后期的步卒们应该已经不再继续使用五兵混用的装备方式了。

我们对比出土的西周时期殳头和曾侯乙墓中出土的殳头，两者已经不太一样了：西周殳头的造型和骨朵这种盛行于宋元时期的打击兵器较为接近，而曾侯乙墓出土的殳头更像一把异形的长矛。更准确地说，曾侯乙墓中出土的殳应当是一件保留了一定实战能力的礼仪用器，而非完全的实战兵器。秦始皇陵兵马俑坑出土的殳，则是一件只具有象征意义、彻头彻尾的礼仪兵器了。此外，殳这种长柄打击兵器也不便于在军阵中发挥威力，很容易干扰战友的战术动作，更利于小规模的混战式格斗。

此时，士兵手中的武器种类已被简化为矛、戈戟（步兵用长戟应该出现在战国初期，春秋时步兵多用短戈、戟）、盾牌、弓箭。戈戟为短兵，使用时须与盾牌相配合，长矛为长兵，弓箭为支援火力。一伍以纵向列队：两人持干戈（一手

▼西周殳

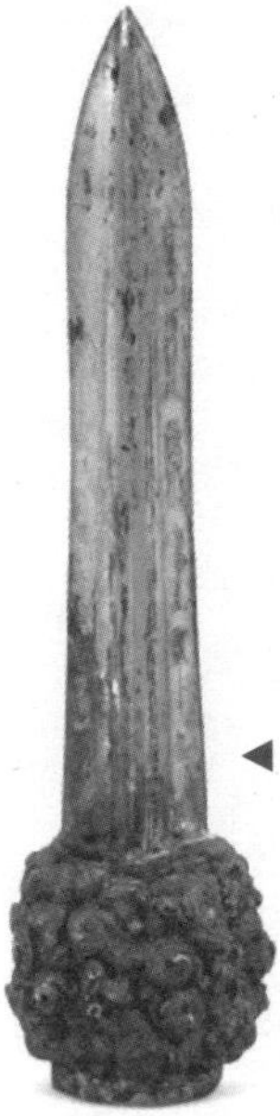

◀曾侯乙墓出土殳

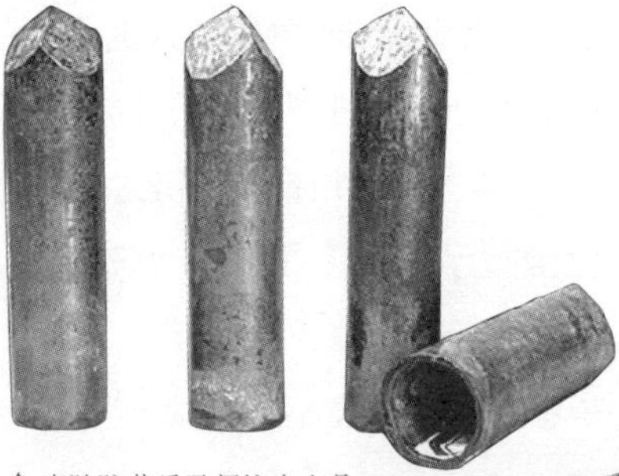

▲秦陵陪葬兵马俑坑出土殳

▼春秋晋国殳

为盾牌，一手为戈戟），两人持长矛，伍长持弓箭（弓箭对力量和技巧的要求高于近战兵器，又相对灵活，伍长可以在射箭的间隙指挥麾下士兵），腰间佩剑。伍长不但要负责在战时调度另外四人的运作，在平时也要教习士兵们掌握兵器的运用，演练基础阵形的运作与变化。

那么一个步兵伍、两是如何作战的呢？《孙膑兵法·威王问》篇中曾提到："命曰让威。必臧（藏）其尾，令之能归。长兵在前，短兵在□（缺字，推测为"后"或"副"），为之流弩，以助其急者。□□（两字缺）毋动，以侍（待）敌能（疲）。"即伍的战斗队形要根据实际战斗情况进行调整。《孙膑兵法 · 陈忌问垒》篇中，则提到了另外的一种列阵方式："发者，所以当俾（埤）堄也。长兵次之，所以救其隋（隳）也。从（鏦）次之者，所以为长兵〔辅〕也。短兵次之者，所以难其归而徼（邀）其衰也。弩次之者，所以当投几（机）也。"

正常情况下列阵，应当让持有盾牌和短兵的士兵在阵形的最前排列队。之后是手持长兵的士兵。持长兵的士兵在交锋时最怕被手持短兵的敌兵忽然近身。在

▲ 西班牙电影《佣兵传奇》中反映出的“老鼠战”

15 世纪、16 世纪的欧洲战场上，当两个长矛方阵陷入混战，长矛丛林之下血腥的“老鼠战”① 就会成为影响胜负的关键。因此，在任何时候，长矛方阵中都需要有一些身形灵活的士兵手持盾牌与短兵作为必要的掩护，正所谓“长短相卫”是也。

长兵方阵在接战时还可能出现一种叫作“推矛”的情况，就是双方士兵距离太近了，锋线已经“粘”在了一起。这个时候长兵器几乎失效，两边更像是在互相“顶牛”。摆脱“推矛”的办法只有两个：让弓弩（或者火枪）在侧面进行数次抵近齐射，大量杀伤对方在锋线附近的士兵，腾出空间来；让使用短兵的士兵从侧翼进行一次短促突击，尽快让敌军方阵的阵形破裂，丧失秩序。

战斗时，伍中四卒两人持长兵、两人持戈盾。除了让持盾二人都站在前两排外，还可以让短兵与长兵两两分组配合，形成长兵→短兵→长兵→短兵的队列。将队

① 在两个步兵方阵接战时，因为矛柄长度的原因，两军之间平举的长矛“丛林”之下会出现一个高 1 米左右、宽 1~3 米的空间。出于人类正常的畏惧心理，方阵中的士兵不会直接撞到对方的枪矛尖上去发动攻击，因此长矛方阵之间的杀伤效率没有人们想象的那么高，两个齐整且纪律严明的方阵从接战到分出胜负将会耗费较长时间。为了提高杀伤效率，通常会有一些武艺高超身形灵活的士兵，利用长矛丛林之下的空间钻到敌方面前，使用匕首、佩剑等短兵器杀伤对方长矛兵，而对方也会使用同样的战术来应对，这就是所谓的“老鼠战”——双方士兵像老鼠一样寻找缝隙伺机杀入。这种战斗异常血腥和残酷。当一方在对战中无法维持方阵队形，那么胜负也就分出来了，拥有秩序的一方可以肆意屠杀溃败的一方。

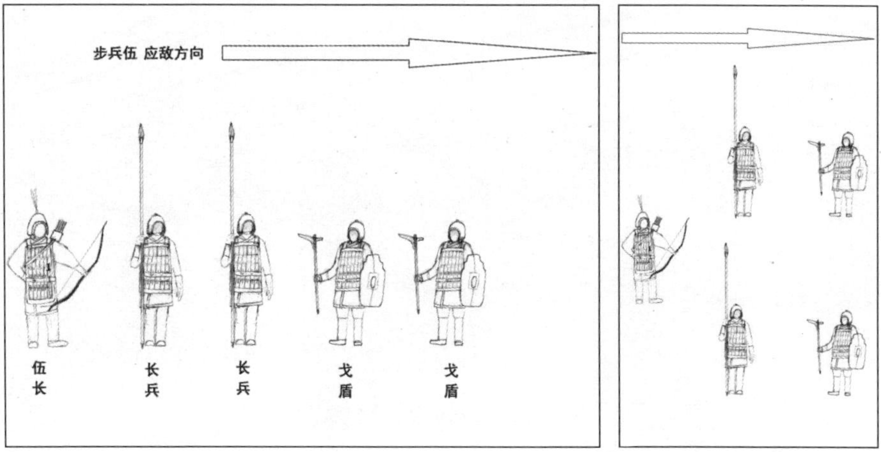


▲步兵伍示意图

形纵深收缩，全队缓步前进或者原地防御。这样更易于应对矢石的防御，在双方接近之后可以立即进行变阵。让两名持盾牌的士兵迅速前进到队列的一二排，与对方士兵接战，手持长兵的士兵隔着己方盾牌手，用长兵奋力刺杀对方。

孙膑提到的那种长兵在前短兵在后的列阵方式，对于防御而言是一种非常规的列阵方式，能够让对方产生疑惑，因而举棋不定。因为这是一种即将发动冲锋的纯粹进攻阵形，长兵在前可以更方便地加速冲锋，一举贯穿对方步兵阵列，打乱对方的防御队形。布阵时可以直接让长兵在最前几排列队；也可以让盾牌在前，掩护手持长兵的步卒，减少在前进途中被对方箭矢杀伤的概率。当距离足够近的时候，立即变阵，长兵上前发起冲锋，打乱敌阵秩序；弓弩手也以最快速度射出羽箭，作为火力掩护；盾戈手在步行甲士的带领下突入敌阵。冲锋中适当地将士兵的纵深间距拉长，方便士兵在奔跑中加速前进。弓弩手在推进中不时停下，放箭，提供掩护。面对这样的作战队形，不清楚虚实的敌方自然不敢轻易出击。必须注意的是：变阵不是简单的调换纵队中士兵的位置，更重要的是调整队列纵深长度与士兵们的前后间距。

作为弓箭手的伍长在阵形中的位置就自由多了：需要时他会在队列最前方与战友们一起射出最密集的羽箭，混战中，他会仔细搜索最有威胁的敌兵，精确地瞄准放弦；平时，他会与同伍战友们一起吃饭，一起巡逻。战事结束军人复员回家后，伍长可能会成为乡里一个有威望的农人，协助家主管理郊野。

将5个步兵伍纵队横向合成在一起，就能获得一个最简单的5×5人方阵，即步兵两方阵。步兵两的长官应该为一名甲士，周礼中称其为“两司马”。西周中期到春秋初期，一乘战车可能仅下辖1个或2个步兵两，到了春秋中后期则普遍下辖3个步兵两。按照常理而言，一个步兵两下编制有5伍共计25名步兵，此外配置一名两司马，即26人；一乘配3个步兵两，则一乘共计士卒81人。这就超出了此时兵法与史册中关于一乘兵力的记载。现在比较公认的说法是一乘战兵75人，车上甲士3人、车下步兵72人。每两实际兵力24人，车上甲士就是各个步兵两的直属指挥官，即两司马。

不过这样容易导致车上甲士在战斗中难以兼顾对步兵两的指挥。或许换一种方式来解释更加合理：步兵两的5名伍长中有一名伍长地位高于其余四人，兼任两司马一职。早期由贵族出身的步战甲士充当，后来随着扩军的需求，不再由贵族兵来担当。两司马在某种程度上还可以称之为步战甲士，他们的位置十分重要，非武艺出众、有丰富军事经验的职业军人不能担任，其在战斗体系中的重要性并不在车上甲士之下，因此两司马的装备相对普通步卒更精良，须出身自富裕国人家庭，或者由贵族家庭的旁支子弟与家臣来充当。一个步兵两还是25人，一乘辖3个步兵两总计步兵75人，车上甲士3人，共计78名战斗人员。

一乘之下为3名甲士与72步卒的编制方式，实际上更有可能是进入战国之后的状况。步兵部队中，战车成了基层连排级军官代步与指挥的工具，而不再是主要的战场冲击力量——战国中后期的战场主要冲击力量应为独立编成的战车部队及游走于战车队列四周的早期骑兵。车上甲士实际的身份是两与乘的指挥官，也需要下车步战。这种编制是一种过渡时期的表现，让车上甲士直接指挥步兵两方阵的运作，等于合并了原先车上甲士与两司马的职责。兵车战斗人员75人，配合辇的厮徒、杂役、工匠25人，一乘合计战斗与后勤人员共100人，为一卒。3名甲士中的一人兼任卒长，相当于现代的连级军官，另外两人可以算作排级军官。

繻葛之战前的漫长岁月中，战车隶属步兵简单地在战车之前列队。然而《左传》记载，鲁隐公四年（周恒王元年，公元前719年）秋天，东门之役中“诸侯之师败郑徒兵，取其禾而还”，也就是在对阵中，联军发动多次冲击，利用郑军步卒与战车相分离的机会，将郑军步卒击溃，失去步卒掩护的战车只得甘拜下风选择撤退。这次严重失利，让刚在与周天子斗气中取得上风的郑伯寤生被兜头泼了盆冷水。

这次失败后，小霸郑国痛定思痛，认识到战车与步兵应该混合列阵，否则会因其失去相互间的协助而被分割击破，因此才发展出了著名的鱼丽阵。鱼丽阵必

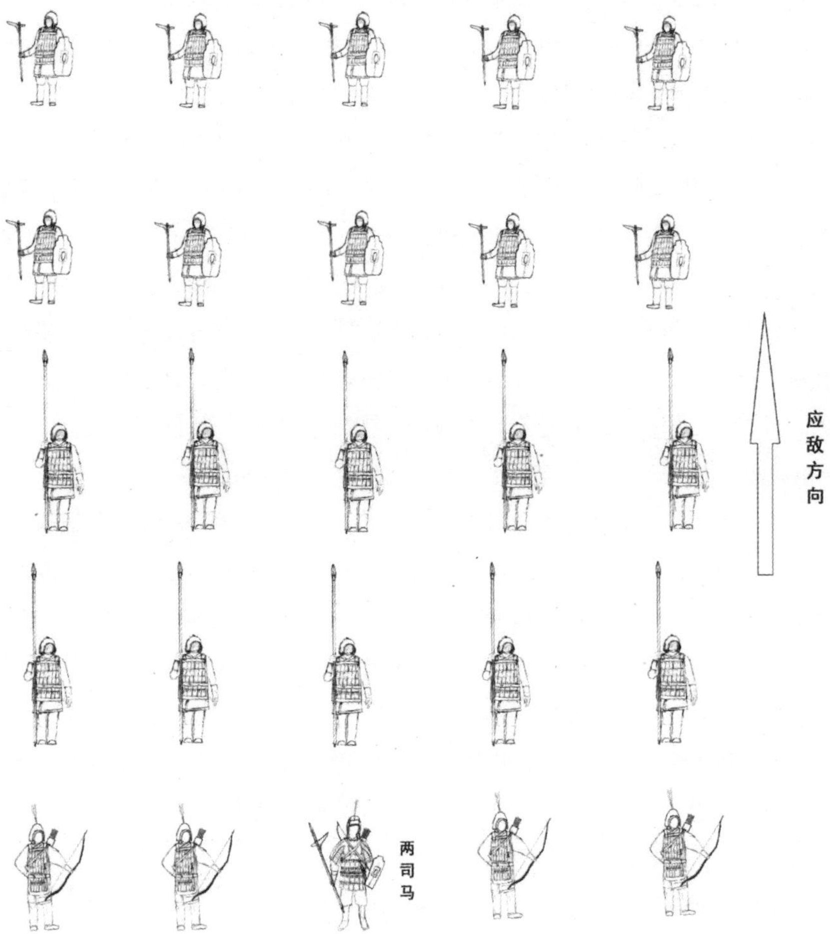


▲步兵两

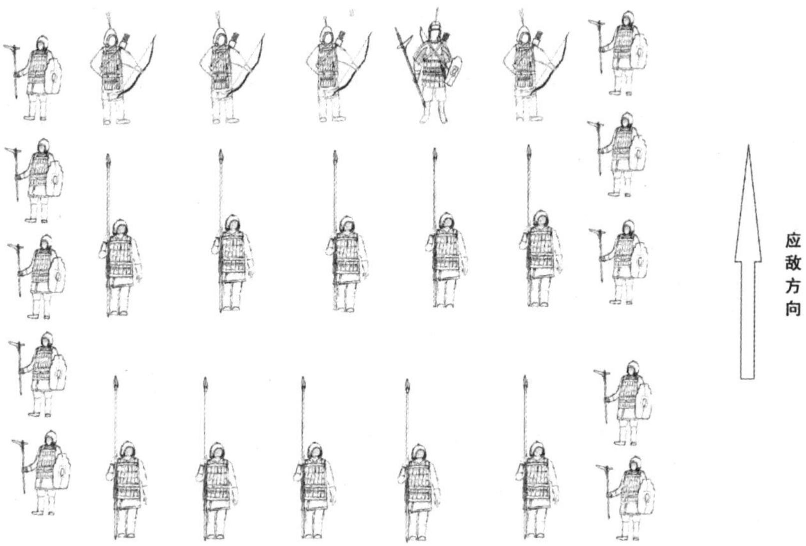


▲ 步兵两阵形示意图

接战前，戈盾手在阵形两翼列队保护侧翼。弓手在阵形前排列队放箭，敌人接近后，立刻从纵队的缝隙中退至队列尾部。长兵前出冲击将敌方的阵形打散，然后盾戈手在步战甲士（两司马）的带领下突入。

▼ 步兵两与战车协同示意图

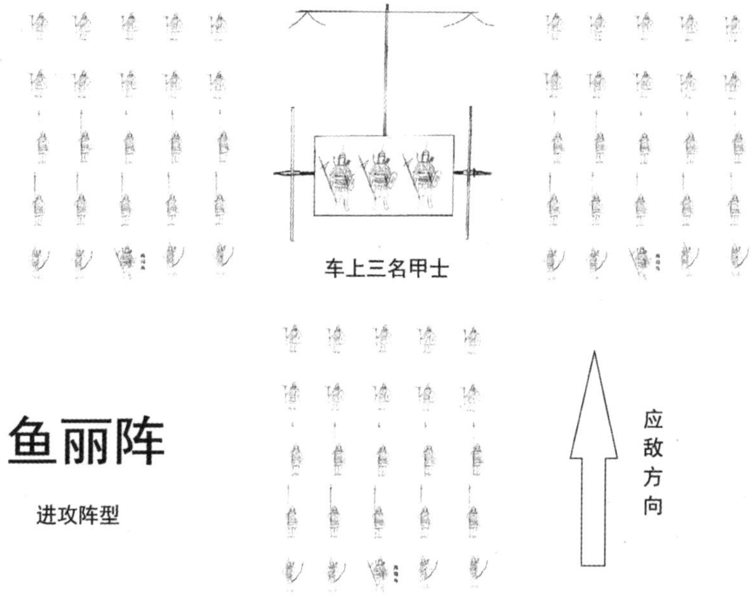

须在战车两翼布置隶属步兵，因此可以推断：此时一乘战车下应有两个步兵两的附属步兵。如果只有一个步兵两配合战车，那么只能将之拆散，在战车左右翼最多只能各放十余名步兵，这显然过于薄弱，也不利于统一指挥。只有给每乘战车配属两个步兵两的兵力，才能保证阵形的完整。

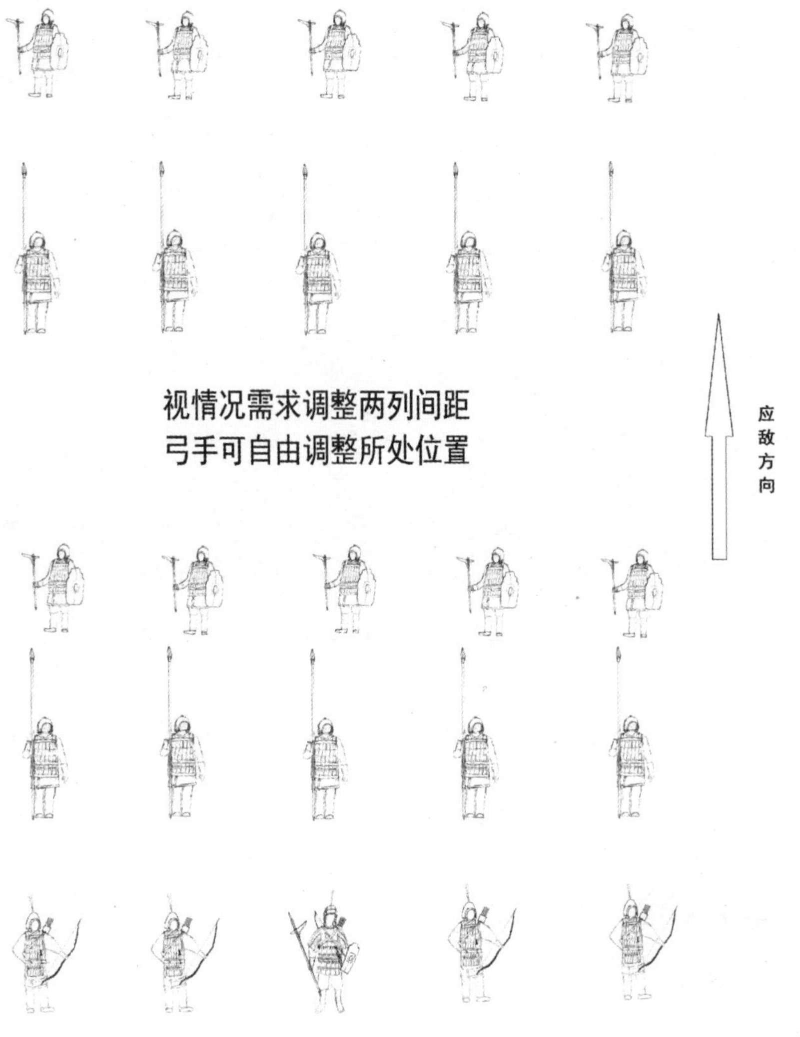


▲步兵两展开的另一种模式，该阵形可在进攻战中使用

在战争中，列国军队进一步发展和改进了鱼丽阵阵法。将隶属步兵的数量增加到 3 个步兵两，列阵时将战车三面包夹，既掩护了战车，又以战车的冲击力为先导。步兵两的战术也基本围绕着协同战车作战而展开。将以短兵在前、长兵在后展开的步兵伍简单合并后，可以获得一个最基本的战斗队形。5 人一排，前两排为持盾的戈戟手，其后两排为手持长兵的士兵，伍长携弓箭在队形最后，横排中每人左右间距半米，前后距离 1 米，这样就形成了一个正面宽度约 6.5 米、纵深长度约 6 米的小型合成步兵方阵。基本可以掩护一辆驷马战车的正面或侧翼。

一乘战车进攻时，3 个步兵两随同战车一起冲锋。两翼的 50 名步兵可以与战车一起打开局面，而列阵于后的 25 名步兵则可以作为预备队，随时投入需要的方向上。全乘列成防御阵形时，原本在进攻中跟随在战车后部的那 25 名步兵则需要在战车之前列队。或者进行一次变阵，将原本纵深 5 人的步兵两方阵变形为纵深 3 人的队形：两排各 5 人的盾牌短兵拉长成一个 10 人宽度的单排，其后也是 10 名单排列队的长兵，伍长则在其后。因为背后有战车为依托，可以减少纵深长度、拉大正面宽度以更严密地掩护战车正半圈。

事实上，步兵两的变阵也与步兵伍一样，可以调整内部各横排兵种的相对位置调整各横排、各纵列之间的距离。当需要发起快步冲锋时，各列左右间距拉开到 1 米，士兵们的前后间距拉开到 2~3 米，方便使用长兵的士兵迈开步伐跑动时不会出现互相干扰的情况，另外也能减少敌军使用羽箭覆盖性射击时的伤亡。还可以让手持长兵与手持盾牌的士兵两两一组协同战斗，长兵负责主攻，盾牌提供防护。在步兵两方阵这个载体上，步兵的战术得到极大丰富，步兵的战技战术训练因此也得到了各国军队的重视。

但是一个单独的步兵两在战场上还是显得太弱小太无助。由于规模偏小，一个步兵两还是难以依靠自身的力量来应对战车的冲击，其基本战术都是围绕协同战车作战而展开，缺乏独立作战能力。不过步兵两方阵战术的成熟却是之后魏舒方阵与吴越步兵方阵得以出现的重要前提。事实上，魏舒方阵简单看来就是将一个个步兵两从每乘战车之下剥离，进行重新的编组与合成。而吴越步兵选择了另外一种模式，编组了更大规模的步兵基础方阵，获得了惊人的战斗力提升。

春秋无义战，然而就是在这频繁的争霸战争中，步兵战术获得了巨大的进步。

步兵在车战体系中的地位也随之得到提高，春秋礼崩乐坏国野之别模糊，让步兵获得了更充足的兵力来源。随着车下隶属步兵数量的膨胀，新的变革即将发生。军事改革的出现不但需要有某个触发性事件的刺激，更需要深厚的积累。进入春秋后，战车的发展基本达到了顶峰。军事家们开始把目光放在之前一直被轻视的步兵上。步兵装备的提升、训练与作战模式的改进，无疑为新时代的到来做好了铺垫。

▲ 车驰卒奔

# 第三篇

战记 3

# 晋国在华北地区的扩张

## 狄人与中原的纷争

鲁昭公元年（晋平公十七年，公元前 541 年）夏六月，卿士中行吴和魏舒率军北伐，为晋国开疆拓土。晋国远征军在大原（今山西省太原市南）附近遭遇了由无终国山戎和群狄组成的联军。

太行山区重峦叠嶂，道路崎岖，地形险狭。魏舒认为对面的戎狄多是步兵，而己方则以战车为主体，在山地作战，战车机动困难，难以取胜，于是他向中行吴提出了"毁车为行"的建议，把战车编队改造为步兵方阵，使原来以两、伍、专、参、偏为编组的战车阵形变成以前锋、后卫、左翼、右翼、前拒为编组的互相配合的步战阵形。这就是著名的魏舒方阵，它开启了中国步兵时代的先河，从此被晋军沿用。

狄人是对西周至战国期间活动于我国北方，以牧猎、游耕作为主要生活生产方式的一大批部族的泛称。其主要活动范围在齐、鲁、晋、卫、燕、秦等国之间，除了游牧与狩猎之外，狄人也会从事游耕作为经济来源的重要补充。其内部构成复杂，可能有部分向北迁徙到 400 毫米等降水量线[①]之外，演化为后来的东胡、匈奴等部，未迁走的部分逐渐为华夏文明所同化。周人以居中国而自居，将居于周围的其他文明部族根据所处地域进行统称：东方为夷，西方为戎，北方为狄，南方为蛮。狄中又有白狄、赤狄、山戎之分。

如果将狄人简单地视作野蛮人那就大错特错了。经济生产上，大部分狄人部族虽然尚未完全转变为先进的定耕农业，但是也有部分学会了最先进的生产方式与金属冶炼技术，已进化为城邦国家，如孤竹（今河北省唐山市滦南县至秦皇岛

---

① 年均 400 毫米等降水量线是我国最重要的一条地理分界线，它分割了农耕区与畜牧区。若一地常年年均降水量低于 400 毫米且无较大的地表径流或地下水作为水分补充，则难以支持定耕农业的发展。因此，历史上中原王朝和草原势力也多以此为分界线相互交流或征战，故而长城的线路也与该条分界线相重合。而随着气候的变化，这条分界线也会出现南北向的移动，这也解释了为什么有些时候草原势力会显得更加强势——农耕区因为降水的减少不得不向南后退，农耕文明的前线必然也随之退却。

市卢龙县一带）、令支（今河北省迁安、滦县一带）、屠何（今辽西走廊一带）、无终（今河北省玉田县无终山一带）、中山（在今山西省北部与河北省交界处。该国历经东迁、亡国、复国）等国家。

这些国家中以孤竹国国祚最为绵长，自夏末商初便已建立，至齐桓公北伐时被灭国，期间绵延一千多年。在商周之交，孤竹国流亡王子伯夷、叔齐还曾试图阻止周武王的大军东征伐纣。从考古发掘成果来看，孤竹国在商代晚期文化发达，掌握了青铜器铸造与陶器烧造技术，在文化方面也有所发展，有清晰的王族谱系记录。进入西周之后，孤竹国发生了一次较为严重的文明衰退现象，可能与外部环境的变化有关。此时东夷集团在飞廉率领的商军与吕尚带来的姜姓族人的双重打击下四散逃窜。召公奭带领着自己的部众和俘获的商人部族来到燕地，建立自己的封国，让原居当地的势力鸡飞狗跳。这么一个旧世界破碎新秩序建立的时期，孤竹国受到了来自周人势力与被驱赶至此的土著势力的双重打击。或许周武王分封自己的兄弟召公奭到燕地，就有将此地原有其他文明弱化，并将之融入周人礼乐文明中的考虑。此外，孤竹国传说最初为殷商族分支，期间可能发生过多次政权更迭，当政公族在立国的一千年间可能也历经变化，族群内部构成复杂。

至于令支、屠何、无终等国则是西周立国前后才出现的，到春秋之世逐渐灭亡。中山国则是其中的一个另类，该部族属于白狄支系，最早生活在陕北一带，后随大批狄人部族东迁至山西与河北交界的太行山中，从地理单元上看，其活动范围包括：山西北部的太原盆地一部、忻定盆地、大同盆地与华北平原一部。中山国人在西周与春秋之时称鲜虞，西周时期试图侵入王畿，曾被邢国多次击败。春秋之时，邢国衰落，晋国忙于内斗，让山戎狄人得到了一次难得的喘息发展之机。

鲁庄公三十年（齐桓公二十三年，公元前 664 年），山戎联合其他诸狄部族入侵燕国，燕国向齐求援。当年冬天齐桓公亲自率领大军出征，首战击溃了诸戎狄联军。根据《韩非子》中的记述，作为诸狄之长的孤竹国此时使出了诱敌深入之计，齐燕联军最终靠识途老马方才脱困。此役齐桓公灭孤竹、令支等国。其族人或并入燕国，或流入其他戎狄部族。

但是，狄人对诸夏各国的侵攻并没有停止。鲁庄公三十二年（公元前 662 年）十月，狄戎进攻西周时一直压制自己的邢国。鲁闵公元年（公元前 661 年）正月，

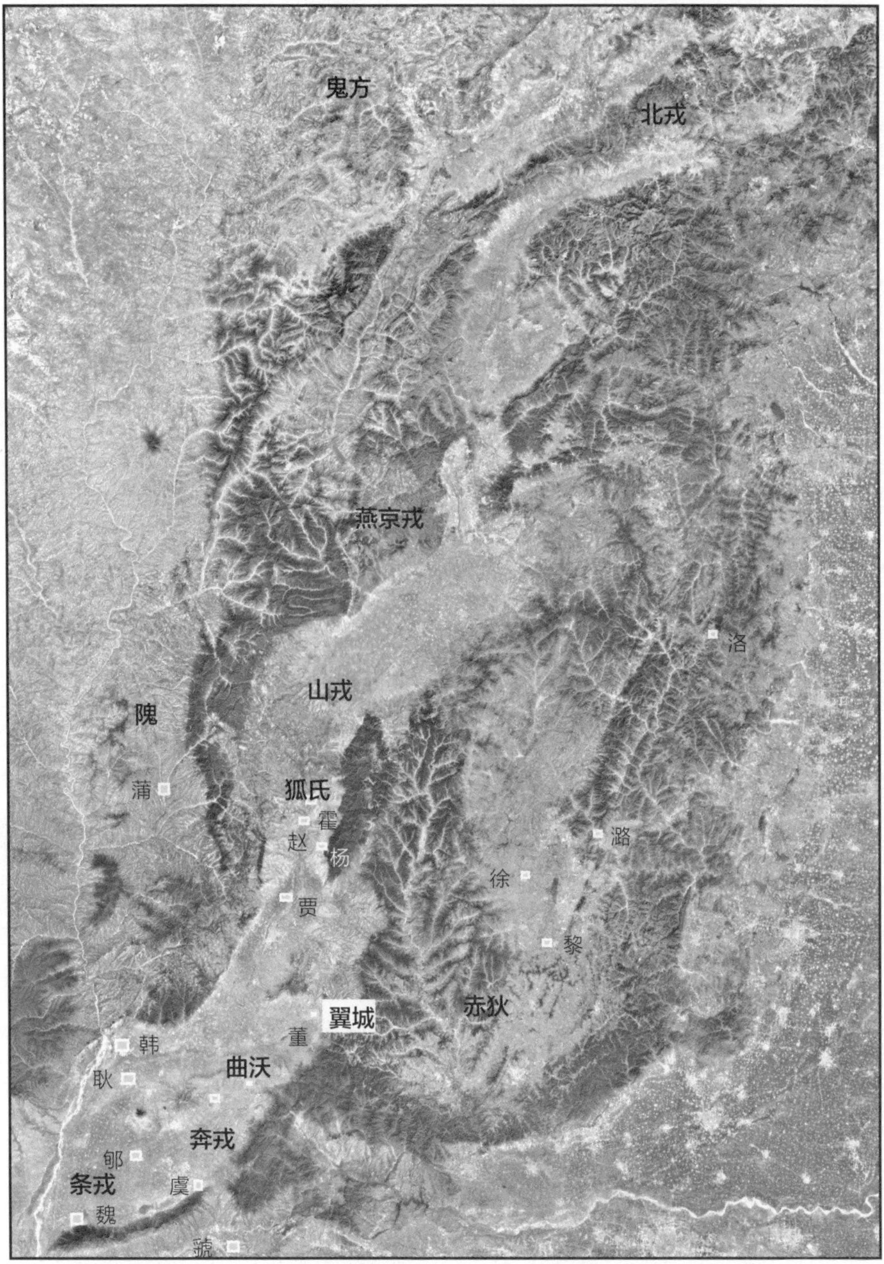

▲山西境内方国与戎狄分布图（西周至春秋早期）

齐桓公在管仲“戎狄豺狼，不可厌也。诸夏亲昵，不可弃也。宴安鸩毒，不可怀也。《诗》云：‘岂不怀归，畏此简书。’同恶相恤之谓也。请救邢以从简书”的谏言下出兵救邢。此时的齐国如同一个“国际主义者”，主动救助被外族入侵的华夏文明圈国家，并以此建立起“华夷之辨”的理论体系。可以说管仲将“中华”这个原本仅是地理上的概念逐渐上升为意识形态上的概念，并造就了华夏民族以文化认同为标志的基调，不同于世界上其他地区常见的血统认同体系。唐代儒士孔颖达在其著作《春秋左传正义》中总结道：“中国有礼仪之大，故称夏；有服章之美，谓之华。”

鲁闵公二年（卫懿公九年，公元前660年）冬十二月，赤狄一支与鲜虞及孤竹、令支等其他狄人国家联手成功入侵卫国。以好鹤而著称的卫懿公平日十分荒唐，竟然让自己豢养的鹤乘坐华美的车，国人对其不善待护卫社稷的贵族与国人，却让鹤享有如此尊荣十分不满，讽刺道：“等打仗了，就让他的鹤上战场吧，我们这些人哪里能够胜任！”（《左传·闵公二年》载：卫懿公好鹤，鹤有乘轩者。国人受甲者皆曰：“使鹤，鹤实有禄位，余焉能战？”）赤狄入侵时，士气萎靡的卫军在洞泽一触即溃，把卫懿公丢在战场上。听闻战败的国人准备逃离国都，此时赤狄军也杀到了朝歌城下，卫人死伤惨重几亡社稷。宋国出兵救援逃亡的卫人，并安置其于曹地。

卫国此次败亡有卫懿公为政不善的内因，然而此时狄人的强势也让天下诸侯心惊。在被孔子盛赞“微管仲，吾其被发左衽矣”的管仲的主导下，齐国再次出兵车300乘、甲士3000人击退狄人，助卫戴公复国。凭借“尊王攘夷”的口号，齐桓公组织了数次会盟，其声望也达到了顶峰，并凭此成为首位春秋霸主，诸侯莫不尊其号令。而此时的晋国在晋侯诡诸的治理下，也达到了拥有“两军”的强大军力。不过此时的晋国却“小家子气”，只扫个人门前雪，并未像齐国那样主动出兵帮助别国“攘夷”（也并非晋国不愿出兵，而是其身边就是各种戎狄，不能远征），总是在狄人攻灭他国入侵自己时才在国内与狄人作战。

## 晋国与狄人部族的战争

史册中有记录的关于晋狄之间的第一次战争发生在鲁惠公四十年（周平王

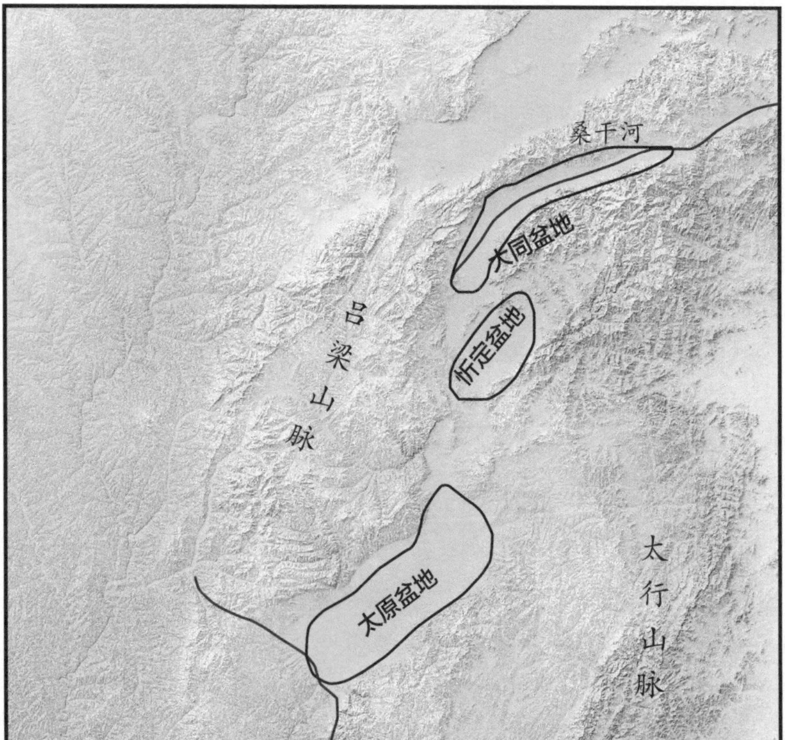


▲山西形势图

从北至南分别为：大同盆地、忻定盆地、太原盆地、临汾盆地、运城盆地，东南为长治—晋城盆地四十二年，晋孝侯十一年，公元前 729 年）。前一年，曲沃桓叔去世，其子曲沃庄伯成为曲沃系家主。狄人攻晋国，直接打到了晋国国都翼城近郊。晋孝侯派出晋国大部分军队前往抵御，就在翼城国人为抵御狄人入侵而倾尽全力之时，心怀鬼胎的人却在背后搞鬼。5 年后，趁着翼城军事实力被狄人严重消耗的机会，曲沃庄伯出兵袭击翼城，弑杀晋孝公。此举激起了国人与贵族的普遍反对情绪，大批国人自发武装起来驱逐了庄伯，并拥立晋鄂侯即位。

鲁僖公八年（晋献公二十五年，公元前 652 年）夏，翟国（为赤狄一支所建之国，晋侯诡诸娶翟女而生公子重耳）军队再次进犯晋国。不过这次翟国也并非完全师出无名。前一年（公元前 653 年）夏，为避骊姬之乱，晋公子重耳逃亡至母族翟国。晋大夫里克以要求翟人首领交出重耳为名率军伐翟，双方在“采桑”（在今山西省临汾市宁乡县以西）交战，晋军获胜。翟国为报复晋国，故伙同其他狄人势力一同进攻晋国，双方不分胜负，狄人撤兵。

鲁僖公三十三年（晋襄公元年，公元前 627 年），秦晋崤之战，晋军在元帅先轸的指挥下击败了秦军。但听闻两国大战的消息后，盘踞太原盆地的狄人决定偷袭晋国。于是先轸率领晋军在箕（今山西省榆社县讲堂村西南）迎击狄人。虽然晋军最终俘虏白狄首领，取得了战役的胜利，但老将先轸在此战中阵亡。后来晋国人将箕之战中先轸阵亡连同韩原之战中晋侯夷吾被俘、邲之战惨败荀林父丧师视作晋国的三大军事耻辱。

鲁宣公十五年（晋景公六年，公元前 594 年）及第二年，晋军分别在荀林父与士会的率领下出兵攻伐盘踞在今山西省长治市屯留县与潞城县的赤狄势力。从地理单元上看，此地属于东上党北部的长治盆地。此战中，赤狄甲氏部（在今山西省长治市屯留县北）与留吁部（在今长治市屯留县南）被灭，族人被掠为奴。晋国的核心统治区为运城盆地与临汾盆地，向戎狄势力扩张最方便的路线莫过于直接沿汾河北上，进入太原盆地。但是晋国早期扩张却多选择攻伐东部的上党山地，这是为何？

从地缘与军事的角度看，虽然太原盆地可能更加适于农业生产，但是这里居住了太多的异族势力。而且这片盆地太大，晋人无法在短时间内完成对戎狄势力的征服与同化，并将足够多的人口迁移过去对太原盆地进行开发。晋人还看到：

若不掌握上党山地，那么晋军只能通过汾河谷地这一唯一通道进出太原盆地，同时这条通道的侧翼又始终处于上党戎狄部族的威胁之下。因此晋国方面决定首先控制上党山区及其附属的晋城—长治盆地。先攻太原盆地，则上党可以威胁晋国侧翼；先攻上党，只要晋军能扼守汾河谷地，则太原诸狄皆不能来攻。同时，我们更要看到，盘踞于上党的赤狄势力对晋国核心区的威胁极大。“曲沃代翼”期间，正是因盘踞在上党一带的赤狄势力大量消耗了翼城嫡系的实力，才让身为旁支的曲沃有机会完成上位。

《左传》记载：当年七月壬午日（29 日），晋侯据（晋景公）在稷地集结军队，任命荀林父为主将攻略狄土，连灭徐、璐等赤狄小国。为表彰荀林父的功绩，晋侯据将俘获的两千户狄人赐予中行氏（荀林父已得氏中行，与荀氏主家完成分家）为奴。在论功行赏之际，晋侯据将瓜衍之县（今山西省孝义市，位于太原盆地与临汾盆地交界处）赏赐给了士会家族，应当是在荀林父伐狄之时，士氏在此地据守，阻挡太原诸狄南侵时立下了军功。

次年晋国以士会为将，出兵扫荡上党山地与长治盆地、晋城盆地的残余赤狄势力，成功地将甲氏、留吁、铎氏（今长治市东）等地吞并。

鲁成公三年（晋景公十二年，公元前 588 年），晋国卿士郤克、卫国执政孙良夫以追剿赤狄余部的名义共同领兵攻击啬咎如（在太原盆地之内，其具体所在现已难考证）。晋国在获得整个上党之地后，开始了对富庶的太原盆地的扩张。当地狄族首领因不能保全前来投奔的同族而与子民离心离德。

▲荀林父

鲁成公十二年（晋厉公二年，公元

前 579 年）秋，晋人败狄人于交刚。据考证，交刚位于今山西省临汾市隰县附近，地处吕梁山南麓，与陕北黄土高原隔黄河相望。晋国占据此处后，不但加强了对太原盆地的控制力度，还能北望云中、西顾黄河。此时的晋国疆域占据了运城盆地、临汾盆地、太原盆地、上党山区、晋城盆地、长治盆地、吕梁山区等地理单元，表里山河泰半属晋。

然而晋国内部矛盾重重，既有六卿相互倾轧，也有华夏之民与诸戎狄部族之间的摩擦。另外还有一个新的变量也进入了这一区域——鲜虞。鲜虞部族自陕北黄土高原东渡黄河，迁徙至忻定盆地与大同盆地一带建立了自己的邦国。疆域内已有戎狄部族的不稳定因素，北方边境又出现了一个新的狄人部族国家，晋国对太原盆地、吕梁山区以及广义的上党之地的统治变得岌岌可危。被灭国的戎狄部族们虽已然失国为晋人，但这些人依然坚守着自己特有的文化与习俗，只要有一个强大的戎狄系国家振臂一呼，这些戎狄旧民很可能会为恢复故国而对晋国反戈一击。

鲁襄公四年（晋悼公四年，公元前 569 年），无终地区的戎人首领派遣使者到晋国，寻求与晋国达成和解。魏绛向晋侯周提出和戎之策。依靠和戎之策，晋国开始了对表里山河以及周边被戎狄势力控制的地区的渗透。

晋国最初统治的国土主要为山西省境内的运城盆地与临汾盆地一部，到了三家分晋前夕，其领土范围扩张为除大同盆地外的山西全境、陕北高原东部、关中平原东北部、河北及河南一部。这个扩张过程就是以军事征服与文明渗透两个手段共同完成的。

直到鲁昭公十七年（晋平公十七年，公元前 541 年），晋国诸卿大夫家族完成了对自身封地的各方面整合，又开启了新一轮的扩张进程。中行氏与魏氏达成合作，决意共同出兵跨越太行山的地理阻隔，将势力范围扩展至华北平原（今河北省的大片区域）。这次出兵的目标为无终戎之地，在今山西省北部与河北省西北部一带。

听闻晋军来袭的消息，无终戎的首领们决定主动出击，联合以鲜虞为代表的白狄、山戎势力共同出兵，南下堵截晋军进入忻定盆地的道路。双方在大原附近的山地遭遇。会战中，晋将魏舒下令全军“毁车为行”，编组了堪称我国历史上正规军独立步兵方阵的始祖——魏舒方阵。会战中，新生的魏舒方阵发挥出巨大战斗力，晋军大破戎狄联军，将晋国的势力范围扩展至忻定盆地南部。

几十年后，完成内部整合的晋国又将眼光投向了在“魏绛和戎”中获利最大的鲜虞国。公元前 530 年前后，晋国发动了针对鲜虞属国肥、仇由、鼓等国的战争。取胜之后，晋国又发起了对鲜虞国的轮番攻击，迫使占据忻定盆地的鲜虞国人只得沿浮沱河与桑干河谷地穿越太行山脉，到今河北省新乐市境内重新立国，后因其国中有山，更名为中山国。

第三章

# 毁车为行——魏舒方阵

## 魏舒方阵

魏舒在山地作战时，面对精锐的山地步兵—白狄人，采取了完全不同于以前的布阵方式，即“毁车以为行”：全部甲士下车步战，与之前被他们看不起的步卒们并肩作战。中行吴的一位亲信家臣（嬖人）认为与步卒为伍是自降身份，抗命不肯下车，被魏舒斩首。

从表面上看，魏舒只是放弃战车，让乘车的甲士下车，与原本随车掩护的步卒一起列阵，简单地把原有的车战军阵改成了步战军阵而已，但如果我们重新审视一下此时的魏舒方阵，就会看到很多不凡之处。

经过多年的演变，原本车战体系中一乘的编制方式发生了不小的变化：原本车上甲士 3 人的编制不动，而车下甲士连同其指挥的步卒数量已经增加到了 50~70 人。战车之间的相互配合关系也由简单的单排编组——各排间无明显配合关系——演变成了数乘之间组合编组，每编组以国际象棋棋盘式的列阵互相掩护。这样的列阵，与以往简单的所有战车一线布置相比，能更便捷地完成列阵——正面越宽的队列，整队时需要花费更多工夫来完成对齐；相同人数，多排、宽度收窄了几倍的队形，远比单排的长线队形能更快完成列队，且多排队形在紧急情况下可以先只让第一排完成列队，果断发起进攻，为后续部队列队争取时间。同时，在运动中，正面宽度越大，队形越容易在推进中走形破裂。更重要的是，多排阵形可以让战车部队组织起多波次的冲击——横排每乘之间的间隙就是为后一排战车预留的冲击通道，这样还方便在一轮交手之后更快地重新整队。

晋国此战面对的是山林地形，战车无法在这样崎岖破碎的战场上尽情冲突周旋。但对手轻易就可以利用地势追赶并爬上逐渐失去速度的战车，对车上的甲士展开无情的屠杀。负责掩护战车的步卒为了维持队形，难以在崎岖的山地中跟上战车的冲击节奏，少数勇敢的步行甲士面对一拥而上的彪悍狄人也毫无还手之力。

如果魏舒没有在战前强令“毁车为行”全军变阵，战斗很可能会按照下面的节奏展开：

先锋战车向晋军主帅报告：“前狄人来战，长幼无礼，众寡。”看到白狄散漫的布置及稀少的兵力之后，晋军主帅下令擂鼓出战，战车率先发起冲锋，车属步卒在车下甲士的带领下跟随前进。支离破碎的地形不但遮蔽了晋军的视线，让他们无法发现隐藏在山间的狄人主力，也让原本交替掩护的编队被分割成一个个小群体。

前踞战车很快就贯穿了白狄的军阵，正要周旋回转，重新整队准备第二次冲锋，这时战车的驭手们惊讶地发现，前面根本没有足够的空间让战车在高速机动中完成一个 180 度的转向。战车挤作一团，战马嘶鸣，驭手已经无力驾驭，车与车相互碰撞，旗语和鼓声已经难以让部队在短时间内恢复秩序。兵车上的矛戟因为尺寸过长，在狭窄的山谷里无法施展，狭小的山谷陷入了一片混乱。此时藏在山林中的山戎勇士冲出来围攻战车，部分战车想加速脱离与敌人的接触，然而，还是这崎岖的道路，让战车引以为傲的速度和突击能力完全丧失。车上甲士此时只能用短戈、青铜剑这样的短兵器苦苦支撑。战场的另一端，本该负责掩护的步卒被先前的白狄士兵缠住，无法脱身。

陷入苦战的战车只能勉强望见，原本应该提供掩护的步卒被从四处杀出的狄族步兵远远挡在一边。少数徒步甲士带领着自己麾下的部分步卒想冲过战线，却陷入白狄勇士的围攻之中。慢慢地步卒被击退，得不到掩护的战车部队面临全军覆没的危险。陷入重围的战车上，试图搏命求生的甲士们在射光了箭矢之后，拔出青铜剑向以逸待劳的狄人发动了绝望的最后冲锋。等到步卒们气喘吁吁地冲进山谷时，等待他们的是早已支离破碎的战车残骸和被剥去衣甲失去首级的甲士尸体。

作为对手的狄戎士兵虽然人高马大，更适应山林地形，且彪悍野蛮擅长步战，但是其自身组织性不强，缺乏严明的纪律，作战时往往依靠个人的勇武，面对训练有素的步兵军阵时，就好比鸡蛋碰石头。魏舒作为战场老将很快意识到了问题的关键。然而晋军多年的车战训练不容临战大幅度地改变排兵布阵的方案，索性让所有甲士下车，徒步带着附属步卒列阵，反正三行在被混编给三军之后，晋军步卒依然接受过专门的步战训练。

那么，将原本的车战军阵去掉战车，只保留徒步的战士，会出现一个怎样的

## 《司马法》里的车战军阵

《司马法》成书年代基本可以确定是春秋晚期到战国早期，其中描述的车战军阵应该是先秦车战的最终形式。《司马法》云："车战二十五为偏。"（杜预注："《司马法》：'车战二十五为偏。'以车居前，以伍次之，承偏之隙，而弥缝阙漏也。五人为伍。此盖鱼丽阵法。"）"五十乘为两，百二十五乘为伍（伍重故百二十五乘）。""八十一乘为专，二十九乘为偏。"

先秦典籍中存在一个容易让研究者陷入思维陷阱的现象：同一个字，在叙述同一个范畴内的不同概念时，其含义往往是不一样的。例如伍、两二字仅在《司马法》一书中就存在两个完全不同的含义：对军队编制的叙述中，描述兵车的车属步兵时是指最基础的编制，针对战车部队时则是相对较大的建制单位。这一点需要我们特别注意，甚至在有些特殊情况下，其词义所代表的编制规模又会出现变化。庆幸的是，"乘"一字始终仅特指战车最基础的单车编制，尽管在不同时期一乘战车之下的兵力规模有所变动。这就为我们重新复原商周时代军队的面貌提供了一把最为关键的钥匙。

此外，《司马法》的逸文中还有这样一句："车九乘为小偏，十五乘为大偏。"显然此时由于分封制的社会背景，军队基础编制由各城邑能够承担起的战车数量所决定，因为会出现小型城邑一邑只能动员出 9 乘战车的部队，而较大的城邑则能动员出 15 乘战车的情况。军中不管部队实际规模的大小，均以"偏"这个建制名称将来自同一城邑的部队统合在一起。当然，《司马法》的内容中存在一些相互矛盾的内容，其主要存在于从各引用处摘抄出的逸文中。我们可以做出这样的推测：首先，《司马法》并非同一时期、同一个人的作品，其随时间先后存在着不同版本；其次，《司马法》总结了从春秋到战国早期的军事发展情况，其前后内容的不同之处就是对不同时期军事现状的记录。

军阵？甲士与步卒全部混编，20 多人组成的基层编制一起组成若干个数百人规模的小方阵，这些小军阵再按照车战时的布阵方式相互交替掩护，按照国际象棋的布局合成一个大型方阵。这样的布局看上去简直就是没有热兵器的莫里斯体系步兵方阵的缩小编制山地版！原本的车上甲士就是连排级的军官，车下甲士（伍长与两司马）既是最基层的班长，也是骨干军士；指挥体系完备，战斗骨干比例不低于 1 ∶ 6，况且晋国士卒久经战阵，战斗力曾冠绝一时。

第一排每一个小军阵相互横向列阵，每两个军阵之间留有一定空隙，利于合成军阵整体机动时适应各种地形，同时也便于第二排军阵随时利用这些空隙发起冲击。第一排每个小军阵左右侧翼可以同时获得第二排后方的两个军阵的掩护，如果敌军想利用第一排军阵中的间隙从侧面袭击某个小军阵，那么他们的侧翼就会直接暴露在第二排军阵的兵锋之下。当全军需要形成一整条无间隙战线时，第二排的各个小军阵直接加速上前，填补在第一排各个空隙之间，变阵就完成了。魏舒方阵还可以设置第三排，用来安置预备队，第三排的小军阵随时利用前两排军阵留出的间隙机动到需要的位置。当然，这样的三排布置看上去和罗马军团的

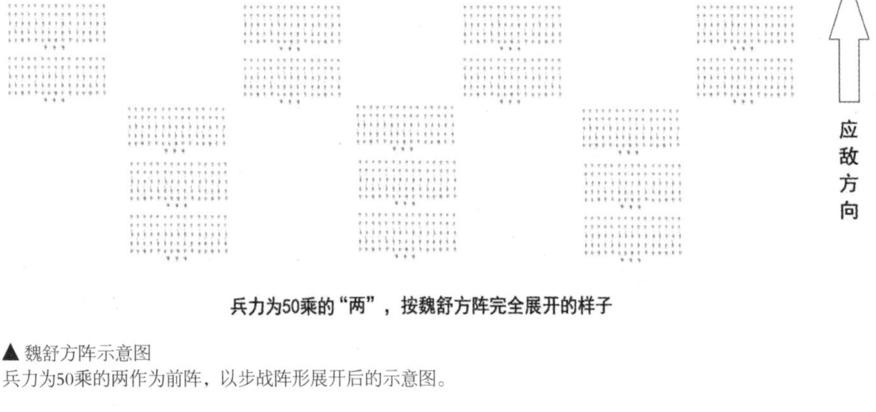


▲ 魏舒方阵示意图
兵力为50乘的两作为前阵，以步战阵形展开后的示意图。

三线也十分相似，因为两个军阵体系所面对的战场环境和对手是类似的——在破碎的山地丛林地形中与缺乏纪律、以蛮勇取胜的部族步兵交战。

## 毁车以为行

那么，魏舒具体是如何将原本的战车部队转化为步战军阵的？《左传》中是这样记录的："乃毁车以为行，五乘为三伍。"有观点是这样理解的：将车上的 3 名甲士算作一乘，5 乘即 15 名甲士，分作 3 伍正好也就是每伍 5 人，然后将这被打散重编的 5 名甲士编入车属步兵两方阵中。这一说法源自三国时曹魏将领杜预，他在自己的著作《春秋左氏经传集解》及《春秋释例》中第一次提出了这种观点。

但是这带来了一个严重的问题：若如此混编，车上甲士的数量根本不够分配到各个步兵两中。即便是按照两个步兵两合成一个小型方阵，再给其配属 5 名甲士也不一定够。而且这样将最基础的建制单位进行拆散重编，从根子上对部队编成做"大手术"也是极端危险的。临战忽然将所有中低层建制单位全部拆散，按新的编制方式重新整编，那么同一队中的士兵相互不熟悉，指挥体系也完全被打乱。这已经不是"将不知兵，兵不识将"这么简单了，而是从排级到营级的所有军官都不知道自己的上级与下属是谁，新的基层军官也基本不熟悉自己手下的士兵，士兵既不认识自己的直属上级，也不熟悉身旁的战友，这样的军队根本不能称之为军队。

很显然，我们需要换一种思维来重新理解"五乘为三伍"的含义。对于先秦车战体系而言，战车从来不是单独出现在战场上的，而是要配属一定数量的隶属步兵。公元前 5 世纪，一乘战车的编制已经扩展到了下辖 3 个步兵两，即 75 名战斗步兵与 3 名车上甲士。理论上，一名甲士可以直接指挥一个步兵两，换言之，在忽略掉战车的情况下，一乘的建制可以被拆成 3 个以 1 名甲士与 1 个步兵两搭配的小单位。那么 5 乘就是 15 个这样的小单位，将之改编为 3 个稍大的战斗单位就相对容易了。经过简单换算可知：改编后的被称作伍的基础战斗单位下辖 5 个步兵两，拥有 130 名士卒，其中原车上甲士 5 人作为基层军官，原两司马 5 人为士官长，原（步兵）伍长 20 人（除去兼任两司马的 5 人）作为军士。新编出来的 3 个大伍可以合成一个三线布置——人数为 390 人的步战方阵。

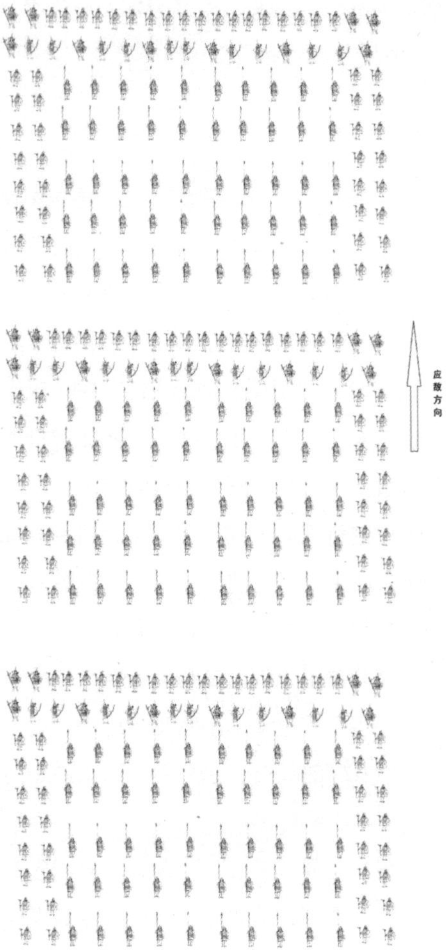


**五乘为三伍**

▲新建制伍示意图
以5乘为3伍，则一伍下为5个步兵两与新编入的5名车上甲士，计入原有的5名两司马（步战甲士），共计有10名甲士、20名伍长、100名步卒。

新的大伍建制下，原先各个步兵两建制与指挥体系并未被打乱，每大伍下辖5个步兵两。可以将这5个步兵两横向一字排开，形成一个正面宽度为25人、纵深5人的方阵，然后将3个大伍依次纵向排列，将整个阵形的纵深延长至15人。在步战中，这样一个阵形是比较稳固的，以重步兵战术著称的古希腊人惯用的多利亚方阵纵深也不过8人而已。

魏舒为何将5乘整编为3个大伍，而不继续按照单乘的建制来合成步战方阵？魏舒将车阵改编为步阵后，“翟人笑之，未陈而薄之”。也就是说，在擅长步战的狄人看来，晋军的单个基础步兵方阵还是太小了，戎狄勇士们只要一个冲锋就能将其击垮。既然130人规模的方阵在狄人看来都偏小，那么78人规模的步兵方阵在魏舒自己看来也过于脆弱，因此需要将其规模扩大，而130人的建制规模已经是此时步兵战术素质与军队指挥体系可以维持的最大规模的基础战斗队形了。

在微观上，魏舒方阵依照了战车部队旧有的编制方式。在更上一级，其也依照战车展开的方式，将每个小方阵组合成大方阵。按照《左传》的说法，魏舒一共组建了5个大型方阵。其兵力配属是这样的：先锋兵力为一偏，“偏为前拒”——

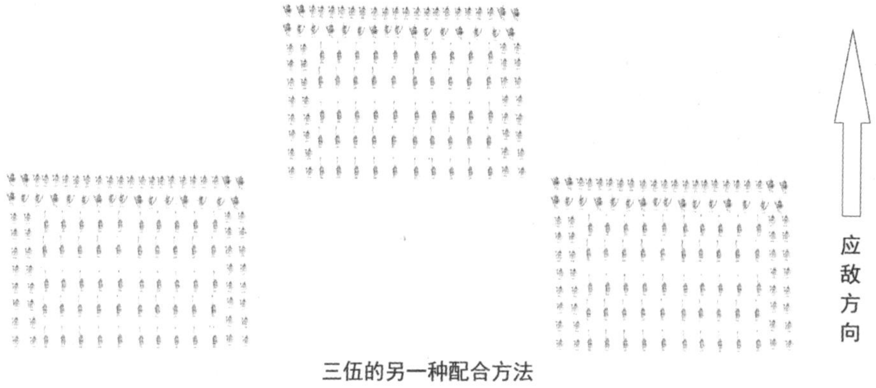


▲3个新伍的另一种展开方式，适应于兵力较少的情况

按照《司马法》中的说法，一偏为25乘兵力，合计士卒1950人；先锋之后的主力分为四阵，以菱形方式排列：“两于前，伍于后，专为右角，参为左角。”偏、两、伍、专、参实际上是战车部队行军时对行军纵列各个部分的划分。任何军队在行军中绝不是放羊一般混乱的一大摊子，更不会将部队简单地排列成一个绵长的行军纵列沿着道路前进。

正常而言，大军前行会将部队分成数个部分：机动性良好、兵力较少的部队作为前锋，提供早期预警并扫清少量敌人的阻碍；中央为统帅直属兵力，在中军前后各设有一个重兵集团，便于及时对各处进行支援（也可以只编制一个重兵集团，布置在前锋与统帅直属部队之间）；另外还应该安排一支部队与后勤辎重车队一起行动，负责保护补给物资的安全。

那么春秋时期的行军队列是如何分配兵力的呢？《司马法》记载：两的编制为50乘，专之下有81乘战车，偏一说有25乘，一说为29乘，此处采信偏为25乘、参为29乘的说法。伍下辖的兵力最为雄厚，达到了125乘。按照一乘有步兵75人、甲士3人计算，列阵完成后，作为主力前阵的两有兵力3900人，后卫伍有兵力9750人，左翼的专有兵力6318人，右翼的参有兵力2262人。全军有轻车310乘，士卒总计24180人，属于两个军的兵力。这也可以与此战晋国六卿中的两位——中行吴与魏舒（两人分别为中行氏与魏氏当代家主）领军出战的情况对应上。

▲ 卿士家族对晋国的瓜分（范、中行氏败亡前）

▼ 卿士家族对晋国的瓜分（范、中行氏败亡后）

魏舒方阵的单个基础军阵规模偏小，这既是受破碎地形的限制，不方便合成为更大的单个军阵，同时也是兵力不足、指挥环节不统一的产物。此时的晋国国君权力已经为六卿所逐渐篡取，六卿世家轮流执政。在朝堂权力一系列的明争暗斗之中，这些卿大夫们也在夺取地方的控制权，将原属公室的土地城邑变成自家的私产，抢到一块是一块；或者干脆在土地肥沃人口密集的区域修建自家的私人城邑，间接地与公室抢夺该地区行政与税收权。

然而，这种无秩序的扩张直接导致了一个奇特情景的出现：各家采邑分布得如同一锅腊八粥，相互混杂又彼此独立。比如最强大的赵氏，其采邑既有地处太原盆地核心的晋阳，又有河北南部山区的中牟，还有华北平原上的邯郸（邯郸还属于赵氏分支的邯郸氏，赵无恤时灭邯郸氏，该地区才重新归属赵氏）。这就形成了一个更有趣的动态平衡：各卿士大夫家族虽然整体实力都不弱，有些时候一族私兵可以与国君掌握的军队相当，但是一次能动员起来的力量并不是很多，将族兵从散落在各处的封地上集结起来要花费大量时间、精力与财力。因此，晋国内部卿士大夫之间的斗争通常表现出先经过数年文争最后由一场武斗彻底终结一家势力的特色。晋国内部也形成了一种“首祸者死”的惯例：大家因为势力范围分布细碎而相互牵制，晋国国君可以利用这种微妙的平衡来维持公室对国内的统治，如果有一家卿士贵族不幸惹了众怒，那么其他家族将很乐意对其落井下石，并分而食之。

▲东周射礼

银雀山汉墓出土了一套删减前的56篇版《孙子兵法》[①]竹简，其中记录了这样一段内容：

吴王阖闾询问孙武，晋国六卿中各个家族最后的结局如何。

孙武回答说：首先范氏与中行氏会第一个灭亡，随后智氏将会灭亡，接下来是韩氏与魏氏灭亡，最终赵氏将替代姬姓公族，成为晋国新的国君。[②]

这个预言的前半段实在过于准确，不但说出了灭亡者是谁，还将败亡顺序说得如此准确。我们是应该赞叹孙武的料事如神[③]，还是应该抱着怀疑的态度进行思考呢？古往今来，各种神奇的预言屡次见诸史册，但深入研究后我们会发现，这些无比准确的预言往往是后世之人出于某些目的强行附会，又或者干脆就是杜撰出来的。

我们仔细来看孙武的这个预言，就能发现其中蹊跷之处：前半段的预言有些太过准确了，而后半段却又全部落空。会出现如此有趣的现象，原因只有一个：这句话应当不是孙武本人的预言，而是赵、魏、韩三家灭智氏之后，亲赵氏的人出于某种政治目的所编造出来并广泛传播的，因此才会准确地记录出范氏、中行

①在如《吕氏春秋》等先秦著作中，都曾提到《孙子兵法》为13篇，而到了东汉班固的《汉书·艺文志·兵书略》中，《孙子兵法》篇幅竟然膨胀到了82篇（“《吴孙子》八十二篇，图九卷”）之巨，可以想见其中大部分为后人附会所著。汉末著名军事家、政治家曹操曾专门对流传于世的《孙子兵法》各个版本进行了收集与整理，并对之进行了一定的删减，将部分明显为后世附会的内容进行分析排除，复原了13篇的本来面目。当然这也不可避免地造成了一些内容的散佚，同时也引起了一个有趣的误会，曾经有些学者还认为《孙子兵法》本为56篇，被曹操大刀阔斧地删减为了现存版本的13篇。

②在该版本的《孙子兵法》中有一篇名为《吴问》的文章，其内容如下：“吴王问孙子曰：‘六将军分守晋国之地，孰先亡？孰固成？’孙子曰：‘范、中行氏先亡。’‘孰为之次？’‘智氏为次。’‘孰为之次？’‘韩、魏为次。赵毋失其故法，晋国归焉。’”

③事实上，古今不少学者对孙武其人是否真实存在持怀疑态度，并对《孙子兵法》的真实作者是否为孙武也持怀疑态度。这一点我们将在下面的章节中有所介绍，并做出一个新的猜想。

氏、智氏三家的败亡顺序。为了给“赵氏代晋”制造舆论背景，又给出韩魏两家将随后败亡的预言。其实整个预言也从侧面反映出一个情况，晋国内部各个卿大夫家族虽有强弱之分，但是因为相互间的牵制关系，难以在短时间内完成对一家的灭亡。

为何会说赵氏是六卿中势力最强的一家？诸位读者可以回想一下，自下宫之难到三家分晋的180年间，赵氏经历过了三次堪称毁灭性的打击（分别为赵氏孤儿、晋阳之围、赵无恤死后的继承人内乱），但是赵氏还能与魏、韩两家并立建国，那么如果没有遭遇这些打击，赵氏必然会对韩、魏两家形成压倒性优势。其次，魏、韩、智三氏一齐兵围晋阳，如果是智氏最强，那么韩、魏两家必然不会与其合作：几国相争，中间国家的最佳选择向来只能是联合弱者共击强者，如若与强者合作去灭亡最弱者，事成之后再去找强者讨要好处，何异于“与虎谋皮”？弱者既灭，强者得到充实后，眼光必然瞄向次弱者。晋阳之围，韩、魏见智氏有取代赵氏成为至强的趋势，又见赵氏已被重创，才在张孟谈的游说下选择反戈一击。

事实上，晋国六卿家族，各家封地的这种你中有我、我中有你的局面，就是在晋国针对戎狄势力的扩张中逐渐形成的。单独一家无法做到独立出兵侵占一块新的土地，只能相互间寻找合作者一同出兵。当获得胜利后，出兵的家族必然要将战利品进行瓜分。同时，由于每次扩张只能选择单独的一个地理单元下手，因此就会出现同一个地理单元内几家势力都享有一块土地的情况。且每次出兵参与合作的各方并不固定，因此在晋国的每次扩张行动中能够获得新土地的家族也不尽相同，并进一步加剧了晋国内部领地破碎化的情况。

晋国的扩张，实际上也是国内诸卿士大夫家族为了获得新土地所主导实施的。晋国的强盛源于此，晋国最后的分裂也源于此。那么，为何齐国在田氏代齐后未出现分裂，而晋国会出现这样的分裂局面呢？除了上述原因外，还有一个重要因素发挥了作用：晋国的国土是由数个被山川分割而成、相互间独立性较强的地理单元所构成，而齐国内部却不存在这些能够将国土彻底分割的自然平衡线。因此，晋国针对戎狄势力的每次扩张行动往往规模不大，赵氏所希望的代晋之业最终也成为泡影，战国时，强盛的魏国也未能完成对三晋的重新整合。

▲ 青铜车马器

## 金有六齐

青铜合金的冶炼配方一直以来都是决定青铜器最终机械性能的关键因素。衡量某一文明在青铜器时代的金属冶炼水平，最直观的标准就是其对青铜合金配方的总结与掌握水平。我国东周时期著名的手工业工艺总结性文献《考工记》中记录了大量当时各种器物制造的工艺流程与生产规范，其中就有对不同器物所应采用青铜配方的记录，合称金“六齐”。

> 金有六齐：六分其金而锡居一，谓之钟鼎之齐；五分其金而锡居一，谓之斧斤之齐；四分其金而锡居一，谓之戈戟之齐；三分其金而锡居一，谓之大刃之齐；五分其金而锡居二，谓之削杀矢之齐；金一锡半，谓之鉴燧之齐。

▲青铜壶

不过关于“六齐”配方中的铜锡比例，存在两种不同的解读方式。以“六分其金，而锡居一”为例：第一种说法是，按照重量将青铜配方分成 6 份，六分之五是铜，另外六分之一是锡，即锡所占的比例为 16.67%。以此类推，斧钺一类器物青铜配方的含锡量为 20%，

▲青铜鼎

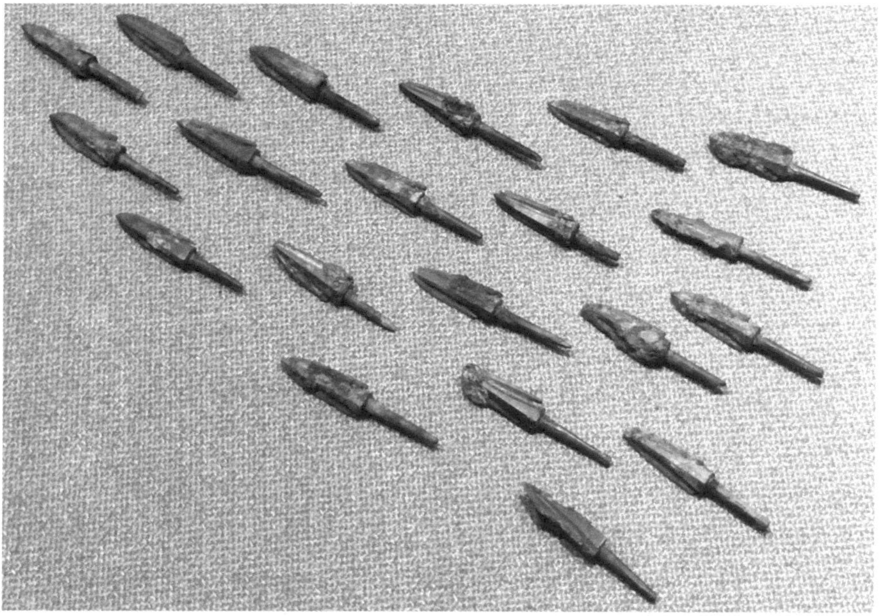

▲ 青铜镞

▲ 青铜剑

戈戟类青铜配方锡含量为 25%，大刃类（应该指青铜剑，或者双色复合剑的剑刃部位）青铜配方锡含量为 33.33%，箭镞、工具刀类青铜配方锡含量为 40%，铜镜的锡含量则占到了 50%。另一种解读方式认为“六分其金，而锡居一”一句应解读作 6 份铜当与 1 份锡配比，则其锡含量为 14.29%。以此类推，斧钺锡含量为 16.67%，戈戟锡含量为 20%，大刃锡含量为 25%，箭矢与小型工具刀锡含量为 28.57%，铜镜类锡含量为 33.33%。这样解读，青铜合金配方中的锡含量比前一种解读方式要低出很多。

值得注意的是，虽然我国古代经常有铅锡不分的情况存在，但是就东周而言，这种情况应该是不存在的。经过近千年青铜冶炼技术的发展，生产一线的工匠不可能分不清楚铅与锡这两种完全不同的金属之间的差异及其对青铜合金机械性能的影响。事实上，春秋之时中国古代工匠已经清楚地认识到铅、锡元素对青铜合金机械性能的影响，并能创造性地铸造出“双色复合剑”。后世铅锡不分的情况也基本只见于脱离生产的传统文人的著述中。

空谈无益，我们还是应该拿出土实物来进行对比。首先，我们可以对比一下各地出土的各个时期铸造的青铜箭镞其实际使用的合金配方中的含锡量。根据金相分析的结果显示：铜镞中锡含量最低为 2%，最高为 19%，且出现了时代越晚锡含量越高的现象——这可能与各国军队开始普及护甲有关，面对厚重的皮甲，需要加强箭镞的硬度以破甲。在战国晚期，列国青铜箭镞的锡含量多在 19% 左右，比两种“六齐”配方中所提出的比例都要低。另有一些偏离规律的样本存在，可能为铸造事故。

然后我们再看一下青铜剑的情况。国内的历史研究对出土兵器的金相分析与成分配比分析相对不够重视，现只能将部分已做过成分分析的样品数据罗列如下表：

**先秦青铜箭镞合金成分表（本表摘录自《中国古代金属冶炼和加工工程技术史》一书）**

| 出土地点 | 时代 | 铜含量（%） | 锡含量（%） | 铅含量（%） |
|---|---|---|---|---|
| 北京房山 | 西周 | 88.22 | 11.26 | — |
| 山东胶东 | 春秋 | 83.81 | 11.34 | 4.36 |
| 山东胶东 | 东周 | 70.24 | 13.33 | 12.59 |
| 山西洪洞 | 战国 | 73.39 | 17.70 | 6.67 |
| 湖南株洲 | 战国 | 76.72 | 18.23 | 4.10 |
| 湖北汉口 | 战国 | 77.60 | 18.61 | 3.15 |
| 云南江川 | 战国 | 83.40 | 14.45 | 1.33 |
| 四川涪陵 | 战国 | 84.00 | 14.29 | 1.51 |
| 四川绵竹 | 战国 | 82.59 | 15.47 | 1.71 |
| 秦俑坑 | 秦代 | 76.39 | 21.38 | 2.18 |

续表

| 出土地点 | 时代 | 铜含量（%） | 锡含量（%） | 铅含量（%） |
|---|---|---|---|---|
| 云南昆明 | 西汉 | 85.75 | 12.64 | 0.87 |

**先秦青铜剑所用合金成分表（本表摘录自《中国古代金属冶炼和加工工程技术史》一书）**

| 出土地点 | 时代 | 铜含量（%） | 锡含量（%） | 铅含量（%） |
|---|---|---|---|---|
| 山东蓬莱 | 西周 | 84.83 | 15.17 | — |
| 南京高淳 | 西周中晚期 | 75.4 | 19.09 | 4.65 |
| 洛阳北窑 | 西周早期 | 88.22 | 11.76 | — |
| 山东招远 | 春秋 | 85.619 | 10.917 | 3.405 |
| 山东招远 | 春秋 | 70.236 | 13.326 | 12.585 |
| 淅川下寺 | 春秋中晚期 | 78.14 | 21.43 | 1.15 |
| 河北望山楚墓（越王勾践剑） | 春秋晚期 | 80.3 | 18.8 | 0.4 |
| 广东罗定 | 战国早期 | 87.37 | 11.5 | 0.13 |
| 山西洪洞 | 东周 | 73.39 | 17.7 | 6.67 |
| 湖北鄂城 | 战国 | 78.672 | 18.361 | 2.966 |
| 湖北鄂城 | 战国 | 70.86 | 24.94 | 4.21 |
| 山东临淄 | 战国 | 78.432 | 16.566 | 5.001 |
| 湖北江陵 | 战国 | 62.023 | 18.956 | 11.407 |
| 湖北江陵 | 战国 | 75.453 | 18.674 | 5.872 |
| 湖北江陵 | 战国 | 82.786 | 17.039 | 0.173 |
| 湖南株洲 | 战国 | 76.72 | 18.23 | 4.1 |
| 湖南长沙 | 战国 | 78.38 | 14.981 | 1.479 |
| 新都马家 | 战国晚期 | 74.13 | 20.0 | 4.84 |
| 传世 | 战国 | 73.72 | 19.01 | 6.97 |

续表

| 出土地点 | 时代 | 铜含量（%） | 锡含量（%） | 铅含量（%） |
|---|---|---|---|---|
| 传世 | 战国 | 83.96 | 19.78 | 0.29 |
| 山东栖霞 | 战国 | 82.677 | 15.146 | 2.176 |

我们再对已知进行过金相成分分析的戈戟类长柄兵器情况进行整理，结果如下表：

**先秦青铜戈戟合金成分表（本表摘录自《先秦青铜戈戟研究》一文）**

| 出土地点 | 年代 | 铜含量（%） | 锡含量（%） | 铅含量（%） |
|---|---|---|---|---|
| 河南安阳殷墟妇好墓 | 商中期 | 86.04 | 12.13 | 0.69 |
| 河南殷墟 | 商后期 | 83.64 | 13.34 | 1.02 |
| 河南浚县 | 西周 | 82.72 | 13.61 | 0.78 |
| 河南洛阳 | 西周 | 82.17 | 7.50 | 0.10 |
| 河南洛阳 | 西周 | 78.5 | 10.70 | 0.08 |
| 陕西长安 | 西周 | 79.2 | 15.34 | 4.36 |
| 陕西宝鸡 | 西周早期 | 75.20 | 6.60 | 16.30 |
| 陕西宝鸡 | 西周 | 82.40 | 9.50 | 1.80 |
| 山西翼城 | 西周 | 72.54 | 12.56 | 0.15 |
| 北京房山 | 西周早期 | 84.93 | 14.86 | 0.20 |
| 河南淅川 | 春秋 | 78.56 | 14.62 | 1.93 |
| 山西临猗 | 春秋晚期（刃部） | 74.62 | 19.95 | 1.40 |
| 湖北江陵 | 春秋晚期 | 76.41 | 18.62 | 4.97 |
| 山西太原 | 战国早期（刃部） | 70.98 | 20.44 | 6.90 |
| 湖北荆门 | 战国中期 | 84.74 | 11.94 | 3.29 |

以上三表中如出现铜、锡、铅三种元素含量之和不足100%的情况，为其中另含有微量的铁、锌、铝、镍、铍等其他元素，此处不单独列出。锌元素对青铜合金能起到一定的有益影响，可提高铸造中的抗氧化能力，还能提高青铜合金的延展性与弹性。铁则为有害类元素，推测可能为冶炼工艺与提纯水平不足，或在埋藏期间从土壤中渗入。

根据出土实物的数据，我们可以很直观地发现一个有趣现象：《考工记》中所给出的“六齐”配方中的锡含量均明显过高。除部分东周时期的青铜戈外，各类实物样本中的锡含量均远远低于文中所给出的20%的标准。且东周出土青铜戈接近20%的含锡量基本由戈的刃部测出，而样本的胡部与内部（分别为青铜戈头不同部位的名称）的锡含量明显要少。造成这一情况的原因为：铸件的冷却过程中各个部位温度下降不均匀，导致锡元素发生冷析出现象，并非铸造者有意为之。因此铸造时真正的配方应采信兵器芯部的铜锡含量配比。通过图表，我们可以直观地看到，青铜戈矛所采用的青铜配方为含锡量10%~15%的铅锡青铜合金，其含锡量要远远低于考工记所提出的20%。

先秦青铜剑的样本中，即使是含锡量最高的一例也不过是24.94%，勉强达到了“三分其金而锡居一，谓之大刃之齐”（还是按低含锡量模式解读的配方比例来计）的最低标准，最低的则为14.987%。春秋战国时期的青铜剑样本中，含锡量基本都在16%~20%这一区间之内，以18%上下最为常见。

铸造铜镜也是同样的情况，就已做过金相分析的先秦铜镜而言，其锡含量为15.967%~25.18%，主要分布区间为18%~20%。曾有中国冶金史方面的研究者专门采用了《考工记》中提到的含锡量为33%的青铜配方实验铸造铜镜，结果发现，如此高的锡含量铸造出的毛坯根本无法进行进一步的精加工处理，一经砂轮打磨便有碎块崩落。如果铸造毛坯不经过粗磨、精磨等工序，根本无法形成平整的镜面，也就无法正常使用。唯一能与《考工记》中“六齐”配方相符的，只有钟鼎类礼乐器物了。

通过对各种器物实物的金相与成分的分析研究，我们可以得出这样一个结论：除去钟鼎类礼器所用青铜配方外，其他器物所提出的铜锡比配方中均存在锡含量过高的情况。从指导生产的角度而言，如果直接使用《考工记》中给出的合金配方，

▲青铜矛

▲青铜镜

将会造成灾难性的后果。出土实物也表明，当时的生产者并没有完全采用其记载的一系列青铜配方。

但是“六齐”配方中，钟鼎“铜六锡一”的配方却被真实使用。那么是否存在这样一种可能：现《考工记》流传版本的“六齐”配方是早期的传抄错误，或者是身为文官的编撰者因为脱离生产，对原始材料不理解而造成的记录错误。“金有六齐”，即6种常用青铜配方，因为第一个用于铸造礼器的配方为铜六锡一，文人编撰者为了行文的便利与对仗，便按照从6 ∶ 1依次等差递减，一直写到2 ∶ 1。工匠们所说的6个青铜配方因不利于行文，故而编纂者（或者抄录者）出于上述原因记下了错误的铜锡配比。

我们在对历史尤其是军事历史进行研究时，需要从文字材料出发，更要做到不被文字材料所束缚。就像对魏舒方阵的研究，杜预虽然在其对先秦军事的研究过程中为我们留下了很多重要的资料，但是由于对先秦军事情况不熟悉所产生的误解，也对后来者产生了较大的负面影响。[①] 在做任何历史研究是，我们都应该保持辩证的态度来看待前人的理论与成果，并将这些文字记载代入当时的军事环境中，再去解读史料中遇到的问题，方为正途。

魏舒在特殊的战场环境下，临时将战车部队改编成步兵方阵，虽然具有明显的临阵发挥意味，但可以肯定的是，晋国此时已经开始演练专门的独立步兵战术。至少在步兵两一级建制下，已经操练了甲士下车与步卒协同作战的基础步兵分队战术，否则晋军无法临战前完成这样一个全新的编组，并以这个首次出现的步兵军阵战胜了擅长步战的山戎部族。自此，新一轮军事技术革新的序幕拉开，步兵即将作为军队的骨干力量占据战争舞台的中心位置。

---

①杜预认为：魏舒方阵依旧以25人规模的步兵两为基本战斗单位，同时在步兵两之下以15 ∶ 10的比例混编重装步兵（原车上甲士）与轻装步兵（原车属步卒）。根据我们的推导，发现这一情况并不符合当时的军事现状。杜预做出这一推论很有可能与其亲身经历有关，在其指挥的三国末期曹魏、西晋军队的精锐部队中，或许常以15 ∶ 10的比例混编重步兵与轻步兵。这是杜预作为一名领兵的将领因个人知识结构因素做出的错误假想。

# 第四篇

战记 4

# 五战灭楚

## 疲楚

彗星袭月、苍鹰击于殿上，两位著名的刺客[①]用自己的生命在史书上写下浓墨重彩的一笔。

在人们感叹"吴人轻死易发"之际，吴王阖闾在伍子胥、伯嚭（伯州耕之孙）、孙武等外来人才的辅佐下，开始训练全新的军队。

鲁成公七年（楚共王七年，吴王寿梦二年，公元前 584 年），从晋国来的巫臣（原为楚臣，后叛逃至晋国）驾着中原人的战车访问了吴国，教会了吴人打仗应该讲究纪律、军阵。[②]更让原本不着重甲、不用长兵、只凭精湛的剑术捉对混战近身肉搏的吴国步兵学会了基本的步兵编制和集团战术。巫臣的到来，不但让吴国人第一次近距离接触到了在中原大地驰骋冲突的战车，更让自以为精通步战的吴国士卒们了解到此时东亚最先进的步兵战术是什么样子。

早在五千多年前，宁绍—太湖平原就曾孕育了高度发达的良渚文明，然而时间又过了两千多年，辉煌的良渚文明早已衰落。而我们也并没有在吴越两国身上找到多少良渚古国直系后裔的影子。吴越两国地处现在的江苏省南部与浙江省大部。这里的平原被纵横密布的河流水网与茂密繁盛的山林切割得支离破碎。因此，该地区的传统战术战法也与中原地区迥然不同，表现出了鲜明的地域特色。又因

---

①要离刺杀庆忌一事仅见于《吴越春秋》一书，《史记》《左传》中均未见此说法。另外，根据《左传》中的记载，庆忌也并非吴王僚之子，而是吴王夫差时期的大夫。庆忌因屡次进谏而忤逆吴王夫差之意，被夫差下令杀死，故要离刺杀庆忌一事存疑。提到了要离刺杀庆忌的《唐雎不辱使命》一文，其内容真实性也值得怀疑。从年龄来看，秦昭王时唐雎已年近九旬，那么秦王政（秦始皇）时唐雎恐怕已有 130 岁高龄，不太可能按文中给出的时间出使秦国，并与秦王政会面，学界也认为此文存在为抹黑秦王政而有意杜撰的可能性，但因缺乏更进一步的明确证据，故此处将如上观点列出，请各位读者自行判断。

②《左传》："巫臣请使于吴，晋侯许之。吴子寿梦说之，乃通吴于晋。以两之一卒适吴，舍偏两之一焉。与其射御，教吴乘车，教之战陈，教之叛楚。"春秋时大臣去他国出使，按惯例与礼仪不应该驾驶战车，但巫臣出使吴国的主要目的是作为军事顾问训练吴军掌握先进的战术模式，因此巫臣随行的仅有一辆战车和一两编制下的 25 名步兵。按常理，此时一乘战车建制下应该有附属双两或者三两，即 50 或 75 名步兵，但为了不引起敌国关注造成不必要的纠纷，巫臣有意减少了战车隶属步兵的配置，将之缩减到仅够演示乘建制下步兵基本攻守战术的人数。

▲印山越王墓

坐落于今浙江省绍兴市境内印山山顶的春秋越国大墓，相传为越王允常（勾践之父）的陵寝。据《越绝外传记地传第十》中记载：“木客大冢者，句践父允常冢也。初徙琅琊，使楼船卒二千八百人伐松柏以为桴，故曰木客。去县十五里。”是第一座被确认的越王陵墓（1998年完成初步发掘清理），墓室由加工规整的巨大枋木构筑，呈两面坡状。木棺置于中室，有一个巨型圆木制成的独木棺。坑底铺木炭，木椁外包140层树皮，树皮外夯木炭，墓坑内填青膏泥。

其地处南方远离当时的文明中心中原，所以在先秦时期生活于这一带的居民都被“诸夏”冠以“越人”的名号，与“北狄”“西戎”等族群并称。

根据考古发掘的证据表明，吴国最初的立国之地并非无锡梅里（太湖平原核心地区），早期（西周中前期）的吴国土墩式墓葬主要集中于江苏省西南部的宁镇丘陵地区。而同时期的太湖平原依然以越人的石室墓葬为主，未发现吴文化遗迹。因此可以推断，吴国早期的统治核心地区是今横山—宁镇的丘陵一带。春秋时期吴人灭奄国（东征时周公践奄，一部分奄人为躲避周人的铁拳南逃至太湖平原西部重新建立了奄国），将势力范围扩张至太湖平原，并将统治核心迁移到这片物产丰富的鱼米之乡。金文中“吴”“虞”二字相通，《史记》中记载虞国为吴国分支，周武王伐纣成功后，派人寻访太伯、仲庸兄弟后人，并将其中一支分封至虞，也就是以今天山西平陆地区为核心的虞国（即假道伐虢故事中被晋国先灭掉的那个国家），但是更多的考古证据与其他古籍文献却表明，吴太伯兄弟二人出奔的目的地实则为虞地，西周王朝建立后，其公室后裔的一支才迁移（被分封）至句吴地区建立了吴国。

商末周初，宁镇丘陵地区发生了一次突变的技术革新，有吴文化特点的陶器与原始瓷器进入繁盛期，青铜铸造技术出现飞跃式发展。基本可以确定，这一次技术革新的发生由外来输入所导致——来自中原的外来者带着先进的生产工具与技术到此定居。这一时期的吴国青铜器以模仿中原风格为主，到西周晚期开始出现其地方特色。春秋时期，吴人连灭奄、邗两国，统治了整个太湖平原地区。

春秋的吴越两国，主要的兵力来源是居住在山林中的越人。他们常年在江浙山水间上击飞禽、下逐走兽，入深山以猎犀兕，临渊则驭舟捕鱼，往往要竭尽全力才能求得一日温饱。这样的自然环境，培养出了野蛮彪悍、毫不畏死的越人山地步兵。因此其在民族性格上也被中原人形容为：“吴越之军皆好勇，故其民好用剑，轻死而易发。”和后世的山地步兵一样，他们腰佩短剑，手持盾牌和短矛、短戟，在峭壁边攀缘，在山间飞驰，在林地中隐匿身形，在江河之上以舟楫为车马。吴越之民虽然可以较容易地从大自然中获得犀牛皮、兕皮等制作护甲与盾牌的优质材料，且得益于发达的铸剑技术，吴越士兵拥有当时最锋利的宝剑，但是在这样的战场环境下（也有社会形态因素的制约），吴越军人并没有发展出类似古希腊人的重步兵方阵战术，而是采用了类似轻步兵的散兵线战术。

鲁宣公八年（楚庄王十三年，公元前601年），楚庄王东征群舒，威震百越，吴、越两国向楚国表示臣服。楚庄王去世后，申公巫臣叛逃晋国，即位的楚共王在子重、子反的建议下杀巫臣家人。巫臣建议晋景公联络吴王寿梦一同夹击楚国，并亲自出访吴国，向吴人教授中原先进的军事技术。

鲁襄公三年（楚共王二十一年，吴王寿梦十六年，公元前570年），楚国令尹子重率领部队攻打吴国。因为吴国特殊的山林战场环境，楚军一部特意进行了具有针对性的训练。战役初期，楚军进展比较顺利，攻克了鸠兹（今安徽芜湖），抵达吴国旧地衡山附近。子重派出邓廖率领精选的“组甲三百，被练三千”轻装进军，结果被吴军大败，连楚将邓廖本人也被吴人俘虏，最终只有组甲80人、被练300人狼狈逃回楚军营地。

这里的组甲与被练，有人认为是300名车上甲士与3000名隶属于兵车的步兵组成的一支战车部队，兵力为100乘。不过这种一乘兵车下配属甲士3人、步卒30人的编制方式已经是西周初年武王、召王时期的旧事了，楚军战车部队编制最大的特点就是步兵人数较中原国家军队更多，不太可能采用这种原始的编制方式。另外深入水网密布、山林纵横的吴地，仅以一支规模不大的战车部队前出，显然也是不正常的。此处的三千被练应该是以纯粹步战方式进行了专门针对性训练的步兵，即楚人的第一支独立步兵队伍；三百组甲则是配属给这3000人的各级军官与士官，其出身可能也是士一等的低级贵族。只可惜在擅长步战的吴军面前，楚国第一支被明文记载的专业步兵部队被击败了，而且还是在当面对战中被打得伤亡惨重狼狈而逃。

鲁襄公十三年（楚共王三十一年，公元前560年），楚共王去世，吴国趁丧伐楚。在楚将养由基的谏言下，楚军先以少量兵力诱敌，而后子庚的援军在预定地点设伏。双方战于庸浦（今安徽省无为县西南长江北岸），吴军大败，将军公子党被俘。吴军的战败让楚国人相信在面对吴人步兵时还是战车部队更有效，因而忽视了新一轮的军事变革。两次战役，鸠兹之战是因为不熟悉当地环境而被兵力占优的吴军击败，庸浦之战则“证明”了在国内作战楚军可以轻易击败对手。

总体而言，吴楚之间，面对楚国的强势，吴人只有在本土御敌中方能做到不败。

若是吴军这只“小老鼠”敢溜出自己的巢穴，必然会被楚军这只老猫一爪子拍死。双方在长江（长江下游河面宽广水流量大，可用渡口较少，且吴人还需逆流而上）沿岸已经形成了军事上的平衡，将称霸中原看作首要任务的楚国决策层得出结论：在吴楚边境保持守势是一种更好的选择，吞下吴越蛮夷之地后短时间内的获利尚不足以弥补出兵的消耗。如果在江东地区陷入与吴国的拉锯战，只能严重干扰到楚国与晋国的争霸战争——这也是晋国扶持吴国的目的所在，《清华简·系年》《左传》等文献也均持相同观点。为了应对晋国的伐谋之策，楚国也有样学样地扶持位于吴国身后的越国与之缠斗。从地缘上看，吴越之间缺乏明显的地理分割线：吴国主要占据了长三角一带的平原地区，越人则主要在浙江南部的山区活动。浙南地区虽有天目山、会稽山、四明山等诸多小山系，但这些小山系多为南北向延伸，其间又有钱塘江等水系沟通山区与平原地带，越人可以轻松地利用这些天然的道路对吴人统治区域进行袭扰。

按常理来说，吴人在解决身后的隐患之前，根本无法针对楚国进行大规模的军事行动，但是一个传奇人物为了实现复仇大业，却差一点帮助吴国完成了灭楚这项逆天壮举。父兄惨死在酷刑之下的伍子胥在昭关一夜白头，数年后他亲自带着 3 万吴军一举攻破楚都郢城。那么伍子胥到底有何能耐，竟凭一人之力让吴国在尚未解决后患的情况下，差点吞并庞大的楚国，并在失利之后再次扶助吴国跻身春秋霸主之列？

要解释这一系列问题，不如先让我们来看看伍子胥流亡至吴国的路线。

自楚国逃亡后，伍子胥首先北上宋、郑两国，向此时楚国最大的敌人——晋国寻求支持。春秋时有句俗语叫作“楚虽有才，晋实用之”，想要复仇，最佳的选择莫过于去寻求仇人最大的敌人的协助。但此时的晋国却不愿与楚国发生大规模正面冲突。伍子胥只能退而求其次，选择了吴国作为实现其复仇之愿的载体，因此伍子胥自淮泗之地（今江苏北部及山东南部）再次南下。但是在进入吴国之前，伍子胥遇到了一件令他绝望的事情：长江即将入海的这片江面因过于宽阔且沿岸人烟稀少根本没有渡口，如果想进入吴国，只能先折回楚地，再东渡长江入吴。

吴楚之间为广阔的长江中下游平原地区，双方以长江为界。在我们现在看来，横渡长江是一件极为轻松的事情，即便是在跨度最长的跨江大桥上开车也不过十来分钟的路程。但在两千多年前，长江之上的渡口不仅稀少（数量远少于黄河上的渡口），且楚国为了抓捕伍子胥必然要封闭各处渡口张网以待，尤其是处于楚国东部统治区要害地域的长江中游与淮河之上的各处渡口。那么他应该如何逃出生天呢？答案的关键点就在著名的昭关。昭关位于今安徽省马鞍山市含山县之西的黄鹰山与斗山之间，出昭关有长江上的渔邱渡与乌江渡（此处还是几百年后西楚霸王项羽的绝命之地）。伍子胥渡江后便进入了江南丘陵地带，这里还是当年楚国伐吴三千练甲的葬身之处，再有数天路程就能进入吴国核心统治区了。

逃亡之路不但给伍子胥留下了满头白发，还让伍子胥发现了另外一条可以用于进攻楚国的行军路线。一直以来，每次吴国进攻楚国走的几乎都是同一条路线：在今芜湖至镇江一线西渡长江后，于江淮一带与楚军交战。吴军因为缺乏马匹车辆，不但无法组建战车部队，军队的后勤补给同样也只能依靠人的肩膀与双腿。吴国水师一直不能击败楚国水师，又导致其无法充分利用长江水路。这样一来，吴国步兵在平原上的机动能力远不如楚军。就算吴人可以在江淮南部站住脚，面前也还有大别山阻挡着吴人进一步前进的脚步。伍子胥在流亡时发现楚国豫章地区（泛指长江以北、大别山之东的一片区域）以北的淮河水流速度平缓，河面宽度也较窄，适于行船以支持军队的长途行军。

地处江海之畔且文明程度较高的吴国人很早就掌握了近海航船的技术，吴王夫差时甚至还尝试跨海远征齐国。伍子胥计划：吴国精锐大军在姑苏登船，自长江口东出，由海路北上入淮河，西进绕过大别山区，后在信阳一带下船，利用枣（阳）—随（州）通道直插楚国腹地的江汉平原。不过这个计划的成功有赖于两个前提：一、江淮地区楚军在吴军沿淮河西进时无力骚扰；二、分化瓦解位于江淮与淮北地区的楚国盟友，使之不会成为伐楚进军道路上的阻碍。为此吴王阖闾与伍子胥共同制定了“疲楚”之计。在接下来的几年中，吴人每年都派出部队沿用旧时的进军路线，西渡长江袭扰楚国在江淮与淮北之地的东部领土。鲁昭公三十一年（楚昭王五年，吴王阖闾四年，公元前 511 年），吴军重点攻击了夷（今安徽亳县东南）、六（今安徽省西部的六安市东北）、潜（今安徽省六安市霍山县南）这几座军事重镇。楚左司马戌闻讯率军前来救援，然而未等楚国大军赶到，吴军便撤回江东去了。

同年，吴军随即出动另一支部队，一举围困了楚国的弦城（在今河南省息县南），结果还是一样：楚军行军才至半道，吴军立刻撤回到安全地带。这样做既可以让楚国东境的军队疲于应对，大量的物资被消耗，且遭到吴军袭扰的地区一时半会儿也无法恢复生气，而成为楚国的负担；同时，如此频繁的袭扰又在楚人意识中制造了这样一个思维陷阱：吴人只会在江淮之地与楚国继续打拉锯战，而且现在吴人变得胆小了，楚军未至就仓皇而逃。吴军的军事骚扰虽然比旧时更加频繁，但是这种行为却不能给楚国核心统治区造成实质性的威胁，久而久之，楚人对吴军频繁的袭扰行动产生了免疫。伍子胥的第一个目标就此达成。

▲ 伍子胥画像

研究古代军事，首先需要深刻地认识到战场上的战斗其实仅仅是一种表象，最终决定战争胜负的根本性因素还是隐藏在史册背后的地缘政治因素与当时军队的后勤补给模式。很多时候，前者还是后者的约束性条件，但是在有些时候，战略决策者为了解决后勤的问题，会使用各种手段对自身所处的地缘结构进行改善。作为一个一流的战略家，伍子胥出仕吴国后，为了实现“疲楚”之策，主导开凿了一条被称作“胥溪”的运河，沟通了今安徽省芜湖市至太湖平原之间的这片区域。鉴于江南之地多水系，当时生产力也不发达，“胥溪”在实际开凿过程中应当充分利用了天然河道，仅开挖了一些较短的人工河道将原有自然河流沟通为一体。自此吴国在江东丘陵与太湖流域核心区之间的联系被大大加强，吴军可以一路利用“胥溪”运兵至芜湖附近渡江，更加快捷地对楚国东境展开袭扰战。伍子胥奔吴之前，吴国从未在渡江伐楚的行动上获得过胜利，而开凿“胥溪”之后长江天堑逐渐被吴国人改造为了通途。

破楚之后，为了沟通太湖与杭州湾区域，伍子胥又主持开挖了“胥浦”，吴国对太湖以南地区的控制能力大大提高了。同时吴军面对越人袭扰时的反应速度也得到了极大的提升，这样吴国可以减少驻防于国土南部的守备兵力，而将更多资源投入机动部队的建设。利用水运对吴国内部各地理单元完成一定程度的整合后，伍子胥可以正式开启自己的复仇大业了。

### 柏举之战

前文中我们提到，伍子胥为最终击破楚国设计了一条全新的进军道路。利用更加便利的淮河水运绕过大别山区的地理阻碍，直接袭击楚人位于江汉平原的核心腹地。但是又有一个新问题摆在了吴王阖闾与伍子胥的面前：此时淮河中下游沿岸尚存在两个亲楚的国家——徐国与钟离国（在今安徽省凤阳一带），若吴军在利用淮河深入时这两个国家突然发难，则吴军必成无本之木。

鲁昭公三十年（吴王阖闾三年，公元前 512 年）十二月，吴王阖闾以钟离、徐两国窝藏自己政敌——吴王僚的两位胞弟掩余、烛庸，并协助其逃亡楚国为名，发兵突袭两国。钟离国君主被俘，随后吴军继续进兵攻灭徐国。吴王阖闾被两次轻而易举的胜利所鼓舞，认为现在就可以发起伐楚大战，但伍子胥分析了两国此时的实力对比后，劝说吴王先行“疲楚”之计，待彻底削弱了江淮地区楚国驻军的实力之后，方可举兵伐楚。

鲁定公二年（楚昭王八年，吴王阖闾七年，公元前 508 年）秋，击破江淮楚军的机会终于来了。桐地（今安徽省安庆市桐城一带，为群舒小国之一，被楚所灭）反楚自立，吴王阖闾听闻后与伍子胥定计：派出一名出身舒鸠氏方国（今安徽省六安市舒城县，与桐同属群舒族群之一）贵族的间谍，伪装成舒鸠的使者，向楚人宣称舒鸠氏将出兵帮助楚国平叛，并请求楚国令尹囊瓦自豫章地区出兵以威慑吴国，这样舒鸠氏的军队便能安心出兵平定桐地的叛乱，而不必担心吴军出击干扰其行动。

实际上吴军早已秘密渡过长江，并在巢地（今安徽巢湖市西北）一带隐蔽待机。同时伍子胥在豫章地区南部故布疑阵，让楚军以为吴军想要威胁舒鸠军队，干扰其平叛作战。楚军于是南向舒鸠移师。这时吴军忽然越过巢湖到达舒鸠之北，出现在楚军身后。经过一番激战后，楚军战败。吴军在回师途中顺手攻陷巢邑，俘虏了楚国的巢邑大夫公子繁。

▲国宝吴王光鉴
1955年出土于寿县西门蔡侯墓中，为吴王阖闾为其女叔姬陪嫁媵器，因铭文中作器者为吴王光而得名。器高35厘米，上口直径59厘米，鉴内有52字铭文。吴王光即吴王阖闾，即位前被称作公子光。其名“光”应为对吴语原词的意译，而阖闾、阖卢、盖卢等则为其名吴语发音以中原文字记录的音译。

这一仗让楚军在江淮地区的军队遭受了较大的打击，使得当地楚军（以当地楚人贵族私兵为主）普遍在心理上对吴军产生了“厌难”“畏难”情绪，见吴军前来，都抱着自扫门前雪的态度。反正吴人就是来骚扰的，我只要坚守好自己的城邑就好了，剩下的问题就让王族的军队来解决吧。让楚人庆幸的是，此战之后吴人稍微消停了两年，袭扰东楚的力量变弱，似乎吴军的损失也不小，回去养伤了。

两年后（公元前506年）蔡国背离楚国，并向晋国求助。然而此时正处于衰落期的晋国虽在召陵召开了盟会，但没有做出任何实质上的援蔡举动。为了应对楚国的报复，蔡侯派出质子向吴国求援。吴王阖闾等的就是这个机会。蔡国地处今河南省上蔡县，其控制区包含了伍子胥伐楚计划中的最重要交通节点——淮汭。按照计划，吴军溯淮水西进，并将在此地下船，而后突击楚国腹心。

当年秋，吴军终于迎来了他们最辉煌的第一战。就如同伍子胥所预想的那样，吴国舟师载着大军从淮河入海口转向西后，穿过了徐国与钟离国故地，一路上风平浪静。为了能成功穿越楚国东境，吴军采取了水陆并进的方式。在舟师出海到达淮南后，一部分部队下船，假装要再次骚扰江淮楚地，大张旗鼓地沿淮河南岸西进，各地楚军见状均闭门不出。就这样，走陆路的吴军偏师成功掩护舟师主力一路隐蔽西进，直到在淮汭登陆与蔡、唐（也已叛楚）两国军队会合。

江汉平原之北与东有伏牛山、桐柏山与大别山为屏障，其中伏牛山与桐柏山之间的缝隙较宽大，楚国特意营建了方城以为屏障。昔齐桓公欲伐楚，使管仲问罪于楚，楚大夫屈完则不卑不亢地回复：若诸侯以武力征伐，则楚国以方城为城、汉水为堑壕以抗中原之师。可见楚人对方城壁垒军事地位的重视，以及对其牢固

▲吴文化早期的土墩式墓葬

性的自信。而桐柏山与大别山之间的通道则因存在大隧、直辕、冥厄三个险要的天然隘口而历来被楚人所忽视，曾作为楚太子重臣的伍子胥自然清楚这条通道对步兵部队（步兵对地形的适应能力远强于战车，故楚国方面完全没有预料到吴军主力会利用该条道路深入楚国腹地）的重要意义。这时位于通道另一头桐柏山之南的唐国（在今湖北省枣阳市一带，事后楚国为了报复灭国之恨与加强国土安全，出兵攻灭了唐国）背楚，让这条通道变得更加畅通起来。随后吴军迅速南下，在汉水之东与楚国大军对峙。

楚国左司马戌对令尹子常（囊瓦）谏言："现在吴军舍船上岸，那么其背后一定空虚。末将可率一支部队，自北境东出淮水至对方登陆点，袭击对方停留于淮汭的舟师与后勤基地。如果我军能尽焚其随军物资，就可摧毁吴军的战斗意志。然后末将再率军尾随吴军，封堵其北面的大隧、直辕、冥厄三处隘口。吴军南有大江，东为大别山区，这时令尹大人则率领驻防在汉水之西的部队从正面出击，那吴军就是瓮中之鳖了。"囊瓦最初接受了这一建议，并让其立刻去北部召集军队，但最终囊瓦在部下的怂恿下主动渡汉水攻击吴军。

在囊瓦看来，吴军无足挂齿，根本用不着采用分兵两面合围如此费时费力的策略来应对，自己集中兵力渡汉水从正面就能打垮吴军，将其赶回老家去。吴军也担心楚军去袭击自己设立在淮汭的后勤基地，于是伪退以吸引楚军全军东渡汉水。这也是伍子胥给楚军设下的一个陷阱：吴军并没有沿原路后撤，而是选择了一路向东，沿着云梦大泽的北缘向大别山区方向退却。楚国令尹囊瓦见此大喜：吴人竟然慌不择路地向绝地逃窜，这真是天助我也！在春秋时期，大别山区因为地形复杂、人烟罕至，被世人视作绝境，楚国江淮之地与江汉平原的联系主要依靠淮河与长江。最终吴军在柏举（今湖北省麻城市附近）止步，并摆开步兵大阵准备迎击楚军。

面对这个类似于江东丘陵的山林战场，吴军步兵们生出了几分熟悉感。吴国步兵在江东丘陵地带打败过各式各样的楚军，其中还包括楚人仿照吴军式样特意编练的专业步兵部队。十一月庚午日双方摆开阵仗，吴国公子夫概率领 5000 名士兵为前锋，直接发起了迅猛的冲锋。楚国战车在山林中无法提高行进速度发起冲击，因而失去了最大的优势，被吴军步兵方阵所淹没。

柏举之战楚国大败，楚军沿着之前的追击路线向西奔逃。令尹子常自觉如果和大军一起行动必然无法逃脱，于是丢下大军，在自己的家族私兵的保护之下逃亡到了郑国。吴军一路追击楚军，楚军跑到汉水支流涢水准备渡河时，吴军第一次施展出了“半渡而击”的战术——这也是《孙子兵法》中所提到的经典战法之一。利用这一战术，吴军从败退的楚军身上狠狠地撕咬下一块肉。吴军控制追击节奏有意保持着距离，如果逼迫得太紧，很容易让楚军生出决死之心转身与吴军再次死战。吴军故意与楚军之间保持着半日的路程，只要楚军停下脚步有重新整顿秩序的举动，吴军就加快脚步发起一次攻击；若楚军一味逃命，则尾随其后专挑掉队的小股楚军下手，以削弱对方的总体实力，保持压力迫使敌人在惊恐中逐渐失去战斗力。同样的战术，我们在狼群捕猎时也能看到。就这样，经过了 5 次战斗之后，江汉地区楚军彻底逃散或被歼，吴军成功地踏入了郢都的大门。

后来，在秦师的帮助下，楚国成功复国，但其核心统治区江汉平原被吴人破坏得太过严重，楚国因此进入了一个全面防守的战略收缩期。但从地缘上看，吴国不可能跨过江淮与大别山区的巨大阻碍来统治更加广阔的江汉平原。吴王与伍子胥自然也都明白这一点。因此我们也可以推断：吴王阖闾任用伍子胥击破楚国，

▲虎丘剑池

相传此地为吴王阖闾之墓，吴人以3000柄剑器为王陪葬。“剑池”两字相传是王羲之亲笔，但据考证实为元代周伯琦所书。历史上曾有不少名人想寻找吴王阖闾之墓，让传说中的3000柄吴越宝剑重现人间，但均以失败告终，因此有人认为虎丘剑池与吴王阖闾之墓并无关联。1955年，在科考人员的倡导下，苏州市政府组织力量对虎丘剑池进行了深入的考察。将池水抽干后，人们在接近池底的位置发现了一个长约10米的三角形石洞，石洞尽头用3块长宽均1米的大型石板遮挡。随后因为某些原因，考察活动被叫停。不过就现有的考察结果来看，剑池之下确实埋藏着一个隐秘所在，剑池也是为了阻挡外来者才特意人工开凿而成的。

最根本的目的还是夺取大别山以东江淮一带的控制权。当楚国被迫采取战略收缩后，吴国就可以比较轻松地蚕食楚国在江淮一带的土地。因此在与秦楚联军对阵失利后，吴军很果断地撤出了江汉平原。且因掌握了战略主动权，吴军并未折损太多兵力。当然，这也与秦军有意放水不无关系：秦军自武关之道进入南阳盆地后，完全可以由方城之道自淮北东出至淮汭，封堵吴人后撤的道路，形成关门打狗之势，但秦军却直接进入江汉平原故意与吴人“顶牛”，之后才与吴军在方城一线交战，有意无意地促成了吴军的主动后撤，进而实现了“复楚”的目标。

然而意外情况还是发生了，就在吴军破郢的次年，蠢蠢欲动的越人在越王允

▲ 国宝吴王夫差盉

常带领下，趁吴军远征国内空虚之机再次袭扰吴国。更令阖闾始料未及的是，先一步秘密回国的公子夫概竟然自立为吴王，举兵叛乱。

在完成平叛后，吴王阖闾再次将主要的矛头对准身后的越人，结果连续数年转战千里的吴军疲惫之师在槜李被初战不利的越王勾践以奇特的战术击败。阖闾本人在战斗中负伤，并于撤退的路上撒手人寰。史料记载：吴王阖闾的脚趾（或腿）被越将灵姑浮以戈伤，还丢下了一只鞋。可以推测，灵姑浮率越人步兵突击至吴王阖闾战车之侧，将立于战车之上的阖闾击伤。可见当时吴军已秩序大乱，导致最高统帅被袭。

即吴王位的夫差在夫椒之战中击破越国，接受了越王勾践的投降后，北望中原，将吴国的霸业推到了最高峰。当然，世人一直诟病，吴王夫差因没有杀死勾践彻底吞并越国，最终导致身死国灭。然而夫差非不愿，实为不能尔：从族源上看，虽然吴越两国分别号称为周太伯与大禹子孙，但除去吴国上层的一部分人（保持一定的中原文化，并号称是周太伯的姬姓直系后裔），实际上两国民众均属同一类大族群——越人。吴国必须利用自身的文化优势来同化更多的诸越之民才能夯实自己的“基本盘”。若杀掉已向吴王称臣，并公开表示愿为吴王代行统领越人之责的勾践，则等同于公开宣称吴国上层对广大越人族群并不信任，同化政策也就成为无根之木。其次，越人多居于浙闽山地丘陵之中，该地与吴国统治区之间并没有明显的地理分割。如果没有一个为大部分越人所拥戴的首领与吴国合作，那么吴国的精力将被彻底牵制在宁绍平原一带，而无力北顾——这与夫差的战略规划完全相悖。杀掉勾践后越人固然会成为一盘散沙——事实上，越国更像是由部族联盟逐渐迈入城邦国家阶段的一个过渡体，而非吴国这种已经建立起完整行政体系的春秋国家，在吴人统治的刺激下，勾践以卧薪尝胆的苦心，才将之经营为一个基本意义上的国家——然而吴越间混杂相处的地缘关系将导致吴国根本无法在短短几十年的时间内完成对一个四分五裂的越地的整合。

用怀柔手段对待已被击败的同族源对手，并加以同化，从策略上看是一个更加正确的选择。更何况吴国太宰伍子胥还给这条政策增加了一根保险丝，特意主导开通了“胥浦”以加强吴越南北间的联系，将一把利剑抵在勾践胸前——结果这条运河最终却成了勾践反攻吴国的有力保障——因此吴王夫差才接受了勾践的归顺，并归还了一些位于杭州湾以北的越人旧地以示和解。但是夫差因未能看清勾践其人而养虎为患，最终王图霸业回首成空。

## 艾陵之战

黄池之会上，生性好大喜功的夫差给后世的我们创造了“如火如荼”这一成语：吴王夫差遴选精锐 3 万人，列为 3 个均由 1 万名精锐士兵组成的巨大的步兵夫差其人好大喜功，干过许多“荒唐”的事情，譬如向鲁国索要“具百牢”的国礼。了解先秦历史的读者都知道，祭祀中，以猪牛羊各一为太牢。鲁哀公七年（公元前448年），吴鲁鄫城之会，鲁国最初按照周礼标准奉上七牢以招待吴王夫差。但生性好大喜功的夫差觉得七牢的待遇不足以匹配自己的霸主身份，于是派出使者向鲁国索要一百牢的国礼。作为弱势的一方，鲁国只得答应吴国的要求，并奉上百牢。其实，在此之前夫差已经向宋国索取了百牢，而宋国直接答应了。按照周礼：天子礼十二牢，上公礼九牢，诸侯诸伯礼七牢，诸子诸男礼五牢。夫差的超规格要求在鲁国那些老学究看来可谓离经叛道，然而形势所迫也只得照办。实际上，春秋之时牢礼之法已经被多次打破过，晋国卿士范鞅在鲁昭公二十四年（公元前528年）出访鲁国时就已享用过超出标准的十一牢宴请待遇。夫差也是基于此先例，加上自身好大喜功的心理需求，才提出索要“百牢”国礼这样过分的要求。夫差这种好大喜功的性格在之后将表现得更加突出，比如黄池之会，又比如在勾践的怂恿下开挖邗沟、大建宫室。可以说，吴国就是败亡于夫差这种不顾现实的显摆心理——吴国的国力根本不足以支持争霸中原，夫差却在后患未除之时便透支国力争夺霸主之位。或许鲁国的老学究们也是看到了这一点，才有夫差必定败亡的论断。

方阵。中军打着白色底的军旗，所有士兵持带有白色装饰的兵器，穿白衣，护甲也染成了白色（也可能是使用白色绳索来串联甲片编缀的甲胄），头盔上还插着白色鸟羽作为装饰，望之如荼（开满白色花的茅草地）。左军则全部都是红色装束，望之如火。右军全部黑色装束，望之如墨。为了增强这场名为“如火如荼”的视觉盛宴的冲击力，大戏的“总导演”吴王夫差命令吴国步兵列出了前所未有的万人巨型方阵，以震慑中原诸侯。夫差在黄池会上显示吴国强大的军力的举动，事实上还是一次以晋军为假想敌的实战演习。

《国语·吴语》中记载，夫差在前一天的傍晚下达行动命令，夜晚军队做好了开拔前的准备工作：全军将士饱餐一顿，给战马加餐；士兵们全副武装，并相互检查装备是否有问题；给战马戴好马具，做静音处理（也就是后世军中常见的“人衔枚，马去铃”的操作）；最后熄灭营中篝火及炊灶火，全军依次拔营出发。夜色中，吴军主力在已经事先完成侦查作业的斥候的带领下迅速行军，天蒙蒙亮时到达晋军驻地附近。在距离晋军营地1里（春秋1里大概为415米，这基本就是步兵将要发动进攻的距离了）时，安静地将行军队列转变为威严的检阅阵形展开（关于这一点，我们将在下面的内容中进行详细论述）。当然，若吴军真的打算发动突袭，会直接排出进攻阵形。不过慌乱中的晋国士卒们可认不出吴军的进攻阵形与检阅阵形之间的差异，只会被吴军强盛的军容所震慑。吴军完成列阵后，夫差一声令下，吴军军旗招展，鼓号齐鸣，士兵们高声呐喊，响声惊天动地。晨曦中吴军红、白、黑三个巨型步兵方阵展现在晋军眼前。如果是实战的话，还没睡醒的晋军士卒们要面临的可能就是吴国步兵手中的长矛和锋利短剑了。面对这些不按常理出牌的吴国蛮子，晋军被吓得不敢出营，生怕下一刻对方就攻进营地，不得已答应了夫差在会盟中提出的要求。

如火如荼的典故同时也是史书上明确记载的关于全国范围内所有军队统一制式着装、统一装备的最早记录。要实现这一要求，需要在军制上做出一定程度的改革。春秋时代的军队，实质上是各封地领主在接到国君或者高级领主下达的总动员令后，各自完成动员并赶到约定地点集结，而后合并到一起成军。最低一级的城邑大夫接到命令后，通知城内所有贵族成员，每家须出兵车若干乘。各家自行为准备参战的子弟准备好武装，即为战车配属上满足相应编制数量的甲士。然后所有贵族一起召集国人，并配发兵器装备，将国人步卒按照兵车所需附属兵力配置到每乘的编制下。这样的军队，装备情况比较复杂，无论是甲士还是步卒都需要自备服装，这一情况到了秦统一战争时依然没有改变（云梦出土的秦代木牍家书中就有直观的反应：前线的士兵需要写信，向家里索要成衣或制作衣服的布料）。

兵器的情况则要看封主领地中工匠们的金属冶炼及加工水平（关键约束性条件）。当然，战场会自然地选择最合适的兵器形制，各国在交流中也会相互模仿、学习，所以同一文明圈内兵器的样式基本是相同的，具体尺寸上也趋同。当然，

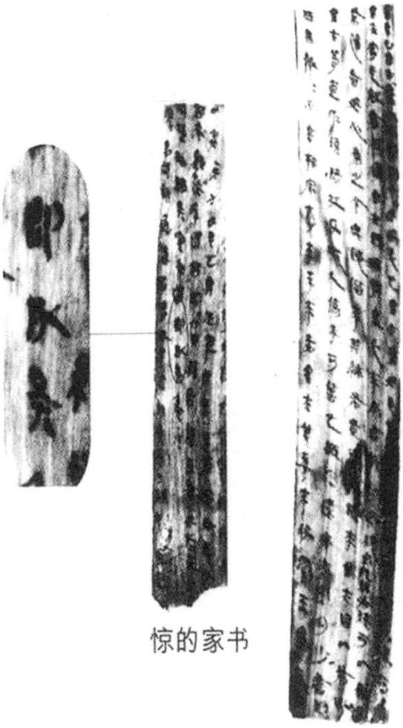


▲秦代家书木牍

比较富裕的地方使用的兵器制作工艺更加精良，使用的金属配方更好，冶炼纯度更高，装备金属兵器的比例也会更高。

盔甲也是如此，盔甲相对兵器来说要昂贵得多，防护面积越大、越精致的盔甲，也就需要消耗越多的材料与工时。甲士们需要装备的优质护甲，如果其家境不够好，那么一套盔甲可能会一代代传下去，继续使用；如果财大气粗，一代人用完之后，会把自己的盔甲全部陪葬（比如著名的曾侯乙，其墓中就随葬了上百套优质盔甲），然后下一代人再置办全新的整套装备。步卒们的装备情况就更加复杂了，可能是自备的，也可能是家族或者城邑统一准备的；可能是全新的，也可能是使用多年的旧货，没准还可能是参加牧野之战的先祖们留下来的存货。

出于这样或那样的原因，士卒们的服装色彩和盔甲样式很难做到完全统一。士兵们在战场上最佳的辨识手段只能是依靠各自图案不同的“徽章”和旗帜了。每个城邑或每一家都有自己的“章”①，将章画在旗帜上，再将旗帜插在战车上，这样就可以辨识敌我。步卒列队时也打着旗帜跟着自己的战车，战斗中只要不认错旗帜，就能找到自己的建制。所有步卒、甲士胸前和背后都带着“章”，这样来

① 曾侯乙墓出土的数套盔甲的胸甲正中部位的甲片上都有用红色丝线编缀出的一个“五”字图样。从实用的角度来看，这一构造显然并不能起到串联甲片或者提高防御效果的作用。这个图案应当就是士卒们用来辨识敌我、区分所属部队的“章”。现代的各种复原画作中只要出现东周时期甲士，画手经常不假思索地画出这个“五”字章纹，实质是对该图案的误解，忽略了其本质为徽章的事实。

自同一家（不是现代意义的小家，是类似后世宗族的大家，有时候一家的势力会不止一个城邑）或者同一个城邑的士卒门就能清楚地辨认出自己的战友。但是“章”还是不便于在交战中进行快速辨识，这时候就需要给士兵们再佩戴上更为显著的“徽”——通常是挂在肩膀上的类似一束羽毛的装饰物（出土的先秦青铜器、漆器上，常见的攻战图画中反映的士兵形象就是如此），好提高混战中的敌我辨识效率。

吴国这种同一制式着装是当时最先进的军事制度之一。如此，士兵们便可轻松地辨识敌我。而且统一、整洁的服装又能够在视觉上震慑住对手，让敌兵产生出一种如临山岳之感，从而士气受阻；己方的士兵则会自然而然地产生出一种认同感与自豪感，士气得到提振。当然，以吴国当时的财力状况，可能仅有吴王夫差本人的直属中军才能享受统一着装的待遇，这样做也可能仅仅是出于其本人好大喜功的心理。

但是实现全军统一规范着装的成本也非常高，根据现存的汉代竹简（这也是现在能找到的最早的关于物价较为详细的记录）来看，两汉时期制作一件布袍的成本至少需千钱，而与之相比，一石粮食的售价（较稳定时期）也不过百钱左右，这还是在社会生产力相对发达的汉代。在春秋时期的吴国，印染为鲜艳色彩的成衣的价格只会更高。当然布匹的价格较成衣要便宜许多，官府可以给士兵配发固定颜色的布匹，让军队的家属来为士兵制作成衣以节约成本。但无论采取哪种模式来统一士兵的着装，成本都是比较高的，更何况被服还属于日用消耗品。

夫差麾下的吴军是什么样的军制？我们还是要回到《国语·吴语》中去寻找答案：黄池会上的吴军万人巨型步兵方阵，纵横都是100人。其中每横排的100人为同一编制，由一名“官师”来统领，在这层建制上，以其长官官师手中的铎为军令的发令标识；每十排即1000人设大夫一人进行统一指挥，这层建制树有一面旌旗[①]为标志，该级指挥官也配备了所需的指挥用旗鼓；每十“旌”即一个万人

①此处不应该理解为千人规模单位才设立军旗，而应当理解为该规模建制有一面特殊的军旗。冷兵器时代的任何军队都不可能直到千人规模的建制才会有军旗，至少应该在百人规模编制单位上就有自己的军旗，但这面军旗比较小，不能让统帅清晰地辨认出来，只能供上一级的军官（即文中提到的“大夫”）来进行辨识。千人编制单位有一面特制的大军旗，这一面军旗制作得足够大，可以让全军统帅清楚地看到。换言之，战地最高统帅的战役指令，最低可以直接下达到这一级建制。

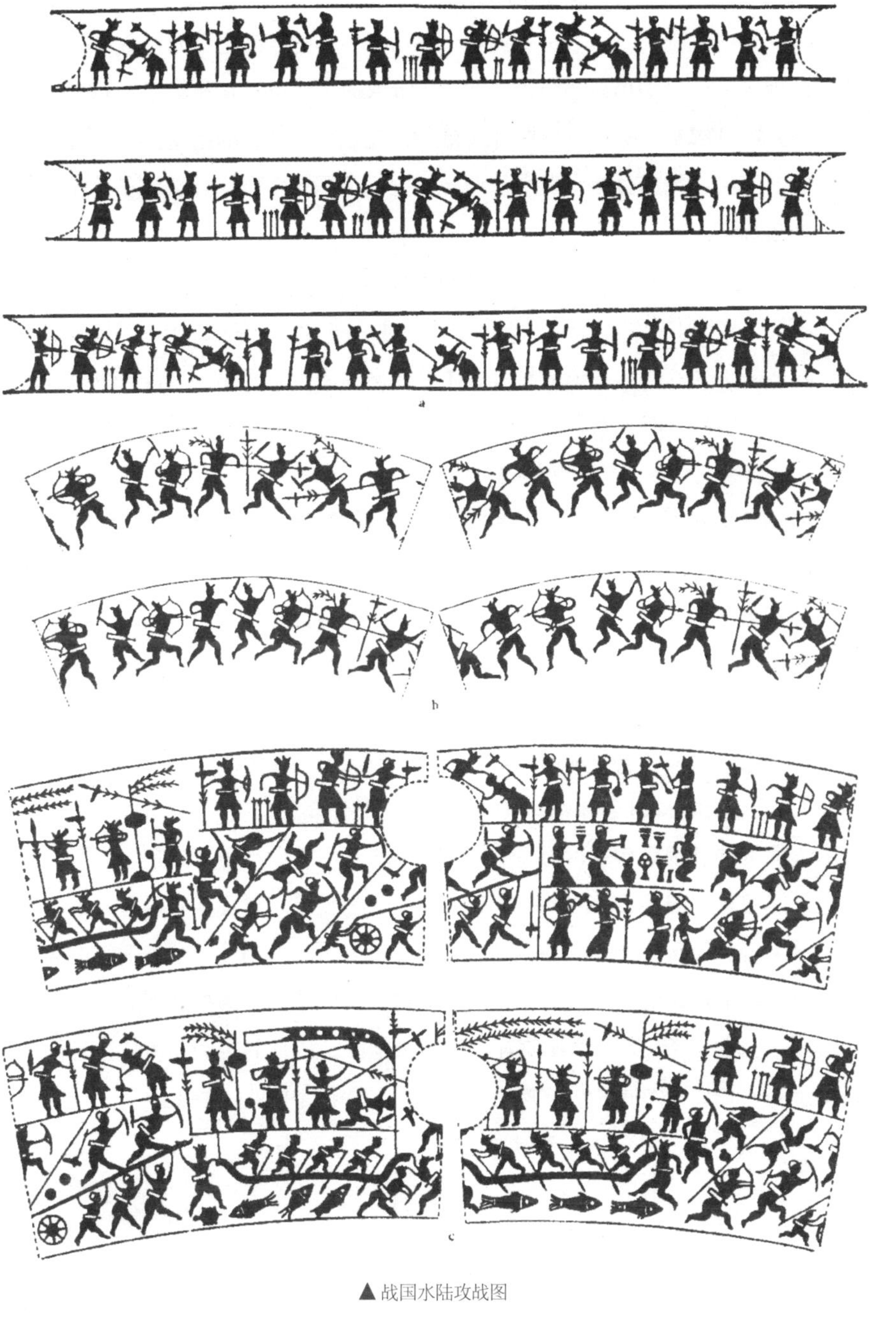


▲战国水陆攻战图

方阵设一名“将军”[1]，建一面将旗，拥有独立的旗鼓指挥建制。其中各级编制使用的旗帜具体形制不同，各级指挥官手上用以指挥的旗鼓也不同。这样指挥官就能很好地区分各级别单位的位置；士兵在听取命令时可以从旗帜形制和金鼓音色的不同来区分出是本队直属指挥官的指令，还是更上一级的指令。可以说国家统一建制的军队已经在吴国出现了，而此时天下诸国还多是那种贵族私兵联军式军队，两者高下立判。

为北上争霸攻伐，夫差首先尝试利用舟师从海上对齐国发起了进攻。鲁哀公十年（吴王夫差十一年，齐悼公四年，公元前 485 年），齐侯阳生（齐悼公）为大夫鲍牧所弑，吴人以为齐悼公复仇、匡扶正义为名发起了第一次伐齐战争。吴将徐承率领舟师自东海北上，两国水师在黄海交战，吴人失利而归。这也是我国历史上第一次明文记载的较大规模的海战。

阖闾统治时期，吴人水师已经利用海运以绕过淮南豫章与大别山伐楚，有成功案例在前，夫差决定再进行一次尝试。结果发现齐人舟师虽不如楚国舟师有名气，但因为齐国背靠大海，其实比擅长驾船的吴人更会打海战。为此，夫差决定等邗沟的开凿工作完成之后，利用邗沟水运来支持其北上争霸行动。齐吴黄海之战的前一年，夫差便下令开凿一条沟通长江与淮河水系的运河，开工两年后，邗沟宣告全线贯通。自此，吴军船队可以自太湖之畔的姑苏出发先进入长江，然后再由江北的邗邑入邗沟北上至淮海，走古泗水到达鲁国境内。

夫差开凿邗沟最初的目的不单单是为了北上争霸。伍子胥破楚一战后，原本江淮下游这片楚国的羁索之地成了吴人面前的美食。但是吴国想吞并大别山之东的楚国土地已经十分吃力，甚至没有足够的人力来开发与驻守宁绍平原南部，不得不将这些新征服的土地归还越国。想要进一步将势力范围扩展到淮河以北，吴国必须先修建一条交通大动脉贯穿江淮下游地区，因此邗沟的开凿势在必行。但受困于国力，吴王阖闾时期未能开工，直到夫差统治中期方才动工。

---

① 将军，率一军之将。从商朝建立到西周晚期，军队最大建制为兵力 3000 人左右的“师”，进入春秋之后，随着战争规模的扩大，万人规模的“军”登场了。

破楚之战的胜利有赖于蔡、唐两国在吴军登陆点与桐柏山两端的鼎力支持。那么这次北上伐齐，吴王夫差也必须寻找一个可以作为桥头堡的朋友。敌人的敌人有时就是自己的朋友，这句话运用在此时的鲁国身上还是比较合适的。

齐桓公去世后的齐国虽然相对楚、晋两国居于劣势，却依然能够比较轻松地欺负老邻居鲁国。吴王夫差抓住这个机会，联合老被齐国欺负的鲁国，在艾陵之战中大败齐国。春秋中期，齐国被晋楚两国夺走了原有的霸权，只能靠伐鲁来挽回点前霸主的尊严，但常言道“常在河边走，哪有不湿鞋”，齐国也因伐鲁而引来了两次灾祸：第一次是鲁成公二年（公元前589年）伐鲁导致的晋齐鞌之战，第二次就是这里说到的齐吴艾陵之战。

鲁哀公十一年（齐简公元年，吴王夫差十二年，公元前484年）春，齐国二卿国书、高无邳率师伐鲁。吴王夫差听闻齐军攻鲁，以支援鲁国的名义率军北上发起第二次伐齐之役。《史记·仲尼弟子列传》中称：艾陵之战前，孔丘的弟子子贡（端木赐）怀着“存鲁、乱齐、弱吴、强晋”的目的，撺掇田乞（谥号田僖子，又称陈僖子）主动出击寻机与吴军在郊野决战。据说子贡接下来又到越国游说勾践出兵支持吴王夫差北争。在与勾践的对话中，他指出夫差其人“猛暴”，好大喜

▲仲尼诸弟子图

功，不听逆耳忠言，勾践此时应该顺从夫差想扬名天下的野心，出越人举国之兵，打消夫差疑虑，使其专注于伐齐称霸，从而消耗吴国的国力。

此战对于齐国而言没有任何好处，那为什么齐国卿士田乞非要鼓动齐国投入大量兵力来打这一仗呢？不如让我们先来看看齐军参战将领的名单：

全军统帅兼中军将：国书

上军将：高无丕

下军将：宗楼

大夫：公孙挥、公孙夏、闾丘明、田书、东郭书、陈子行

战车千余乘，总兵力约10万人

参战将领基本都是出自国氏、高氏两大家族，只有一位大夫田书出自田氏（齐国田、陈本为一姓，齐大夫陈子行疑为也出自田氏，《左传》中称田书为陈书，但无其他证据可以表明陈子行的出身，故按下不提）。国、高二氏源自齐国姜姓公室（实际上，各国都有这种公室分支自立门户后成为权贵家族的情况，比如鲁国的三桓家族，楚国的若敖、屈、黄等家族，晋国的韩氏家族），是公室最可靠的依仗，任何外姓政治势力想要架空公室权力，都要先面对国、高二氏的强烈反弹；退一步说，就算国高二氏想要弑君上位，至少可以保证齐国国君之位依然属于齐太公姜尚的后人。在齐国立国到田氏代齐的这几百年间，国、高二氏一直没有做出威胁国君地位的事情，与晋国公室内部发生的“曲沃代翼”这等龌龊事相比，齐国政局要稳定得多。尽管齐国发生过诸公子争位之乱，但争斗的范围与烈度相对小得多。

田乞力主齐国与夫差交战的目的不言而喻，显然是想借吴军之手削弱自己最大政敌国氏、高氏的实力，使其不能再起到护卫姜姓公族的作用。为了隐藏自己假借他人之手排除异己的目的，田乞特意派出自己的兄弟田书带领一部分隶属田氏的军队去参战。出征前，田乞特意叮嘱田书说：“此战如果你战死了，我们家族就能飞黄腾达。”（《左传·哀公十一年》载：“陈僖子谓其弟书：‘尔死，我必得志。’”）田书表现得越英勇，越能以行动促使国、高两氏与吴人在战场上拼个两败俱伤，且越能掩饰田氏借刀杀人的真实意图。

田乞当家之后，常以“大斗借出小斗偿还”的手法施恩于齐国国人，赚取了

大量民心。如今挡在田氏面前的最大阻碍就是国氏、高氏这两大忠于姜齐公族的贵族势力。如果能借吴军之手将两氏削弱，那自然再好不过。

田书也明白此战对于田氏家族意味着怎样的机会，因此回答兄长："作战时，我只会闻鼓而进决不后退，至于鸣金之声，我不会再听到了。"(《左传·哀公十一年》载，田书曰："此行也，吾闻鼓而已，不闻金矣。")意思是他将在战斗中阵亡，只能听到最初进攻的命令，而不会再听到后面撤军的命令。

似乎是对战局前景的看法不同，齐军将领们在战前做出了两种完全不同的举动。宗楼、闾秋明、公孙夏、陈子行、东郭书等人不是互相勉励阴间再会，就是准备好下葬用的饭含[①]，要么干脆唱起出殡时的哀歌，而公孙挥却不把吴人放在眼里，下令准备绳索好捆绑吴人的首级。

吴王夫差见齐军表现出哀勇两极的奇特情景，对齐军的战斗力做出了一个预判：对方的薄弱点就在上军高无丕处。于是下令全军以四阵展开。

中军将兼全军统帅：吴王夫差

上军将：胥门巢

下军将：王子姑曹

右军将：展如

另有鲁将叔孙州仇率领的鲁军，兵力在7000人左右（年初鲁军曾以7000名甲兵迎战齐军）。此外还有越人军队3000人，这应当是勾践明面上所拥有的全部精锐兵力了。夫差虽然自大，但绝对不会愿意在后方留下隐患，故有意让越国的精锐部队随吴军出征。吴军上、下、右在一线依次展开，对应齐军上、中、下三军，吴王夫差中军在其后列阵为全军预备队。夫差为了抵消齐军战车在平原地形上的优势，特意将战场选在了艾陵一带。

艾陵之战古战场位于今山东省莱芜市莱城区之东的丘陵地区，从地缘上看正好属于齐鲁天然分界线的中央（稍偏南）。两百年前的齐鲁长勺之战也是在这一片

①入殓时，在死者口中塞入珠玉、钱币或谷物。礼制：天子含实以珠，诸侯以玉，大夫以玑，士以贝，庶人以谷实。汉代王公贵族多用玉，后世富贵之家多用珠，也就是民间盗墓传说中尸体口中"定颜珠"的由来。

区域内发生的，楚国强势之时曾将势力范围扩展到这附近，齐国被迫沿泰山—鲁山—沂蒙山一线修筑长城作为应对。莱芜盆地对于齐鲁两国意义非凡，泰山与鲁山在此交会，其山间孔道为两国间最方便的通道。夫差率军占据了通道南端，这样整个战场只有中央部分相对平坦，两端起伏较大，利于步兵对抗战车。

双方列阵，吴军方面从右至左分别为右军、上军、下军，中央稍微前突呈弧形，夫差直属的中军于其后列阵待机。齐军则是上军在左，下军在右，中军为枢纽，两翼前出。战斗开始后，吴右军将展如主动带兵挑战对面由高无丕率领的齐上军，并将齐军打得节节败退。主帅国书见状不妙，思忖道：若中军直接去支援左翼的上军，先不考虑左翼是否有足够空间供已方战车部队展开，单看吴军步兵方阵将上军不断压缩的态势，若中军投入战斗，更有可能被上军的败兵冲破阵形。反正只是左翼失利，战场中央与右翼地势相对平缓，有利于齐军战车发挥冲击力。若是能在右翼打开局面，那齐军还是有较大机会获胜的。于是国书下令下军与中军一同前出，下军首先发起对吴军左翼的冲击。齐将宗楼战前便与大夫闾丘明以死明志相互激励，将齐人好勇斗狠的气势发挥了出来，逐渐压制住了吴将胥门巢的上军。见右翼有打破局势的可能，国书下令中军抽调兵力，亲自带队冲击吴上军并将之击退。

这时的两军战线逐渐变成了两条倾斜的平行线。站在吴王夫差的角度来看，此时锋线右翼前倾左翼在后，对方还从中军逐步抽调部队攻击吴军左翼。让预备队支援右军，固然可以加快战役进度，尽快实现“旋转门效应”包抄齐军，但是吴军左翼此时承受了齐人一半左右的兵力，能否支撑到最后也不好说。支援左翼的话，需要考虑如何应对齐人此时逐渐堆积起来的 5 万之兵。是时候在左、右两翼中做出一个决断了。夫差认为左翼虽然凶险但并非没有机会，于是下令让胥门巢再后退一些，诱使齐军拉长战线暴露出侧翼。

这时，吴军中军的战鼓再次敲响。养精蓄锐已久的中军预备队自上军背后现身。只见吴人中军以百人纵队快速穿过上军与下军之间的间隙，然后迅速变阵为一个个冲击方阵。待所有旅完成列阵后，一齐向齐军中军阵中部队与增援部队的侧翼发起冲击。夫差直属部队发挥出了强大的战斗力，从侧面将齐军中军击垮。随后吴国下军与中军一同将齐人大阵分割为两半，随后协同上军与右军完成对两部齐军的包抄。

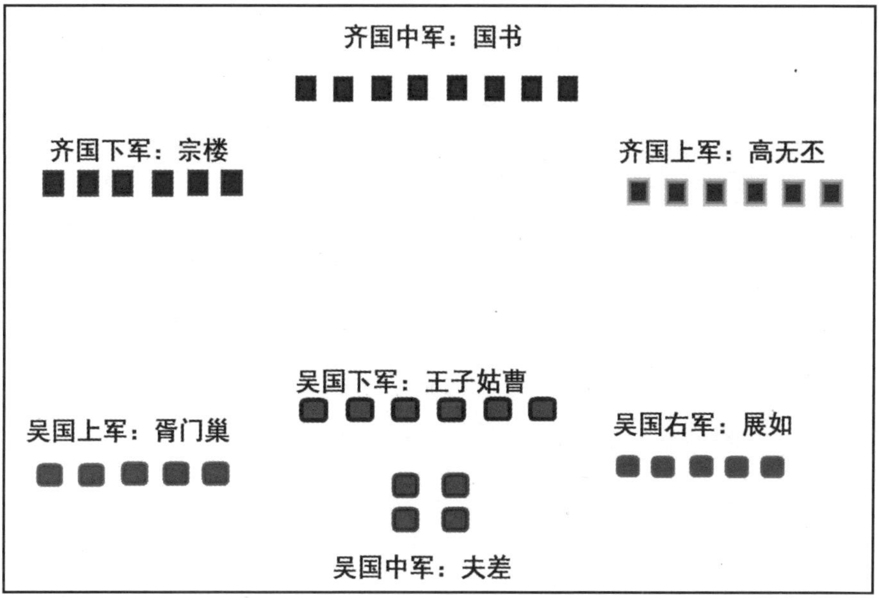


▲ 艾陵之战双方布阵示意图（每个方块代表约5000兵力）

吴军大胜，齐国中军元帅国书与大夫公孙挥、公孙夏、闾丘明、田书、东郭书等被擒杀，吴军缴获战车 800 余，斩获甲首 3000。按春秋后期的军制，一名甲士可对应 25 名士卒，按甲士阵亡 3000 人算，齐军阵亡战兵人数约为 75000 人；如果按一乘兵车下有 78 名战斗人员、25 名辅助人员算，800 余乘战车对应的兵力则为 8 万多人。因此可以推测，齐军损失的总兵力约为 75000~85000 人。齐人十万大军，仅上军将高无丕带领少数残兵逃回国中。国、高两氏损失惨重，田氏一家独大。三年后田恒杀齐简公，立简公之弟公子骜为新君，是为齐平公。

齐国的损失固然重大，吴军的损失应当也不小。艾陵之战双方兵力均为 10 万上下，而黄池上夫差只带了 3 万军队出发，以夫差生性好大喜功的性格，应该会带着尽可能多的军队去向中原诸国显示自己的强大。此外，留守吴国境内的驻军兵力应该也不多，否则不会被勾践一举击败。大略推测，艾陵之战中吴军的损失应为 3 万 ~5 万。吴人以较大的代价赢得了中国历史上第一场大规模歼灭战的胜利。

凭借艾陵之战的大胜，吴国步兵在中原威名远播。随后，夫差下令在泗水开

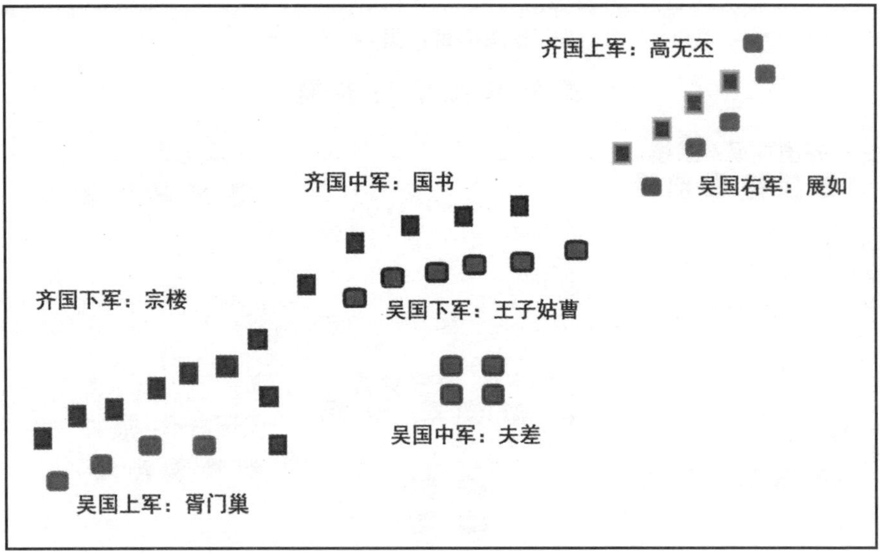


▲ 艾陵之战第一阶段示意图
吴军右翼进攻得手，齐国主帅国书加强另一个方向的兵力，意图赶在己方上军崩溃前先吃掉吴军左翼。

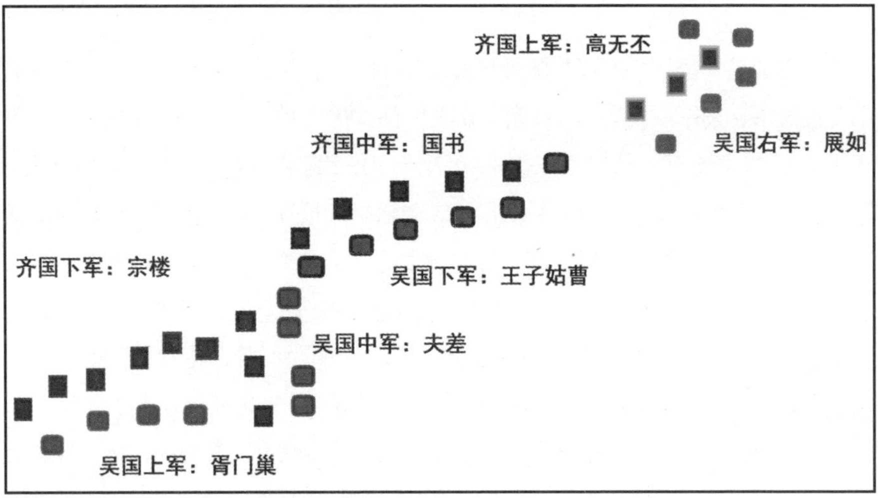


▲ 艾陵之战第二阶段示意图
吴国中军预备队出击，从侧后攻击齐军右翼。

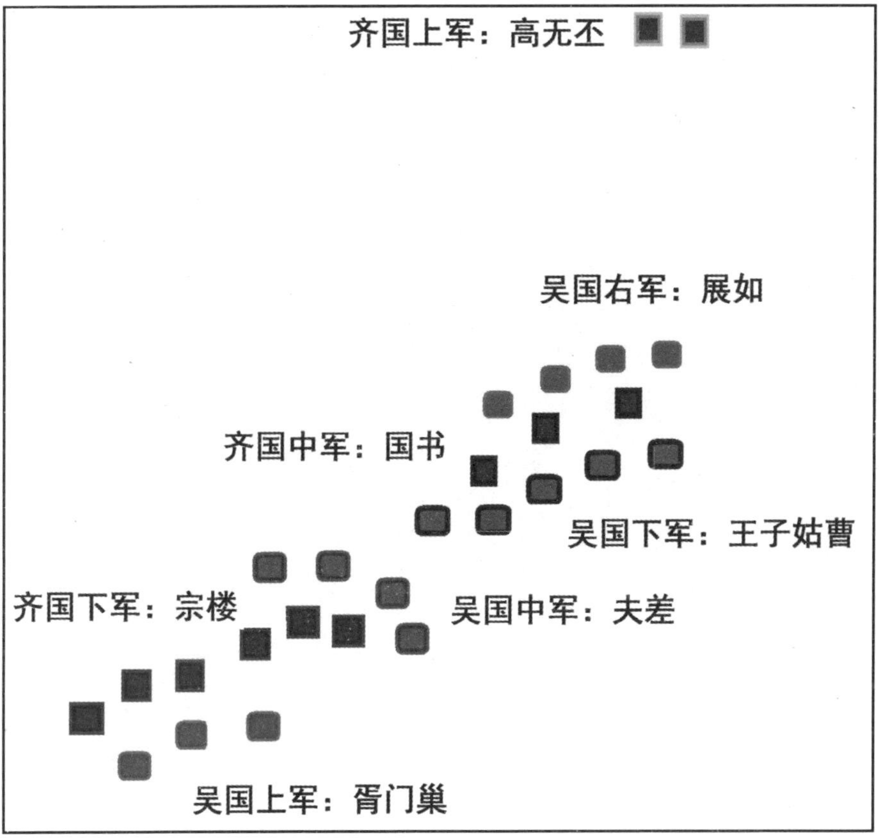


▲ 艾陵之战最后阶段
齐上军将高无丕逃离战场，吴国右军歼灭齐上军残余兵力，协同友军包抄齐国中军。吴国中军、上军完成对齐国上军反包抄。

凿“深沟”，西向中原。两年后（公元前 482 年）的六七月份，吴王夫差参加黄池会盟，与晋国争首盟之位，将吴国的霸业推向了顶峰。

夫差率举国精锐前往中原后，忍辱负重 12 年的越王勾践突然率领 4 万大军袭击吴国，留守国中的吴太子友被杀，王孙弥庸、寿于姚被俘。

鲁哀公十七年（周敬王四十二年，吴王夫差十八年，越王勾践十九年，公元前 478 年），勾践率军再次伐吴，消灭了吴国的最后一支机动兵力，并于 5 年后（公元前 473 年）彻底灭亡吴国。

《清华简·越公其事》详细记录了越王勾践兵败会稽之后“十年生聚，十年教训”，重新崛起到灭吴的全过程。有兴趣的读者可以购买正版图书自行阅读。

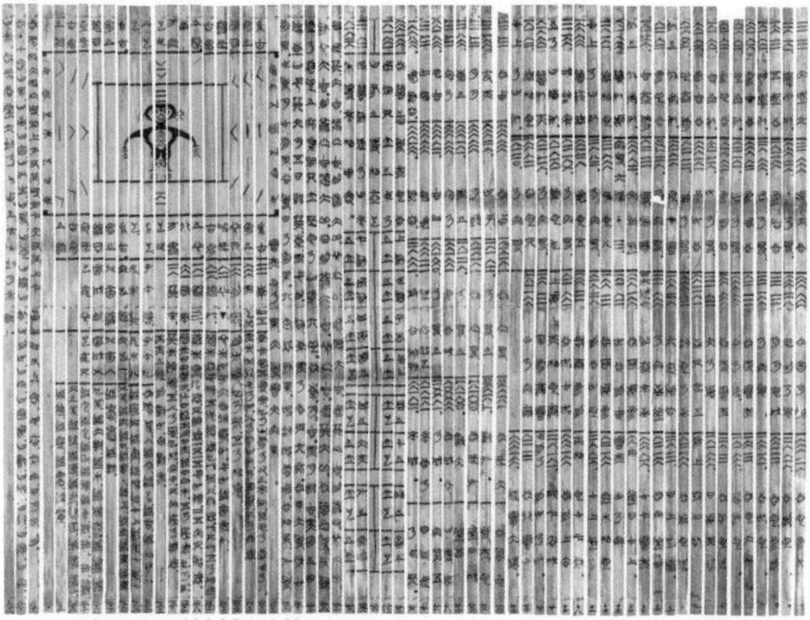

▲《清华简》

第四章

# 吴越步兵的崛起

## 吴国步兵战术

黄池之会上，吴军以万人大型方阵向中原诸国展示了自己强大的军事实力。但是我们不能简单地将《国语·吴语》中记录的黄池之会上的吴国军阵当作吴国步兵的实战军阵。其中最有问题的一句就是“陈士卒百人，以为彻行，百行”，意思是，万人大方阵中，以100人为一横排，每横排100人为一个建制单位，然后将100个百人横队简单地叠加到一起，作为一个大战术单位，从军事角度来讲，这样的大型方阵能够运用的战术十分简单，而且指挥效率也不高。更严重的问题

▲ 姑苏城胥门

伍子胥自尽前，曾要求吴王夫差将自己的眼珠挂在姑苏城的南门，并称要亲眼看着越国军队打进城来。这也是典故“此头须向国门悬”的出处。

则存在于相对微观的层面上，即最基础的战术单位在战场上的运作。

▲ 线性战列时代欧洲步兵营的展开方式（进攻纵队）

任何一个百人规模的步兵基层战术单位的战斗队形都绝对不会采用《国语》记载中这种将所属的100号人全部按一字排开的方式进行战术展开。即便是后世，最强调步兵横队的拿破仑战争时期，百人规模的连建制进行战术展开时也至少会将士兵排成两排横队，而最常见的则是三排横队，即每排中有30~40名步兵（这也是现代军队中“排”建制的由来）。步枪手横队中，每个士兵几乎是肩膀挨着肩膀列队的，即便如此，一个步兵连的正面宽度也达到了15~20米，此时每个士兵正面所需空间为0.5米左右。

而使用盾剑为主要格斗兵器的吴国军队，每名士兵哪怕仅仅占据1米的正面宽度，一个“官师队”（以其建制长官官师称呼）展开后的正面宽度也至少有100米。实战中，每人需要占据1米的正面宽度，士兵们要能正常地完成进退与变阵，持盾挥剑格斗，相邻两人还会再增加0.5米左右的间距，再计入士兵的身宽，如此算下来一个百人组成的单排横队展开后的正面宽度将会达到150米！无论官师站在队列中的什么位置，都仅能指挥身边的一小撮士兵，而大部分士兵基本处于“放羊”的状态。而且横队太宽，又几乎没有纵深，这种情况下，各横排之间的指挥信号会发生严重的相互干扰。这样的队列在进攻中只能维持十几步的距离，阵形就会逐渐变形散架，防御战中很容易就会被进攻方分割成几个难以互相支援的碎片。很显然，如此列阵完全不适于实战。

从战役的角度来看，使用纵横都是百人的大型方阵作战也是最为浪费兵力的模式。接战时，双方正面的交锋线宽度仅有100人（最多算上侧翼的一部分），至多仅前三排的士兵可以同时投入战斗，而其身后的9000多名士兵就成了战场上的

“看客”。另外，这样的布阵方式相对其万人规模而言，正面实在太过狭窄，这很容易成为被对方加以利用的缺陷。对方完全可以用部分战车在正面发起轮番冲击，迫使万人大方阵转入静态防御，然后利用其宽度窄的缺陷进行侧面迂回，在其侧翼与背后一起发起攻击，将阵形打散。更何况，在实战中，100 人这样的超大纵深也毫无意义。步兵军阵保持的纵深有两个作用：一是为进攻作战保持预备力量，二是

我们可以纵向对比一下后世的步兵战术。

作为欧洲步兵复兴时代的先锋瑞士人，其步兵以 300 人左右的连为基础单位。其在战场上多采用 3 个大型方阵，单个方阵的规模为 2500~3000 人，每个方阵正面宽度为 35~50 人。进攻与防御时 3 个大型方阵参差排列，互相掩护友邻方阵的侧翼。

到了更晚的拿破仑时代，以 600~700 名步兵组成的营是战役中各种复杂战术的主要载体。一个步兵营下辖 6~8 个步兵连，当营成横队展开时，各连横向左右依次展开。全营正面宽度为 100 米，纵深 3 人，约 2 米。步兵营呈进攻纵队时，各连的排面在纵向上前后依次展开，正面为 25~30 人，宽度约 15 米，前后共 24 排，纵深约为 130 米（为减少敌方炮火造成的损失，每连之间都留有较大空隙）。必须注意，营完成展开后形成的这个 100 米宽的横队也不是由整个营直接排列而成，而是先由营下的各连分别排成 3 排横队后，再让各连对齐成型的。步兵连完成战斗展开后为 2 排或 3 排（这也是现代军队中步兵排这一编制的由来）横队，每横排为 25~30 人，正面宽度约 15 米。虽然武器、技战术得到了巨大的进步，但作战的基本原则没有发生根本性的改变。在保证足够纵深的前提下，应尽可能扩大军阵整体的正面宽度，以提高兵力的使用效率，并根据实际需要调整纵深。编制原则也是以最基础的战术单位为核心进行组合与展开。

防御中作为应对敌方冲击兵种的后盾。春秋之时，战车的冲击力远逊于后世的重装甲骑兵，而后世步兵仅仅需要20人的纵深已经完全可以抵御重装冲击骑兵的多波次冲锋，在春秋时代采用百人如此大纵深的步兵方阵显然毫无意义。因此可以推断，黄池之会上的万人步兵大方阵应当为吴国军队在讲武之礼中专用的检阅阵形。列队时，各官师在队列最右侧树立队旗，麾下所有士兵迅速参照队旗列成横队。然后上级直属大夫与其卫队在适当位置列队将旌旗树立起来，十面旌旗之后，方阵主帅树立好自己的军旗。士卒衣甲鲜明，剑刃闪亮，方阵中旌旗飘扬，军容整肃，一派威严。

那么，吴国步兵真正的战斗队形应该是什么样子呢？我们先从吴军编制中最基本的“官师队”来进行探究。官师，以其名称来看，他可能还需要直接负责并亲身指导麾下士兵的军事训练。换言之，吴军步兵最基础的战术单位就是各个“官师队”。那么，“官师队”的基本战术队列是什么样的呢？我们需要回到本章最开头的故事中去寻找答案。当年巫臣带着一辆战车与一两步卒到吴国教习最先进的战术，按照当时中原军队一乘编制，一辆战车附属步兵至少是双两，三两也已广泛普及，为何作为军事顾问的巫臣只带了一两步兵就能胜任其训练任务？很简单，因为此时最基础的步战战术就是在步兵两这个建制下实现的。5伍为两，一两麾下有25名步卒，在步战甲士（两司马）的带领下配合战车作战。而4个步兵两的100人，正好可以组成一个“官师队”。如果简单地将4个步兵两方阵横向一字排开，我们就能获得一个纵深5人、正面宽度为20人的阵形。前排士兵手持盾牌与短剑，后排士兵利用前排的缝隙将长矛从方阵正面伸出，加上投射兵器的掩护，这样的阵形在与敌方步兵对战中不会吃亏。如果要面对战车的冲击，则需要进行一次变阵：让4个步兵两按正方形排布，这样就变成了一个10×10的小方阵。先让盾牌手以双排编组在方阵的正面与侧翼列队，使用远程兵器的士兵居中排列，然后让手握长兵的士兵填充两者之间的位置，这样即使面对后世冲击骑兵的冲锋也不会犯怵。如果需要攻击前进或者是在高危地区行军，那么可以让一部分盾剑兵以散兵前出大队之外提供预警，方阵以5人一横排进行编组，大纵队前进。随着吴国军事技术的进步，步兵两这一单位没有成为吴军惯用的编制，“官师队”由各伍直接组成，这样“官师队”的战术展开方式可以变得更加灵活，阵

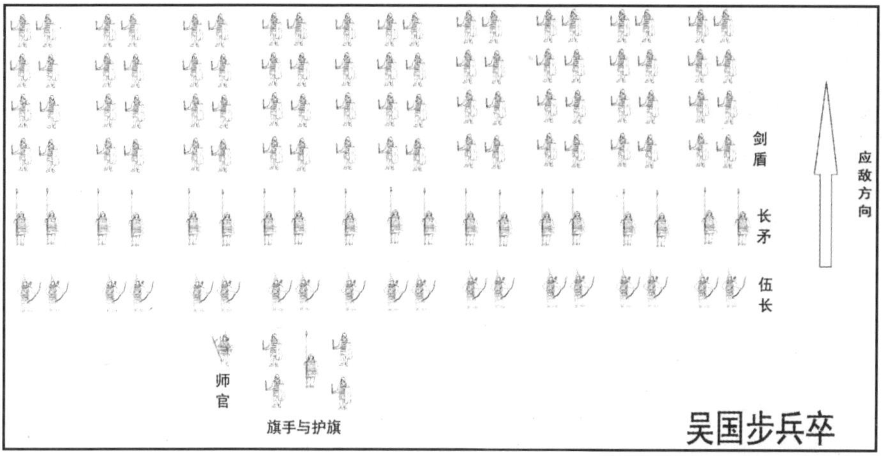


▲ 吴国步兵卒示意图

形也更加稳固。

在掌握了中原先进的步兵战术之后的几十年内，吴国军人对其进行了更进一步的发展以适应自身所处的战场环境。在单纯的步战中，25 人编制的步兵两规模太小，故韧性不足且缺乏后劲。吴人舍去步兵两这个编制，直接以百人规模的步兵卒即“官师队”作为基础战术单位。经过长时间的操练，吴国士卒们已经可以不用先操练 25 人的步兵两阵形再合练更大的队形，而能直接以百人规模的步兵卒为单位进行基础步兵战术操练，吴军士卒军事素养的提升可见一斑。

大夫督管 10 个“官师队”，其可以摆出的军阵与能使用的战术将更加丰富。其能够摆出正面宽度最高可达 200 人、前后 5 排的步兵方阵。当然，如此简单且纵深这样薄的队形比较容易被敌方的战车冲击所贯穿，实际作战中摆出这样的阵形的概率相对较小，仅会在取胜后的追击中使用——较宽的正面不易因过于深入而被敌方断后部队包饺子。巫臣到吴国教习战阵已经是吴王夷眛时的旧事，而公子光刺杀吴王僚自立为王则是在此 33 年（公元前 515 年）之后了。吴王僚时期，吴国重新整编了全国军队，在军制上共设立了四级编制：5 人为伍（华夏文明特有的编制）、百人为卒（即前文称为“官师队”的单位，这里套用了中原军队的编制名称）、千人为旅（中原军队固有的军队编制之一，规模也为千人左右）、万人为军。

春秋之世，中原国家军队常见编制——5 人为伍、5 伍为两、4 两为卒、5 卒为旅、5 旅为师，吴国在学习和继承后又根据自己的军队特点舍弃了两、师这两级单位的编制，形成了有自身特色的军队建设指导思想。

两这一单位是完全基于车战的需求而制定的，吴国虽然学习了驾驭战车，但吴军并没有将战车作为自己的主要突击力量，而是让战车成为各级指挥官的代步工具与指挥平台，因此吴军舍弃了步兵两这一编制。吴军几乎所有的战斗任务都交给了步兵来执行，吴王手中还直接掌握着一支有 500 名“多力者”（大力士）与 3000 名“利趾者”（飞毛腿）组成的精锐直属部队，作为大军的前锋力量。军之下增加师编制，从指挥环节上看，是增加了军令传输的环节，以车战为出发点，师的编制是必需的——较为宽广的战线上，如果不建立相应编制让中高级军官分担指挥任务，统帅的负担就会过大。

由单纯的步兵组成的军阵在完成展开后，所占据的战场规模要小于同等人数的战车部队。为了更好地发挥步兵战术的灵活性，减少指挥环节，可以取消师这个一级编制，让军直接指挥各个旅，在必要的时候还可以灵活地将各旅调配至不同的军之下进行战斗。这就避免了因战事的需要而不得不临时拆分编制的情况的发生：友邻部队战线出现紧张情况时，抽调一个步兵卒去支援，显然是杯水车薪；如果调取一个 3000 人规模的师既显多余又太难实现，还会严重削弱本部战斗力；1000 人规模的旅是个最合适的单位，如果一个旅不够，再抽调一个旅也不算困难，还能从另一个战线再行抽调。当然，这样的编制方式对指挥官素质的要求比较高，也对步兵的战场机动能力提出了较高的要求。从伐楚之战与艾陵之战上看，吴国将帅与士卒的军事素养可以满足这种编制模式对军队战术素质的要求。当然这也与敌方战役机动能力较差有关。

事实上，吴国军队不是没吃过败仗：秦哀公出兵救楚，吴军败于秦楚两军；槜李之战，吴军败于越国，吴王阖闾伤重身死；笠泽之战，越王勾践灭吴。这三次失败，就是相对粗糙的编制方式所造成的。步兵卒的百人规模方阵在平坦地形上应对优势方冲击兵种时还是显得过于薄弱。

秦国出兵与楚国残余势力合兵一处，其兵力不见得比被击破前的楚军规模更大。那为何战无不胜的吴军却在秦楚联军面前吃了瘪呢？我们还可以从战略的层面进行思考。在发动对楚国的总攻前，吴国多次出兵楚国东境袭扰，导致东楚之地府库空虚、士卒抱怨、百姓疲敝。可以说在数次袭扰之下，楚东已经成为即将落地的果子，吴军击溃囊瓦之师后自然可以直趋郢都。

文人最喜欢从士气或者为政者私德的角度来解释战役的胜负，那么这个因素是否发挥了作用呢？这个因素自然是有。战前囊瓦主政楚国，政局混乱，内部贵族不和；对外又敲诈友邦，导致唐国倒戈。柏举之战前的楚国是一个内部矛盾重重的烂摊子，因此面对强敌来攻很快溃败。而后申包胥等仁人志士奋力救国，楚国再次复兴，此时的楚国可谓浴火重生，国内凝聚力重新达到了一个新的高度。何况吴国这次破郢的根本目的也不是占据江汉平原。

让我们再回到战术层面，看看秦楚联军能够在沂之战、军祥之战中击败吴军的原因何在。吴军以百人规模的卒作为基础战术单位，同时在“步兵卒”建制内合成剑盾手与长兵。在较为破碎的战场环境，这样的战术体系适应能力较好，因此吴人并未进一步发展出更大规模的基础军阵。但是在战场较为开阔的江汉平原，吴国步兵军阵就表现出了一种不适应。山林中的吴越之兵善用剑，因此其长兵装备的比例相对较低，但在平原战场上面对已完成提速的战车，则可能出现无法有效克制其冲击力的窘境，并且因为手工业技术发展水平的限制，吴越不会制作强力弓弩，难以在较远距离上迟滞战车的正面冲突。

同时还有一个细节也应该注意到，自伍子胥奔吴之后，吴人出兵开始重视对水路的运用，并开始建立专门的后勤补给部队。这样就极大地解放了战兵的体力，士兵们不再自己背负沉重的补给物资，用双腿完成战略机动，因此吴国步兵才会在破楚之战、艾陵之战与黄池之会上表现出上佳的战略与战术机动能力。阖闾与夫差两代吴王利用其战略机动能力，在数次会战中迫使敌人在对吴军更有利的战场上接受会战。吴军的几次失败，都是在面对自己所不适应的战场或敌人时发生的。

笠泽之战，越军步兵发挥出了更加优秀的战场机动能力。吴军仓促间难以集中力量，在做好战争准备之前便被击败。在军队建设上，越王勾践还特意组建了一支由 6000 名贵族子弟（君子）与 1000 名越王直属近卫甲士（诸御）构成的精锐近卫步兵部队。贵族兵天然比普通士兵的装备精良，武艺更加娴熟，体格也更

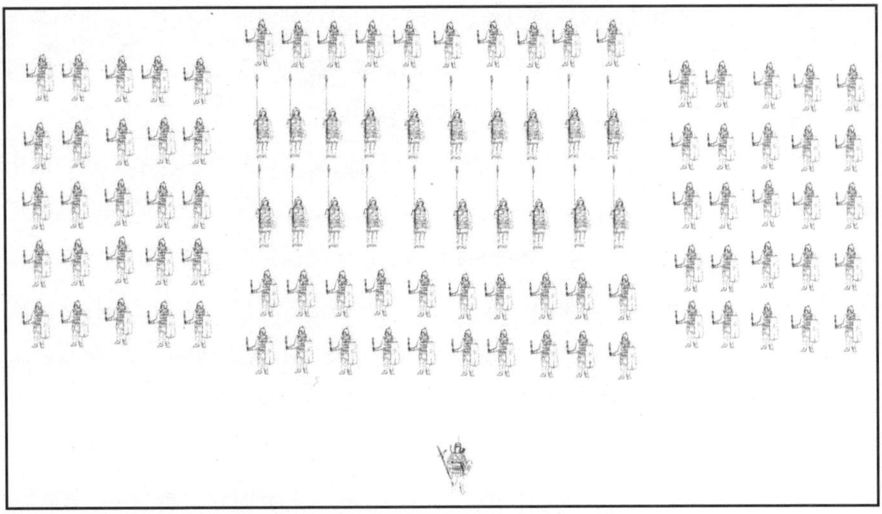

▲ 吴国步兵卒战斗展开示意图
进攻战斗开始，吴国士兵们向敌人投出标枪。长矛兵在剑盾手的掩护下接近敌军，随后长矛兵发起冲击打乱敌人阵形，剑盾手趁机突入。或者双方以较慢速度递近，长矛手隔着剑盾手刺出长矛，两翼的剑盾手掩护中央。防御战中，全卒以长兵为核心列方阵，长矛手与前排剑盾手稳固战线，其余士兵掩护长兵两翼并伺机发起反突击。在防御与进攻作战中，剑盾手都要能灵活地赶到需要他们的位置上。

加壮硕，在步战中可以发挥出更强的战斗力。[①] 勾践以该支部队为先导突袭吴军大营，利用步兵小群组战法对吴军普通士兵展开了杀戮。

可以说吴军这种在步兵伍与步兵卒之间、步兵卒与步兵旅之间缺乏过度单位的粗糙编制模式，以及剑盾比例过高、长兵过少、缺乏有力的远程兵器等缺陷，导致了吴国步兵在开阔战场上难以编组出“长矛森林”并发射出“密集箭雨”来有效应对敌军的强力冲击兵种（此时的战车与后来的骑兵）。在狭窄的战场环境中，

①贵族阶层为了维持自身的经济与政治特权，必然要紧握军事力量。不用为生活而艰辛劳碌的优厚生活条件，不但让贵族子弟们拥有更好的体格，还能自小接受严格的全套军事训练——君子“六艺”中的射、驭两项就是车战时代最重要的军事素质。而农夫们自小为了生计在田地中日日劳作，每年从口粮中节省出缴纳赋税的份额，在营养摄入上根本不能与贵族们相比，每日只能透支身体。平民兵们仅在冬季农闲时节不脱产地接受一定军事训练，无论在体格上还是在军阵武艺上都根本无法与自小接受专业训练的贵族兵们相提并论。这也是贵族社会发展的必然结果，如果没有绝对的武力优势做保证，贵族们又如何要求平民阶层服从其统治。

普通士兵在面对武艺精湛、装备更好的敌人时，也经常束手无策。

有趣的是，如果我们把百人建制为基础战术单位、士兵以短剑大盾为主战兵器这两条单独拎出来，那么这样的军队架构方式是否看上去非常眼熟？没错，这样的军队建构方式非常类似于著名的罗马军团（自马略改革至军团“蛮族化”之间的这段时期的罗马军团）。罗马人凭借优秀的步兵军团战胜了强悍的马其顿帝国继业者，打败了日耳曼、高卢与不列颠等蛮族勇士，征服了环地中海的广阔领土。

这样一套军事体系就是为了适应相对细碎的山林地形而产生的，罗马人最初活动的亚平宁半岛的战场环境与吴越之地比较相似。且最初面对的敌人均缺乏强有力的冲击兵种，因此两者都给士兵装备了便捷的单手刀剑，以之为主战兵器。又因为金属冶炼与加工技术的限制，能够批量制作的合用的刀剑尺寸较短。[①] 为了弥补武器杀伤距离近与防御上的缺失，不得已给士兵装备了较大尺寸的盾牌。更有趣的是，吴国步兵也与罗马人一样，使用标枪来提供远程火力。在西欧与中东战场上，标枪因为其较大重量所蕴含的强悍动能而表现得无比凶残，但是在中国战场上，面对战车与大量弓弩时，标枪则会因其射程较短而表现得有些力不从心。据说，楚国在复国后为了进一步加强越军战斗力以抗衡吴军步兵，特意将最先进的强弩制造工艺教给了越人。

那么吴国人的步兵卒是如何运作的呢？我们可以参考一下罗马人的百人队战术。首先要明确步兵卒方阵的列阵方式，以及其兵种配置情况。与罗马军团所面对的情况有所不同，吴国步兵需要在平原地区面对楚国人的战车集群。单凭剑盾无法阻挡战车的冲击，吴国在编练卒方阵时，必须在阵形内布置一定量的长矛作为骨架，然后以剑盾作为肌肉。

进攻中，长矛兵以 2 排或 3 排横队在中心列队，间距稍大一些，剑盾手则在

---

①严格地说，春秋时的吴越工匠们尚未完全掌握铁剑的生产工艺。虽然有传说认为欧冶子等铸剑大师开始尝试使用钢铁材料锻造刀剑，但是缺乏出土实物的有力证明，因此暂不采信。罗马人虽然使用铁质的锻造短剑，但因为其长期只能掌握块炼铁冶炼技术，因此造成刀剑成品的硬度与刚性不足。在战斗中，罗马短剑曾出现过剑体因多次刺杀导致弯曲变形，士兵们只得临时用脚将剑体踩直后再继续使用的情况。在冶炼技术得到提升后，罗马及其直系继承者拜占庭帝国的军队均普遍用长剑替代了短剑。在此之后，罗马文明的步兵以长矛为主要兵器，并佩戴一把铁质长剑为备用兵器，盾牌在优化了型制后也被保留了下来。

阵形四面列队。最前面为一排剑盾，负责为长矛手抵挡箭矢；发起冲击后全阵逐渐提速为小跑，当双方距离缩小后，剑盾手利用向前的冲力掷出标枪。投掷标枪的剑盾手将会有一个短暂的停顿，长矛手们趁机加速，从第一排剑盾手间的空当中冲至最前，猛力突刺贯穿敌阵。训练中要反复练习这一变阵技巧，列阵时注意士兵们要保持较好的左右间距。两翼的剑盾手列成密集方队，负责掩护阵形侧翼。当长矛手冲击打乱对方阵形时，两翼的剑盾手趁机从突破口两端突入以杀伤敌兵。另有一些剑盾手在长矛手之后列队，作为后备力量。若攻击敌军战车部队，方阵中央的队列可以密集一些，并以稍慢的速度推进，以保持阵形的严整。

防御战中，需要对应对战车与应对步兵稍加区分。若要应对战车冲击，可以使用与进攻时相近的队形，阵形中央的长矛手需要将间距缩小一些，让阵形更加稳固。战阵中央以一排剑盾手掩护两排长兵，作为方阵的基础，两翼以剑盾手辅助，其余的剑盾手则在长兵背后列队，作为预备反击力量。敌军接近前，让士兵们分层次地投出标枪，以削弱对方战车的冲击力。接战后，战阵中央顶住敌军的战车，两翼剑盾手则要顶住敌方步卒对己方方阵中央的压力。成功化解对方的冲击之后，后排的剑盾手准备发起反突击，从各个卒方阵间隙前出，在两翼的配合下挤压对方步卒的空间。防御敌军战车时，建议让 2 个步兵卒协同应对敌军的一乘兵力，或以 3 个步兵卒方阵迎战对方的两乘兵车。单个步兵卒虽然可以与一乘车兵抗衡，但还是存在阵形被冲散的可能。此外还需要留出一定的兵力来应对敌军车属步卒的攻击。毕竟一乘车兵在战斗中需要更大的战地空间以供回旋，战车部队列阵时，每乘建制阵形之间的间距更大，同样的空间让纯步兵列阵可以布置更多的兵力。

如果敌方以步兵为主向己方发起突击，则剑盾手在前方列阵，长兵在后方作为反突击力量。第一排剑盾手以较小的间距密集列队，构成严密的防线迎敌。背后的战友需要协助第一线的士兵顶住对方的撞击。交锋中，第二排士兵随时准备与第一排的士兵进行轮换。这一战术机动需要进行反复的操练，以让所有士兵形成默契。以左手持盾为例，替换的士兵站在第一名士兵左后方，伸出持盾的手掩护战友左前方。然后迅速前突至第一排，并同时将盾牌对准正前。原本第一排的士兵顺势后撤，沿纵列的间隙退至最后休息。第一排的士兵进行轮换时，一定要注意维持战线的完整性。因此，在训练时，不但要进行单个纵列的练习，更要以方阵为单位，在官师的统一号令之下进行全阵的演练。当敌军无法维持有力攻势之时，长兵自方阵背后到侧面排出突击队列，准备发起反攻。

同一旅之下的 10 个步兵卒，可以每 3 个步兵卒结成一个战斗单元，旅指挥官亲领一个步兵卒作为机动预备队。第一排以两个步兵卒为正面，第三个步兵卒在前两个方阵之间的空隙后列队，随时准备掩护战友侧翼，或发起突击。也可以每两个步兵卒为一个战斗单元，互相配合作战。8 个方阵以两线布置，旅指挥官则亲领两个步兵卒在第三线列阵为后备。如果士兵训练充分、默契度较高，可将 2 个或 3 个步兵卒的士兵混编在一起，组成更大一些的阵形作战，毕竟越大的战斗队形需要士兵的受训程度越高。军阵机动时，各个战斗单位可调整相互之间的间距，以适应地形的变化。

同样兵力下，战斗单位越小，全阵越能适应地形，但也对基层军官的能力提出了更高要求；基础战斗单位越大，对基层军官素质的要求会有所降低，但施加给中级军官的压力则更大。因此，统帅需要综合考虑战场环境与部队的素质，以制定相应的军队编成方式。在吴国步兵最常见的山林战场环境中，以百人规模的卒为基础的战斗单元是当时军事组织水平约束下的最优选择之一。

有人可能会用条顿堡森林战役中 3 个罗马军团覆灭于蛮族围攻一事来“证明”罗马军团的步兵大队战术并不适应山林地形，但是必须注意：蛮族的指挥官阿米尼古斯（这个姓名是他到罗马生活后新起的拉丁文名字，并非蛮族本名）曾经在罗马接受过系统的军事教育，因此制定了诸多专门针对罗马军队弱点的策略。战前，阿米尼古斯利用个人关系诱骗罗马将军瓦卢思将全军带入伏击圈，聚集起数量远超罗马军团的蛮族士兵来伏击处于行军状态下的罗马军队。战斗进行的初期，阿米尼古斯再次诱骗瓦卢思，使之放弃了针对蛮族最有优势的重型远程兵器（本可用于打破蛮族修建的野战工事，并在较远距离上干扰并压制蛮族步兵的冲击力）。蛮族事先就在伏击圈修

▲罗马军团步兵战术示意图

筑了专门的野战工事，将失去反制手段的罗马军队困于湖畔泥沼地中，而连续数天的大雨又将各种对罗马人的不利因素进一步放大。

事实上，百人规模的建制，除非是在热带雨林这样植物异常茂盛的环境中，否则基本都可以灵活机动。同时，这样规模的建制在山林地形中也能维持好阵形并发挥出应有的战斗力。合成大型军阵时，还能更好地适应地形。会战中，这样的战术布置也方便进行一线与二线方阵的交替攻击或防御。尽管存在一些难以克服的缺陷，比如缺乏远程火力、各兵种间的配合不足，依然可以说吴越步兵的战术是当时世界范围内最先进的步兵战术之一。

## 孙武猜想

《孙子兵法》的意义不只是在军事上第一次将对战争的探讨上升到了哲学的高度，还为后世研究这一时期的军队编制与作战方式提供了大量翔实的第一手资料。然而其作者孙武的身份长期以来却是一个谜。

在1972年银屏山汉墓中《孙子兵法》与《孙膑兵法》竹简同时出土之前，因为《孙膑兵法》全文早已散佚的缘故，不少学者甚至认为两部兵法实为同一部著作，又或者认为两部兵法均为战国时孙膑所著。关于孙武和孙膑，现在常见的说法是孙膑为孙武的后人。孙武，妫姓孙氏，其先祖陈完本为陈国公子，因陈国内乱逃到齐国，改名田完，即后来“田氏代齐”取代姜氏齐国的战国田氏齐国的先祖。孙武在周景王十三年（公元前532年）的齐国内乱后迁居到了南方的吴国，潜心钻研兵法。后结识了逃至吴国的伍子胥，并被其推荐给吴王阖闾，在“训练宫女”事件中为吴王所赏识并拜将。五战灭楚之后，吴军不备，遭到秦军突袭，战败，此时早已蠢蠢欲动的越国出兵袭击吴国后方，吴军只得退回国内。孙武此时也飘然隐去（当然，也有观点认为孙武在与秦军战斗中失利阵亡或被吴王

▲孙武画像

▲ 银屏山汉墓竹简博物馆

阖闾问罪所杀），许多年后，其后人（至少三代以后）孙膑又在齐国为将，指挥了桂陵之战。

吴军攻破楚国郢都后，孙武便在《史记》的记载中完全消失了。在此之后，只见有伍子胥与伯嚭两个外来者供职于吴国朝堂。关于孙武的最早且时间最为接近的文字记载为成书于战国末年的兵法《尉缭子》。成书于东汉的《吴越春秋》中又称孙武是吴国人，在早期的典籍中，也仅有此书中描写了孙武为将单独领兵作战之事。在《系年》《国语》《左传》与《越绝书》等书中未见有孙武其人，这一点不得不说是件怪事。

《史记》称孙武为齐国人。成书于宋代的《新唐书·宰相世系表》中，还为孙武的出身编排了更加详细的家谱世系：陈国公子完逃至齐国后，至第四世孙田桓子（田无宇）官至“上大夫”。田桓子生五子，分别为田武子（田开）、田僖子（田乞）、陈昭子（田昭）、田书、子亹。其中田书于鲁昭公十九年（公元前 521 年）因伐莒有功，被齐景公封于乐安之土，赐姓孙氏，之后可以称田书为孙书。孙书生孙凭，孙凭生孙武。

细心的读者可能会发现：这里的田书，不就是艾陵之战中为了田氏家业积极参战，最终战败被俘，后死于吴人手中那位吗？那么问题就来了：作为孙武祖父

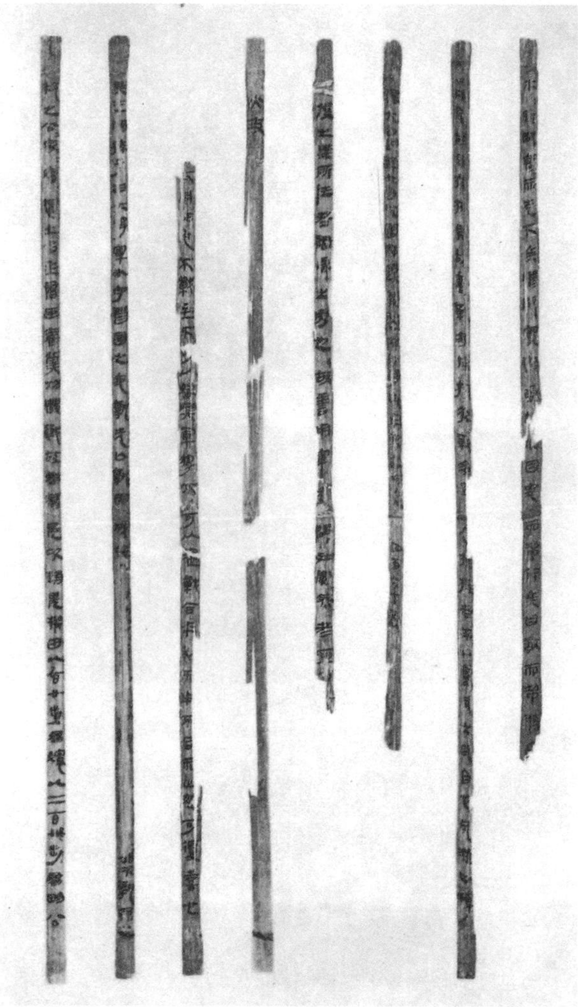

▲银雀山汉墓出土竹简

的田书是怎么做到其孙出仕吴国并获得破楚功业22年后又被吴军俘虏并杀害？孙武出仕至少是二十岁行冠礼之后，即便按16年一代人算，按其说法，柏举之战时田书应该已年近六旬。那么到了公元前484年的艾陵之战，田书已经是80多岁高龄，在那个男子平均寿命不过35岁的时代，让一个80多岁的老人上战场实在有些不可思议。更何况田书为田乞之弟，从年龄上看田书年纪绝不会这么大，更加不可能是孙武的祖父。因此可以认定两者绝非祖孙关系，至少也是同一代人，孙武的年龄可能还更大，《宰相世系表》中的说法纯属附会。

我们在深入研究先秦遗存的著作时会注意到，1983年湖北张家山247号汉墓出土了大量竹简，其中有一部名为《盖庐》[①]的书，该书中有大量的思想、内容与《孙子兵法》极为相似。从某种程度上可以说《孙子兵法》一书是将《盖庐》中的问对进行总结和升华整理而成的，也可以说《盖庐》中的问对是伍子胥为吴王阖闾阐述讲解《孙子兵法》中的内容。从内容和行文上看，笔者更倾向于《孙子兵法》是将《盖庐》中的问对内容进行了文字提炼与理论升华，然后结合当时的军事发展现状而撰写的。从战争规模与军队战术角度出发，《孙子兵法》对战场现状的描写更像是战国前期的情况，而非对春秋时期战争的总结，这不得不让人怀疑其成书的具体时代。孙武其人，除了《史记》一书外，其他同时期资料如《左传》《国语》都没有关于他的直接描写。更有意思的是，《盖庐》《国语》等书中对伍子胥的称呼是申胥，其读音与孙武之名也比较接近。因此笔者猜测，还存在这样的一种可能性：孙武实为伍子胥初入吴国时的化名。伍子胥身负灭族大仇，然而此时楚强吴弱，为了复仇，伍子胥不便暴露身份，故化名孙武（很可能古音中孙武与申胥或者子胥在读音上相同或相似）出仕吴国。在入郢破楚之后，大仇得报，伍子胥已不需要隐姓埋名继续顶着孙武这个化名活着，因此孙武便于此时消失。最后伍子胥在自尽前安排自己的家人去齐国避祸，这一支后人定居齐国后改氏为孙，并将伍子胥所著兵法总结整理成册，是为《孙子兵法》十三篇。战国时指挥桂陵之战的孙膑便是此脉的后人之一，而孙膑可能仅仅晚于《孙子兵法》十三篇的实际作者一两代人。

这样说也并非完全没有根据：吴王夫差在艾陵之战前曾派伍子胥出使齐国宣战，伍子胥认为吴国必将亡于越国，于是带着自己的儿子一同前往齐国，然后将

① 该书又被称作《伍子胥兵法》，内容为伍子胥、伯嚭与吴王阖闾问对兵法。结合文章内容，可以确定“盖庐”一词是吴王阖闾名字的另一种写法。

儿子托付于齐国的鲍氏家族。因此笔者猜测孙膑一支非陈姓孙氏，实为伍子胥后人。这并非没有可能。

很可能春秋时的人都很清楚，孙武就是伍子胥在大仇得报前的化名，因此只记述了伍子胥为吴国立下的大功，而不写孙武具体有何作为。到战国后期，因为时间的流逝，人们已经分不清伍子胥与孙武之间的关系，同时又流传有不少关于孙武在吴国出仕，为吴王练兵并与楚国作战的故事，更兼《孙子兵法》传于天下，因此认定孙武与伍子胥是不同的两个人，孙武擅长兵法韬略，伍子胥擅长领军作战。到了汉代，这一点逐渐成为人们的共识。司马迁与刘晔均采信了这一观点，且都将一些民间流传的关于孙武的小故事加入各自的作品之中。后因孙膑一系在齐国出仕，便认定孙武为齐国田氏子弟、孙膑先祖。刘晔的《吴越春秋》一书与其说是史籍，更像是一本结合了诸多关于吴越争霸旧事的民间传说的历史题材小说。

当然这只是一个比较大胆的猜测，毕竟先秦时期留下来的材料太少了，只能说“如有雷同，不胜荣幸”。

## 十万之师，日费千金

《孙子兵法·作战篇》有云：“凡用兵之法，驰车千驷，革车千乘，带甲十万，千里馈粮。则内外之费，宾客之用，胶漆之材，车甲之奉，日费千金，然后十万之师举矣。”这一段文字主要目的是告诉为将者大军远征花费的金钱如同流水一般，也向我们披露了春秋末期军队编制的关键信息：10 万人的军队，装备 1000 辆驰车①与 1000 辆革车②，另外还有大量名为“辇”③的人力车。总结起来，春秋末期一乘编制有如下重型装备：每一辆轻车都会配属一辆防守用的革车，并再配属至少一辆辇，用来携带本单位必需的粮食、军帐、修理工具及材料、备用兵

①即轻车，战车。

②防御用战车、兼职而非专职的辎重车，可携带一定量的战斗物资与轻车一起行动，具有一定的防御能力。在战地驻扎时可以用于构筑营寨。在行军中，步战甲士可以搭乘革车来保存体力，至于步卒，则只能依靠自己的双脚了。

③后勤部队使用车辆，用以携带主要的补给物资及工具。

器（胶漆之材，车甲之奉）等物资。《诗经·小雅·黍苗》中就提到：

我任我辇，我车我牛。
我行既集，盖云归哉。
我徒我御，我师我旅。
我行既集，盖云归处。

每乘人员编制为100人，其中包括作为战斗人员的甲士、步卒，以及负责维修车辆兵器的工匠、负责其他杂役的厮徒（奴隶）。每一个这样的单位，还至少需要配备多匹马数头牛用于轮换拉车。[①]《司马法》中就有这样的说法："长毂一乘，马四匹，牛十二头。"由此可见，"日费千金"并非一个虚数，而是实打实要耗费这么多。

每一乘的编制都有独立的后勤支援，表面看有利于维持部队战斗力，但其背后则揭示了另一个现实：当时军队没有建立统一建制的后勤保障体系，所以需要在乘这一级别的单位自行组建直接从属于战斗部队的后勤支援部队。当然，如果我们从人数上看，100人规模的部队作为一个单独的补给节点也的确是可行的。现代军队中，也是后勤单位将大宗补给品直接发放到连队一级的单位，连队进行处理后再组织分发到每个战士的手中。行军中，作战部队与后勤部队分开行动，后勤部队的辇负责转运大部分物资，作战部队中的革车携带少量的物资以提高军队机动能力。行军中，如果希望提高行军速度抢占战机，作战部队可以自行加速，先行赶至驻防地后再等待后勤部队追上来。如果不需要赶时间，则一起行动，以一日一舍的速度缓慢行军。

但是在那个年代，贵族们须自备武器盔甲上阵。除了箭矢因为性能和通用上

① 拉动一辆战车至少需要双马——战车为单辕车，必须双数马匹来拉车，战斗状态下需要4匹马用以保证战车的冲击速度，就算不计轮换马匹也需要至少4匹战马。辎重车通常需要用牛来拉车，为提高机动速度可以奢侈地用马。当然吝啬一些的领主也有节约的办法，用奴隶人力拉车，毕竟奴隶三日消耗的粮食重量比牛马一餐所吃掉的精饲料和草料重量要小得多。此外后勤保障部队还需要一定的车辆与人员，以携带各种物资。

▲春秋晚期甲士

的要求会采取统一标准制作外，其他的装备可谓是五花八门，想要做到协同补给、统一装备，几乎是天方夜谭。真正做到武器统一，最早也要到战国后期秦国开始统一战争时才初步实现。根据《中国古兵器集成》一书的记载，秦军矛、戟、镞等常用兵器，尽管制作时间横跨几十年，但所有同类的兵器不同样本之间的尺寸误差基本可以以毫米记。也就是说，秦始皇的曾祖父秦昭襄王时代制作的矛头，可以直接装在秦始皇时代制作的矛杆上，基本不用修正处理。此外还可以从数个损坏弩机上拆下可用零件，拼凑出一个完好的弩机，这样的公差控制水平可谓惊人。为了解决后勤补给这个至今在军事家眼中仍然是世界级难题的问题，《孙子兵法》中提出了“因粮于敌”的策略——从敌人手中获得粮食等补给。

《孙子兵法·作战篇》主张：“故智将务食于敌。食敌一钟，当吾二十钟；𦽺秆一石，当吾二十石。”由此可知在长距离陆运中运输成本有多么高。如果能从敌人处获得1钟粮食，那么自己领地上就能少支出20钟——大军远征，不但士兵要跋涉千里之遥，还需征发大量壮丁为军队转运粮草辎重，这些人员本身就要消耗大量的粮食，而随军牲畜的胃口更大。行军距离越长，路上消耗的粮食也就越多，运输队被敌方袭击的可能性也越大，为防止这种损耗，需要派出一部分军队护送运输队，而这也直接加大了沿途的粮食消耗量，这些是出征的“会计成本”（直接成本）。此外大量的劳动力脱离农业生产还会导致粮食减产，这就是出兵远征的“机会成本”（间接成本），前线将士吃下的1石粮食背后的会计成本与机会成本之和约为20石——这对赢得战争有着极为重要的意义。如果有计划地主动进攻敌人此时补给效率之低也和春秋时期运输水平低下有关，根据《孙子兵法》以及曹操对其的注解，春秋之际后勤保障部队使用的主要运输工具是人力车，即“辇”。从甲骨文和金文的象形文字中，我们可以清晰地看出，辇是以两个人拉动的车辆。在当时的技术条件下，两个人可以拉动的人力车载重能力是有限的。为了让运力能够跟得上消耗，只能增加辇与拉车奴隶的数量，完全是一种低效率的解决方式。

沈括曾在《梦溪笔谈》中记录过宋军穿越荒漠攻击西夏时的后勤补给情况：如果攻击距离为单程 18 天或者往返各 9 天的路程长度，每一名战兵需要一名民夫来背负途中所需粮食物资；如果是单程 26 天或往返各 13 天的路程，就需要两名民夫来支持一名战兵；如果是单程 32 天或往返各 16 天的路程，就需要 3 名民夫才能满足一名战兵的后勤需求。可见民夫的后勤支持效率呈边际效率递减（每增加一个民夫所新增的后勤支持能力要比前一个民夫的更少，民夫数量与所支持的行军能力并非呈线性关系）。随军民夫数量的增加速度快于支持能力增加的速度，而每增加一个民夫，粮食消耗就增加一份。我们知道，为了维持完整战斗力，即停止行军的部队当场就能展开战斗，春秋时代军队的日行军速度为一舍 30 里（战国里），即使一日两舍，日行军距离也不到 30 千米，这期间对粮食的消耗可见一斑。

浅纵深地域，掠夺敌军粮食物资支持己方作战，那么便可以有效地破坏敌国的战争潜力，也就让敌国丧失了主动进攻己方的能力。伍子胥疲楚的战略意义就在于此。作为《孙子兵法》传人的孙膑，明确指出齐国处于“背海向陆，无地可退”的境地，提出齐国在国家战略上应该做到“必攻不守”，也是继承了这一战略思想。

伍子胥的疲楚之策，就是有意识地用一系列的小规模战斗来达到消耗敌人的目的。让楚东之地变成战区，那么当吴军真的大举伐楚之时，原本是内线作战的楚军却无法在当地获得充足的物资补给，等同于出境作战。经过数年的袭扰，江淮地区楚军失去了与吴军交战的实力与勇气。当伍子胥率军奔袭江汉平原时，江淮楚军竟坐视吴军沿淮河西去。

伍子胥破楚后，楚国统治的核心江汉平原也无力支持江淮地区的楚军与吴国交战。幸而吴王夫差将战略重心转向了称霸中原，楚国才获得了喘息之机。且吴国的经济基础与文化实力太过薄弱，连同族源的越人都未能同化，更无法将立国数百年的楚国吞下。

另一方面，勾践假意归附吴国之后，故意诱使夫差北上与齐、晋等大国争霸，且以暗中收购吴国粮食、鼓动夫差劳师远征并大肆开掘运河、广建宫室享乐（提到劳师远征、大修运河、贪图享乐这三条，不由得让人想起了著名的隋炀帝。吴王夫差与隋炀帝杨广这对难兄难弟，能够在很短的时间内将原本强盛的国力与军力耗尽，手法居然出奇一致）等手段来破坏吴国经济生产，最终以伐谋之法战胜了吴国，验证了孙子兵法中的观点。

## 吴越宝剑

剑，兵中君子，有太多文化上的意义被赋予这种兵器。不过剑这种兵器可能是一件“舶来品”，至少在殷商文明遗迹的发掘中未出土过青铜剑。中国现存可断代制作时间最早的一把青铜剑出土自北京市房山区琉璃河商周时期遗址。该剑全长仅 30 厘米，与其称之为短剑，倒不如说是一把战斗匕首。从外形上看，其与鄂尔多斯青铜文化中出土的铜剑极为接近，均为柳叶形无格无首短剑 / 匕首。西周之世，青铜短剑的长度始终未能突破 40 厘米这个界限。现发现的尺寸最长的一把西周剑出土于山东省沂源先姑子坪 1 号西周晚期墓葬之中。

现阶段的各种考古证据比较支持这样的观点：青铜短剑是地处西垂的周人在与古玉石之路各文明的交流中学习而来，并根据自身的青铜加工技术与实战使用经验进行了一定的改造与发展的一种新式兵器。我国境内出土的各色青铜剑，从年代、分布与器物类型上看，可以分作六大类：

1. 吴越青铜剑

春秋时期，青铜剑的发展进入了繁盛期。吴越之地因为战场环境与社会经济基础的因素，与中原诸国相比，更加注重对青铜剑的发展。而吴越短剑又直接影响了楚国剑的演进，尤其是两国衰亡时大量能工巧匠流落到异乡，将先进的铸剑工艺传播开来。

2. 楚国剑

早期楚国剑与中原古剑类似，后来由短变长，由空茎窄格演变出实茎宽格。后期的楚国剑在吸收了大量吴越剑的精华后发展更为迅速，从外形可以看出，楚国剑的使用技法已经从单一的近身突刺发展为成系统的剑术。著名的双色剑就是为了加大长度与宽度都变得更大的青铜剑的整体强度而特意发展出的新工艺。

3. 巴蜀剑

巴蜀以及周边区域出土的短剑富有浓郁的民族特色，因其剑身多呈扁茎无格柳叶形而区别于其他地区的剑。巴蜀剑茎上多开出一或两个穿孔，用于安装剑柄时穿钉固定木板。巴蜀剑在剑身上多铸刻有虎、鸟、蝉等纹饰，反映出古巴蜀人的图腾信仰。

4. 中原古剑

起源于西周，原始形态为直身、扁茎、尖锋、无格，且剑柄需另外安装，类似于巴蜀剑的原型。后期发展为圆首、圆茎、有格，剑身上出现了起脊结构，剑茎上也出现了箍，以便于在剑茎上缠绕丝绳改善握持手感。后期中原剑出现了一种剑身有 2~3 条起脊、扁茎无连铸格结构，这类剑出土时多附有铜制、金质或玉质的剑具，装饰华美。这也是后来兴盛的汉代长剑的直系祖先之一。

5. 草原系剑

这类短剑多出土于辽宁、河北北部及内蒙古地区，其共同特点是整体尺寸较短，长度通常为 25~40 厘米。这类短剑形态复杂，主要器型以曲柄或曲刃为主，多将剑首铸造为兽头样式。从功能上看，既是护身短兵，也可充当生活工具用刀。

战国时期，草原系剑还出现了一种怪异的造型，剑体对称，剑刃呈波浪状曲线，因此又被称作琵琶型短剑。剑体开有血槽，内弧收腰，剑身短而异常粗大，有柱状起脊，剑柄多为分铸，剑首顶端另附有配重结构。

6. 西南夷剑

西南夷剑有时又被称作滇人剑，主要出土于我国云贵高原与川西高原地区。西南夷剑多为整体合铸而成，有格或无格，剑柄多为空心圆筒状或椭圆筒型，通

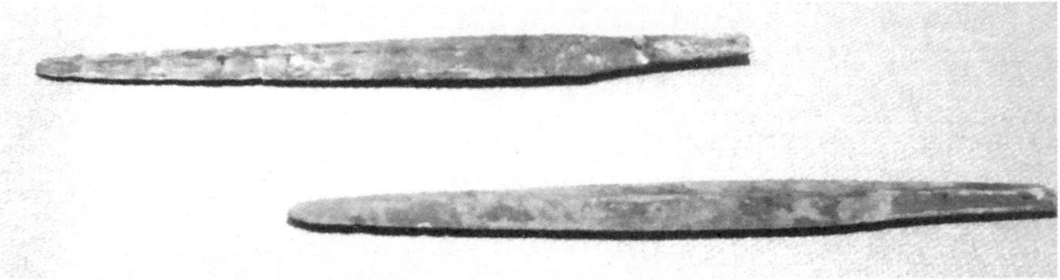

▲柳叶形短剑

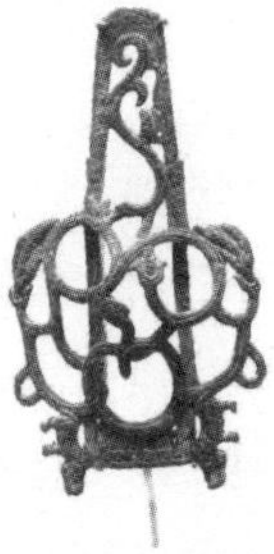

▶巴蜀青铜剑

▲巴蜀青铜剑柄

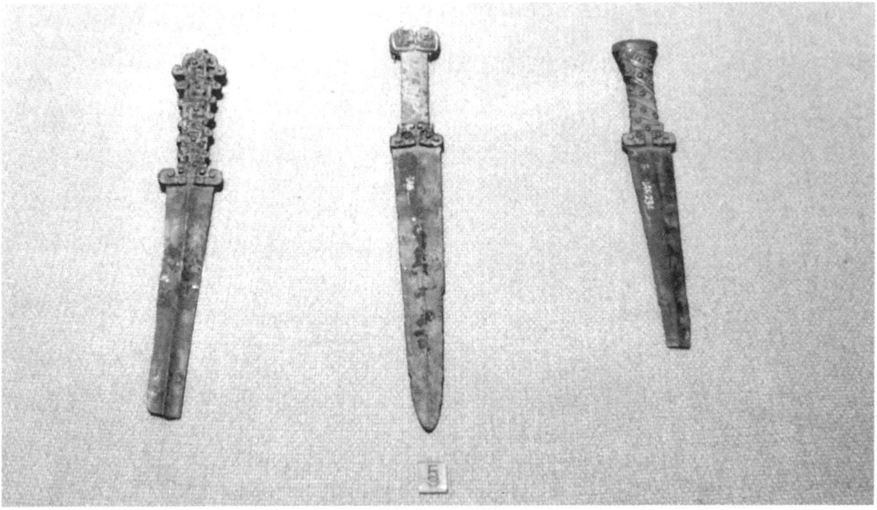

▲草原系短剑

▼滇人青铜兵器

常 30~40 厘米。西南夷剑在装饰上极具民族特色，一般会在剑柄或剑身上铸刻较为写实的动物纹、人物纹或者纯粹的几何纹饰。

吴越之地，由于特殊的战场环境，导致了中原流行的战车在此地无用武之地。好勇斗狠的吴越先民们在山林中与虎兕相搏，锋利轻捷的青铜剑无疑是其最好的伙伴。战国时期菱形的双箍式剑（剑茎截面为圆形，附有两个圆箍，收藏界俗称为“竹节柄”）、空茎剑（剑茎铸造成空筒，收藏界俗称为“筒子柄”）就是吴越地区的铸剑师首创。

一直以来，我们都认为吴越地区的青铜剑多采用一体连铸的方式来制作。吴越地区著名的“同心圆”的剑首可以确定是先行铸造单独附件，再将之与剑茎铸接在一起，而出土量更大的素首青铜剑则被认为采用了剑首与剑茎连铸的工艺。近年来，更多的科技考古技术的应用，让我们可以更加彻底地对出土实物进行分析研究。通过 X 光探测，我们惊讶地发现，原以为是一体铸造而成的素首青铜剑竟然也采用了剑首与剑茎分别铸造后再铸接为一体的生产工艺。

在对战国时期的出土青铜短剑进行深入探查后发现：很大一部分造型较为简单的战国青铜剑也并非一次性浇铸成型的，而是采用了两次甚至是四次浇铸。一般来说，浇铸步骤是这样的：首先一体铸造无格的剑身与较细的内剑茎，然后再浇铸出剑格与较粗的外剑茎；有时候是将剑格、外剑茎与剑首分别铸造成品后，再将各个部件与内剑茎进行铸接。那么，将铸造工序分成如此多的步骤究竟有何意义？

从制范的角度看，如果一把剑采用一体浇铸的工艺来进行制作，势必会对制范提出更高的要求。而且铸造模范在取剑的时候也会被损坏，必须重新进行制作。如果将形状较为复杂的剑格、剑首分别进行铸造，不但能够降低对制范的工艺要求，更能提高成品率，即便出现浇铸错误，其影响与浪费也更小。从兵器使用的角度来看，剑体如果是一个绝对的整体，那么在与敌方兵器或硬质目标撞击过程中，所有的反震力将全部由使用者的手臂来承受，这一点对使用者而言并不友好，因此古代实战刀剑并不会极端地去追求整体硬度。如果用手指用力弹敲剑体而基本不会发生颤动，这就是制作者根据实战做出的特别设计。一般认为采用包钢工艺制作的刀剑比采用夹钢工艺制作的刀剑性能更好也有这方面的因素：包钢刀剑

◀▲吴王光剑

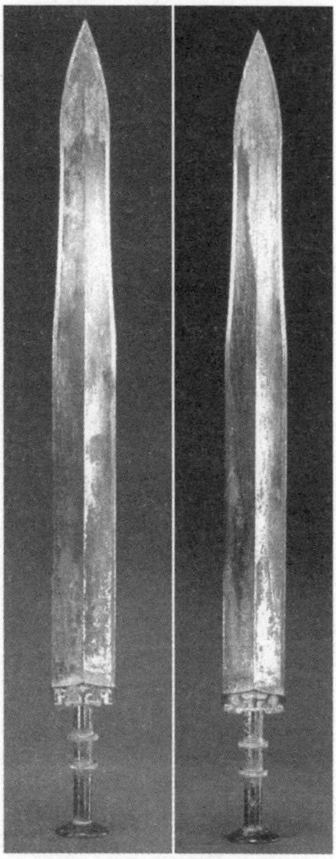

▲▶ 吴王夫差剑

▼ 吴王夫差剑剑柄

芯部是较为柔软的熟铁，减震与吸能效果较好，刺砍中目标后手部不适感减小。

在多次铸造工艺的基础上，吴越的铸剑师们还创造性地发明了“双色剑”工艺：先使用铅锡含量低的高韧性铜材铸造出剑的剑脊内核、剑茎与剑首部分，然后将铸好的内核部分与特制的模具固定在一起，再使用锡含量较高的高硬度配方青铜合金融液浇铸剑刃的左右两锋。这样铸造出来的青铜剑内韧外坚，可以将剑造得更长，突刺与劈砍效能更好，且在战斗中不易折断。因为剑脊与剑刃部所用铜材铅锡含量不相同，所以两部分在色泽上也不相同——低锡的芯部颜色发红，高锡的剑刃颜色发白；在锈蚀之后这个现象也依然明显：其剑脊芯部呈现浅绿色，剑刃发黑——因而被称作“双色剑”。

吴越两国相继灭亡后，同属南方的楚国继承了双色剑的铸造工艺，现已知的双色剑实物大多出土自楚地。从某种程度上说，双色剑的设计思路与后世钢铁刀剑所采用的包钢、夹钢工艺是一致的——使用两种性能不同的材料来实现刀剑不

▲ 双色剑

同部位的特定受力要求。

由于双色剑的特殊工艺要求，必须采用二次浇注工艺来进行生产。这首先就对制模翻范技术提出了全新的挑战：要避免出现“漂芯现象”，必须提高模具的设计水平。此外，还要提高模具的加工精度，防止出现因精度不足造成的报废。在毛坯铸造完成后还需要经过研磨处理。荀子在其著作《强国》篇中曾提到：“刑

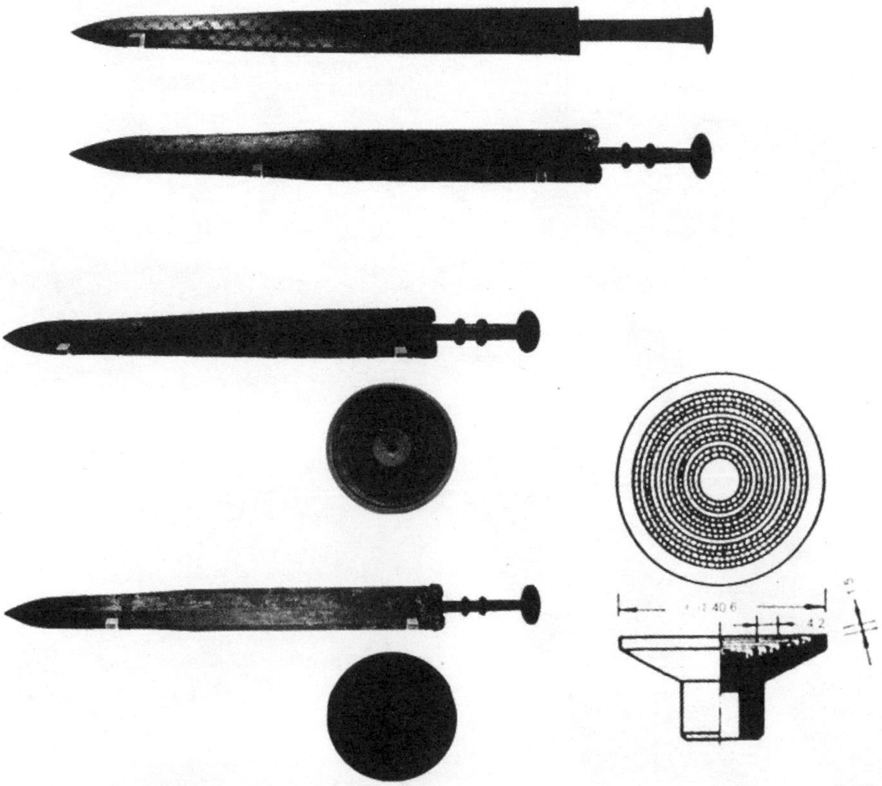

▲ 全装状态下的青铜剑

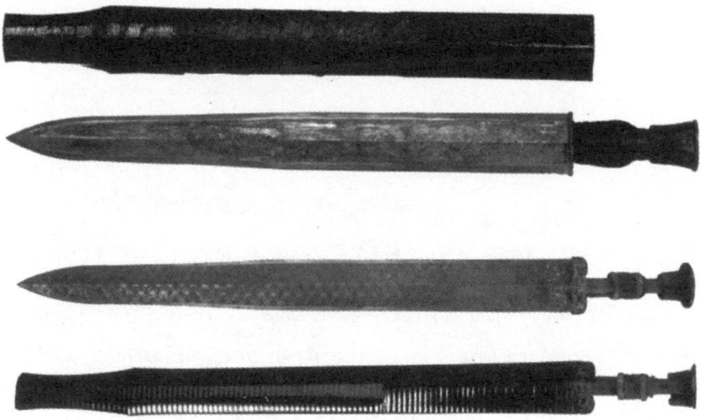

◀ 同心圆剑

范正，金锡美，工冶巧，火齐得，剖刑而莫邪已。然而不剥脱，不砥厉（砺），则不可以断绳。剥脱之，砥厉（砺）之，则劙盘盂，刎牛马，忽然耳。”很显然，荀子是在目睹了青铜剑的整个生产工艺流程之后才发出如此感慨，并提出治国也须广行教化的道理。

要铸造出一柄合格的青铜短剑，制范是关键，此外合金的配方比例与金属冶炼的纯净度也十分重要。青铜冶炼技术经过上千年的发展，无论是中原还是遥远的吴越都已经将青铜冶炼技术发展到了一个当时所能达到的最高峰。然而剑这种兵器进一步的发展开始受制于青铜材料机械的限制，因此铁质刀剑应运而生。

▲分铸式青铜剑

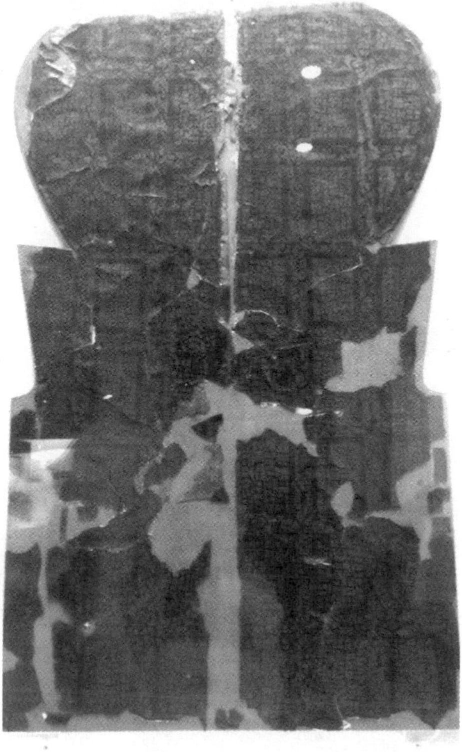

▲出土盾牌实物，皮革质地已全部腐朽，仅漆壳尚存

▲铁刃青铜钺

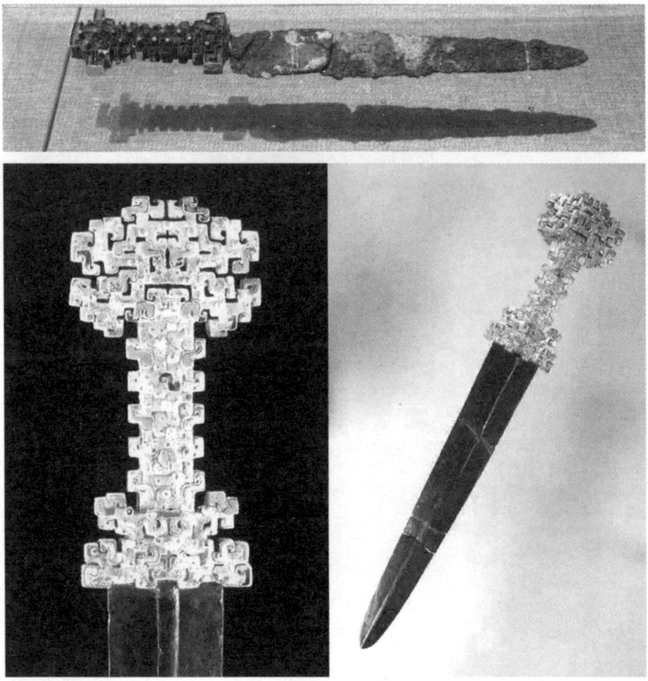

◀金柄铁剑

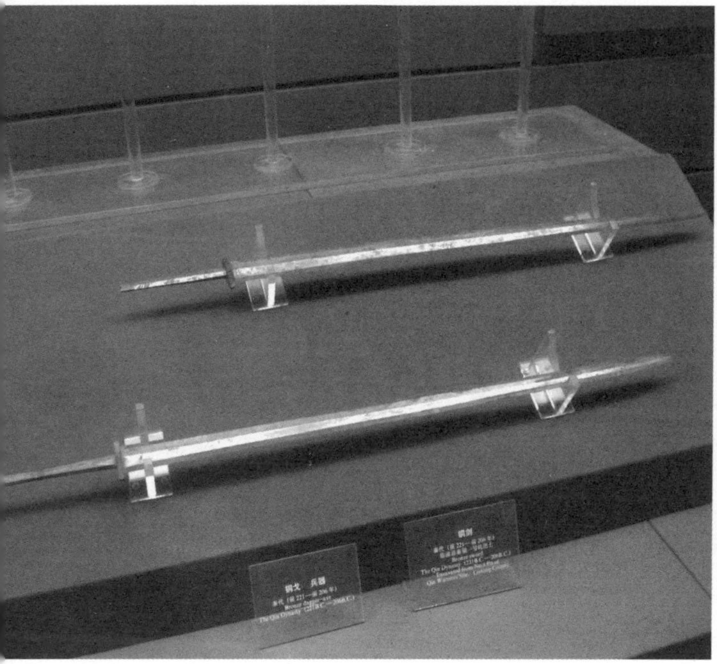


▲秦陵兵马俑出土青铜长剑

▲越王勾践剑与吴王夫差矛

已知最早发明人工冶铁技术的人类文明是亚述文明。在掌握人工冶铁技术之前，人类已经开始尝试使用天然陨铁来打造兵刃了。在陕西省宝鸡市境内与河南省三门峡市故虢国遗址都出土过一些金柄铁剑，这些剑金质的剑柄上装饰有绿松石。其中出土于虢国故地的铁质短剑经断代应为西周晚期制作，据金相分析剑刃部铁质为天然陨铁。出土于宝鸡市益门村春秋晚期秦国墓葬的金柄铁剑经现代科学手段分析后发现，其铁质剑体材料是块炼铁渗碳钢——为人工冶铁制品！

出土于甘肃省灵台县景家庄春秋墓葬的铜柄铁剑，经断代为春秋早期，其铁质剑刃同样为人工冶铁制品，这也是已发现的我国现存最早的人工冶铁短剑实物。在陕西省韩城市梁带村两周墓地中出土了铁刃铜削、铁刃铜戈两件铁制品，研究者通过金相显微镜发现：铁质残留夹杂物中存在铁素体与珠光体组织痕迹，在锈蚀中还发现了硅酸盐矿物（铁橄榄石）与氧化亚铁共晶夹杂物，基本可判断两件样品为块炼铁渗碳钢制品。

出于学术研究的严谨性，研究者还对样品中的元素含量进行了分析。陨铁为陨石的一种，含铁量在80%以上，常伴随有含量较高的金属态镍元素。1972年在我国河北藁城台西商代遗址中发现的铁刃铜钺，经过镍元素含量分析断定为陨铁制品。这次在梁带村出土的铁制品经过镍元素含量分析，最终断定为人工冶铁制品，制作年代为两周之际。到了战国时期，我国各地均有铁质长剑与其他类型铁质兵器出土。

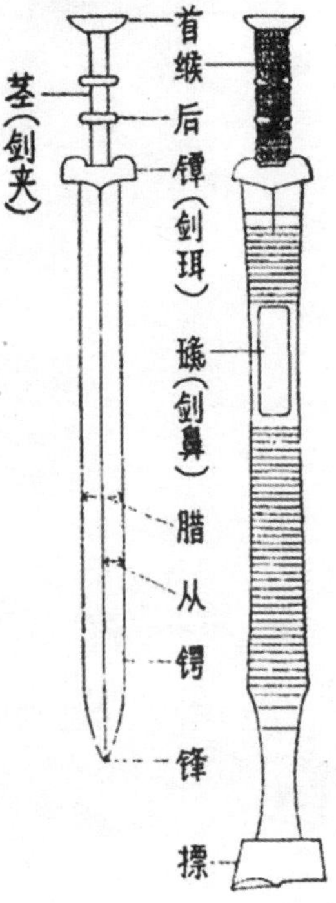

▲青铜宝剑各个部位名称

相比西周时期，春秋战国时代青铜短剑的演进表现出了三个明显特点：剑体长度加长、剑身刃部宽度加大、剑身中部的刃线还出现了向内收腰的弧线。这三个特征的出现，让青铜剑的突刺能力得到了增强，让原本只属于卫体短兵的青铜剑进化为步兵的主战兵器。器型的改进让青铜剑除了刺这一攻击手法之外，还多了一种攻击手段——击。

击的技法类似于今天剑术中的“点”与“劈”两招，利用剑刃前半部分给对方身体造成较大的创伤。为了保证剑身在击杀对方时不至于折断，春秋晚期之后的铸剑师不约而同地选择将青铜剑的剑身做得更宽。在钢铁材料被用于铸剑后，剑的劈砍能力再上一个台阶。昔荆轲刺杀秦王政不果，秦王拔剑击荆轲，一剑就砍断了荆轲的左大腿，剑器击刺杀伤力的提升可见一斑。

吴国军队在外来优秀人才的指导下，展开了春秋后期最重要的一次军事改革，建立了一整套以步兵为战术核心的军事体系。在国家层面上，以开凿运河主动改善自身的地缘关系。吴越步兵作为中国第一支精锐正规步兵，其在军事发展史上的地位难以动摇。但是它固有的缺陷，却不能使之完全取代战车部队的地位，这一切要等到步兵战术在战争实践中得到进一步发展后才会发生根本性的改变。

▲荆轲刺秦王汉画砖

# 第五篇

战记 5

# 勇如孙吴

▲吴起

《尉缭子》言："有提九万之众，而天下莫当者谁？曰桓公也。有提七万之众，而天下莫当者谁？曰吴起也。有提三万之众，而天下莫当者谁？曰武子也。"

孙武以十三篇兵法扬名两千多年，而另一位兵法大家吴起，除了著有《吴子兵法》，更是一位伟大的政治家、改革家，还有可能是一位史学家（《春秋左氏传》部分内容对战争描写得深入且专业，有学者认为应是军事家出身的吴起所著）。以一人之力，先后兴鲁、强魏、扶楚，一手壮大了三个国家！而他一手训练出的"魏武卒"，更在战国乱世中打出了赫赫威名。虽然这支战力超群的部队最终丧于"左挈人头，右挟生虏，追亡逐北"的秦军锐士，但他们的战绩仍值得我们今天慢慢淘洗历史的尘沙，细细回顾。

## 肇建

吴起本是卫国人[①]，为求学来到了鲁国。有人称吴起家是卫国大商人，曾经"家累千金"，后因为吴起终日游学不能仕花费甚大而耗尽积蓄，最终家徒四壁。这个传说很有可能是吴起离开鲁国之后当地腐儒所编排的，目的有三：首先宣称吴起出身低贱，在儒家思想看来，商人是四民（士农工商）中最低贱的，以此给吴起

①战国时的卫国尽管自身实力贫弱，从西周旺国沦为末等小国，但还是孕育出了几位堪称改变了历史走向的杰出人才，尤其以李悝、吴起、商鞅、吕不韦四人为代表。而后三者又与秦国结下了不解之缘，一人将秦国打入深渊，一人将秦国拉出谷底，一人"奇货可居"贩卖了秦国王位。

其人“分类定性”；其次是想说吴起奢侈无度，因乱花钱而导致祖辈积攒的基业消耗殆尽，为人不孝；最后则是污蔑吴起无能，长期求官而不得，是为不智。

后来又有人说，吴起外出游学是为了逃刑罚。吴起因无法求得官职而被同乡们耻笑，因此大怒，连杀 30 多人后逃亡，离家求学并立下誓言，不得官职决不回家。吴起之母在其求学期间去世，吴起因未能当上官不肯回家奔丧，因此有人说他无能又不孝，被儒家大宗师曾申（曾参之子）赶出师门。这个故事的漏洞十分明显，将吴起的生平完全颠倒了。

为了诋毁吴起，鲁国腐儒可以枉顾事实编造故事，若吴起当真出身富豪之家，怎么会因为想做官而花尽千金？为让秦公子异人（即日后的秦庄襄王）广交宾客经营名声，吕不韦给他的自我包装资金也不过五百金，更何况这还是在物价水平较高的赵都邯郸。吕不韦为秦公子异人结好华阳夫人一系，以谋得太子之位，整个过程的全部花费也不过千金之数。一百年前的吴起怎么可能在鲁国为谋求官位就能花尽千金家财？很显然是那些手指不沾阳春水又没真见识过千金巨资的鲁地腐儒们为抹黑吴起特意编排出来的故事。

鲁元公十七年（周威王十四年，公元前 421 年），齐国再次例行公事般地前来攻打鲁国，此时吴起自告奋勇，愿意领兵出战抵御齐军。请各位读者注意，此时吴起应该已经拥有比较高的官职了，否则不可能去请命领军，更不可能带兵出战。我们都很清楚一点，鲁国的政治制度与用人制度十分守旧，不可能随便重用一个既不是鲁国人，又不是出身名门的普通人，更不可能随便将军队交给一个跑来要官的白衣之士，这可是关乎国家生死存亡的大事。可以推测此时的吴起很有可能已投身“三桓”家族，成为其政治附庸后，再凭借出众的才能晋升到了较高官职。

吴起率领鲁军击败入侵的齐军后，可能是因为其政治出身的缘故（“三桓”势力的附庸），被鲁穆公所厌恶，最终去职离开了鲁国。离开鲁国的吴起并不对之前的一切有所留恋，对于他而言，暮气沉沉的鲁国就是一潭死水，继续待下去只会把他也同化为那种人肉木偶。

此时地处中原的魏国正处于一代雄主魏侯斯（魏文侯）统治时期。三家分晋后，韩国忙于吞并郑国的战事，赵国也将主要精力耗费在攻灭中山、代国的战争中，唯独魏国没有过度参与领土扩张战争（魏侯斯在位期间主要打击目标为中山国），而是积极发展国内农业生产。此间，韩、赵两国都曾派人游说魏侯斯，希望其加入己方阵营一起攻打对方，并许诺灭国之后平分土地人口，但均被魏侯斯拒绝，他提出三晋应保持内部相对和平，共同对外发展扩张，这样才有出路。

吴起为鲁将的同一年，卫国人李悝成为魏国丞相，主持变法事宜。李悝变法并非简单地在法律制度上进行变革，而是在农业技术、商业经营、国家制度建设等多个层面进行深化改革。可以说秦国的商鞅变法就是在深入学习魏国李悝变法的基础之上，根据秦国实际情况做出一些变动后才得以实施的。商鞅制定的秦法，就是以李悝的法经为蓝本而制定的。

在曾经举荐过李悝、乐羊的魏相翟璜的推荐下，吴起出仕魏国。吴起成为魏将后的第一个任务是攻打中山国。中山国曾名鲜虞，在鲁哀公六年（晋定公二十三年，公元前489年）被晋国大夫赵鞅率军灭亡过一次。后其残余势力举族离开忻定盆地，沿滹沱河穿越太行山脉，迁至今河北定州一带再次立国。

史书上没有关于吴起攻打中山国具体过程的记载，结合事后魏侯斯重用吴起，并委以河西太守的重任来看，吴起在攻灭中山国的战事中应当表现出众，不但展示出了卓越的军事才能，更表现出了优秀的治政水平，这等军政一体的复合型人才正适合在一个地理单元相对独立又需要面临较大军事压力的地方——魏河西郡——主政一方。当然，能够在此地主政一方的也必须是忠贞之辈，吴起应该凭灭中山一役的表现证明过这一点。

《吴起兵法·卷上·料敌二》中记录了一段魏侯斯与吴起关于评述列国军队战斗力的对话。文中吴起对秦国军队的评价是："秦性强，其地险，其政严，其赏罚信，其人不让，皆有斗心，故散而自战。击此之道，必先示之以利而引去之，士贪于得而离其将，乘乖猎散，设伏投机，其将可取。"秦国士民尚武敢死，然而秦国的军政架构粗陋，早已落后于时代，因此秦军纪律不严，在战斗中有冲劲却无韧性。想要战胜这样的敌人，就必须能够成功地调动对方，具体到河西这片战场上，需要有一支精锐的步兵部队，在战略上，凭借机动能力的优势灵活作战，将敌军拖垮拖死；在战术上，以步兵坚阵对决以旧式的战车部队（战略机动力不足，组织不力，故缺乏进攻后劲，且冲击力能被精锐步兵所克制）为主力的秦军，则无往不利。

三家分晋时，各家在原有领地的基础上分割到了自己想要的土地。但由于历史的惯性与三晋旧有的内部矛盾，大家瓜分到的领地犬牙交错，各自都拥有大片的“飞地”，可谓你中有我我中有你。虽然三晋间可以通过互相“易地”来整合各自的国土，但是这并不能从根本上增强国力，积极地对外扩张才是正途。

那么为何吴起愿意去偏僻且经济落后的河西主政，而不留在繁华的中原之地一展所长呢？因为在吴起看来，魏国地处四战之地，如果不能尽快获得一块相对安稳的后方基地，就会因缺乏发展后劲，且不得不面对对手们的四面围攻，从而疲于奔命，最终走向衰败。为魏国谋，吴起的战略规划主张：利用自身在地缘上已掌握临汾、运城两盆地的基础上，构筑关中—河东一体的地缘体系。将魏国在西部的领土整合为一个全新的地缘结构，后有适于农业生产的关中沃野，前有河东之地为关中屏障。欲争雄天下时，北上可全获表里山河，东进则可攻伐华北平原、中原“陆海”，南下可取汉中、巴蜀、楚地。因此吴起决定亲自为魏国打下关中这块大后方，让魏国的地缘形势得到彻底改善，根基稳固之后，再亲率河西之军与诸侯争雄于中原。

河西之地直面秦国本土与赵国、韩国在此处的飞地，还夹杂有一些残存的戎狄部族，各种势力犬牙交错。河西有广义与狭义之分，狭义的河西单指魏国控制的关中平原东部的黄河沿岸之地，广义的河西还要包括整个洛河流域，以及南部的渭河下游至崤函之地，北部的今陕北延安、榆林和内蒙古的部分地区。

广义上的河西之地，秦、魏、赵、韩四国各占一方，这一区域主要由关中平原东部、黄土高原大部与两者之间的过渡地带共同构成。从地形上看，除中间的过渡地带外整体都较为平坦，但在部分区域会出现一些较深的沟壑将大块平地割裂开，内部有渭河、洛河（另有大浴河、徐水河等支流）、延河、清涧河、无定河 5 条较大的地表径流。在这样的战场环境中，一支战略机动性好、战斗

▲ 黄河渡口

▼魏武卒

力强悍的精锐步兵将发挥出极大的战略与战术优势。

狭义的河西之地以少梁邑（在今陕西省韩城市附近）为其主要支撑点，包括今陕西省渭南市全境及铜川市、延安市部分区域的一大片土地。在该片区域内，可以依靠蒲津渡、风陵渡、龙门渡（韩城境内）、碛口渡沟通黄河两岸，其中龙门渡是魏国驻扎在安邑的军队通往河西最便捷的通道。西周至春秋这一带存在过一个叫作梁国（公族与秦国同为嬴姓）的小国，周宣王封秦仲次子为梁伯建国于少梁，后被秦穆公出兵吞并。后来晋国在最强势的时候曾将自己的势力范围扩展至地处关中腹地的泾河流域，而这些土地主要被六卿中的范氏与中行氏所瓜分，魏氏则趁着轮值主政（六卿执政时，正卿之位会按一定规则轮换）的机会分得了少梁一地。六卿之乱后，范氏与中行氏先后败亡，两氏残存的族人以黄河西岸的土地为进身之资投靠秦国寻求政治保护。自此之后，秦与三晋隔黄河对峙，但魏国却在河西之地保留下了一个重要的桥头堡——少梁。

周威烈王七年（魏文侯二十七年，秦灵公六年，公元前419年），新任少梁令吴起（吴起虽然掌握了河西军政大权，但此时的魏国应仅有少梁一县，所以只能为少梁令。后来在吴起的开拓之下，魏国拥有了一郡之地，即河西郡，吴起为河西太守）在少梁邑附近营建新的城池。这一举动立刻引起了秦国剧烈的反弹，当年冬季秦军出兵攻打正在少梁筑城的魏军。直到次年两军依然不分胜负，秦军被迫撤回。第二年，感受到魏国的军事压力后，秦国向魏国学习经验，也采取了堡垒战术，开始沿着洛河两岸修筑防御工事。魏军见秦人举动异常，为了加强少梁的防卫力量，于是在冬季农闲时又加修堡垒一座。这一举动再次引来秦军袭击建设工地，吴起组织反击，秦军被击退。

吴起采取“堡垒战术”与秦国进行斗争，并逐渐让魏国在河西之地站稳了脚跟。但是吴起深知一个道理：“进攻才是最好的防御。”于是他遴选军中精锐，组建了赫赫有名的魏武卒。战国早期一段最为辉煌的大戏即将开幕。

## 辉煌的顶点

双方就这样不断地在少梁地区投入更多筹码：今年魏国修建堡垒，闻讯后的秦军就来袭击工地；明年秦军修筑一系列工事，魏军在前一座堡垒的旁边又加修

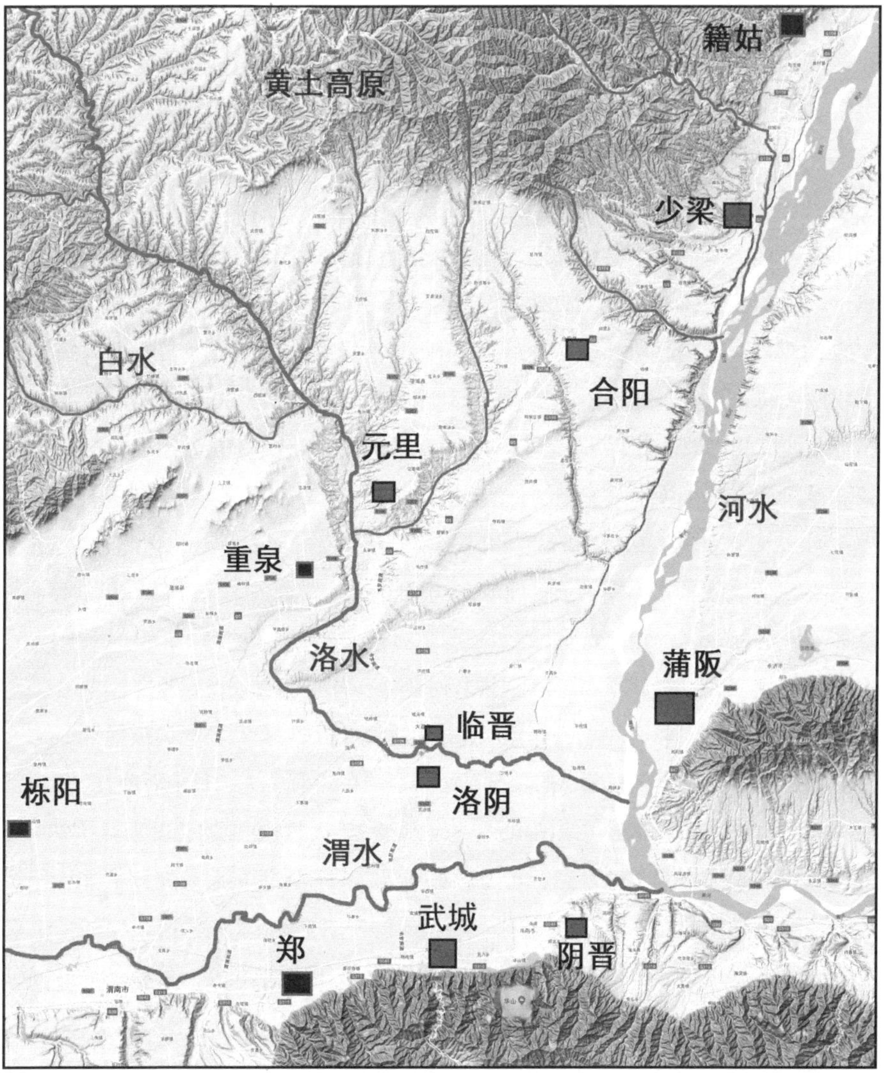


▲ 河西之地

一座堡垒，秦军见了又来袭击。连年的进攻作战与不断地修筑新防御工事，让秦国财政趋于失衡。于是，秦军在堡垒对峙战的第五年（公元前 415 年）只修筑了一座新堡垒（籍姑城，在少梁之北），同时用更低的成本对原有城池（庞城，又名繁庞城，在少梁南）进行了维修和加固。但是吴起在少梁不是来当“包工头”的，在修筑城邑工事的同时，他灵活地改革了原有的土地制度与军政体系，组建了后来闻名天下的“魏武卒”。两年后（公元前413年），秦国终于积攒出了足以支持一场大战的物资，准备主动出击以破局。这回，秦国决定跳出少梁这个密布着各色堡垒与防御工事的怪圈，于是选择从南线出动，决意打通崤函之道。

获悉这一情报后，吴起决定率领新组建好的魏武卒部队迅速南下，封堵秦军东出之路。双方在郑邑（今陕西省华县南）附近展开了会战。秦国大军从国都泾阳①向东进军，吴起所部则从少梁一路南下。从距离上看，秦都泾阳城与郑邑之间相距大约280里（战国里），少梁至郑地的路程大约也是280里，两者接近。秦军行军速度我们按一日60里（两舍）计，从斥候获知秦军出击到向吴起汇报，需要大概一天时间（泾阳与少梁间直线距离大概170多千米，传信兵在路上至少需要耗时一天）；吴起完成部队的动员并率军出击，也需要至少一天的准备时间。这样秦军至少比魏军先出发两天，那么以郑为目的地，秦军只剩下160里的路程，还需三天就可到达；而吴起却要走280里。

按常理来说，吴起根本不可能截击到秦军，甚至还会被得到预警、早已摆开阵势的对手打退，然而此战吴起却获得了胜利，这是为何？吴起选拔魏武卒的一个重要指标，就是全副武装下的急行军能力。史料中称之为“日中而趋百里”，强行军半日就可推进100里（战国里）。我们就算按一日100里的速度来算，280里的路程仅需三天不到即可走完，正与秦军相遇。可以推测吴起是充分了解敌我双方的战略机动能力后才做出的抉择。郑地位于华山南麓，北临渭河，中间平原宽度仅5千米，很适合重装步兵打阻击战。正面对决中魏军获胜，武卒之师牛刀初试锐不可当。

郑地之战，魏武卒取得了成军之后的第一场大胜，自此秦魏两国在河西之地的攻守之势发生了逆转。秦国的财政状况已难以支持针对少梁的进攻作战，而吴起却完成了根据地的建设，并组建了“武卒”队伍。虽然没有关于郑地之战具体

---

①秦灵公在公元前419年将国都从雍城迁至泾阳。公元前383年，秦献公又迁都至栎阳。

过程与战果的文字记录，但结合郑地之战后，面对吴起的攻势，驻守关中东部的秦军几乎丧失了抵抗的能力，且秦国之后也没有出兵骚扰吴起筑城的举动这两方面，我们可以推测秦军在郑地之战中的损失不小。

郑地之战的第二年（公元前 412 年），公子击（就是后来的魏武侯，本名魏击。作为国君之位的法定继承人，公子击需要到军中锻炼，因此被其父派往河西与秦人交战）率军围攻秦国治下距离少梁邑最近的据点——繁庞城，并掳掠当地民户以充实少梁人口。经过数年的休养生息，吴起对魏武卒队伍进行了扩充，周威烈王十七年（魏文侯三十七年，秦简公六年，公元前 409 年），河西魏军展开了对秦国的大规模攻击。吴起率军自少梁出击，一路南下扫荡沿途的秦军各据点，并在临晋（今陕西省大荔县东）、元里（今陕西省澄城县南偏西，交道镇元里村附近）两处修筑城堡，将势力范围扩展到这一区域，并逐渐将之扩展为县邑，发展生产，充实人口，编练军队。

作为应对，秦国在洛水之西、今陕西省蒲城县以东 16 千米的孙镇附近修筑了一座名为重泉的军事城邑。自古以来，凭河流防守绝不能直接将阵地设置在河边。正确的做法是：在己方一侧河岸上有意空出一些距离，引诱对方渡河作战。这样可以让敌人在己方预想的战场上接受会战，而不是采取迂回的战术，己方享有内线机动优势。就算敌军从河流他处完成渡河，侧翼迂回己方背后，己方军队也有足够空间回旋，展开机动作战。纯防御型军事要塞也是如此，直接建立在河边则容易被敌军合围；离主要河道有一段距离，可以开挖一段运河保持水运便利。在城市与河道之间建立军营，城市可以获得军营的掩护，军营也能以城市为依托，两者互为犄角。

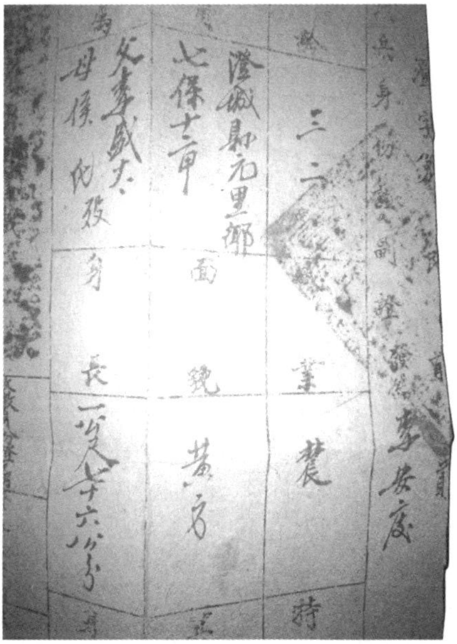

▲ 现存民国时期的征兵文书，文书中明确有元里乡这一地名

▲今日的重泉古城已成为一处旅游景点

第二年，完成休整的魏武卒再次出击。《竹书纪年》中记载，魏军一路南下攻击前进，一直打到了华山之下的郑地才罢手，并依次在洛阴（今陕西省大荔县之南，因位于洛水之南故称洛阴）、郃阳（今陕西省合阳县东南）修筑了城池，将战线向秦国腹地大大推进。洛阴城与临晋城隔洛河相望，有这两座城池在，吴起获得了一条完全处于自己控制下的渡（洛）河通道。修筑郃阳城则是为了控制从少梁到元里、临晋之间的这一大片土地，这里是连接少梁黄河渡口与关中平原内部的重要结合部。沿洛河一线从黄土高原边缘直到渭河、华山，以元里、临晋、洛阴、阴晋为主要支撑点的河西魏长城逐渐成形，郃阳城则是位于魏长城之后最重要的一处交通枢纽与二线基地。魏国以长城固守河西之地，吴起的功业达到了第一个高峰。魏侯斯评价吴起"善用兵，廉平"，任命其为新设立的河西郡太守。

魏侯斯觉得让吴起待在河西一地实在屈才，于是决定将其调回国中，并委以重任，让吴起在全国范围内推广武卒之法，组建一支直接听命于国君的精锐部队。当然，将吴起调回也存在对其进行政治保护的考虑。毕竟河西孤悬黄河对岸，由同一名军政长官长期统辖容易产生分裂倾向，比如汉景帝时七国之乱、西晋八王之乱、盛唐安史之乱、五代藩镇之祸。

《读史方舆纪要》中记载，吴起在今山西省孝义市西南78里处修筑了一座城邑，以为河西屏障。此地与赵国掌握的蔺邑、离石要塞较近，赵国以蔺邑与碛口渡控制了广义上的河西之地北部，即赵上郡。吴起营建吴城的目的，应该与魏、赵两国在河西地区的博弈有关。同时也应是吴起在本轮河西太守的任期内所完成的最后一件重要事务。

周威烈王二十一年【（姜）齐宣公五十一年，魏文侯四十一年，赵烈侯四年，公元前405年】，齐国田氏新任家主悼子猝然离世①，田氏家族中的两派发生严重内讧，直接导致廪丘（今山东菏泽市郓城县西北）大夫田（公孙）会举城叛齐降赵。鉴于廪丘战略意义的重要性，田布率领以田氏私兵为主体的齐军②围攻廪丘。

大喜过望的赵侯籍（赵烈侯）立即联系韩魏两家协同出兵，联军伐齐以解廪丘之围。以5万赵军精锐为核心的三国联军大败齐军，杀齐军3万人，俘获战车2000余辆（先秦战车才可称车，辎重车只能称作辇）。战国初期，一乘兵车对应兵力100人，2000乘则为20万之众。一乘建制之下有轻车一辆，守车一辆。当然，我们也可以认为，在这被缴获的2000辆战车中，轻车与守车的比例各占一半。就算以此计算，田氏之师的兵力也达到了千乘，即10万大军。这里还未计入成功逃脱的战车。廪丘会战田氏之军总兵力应该远远超出10万。

为了早日攻克廪丘，田和可能舍弃战车，将全部军队投入了攻城战中。齐军将战车放置于军营之中，只留下了少量兵力为警戒部队。在三晋联军强袭之下，田氏之师大败而退，因此大量的战车被抛弃在战场上，故齐军的人员损失情况与战车损失数量无法对应起来。当然，总兵力十数万，3万的阵亡数字虽然不能与战国中后期的数次著名歼灭战相比，但相对于击溃战，这个阵亡比例（20%~30%）已经很高了。此战同时还是先秦数千年来单场缴获战车数量最多的会战，吴起可

①齐宣公五十一年（公元前405年），田氏庄子去世，悼子成为新任家主。不到一年悼子也猝然长逝，而后立太公田和。这样频繁的变动让田氏家族内部出现了派系分裂。或者说正是因为田氏内部的派系对立，才导致家主之位更迭频繁的乱局出现。

②《竹书纪年》称这支军队为“田师”而非“齐师”，很可能是指该支部队中基本是田氏之兵。

能也率领部队参加了此次战役。三国联军乘胜追击，于次年攻入齐国长城。凭借力压齐国的威名，赵、魏、韩三国君主顺利地从天子处谋得了诸侯的地位。

《清华简·系年》中记录了廪丘之战后另一次三晋联合对齐国的进攻作战，其具体时间已难以考据，结合上下文与其他文献，只能大体推测此战发生在公元前405—公元前396年。魏国以公子击为主帅，可能以吴起辅之【吴起守河西时，魏军就以公子击为将攻秦庞繁城，二人可能在此战中第一次合作。《吴起兵法》的大部分内容为吴起与魏武侯（公子击）之间的对话，而吴起出仕魏国主要在文侯斯统治时期。此外，文中一大部分篇幅中，吴起与魏武侯对话的语气，不像是面对已经成为国君的魏侯击，更像是吴起在向尚为魏太子的公子击教导军旅之事。故推测吴起与公子击应该在战场上有过数次合作，且以吴起为副】。是役三晋大胜，齐国为求和被迫答应：一、齐国不得再修筑长城，削弱了其对三晋方面的军事防御能力；二、齐国不得再针对廪丘发起任何军事行动。从内容上看，这属于强势的三晋以武力迫使齐国签下的不平等条约。

吴起自河西离任后，秦国如同一个囚徒，在看守离开后开始蠢蠢欲动。吴起在任时，魏河西长城在最南端并未完成建设，魏国以阴晋据点控制崤函之道西口，

▲现存于陕西省渭南市境内的战国魏河西长城遗迹

但是这样的防御不能应对秦国较大规模的进军。周安王元年（魏文侯四十五年，秦简公十四年，公元前401年），秦国兵出函谷关自旧虢地北渡黄河伐魏（与秦穆公王官之战回师同路线、反方向）。秦国的攻势虽然在阳狐（今山西省垣曲县）被阻，但这种老鼠偷油瓶式的试探性进攻的成功让秦国士气大振。

此时的三晋已将目光转向了繁华的中原，这回他们的目标是横踞中原之侧的江汉巨兽——楚国。周安王二年（赵烈侯九年，魏文侯四十六年，韩景侯九年，楚悼王二年，公元前400年），三晋联军渡济水伐楚，联军一路打到了桑丘一带【今山东济宁市兖州市西北，与鲁国都城曲阜直线距离仅30余里（战国里）】，斩断了楚国伸向鲁国的魔爪。

周安王九年（魏文侯三十二年，秦惠公七年，公元前393年），秦国扫平了背后的隐患后【秦惠公五年（公元前395年），秦军攻打了盘踞在今甘肃天水一带的西戎绵诸部族】，决定再次出动部队潜越阴晋防线，以“偷油瓶”战术袭击魏国。这次秦瞄准的目标是洛阳盆地东南。两军在注邑（今河南省汝州市临汝镇附近）交战，秦军战败退兵。不过秦国并没有因此作罢，两年后（公元前391年），秦军再次出兵崤函偷袭韩国宜阳，仅攻克周边的6座小城邑。

魏国被秦国这种“偷油瓶”战术骚扰得不胜其烦，因此决定予以反击。当秦人准备再次出兵时，早已做好战斗准备的魏军在武城（今陕西省华县东）截击了秦军的“偷油瓶”部队。在战术层面上，双方不分高下；在战略上，魏国成功破坏了秦军的战略意图，秦军此次未能东出袭击韩、魏之地，只能在早已控制的南虢故土这块“飞地”上设立“陕县”，以显示自己并非无功而返。不过这也宣告了秦国的“偷油瓶”战术的彻底破产：只要魏军在阴晋一带增派驻军提高战备水平，那么秦国的东出之路就永远不会通畅。而且，秦人的天敌——吴起又回到了河西！

因此，在秦惠公十一年（魏武侯七年，公元前389年），秦公宁（秦惠公）决定出举国之兵破魏河西长城，打通东出之道，将魏人逐出河西。鉴于吴起再次主政河西，秦军选择了相对熟悉的阴晋之地，并将全部兵力投入一点。阴晋之战可以说是整个先秦时代有明确记录的双方兵力对比最大的一战。此战，秦国动员了全国能上战场的所有适龄男丁，共计50万。吴起麾下魏军仅有5万余人。

阴晋之战也是魏武卒最为辉煌的顶点，以一敌十却在正面对决中大获全胜。

关于这场影响如此深远的战役的文字记载却是如此之少，最详细的记录只不过是《吴起兵法·卷下·励士》篇中的寥寥数语。不过在这段简短的文字中，我们却能看出此时魏国军事技术的发展已经独步天下：参战魏军以5万步兵为主体，另外编制了独立的战车与骑兵部队。原文中以“兼”字说明了500乘战车与3000名骑兵是脱离步兵单独编组的。下文中吴起也将车骑二字连用，可见此时魏军已经特意将战车与骑兵协同编组，作为专门的冲击矛头。别国军队要等到更晚的时候才在战场上使用车骑混编部队的冲击战术。

可以想见，阴晋之战中，吴起以一部分魏武卒作为步兵大阵的核心支柱，整个大阵就是唐代名将李靖口中的“正兵”。再以一部分武卒作为预备机动力量，隐藏在大阵之后；车骑分左右两部在侧翼列阵，这两者就是李靖所说的“奇兵”。会战开始后，吴起以车骑反复冲击，将秦军各部逐渐分割开；步兵大阵压上，以长戟、强弩收割生命；预备队则在适当的时机投入，将最后尚能保持建制、可以组织抵抗的秦军核心力量击溃。“以正合，以奇胜”方为兵法大道。

阴晋之战后的23年间——自雕阴之战的公元前389年，到武城、洛阴之战的公元前366年——秦人不敢东顾。魏侯击与其父魏侯斯不同，他将魏国的战略中心向东移动，再次将吴起从河西调离。在魏侯击看来，秦地贫瘠物产不丰，秦之民户口不充实，更不好管教，吞并秦国的收益远不及在中原攻伐齐楚获利丰厚。有河西之地的险要地势（此时的魏河西郡已包括今陕北之地，雕阴之战的战场就在延安市甘泉县，此时魏侯击应该也是在陕北黄土高原上游历），足以固山河而西面无忧。但吴起忤逆君主之意，劝谏其改变战略规划，然而魏侯击执意争雄中原，并将吴起调至东线攻齐。

周安王十五年（魏武侯九年，齐康公十八年，公元前387年），魏侯击令吴起再次伐齐。在吴起的指挥下，魏军一直打到了灵丘（今山东省枣庄滕州市附近）。此战之后，吴起自知已不能再在魏国立足，于是带着对河西之地的留恋、对魏侯斯知遇之恩的怅惘，整理好自己的著作文稿，一路往南去寻找属于自己的新天地了。

《吴子兵法·图国第一》评价吴起：与诸侯大战七十六，全胜六十四，余则钧解。辟土四面，拓地千里，皆起之功也。

## 武卒之殇

在吴起离开魏国后，又一位出身平凡的英才——庞涓来到魏国，同样得到了当时的魏国君主魏侯罃（魏惠王）的赏识，成为魏国上将军。

关于庞涓，许多人最早知道他的名字大概是因为另一个更著名的历史人物——孙膑。

《史记》中称，孙膑与庞涓同为鬼谷子门下弟子。为了谋夺孙膑家族秘传的《孙子兵法》，庞涓设计陷害自己的同门师弟孙膑，让孙膑触犯魏国法律被处以膑刑[①]，后孙膑被田忌（史料中有时称其为陈忌，陈氏田氏，与战国齐王室同宗）搭救，并在赛马中以拓扑学为田忌赢得了胜利，得以被引荐给齐王，从而受其赏识。成为田忌军师的孙膑，在背后指挥桂陵、马陵两场大战，杀死庞涓，大仇得报。最终因田忌被邹忌陷害，孙膑与田忌二人一同归隐楚国。[②]

不过嘛，这个精彩无比的复仇故事，有一半可能是太史公出于复仇心理自己编造的。首先，《孙子兵法》不像武侠小说里的秘籍那样，按照类似“传男不传女，传媳不传姑”的规矩秘密传承。恰恰相反，像《孙子兵法》《司马法》《盖卢》这样的兵书在天下各国士人间广为传抄，未见谁敝帚自珍。这一时期，各个学派都在积极传播自己的思想，希望获得更多的弟子，拓展自己在朝野的影响力。庞涓真的想学习《孙子兵法》，那从师友处借来书卷，自备竹简手抄一份就是了。十三篇《孙子兵法》能一直流传后世，而成书稍晚的《孙膑兵法》却失传两千年，正是因为《孙子兵法》一书在问世之后传抄较为广泛，而《孙膑兵法》传抄量比较低的缘故。另外，一部兵法就像武侠小说中的武林秘籍那样，令人读了之后便可天下无敌？一部兵书至于引起如此激烈的争夺吗？显然，这不过是后人的附会。另外，田忌逃亡楚国发生于马陵之战数年之前。马陵之战齐军主将是田盼，魏军主将是太子申，庞涓早在桂陵之战中已阵亡（或被擒杀）。

好了，话不多说，就让我们来好好梳理一下桂陵之战与马陵之战的全过程。

---

①传统观点认为膑刑是剜去双腿膝盖骨，导致人失去行走能力；现在也有观点认为膑刑实是刖刑，膑是刖的异体字写法，意为割去脚趾，常用以处罚私自出关或无凭证翻越城墙这样的行为。

②《史记》此处记载有误，孙膑并未与田忌一同归隐，后文将有说明。

故事要从周显王五年（魏惠王七年，秦献公二十一年，公元前 364 年）的石门（今山西运城西南）大战说起了。石门大战，秦军在大将章蟜的率领下对阵三晋之师[①]，秦军大胜斩首三晋 6 万。因其意义远超于两年前（公元前 366 年）在洛阴击败魏军，周王室特意遣使至秦国祝贺，希望以此结好依仗西周故地崛起的秦国，遏制三晋霸权崛起可能引发的恶果。[②]两年后（公元前 362 年），秦魏两军大战于少梁（今陕西韩城附近），秦军俘虏魏国大将公叔痤。秦公师隰（秦献公）可能在战斗中负伤，于次年去世，其子渠梁即位，是为秦孝公。同年，魏丞相公叔痤的属官商鞅[③]带着从魏国学到的法令制度来到秦国，展开了堪称历史转折点的商鞅变法。

秦国咄咄逼人的进攻态势，让魏侯罃坚定了尽快完成迁都大梁的决心。此时的魏都安邑与少梁邑之间的距离实在太近（现代沟通晋陕间最重要的高速公路京昆高速就是从韩城经龙门过黄河，到山西运城市境内的河津市），从安全的角度上讲，安邑基本处于秦军的攻击半径之内。另外，迁都大梁也是魏国将战略中心彻底转向中原的必然结果。事实上，三晋此时都在谋求经略中原：韩国倾尽全力灭郑，将国都从平阳—宜阳—阳翟一路迁到了郑国旧都新郑；赵国从中牟迁都至邯郸，同样是为了将战略中心转向中原，构筑了晋阳—邯郸双核心体系以统治太行山的东西两翼。

周显王八年（魏惠王十年，公元前 361 年），魏国迁都大梁。周显王十三年（魏惠王十五年，秦孝公六年，公元前 356 年），魏侯罃依照旧霸主的惯例，邀请各国（韩、鲁、宋、卫）国君举行会盟仪式。第二年（公元前 355 年），又与秦公渠梁在杜平会面，做足了霸主的排场。事实告诉我们，秦国对魏国这种霸主的姿

---

① 此时三家已分晋，但直到赵侯语元年（公元前 349 年），晋国才彻底被（赵）灭，唐叔虞、晋文公等英主祭祀绝。也因为分晋时的各种龌龊事，三晋很难能统一思想，做到真心地合作，这也是魏侯罃时期诸多大战的根本原因之一。

② 周王室此时与三晋关系极为恶劣，因为三晋侵吞周王室土地情况远较之前的郑、晋等国严重得多，对周王室的威胁也更大。

③ 也称卫秧、公孙鞅，姬姓，公孙氏，名鞅，卫国人，后因封于商十五地而被称为“商鞅”，为行文方便，本书统称“商鞅”。

态并不买账。杜平之会的第二年（公元前354年），秦军两面出击：北面与魏战于元里，秦国斩首魏军7000余，并继续进兵收复了少梁邑；南线秦将公孙壮围攻韩国焦城未果，于是在安陵、山氏筑城保持紧逼态势。细心的读者可能会发现，此时秦国没有与赵国交战，其中原因在于此时韩魏结好（两国还在版图西部相互换地，换地后魏国的西部版图相比之前不再那么破碎，韩国也得到了魏国默许灭亡郑国，合作中两国各取所需），而赵国却游离于两国之外，此时韩魏在西部联手对抗秦国，而秦国为分化三晋有意结好赵国，自然不会对赵国出手。

▲魏惠王

赵国的这种游离态度让魏侯罃十分不满，赵国此时迁都邯郸的行为更让魏国对赵国剑指中原的野心充满了警惕——邯郸南边不远处可是魏国苦心经营的重镇邺城（这里也是西门豹治漳水、止河伯娶亲陋习、杀女巫的地方。后来这个城市成为汉末三国曹魏政权的政治中心，随后的十六国至北朝齐时代的诸多割据政权也多次定都于此）。魏侯罃的战略规划应该是这样的：想要称霸天下，那么应该先称霸中原，先占据土地肥沃人口密集的中原，然后再去攻伐周边的国家，这样一步一步地前进，最终可以实现一统华夏的梦想。出于各自利益与当时的客观势力对比的因素，三家分晋，但是只有一个统一的晋国才有足够实力做到称霸天下，现在韩魏两国虽已结好，但差了赵国这一环是绝对不行的。既然使用外交的“萝卜”不能让赵国买账，那么就只有动用武力的“大棒”，出兵伐赵来迫使赵国就范了。如果赵国还是不肯配合魏国，那么就干脆将赵国排挤在中原之外，夺其地自肥。

但是伐赵之役必然牵一发而动全身，想要不引来周边大国的干涉是不可能的，伐赵前必须做好万全的准备。这时，魏侯罃会盟韩、鲁、宋、卫四国（公元前356年）

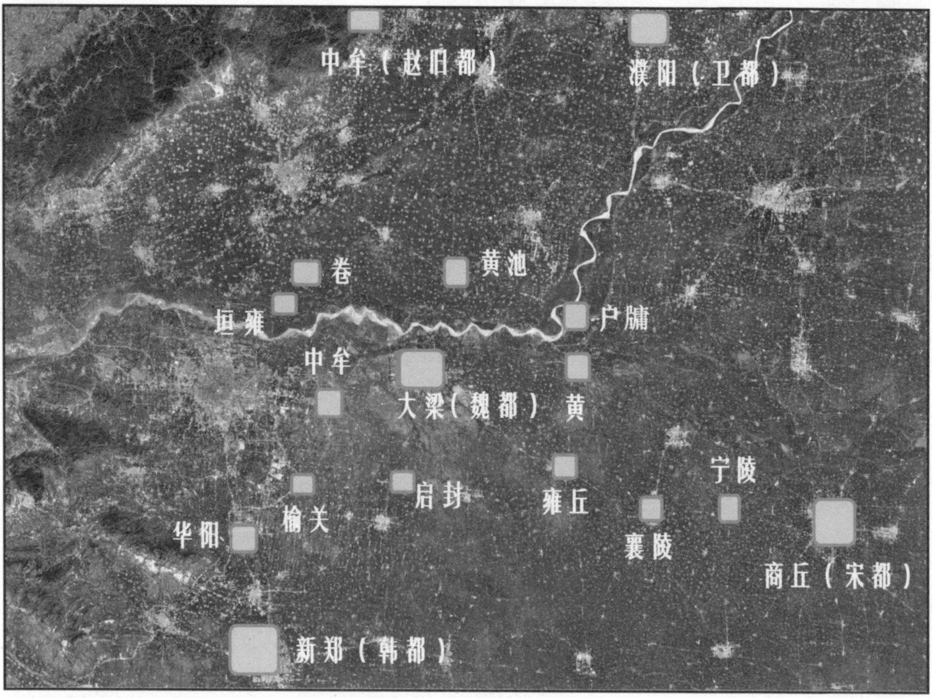


▲魏都大梁及周边地区

的意义就体现出来了：韩国在函谷关方向堵住秦国东出的道路；强令宋、卫两国出兵协助魏国攻赵、阻齐。而鲁国就比较倒霉了，处在一个被利用的位置上：南方的楚国一直垂涎鲁国，欲吞并鲁国。而楚国的这种强势，连齐国都不敢轻易染指意图灭鲁（其实在国防的布置上，鲁国对齐国的防备更为用心）。鲁恭公被迫朝会楚王，并以臣礼献酒，但鲁恭公在宴席上顶撞了楚王，导致楚国兴兵攻鲁，而无暇顾及魏国。楚国出兵鲁国，进军沂水流域，必然会引起齐国的连锁反应。齐楚两大国陷于争夺战，必无暇他顾，魏国就能趁机出兵围攻邯郸，这就是著名的“鲁酒薄而邯郸围”典故的出处。

但是政治人物在做出重要决策时基本不会意气用事，我们也需要深入研究一下楚国在这个时候对鲁国动手的原因。楚国大臣江乙与令尹昭奚恤不合而逃至魏国，魏侯罃费重金将江乙包装为天下名士，并将其护送回楚国以便接近楚王。江乙成为楚王座上宾后，便开始离间楚王与昭奚恤之间的关系，并发明了“狐假虎威”这个成语，后又成功地将大量昭奚恤的反对派引入楚国朝堂。为了回报魏侯罃，在楚国对中原的策略上江乙力主伐鲁。当然伐鲁也是楚国利益所在，迟早都要进行，在此时伐鲁对楚国有益，又间接帮助了魏国，可谓惠而不费。这番纵横之术很有后来苏秦“利人以利己”的风格，或者说苏秦的纵横之术源自于此。

从此事中也可看出，魏侯罃可谓是一流的政治老手，绝非等闲之辈。

魏侯罃十七年（公元前 354 年）攻赵之役即将发动，魏国需要进行兵力分配，根据《战国策》的记载，此时魏国举国上下共计有甲兵 36 万[①]。按照任务与战区地域划分，龙贾（吴起去职后魏军在河西之地的统帅，后被秦军俘虏）统领西河魏军加筑长城防备秦国，钻茶（关于这位将领的记载较少，按照《竹书纪年》中的说法，钻茶此时统领黄、卷之兵拱卫大梁）领黄、卷二邑[②]之兵护卫大梁。另根据《孙膑兵法·擒庞涓》卷中的记载，魏国大将庞涓率领甲兵 8 万，越过卫国国境，驻防于齐国西境的茌山（今山东省聊城市茌平区附近）。请各位读者注意：此地在大梁东北方约 250 千米，并在邯郸之东约 140 千米，大梁与邯郸大致在正南北方向，两地相距 190 千米。很显然庞涓绝对不是攻赵主力，真正的攻赵主力是魏侯罃亲自带领的十万大军，庞涓驻军茌山的目的是防备齐国出兵救赵。虽然不是主攻，但庞涓的职责仍然十分重要。此时有需求也有实力出兵救赵，直接干扰魏军行动的只有齐国，防备齐国干涉是伐赵之役中仅次于直接围攻邯郸的关键任务。魏侯罃围攻邯郸的直属部队有 10 万甲兵，庞涓麾下就有 8 万重兵，可见庞涓兵权之重——别看魏国一共有甲兵 36 万，但其国力所能支撑远征的也就只有这 18 万。其余的军队只能就近驻守，除非十分紧急的情况，否则绝不可轻易调动。

魏国与卫国联军大举进犯赵国，魏军在魏侯罃指挥下直扑邯郸，卫军先攻克了赵国新修筑的刚平城，然后围攻赵国旧都中牟。赵国一方面组织抵抗，一方面向列国求救。齐国答应了赵国的求援，但是其朝堂上陷入了一片争论：是否应该

---

① 此处根据《战国策》中记载：“昔者魏王拥土千里，带甲三十六万，其强而拔邯郸，西围定阳。”

② 黄邑在今河南省开封市兰考县附近，位于大梁东部。卷邑在今河南省新乡市原阳县附近，位于大梁西部。两邑是护卫大梁左右最为重要的军事据点。

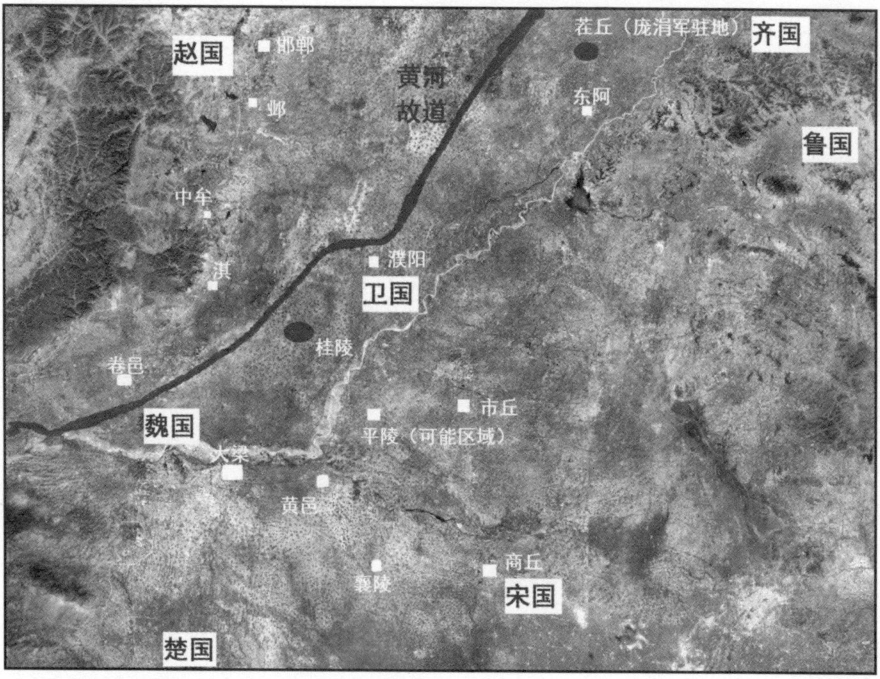

▲桂陵之战前夕形势图

救赵？如果要救，何时出兵？派出多少军队？派谁领兵？对于齐国而言，救赵只是手段，最终的目的是打断魏国咄咄逼人的扩张趋势。如果任凭魏国整合三晋，那么就会让那个曾东破强齐、南压劲楚、西锁秦国的庞然大物——晋国再次出现在中原大地上，这对齐国来说是最为不利的情况。

最终，争吵的结果是应该救赵，但出兵时间不必太过着急，让两国多拼一段时间才好。以田忌为帅，孙膑为军师，率甲兵 8 万救赵（《孙膑兵法·擒庞涓》卷中记载，齐国出甲兵 8 万）。楚军已北上鲁地，齐国此时必须在南境集结军队，以防楚人对齐国进行军事冒险，可以抽调出来的机动兵力就只有这 8 万了。怎么救赵，又成了摆在田忌面前的问题。史料记载此时的齐军竟然北上伐燕，但是刚进入燕国境内，在泃水和燕军只打了一场接触战，齐军又迅速调头返回了！这是怎么回事？还是要回到那句话：救赵只是手段，不是最终目的。齐国真正目的是等到赵魏两国拼得两败俱伤之时，再出来坐收渔人之利。只不过，此时的魏国如日中天，从实力对比上看，两败俱伤是不可能的，最终的胜利必定属于魏国，只是付出代价大小、获利多少的问题。齐国更不愿意为了救赵付出太多代价，田氏代齐时间不久，田氏齐王不希望田氏王族的实力损耗过多，所以才做出假意伐燕的举动，让赵国看到齐军出征，有撑下去的希望，又让魏国看到齐军没胆子和魏军硬碰硬不敢真的去救赵，好安心围攻邯郸继续和赵国拼个你死我活。

魏国伐赵之役应该是在当年秋收完成后的农闲时开始的。时间很快到了第二年（公元前353年），楚宣王接到赵国求援请求，然而楚国主要精力已经陷入了伐鲁之役，只得派出景舍带兵到睢水、浍水一带武装游行一番，摆出一副“我只是来回应赵国求援”的样子，在两国边境地区隔靴搔痒了一番便作罢，对魏国的影响微乎其微。魏国的盟友韩国借机攻占了周王室的陵观、廪丘两座城邑。魏军此时打通了到邯郸的道路，现在已经兵围邯郸，赵侯种（赵成侯）组织力量死守邯郸。

《孙子兵法》有云：“上兵伐谋，其次伐交。”齐国此时先在外交战场上开始了对魏国的攻伐，秘密遣使与宋、卫两国国君会面陈述利害。两国早已对魏国的霸主作风不满，不愿再随魏军一同攻赵，于是在齐国密使的挑动下背魏，出兵袭击魏国重镇襄陵（今河南省睢县）；齐国也答应配合出兵，配合宋、卫围攻襄陵的行动（也就是田忌率领的8万齐军）。驻扎在茌山的庞涓分兵一部攻卫，以救襄陵之危（围魏救赵之策并不是孙膑的独创，庞涓此时已经用了相同的手段），主力仍驻茌山，防备齐

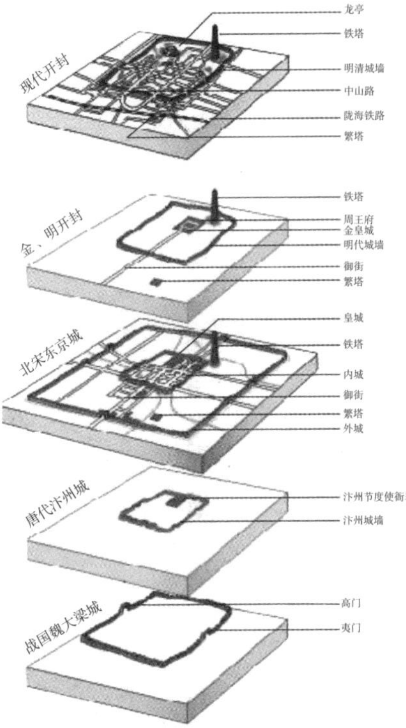

▲开封因为黄河的数次泛滥而形成的城摞城奇观

军前来。庞涓给齐军出了一个难题：如果直接出兵邯郸，庞涓的兵力完全可以阻挡齐军；如果按照计划去襄陵和卫、宋两国军队会合，那么大军在外国内空虚的卫国（卫军主力此时在襄陵附近，等待齐军前来会合）很可能被庞涓派出的偏师攻克，而且魏侯罃也不会因为襄陵被围而从邯郸撤回军队；如果救援卫国，那么庞涓就会率领主力尾随齐军（或者选择平行行军）一同到卫国，与偏师会合缠住齐军。

中军大帐中田忌正在等待，等着孙膑做出最后战役谋划。

“进军平陵[①]。”孙膑看着行军地图。

“什么？平陵？这可是一片死地啊！”田忌不解。

“对，就是要去死地。摆出一副不通兵法的样子。将军且看。”孙膑在地图上指点着，“平陵处东阳之地，人口众多，驻防军队也不少。如果平陵遭到攻击，魏国在黄、卷两邑的军队也会很快赶到支援。从平陵往东撤回齐国，北有卫国，南有宋国，又要经过市丘[②]这个谁都不帮的地方，粮道难以维持。陷入这样的死地，就给了庞涓将我们一口吃掉的机会，可以吸引庞涓回师。”

“那我们陷入这个死地又如何能战胜魏军？”

“将军莫急。敢问军中诸位都大夫中谁最不懂变通，只知猛打猛冲？”

“高唐都大夫、齐城都大夫。”

“我军一齐进军平陵，遣高唐、齐城两都大夫围攻城邑，然后主力隐蔽行军避开魏国黄、卷两邑援军。两邑魏军被高唐、齐城大夫的部队缠住后，我们再直扑大梁。”

“我们拔大梁城？”

“不，我军攻大梁，庞涓必然来救。然后我军就在这里，”孙膑用力地指着地图上的一个点，目光中充满了自信，“干掉庞涓。”[③]

---

①平陵城具体位置已难考据，只能确定在今山东省菏泽市附近，地处大梁之东。

②市丘此时是一个独立城邑，其领主又比较有实力，达成了事实上的武装中立。

③此段对话依据《孙膑兵法·擒庞涓》内容演绎，以方便读者理解。

齐军按计划开拔，然后围攻平陵邑，庞涓得知后决定按正常行军速度回师。平陵作为东阳地区的军事重镇，驻防军队足够多，驻守黄、卷地区的魏军很快也能沿着新修的官道赶赴救援。这些留守的兵力完全可以和齐军一较高下了，齐军自己陷入死地，当地魏军兵力已经足够战而胜之。庞涓回师参与聚歼，可以保证让这 8 万齐军甲兵一个也不能活着回到齐国去。正如庞涓所分析的那样，魏将钻荼很快就率领两邑援军赶到平陵附近，齐军攻城部队发现魏军来援，立刻停止攻城转身防备。

双方接战后，钻荼惊奇地发现，与已知情报相比，此处齐军兵力明显偏少。庞涓走到半路的时候，钻荼已击破平陵齐军。因失去齐军主力音讯，且知晓庞涓即将抵达大梁一带，钻荼令部分魏军返回各自驻地，自己则率机动部队南下支援更加危急的襄陵。击败围攻平陵的齐军后，钻荼立即传信庞涓。庞涓得知后大吃一惊，随后大梁的求援信使也赶到了：听闻钻荼率主力南下的消息后，田忌与孙膑率军偷袭魏都大梁。齐军主力现已直扑大梁，而黄、卷魏军被牵制在平陵，大梁空虚！庞涓正在思考战局可能的发展趋势时，又有坏消息传来：宋、卫两国军队已开始围攻南部重镇襄陵邑。不能指望南下的钻荼部调头回防大梁，此时自己已成为国都大梁唯一的希望。庞涓立即下令全军加快行军速度，卷甲急趋，回师大梁。

庞涓大军以急行军救援大梁，闻讯后的齐军主力立刻从大梁撤围向回逃窜。庞涓得知后立即下令全军再次转向，追击齐军主力。四处流窜的齐军是导致现在战局混乱的根本原因，庞涓决定快刀斩乱麻地从根子上解决所有问题——寻求与齐军直接决战。在庞涓看来，齐国援军奇怪的动向根本就是将领举棋不定，在获得战功和保命之间首鼠两端的结果。原计划攻克平陵，结果打到一半，钻荼麾下的魏国救兵赶到，齐将被吓得扔下友军慌不择路地逃跑了；向西跑到半路，忽然发现面前的大梁兵力空虚，就轻率地决定攻打大梁；听说庞涓大军来了，就又丢下大梁转身逃回齐国。齐军甲士不是都号称余勇可贾么，怎么这回遇到的齐将却像胆小的老鼠一样四处逃窜？追上他，全歼齐军！把齐军干掉之后，再一并收拾掉卫国、宋国这些跳梁小丑。襄陵城池坚固、兵精粮足完全可以把宋、卫两国军队拖死——事实也正是如此，直到桂陵之战结束后，齐、宋、卫三国军队也未能攻克襄陵城，只得撤军。

追击第一天，庞涓发现了齐军刚进入魏国时的宿营地，经过对遗留炊灶的清点，发现大概有10万人。第二天又遇到了一处齐军用过的宿营地，大概是从平陵撤出时留下的，遗留的炊灶大概可供5万人使用。第三天再次发现一座齐军宿营地，应该是前一晚用过的，规模只够3万人使用了。齐军果然被魏武卒的威名吓住了，短短几天，士兵就逃亡大半。庞涓认为即将追上齐军，下令丢弃所有辎重轻装追击。

经过连续多日的急行军，庞涓全军赶到了一个叫作桂陵（今河南省长恒县以北地区）的地方。《清华简·系年》中记载：47年前，楚国的榆关（位于大梁之西）之师和上国之师曾经在此地与郑人发生过一次会战，楚军失利。这里地势起伏，植被较附近茂密。庞涓一心追击齐军，没有注意到这些变化。直到尖兵向他汇报，前面树木被伐倒做成路障，只留一棵大树，树皮被剥去，上书大字："庞涓死于此树下。"

突然间路旁万弩齐发，齐军伏兵从两边向魏军行军队列侧翼杀来。军队被伏击常见于急行军中，行军一方没有派出足够的侦查力量探查道路侧翼情况；伏击方事先在道路两旁以战斗阵形展开，在合适时机快速机动到视线范围内，发起攻击。处于行军状态的被伏击方一时间难以将全军从行军队列转化为战斗阵形，战斗力大减，士兵在慌乱中更难以被组织起来发挥战斗力。是役，8万魏军精锐全军覆没，主将庞涓阵亡。

值得注意的是：桂陵之战不太可能发生在夜晚或者即将入夜的时候。恰恰相反，战斗应该是在清晨时分打响的。在冷兵器时代，夜战一直是兵家尽可能避免的，尤其是伏击战：夜晚因为视线差，人对距离的判断会产生较大的误差，这对弩手进行射击和射击后的再装填而言都是极为不利的。同时伏击部队在发起进攻前需要先进行集结，夜晚很难做到统一指挥，伏击部队难以迅速地形成完整合围圈。夜间战斗中的敌我辨识也是一个巨大的问题，虽然可以用佩戴明显辨识物的方式部分解决，但是这种方法只适用于小股部队强袭防备松懈的敌人——夜战很容易陷入混乱，这是小部队强袭敌军所需要达成的目标，大兵团如果陷入混战，这对伏击一方是不利的。伏击的目的本来就是用己方秩序完好的部队去打对方因陷入无序而战斗力被削弱的部队，以提高杀伤交换比。双方陷入混战后，交换比基本会趋于1∶1,等于失去了伏击的意义。夜战最难解决的问题就是照明,野战状态下，照明问题只能让士兵打着火把来解决。但是在夜间打火把的士兵必然成为对方集中打击的目标，所以士兵自然而然地会熄灭火把，然后双方再度陷入黑暗的混乱之中。而且我们可以看到，在桂陵之战中，齐军一举歼灭了庞涓所部，显然战斗基本是在一天之内结束的，那么桂陵之战只可能是在清晨爆发的。庞涓所部使用齐军遗留营地休息一夜后，拂晓立刻出发继续追击，天还没有完全亮，可能当天上午还有薄雾（魏军攻克邯郸发生在当年十月，桂陵之战爆发的时间应该与此时间十分接近，周历的十月到十一月，属于冬季。平原地区因为大气逆温现象明显，极易出现雾气），庞涓认为即将追上齐军，很可能将行军队列调整为多路纵队，方便接触后立即展开战斗,因此魏军的整个行军队列变短,这正是孙膑所希望的（更方便布置伏击圈）。负责截尾的齐军耐心地等待魏军后卫部队也进入桂陵伏击圈后，立刻封堵了魏军的后路，并向中军主将报告。中军田忌、孙膑得知魏军已彻底进入伏击圈，下令早已抵近埋伏在魏军侧翼的弩手立刻对魏军展开猛烈射击。主力部队利用弩手制造的混乱发起冲锋，向魏军行军队列侧翼展开进攻。激战整整持续了一个白天，齐军全歼8万魏军。

▲孙膑

桂陵战役总计发生大规模交战三次：平陵之战，齐军告负；襄陵之战，双方不分高下；桂陵之战，魏军惨败。此战中，一负、一平、一大胜，与“田忌赛马”的策略如出一辙，可见已经将拓扑学用于军事。孙膑还开启了运动战的全新战争模式：利用一定的兵力为诱饵，将原本驻守于大梁附近的魏军主力调动到南线，北线魏侯罃的大军又身陷赵国这个泥潭，两者之间的庞涓所部则被成功地孤立了起来。孙膑让原本总兵力处于劣势的齐军可以集中相对优势兵力，在预设伏击战场与庞涓交战。

而此时，经过血战的魏军虽攻陷赵都邯郸，但赵侯种已转移至安全的地方（据学者推测，赵侯种转移到了赵檀台宫，在今河北省邢台市附近），继续组织力量对抗魏军。魏侯罃见伐赵不利，东线庞涓部已全军覆没，不能继续打下去了，于是停止进攻，伐赵部队部分原地驻防，其余与魏侯罃一同回师大梁。齐军歼灭庞涓部后，很可能南下与宋、卫两军会合，参与了围攻襄陵的战斗。

▲ 庞涓（电视剧《大秦帝国·裂变》剧照，饰演者尤勇）

襄陵之战，先期宋、卫两军展开了对襄陵城邑的围攻，双方僵持。而后，魏将钻荼率领黄、卷两邑魏军击败平陵齐军偏师，而后率部分机动兵力驰援襄陵，魏军暂时压制住了宋、卫两军。齐将田忌在歼灭魏庞涓部后，南下加入了宋、卫两国阵营，联军方取得了优势，魏将钻荼很可能在某次战斗中阵亡。魏侯罃大为震动，亲率魏韩联军增援襄陵，再次压制住了齐、宋、卫联军。仗打到这个份上，魏、齐、赵三方都坚持不下去了，终于，在公元前 351 年，魏、赵两国国君会于漳水，魏国归还邯郸，赵国答应与魏国结盟。魏国的战略目的只能说变相达成了一半：赵国终于放弃了与魏国作对，成为盟友，但是魏国为此付出的是大量财力物力，以及至少损失甲兵十余万，两名高级将领阵亡。

其实还有一个重要因素让魏侯罃急于结束襄陵之战并达成与赵国的和解：发生在魏国伐赵之役以及齐国干涉作战的一系列会战战场之外的巨大变量。我们在研究历史事件，尤其是一场大规模战役的时候常会犯下一个主观性的错误：当某一重要战役进行时，我们会忽略周边其他地区发生的事件，习惯性地将战区之外

▲国宝商鞅方升

的所有区域视作空白。但是历史不是一个兵棋游戏沙盘[①]，战场也绝非简单的一对一棋局，只有对战的双方，其他势力都是纯粹的冷眼旁观者，只有当一方取得胜利后，旁观者才会取代失败者的位置继续与胜利者对弈——很多重大事件，往往是在一些十分短暂的时间段内集中发生的。

那么，在魏伐赵之役、桂陵之战到漳水会盟之间发生了什么大事？秦孝公八年（公元前 354 年），秦国在元里之战斩首魏军 7000 人，攻取少梁邑。而后（公元前 352 年），秦国大良造商鞅率军东渡黄河，开展了意在攻取魏国山西南部领土

① 军队沙盘战术演练的一种升级版，严格式兵棋由 19 世纪的普鲁士军队发明。通过实战经验与严格的数学模型进行设计，并引入概率事件来模拟诸如战役的经过、国家战略走向、公司日常经营等方面，其推演过程有些类似于早期回合制战略的电脑游戏。兵棋推演在实战应用中最著名的一个案例就是二战中日本海军在战前曾用兵棋来模拟中途岛海战的走势，并成功推演出了与最终战局相近的结果。但日本方面却因过于狂妄自大，直接篡改了大量参数，并将战役的结果由失败修改为大胜，最终在实战中无视推演中发现的问题导致惨败。

的一系列战斗。这一战中秦军最重要的战果就是趁着魏军主力东调、西境空虚的机会围攻魏国旧都安邑，最终迫使安邑守军向秦军献城投降。魏侯罃得知后大惊，一方面下令在固阳等地修筑长城（史载“塞固阳，筑长城”，以固阳为核心修筑长城，并着重加强了固阳的城防建设），防备秦军；另一方面迅速达成了与赵国的和解，用现有剩余兵力重新完成了国防布置，挤出了宝贵的机动部队，准备重新夺回安邑。

次年（公元前351年），商鞅再次率领秦军东征，围攻固阳并降服了这座城邑。固阳陷落的第二年（公元前350年），魏侯罃亲自率领大军西征，收复了旧都安邑，将秦人的势力再次压回了少梁黄河一线。此时商鞅觉得秦国变法还是不够完备，积攒的国力与现阶段军队战斗力还不足以支持秦国参与到争霸天下的游戏中去，因此极力促成秦、魏两国国君在彤地（今陕西省渭南市东南）会盟。换一个角度来说，商鞅急于发起安邑之围的原因很可能是改革工作遇到了瓶颈，为此需要利用战场上的胜利以证明自己改革的正确性（让国内贵族看到秦公手中掌握的强大武力，明白若不服从变法只有死路一条），并以全新的军功阶层为班底与执政根基来进行下一步改革。同年，秦国还修筑了商塞，在商於山地建立城邑，这里后来成了商鞅的封地，其名“商鞅”也因此而来。

同年，秦国开始营建新都咸阳城（此前秦献公迁都栎阳，旧址在今陕西省西安市阎良区武屯镇一带。迁都主要目的是方便与三晋交战，以收复秦东、西河失地）。同时，在行政上，将国内繁杂的行政区进行统一划分，共分为31县，由中央政府统一任命各地官吏（“集小乡邑聚为县，置令、丞，凡三十一县”）。在土地与财政制度上，废除阡陌，改革税收体制。划分31县之后，在每县设立税吏，统一收税交予中央。不要小看这一条改革措施，直属中央的税吏体系的建立，让中央在地方基层的统治力得到了空前的提升：税收必须先对征税对象进行普查，中央就可以清楚地知晓统治范围内各地的人口田产数据。税吏并不是单独的一个人，而是一整支一整支的武装税收与行政管理队伍。秦国中央政府利用这一机会将带武装的行政队伍直接安插进基层，在全国范围内从旧贵族势力手中夺取土地和人口的控制权。

赵国名将赵奢拜将前就是一个田部吏，即国家中下层税收官员。赵奢生平做

▲ 商鞅雕塑

的第一件大事，就是动用武装力量清查了平原君赵胜封地的欠税情况，并依法杀死意图抗税的平原君府庄园管事。后来明太祖朱元璋能够屡造大狱，对文官集团进行多次清洗，正是依靠了扎根于全国州县基层的军事力量——卫所。文官集团源自地方士绅阶层，其力量根基就是地方宗族势力，朱元璋将一个个只听命于自己的军事力量安插在地方宗族之侧，形成了对其分割包围的态势，因此官僚只能任由其宰割，唯恐祸及地方的宗族。这也是明代中后期已失去制衡力量的文官集团极力压制军人地位的根本原因所在。现代美国的各个执法部门中，税收部门所掌握的武装力量仅次于军队与国民警卫队。甚至是20世纪20年代在警察面前表现得不可一世的黑帮组织，到了美国国税局的铁拳面前，都变成了依法按期足额缴税的良好纳税人。一个强力的税收部门帮助政府加强行政能力的作用可见一斑。

通过税吏体系的建立，秦公渠梁将秦国中央政府的行政权力从公室直属领地扩展到了全国每一块土地。秦孝公二十一年（公元前348年），秦国完成人口统计并造册，开始按人口征税。

魏国从秦人手中夺回安邑的同年，赵侯种病逝，其子太子语即位，是为赵肃侯。即位的第二年（公元前348），赵侯语与魏侯罃在阴晋会盟，两国彻底交好。同时，郑昭侯秘密入秦，与秦国修好。次年（公元前347年），赵国发生内乱，公子范举兵叛乱，偷袭邯郸，欲杀死赵侯语而自立，魏国宣布支持赵侯语，切断了公子范的外援，赵侯语成功扑灭叛乱。这时的三晋间关系发生了有趣的变化，魏韩联盟变成了魏赵联盟，之后马陵之战的导火索就此埋下。

根据《竹书纪年》与《战国策》中的记录[①]，陵之战中的齐军主帅应该是被齐王因其（齐威王）称为“齐国之宝”的田盼[②]，而非《史记》中所说的田忌。早在桂陵之战结束时，孙膑就曾私下问田忌：“将军可欲行大事？”田忌此时沉溺于战胜魏军的喜悦之中，对孙膑的话不明就里。孙膑也不好明说，只能再度建议：“将军归国时，切不可解散军队，可让老弱守住道路险阻的关隘重地。然后将军亲自带着精锐部队沿着大路直入临淄，便可以成就一番大事业！”田忌被孙膑这番“谋反”言论给吓到了，直接拒绝了孙膑的谏言。可惜田忌并不理解向来谨慎的老友为何此刻会提出如此疯狂的建议，只当自己是凯旋的功臣。接下来的事情我们都知道，在邹忌的阴谋之下，田忌被栽上了造反的罪名，只得逃往楚国避难。孙膑被牵连，但因为没有参与叛乱得以留在齐国。史记宣称田忌后来回到齐国，然后

①《竹书纪年》载：“（周显王）二十六年，与齐田盼战于马陵。”《战国策·魏策二》载：“齐、魏战于马陵，齐大胜魏，杀太子申，覆十万之军。”

②公元前333年，齐威王与魏惠王相会并一起论国宝。魏惠王自称有10颗能照亮12乘马车的“径寸之珠”，是为魏国国宝。而齐威王则说齐国有四位在军事与政治上有杰出才华的人，这才是真正的国宝。评价田盼时，齐威工是这样说的：“吾臣有盼子者，使守高唐，则赵人不敢东渔于河。”可见作为将军的田盼在对手赵国人心目中的威名。

继续与孙膑指挥了马陵之战，应该是记录错误。各种证据表明，田忌叛乱事件之后，他再也未能回到齐国，而孙膑成了齐侯因齐（齐威王）时代主要将领田盼的幕僚。不过在新主君的大营幕府内，孙膑不再拥有之前的超然地位，因此，《孙膑兵法·擒庞涓》卷中也仅有关于桂陵之战的记录，却没有对马陵之战的描述。在之后的篇章中，也仅提到了孙膑参与马陵之战，却未提及其具体作为。

马陵之战魏军的统帅也不是《史记》中所说的庞涓。庞涓早在桂陵之战中便已阵亡，绝不可能在十年后陪魏国太子申又战死一次。魏惠王二十七年（公元前343年），魏国与赵国结成军事同盟，这一次魏国将要打击的目标是之前的盟友韩国。就在前一年（公元前344年），赵国攻打齐国，攻克了齐国西境的重镇高唐。此举让魏国看到了一个假希望：自己伐韩之时，赵国会继续伐齐以协助自己。然而，到了魏国伐韩之际，赵国却采取了局外中立的态度面对一切。魏国又一次面对两线作战的局面，只得同时出兵伐韩、拒齐。

可能有些读者对韩国这种左右摇摆的态度表示难以理解，这里也简单地推测一下。韩国在三家分晋中获得了处于中原腹心的土地，北边与东边被魏国所环绕，只能向西、南两个方向发展。桂陵之战前后，韩国虽然已经吞并了曾经的小霸郑国，但尚需时间完成内部整合，因此暂时需要魏国为自己遮风挡雨。但很快韩国就发现，魏国并不需要一个强邻，只需要一个听话的打手，故处处压制自己的发展。韩国意识到自身所处的战略环境十分恶劣，必须要突破魏国的压制，突破身处四战之地的地缘关系才能有所作为。而桂陵之战与秦国攻打安邑的战事又让韩国看到了摆脱魏国阴影的希望，故而改换门庭。

伐韩是此次的主要目标，魏侯罃再次选择了亲自挂帅向西进攻；随后，魏国太子申率领了一支军队到魏国东部边境驻扎防备齐国的军事介入。鉴于赵国的不作为，再采取被动防御策略是极其危险的。齐国的干涉部队可以选择任意一点攻击魏国，威胁大梁等重地的安全。吸取了当年庞涓被孙膑的战术机动所调动，并引入陷阱，最终导致兵败身死的教训，太子申决定主动攻入齐国境内，将战场范围限定在不会干扰到魏军西征主力的地方。

我们只能通过一些间接证据了解到：马陵之战，太子申所率魏军陷入田盼设下的包围圈，全军覆没，太子申战死。《孟子·梁惠王上》就提到："梁惠王曰：'晋国，天下莫强焉，叟之所知也。及寡人之身，东败于齐，长子死焉；西丧地于秦七百里；南辱于楚。'" 后来继承王位的魏襄王是公子赫，也从另一个侧面印证了太子申已于马陵之战中阵亡。发生在公元前 342 年的马陵之战，魏国损失兵力情况不明。当年战役的结果，则与十年前的伐赵之役如出一辙：魏军主力成功地打垮主要目标，但是用来掩护侧翼的偏师再次被干涉局面的齐国军队歼灭。

《古本竹书纪年》中记载，周显王二十九年（魏惠王三十年，秦孝公二十二年，公元前 340 年）五月，齐将田盼率领齐宋联军围攻魏国东部重镇平陵（平阳），魏国的视线被吸引到了东边，此时秦国终于等到了一个收复河西之地的大好机会。当年九月，商鞅率领秦军向河西发起了攻击。魏国此时实力尚在，魏侯罃立即派出公子卬率领着一支兵力不见于史册的部队前来应战。

当年十月，魏军主动邀击秦军，然而此时却发生了一件有些奇怪的事情。《史记》中称：魏军主将公子卬素来与商鞅交好，于是商鞅写信邀请公子卬赴宴饮酒畅谈。公子卬毫无戒备，甚至在未安排好营中事务，更没有指定代理指挥官的情况下就欣然赴宴。商鞅事先令甲士埋伏，待两人饮酒微醺时，商鞅忽然摔杯为号，四下涌出大批秦国士兵擒住了公子卬。与此同时，秦军发起对魏营的突然袭击，群龙无首的魏军惨败。同样的故事在《吕氏春秋》中也有记载，在没有进一步的反面证据之前，只能采信该说法。《竹书纪年》中，关于此次战役的描述仅有简单的一句："王攻卫鞅，我师败逋。"《史记》中另外记载了公子卬被俘后在雕阴之战中指挥秦军作战取胜，据考证此处"公子卬"应为"公孙衍"之误。

三年后，秦公渠梁病逝，商鞅获罪被车裂，太子驷即位，是为秦惠文王（在位第十四年称王，并改元）。秦公驷拜魏国阴晋人（此时阴晋尚属魏国）犀首（公孙衍）为大良造，并于即位后的第五年（公元前 330 年）任命犀首为主帅，发动了收复北河西之地的雕阴之战。雕阴位于晋陕西省延安市甘泉县境内，最近的考古发掘成果指出，雕阴城遗址在甘泉县以南 15 千米处洛河东岸的寺勾河村台地之上。在雕阴之南的富县、西南方的黄陵县和更远的宜君县、东南方的黄龙县境内，均发现了战国时期魏河西长城的遗址，如果将这几处遗迹用线条依次连接起来，可以得到一个近似大写 L 的形状，从黄龙县向东水平延伸则到少梁邑北部附近。我们也不难发现雕阴城恰好位于这段魏河西长城的一个交通节点上，且该地点距离魏军在河西长城上的各个据点都有一段距离，秦军选择这个战场可谓煞费苦心。

可以推测，从今陕西省宜君县到黄龙县这段长城，应该是元里之战魏国丢失重地元里、少梁后河西守将龙贾为防备秦军北上而修筑的。该段长城利用了黄土高原南部边缘地带地势剧变的地利，如果秦军欲在此地北上攻取河西之地，兵力与物资损耗必然很大。秦军此时应当利用栎阳之北的石川河运粮，逆流而上，在今陕西耀州登上黄土高原。与现在人们脑海中干旱贫瘠的印象不同，此时的黄土高原上有数条河流（这些河流沟通了高原上的各个县城）穿行，方便秦军利用水路转运物资，并就地取水。获悉秦军在洛河西岸（登上黄土高原后，石川河上游与洛河干流一段较为靠近，可用于行军与后勤物资的转运）北上之后，龙贾立即动员部队沿长城与秦军平行行军。最后公孙衍选择了在雕阴与魏军作战，此处洛河河谷较为宽阔、地势平坦，适于作战，且与魏军各主要屯兵据点都存在一定距离，防御相对薄弱，一定程度上削弱了魏军主场作战的优势。

野战中魏军战败，被斩首 45000 人，主将龙贾被俘。取胜后公孙衍顺势攻取雕阴城，并开始扫荡魏长城沿线各据点。战后统计总战果，加上雕阴之战的战果，秦军共计斩获首级 8 万。公元前 354—公元前 350 年，伐赵之役兼秦入侵河东期间，魏国在各条战线上共损失甲兵 20 余万；公元前 341 年伐韩之役，损失甲兵大约 10 万；秦魏在河西拉锯前后数年，魏国在东西两条战线上损失甲兵大约十数万。即便算上伐赵与攻韩间的十年恢复期，魏国也至少承受了约 15 万甲兵的永久性损失。伴随着这些兵力损失的同时，魏国原先在地缘上所占据的优势也逐渐丧失，这直接导致魏国永久地失去了一统天下的机会，虽有数次崛起，也不过是回光返照。

我们可以看到，桂陵、马陵之战背后的伐赵、伐韩两次大战，魏国都是将举国兵力近似等分后多面出击的。按常理来说，军事行动应该集中力量打击一点，为什么魏侯罃总是分散力量，同时四处出击？难道是对魏武卒的战斗力太过自信了，认为自己的一支军队就可以压制某一方向上的所有敌军？在伐赵之役中可能会有这个因素，但经历了马陵战败而放弃继续攻赵的教训后，为什么在攻韩之役的战略策划中还是选择三个方向同时出击？难道魏侯罃会如此不智吗？其实不然，分兵出击、多面开战是魏国身处四战之地、国土又分作东西两大块必须分兵驻防的无奈之举。

如果每次只关注一个方向，并把全部机动兵力投入其中，那么，当他国进行军事干涉或者想趁机来占便宜时，魏国则难以应对。因此，当魏国决定向一个战略方向出击时，必须在其他方向上也布置部分精锐机动兵力。有时候为了预防“局外人”的干涉，魏国还会将军队派到对方境内，这也是马陵之战爆发的根本原因。又或者从次要方向抽调兵力补强主攻方向，但是这样很可能会被早已准备好的“搅局者”占便宜，例如秦国迫降安邑之役与之后的雕阴之战。

可以说，魏国霸权丧失的主要原因是其地处四战之地的战略劣势，但根本原因是魏国早期战略抉择与扩张方向的选择失误。如果在魏侯斯与魏侯击统治时期始终坚持任用吴起，重视河西之地的战略价值，将主要扩张目标选为处于衰落期的秦国，那么，魏国就有机会彻底改变自己多面受敌的战略劣势，获得一个相对稳固且不受外敌干扰的大后方。可惜历史不允许假设，抉择失误的另一面也不见得就是正确选项。

第五章

# 精锐重装步兵的登场——魏武卒

## 魏武卒到底强悍在哪里?

吴起选拔武卒的标准为人津津乐道:“魏之武卒以度取之,衣三属之甲,操十二石之弩,负矢五十,置戈其上,冠胄带剑,嬴三日之粮,日中而趋百里。”不少写军事题材小说的作者经常沿用此标准作为文中主角建立新军选拔士兵的标准,然而很少有人会思考这些标准背后所暗含的军事意义。事实上,任何军事技能考核标准的背后,都具有深刻的实战要求。

不如我们先来看看二战前的苏联军队在全军范围实行的步兵军事技能及体能训练考核的标准:5 千米武装越野,要求 23 分钟完成;400 米越障,要求 2 分 30 秒完成;手榴弹投弹,要求 30 米及格 50 米优秀;步枪射击 100 米距离胸靶。

这些标准背后蕴含的实战意义是这样的:

第一,5 千米武装越野,自拿破仑战争时代起步兵部队的光荣传统和制胜法宝之一就是“铁脚板”,拿破仑本人就曾说,法国军队能无敌于天下的秘诀就在于,普鲁士等国军队的行军步伐为每分钟 70~80 步,而法国步兵的行军步伐是每分钟 110 步。为什么越野距离定为 5 千米?完全可以定得更远,比如说 10 千米(即长跑 1 万米,这也是各国军队中常见的体能训练标准)。这是因为苏军在当时已基本实现了步兵的摩托化,摩托化步兵通常会在距离战线 5 千米左右的距离下车[①]徒步奔赴火线。要求 20~23 分钟完成,则是综合考虑了士兵体能,以及敌方一线压制与二线支援火力(步兵营级单位装备的迫击炮、重机枪,以及其可获得的配属炮兵支援)的反应时间所制定。在减少部队暴露在敌方火力打击下的时间的同时,确保士兵保有足够体力进行战斗。关注军事新闻的读者可能曾留意到:2018 年,某支具有光荣轻步兵传统的军队在逐步迈入新机械化与信息化后,根据对未来战

① 摩托化步兵搭载车辆通常为无防护或有部分轻防护的卡车,不能抵御一、二线火器打击,因此必须在距离战线一定距离时停下,让部队下车徒步开进,否则极可能造成部队无法展开,导致乘车士兵在敌军一线火力打击下伤亡惨重。

争的预设制定并开始实行了全新的“8 千米步兵班综合训练”，根据实战要求修改了训练指标与内容。

第二，400 米越障，这个距离既是一线压制火力（连排级单位装备的轻机枪、小口径迫击炮）常见的压制范围，更是步兵发起冲击的距离。没有经历过军营生活的人可能觉得 400 米跑很短，显然这是完全不了解步兵冲击的情况——携带步枪、随身弹药以及其他必须装备，此时士兵负重已经达到了 20 千克（如果穿了防弹衣将会再增加至少 5~6 千克的重量），要以百米冲刺般的速度穿越枪林弹雨，还要随时克服战场上常见的诸如弹坑、壕沟、矮墙、铁丝网等障碍，400 米已经是人类体能所能达到的极限了。而且完成后根本没有冰水、毛巾，也得不到休息，相反还要立即与敌军展开交火甚至是贴身肉搏。

第三条和第四条完全可以放在一起来看。投弹就不多说了，虽然投得越远越好，但是手榴弹的引信时间是给定的。手榴弹投得再远，但还没飞到敌人头顶就爆炸了，也是毫无意义。100 米是平原及丘陵地形战场中步兵常见的一线交火距离，士兵在这一距离的精确射击能力也是取得胜利的关键因素。近年来，部分军事强国已经将对步枪对胸靶的射击精度考核手段从距离 100 米提高到了 200 米，这即是步兵装备得到提高后（工艺与设计的进步让自动步枪射击精度得以提升，另外普通步枪开始配备光学瞄准镜）对军事素质要求必须做出的提高，也是实战所提出的新要求（现代战争要面对更多的山地作战，这就需要士兵能够在更远的距离上对单兵目标进行精确射击。美军的一些精锐部队甚至将士兵射击距离要求提高了 400 米）。

上面几条要求，也从侧面描绘出了二战中苏军步兵的基本战术。

那么，我们回过头来再看，魏武卒的选拔要求实际就是该支部队的军事训练的达标要求。《荀子·议兵篇》记载：“中试则复其户，利其田宅。”显然，武卒并不是简单地从普通百姓中直接选拔士兵，应该是在已有部队中挑选优秀士兵，单独编立一军。就这一点来看，多少有些后世宋太祖赵匡胤集合天下精兵以成禁军的意思（隋

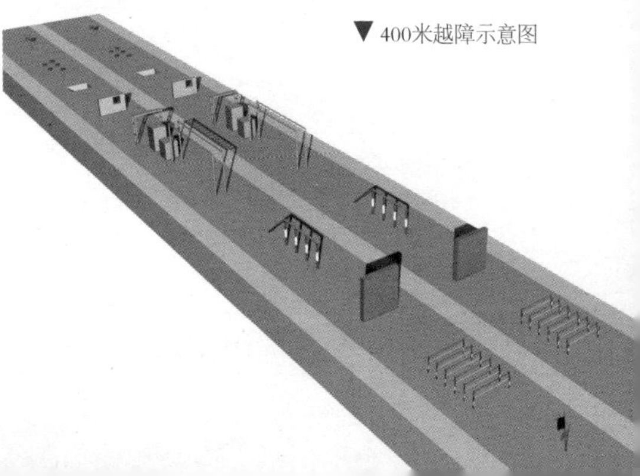

▼ 400米越障示意图

朝最后的精锐骁果军也是以同样原则，从全国府兵中挑选精壮士兵，以辽东之战中有着优秀表现的中低层军官为骨干编练成军的），只不过与魏武卒相比，宋初禁军的选拔标准更加细致，升降方式和待遇标准更加细化。被选为武卒的士兵可以立即获得远高于其他部队士兵所能享受的待遇。

在了解任何训练要求的背后都有着深刻的实战意义之后，我们也可以依照这些标准来推测魏武卒的战斗力水平以及基本步兵战术。

首先，衣三属之甲，背后的军事意义是：魏武卒是拥有重防护盔甲的重装步兵，在平时训练中，吴起也要求士兵穿戴好全副甲胄，以适应着甲状态下的战术动作。这一点在一定程度上反映出当时魏国的国力强大、国用充实，昂贵的全防护重甲在训练中都可以使用，完全不考虑因此可能出现的磨损与耗费——显然魏国发达的手工业和强盛国力可以给魏武卒提供充足的优质盔甲。同时，这也反映出魏武卒在作战中将披挂全身护甲，是一支重装化的精锐步兵。

关于三属之甲，一直以来存在着两种不同的说法。

第一种说法：除了标准的身甲之外，还要附属盆领、臂甲、胫甲，实现“单兵坦克”般防护面积基本覆盖全身的效果。这个观点简单易懂，无须再赘述。

另一种说法：“属”是东周时期皮甲编缀中对组成身甲部分每组横排甲片的称呼。此时皮甲多采取大型单片甲片的型制，采用这样的工艺，很显然，甲片尺寸越小也就越坚固（当然，皮革甲片的最小尺寸存在一个下限），同时也造成了相同防护面积下编缀甲片的横排数量越多防护力也就越好这一现象。

也有人认为，三属相对来说甲片已经比较小了，所以属于防护力比较好的皮甲。但是我们从该说法的源头开始思考，就会发现其中存在一定的问题。大概成书于战国时期的《周礼·考工记·函人》篇中存在这样的描述：“函人为甲，犀甲七属，兕甲六属，合甲五属。”此条之下有后人给出了注释。郑玄注：“谓上旅下旅札续之数也。”贾公彦疏：“谓上旅之中及下旅之中皆有札，续一叶为一札，上旅之中续札七节、六节、五节，下旅之中亦有此节。”上旅，谓腰以上，指衣；下旅，谓腰以下，指裳。

很显然，东周时期的皮甲，哪怕是甲片材料最坚韧的和甲，甲片横排数也至少达到了五属，三属显然是很低的数字了。当然，也可以退一步说三属是身甲腰部以上部分的甲片横排编组数量。但是《周礼·考工记》文中所说的这种皮甲事实上是战车甲士的皮甲，例如曾侯乙墓等楚地春秋战国墓葬出土的盔甲，其防护设计是出于车战的考虑。身甲与甲裙部灵活性不足，甲士乘车作战，不需要过多考虑徒步作战的需要，因此整体尺寸相对较大，而且不同于之后皮铁甲的开襟式穿着，此类皮甲多为笼套式穿着。此外，这一类皮甲的臂部防御面积相对过剩，因为车上甲士的手臂很容易遭到对方弓弩的集中打击。从多次战例来看，车上甲士手臂负伤的案例仍屡见不鲜。比如晋齐鞌之战，战斗中晋军将领郤克腿部中箭。郤克所乘战车的驭手解张因手臂中箭严重负伤(张侯曰:“自始合，而矢贯余手及肘，余折以御，左轮朱殷。”)，差点失去战斗力。

这样的皮甲不但不方便徒步作战，而且下半身的防御面积严重不足，基本只能覆盖到胯部，无法覆盖大腿部位，步兵如果大腿部负伤会严重影响战斗力。如果单纯加长甲裙，那么又将严重妨碍士兵步行作战。步战对盔甲的要求则又不同，我们可以对比一下秦兵马俑的盔甲和汉代步兵陶俑以及早期西汉铁质铠甲的出土实物（西汉初期皮质与铁质盔甲并行使用，两者样式也比较接近，两者装备比例随时代不同而有所不同），此三者的大体样式非常接近。首先，甲衣的侧面开襟（西汉后来发展出的筒袖铠则不同，开襟方式为正面正中开襟，与现代衬衫十分接近）穿戴方式几乎一样；其次，甲片的尺寸相近（受限于材料的机械性能，皮甲片的尺寸大于铁甲片），相对春秋时期大大减小，使得防御力增强，同时也提高了皮革的利用率；最后，作为步兵用护甲，增加了鹘尾等腿部防护组件。显然，这样的话步兵盔甲身甲甲片的横排数量会远远超过三排。

三属之甲的意思显然应该这样理解：魏武卒装备了和秦兵马俑所反

映的样式类似的步兵盔甲，为了增加防御覆盖面积，再附属了其他防护组件，提高了单兵防护力。

▲ 正面开襟的汉代铁铠[①]

① 春秋晚期皮甲见第二章 148 页图“经过修复的皮甲胄现状”。

“操十二石之弩，负矢五十，置戈其上”，要求士兵可以正常地使用拉力高达12石的重弩，这一条显然对士兵的射击能力与体力提出了较高要求。当然这样的强弩会十分昂贵，可能更多是在体能素质和射击技艺的训练中供士兵轮流使用，在实战中会使用造价更低、装备更普遍的次一级强弩。带50支弩箭，这可以看作是携带了一个基数（考虑携带能力，满足既定时间内中高强度战斗需要的弹药数量，现代步兵常见携带弹药基数为步枪弹100~150发）的弹药。士兵在训练中必须携带作为主战兵器的戈，此时的戈不再是车战时代的步兵短戈，而是长戈。《吴起兵法》中提到长戟二丈四尺、短戟一丈二尺，以周尺一尺约合今23.1厘米计，两者的长度分别达到了5.54米与2.77米，属于不折不扣的长柄戈戟。车战时代，战车附庸步兵更多是以混战或者比较小的单位进行作战，对单兵的武艺要求相对高，因此多使用短戈；结坚阵步战的精锐步兵则需要装备方便发挥军阵集体力量的长柄武器。此外，也可能是某种语境中用“戈”一词笼统指代了长戈与长戟这类利于士兵在战阵搏杀中发挥个人技艺的所谓“勾兵”。这三条军事训练要求勾勒出了魏武卒常用的作战方式——每一个士兵既要掌握弓弩的射击技巧，又要作为方阵的主力重步兵。一千多年之后的唐代也对精锐步兵有同样的要求。部队中主力士兵同时装备了远射的弓箭、结阵作战的枪矛和近身肉搏的横刀，既要能掌握投射兵器的使用技巧，也要作为方阵的主力格斗士兵，属于投射、肉搏兼顾的复合型步兵。敌军在对阵魏武卒的时候，要先承受武卒强弩的火力打击，在推进中顶着如雨的弩箭被大量杀伤，然后才能和体能强悍、防护良好、兵刃锋利、训练有素的武卒们短兵相接。

“冠胄带剑”和前三条反映的是同样的军事素质要求。此时的头盔多为青铜整体铸造（出土实物比较多见。此时的铸造青铜盔外形简朴，和商代那种铸有华美兽面纹饰的盔样式完全不同——近年来的一些影视剧出于审美的需要，经常让战国、秦汉时的军人们爱好“复古”般地佩戴着商代的头盔），或者是用铁片编缀（燕下都遗址出土了完整的铁盔实物）。由于其在设计上缺少能够分担头部重量的结构，佩戴者脖子的负荷很大，故而非战斗状态下军人很少会一直佩戴头盔。在平时训练中就要求戴盔，显然是典型的实战化要求训练。剑是一种相对昂贵的兵器，但作用上只能属于防身兵器，而非主战兵器，其关系类似于现代的士兵在配发突击是否有“十二石之弩”有待商榷。虽然春秋到战国的度量衡较为混乱，根据出土权（计重砝码）重统计：一斤最轻147克，最重250克，一般是越晚越重。就算按最小标准之一取值150克一斤，先秦至汉代1石（重量石，区别与容积石）均统一为120斤，那么就算按照此标准计算12石弩的拉力也达到了216千克！若按250克一斤来计算，12石弩的拉力达到了恐怖的360千克，已经远远超出了单纯依靠人力可以张开的范畴。

而时间更晚的汉代，常见的步兵强弩拉力也不过是6石，即180千克。虽然汉代有“弩十石以上禁止出关”的法令，但10石强弩是否真实存在至今还有争议。而且具有如此强大拉力的重弩，弩臂与弩干的尺寸应该十分巨大，恐怕早已不属于单兵用弩的范畴了。而且根据居延汉简（作为当时基层军队机关的存档公文，属于第一手材料，其可信度和精确性很高，具有极重要的参考与研究价值）的描述：在实际试射中，6石弩的最大射程并不比4石弩的射程更远，忽略破甲威力的情况下，汉代强弩的最大射程均处于180~200步这一范围，约合今天的247~275米。在汉简描述中，汉代步兵用强弩按张力划分，也仅有3石、4石、5石、6石、8石这几种规格。

拉力更大的弩更适合使用更重的弩箭，以提升远距离上的存速性，在全射程上的破甲威力上得到了提升。战国早期的工艺技术不可能——战国早期的弩机无金属郭结构，单兵弩的弩机弩干结构也难以承受如此巨大的拉力——也没有必要制作拉力达到216千克的重弩。我们已知强弩的最大射程与拉力之间的关系并不是线性的，通常弩弓拉力在100千克左右时，单兵弩的射程基本已达到极限。增加拉力只能增大弩箭在全射程范围内的破甲能力，同时破甲能力又受到弩箭箭矢的材料性能的制约。可以说，战国时期常见的青铜箭头因为强度与硬度不足，在面对皮甲时效果尚可，但在面对铁甲时则有浪费强弩张力的嫌疑。更何况战国中前期基本没有哪国军队装备铁甲，即使是面对披挂皮甲的战马，用这样的强弩也浪费了部分威力。12石的重弩很有可能是文章作者的夸张，或者是文章成书初期传抄过程中出现的谬误。

步枪之余也会另行配置自卫手枪。能给所有士兵都装备上剑，可见武卒不惜工本的装备精良。与之对比，根据秦俑考古发掘成果显示，秦军佩剑比例并不高（这也可能和秦俑经历过盗掘破坏有关。但是即使考虑了这一因素，佩剑装备比例也远达不到魏武卒的 1 ∶ 1）。可以推测魏武卒中主力方阵兵与近战肉搏兵之间的身份可以随时互换，以适应战局不同的需要。

▲战国素面青铜头盔

“赢三日之粮”，这一点是魏武卒强大战斗力和吴起六十四战全胜的关键。魏武卒的每一名士兵都被要求能随身携带 3 天的补给。3 天这个时间段不由得让我们联想到现代美军游骑兵部队（该部队并非特种部队，而是精锐轻步兵部队）惯用的 3 日攻击背包（3D 背包）。魏武卒、游骑兵这两支古今著名的步兵部队不约而同地选择了 3 天作为单兵携带物资所能支撑战斗的最长时间（单兵自持力），其中意义耐人寻味。

“日中而趋百里”，要求在半个白天行军 100 里，约合现代的 41.5 千米（战国早期 1 里约为 410~420 米，这里取中间值），这个徒步行军标准已达到现代强行军的水平。与之对应的是“舍”这个车战盛行时代的行军标准。一支标准的车战时期军队，半日行军的标准不过 30 里，即 12.45 千米，而魏武卒却要求半日便能行军 41.5 千米，机动能力比之前部队的 3 倍还要强！要知道这个时代任何两个重要城邑之间的距离也基本不会超过百里这一标准。那么魏武卒完全可以做到在对方意想不到的时间内袭取一座城邑，或者在敌人毫无准备的情况下连续发起数次强袭。

夸张地说，魏武卒可以在上午出发，下午就抵达一座毫无防备的敌国城邑附近隐蔽，进行短暂休息后，第二天一早就开始攻城。攻城的两天时间内，在敌国郊野获得物资补给，然后夺下该座城邑，再击退来援的敌军。当然正常行军状态下，魏武卒不需经常以半日 41.5 千米的速度强行军，能够做到以一个白昼行军 50

千米的速度，实现长时间持续行军，都足以傲视天下的军队了。综合唐代史册中关于军队行军情况的记录，唐军的步兵部队进行长距离或超长距离行军的平均速度基本保持在每日 20 千米上下，塔西佗在其著作《编年史》中提到，古罗马军团在战争状态下的平均行军速度也为一日约 20 千米。从这个侧面我们可以窥探到魏武卒的精锐程度，只有最精锐的部队才能实现远程高速行军。

其实，魏武卒士兵的军事素质要求与所享受待遇和几百年前牧野战场上周武王最精锐的 3000 名虎贲甲士[①] 相差无几。只不过虎贲军甲士必须出身贵族家庭，而魏武卒却是由普通自耕农家庭甚至是解放奴隶的子弟所组成，所以虎贲最多只有 3000 的兵力，而吴起仅作为魏国河西太守就能训练出 7 万魏武卒。《战国策》中对战国后期魏国兵力的描述是这样的："武卒二十余万，苍头二十万，奋击二十万，厮徒十万，车六百乘，骑五千匹。"武卒和虎贲不同之处还在于：魏武卒是职业化的军队，国家供养，脱产训练，可以说吴起开启了后代募兵制的先河。在魏武卒之后，各国也开始仿照其模式，建立了各自的常备军，如齐国的"技击"、秦国的"锐士"、韩国的"材士"、赵国的"百金之士"、楚国的"选练之士"。

此外，笔者推测武卒应当是直属于魏王的中央军，而奋击则可能是驻扎于各郡县的地方野战军。两者都隶属于魏国（常备）正规军的战斗序列，只不过武卒直接听命于魏王本人，其耕种的田土、领取的军饷均来自魏王及其王族的财产，而奋击可能要听从（以丞相为主导的）政府机构的指挥，平时也由官府财政来供养。先秦之时，魏王及其王族会拥有属于自己的、一定程度上独立于政府的机构为其管理名下财产，即在行政、财政与军事上，一国通常都会存在两个并立的系统——国王主导的王室与丞相主导的官府。这种并立体系的形成，也是上古部族式国家向中古律令式国家转型所必然经历的一个阶段。我国的王室与政府并立局面一直延续到了西汉王朝，少府就是一个一定程度上独立于其他政府系统、专职为王室服务的庞大机构。

---

① 虎贲甲士在攻城战中也有优异的表现。《诗经 · 大雅 · 皇矣》有这样的诗文："以尔钩援，与尔临冲，以伐崇墉。临冲闲闲，崇墉言言。执讯连连，攸馘安安。是类是祃，是致是附，四方以无侮。临冲茀茀，崇墉仡仡。是伐是肆，是绝是忽。四方以无拂。"描写了虎贲勇士在攻城战中的战斗场面。

魏军中的10万厮徒很可能是为奋击服务的辅兵部队，人员构成可能类似于秦国的更卒（或者说秦国的更卒制度学是从魏国学来的）。20万苍头可能是按1 ∶ 1的比例为武卒士兵服务的专职辅兵，同时也具有一定的战斗力。即魏国常备军兵力最多时，步兵可达40万。当然，魏国可能不会一直维持着40万正规军与30万辅兵的庞大兵力。魏国平时更有可能将20万武卒进行部分动员，驻守在各重要城邑附近，其余的武卒则在家中进行农业生产以节约军费。而奋击平时维持较小的规模，分布在各处，需要时则直接完成动员。苍头按相应的比例动员，被配属给各地驻防的武卒。厮徒按当年应服劳役男丁的数量确定。

此处的“车六百乘”应当是独立的战车部队，主要负担战场冲击任务。骑兵则是战车的辅助部队，同时也要负责侦查、战场遮蔽等任务。但从兵力占比来看（步兵总兵力达到了70万，骑兵只有5000名，比例高达1 ∶ 140），其规模实在太小，很可能也是直属于魏王的近卫部队，出征时与独立战车部队混编，配属给武卒部队。

在历史纵向对比中，我们可以发现魏武卒的军事体制并非孤例。唐朝初期，中央军以具有征兵制性质的府兵为骨干力量。随着均田制的瓦解，府兵制赖以为生的土壤逐渐消失。唐高宗统治晚期，各地军府均已难以为唐中央军提供足够的兵员，因此，丞相张说向唐玄宗奏请募士宿卫，面向长安周边州县的府兵家庭及白丁招募士兵为长从宿卫（后改称彍骑），士兵获得募兵身份后官府再给予田土为酬劳。与府兵不同，以中央宿卫军为专职的长从宿卫们不再自备口粮与部分兵器，所有装备物资皆由国家统一发放。士兵每年须在宫廷宿卫两个月，其余时间集中训练，免除了出征、外地镇守的任务。唐朝的彍骑军制与魏武卒兵制较为相似，官府以授予田土的方式募兵，以这部分士兵作为中央军中直属王室的兵力。或者可以这样说：唐彍骑与魏武卒是王室以田土为“基本工资”募集的雇佣兵。常言道：“有恒产者有恒心。”对于一国王室而言，中央军士兵对君主的忠诚度始终是第一位的。

同时我们还应该注意到：魏武卒建立时，步兵部队的编制发生了一次有趣的变化。我们在上一章中介绍过吴国步兵的编制为伍（5人）→卒（百人规模）→旅（千人规模）→军（万人规模）四级建制。《吴起兵法·卷一·图国》中，吴起与魏武侯问对治兵，吴起强调军队应该选锋，不同出身的士兵应该担任不同的职责，并

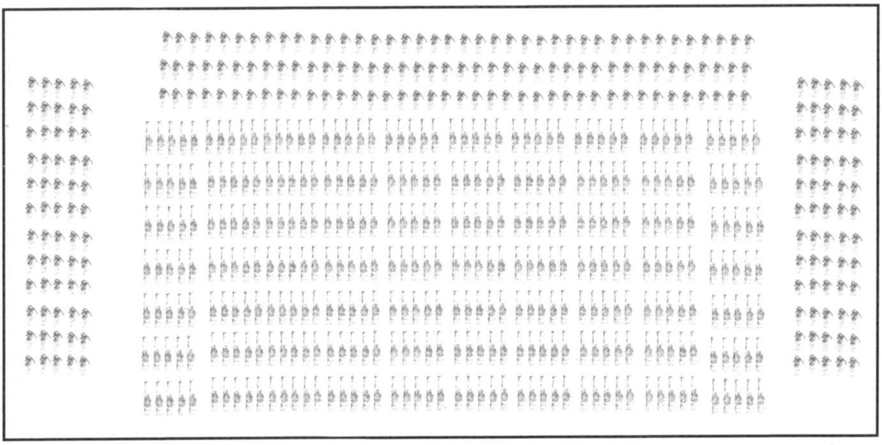

▲魏武卒方阵示意图
一卒中下有甲兵600名，方阵中央为持长兵的主力兵，弩手为主、短兵为辅的散兵前出于阵前，短兵主要在主力方阵两翼或两前角列队以掩护侧翼。

将这些士兵编制在同一卒中。最后总结时，吴起说："此五者，军之练锐也。有此三千人，内出可以决围，外入可以屠城矣。"

不知有没有细心的读者注意到，吴起提到了5个卒的兵力为3000人，即一个步兵卒建制下有600名士卒。显然当时的军事家们已经达成共识：在百人规模建制与千人规模建制中间缺少过度环节是不利于军阵运作的。纵向比较各时代的军队编制，可以发现500人规模的建制才是军队指挥运作中最关键的一环。西汉军队的"曲"、东汉军队的"屯"、隋唐军队的鹰扬府和折冲府[①]、宋军的"指挥"、明军的"千总队"等建制均为500人规模，现代步兵营也是大体相当的兵力规模。

此处不应该看作是简单地将卒规模扩大，应该理解为这时的步兵部队增设了一级建制，即将卒从100人扩充到600人规模的同时，另外保留了100人规模编制，并给其换上一个新名字。实际上就是新设了一级500~600人规模的建制，并

①唐时，府兵军分上、中、下三等，满编情况下上等1200人、中等1000人、下等800人。府下设团，一团200人或300人。但实际出征时，一府可出之兵平均不过500人左右。府兵制下，军队平时以折冲府形式驻屯地方，战时为营，由指挥使统领。后来演变为五代与宋时的"指挥"这一级建制。唐代边防军设镇，有镇将一名，士兵300~500人。

在这个建制上来实现各种步兵分队战术。吴越争霸时，步兵以百人方阵为单独的战术单位。到魏武卒时期，则以600人方阵为单独的战术单位，在这一级建制之下合成弩兵、短兵与长兵三个基础步兵兵种。作战时，步兵以600人规模的新式步兵卒为单位投入战线（后来的秦军也继承了这一步兵编制方式，设立了屯长→百将→五百主→两五百主的指挥领导体系）。

更重要的是，吴起还根据兵员的身体素质，技战水平将士兵按照一定分类进行编组，以适应不同需求。将武艺精良的士兵特意选出编练在一起，作为全军的刀刃。身材矮小、四肢也不长的士兵则应该持长兵器构成步兵方阵的主体；身量颀长、四肢长而有力的士兵能够轻松地将弓弩完全张开，应该让他们练习弓弩的射击技巧。

魏武卒在卒一级的战术就是这样：士兵们普遍装备有全防护重甲，身体素质并不突出的士兵们构成方阵的主体，持长戟为主战兵器，四肢修长者以弓弩为主战兵器，所有士兵都佩戴有在混战中防身用的青铜剑。临战，弓弩在百步距离上开始放箭，主要的目标是射击伴随步兵推进的战车。当对方战车被弩箭瘫痪后，则再以覆盖射击的模式转向对敌步兵进行射击。在敌人接近的过程中逐渐提高射击速度。敌军推进到50步以内时弓弩手退至两翼，士兵将弓弩换为短兵与盾牌掩护方阵；主力方阵平端长戟向前，数百名重步兵发起集团冲锋。在四五百名重步兵的冲击之下，任何旧式乘、卒一级的战斗单位都难以保持阵形，队形被冲散，士兵遭遇屠杀。

先秦上千年的征战中，魏军第一次以严格训练为基础，使得数百人的重步兵方阵可以发起全新的集团冲锋战术。在突击的全过程中，这个规模较大的方阵前所未有地保持了冲击队形的严整。在此之前，虽然列国已经开始使用500人规模的建制，但只能在防御作战中使用这个级别的方阵，进攻中只能维持百人规模方阵发起冲击。南方的楚国，也只是将乘阵形之下的兵力扩充至150人。军事技术更为落后的国家甚至只能继续沿用更加原始的步兵两方阵。步兵的战斗力蕴藏在军阵所凝聚的韧性之中，这种韧性在进攻中表现为一往无前的勇猛推进，防御中则表现为坚守阵列的死战不屈。魏武卒无敌于天下的秘诀就在于其领先于列国军队的强大凝聚力，因此也爆发出了当时天下第一的战斗力。

## 严法而爱卒

春秋到战国，“礼崩乐坏”——旧的制度瓦解了，新的制度还未建立。如何建立新制度？“《春秋》之中，弑君三十六，亡国五十二，诸侯奔走，不得保其社稷者，不可胜数。”在这样的现实面前，各国君主彻夜难眠，唯恐第二天醒来，执政大臣就带着甲士上殿弑君了。

战国之初思想界最大的“课题”就是如何重新稳固国君的统治，建立一套可以适应大争之世的行政体制与治政思想体系。道家首先提出了自己的观点——“道法自然”，天地之间自有秩序在，故而天地间万物应顺势而为。为政者应当学习自然界那种有秩序的统治，施行无干扰性行政，不为追求政绩瞎“折腾”。可以说道家提出的“邻国相望，鸡犬之声相闻，民至老死不相往来”就是自然界的秩序直接反映到人类社会的一种状态。简而言之，道家提出：应该遵循一定秩序来治国，不要破坏秩序的运作。但是秩序到底是什么样的？如何建立？战国道家没有拿出自己的答案。

汉初官府信奉黄老之术，以“无为”统御天下，实质就是充分依照现有法律，国家不对民间多加干涉。法家讲究官府以法、术主导一切，干涉一切；而道家黄老则讲究官府以实际行动来引导百姓，少干涉。通俗点可以这样说：法律以外，官府什么都不管，放任百姓自由发展；一旦触犯了法律，对不起，官府要严惩。可以说汉初的道家治政思想已经发生了一定改变，吸收了法家的一些理念。

儒、法两家在道家提出治国需要依照秩序的前提下，分别拿出了自己的答案。战国儒家认为完备的秩序体系一直都存在，即以周礼为代表的血亲宗法、礼仪五刑，只是因大家不再遵守这套秩序，才导致了现在的礼崩乐坏。那么，现在应该做的是复礼，恢复周公旦当年制定的周礼体系。只要“复礼”，就能让国君重新稳定地掌握政权，就能让国家强大起来。可以看出，此时儒家理念的实质是想重建血亲宗法社会，实现“一家之内如一国，事国如奉家”的家国一体系统。

然而战国儒家此时最大的问题在于：其所鼓吹的理念并不利于在当时的社会背景下完成中央集权制的建设。直到西汉大儒董仲舒提出了一整套“君权天授”与“天人感应”的思想体系后，儒家才具有了一套真正适应集权体制的政治思想。但在政治理论根基上，儒家还是更倾向于维护宗族治权，为后来东汉至南北朝时期出现的门阀宗族势力分割国家政权提供了思想依据。

“三代不同礼而王，五霸不同法而霸。治世不一道，便国不必法古。”法家认为：当今之世缺乏秩序，那么我们就来制定一套可行的、所有人必须无条件遵守的秩序。这套秩序只能由最高掌权者来发布、维护和实施。而谁是最高的掌权者呢？只有一国的君主。保证国君最高掌权者地位的方法就是国君拥有最高立法权、最高执法权和司法解释权。臣民们可以不用去理解法令的含义是什么，只需要依照法令条款的规定行事就好了。法者，天下之程式也，万事之仪表也，如果有谁触犯了秩序禁令，就只能由王权（包括依附于王权、作为王权执行者的官僚系统）凭借法例对其进行裁决。

这里我们就不再赘述儒法之争了，只看礼崩乐坏的实质是什么。礼崩乐坏的实质是奴隶制旧社会土崩瓦解、新的社会逐渐成形这一历史必然进程。谁能制定更适于生产力发展的新社会制度，那么谁就能在这大争之世取得优势；如果谁能加强以自己为核心的统治架构，提高整体行政效率，谁就能凝聚起全部力量争取更多的权力、土地与人口。很显然，加强中央集权，打击分封势力，有利于国力的增长。

从这个角度看，法家的理念能够在战国这种大争之世迅速地完成秩序建立，又可以用法令的强硬手段来维持秩序的运作。事实上，战国法家以加强中央集权为根本目的，而最终的结果是造就了一个有国家的军队，即古典军国体系。战国儒家在维持秩序运作上没有找到合适手段，其一味地鼓吹守礼复古甚至可以说是完全逆历史潮流。毕竟当今诸侯们手中所掌握的权力就是以打破周礼为手段获得的，单凭道德劝说也解决不了问题。批评的武器，始终代替不了武器的批评。

法家的理念也更适于战国时期的社会现实：教育资源彻底被贵族阶层所垄断，国民普遍为文盲，整个国家从原始社会脱离的时间并不长，人们普遍缺乏遵守规则的意识。想通过大力发展教育实现强国富民，成本实在太高且见效太慢（当然，推行“法治”的秦国并没有放弃教育民政这一条，只不过走上了另一条道路——“令百姓以吏为师”，这样做虽然有利于普法教育维护社会秩序，但太过压制思想的迸发，或许就是这一政策导致秦国缺少本土“天才”，并最终导致治国体系崩溃）。官府索性就将所有的行为准则、各种社会公德全部订立为法令条款并强行推行于世。法家的“愚民”并非要让民众变得愚昧，而是以默认“百姓是愚昧的”为出发点来进行思考。因此我们才会在秦法中看到“验传”这种早期的户籍与身份证制度、关市交易中有关原始发票制度以及调控物价的规定、各级官吏可享受的生活待遇等内容。各级官吏处理政务与刑事案件时，各项内容与信息传递必须做到痕迹化、正规化，即我们所看到的各种公文与案件的“封诊式”。将各种百姓应遵守的社会基本秩序以立法的形式进行强制推广。商鞅认为：“治世不一道，便国不必法古。”秦律每隔几年都会参照司法实践反馈进行修订。为了避免出现法令未能及时传达或传达出错，商鞅变法伊始秦国官府就专门设置了“法官”来保管和核对法律，以及提供法律咨询。为了提高司法系统对律令的熟悉程度，秦法甚至还规定上级要定期考察“法官”对律令的理解与记忆，若不能清晰地回答某一条法令，该官吏则会被按照违反该条法令处置。

秦法中甚至还规定了百姓不许乱丢垃圾，否则重罚，更禁止聚众酗酒与打架斗殴。在后世见义勇为只是一种美德，但秦法却将之视作每个百姓应尽的义务，官府明文规定：看到他人遭遇盗贼却不施以援手者会被罚款“二甲”，若能捕盗则有赏。拐卖妇女儿童（秦法称之为“掠买”）被定为重罪，最高可被判死刑，且买者也要问罪，与拐卖犯一同论刑；而掠买案发当地政府的官吏们若对拐卖行为打击力度不够，不能积极解救被拐卖人口，也会被问罪。[①] 当儒家提出“清官难断家务事”的时候，秦法中甚至还有限制家庭暴力的法令，只要妇女遭受家暴且有可判定的证据，其丈夫要受到处罚。[②] 秦法中还有关于当事人可检举揭发、立功减刑的相应条款（从实际作用看，原本会被连坐的案犯家属可以凭此条脱罪，这或许是立法者有意留下的漏洞，缩小打击面）。当然，这一点也是被儒家所严厉批判的，因为这与儒家“亲亲相隐”“三纲五常”的思想完全背离。但就此便认定法家鼓励“告密”也是极为片面的。秦法规定官吏在找到投书者前不得私自拆阅匿名告发信，违者罚

---

① 秦法严厉打击人口拐卖行为，出发点还是为了保证官府控制下的人口不被非法侵占，秦国允许官府管控之下的奴隶买卖，不同于现代社会尊重人权，保护妇女儿童基本权益，反对物化妇女儿童，保护人民群众的家庭和睦——对于受害人而言，拐卖行为等于毁掉了一个家庭。以现代的观点来看，法律的职责之一是维持最低水准的社会道德，但先秦法家并没有这一认识。

② 秦法反对家暴的出发点，更多是落在保护劳动力之上。妇女也是重要的社会劳动力，若遭受严重家暴可能会失去劳动能力，从而影响一个家庭的经营，减少官府能够获得的赋税和劳役。而现代立法反对家暴的出发点则是保护人权。

款“二甲”,匿名私告者不论所告是否属实都要被罚款“三甲”。告发他人若所告不实，告发人将会被按照其诬告的罪名反坐（譬如诬告他人谋反被查实，诬告者会被以谋反的罪名处以死刑），可以看出法家只是鼓励揭发犯罪，并不提倡密告与诬告。

平心而论，秦法在某些制度设计上具有一定的先进性，但是其立法的出发点却与今天的立法精神相左，在立法与执行上也太过简单粗暴。秦法在制定律令时，虽然会保护民众的一些权益，但根本出发点还是维护官府利益。法家这种只讲究司法执行，不重视法律意义教育的愚民政策思路无疑是十分落后的。公民守法意识的培养，不能只限于法条与刑罚，更应该对广大人民群众解释法的精神，让人民积极参与并监督立法、执法与司法的全过程。

商鞅变法中最让人津津乐道的典故——徙木立信，也只是商鞅出于同样的原因而照搬了吴起的故智。吴起认为：“古之明王，必谨君臣之礼，饰上下之仪，安集吏民，顺俗而教，简寡良才，以备不虞。”“君能使贤者居上，不肖者处下，则陈已定矣；民安其田宅，亲其有司，则守已固矣。”国家必须先建立完备的政治领导体系，谨慎立法、严格执法才能让国家秩序井然。同时重视人才的选拔，不能沿用旧时代“任人唯亲”的贵族家族政治。虽然曾师从儒家学者曾申，但吴起并不认同儒家的政治理念与人生观。在魏国时，吴起受到环境的影响，接受了法家的政治思想理念，这为他之后出任楚国令尹、主持政治改革打下了基础。

吴起治军严法，战场上不遵军令擅自行动者，即使获得胜利并立下战功，也要被治违抗军令之罪。军中最重法度，若号令不明，赏罚无信，虽有百万之众，也不过是一盘散沙。吴起还认为，有功者应按照功绩大小给予不同待遇；对于无功者，其若无过则不应施以刑罚，而应鼓励，并为其创造可以立功的机会，鼓励没有立功的士卒争取立功；对于阵亡将士的家属，每年要派使者进行慰问和赏赐，这样会造成一人立功全家光荣的社会风尚。

《尉缭子》中就记录了吴起严格执行军法时无情的一面：与秦国作战时，吴起未下达全军进攻的命令，有一位勇猛的战士擅自出击，并斩杀两名秦军，但战后吴起却下令行军法斩了此人。军吏劝说此人是个“材士”，有才力有战功，是军中珍贵的资本，吴起却说虽然此人才力出众，但不能掩盖其触犯军法的事实，应当依法处置。除了军事案件中依法执行军律之外，吴起在日常对军队的管理上也十分严格：他要求步兵必须维护好自己的兵刃，加强军事技能与体能训练。骑兵不但要让自己的体魄强壮，能衣重甲如着鲁缟，更要求其悉心照料战马使之也能做到负重若轻。可以说吴起第一次在制度设计上将军队操练进行了系统的规范化，是一种典型的法家式指导思想；后来经过商鞅变法的秦国将这一思想发扬光大，制定了一系列法律来规范民众日常、军队行动、官吏执法、市场买卖等行为。

除了执法威严的一面，吴起治军还有着爱兵如子的温情一面。吴起领军出战，自己不享受特殊待遇，与士兵们同吃同行。士兵们立下功劳后，吴起坚决按照事先制定的奖赏标准按立功大小予以相应奖励，而且特意在庙堂庄重之地为有功将士大开庆功会，给予有功将士物质奖励的同时还特别给予精神上的奖励，让出身平民的士兵也能享受到乡大夫（当时魏国的官爵之一）一般的荣耀。魏武卒中的每一名士兵都对"武卒"这个名号极具认同感与自豪感。更难能可贵的是，吴起对未能立下战功的士兵们并没有区别对待，而是一视同仁地爱护这些士兵，并为他们创造出可以立功的机会。

魏侯斯在任用吴起前认真听取了别人对他的看法，所有人都称赞吴起本领非凡，在用兵上无人能及，但在个人品德上，有人说吴起贪财，还有人说吴起好色。但真的任用吴起之后，魏侯斯对吴起的评价最突出的一条竟然是"廉"。前面这些负面的评价，更像是举荐者为打消魏侯斯心中的顾虑而说的——作为部下，一个有缺点、有嗜好的人毕竟要比一个无欲无求的人更容易驾驭。

皎皎者易污，这个词用在吴起身上最合适不过了。譬如儒家子弟便污蔑吴起"杀妻求将"。齐军攻鲁，吴起想展示自己在军事上的才华以求得进一步的重用，因此向鲁穆公求为将。鲁穆公开始想拜吴起为将，但此时有人进谗言，说吴起娶了齐女为妻，他想率军出征可能另有企图。为了自证清白，吴起只得杀死了自己的妻子，并率领鲁军击败齐军。但怀疑的种子已经埋下，吴起凯旋后被鲁穆公剥夺了军权，被打入另册的吴起只得离开鲁国。

事实上，齐鲁通婚是早在周朝肇建时就已存在的惯例，尽管我们在《左传》上总能看到"某某年，齐师伐我"的字句，但两国始终频繁通婚。作为长勺之战交战双方的齐、鲁两国国君就是亲表兄弟。鲁国贵族和平民与齐国通婚者也比比皆是，何来娶了齐国女子就不能当鲁国将军的说法？如果说娶齐国女子就会对鲁国不忠的话，历代鲁国国君（或娶齐国公主为妻，或生母是齐女）就没哪个算忠于鲁国的——这样的结论显然无比荒谬。最后我们再反过来思考，吴起杀妻就一定能保证求得将位吗？鲁国国君见吴起为了官位能轻易杀掉自己的妻子，难免会产生这样的联想：吴起现在为了求将可以灭绝人性地杀妻，那么此人以后为了篡取更大的权力，会不会伙同权臣弑君篡权呢？恐怕更加不敢任用吴起为将了。“杀妻求将”显然是完全不了解，或者故意无视先秦齐鲁通婚情况的人故意编造的无耻谎言。最后我们再举一个侧面例子：《史记》中记载吴起从魏国出走的重要触发原因是其不愿迎娶魏国公主，因此被公叔痤谗言有二心。如果吴起是一个为了权势而肯杀妻的人，那么绝对不会做出这样的选择。

离开魏国之后，魏国当权者又在给吴起泼脏水。流传至今的还有一个成语“吴子吮疮”：“起之为将，与士卒最下者同衣食。卧不设席，行不骑乘，亲裹赢粮，与士卒分劳苦。卒有病疽者，起为吮之。卒母闻而哭之。人曰：‘子卒也，而将军自吮其疽，何哭为？’母曰：‘非然也。往年吴公吮其父，其父战不旋踵，遂死于敌。吴公今又吮其子，妾不知其死所矣。是以哭之。’”吴起爱兵如子的举动竟被认为是迫使部下卖命的权术手段而被误解两千多年，可悲，可叹啊！

吴起之死让楚国变法在高潮时戛然而止。但是仔细回顾吴起之死的全过程，却可以发现一个很耐人寻味的地方——吴起生前对这件事似乎早已有所预料。吴起在走投无路之际抱楚悼王尸体，贵族们为了杀吴起乱箭齐发，不少羽箭射中了楚悼王的尸体。吴起大喊“群臣乱王”后死去。太子臧即楚王位后，立即以此为名诛灭了对抗新法的贵族们。“且荆国之法，丽兵于王尸者，尽加重罪，逮三族。”——毁坏王尸，夷灭三族！细想一下就能明白，这条法令分明就是为吴起之死而特意准备的。试想一下，谁会没事干，想到要用兵刃去破坏死去楚王的尸体？除了此次欲立杀吴起而后快的楚国贵族，恐怕很难再有其他类似情况。[①] 且当时情况如此混乱，楚肃王在事后又是如何断定射中楚悼王尸体的那几支羽箭到底是

① 伍子胥鞭尸楚平王之事，首见于司马迁《史记》，《左传》《清华简·系年》《清华简·越公其事》等史书中则无此记录。

谁射出的？显然根本不用问，就按事先（没准就是楚悼王、吴起生前一同订立的）早已准备好的清洗名单直接下手了。有此先见之明，以国君的遗体，为自己的横死准备了一群位高权重的陪葬者，不得不说吴起很高明。

后世多有人以吴起先后侍奉三国来攻击其不忠，但先秦及两汉时期对“忠”一词的定义是能竭心尽力地辅助主君成就功业，而非简单的忠于一人一国（可以参照钼魔放弃刺杀赵盾时曾说过的“贼民之主，不忠；弃君之命，不信”来理解先秦对忠、信的定义）。战国之士追求独立人格的完整，既然你不肯用我，又完全不认同我的理念，那么我也不会在一棵树上吊死，换个东家继续发挥才华就是了。正所谓“君之视臣如手足，则臣视君如腹心；君之视臣如犬马，则臣视君如国人；君之视臣如土芥，则臣视君如寇仇”。最后吴起又用自己的死为下一任主君扫清了政治上的障碍（吴起不可能不知道贵族们想对自己动手，还有意不带卫队入内吊唁，显然已决心赴死），相比后世的“水太凉”们，平心而论，不能说吴起不忠。

公元前405年，吴起率魏武卒联合韩、赵在龙泽大败齐军，杀死齐军三万，次年，攻入齐长城，齐廷震恐，现在看来这也许是魏武卒最后的辉煌。吴起奔楚后，失去了统帅的魏武卒也仿佛失去了灵魂一样，仅仅靠着过去伟大统帅的惯性运转，走起了下坡路。公元前354—公元前350年，魏侯罃率魏武卒攻破赵都邯郸，虽被齐败于桂陵，但次年败齐于襄陵，败秦于定阳。这位强悍的最高统帅似乎让逐渐衰落的魏武卒看到了复兴的希望，但公元前341年，齐、魏马陵之战中魏军在马陵道遭到伏击，太子申战死，魏武卒也元气大伤，威风不再。这支队伍复兴的最后希望和机会也随着马陵、桂陵的惨败而烟消云散。

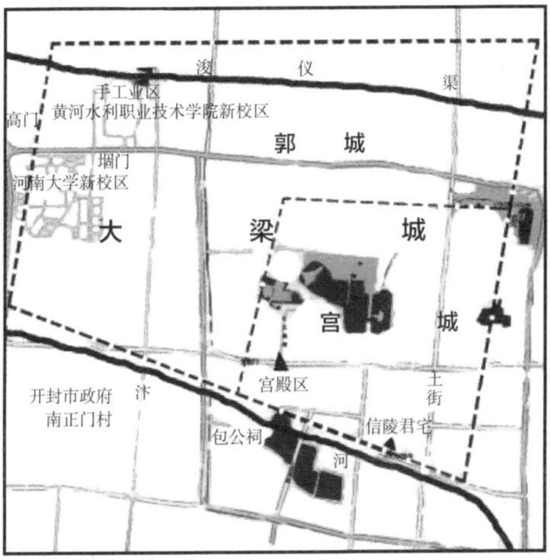

▲战国大梁城遗址示意图

公元前293年，秦将白起于伊阙大败魏、韩联军，斩首24万。仅存的魏武卒损失殆尽，从此彻底离开了历史舞台的中央。战国的步兵最强者的辉煌战绩最终还是得由秦军锐士来继续书写。

## 修我戈矛，修我矛戟

戈——中华文明所特有的啄击钩杀兵器，“干戈”一词在汉语中可以代指所有军事行动，“金戈铁马”则成为战争的代名词。人们一直以为戈是一件专门的车战用兵器，从武器演化发展史上看也似乎如此：随着战国后期战车失去在军队中原有的核心地位，戈也随之退出了战场这个兵器的舞台。考古工作者在秦兵马俑坑清理出的戈头基本都是作为戟的部件而出现的。从发掘出的残存痕迹上来看，并不存在单独的戈头长柲兵器，基本在所有戈头的附近都能发现作为戟刺的青铜矛头，部分还能清晰地看出，残留木柲朽痕的顶端联装着戈头和矛头组成的戟。从发现数量上看，戈头数量也要低于矛头的数量，俑坑反映出的秦军步兵方阵主要装备了三种类型的长兵器——矛、戟、铍。

车战中，车右们必须在两车错毂时才能使用各自的兵器交手。战车最大的特点是战马于车前排列，这就造成了战车在面对面相遇时两车上武士正面的距离达到了6米。显然车上甲士不可能操着长达六七米的长柄兵器，隔着两排驷马互刺，只能在车毂交错的一瞬间施出杀招。戈可谓是车右甲士手中最多能的武器了：战车快速经过敌兵身侧时，相比只能刺杀的长矛，戈在横向任何角度上都能实施钩啄攻击，甚至车右只需将长戈向侧面远远伸出，便可以杀伤对方，不像长矛只能在正面的一定角度（通常难以超过60度角）内才能有效刺中目标；同样基于这一点，戈的打击范围比矛更大。同样是3米长的木柲，矛（当然矛的木柲要长于戈）只能杀伤（以战车侧面车厢为基准）横向距离为1.5米左右的敌人，而戈可以攻击到横向距离为3米的敌人。戈的钩啄攻击动作比长矛的刺杀动作更适合在短暂的错毂期间施出，命中率也更高。钩杀更能利用战车前进的动力，将对方的肢体切断。啄击在戈刺入人体后，可以将对方钩在地上拖行。拖行中戈的下刃可以利用对方躯体与地面的摩擦力，从人体中再度钩出，在对方身体上划开一个又深又长的可怕伤口。可以说，戈简直是一种专为车战而生的兵器。车战最兴盛的时候，也是戈应用最频繁的时候；车战衰败后，戈也随之被一同淘汰了。从这个角度看，

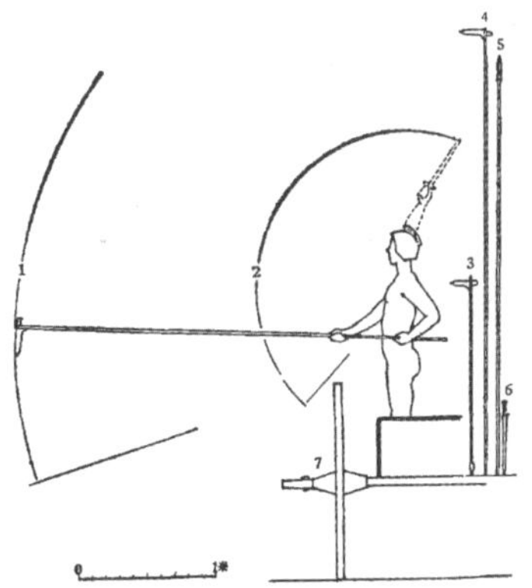

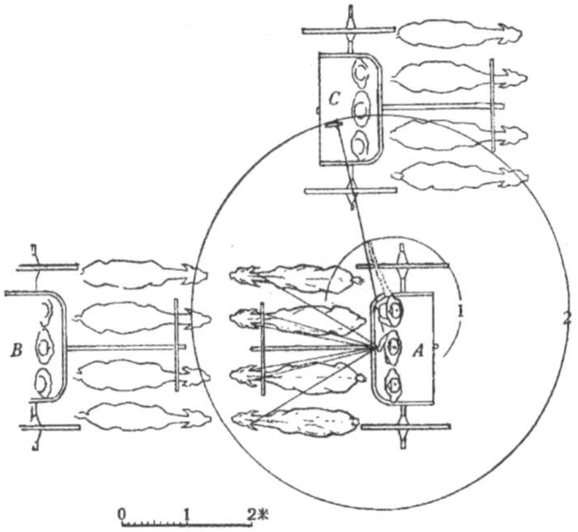

▲ 车右用戈格斗动作示意图

戈的命运与车战休戚相关。

然而最早的戈实际上是作为一种纯粹的步兵用武器出现的。早期的戈多为短柲，在已发掘的商周武士墓葬中，发现陪葬的戈常见柲长为70~100厘米。另外在殷墟遗址的发掘过程中，考古队员在一处宫殿建筑的柱基底部清理出一具挺身跪坐呈警卫状的人牲。该名人牲在被掩埋时手持一件玉戈，从填土痕迹来看，武士身上可能还穿戴有盔甲，据推断应是一位在宫殿修筑过程中自愿作为牺牲祭地的商代武士。其右手握持的玉戈的木柲痕迹保存良好，经修复后测量柲全长约为80厘米，为典型的步战用兵器。殷墟遗址还发掘出另一具同样呈警卫姿态的人牲遗骸，该名人牲不但右手持有短戈，左手还持有一面较大

▲ 殷墟遗址中发现的持戈武士人牲

## 戈首各部分名称

戈首前部修长用于杀伤的部分称为援，援的上下端均开刃，然后在最外端汇聚尖锐的前锋。援的尾部反方向伸出有内，可以穿过木柲上钻出的榫孔予以固定戈头。援的下刃根部纵向伸出部分为胡，胡的外观有直线型也有曲线型，在戈头安装于木柲之上时，嵌入木柲前部开出的榫孔之中（还存在一种较为原始的在柲头部劈缝式安装的方式），起加固作用；有部分戈无内，而在援的尾部铸造成一个套筒型的銎管，将木柲插入銎管内固定。援根部、胡、内上用以系绳捆绑留出的孔叫作“穿”。在木柲的底部装有带尖头的鐏，用其可以将戈竖直插在地上。木柲顶端有时会装有帽。部分戈还会有鞘，平时套在金属戈首上，起到保护作用。

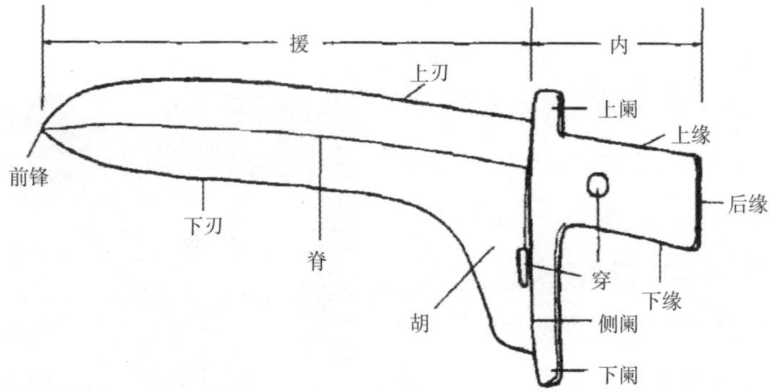


▲ 戈的各部分名称

的方形步兵用盾牌。70~100 厘米长度的兵器是步兵在持盾状态下最合适的单手用主战兵器。无论是先秦短戈矛，还是汉代以后出现的钢铁制刀剑，长度基本都在这一范围内，既能保证攻击范围和攻击力，又不会因为兵器过长而造成出招不便，降低灵活性和命中率。另外，我们应该注意到这样一个细节：商周早期的戈，戈援与柲之间夹角基本成直角，这也证明了戈最早是一件纯粹的步兵武器。这样说可能有点不太好理解，其实这是从武器使用的角度分析得出的结论。

戈最直接的攻击方式就是使用者手握木柲尾端，高举手臂猛挥啄击对手。在戈援刺入对方身体后，最合适的后续动作并不是直接向后方拉回进行钩杀，这样的招式必须将攻击动作分解成两个不同的动作。从发力上看，需要向两个不同的角度上分别发力，这违背了战场武艺必须流畅迅猛的根本原则，无法在一瞬间完成。尤其是第二个向回拉的动作，势必导致使用者身体向后用力，重心位置随之发生变化，不但不利于战士迅速转回防御状态，甚至可能容易被对方顺势前突撞倒。此外这样的攻击方式还容易因应力角度问题造成戈的内部、木柲榫孔和捆绑用绳索联结处的损坏。

最合适短戈的攻击方式，应该是在完成啄击后，持兵器的手继续沿攻击方向向下向内侧挥动，从而带动戈援的下刃持续切割伤口边缘，这时戈援与人体之间的夹角逐渐成钝角，下刃可以发挥出强大的切割力。最终戈援的尖锋从人体中破出，留下一条又深又长的伤口。最后戈援彻底与人体组织脱离，完成一次杀伤过程。这样的杀伤过程，直观来看与铁镐挖地时镐头翻开表层土壤的动作十分相似。从这个角度看，戈绝对不是简单从斧减重而来的，又或者单纯地从农具镰刀转化而来，而是同时综合了两种利刃各自的优点与特色之后产生的。

换个角度来看，兵器是人手的延长，而戈的进攻动作很像反手握持匕首时的攻击动作，只不过利用了木质的柲，将人的手臂进行延长。总而言之，戈应当是一种专门为战争设计出来的武器，绝非生产工具在战场上的简单应用演化。显然戈援与木柲呈 90 度的垂直布局有利于步战中士兵更准确快捷地攻击。这种垂直布局完全就是为步兵格斗设计的。如果将这样的戈直接用于车战，因为啄击时戈援刺入人体的角度不同（使用者手臂位置远高于目标被啄击部位），杀伤后戈援运动方向与轨迹的不同，致伤效果可能弱于步战，还可能造成兵器的损坏或因发生钩挂而遗失。

综合各地不同时期出土的实物，我们可以看到，商代晚期到西周早期戈首的样式发生了一个有趣的变化。戈援在纵向上与之前相比出现了一定程度的前倾，这使得戈援与木柲之间的夹角由 90 度变为 100~110 度。这样的角度优化减小了戈首在啄击之后破开人体的阻力，减少使用中戈内、木柲榫孔和捆绑用绳索联结结构的损耗。但是这样的变化使得啄击产生的伤口比之前要浅且小，降低了戈原有的杀伤威力。这样并不具有优势的改动，一直被保留到戈消亡的那一刻。最早的戈头无胡这一结构，其出现时间大致与100度角出现时间基本相同（从出土实物上看，胡出现的时间可能还稍早）。胡的出现增强了戈头在纵向上的整体结构强度，让戈在推、钩、啄时更不易发生折断。

从步战的角度来讲，步兵用自身力量攻击时不会产生这样大的应力，需要在戈头上增加胡这个部位来进行结构补强。但是随着车战出现后戈头受到的应力变为使用者的臂力加上战车前进的冲击力之合力，戈援部受力骤然增大。在金属材料学上未能得到突破的前提下，只能用胡这个结构增强戈头的整体结构强度。汉代出现的“卜”字形铁戟，简单而直接地在长刺旁以垂直角度锻打焊接上一个同样细长的横枝。因为钢铁材料在强度和韧性这两个重要性能指标上远远超出青铜，因此不再需要胡这个造型复杂的部位来进行结构补强。此外胡部的出现，也是为了加强戈头和柲之间连接的稳固性。士兵们在实战中发现，无胡戈在钩杀与切割的杀伤过程中会因遇到人体的阻力，使得戈援根部与金属穿部对木质柲上预留的安装榫孔产生上下的切削作用，最终导致戈头出现倾斜松动。为了克服这一现象，商代工匠们开始尝试将援下刃根部向下延伸形成胡部，胡的底端嵌入木柲上的沟槽内，并在胡上开出数个穿（孔），以皮绳捆绑，增加一个向下的拉力，防止戈头与木柲榫孔发生相互损耗。汉代的钢铁卜字戟在与木柲连接时则增加了一个带穿孔的套筒部件，解决了戟头的稳固性问题。

从步战的角度而言，这两个改动意义不大，还必须将这个100~110度的夹角比较精准地做出来，明显地提高了工艺要求与制作难度：铸造模范需要做得更精准，因为形状的复杂，需要重新设计注入孔与排气通道。还要保证青铜融液可以完美地填满胡这个厚度偏薄形状细长的部位。要知道，在室温下青铜的冷却速度快，凝固结晶速度也较快，容易在铸造过程中出现金属融液填充不完全的现象。当然，戈援前倾的整个角度正好补偿了车战中因使用者位置变化所带来的打击角度改变，让战车上的甲士可以获得良好的杀伤效果。在当时的军人看来，为了有效提高武器的战斗效能，付出一定的生产成本也是值得的。

此外，戈还有另一种出招方式：推击，利用戈援的上刃对敌人进行杀伤。当敌人将盾牌举高时，可以将戈援上刃瞄准敌兵下身的薄弱部位，如大腿、膝盖、脚踝等。握紧戈柲突然发力，发力方式类似于用刀剑进行突刺，让戈援上刃去切削对方的腿部肌肉与血管，或者割断对方的脚踝部跟腱。推击的整个杀伤过程类似于用一把短刀对敌大腿、脚踝等部位的水平角度劈砍。击中对方后还可以像挥舞镰刀那样稍微左右挥动，让上刃发挥出更大的切割力。此外在对方欲实施对我啄击时，也可以迅速使用戈首招架住对方的戈柲，援部顺势沿着对方的戈柲向其手部平推，利用戈援上刃去切断对方的手指，迫使对方收手放弃进攻，或者丢下戈丧失攻击能力。对于这种攻击方式而言，戈援与柲成 90 度夹角或是成 100 度夹角对杀伤力的影响并没有本质的区别，只是优化了推击的角度，让上刃在切割过程中的威力更大。

但对车战而言就不同了，同样是这个夹角，却让戈的平推杀伤能力得到了质的飞跃。战车上甲士用戈推击时，只要发力伸直手臂让上刃能命中目标，就能利用战车的冲击力来切割对方肢体，而不用像步战中那样左右挥动提高切割效率。100 度夹角的产生，让戈援击中目标时上刃线与攻击路径的垂直关系变得带有一定角度，让原本戈援上刃对目标类似直刃刀剑的“硬剁”变为曲刃刀剑的切割式劈砍，充分利用了援的上刃。

这些小改进，让戈从战车上施展出的推击与钩杀变得可怕起来：如果命中四肢关节，可能会将对手的四肢直接从躯干上扯下来，如果命中脖子，则可以一下子将头颅斫下，为此，春秋后期的甲士皮甲上专门增加了盆领这个防护结构来应对如此可怕的攻击。当然，盆领也是肩部防护的重要补充部分，掩护住头盔的下沿，可以防御来自侧上方的勾、啄等攻击。两汉至南北朝初期，使用卜字戟的骑兵也会利用戟的横枝施展出同样的招式，因此此时的骑兵铁甲上也出现了造型夸张、尺寸较大的扩张式盆领。在应对铁戟叉杀的同时，该结构也可以增强护甲颈肩部对镮首刀劈砍的防护力。

盆领在春秋晚期至战国前期第一次兴盛时，正好是车战用长柲戈戟最兴盛的时期。进入战国中期后，步兵取代了车兵在战场上的主导地位，利用战车冲击力发动的强力推击与叉杀的威胁消失，身甲上的盆领结构也暂时消失。从战国中期到西汉中期这几百年间，由于威胁的消失，士兵对颈部防御的需求减弱了，直到突击骑兵选用卜字戟作为主战兵器后，这一巨大威胁才再次出现，所以盆领这个

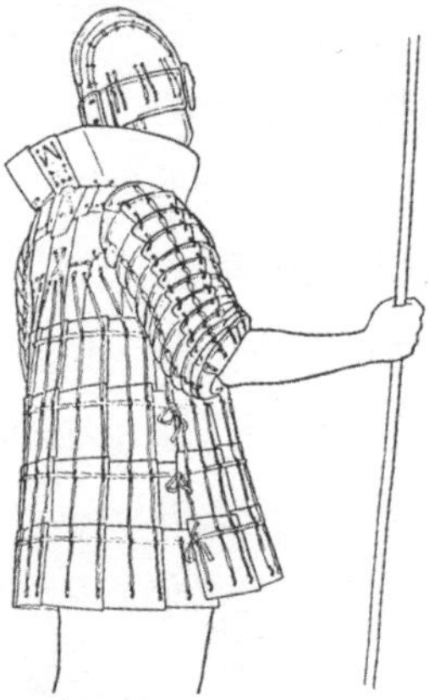

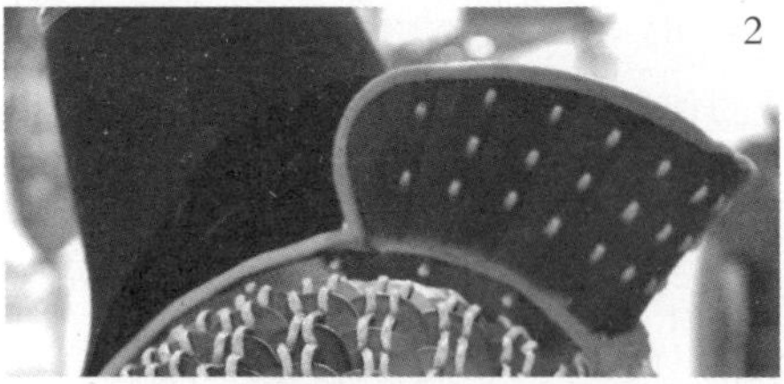


◀▲盆领防护结构的演变
从先秦皮革盆领（1），到汉代铁质盆领（2），到再魏晋时代的扩张式盆领（3），材料与防护面积都进行了改进。

▲ 东晋十六国时期骑兵铁甲的扩张式盆领（电视剧《三国机密》剧照）

防护结构随之再次出现——一开始盆领的再次出现可能是为了应对缳首刀对颈肩部的劈砍，后来在实战中发现其对卜字戟也具有良好的防御效果，因此得到了进一步的重视，并在之后得到了巨大的发展。由铠甲领口侧后部简单地向上延伸，逐渐发展为环绕整个颈部，尺寸也得到了加大，变为夸张的向外扩张式造型。铁戟退出战争舞台后盆领也再次消失，转而由头盔的顿项组件为穿戴者提供颈部防护。

当然，100度夹角的出现，更多是方便了甲士在战车上使用戈发挥出更有力的勾击。如果没有这个向前100度的变化，那么戈援的下刃很有可能会因为角度问题勾得太紧，进而导致武器遗失。勾这种杀伤方式，从出招的角度而言，应该是专属于战车的攻击方式（上文已经提到过，勾杀的发力与攻击方式不适于步战）。战车在经过目标时，车右甲士伸出戈用下刃根部瞄准目标，伺机钩住目标的脖子或四肢关节等薄弱处。戈援下刃利用战车前进的冲击力，将对方肢解。100度夹角让戈援下刃与目标形成一定夹角，更方便地发挥出切割作用。同时产生一定缓冲，防止兵器在击中目标的瞬间发生脱手，或者造成青铜制戈援的折断。

殷商时期的墓葬中，戈柲长度鲜有超过1米的，基本属于典型的步战兵器。而在西周时期的墓葬中发现的戈（有兴趣的读者还可以在网络上搜索一下位于今山西省临汾市翼城县大河口的西周霸国墓地中出土的武器“宝箱”，箱内陪葬有数件戈，其木柲长度均比较适合步战或作为战车的副兵器），木柲长度多为1.5米左右。而在东周时期的墓葬中发现了长度为3米的长柲戈。可以看出，西周之时戈成了步兵与车上甲士都会装备的重要兵器（这个现象在商代后期应该已经出现）。只不过此时车上甲士只会在因速度较低陷入与步兵的混战或下车步战时使用短戈。相对于长矛与弓箭，戈更像一把备用兵器或者说是一件工具，车右用戈来清除战车在前进途中遇到的障碍物（当然，敌兵也算障碍之一）。到了东周时期，柲被加长到了2米以上的戈成为战车甲士的主要兵器。

现存确认年代最早的实战用戈发现于河南偃师二里头商文明遗址的考古发掘过程中。其中两件铜戈经断定均属于二里头文化三期，从时间上看应为夏代晚期制作。早期的戈以直内或曲内无胡型戈为主，戈援整体平直如同一把短柄匕首。还有部分戈援造型短粗，整体呈现为等腰三角形，状似变形后的斧钺。此外还有一些商代铜戈为无内有銎型。从戈头与柲连接的方式上看，商代实战用铜戈主要分两大类：一种是我们常见的柲上榫孔开槽，将内穿过榫口，胡尾端嵌入槽口就位。最后将系绳穿过戈头上的穿孔，将戈头与木柲一同缠绕捆绑固定，这种固定方式一直沿用到汉代钢铁长戟。

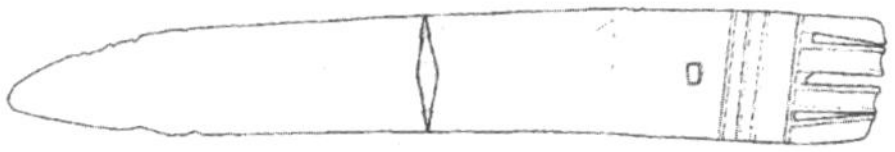

▲ 二里头遗址出土的夏晚期商文明铜戈头（摘自《先秦青铜戈戟研究》一文）

另一种安装方式则为将木柲插入戈尾部的銎管内予以固定。该种固定方式在商中期到西周早期的部分青铜戈中尚能见到，但很快便被淘汰。从生产的角度上讲，第一种戈铸造制范相对简单，而且还适用于成本更低的翻砂法铸造，工艺较为简便且成品率高；第二种使用銎管固定方式的戈，铸造用模范制作起来复杂得多。立体中空造型銎管部的加工比较复杂，在浇铸过程中还需要注意，金属融液必须完全充满整个銎管的预留空间，否则就算铸造失败。从使用的角度上看，第二种安装方式使用者如果长时间大力挥舞，可能会导致戈头在离心作用下渐渐滑脱最终飞出，用于钩杀时也容易产生松动造成脱落，因此西周早期还出现了另一种有銎式戈头，在銎管下端也铸有带穿孔的短胡，供系绳加固之用，但这种戈头铸造起来更加麻烦。由于青铜材料性能限制（此时铸造戈多是用高锡铜料一次直接铸造成型，高锡可以让青铜硬度增强，但同时使得器物变得易碎），戈的銎管遭到坚硬物体的直接撞击可能会发生破损，直接导致戈头脱落武器失效，因此，这种銎管式戈在商代后期渐渐式微，最终在西周早期消失。

戈是商族人发明的武器，传说中商人依靠戈与战车在鸣条之战中推翻了统治天下数百年的夏王朝。在商军征战“四方”[①]的战争中，戈这种兵器也随着殷商战士远征的脚步在中华大地四处传播开来。甚至在远离中原的香港地区都出土过一把断代为商晚期至西周早期的青铜戈。最终戈这件兵器在周人的手中发扬光大。周人早期的戈只是简单仿制殷商的戈，商人做出什么改进，周人也不假思索地做出同样的变化，从无胡直曲内戈到无内銎管戈，从无胡戈到有胡戈，可以说商代末期到西周早期戈头的形制已基本确定。

但是研究一件兵器，不能只看外形，更要看其材料性能。根据对出土实物的金相分析，商代晚期青铜戈戟主要使用的是高铅比例的铜铅类合金，高锡类铜锡合金比例较少。此时的铜锡类青铜配方中，锡含量通常控制在10%~14%，另有少数锡含量达到了16%。进入西周时期，在简单的高铅、高锡青铜合金之外，还出现了铜铅锡三元合金，而且配方中的锡含量出现了升高趋势。自春秋晚期到战国

---

① 独立于中央而存在的城邦国家，商代时不称诸侯而称方国。其中势力最强大的有南面的虎方、东面的夷方（人方）、北面的鬼方、西面的羌方与周方等。商王武丁就因征讨方国大胜而著称。

▲ 商代曲内无胡铜戈

◀ 商代銎管式铜戈

▼ 商代晚期直内有胡铜戈

▲ 西周早期直内无胡铜戈

◀▲ 西周直内有胡铜戈

早期，青铜戈中的含锡量通常在 20% 左右。青铜合金配方中，随着合金中锡含量的上升，其硬度与强度也在不断增大，但延展性在锡含量大于 5% 时开始下降。当配方中锡含量达到 18%~20% 时，其硬度与强度是最高的。但是锡的含量继续增加，其强度反而会下降，使得铸件机械性能变差。如果在配方中加入一定量的铅来替代部分锡，则可以有效地避免高锡青铜的脆性，还能起到降低合金熔点的作用。

值得注意的是，青铜兵器基本不会采取钢铁兵器上常见的热处理工艺。对于锡青铜合金而言，热处理不会对成品产生加强作用，无论是低锡青铜还是高锡青铜。唯一可行的手段只有冷作硬化：将工件加热后（温度不会太高），使用锻锤在兵器边缘敲击，可在一定程度内提高被锻部位的硬度。硬化作业后，还需要再对工件进行回火处理，以消除锻打过程中所产生的内应力。此外，根据对部分出土实物各个部位金属成分的分析成果，可以得知：部分戈的刃、援部锡含量较高，而胡、内部锡含量较低。这一点应当是在铸造过程中无意间形成的：但凡合金浇铸，金属溶液在模具薄壁处的温度都较其他区域要低，会产生偏析现象，导致成分不均匀。反映在铜戈上就是刃部的锡含量要高于其他部位，虽然硬度有所提高，但是其结构不均匀，强度可靠性存在严重问题，在冲击中可能出现剥落或折断。

有人认为戈随着车战时代的结束而一同消亡了，其实不然，戟这种兵器就是戈进化的产物，在戈原本空荡荡的木柲顶端装上一个矛头，就成了戟。戟出现的时间比人们想象的要早很多，很大一部分人都错误地认为戟的出现最早也要到春

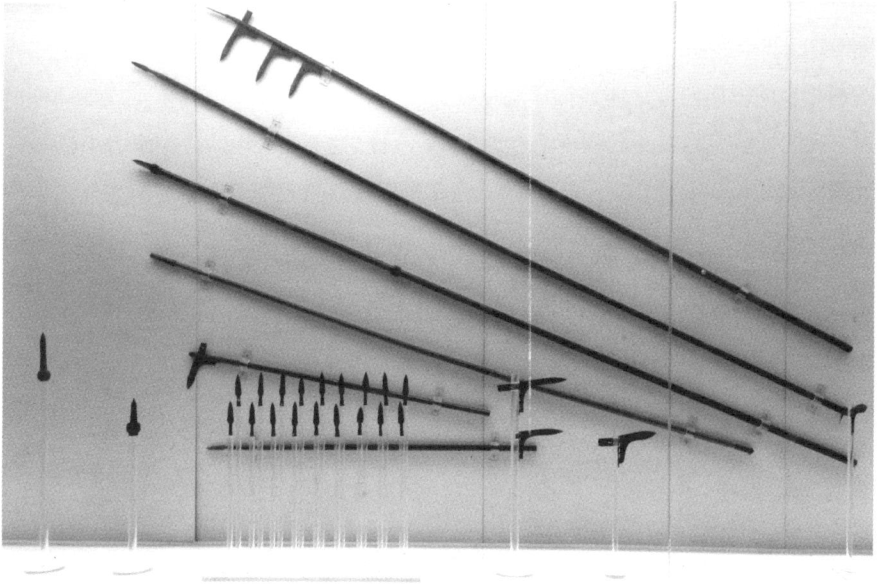

▲ 曾侯乙墓出土的青铜戈戟

秋早期，但实际上戟在商代便已经出现：河北藁城台西遗址 M17 号商代中期墓葬中，考古工作者从墓中发掘清理出短戈与戈矛联装型短戟各一件，该件戟可能只是墓主人偶然自行对武器进行改装的结果。两件兵器木质柲的腐朽痕迹清晰可见，其中戈连柲全长约 80 厘米，戟连柲全长约 65 厘米。从遗骸可知墓主人生前身高为 1.45~1.5 米，综合来看，墓主生前使用这两件兵器时应以步战为主，早期的戟也是一件步兵武器。

▲ 商代联装青铜戟

大部分人还存在一种惯性的错误认识，认为在汉代钢铁卜字戟出现之前，青铜戟都是将各自独立的戈头与矛头联装成一枝戟，如已被发现的最早的商代戟、东周贵族墓葬中发现的车战用长戟、秦陵兵马俑中出土的步兵长戟都是这样的模式，但是越来越多的出土实物向我们表明，西周时还长期存在着一种一体铸造式青铜戟头，其外形与汉代卜字戟类似，尺寸稍小（戟横枝长度较同时期戈的援部短），可能与材料性能有关。这种一体铸造式戟，在援末端上刃处与胡相反的方向向上延伸，形成扁平状的戟刺。另外，出土实物上常出现这种情况：戟的援或刺存在不同程度的卷曲变形。可以推测其采用的青铜配方中铅、锡元素含量较低，材质偏软。这样的戟在车上甲士对付有防护的目标时容易发生变

▲▶ 西周一体铸造式青铜戟

形，对付无防护的目标效果应该较好。但是这种一体铸造式青铜戟的尺寸普遍较小，更有可能是给步兵使用的——战车推进速度快，车上又较为颠簸，如果长柄戈戟的金属头部过小、援部过短，可能无法成功地实施推击与啄钩杀，使用戟刺进行刺杀效率又不如构造更简单的矛便利。

很显然，这样的戟应该也是一种步战专用兵器，柲长度可能与戈类似，均为1.4米上下，武士一手持盾牌一手持短戟格斗。因为结构上增加了戟刺部分，为了保证头部重量上不超过常见单手用戈金属头的重量，保持原有重心位置与手感，只得将青铜戟头做小。这也从一个侧面反映一体铸造式戟是一件步战武器：车战用戟为双手握持的长柄武器，对金属头部的重量敏感度远低于单手用武器。因此车战用联装式戟采用了与普通戈、矛一样尺寸较大的金属头部。而单手用步战武器为了保证格斗动作的灵活性与动作的精准性，需要维持兵器原有手感，不得已而采用缩短戟刺与小枝长度的方法来进行减重。

我们在本书的第二章中就对战车附属步兵的编制与构成变化进行过介绍。在西周中前期，车下步兵人数较少，且步战甲士比例很高。作为当时步兵中的精英，步战甲士体格健壮武艺精湛，技法上更加全能的戟自然成为其手中最合适的兵器。西周中早期步战甲士穿戴着与车上甲士一样防护良好的甲胄，身挎弓矢，一手持戟，一手执盾，腰间还系有一柄精致且在当时尚未大量普及的青铜短剑。步战甲士作为士官，须在战斗中带领普通步卒杀入敌阵，单手戟可以像单手戈一样绕过对方盾牌发动啄击；也可以像短矛一样，对身着优质盔甲的敌兵发起猛烈的刺杀；更可以利用戟刺与小枝一起发动推击与叉击，来攻击对方四肢关节等薄弱点。随着战争规模的逐渐扩大，车下甲士的总体比例与数量都在减少，其身份也由精英步兵逐渐转化为基层指挥官，这种一体铸造式戟因为原有使用者的消失而日渐衰微。此外，因为青铜材料的特性，这种早期的一体铸造式青铜戟在性能上也不及联装式青铜戟，故彻底在战场上消失。

春秋晚期到战国早期，联装戟得到了极大的发展，最直观的就是柲的长度加大了。戟脱离了早期单手辅助兵器的桎梏，进化为双手使用的主战长兵，逐渐取代了原本戈的地位。或者从戈的角度来说，长柄钩兵完成了由戈到戟的演化过程。在这个过程中出现了一个变异的产物，其造型介于戈和后世卜字戟之间，又有些像叉，被称作“雄戟”。从器型上看，雄戟将原本戈首援部只有 100 度的前倾角加大到了接近 150 度，似乎可以用其施展出一些与戈不同的杀伤方式。

有观点认为，这种被称作雄戟的兵器正是后来汉代“卜”字形铁戟的直系祖先。除了形状上接近，部分雄戟也使用了一个开有槽孔的套管，用以固定戟头与木柲。不过，严格来讲，这种兵器更像一件变形后的戈，而非严格意义上的戟。尽管雄戟的内部被加长加大，使之看上去更像卜字戟的横枝部位，且胡与援的夹角差不多成 90 度，和汉代铁戟也更加接近，但是将援的前倾角加大后，雄戟没有加强胡部，从实物上看，反而取消了胡（准确地说是变形后的胡已经起不到加强戈援结构的作用了）。这从受力的角度上看是不合理的，青铜材料的机械性能完全不足以支持其所面对的冲击力。而且前倾角的加大，使得之前的援部（造型已变得过于细长）难以发挥出精准的啄击，被加长的内造型细长，又不能承受啄击带来的冲击，也未开出上下刃与前锋，可以说雄戟可能根本没有考虑用

▲ 雄戟

▼ 另一类一体铸造式青铜戟

▼ 汉代卜字铁戟

加长的内来起到之前戈援的作用。雄戟这种兵器的出现，也可能受到了西周时期一体铸造式铜戟的影响，不过从实战的角度上看，雄戟更像是一种专用的礼仪用器，而非实战兵器。

从商代戈戟第一次出现到西汉时被钢铁戟彻底取代的近两千年中，戈戟不但在战场上承担主战兵器的职责，同时各种铸造有华美纹饰的专用礼仪性戈戟亦层出不穷。这些专用的礼仪性兵器与实战兵器相比，不但铸有装饰性的花纹图案，还会附有璎珞、贝壳、玉坠作为佩饰，更有甚者，为了美观做出了专门的设计，使得器型更加华丽，从而丧失了作为实战兵器的根本属性——杀伤力。

专用礼仪兵器从造型上看明显杀伤力弱且易损毁。制作材料上，专用礼仪兵器通常使用更加美观的青铜，而非机械性能更好的钢铁——青铜比赤铜、黄铜和钢铁的光泽更加鲜亮，质感也更加接近于黄金。我们从出土实物上可以看到，有的礼仪用戈将胡部铸造成龙、虎、朱雀等瑞兽的圆雕、高浮雕造型，有的则在援、胡部上铸有优美的云、雷、怪兽纹饰，有的又采用了早已被实战戈所淘汰的銎管式安装，并在銎管上铸造出精美的高浮雕装饰，还有的在其顶部铸造了朱雀、鹦鹉、天鹅等飞鸟造型，可谓极尽华美之能事。同样，先秦贵族们还铸造了专用的礼仪用戟，其装饰也与礼仪用戈一样华美精致。西汉时期，尽管军队已经普遍装备钢铁锻造兵器，但官府依然会专门生产这种青铜铸造的礼仪性兵器，作为内廷卫士与帝王出行仪卫们的专用仪仗用具。

中国的长柄兵器，与其他文明所使用的长兵器相比，还存在着一个有趣的区别：我们的先祖早在东周时期就发明了使用复合材料制作的积竹、积木长柲，从而有效地减轻了长柲的重量，并提高了柲的抗打击能力。长兵的握柄越长，则其前部受重力的影响就越大。在仅使用竹木等天然材料时，武器的长柄会在材料整体刚性不足与前部重量过大的双重作用下发生弯曲。最简单的解决办法是：将长柄的截面直径加粗，以增加受力部位厚度的方法来提高其受力能力。然而，兵器作为人手臂的延伸，长兵握柄的直径必须利于使用者握持，因此其截面直径不能被无限制地加粗。

善用长矛方阵的马其顿人采取的解决方法是，将原先的一根长柄变成两根相对短的柄，中间用金属套管连接。著名的萨里沙长矛曾使用过这样的设计：在两

◀汉代专用礼仪性兵器——人手銎管式铜戈

◀汉代鸟首饰顶青铜戈

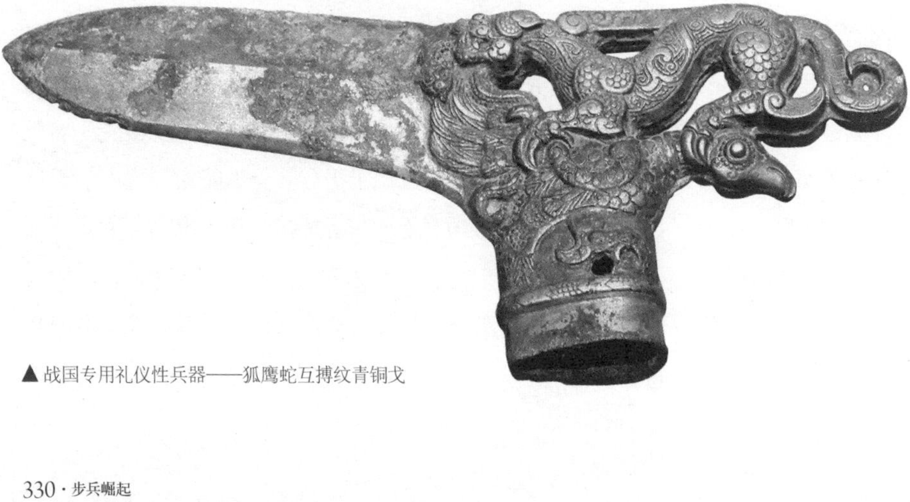

▲战国专用礼仪性兵器——狐鹰蛇互搏纹青铜戈

▲使用萨里沙长矛的古希腊士兵

根预先处理好的矛柄上分别安装矛头与带有尖刺顶端的配重，然后通过一个金属管状连接器，将两段接在一起成为一支长矛。这样既能减少平端时长矛前段下垂的幅度，还能在行军途中将长矛拆成两截，方便士兵随身携带。如果长矛前端在战斗中折断，士兵则可以将前半段矛柄从套筒中拆下，将原本后部的尖刺配重作为矛头，把后半截矛柄前后颠倒过来握持，充作短矛继续战斗。中世纪欧洲骑士使用的重型比赛式长矛则使用了一个比较麻烦的办法来解决问题。将长矛握持部位之前的部位做成一个前细后粗的结构，握柄位置截面直径则适于单手握持，握柄之后加粗为中等直径的长柱以配重。波兰翼骑兵们则使用了一个左右由两片木材（先将两块木材加工为半圆的形状，然后在直径的一端开长槽，成为对称的两个半圆弧）黏合、内部为中空结构的单手长矛。总体而言，这些长矛都是使用单一材料作为长柄的主要受力结构。

中国最具特色的积竹木柲创造性地使用了复合材料以及复合结构。将一根长度合适的木材加工为一个横截面为八面体的芯材，然后在芯材的 8 个面上分别贴合 8 条长度相同的竹篾条，使用生物黏合剂（比如鱼鳔胶）进行黏合，然后髹漆；接下来再使用丝线、皮条或者精细麻布条紧密捆扎缠裹，使之成为一体；然后再次上漆，利用生漆的黏性将之黏合为一个整体，需要注意的是，在制备芯材时，其横截面不一定是一个正八面体，而是一个略扁的八面体。这样制作出来的成品的横截面就会是一个椭圆形，更加贴合使用者的握持手型，还可以让使用者只凭手感就能判断兵器锋刃的方向。使用复合材料制作的积竹木柲，刚性优于单纯的木柲或者竹柲，在同样长度下可以做得更细，重量更轻。

在网络文学流行的今天，一些对古代兵器不了解的作者有意或无意地神话了积竹木柲，将积竹木柲描述成一件工艺极其复杂、造价无比昂贵的物事，还宣称制作一柄积竹木柲至少需要耗费数年时间，除了基础材料之外还另需使用数十斤桐油作为耗材，成品率也极低，因此只能给出身富贵的武将或者精英战士使用。这些都是对积竹木柲的误解。实际上积竹柲的工艺要求远比角弓低，也不需要像角弓那样每个步骤都需要选定在具有特定湿度或温度的相应时节来进行。在实际制作过程中，无论角弓还是积竹木柲都可以实现批量化生产。虽然每道工序对时节有一定要求，还有较为繁杂的工艺流程，但是在分工协作下，有极大的规模化生产优势：每件产品虽然需要耗费不少工时，但在单位时间内的高产量则可以成功地降低单件兵器的平均成本。

有些网络文学还过度神话了积竹木柲的性能，称其轻盈无比，刀斧劈砍有金铁之声而不破损，在刺杀过程中经受猛烈冲击时会自动弯曲——不会给使用者造成反冲击——然后回弹并将挂在矛头上的尸体向前甩出。只能说这些都是文学性

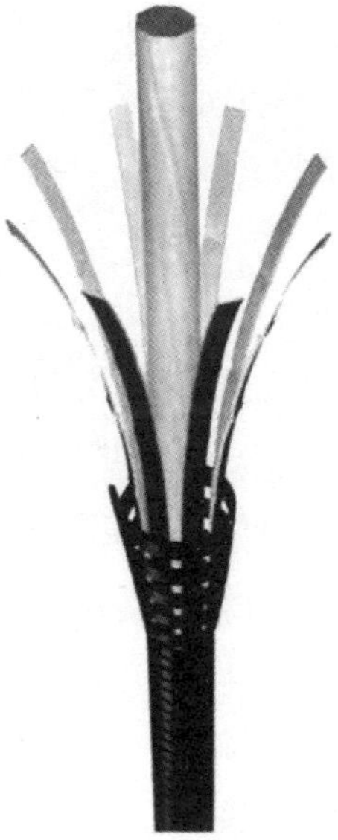

▲积竹木柲

▲积竹木柲出土实物

的夸张。第一条属于夸张过度，积竹木柲的重量较轻，是相对于同等长度和刚性要求下纯粹的木质长柄而言的。第二条，包裹竹篾并进行髹漆处理，确实也有提高长柲抗打击能力的考虑，但根本做不到完全不惧刀剑的劈砍，碰撞中能发出“金铁之声”则更是无稽之谈了。至于那神奇的弹性，即使是现代撑竿跳运动中所使用的碳纤维撑竿也不能完全做到。而回弹自动甩掉尸体一条，则完全违反了基本的物理学定律。但无论如何，积竹木柲作为长柄兵器重要的组成部件，是一件性能优秀且成本可以接受的优质消耗品，也是中国古代军事技术的一个代表性器物。

对于任何被长期使用的实战兵器，既不能将之神话，也不能过分地进行贬低。任何武器的出现都是在其文明所处资源供给与技术条件的约束下所做到的最优化选择。军队体系也是如此，从来就不存在一个无敌的兵种，只存在战场适应能力与自我改进能力最强的军队。魏武卒作为当时最优秀的一支步兵部队，无疑是当时战斗力最强悍，也是战场适应能力最强的一支部队。这支部队开创了我国古代精锐重装步兵的先河，也开启了职业化军队的先河，其在军事史上的地位是独一无二的。

# 第六篇

战记 6

# 五国伐齐

## “东帝”——齐国

苏秦，可以说是战国时期能量最大的间谍，凭一人之力撬动天下九国（战国七雄外加当时的中等国家宋国与中山国）纷争。虽然最后国际形势没有按照苏秦的预期发展，但是战国的终局却是因为他的一番运作所最终决定的。

五国伐齐，将之前的齐、秦“东西二帝”并立的局面彻底打破。战国中后期齐、秦两强并立之前是齐、楚两国称雄，战国时期齐国的强势可谓是保持得最久的。齐国工商业发达，早在春秋之时就已闻名于天下。齐国背靠大海，齐人靠水吃水，大力发展海盐生产与海鱼捕捞。盐是人类生活生产的必需品，此时的华夏之民所食用的盐主要产自两处：一处是位于山西运城的解州盐池，另一处就是煮海为盐[①]的齐国。后来，秦国发动数次战争获得了巴蜀产盐地与解州盐池，经济实力得到了长足进步，奠定了统一天下的经济基础。

齐国另外一项比较重要的“出口产品”是咸鱼，俗话说“入鲍鱼之肆，久而不闻其臭”，此处“鲍鱼”指的就是咸鱼。齐国海上捕鱼业发达，又盛产海盐，正适合制作咸鱼。在豆腐被发明之前，人们只能从动物性的食品中获得蛋白质摄入。[②]但先秦之时，食品保鲜技术落后，肉类必须经过腌制、烟熏或者风干才能长时间保存。我国流行两千多年的拜师礼就是腊肉两束，可见其珍贵性。至于普通百姓，逢年过节吃上一条咸鱼，既能补充珍贵的盐分，又能获得蛋白质的摄入，

---

① 经常有人对我国长久以来采用的煮盐工艺表示不解，或认为古人不开窍，或以权谋的思路认为煮盐必须使用铁锅，官府可以比较方便地管制煮盐用锅，以此来管控食盐的生产。倘若果真如此，为何私盐的生产与贩卖在历朝历代一直屡禁不止呢？在某些小说中，主人公直接使用晒盐法轻松生产大量廉价食盐，并以此牟得暴利。实际上，煮盐法可以充分利用冬季的农闲时间组织生产。且冬天草木枯黄，庄稼秸秆也已晾晒干燥，正适合做煮盐的燃料。晒盐法与煮盐法一样都需要消耗大量人力，而且晒盐必须在日照时间长、光照充足的夏季，正与农忙时间相冲突，会占用农业生产所需的劳动力。食盐晒制工艺流程中还需要将浓度不同的卤水在数个晒盐池内进行抽灌，又易因阴雨天气造成前功尽弃，并且还需要解决卤水的浓缩技术难题，因此正式推广的时间较晚。

② 人体无法直接吸收植物性蛋白质，而大豆蛋白在豆腐生产过程中发生了变质，使其变得能够被人体吸收，堪称食物领域的一大重要发明。

▲ 齐都临淄沙盘模型（临淄齐文化博物馆藏）

可以称得上是一件相对平价的珍馐了。[①]

战国大商吕不韦曾将常见的货物分成两大类：第一类是日常生产生活的各种必需品，如农副产品、金属农具等；第二类是属于奢侈品的珠宝、贵金属等。那么一国可以依靠生产什么货物来实现富国呢？

丝绸麻布在我国古代的大部分时期都能作为一般等价物进行流通，我国更是曾凭借丝绸贸易积累了大量财富。然而战国七雄都在广泛生产布帛丝绸，因此未见哪国能以纺织业积累大量财富。在自给自足的自然经济下，任何一个自耕农家庭都会生产一些布匹来满足自身所需，平时不会大量购买。粮食属于宝贵的战略

① 战国时期，百姓主要食用的肉类为狗肉。聂政、朱亥、高渐离之友狗屠（本名已不可考，在荆轲之后也曾尝试过刺杀秦始皇）与樊哙等诸多猛人均出身于杀狗屠夫。

《管子·轻重戊》篇中曾记录过管仲主导的齐国针对鲁国的一次贸易战。故事中，鲁国出产的“鲁缟”因品质较好而行销齐国。管仲为了打击鲁国的经济，故而有意引导国人穿着华美的衣服，同时大肆收购鲁缟并向鲁国平价出售粮食，以引诱鲁人放弃耕田转而生产纺织品谋求高额利润。数年后，鲁国人多以纺织为业，出口布匹向齐国购买廉价的粮食，整个经济结构完全失衡，失去了完整的产业结构。这时管仲忽然下令全国倡导节俭，停止从鲁国进口布匹并大幅提高了出口粮价。鲁国的纺织品全面滞销，同时大量民众放弃耕田导致全国范围缺粮只得向齐国高价买粮，齐鲁两国之间经济实力的对比经此一役实现惊天逆转。这个故事从一个侧面告诉我们，在当时的经济背景下依靠出口纺织品来富国并不现实。

当然《管子》一书中关于管仲主导齐国发起针对他国贸易战的记录远不止这一次，还有针对莱、莒两国的“砍柴误莱莒”，针对楚国的“购鹿服楚”，针对横山国的“横山之谋”。不过从内容上看，这三个故事有较大概率为后世杜撰，真实写作时间更可能为战国中期到西汉中期。齐、鲁贸易战的故事也不排除是后人杜撰的可能，毕竟春秋之时各国间的贸易量还没有达到战国中后期那样的高峰，更到不了可以影响一国经济结构，使其荒废核心产业全民专注概念炒作的地步。而鲁国作为当时的大国，也不至于全民放弃耕种而专注纺织，毕竟当时鲁国的国家赋税和领主增收的地租还是以粮食为主。齐国的消费能力也无法倒逼鲁国的经济结构，更何况齐国民众完全可以自己生产纺织品来满足国内需求。

物资，各国更是重视粮食的生产，这造成了粮食在丰年卖不上价、灾年又无人敢大量贩卖的情况，依靠对外贩卖粮食来富国，无异于是在割肉自食。金属远距离运输困难，且大量向他国售卖可以制作武器、农具的金属，无异于削弱本国实力而资敌。只有商人会到各处平价收购金属，然后贩卖到缺乏金属的地区牟利，绝对不会出现一国以出口金属来致富的情况。至于珠宝美玉，更不可能作为一国的

▲煮海为盐雕塑

支柱性出口产品。只有产地有明显地域性，便于在生产与流通环节进行管制，且属于生活必需品的食盐，才能使一国稳定地积累财富。齐国得地利之便，得以产盐售盐而致富。

齐国还开辟了一条海上贸易路线，沟通山东半岛与朝鲜半岛。据考古发掘表明，朝鲜半岛南端存在为数不少的产自齐国的物品，这些物品应当就是通过这一时期的海贸被带到此地的。齐国出售手工业产品，换回当地的皮毛、药材等特产。还有学者推测，战国时期的田齐已经开拓了一条海上丝绸之路，第一次将贸易路线通过海路延伸到了我国东南地区与中南半岛、南亚一带。

我们先来看看五国伐齐之前的列国态势。

秦国在获得汉中、巴蜀两块土地之后，南下夺楚国淅、丹阳等地傲立西方。齐国在歼灭魏国主力后重回霸主地位，又联合韩、魏连年伐秦，攻函谷关，迫秦求和。秦王稷（秦昭襄王）向齐王地（齐湣王）送上帝冠，意图修好，称与齐国互尊为东、西二帝，共分天下，齐国也派出孟尝君担任秦国丞相，实现两国交好。南边的楚国刚经历了三晋的轮番攻伐，丢失重要的冶铁中心宛，还在垂沙之战中损兵折将。更为危险的是，秦、魏、韩三国现在都拥有了进入南阳盆地的通道，方城防线已经不能庇护楚国了。

地处中原的韩国费尽力气吞灭郑国之后，引来了魏国大军压境。韩国地处夹缝之中，尽管其国内擅长冶铁有强弩宝剑之利，但总体发展潜力不足。魏国经历了桂陵、马陵两次大败，虽然地处富庶的中原，国力军力也逐步恢复到战前水准，但战国之势不进则退，魏国已不复原先的霸主地位。更何况，韩、魏两国军队又在伊阙被秦将白起斩首 24 万，军力大损。赵国自武灵王推行胡服骑射改革以来，军力日渐强大，但先天不足依然明显：领土被太行山山脉分割为晋阳、邯郸两大地理单元，行政成本高且极易被对手分割开，难以形成合力。北方被匡章率领的齐军攻破国都的燕国，远比鄢陵之战后被楚国放弃的故地还要破败，战国七雄中则以燕国实力最为弱小，还时刻面临齐、赵两个强邻的攻伐。

在齐国人看来，此时的田齐比姜齐强盛数倍：姜齐仅在齐桓公时期以“尊王攘夷”之名九合诸侯、一匡天下，之后剩下的只有对这段辉煌历史的追忆，逐渐沦为了晋国对秦、楚外交战中的附庸。田氏代齐后，连出齐后桓公午（田午，注意区别于春秋时期的姜姓齐桓公）、齐威王、齐宣王、齐湣王四代英主。政坛上再无崔杼弑君、连杀三太史这样的丑事。对外也不再仰人鼻息，并以军力直接终结了魏国霸权，西压秦国，北破燕国，建立了田齐霸业，可谓如日中天。

## 仇恨的种子——子之之乱与燕国第一次亡国

燕国的子之之乱的起因说来也有些滑稽：老燕王哙因燕国弱小，欲行大事，使燕国闻名于天下。但是燕国西有赵国，南有齐国，东、北皆塞外苦寒之地，又为东胡、朝鲜所占据，想扩张但苦于有心无力。当然，办法总是能想出来的，尤其是那些馊主意。既然物质文明咱搞不上去，那还可以大搞特搞精神文明嘛。而老燕王哙想出的办法是大兴仪礼，复制上古先圣之道，做天下的大圣贤，行非凡之大事——效法上古贤君实行禅让！相近的例子，还有历史上以佞佛而著称的梁武帝，当时南朝在军事上已弱于北方的东、西二魏，国力上短时间也难以有所改观。只能大搞那个时代的“精神文明建设”，以佞佛的方式推崇佛教，将自己包装成神佛在人间的代表，以求在天理神权上巩固已经衰落的统治权。兵败辽国之后便大造“祥瑞”、效法秦皇汉武封禅泰山的宋真宗亦是如此。

同样是行圣王之道，齐国大兴学术建稷下学宫容纳诸子百家，为何燕王哙却决定搞一场“禅让”闹剧呢？故事经过是这样的：

某日，燕王哙问国中名士[①]：“本王听闻天下大贤孟尝君为齐国丞相，齐王有

①《史记》中称这段对话发生在苏代与燕王间，此处存疑，故隐去姓名。

▲梁武帝

▲宋真宗

此贤臣，可以成为天下霸主吗？”

“不能！”名士答。

“为何不能？”燕王哙不解地问。

“孟尝君虽贤能，但不能总揽大权，难以施展抱负。”名士继续发表高论。

“可惜孟尝君这样的贤士没有生在我燕国，可叹。那你说，国中谁最贤能啊？”老燕王又问。

“当然是丞相子之大人最为贤明。”名士说出了故事的关键人物。

听到这句话，燕王哙陷入沉思，没有注意到回答者暗藏的得意之色。丞相子之广结宾客，在燕国有意经营自己的名望，等的就是这一刻，让老燕王觉得自己是个可以托付大事的人。

又一日燕王哙问朝中大夫鹿毛寿：“上古明君极多，为何世人却多称赞尧舜呢？”

“因为尧舜择天下最贤明之人，禅让王位。大禹不禅位于大贤伯益，却让自己的儿子启做了王，行家天下，论德不及尧舜。”

▲燕王问鹿毛寿

“那寡人让位于丞相子之如何？”

“那王上之贤将与尧舜齐名，天下闻王上之名当顶礼膜拜。”

很显然，被老燕王问到的每一个人都称赞丞相子之是国中大贤，出现这种情况绝非偶然，而是子之多年苦心经营的结果。但凡一个正常的人，都会有善恶两面，世界上虽然有一些但求无愧于心、一生向善的人，但是还是会有人对之怀不满态度，并传播对其不利的言论。然而，子之能够做到让每一个人都在燕王哙面前称赞其为圣贤，那么事情就绝对不会像表面上那么简单了。

史书中记载了这样一个故事：某日，子之坐在府衙中，忽然对属官们佯称有一匹白色骏马从堂前跑过，多数人都说没看见，唯独一人跑出去追赶，回报说：“有白马。”子之通过这个伪命题来考查属官们是否严格忠顺于己。没准日后赵高“指鹿为马”的手段就是从此处学来的。这个花招也是申不害在韩国主持变法时所常用的“术”治手段，以权术之法来抬高君主的神秘感与政治权威。

可以推测，身为燕国丞相的子之，平日里必然花了不少精力与财力招揽大批门人为自己吹嘘。同样的花招也被著名的“战国四公子”所熟知并发扬光大。作为一派政治势力的代表人物，子之联合朝中一大股势力，这个势力为了维护自己的集团利益，需要将首脑包装为一个道德与才学上的完人，并以其为旗帜进一步发展成员，壮大自身实力来争取更多的话语权，以在利益博弈中谋求更多的好处。战国君子中最为出众的信陵君、平原君、孟尝君莫不如是。当然，鼓吹名声的手法除了简单广播言论之外，也分正反两面的自我宣传：顺其意者则有赏，忤其意者则诛之。孟尝君就曾因被人说自己身量矮小而怒杀一城之人，其流亡赵国后，也用类似手段来恐吓赵国大臣帮助自己获得相位。

这样的包装不但迷惑了燕王哙与大批国人，最后把始作俑者子之自己也骗了进去。天天都能听到关于自己德行的美言，就算开始还能清醒地认识到这些都是在自己授意下编造的，但长年累月地这样听下去，撒谎者自己也分不清自己是否真的被所有人认可与钦佩。这直接导致丞相子之过度膨胀，将篡权计划大大地提前。以私为公、以臣为君这样的大业通常都不是一代人能完成的，三家分晋耗费了上百年时间，田氏代齐更是经历12代之久，后世曹魏政权也是用了两代人的时间才代汉称帝。子之何德何能，竟自觉可用短短几年时间让贵族与国人们抛弃燕召公后人，都愿奉自己为王？

这种自导自演、自吹自擂导致的自我膨胀自古以来屡见不鲜。比较出名的案例还有被虞允文大败的金海陵王完颜亮。然而包装形象需要花费大量金钱，平原君赵胜长期拖欠国家赋税，孟尝君田文大放高利贷，可谓都有各自敛财的高招。花费这么多财力物力将自己包装成燕国的圣贤，子之的真正目的绝对不会是真的想当一名圣人，以名声谋求更多的利益才是其真实目的，所以也就有了上文中的两段对话。

首先将尚贤这个意识潜移默化地渗透到燕王哙的脑海中，当燕王欲行大事时，自然会以尚贤为指导原则。那么国内最贤明的人是谁？便有人不停地告诉燕王哙，丞相子之就是全国最贤明的人。

在这样不断的心理暗示之下，老燕王哙在潜意识中被植入了这样一个想法：丞相子之广有贤名，可堪大任。刚好现在想玩弄禅让手段在国际上获取好名声，可以让子之成为自己最合适的配合者。或者让我们说得更通俗一点，在燕王哙看来，丞相子之正是禅让这出对口相声中“捧哏”的最佳人选。而燕王欲玩弄禅让的念头，又是在子之党羽不断进言下潜移默化中形成的。

按照燕王哙的想法，既然要禅让，那必须禅让给国内的贤良。而真正的贤良是不会贪恋权位的，自然会推辞。圣人多次推辞之后，燕王哙自己只能表示“勉为其难”地继续做燕王，这样既成就了自己的尚贤尊贤之名，又能证明自己比国内贤士子之还要贤明，因为其愿意继续侍奉自己为王，而子之的贤名又能够传播到燕国之外的地方去，君臣二人就成了当代的尧帝与许由，在老燕王看来根本就是“双赢”之举。

有“曲沃代翼”“田氏代齐”这样的成功榜样在前，恐怕子之早已盘算着按图索骥地上演一出“代燕”戏码。就算失败了，子之也可以分裂燕国而自立，最近的一个实例不就在眼前么：晋国六卿中赵氏历经“下宫之难”，又经历赵襄子死后继承关系紊乱，家族子弟夺权内斗几亡赵家，最后不还是和韩、魏两家共同瓜分晋国位列诸侯了么。子之的班底与所面临的国内情况可比赵氏当年强多了，怎么说也能依靠自己打下的班底统治半个燕国。当燕王哙私底下对其透露出要玩弄一场“禅让”大戏，并希望其配合后，子之不但一口答应，还帮着燕王哙完善了禅让大典的各个步骤与细节。

周慎靓王五年（齐宣王六年，公元前316年），就在这对各怀鬼胎的君臣的共同运作下，禅让大戏正式上演。子之提出：虽然咱们这回搞的禅让大典只是一个赚取声望的把戏，但是做戏也得做好、做全套，还是需要遵循该有的一应程式。首先燕王哙安排子之在国都郊外修好了祭祀天地的祭坛——也就是后来俗称的“受禅台”，准备好禅让大典所需的礼器与仪仗。同时双方派人在燕国内外放出有关禅让大典的风声，唯恐天下人不知。

随后，按照不知是哪朝哪代流传下来的说法，燕王哙先当众表演了“三让”的戏码。丞相子之心中窃喜，表面却全是一脸谦让，按照事先准备好的剧本先推辞了一番。当老燕王按照剧本接下来的安排再次让国时，丞相子之竟然答应了！燕王哙被惊得目瞪口呆——你怎么不按剧本上安排的继续推辞呢？剧本上没有写可以参照的情节，但是骑虎难下，燕王哙只能继续“临场发挥”。于是丞相子之身着衮冕，手执四角玉圭在受禅台上面南称王，燕王只得与诸位臣子一起向北对子之跪拜朝贺。禅让仪式结束后，老燕王被子之的部众安排到别宫居住，子之以国君之尊入住燕国王宫。子之的诸多党羽也因此“鸡犬升天”，获得了更多的权力，其中禅让的主要吹鼓手大夫鹿毛寿升任上卿。

那么燕王哙为何不反击呢？为了能让整个禅让大戏看上去更加逼真，老燕王早在大典之前就已经将三百石以上官员的任免权全部交给了子之，向天下宣示自己不贪恋权位的真心。并以禹帝禅让伯益之时未交接人事任免权，实则给其子启夺位提供方便的旧事为对比，向列国宣传自己坦荡禅位的诚意，不留下表面上将王位禅让于子之，实际又给太子平保留了日后反攻倒算的凭据。

看到子之按照私下早已准备妥当的另一套“剧本”完成了“代燕”大业，老燕王忽然意识到，自己实际成了在黄雀面前捕食的螳螂，被看似贤良实则暗藏祸心的子之蒙蔽，亲手将自召公奭起传承600余年的燕国国祚双手奉于他人。更

▲传说中的禅让典礼

看到，子之为了完成“代燕”之事早已联络党羽，成功地控制了燕国政局。燕王哙心灰意冷，眼见形势已不可逆转，只得认命。作为一个政坛老人，他知道已成为燕国“假王”[①]的子之为了保持贤名以维系对燕国的统治，不会主动杀掉自己。既然王位之尊已经失去了，那么就以富家翁这个新身份过完剩下的日子吧。

与已认命的老燕王不同，作为法理上燕国王位的正统继承人，太子平决心夺回自己应有的一切。长久以来反对子之的将军市被与太子平一拍即合，决定共同起兵诛杀假王子之，事成之后各取好处。子之为王的第二年（公元前315年），将军市被亲率部队攻打子之，贵族与百姓中也有响应者。双方在燕国国都激战旬日后，将军市被战死，太子平逃亡。但燕国的内战也随着太子平逃出国都继续举兵反抗而逐渐蔓延到了全国。经过数月的内战，死者数以万计，燕国大乱，民不聊生。

得知燕国政局发生动荡，作为邻居的齐国自然十分关注。齐王辟疆（齐宣王）召开朝会商议应对策略。此时在齐国为卿的孟轲提出：“现在去讨伐燕国，正是周文王、周武王伐纣那样的好时机，千万不能错过啊。”这种不知所谓的类比倒是提醒了齐王辟疆，出兵需要寻找道义上的理由。

急于立功受赏的齐国众将也对齐王辟疆说：“趁这个机会出兵攻打燕国，一定能把燕国打垮。”就这样，军事干涉燕国内乱的基调便定了下来。

但是齐王本人也清楚地认识到，欲进行军事干涉，必须师出有名，于是齐王

① 先秦文言文中“假”通“借”“代”两字，“假燕王”即受禅的代理燕王，因实在不好称子之为燕王，故笔者称其为假王。

## 田氏何以代齐

事实上子之犯了一个严重的错误，认为自己在国都内占据了优势，又获得了一定的人事任免权便以为地方上的贵族们会默认自己代替燕国姬姓王族。作为后来者必定要学习前者的“先进”经验，那么最为成功的田氏代齐自然成了子之的学习对象。然而田氏为了让自己的篡位之举显得不那么黑暗与无耻，有意埋藏了当年的那些阴谋诡计与龌龊往事，这也使得子之没有学到以私代公的精髓。

现在的我们只能在史书中看到田氏使用了各种手段让利于民来争取民心，但这些并不是最关键的部分。

田氏原为陈国公子陈（田）完之后，为避祸而来，最终留在齐国生根发芽。虽然第七代家主田僖子（田乞）利用艾陵之战让国、高两氏死伤惨重，但田氏一直以来人丁不旺，难以迅速填补两氏留下的空白。田僖子之子田常（田成子）用一个骇人听闻的办法解决了这一问题，《史记·田敬仲完世家》载：“田常乃选齐国中女子长七尺以上为后宫，后宫以百数，而使宾客舍人出入后宫者不禁。及田常卒，有七十余男。”

那么田常为何不惜以给自己戴“绿帽子”的荒唐方式也要增加田氏核心层的男丁人数？回答这一问题还要回到先秦分封制的实质上。我们在第一章曾介绍过，先秦分封制最初是一套武装殖民体系，封主权力的来源不是上级赐予，而是领主自己治下有一定的武装力量与族人，族人在领主武装力量的保护下占据一块土地进行生产，同时领主（依靠军政上的权力）向民众们收取一定的赋税来维持武装力量以维系对封地的统治。一个贵族家族如果有--片较大的领地，则会选择“分封”家族内部核心层的男丁分别治理一小块区域，这也是技术水平（通信与交通）、人才储备（只有贵族接受过教育）与统治模式（家天下为前提，但职业官僚系统与中央集权制体系尚未建立）等诸多限制条件所决定的。可以说，如果一个贵族家族拥有大量领地却没有足够的核心层男丁，那么这个家族将会面临大片领地事实脱离统治的局面，领地或被原先的家臣分割（三家分晋），或被另一个能够统治这片领地的家族吞并。

艾陵之战中，国、高二氏不但失去了至关重要的军事力量，更损失了大量包括核心层在内的男丁，难以维持对各处封地的控制。面对这样的情况田氏必须尽快下手，然而田氏核心层的男丁数量并不多，难以在短时间内接手如此多的“无主之地”。此外原本依附于国、高二氏的地方小贵族们也蠢蠢欲动，欲“监守自盗”，并以此登上一个新的台阶。很明显，国内局势并没有给田氏太多时间。于是田常才想到了这么一个荒唐的办法来迅速增加田氏的核心层男丁人数——不管这70多个男孩真实生父是谁，他们都只会认田常为父，成为这一代田氏的核心。

凭借祖父与父亲的余荫，田常之子们各自获得了一块封地，而这些封地基本都是艾陵之战那些冤魂的遗产——田乞凭借此战成功篡夺了齐国朝堂上的权力，田常将田氏在齐国中央的权力进一步强化，并开始向地方全面渗透。田常的这些儿子在各自的封地上建立了自己的城邑，并以田氏的私兵为根基和原先的主人们争夺土地与人口。历史中的田氏采用的手法可能更加隐蔽，有意把自家子弟的封地放在（分布于齐国各地的）别家封地旁边，以城邑为据点（先秦时代还是据点式统治为主，第一章中已有介绍）展开渗透：用各种怀柔手段来吸引民众依附，用强硬手段打压原地方势力（在艾陵之战后唯有田氏的武装力量没有受到较大损失，形成了压倒性优势）夺取其封地下的良田与依附人口，将原本的别家封地染上田氏的颜色，并最终完成对整个齐国的变色：各处都是田氏封地，在经济与社会层面上完成了代齐。可以说若田常没有这70多个儿子，田氏无法迅速做大。

事有利弊，田氏虽然凭借一番运作完成了对齐国的全面渗透，却也因此埋下了巨大的祸根。这70多位田氏虽然名义上都是家主田常之子，但恐怕只有极少部分才是其亲生儿子，再加上这些孩子的封地又分布在各处，他们之间的关系自然而然就会逐渐疏远——亲生子看不起假子，假子也会拉帮结伙各成一派对抗亲生子。廪丘之战前田氏内部的派系斗争已经全面激化，田氏代齐需要耗费如此长的时间也多因其内部派系矛盾尖锐，整合进程较慢。

史书不惜笔墨记录该段丑闻的真实目的是在隐晦地提示后来者，田氏当年为了谋得代齐大业使用过如此龌龊的手段。但后来者却大多只看到艾陵之战的奇谋和“大斗出小斗入”收买人心，以及田氏与其他家族合纵连横在朝堂上斗倒对手的交锋，而忽视了这段丑闻背后的秘辛才是真正的关键和基础。子之只学到了皮毛，在中央争夺权力，而未能将自己的影响力深入地方，更没有从经济基础的层面来对付旧贵族势力，其失败也是必然的。

辟疆派人与燕太子平交涉。使者对太子平说：“我王听闻太子主持公义，将要废私立公，整顿君臣的伦理，明确父子的地位。我齐国是‘小国’，力量也不足以作为您的辅翼，但即便如此，我国也愿意听从太子的差遣。”这段话看似谦卑，并支持太子平是正义一方，实则是故意正话反说。齐国怎会是弱小之邦？齐王辟疆实际在威胁燕太子平，你燕国弱小，现在已经陷入内乱，只有我齐国可以帮助你复国。那么复国之后，燕国的所有对外策略必须以我齐国马首是瞻。燕太子平为了复国，对齐宣王的要求全部应允。齐宣王于是下令动员五都之兵，并令大将匡章率领完成动员的五都部队，连同在北部边境的驻防军队，总计兵力 10 万，北上进入燕国境内。

这里不得不提一下齐国国内各政治势力支持伐燕的原因。

诸位将领支持伐燕更多是出于想要立下战功获爵受赏的需求。在齐国诸将看来，陷入内乱的燕国是一个典型的软柿子，与赵国作战还需要考虑下胜负情况，伐燕则是必胜的。这么一个没有危险又可以获取功勋的地方，若不争取，等于放弃天赐良机。

▲齐宣王画像

齐王辟疆有伐燕的念头则是出于对外扩张、壮大齐国的考虑。邻国中，赵国军事实力较强，伐赵费力不讨好；鲁国长期以来被楚国觊觎，如果贸然虎口夺食必导致齐楚交战；卫国、宋国虽然富庶，但如果攻打卫、宋二

▲孟轲画像

国会引来三晋与秦、楚的军事干涉，成功率也不高，更何况宋千乘之国，本身军事实力也不弱，一时间难以攻下，战事一旦持久则国内不稳。似乎只有陷入内乱的燕国可以下手：内乱之中，燕假王子之组织不起强有力的抵抗，且自己手上还有燕太子平这样的旗帜可用，进兵必然顺利。燕国为万乘之国，如果吞并燕国，则齐国必然成为战国最强国，对列国形成压倒性的优势。待完成内部整合，齐国大军就可以西向压制楚、秦两国，以灭宋、卫，再图谋三晋，最后实现一统天下的大业。

孟轲主张伐燕的原因就比较有趣了。在治学上，孟轲确实出类拔萃，但在治国为政上，则有些专业不对口了。在对燕策略上，孟轲莫名其妙地提及周武王伐纣的旧事，也不看两者是否有什么共同点。按照他“仁者无敌”的政治理论，只是简单地认为禅让闹剧中子之是不义的一方，认定应该去伐燕，全然不考虑国际形势、他国态度，也不进行利害关系与可行性分析，就直接建议齐王辟疆出兵伐燕、攻灭其国。

无论出于何种理由，伐燕之役势在必行。

匡章率军从齐国北部边境进入燕国境内（进兵路线可能与上一章提到的围魏救赵前期齐国出兵袭击燕国的路线接近），齐军长驱直入直奔燕都蓟城而去。一路上燕国军队因为指挥体系的紊乱，未能做出有力抵抗。出兵的第五十天，齐军便抵达燕都城下。史书中记载，子之杀了太子平。前文中已提到，齐王辟疆以燕太子为前驱伐燕，那么比较大的可能是，齐军最终与假燕王子之会战于蓟城之下，燕军普遍毫无战意，齐军大意，为子之的心腹部队所突袭，燕太子平阵亡（也不排除太子平死于齐军故意放水的可能）。当初迷惑老燕王哙的大夫鹿毛寿战死，子之负隅顽抗，力竭被擒。匡章派人将子之押解至临淄，齐王辟疆亲数子之诸条罪行，下令将子之处以醢刑（乱刀剁成肉泥），遗骸赐予诸臣。老燕王哙最后自缢于别宫（也可能死于“被自杀”，至于是子之为了在死前拉个垫背的还是齐军下的黑手就不得而知了）。

老燕王哙、丞相子之君臣二人心怀鬼胎，以为能玩弄燕国朝野于自己掌中，最后却分别迎来了自我毁灭的结局，还将燕国拉入了亡国的悲惨境遇。这对活宝君臣所共同上演的这场禅位闹剧，可谓是滑天下之大稽。

齐王辟疆再次向孟轲征求意见：“现在有人劝谏寡人，此番不应吞并燕国；还有人劝策说既然已经顺利攻取燕都，那就应灭其国，将其吞并。我齐国虽为万乘之大国，但燕国也是一个立国数百年、人口数百万、国土方圆数千里的大国，然而现在我军用了短短50天就击败燕国军队，还攻破其都城，这样巨大的战果令寡人惶恐不安啊。按常理而言，即使具有千载难逢的绝佳机会，攻灭一大国也是要耗光府库所存、用尽民力的，我们这次获胜如此容易，简直如有神助。俗话说，天予之不取必受其害，然而燕国动荡不安，我国是否应该现在就直接吞并燕国？寡人想听听夫子有何高见。”显然齐王想吞并燕国，但未能下定最后的决心，还在直接吞并燕国和扶持代理人再逐步蚕食两个策略之间摇摆不定。

孟轲回答说：“若直接吞并一国，能使该国百姓乐于接受统治，那么就可以采取直接吞并的策略。”

齐王思索片刻觉得有些道理，示意孟轲继续说下去。

孟轲正襟危坐道：“单独以一个万乘之国的实力，能够武力征服另一个万乘大国，战争中，若不是人民夹道欢迎我军，我军如何能只用50天便席卷一国？为何燕国百姓支持我军？那是因为燕国假王子之倒行逆施甚为不义，燕国百姓深处水深火热之中。我军进入燕国就是以仁义战胜不义，现在应该直接吞并燕国。”

齐王辟疆于是下定决心采取直接吞并的策略，密令大将匡章做好消除燕王室在故国影响力的准备。

让我们先站在后来者的视角来审视燕国的这出禅让闹剧。子之敢如此大胆地哄骗老燕王哙，让其配合自己完成禅让闹剧，并在燕王的位置上待了一年，还有诸多支持者助其杀掉了反对者将军市被。尽管篡位之前子之运用了一些诈术来抬高自己的名望，但除了自己的班底之外，子之在燕国国内应当还是拥有众多铁杆支持者的。我们假设子之能够平稳地统治燕国一段时间，那么其会制定什么样的治国之策与外交方案呢？最直接的例子就是三家分晋与田氏代齐这两个先行者。

这些夺位者在获得国家政权后，为了稳固统治，无不对内以开明用人、改革积弊、提升国力来赢取人心，对外则开疆拓土、寻求盟友以营造有利的外部环境。子之篡燕固然有其个人野心的一面，更有社会深层需求的因素：此时的燕国已逐渐腐朽没落，急需进行一场彻底的政治与经济体制改革，并将更多新鲜血液引入已被旧贵族世家垄断的统治集团内部。

子之篡燕后任用了大量出身贫寒的人才，赢得了燕国底层民众的支持，因此子之在燕国内乱之始能占据上风，并杀掉最大的反对派将军市被。但子之的执政方针势必会损害贵族大家的根本利益，触怒了燕国的旧贵族群体。这些旧贵族势力也必然会团结在太子平的旗帜之下进行反攻倒算，甘做齐军的“带路党”，只求干掉假王子之，恢复旧时的好日子。但是现在齐国要彻底灭亡燕国，使这些贵族彻底失去自己的权力地位，那么他们当如何呢？我们继续来看战事进程。

收到齐王吞并燕国的命令后，干涉军主将匡章捣毁了燕国宗庙，掠夺燕国之重器，尽收燕国财宝。燕地3000余里江山，大半城邑已经飘扬着齐国的蛟龙旗。大将匡章及主力部队留驻燕都，并派出各个占领军小队接管燕国各城邑的驻防。齐国军队在燕国干涉行动的初期进行得十分顺利，明显是获得了国内反子之派旧贵族的支持，其在地方的势力协助齐军突入国都蓟城。但是这些旧贵族们只是希望齐军干掉子之这一派政治势力，维护旧贵族集团的利益，他们并不愿意改换门庭接受齐国的统治，当齐军开始在燕国建立统治权后，这些贵族势力们自然会发生反弹。齐国占领军与燕国旧贵族政治势力之间的“治安战”一触即发。

齐军为了镇压在燕地各处爆发的“治安战”，势必会逐渐放松对军队纪律的管制，这样就只会让更多原本还在摇摆不定的燕国普通民众坚定地站在故燕国一边，为反齐势力建立了更广阔、更坚实的群众基础。这直接导致燕地各处的“治安战”的烈度逐步升级，燕国百姓对齐国的态度从中立不合作转化为对侵略者的痛恨。

随着燕国境内的战事愈演愈烈，而列国也对齐国吞并燕国的行为表现出巨大的担忧，纷纷做好了武力干涉的准备，齐王辟疆有些坐不住了，又向孟轲咨询国是。

孟轲说：“我听说凭七十里见方的一大块地方就统一了天下的，商汤就是这样。

没有听说凭着千里见方的一大块地方还怕别人的。《尚书》上说：‘商汤的征伐，从葛开始。’天下的人都信任商汤，他向东征伐，西边的民族就埋怨，向南征伐，北边的民族就埋怨，（他们埋怨）说：‘为什么（不先征伐我们这里，而要）把我们放到后头呢？’人民盼望他，如同大旱时节盼望乌云虹霓一样。（汤的军队到了一地，）赶集市的照常做买卖，种田的照常干农活。杀了那里的暴君，慰问那里的百姓，像是及时雨从天而降，百姓欣喜若狂。《尚书》上又说：‘等待我们的君王，君王来了，我们就得到新生。’”[1] 孟轲又用一番不知所云的言论给齐王辟疆打气，继续鼓吹自己的“仁者无敌”的政治观点，并继续坚持直接吞并燕国的计划。

燕地的战事愈演愈烈，国际局势也越发严峻，齐王辟疆只得再征询孟轲的意见：“现在国际形势紧张，列国均表现出出兵攻伐我国本土或燕地的倾向，寡人应该如何应对？”

孟轲这次则回答：“燕国的假王子之行不义而虐国内之民。大王发兵伐燕之假王，燕国百姓认为大王是拯救他们于水深火热之中，所以箪食壶浆夹道迎接大王的仁义之师。到了后来，仁义的军队忽然变成了侵略者，屠杀他们的父兄，囚禁他们的子弟，破坏他们的祭祀宗庙，抢夺他们的财宝，燕国人怎么会不反抗呢？天下列国本来已很畏惧齐国的强大，如今领土又扩张了两倍，而又不行仁政，这样就从仁义变成了不义，必然引来败亡。不过，现在还来得及补救，立刻下令释放被捕的老人和儿童，停止掠夺，跟燕国贵族们多沟通，恢复燕国的独立，扶持他们想拥立的新君，然后从燕国撤军。这样，仍有希望维持齐国的威信。”

任何一场战争都不单单是处于交战状态中的两国之间的事情，国际关系总是相互关联的。齐国吞并了燕国，国土与下辖人口必然翻一番，那么必然将对接壤的国家产生直接的威胁，那些不接壤的国家也会因为各国实力对比的剧变而生出警惕之心。更何况邻国（比如赵国）未必就不想从燕国身上割下一块肥肉，坐视齐国独吞燕国。还有的国家（如秦国）在外交上亲近燕国，更不愿意看到燕国的

---

①《孟子·梁惠王下》原文：“臣闻七十里为政于天下者，汤是也。未闻以千里畏人者也。《书》曰：‘汤一征，自葛始。’天下信之，东面而征，西夷怨；南面而征，北狄怨。曰：‘奚为后我？’民望之，若大旱之望云霓也。归市者不止，耕者不变，诛其君而吊其民，若时雨降。民大悦。《书》曰：‘徯我后，后来其苏。’”

灭亡。因此齐国攻灭燕国，必然引起诸多外部干预。

齐国伐燕之前，必然应该先摸清邻国的态度，尤其是要试探出列国可接受底线与可能做出的反应。就像二战之初德国闪击波兰，怕苏联直接出兵干涉，于是直接私下与苏联达成了共同瓜分波兰的协议。只不过德国错误地认为已摸清英法两国的底线，出兵波兰导致两国对德宣战，不得不说是一个重大失误。《史记》与《孟子》等书比较详细地记录了孟轲在此事件中的言行，在这些记录中我们看到，孟轲作为齐王辟疆的重要幕僚，在论述是否应该攻伐燕国，是否应该直接吞并燕国这两个课题时，着眼点全部放在了施行仁义与燕国百姓主观意愿的基础上，完全未见其对国际局势进行分析。当燕地动乱频发，安全局势严重恶化之后，孟轲

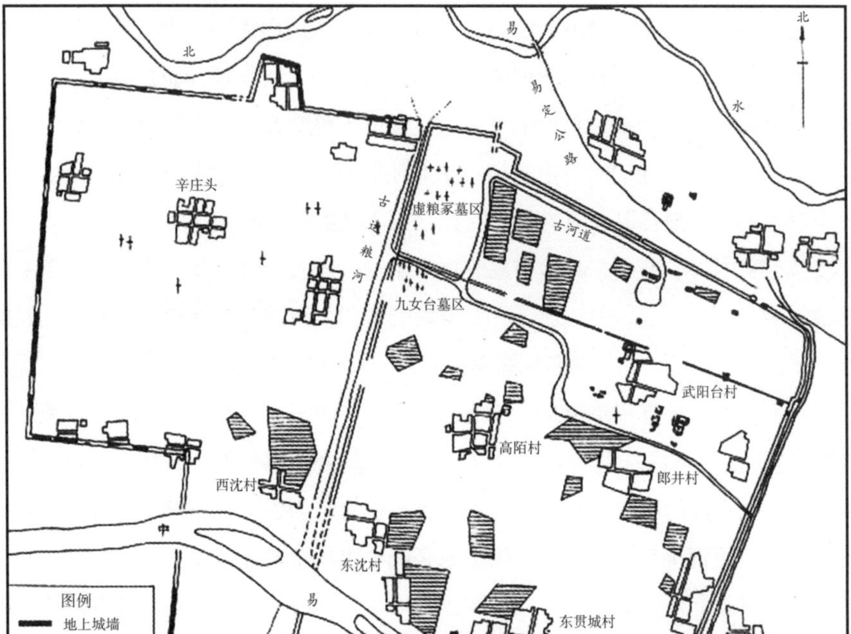


▲燕下都遗址平面图

却又指责是齐军灭亡其国、收燕国之宝、捣毁召公祭祀宗庙惹出来的祸端，似乎完全忘记了齐王辟疆在出兵前就主动去征询了他的意见，而如今国内外局势全面恶化，孟轲却把责任全部推到齐王身上。

齐军进入燕国后，必然不可避免地会与当地势力发生流血冲突，那么如何保证齐军能在燕地行仁政，就成了一个技术性难题。既然享受了齐国卿士大夫的优厚待遇，孟轲便应该承担起自己的责任。既然孟轲全力主张要在燕地行仁义并十分看重这一点，那么孟轲就应该身体力行地去燕地推行这一点——其前辈孔丘在鲁国做官时就贯彻了自己的政治理念，并很好地履行了自己的职责。在记载中却未见孟轲去破败的燕国以实际行动来践行自己的政治理念，反而一直待在繁华的临淄城中，享受着齐国上下的特殊礼遇并继续与齐王谈笑风生（从对话来看孟轲应当一直在临淄，否则无法随时与齐王进行问对）。

孟轲给齐国捅了一个大娄子后，非但不想办法弥补，还推卸责任，直接将自己的政治声誉彻底败坏，所以之后的各国国君虽然会依礼款待，但决不用其人。

趁着齐国身陷燕国这个泥潭的大好机会，秦国用“一手握大棒，一手拿萝卜”的手段迫使韩、魏两国重新恢复了与秦国的连横关系，还趁机出兵袭取了巴蜀之地，又从楚国手中夺取了淅、丹阳等地，极大地改善了自身的战略环境。

另一强国赵国也没有冷眼旁观，见齐军撤回，燕国复国，于是准备运作一番。燕国国内刚经历过血战，此时再出兵燕国必然步齐国后尘，深陷“治安战”泥潭。赵王雍（赵武灵王）于是另辟蹊径，决意改善与燕国的关系，扶持一位态度上亲赵反齐的公子登上燕王之位。这时在韩国当人质的燕公子职进入了赵王雍的视线。

公子职为燕易王后所出，燕易王后又是秦国公主【秦王驷（秦惠文王）之女】，拥立公子职不但能拉拢燕国，还能与秦国在一定程度上修好。于是赵王雍请燕公子职到赵国，并派兵护送其回燕国。燕易王后为获得母国支持，特向父亲秦王驷写信求援。秦王驷也认为这是一个拉拢燕国，并使其成为牵制齐国的棋子的大好机会，于是决定出兵（还联合了魏国）支援公子职回国即位平复内乱。

公子职在赵国军队的护送下，在易城即位称王（因此易城也就成了燕下都），是为燕昭王。燕国正式复国，燕秦两国结盟。

▲燕王职剑
该剑全长58.9厘米、宽4.7厘米。1997年出土于淄河河东。剑身柳叶形，扁茎，宽平脊，脊上铸8个铭文“郾王职作武㪉旅剑”。郾王职，即燕昭王姬职，公元前311—公元前279年在位。

▲另一把燕王职的佩剑，出土于洛川县

## 报君黄金台上意——苏秦的外交战

燕昭王继承的燕国刚经历过子之之乱与齐军干涉战争，可谓水深火热，国敝民乏。南边，最大的敌人齐国在齐湣王统治下如日中天，此时在国力对比上远超最终统一天下的秦国。为救亡图存、强国兴邦，燕昭王建起了著名的黄金台，以广招天下贤士，还留下了“千金市马骨”的典故，让后世多少郁郁不得志的士人向往不已——“报君黄金台上意，提携玉龙为君死”。

鉴于羸弱的现实，燕国需要时间休养生息，更需要时间完成中央集权改革。但国际局势并不允许燕国安心发展：西边的赵国，虽然有助燕国救亡图存的恩义，

▲黄金台今貌

还出兵护送公子职回国即位，但其对燕国土地是有一定野心的，只是因国内政局不稳，尚未举兵相向；南方的齐国咄咄逼人，田氏代齐后的数代齐王均采取了积极的扩张策略，强齐对燕国的态度，更像是看一块不太好的肉，虽然可以很容易地一口吃掉，但没多少利益可言（齐宣王在伐燕后退兵，这一因素也起了较大作用），还要花费精力和物力平复民心稳固统治。

俗话说，要想解决问题，就必须抓住问题的主要矛盾。想要解决事物内部的主要矛盾，就需要先了解矛盾双方的主要方向，然后再对症下药。可以看出，燕国发展面临的主要矛盾是：国家恢复需要较长的安稳时间，而恶劣的国际形势则导致相对长时间的安稳环境不可能存在。对矛盾的两方面进行分析，现阶段矛盾的主要方面是恶劣的国际环境。那么破局的关键就在于此，苏秦最终的外交战略谋划也就成型了：联赵，弱齐，存燕。

联赵：以缓和战略局势。以赵国为代表的三晋虽有内部争斗，但面对强国出击时又较为团结，可以作为隔绝西方秦国扩展影响力的屏障。若齐国再次伐燕，赵国也是最佳的求援对象。此外，相对于繁华的中原，燕国只算得上一块贫瘠之地，对于赵国形同鸡肋。从赵国的角度来讲，与燕国结盟去攻伐他国（如齐、楚、魏等国）也更为有利。

弱齐：齐国的积极扩张，多源于其国力上的强大。如果对齐国进行一次猛烈的打击，齐国就会丧失对外扩张的能力与信心。往后的事实证明，这一点苏秦判断得很对：经历过五国联军攻伐的齐国，直到秦灭三晋、燕、楚五国时，对各国的求援都表现得无动于衷。最终，秦军攻灭五国之后，兵临临淄城下，齐国干脆投降了事。那么此时应该如何弱齐呢？答案很简单：联合诸国共同伐齐，给予齐国一次重大打击。怎么让诸国愿意联合伐齐呢？让齐国吞并宋国，实力暴增，引起

▲苏秦（电视剧《大秦帝国·崛起》剧照，饰演者王小毅）

诸国的警惕；在外交上以积极的运作孤立齐国，用破齐之利为诱饵组织联军伐齐。

存燕：达成以上两个条件，就可以为燕国争取到极为宝贵的战略机遇期。就算出现最坏结果，燕国最后变法求强失败，至少也能保证燕国得以存续。历史上，直到秦灭三晋，燕国也没有再遭受过齐国的大规模主动进攻，甚至燕国还有实力遣将军秦开（荆轲刺秦的副手秦舞阳的先祖）大破东胡，远征朝鲜，扩地2000里（战国里），置上谷、渔阳、右北平、辽西、辽东五郡。这五郡在之后的两千年间又成为中原文明在北部边防前线上的重要防御支点。当然，这一好处对此时的燕国没有多少利益可言。

苏秦大张旗鼓地入齐，并给齐王地写了一封信，声称现在燕国愿意结好于齐国，对齐国称臣。为表示对齐国的尊重，燕王特派遣丞相苏秦与齐国商议交好之事。如果齐国不愿意与燕国结好，那么燕国只能和赵、鲁两国交好，一起围攻齐国，到时魏国、楚国也会插手一起伐齐，那齐国就大祸临头了。齐王地阅读了苏秦的这封信，并分析了信中内容，不得不重视燕国的这次来访，奉苏秦为座上宾。

齐、秦交好，对地处两国之间的三晋、燕、楚都没有益处。两强国之间矛盾激烈，才能给处于中间的国家带来左右逢源的机会。强国为了扩大自身影响力，则需要给予中间国家一些好处，好壮大己方阵营。就像春秋时期的争霸战争，齐桓公、晋文公这样的霸主，称霸后并非一味地勒索小国搜刮财富，而是主持礼法正义，维护国际秩序，帮助其他国家抵御戎狄的侵扰。试想一下，若两强国交好，预先划分势力范围，约定一同瓜分中间的各国领土，虽然最后两国肯定会在失去缓冲直接接壤之时转为全面对抗，甚至要决出个你死我活来，但是在这之前，中间国家已经灭亡了，这些身后之事又与亡国之人何干？

其实我们可以参考一下二战前的波兰。波兰地处苏、德两大强国之间，却从未想过与两国中的任意一国结交。苏、德之间虽然经历了一场世界历史上最为残酷的血战，但大战伊始第一个灭亡的却是波兰，而灭亡波兰的就是苏、德两国。其间虽有一些龃龉，但在当时纷繁复杂的国际局势下，苏、德两国为了避免沦为英法等老牌强国的“提线木偶”，必然会进行短暂的和解。两国达成和解后，夹在中间却因同时仇恨两国而不肯选边站队的波兰必会被首先攻灭。二战后如果不是国际形势的需要，且波兰选择站在华约一方，那么波兰复国可能还要再等上许多年，就像历史上前几次被瓜分一样。

齐、秦两国交恶，那么双方中谁都不会允许对方肆意攻击周边国家以自强。这也就给了“列弱”国家喘息的机会，这些国家甚至还可以趁机自强。比如在孟尝君主导齐、秦对战的三年中，赵国趁机吞并了中山国，国力大增，逐渐成长为次强；宋国则灭了滕国（就是那个听信了孟轲治国理念，大搞特搞守孝三年之制的国家），历经了一段自我感觉良好的“中兴”。所以苏秦得出结论：“齐秦不合，天下无忧。”因此，苏秦外交战的第一步就是燕国向强齐输诚，并离间齐、秦两国。

在与齐王地的会谈中，苏秦直接指出齐、秦交好的前提：第一，楚国的压力；第二，齐国欲吞并宋国，担心列国干涉；第三，齐、秦两国并不接壤，没有直接矛盾。苏秦一条一条地为齐王分析了局势利害。首先，齐、秦不接壤就意味着，即使两国交恶，秦国也难以派出大军越过整个三晋及中原大地来攻伐齐国。若秦国真敢行此“挟泰山以超北海”之事，那也不用担心，夹在中间的三晋将十分乐意切断秦国远征军的后路，与齐国一同来一招瓮中捉鳖。因此从各个层面上来看，齐国都不需要担心因与秦国交恶而引来其军事报复。相反，当秦国攻伐三晋，意欲在中原扩张土地时，齐国应该积极出兵干涉遏制秦国，阻止秦国进一步做大。其次，楚国在被秦、齐、三晋压制后实力大减，已经不能对齐国造成威胁了。此时应该交好楚国，当秦国对齐国不利时，楚国可以在另一个方向上牵制秦国的力量。最后，齐国要吞并宋国，首先要考虑最不希望齐国吞并宋国的究竟是哪个国家——正是秦国！齐国一旦吞并宋国，国力必然上升一个台阶，当齐国势力上升到其他六国不能抵挡时，必然会开始统一战争。这是秦国绝对不可能容忍的。

战国七雄很注意各国之间的均势，会对竞争对手或即将在列国中占据优势的国家的扩张态势进行遏制，以便求得一种均势态势的形成，防止自己成为其扩张策略的下一个受害者。请各位读者牢记这一点，之后六国间很多让我们后世人看不懂的决策均基于这一原理。谁也不知道这个名为“战国”、以一统天下为终点的“长跑”还要持续多久，更不会事先知道，哪一国会成为最终的冠军，因此，各国最佳的对外策略就是给领先者使绊子，给弱者加油打气。这也解释了长平之战时列国在秦、赵之间的摇摆态度。万一是赵国打赢了，那难保秦国不会因为此次重大失败而一蹶不振，如同曾经的齐、楚两强那样，也走上衰退的道路。取胜

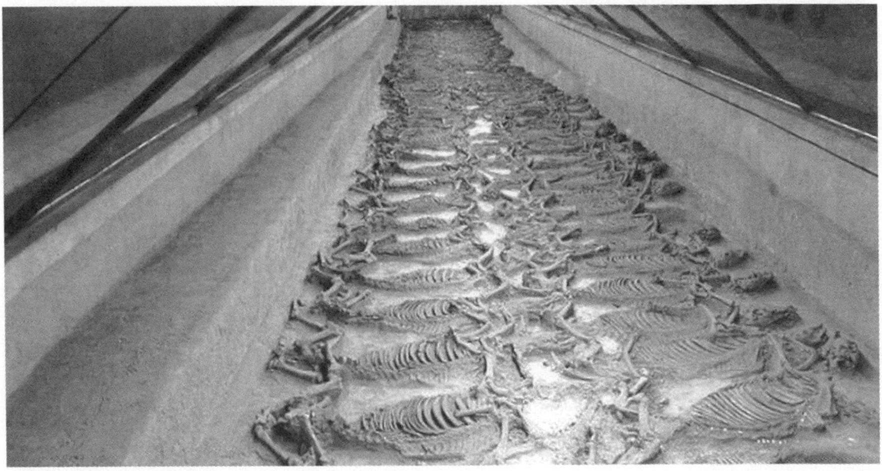

▲ 齐景公大墓陪葬车马坑

的赵国则可以趁机重新整合三晋，以新霸主的姿态走向一统天下的征途。

让我们继续回到齐国伐宋这一主题上：齐国伐宋，除了秦国会出面干预外，还有哪国最可能出兵干涉？答案是赵国。赵国与齐国之间的国界线也很长，两国关系一直不和谐——赵国大将廉颇的官爵多来自伐齐的战功。如果齐国灭宋，下一个直面齐国压力的应当就是赵国。至于鲁国，其国土早已陷入齐国的多面包围之中，就像碗中的一小块肉，随时可以吃下，但味道远不如宋国这块鲜肉肥美。而北方燕国则是一片带着大块骨头的瘦肉，上次齐国想“啃掉”燕国这块“排骨肉”就差点硌坏了牙齿。

楚国恢复实力后最先攻伐的应该是秦国、鲁国，伐齐吃力不讨好。仅凭楚国一家难以击败齐国，对国力的损耗又太大。若齐楚两国发生大战，最高兴的绝对是秦国：可以借机再从楚国身上割下块肉，又能趁齐楚两国不能自顾时攻伐三晋。其次是赵国：可以趁机选择伐燕、齐、韩、魏，从四国中的任意一个或几个身上夺得好处。

齐国虽然早已对宋国垂涎三尺，但是其朝廷内外对国际形势也有着清醒的认识。知道自己一旦伐宋，表露出想要吞并宋国的意图，那么天下诸国必定会出兵

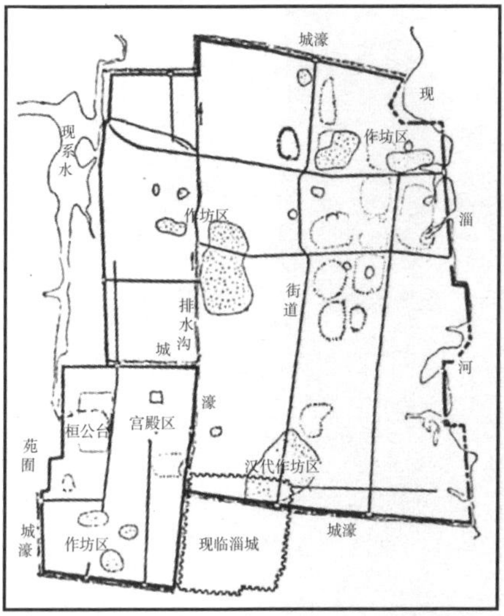


▲齐都临淄平面示意图

干涉。犀首当年就利用三晋对秦国的防范心理组织了数次合纵军伐秦，若不是秦国享有天下雄关崤山函谷关，则胜败难料。如果伐宋之役激起诸国对齐国的防范之心，那么在战略上缺乏地利可以利用的齐国真不一定能扛住连横军的打击。然而，若齐国不灭宋，那么苏秦的计划中最重要的“弱齐”一环在一开始就不可能达成，而最终目标“存燕”就会成为彻底的空谈。

现在摆在苏秦面前的最大难题就是如何才能让齐国放心大胆地去吞并宋国，以彻底激怒各国。这时候，苏秦就需要开动脑筋，利用逆向思维来跳出惯性思维的桎梏。齐国不愿主动灭宋的重要原因，就是担心其军事行动就像上次尝试灭燕那样，将遭到邻国的干涉。毕竟宋国较燕国更加富庶，且战略地位更加重要。如果能够让齐国相信，各国会默许其吞并宋国，那么齐国朝廷上下绝对按捺不住灭宋的冲动。

于是，苏秦外交战的第二步便是促成齐、赵两国的和解。赵、燕二国如果站在齐国一方，那么该阵营就能够对南方的楚国、中原的韩魏、西陲的秦国形成压倒性优势。并且更妙的是，如果齐、赵两国结盟，齐国则会彻底相信燕国是真心臣服于己，不再对燕国有任何防范之心：燕国身边两大强国如果和解，那么燕国绝对不敢对齐国有二心。若燕国有异志，两国随便伸出一根手指就能轻易置燕国于死地。燕国只能作为最忠心的臣属，唯齐国马首是瞻，否则赵国欲伐燕时，齐国必然不会救燕，只会落井下石。反之亦然。

在苏秦的运作下，齐赵同盟成型了。两国密约：齐国承诺伐宋成功之后会将宋国最为富庶的陶邑割让给赵国，以利益均沾的方式获得赵国的支持，并承诺断绝与秦国的友好关系，加入合纵阵营一同攻秦；赵国承诺制衡韩、魏，使之不会在齐国伐宋之时出兵干涉。为表示齐赵结盟的诚意，齐国特加封苏秦为外相，苏

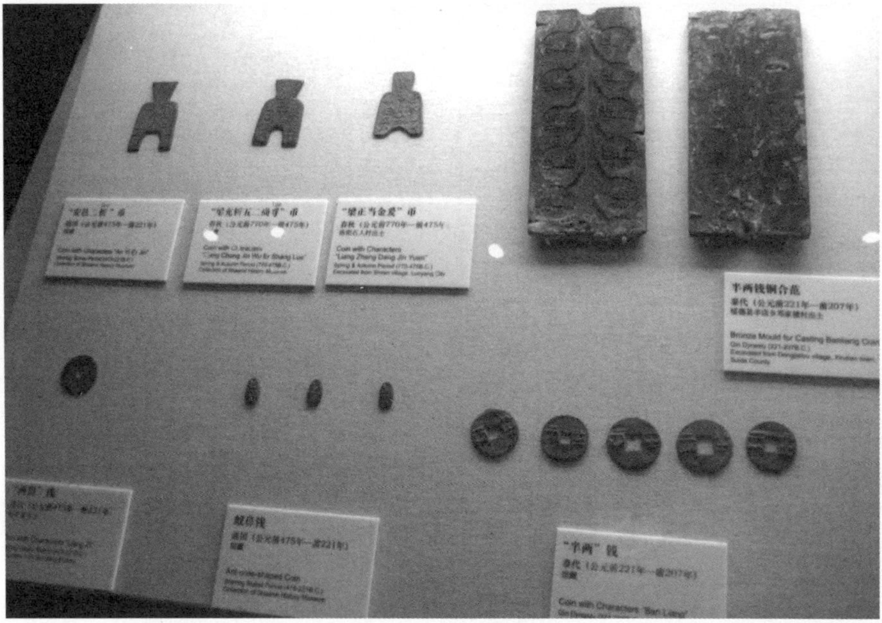

▲ 七国钱币

秦因此身负燕、齐两国相印。

得知赵、齐结盟的燕王职颇为意外，若两国结好那倒霉的必然是燕国。为解燕王的惑，苏秦特意写了一封密信向他说明自己的谋划，后来苏秦的部分密信被收录整理进了《战国纵横家》一书，该书同时也是《战国策》的成书底稿。周郝王二十七年（齐湣王十三年，宋康王四十一年，公元前 288 年），齐国发起了第一次伐宋之役。为彰显自己臣服齐国的诚意，燕王职特意派出 2 万军队，并自备粮秣协助齐军伐宋。然而，齐国在未能取得较大战果时便撤军，推测其原因应当是来自秦国的压力。

齐国伐宋的第一个障碍被消除后，苏秦开始了下一阶段的外交运作。最不希望齐国吞并大国的是哪一个？答案是秦国。如果秦国坐视齐国吞并富庶的宋国，那么强弱对比的天平将向齐国倾斜。虽然齐国重臣孟尝君曾到秦国为相，以促进两国邦交，但是孟尝君因与秦国权臣魏冉结怨而出奔，并主导了齐与三晋联军合纵攻秦，连续三年陈兵函谷关外。

后来秦王稷又向齐王地奉上东帝冠冕，号称与齐共分天下。但这个计谋又为苏秦所破，苏秦干脆利落地向齐王地谏言：联合齐、魏、韩、赵、燕五国合纵攻秦，这样即可将秦国压制在函谷关内，使其无法插手中原事务，齐国则能趁着其他四国与秦军在函谷关前拼得头破血流、无暇他顾之机，以迅雷不及掩耳之势再次伐宋，一举功成。这个诡谲的主意不可谓不高明。为了实现这一计划，苏秦亲自上阵游说列国。

次年（公元前287年），齐、魏、韩、赵、燕五国大军合兵成皋，西向伐秦。齐因主导合纵，故而与秦国的关系彻底破裂。此时性急的齐王地又想立即从成皋撤回军队，以发起攻灭宋国之战。然而，齐国此时灭宋，虽然背弃合纵盟约将招致天下不满，但在苏秦的规划中，齐国的实力还没有被消耗够，且齐、赵之间的盟约也没有被拆散，无法促使列国与燕国一道伐齐。

与苏秦的计划背道而驰的是，燕国朝廷认为齐国此时背弃盟友伐宋，正是苏秦所谋划的伐齐良机，于是开始谋划伐齐事宜。雪上加霜的是，燕国正在秘密谋划伐齐的消息竟然被齐王地获悉。齐王地已经调整了国内军队驻防，就等着燕军前来自投罗网。平心而论，燕国朝堂行事莽撞且极度自私，为复仇，完全忘却了要向苏秦征询当前国际形势是否适合伐齐，更是将苏秦置于最危险的境地，若燕国显露出对齐国的不轨之心，那么作为齐燕友好使者的苏秦下场一定会很悲惨。很显然，表面上礼贤下士的燕王职与当年的越王勾践是同一类人：窘境之中尚可以摆出求贤若渴的姿态，但实际只是抱着将能臣当作一次性消耗品的心态，只要大业成功就立即舍弃——只可共患难，不可同富贵。

由于上述种种原因，苏秦以齐国重臣的身份劝解齐王地，为了不开罪盟友，齐国应当暂且推迟伐宋之役。他重申燕国已向齐国称臣，现在依然绝无二心。苏秦以三寸不烂之舌暂时消除了齐王地内心的猜忌，得以继续以齐国重臣的身份游走于列国。同时，苏秦立即写密信告诫燕王职，在这个微妙的时候绝不可轻举妄动，要继续压低姿态侍奉齐国，加强对整备军力行动的保密工作。苏秦为了报燕王职的知遇之恩，无视物质诱惑坚持为了燕国的利益奔走，却遭到最无耻的背叛。在陷入绝境时，他没有自暴自弃，更没有投降输诚，而是隐藏身份与真实意图继续在刀尖上跳舞，为了燕国的大业无私奉献。君以国士待我，我必以国士报之，苏秦向我们展现出了战国士人的风骨。

合纵攻秦的第二年（公元前286年），秦国在河内之地展开了对韩、魏两国的军事报复。此时齐军没有救援三晋，反而兴师灭宋。

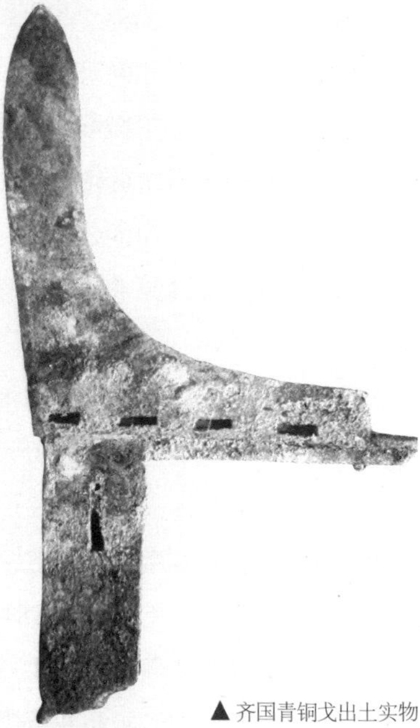

▲ 齐国青铜戈出土实物

宋微子被封在富庶的中原，表面上看周人对（主动投降的）殷商遗脉不灭其宗族祭祀可谓仁至义尽，但我们以地缘的角度来审视宋国，就会发现周人所包藏的祸心。宋都商丘虽然富庶，但其东就是与周王室最为亲近的重要封国——鲁国；南边则有曾经肆虐中原的“淮夷”，后来又崛起了更为强盛的楚国；西面是周王室的成周王畿，殷八师、成周八师时刻注视着宋国的一举一动；东北方又要防备“东夷”部族的侵扰。同宗的箕子被远封朝鲜，而陈、卫等国环绕宋之左右，宋国在中原可谓陷入重围，势单力孤。毕竟周人灭商的偶然性太强，商族人的力量还是很强大，迫使周人不得不暗里防备。

吞灭宋国之后的齐国实力陡然上升，若坐视齐国完成对故宋地的整合，那么首先倒霉的必然是三晋，故而顿兵成皋之地的三晋联军与秦军达成了默契，合纵攻秦由“热战”逐渐转为“静坐战争”。韩、魏两国对齐国这种“背后捅刀”然后“偷油瓶”的行为极度不满，却限于国力已被消耗，不愿也不敢做出头鸟。赵国与齐国早已达成密约，灭宋之后赵国也能获得好处——获得富庶且战略地位重要的陶地；利用诸国合力削弱强势的秦国——故暂时坐视齐国的玩火举动。秦国虽恼怒于齐国，但被驻扎于成皋的多国联军阻挡，难以有效地干涉局面。这就形成了一个无比微妙的平衡局面。

只不过一个出人意料的砝码即将被放在天平的另一端上。苏秦平复激动的内心后，开始了这漫长而又微妙的外交战的最后一步——离间齐、赵。已经站在霸业顶点的齐王地，此时为苏秦离间齐、赵之策提供了最好的弹药——拒绝交割早已密约许诺给赵国的陶邑。此时在赵国为政的孟尝君田文为报被齐王地驱逐之仇，与苏秦、李兑等人达成一致，共同促成五国合纵攻齐。

赵国与韩、魏接触，燕国则与秦国接触。成皋合纵大军与函谷关秦国守军这对原本对立的敌人忽然就变成了朋友，而原本身为攻秦的约纵长齐国却成了多方共同的敌人。纵横家这翻云覆雨只等闲的手段让天下诸侯皆惊叹，原来一介布衣之士，真的可以凭个人的才智搅动天下大局。故《孟子》言纵横家之能:“公孙衍、张仪岂不诚大丈夫哉？一怒而诸侯惧，安居而天下熄。”

秦军出函谷关与驻守成皋的三晋联军合兵一处，然后西进。燕国也大军尽出，五国联军推举燕将乐毅为帅。齐王地立即动员大军以对。双方大战于济水之西，齐军被彻底击溃。此时苏秦却做了一件出乎所有人意料的事情。他写信给魏、赵两国君主，希望其放弃与齐国为敌，撤回大军。苏秦希望的是齐国被削弱，而不是被打残；若齐国彻底残破，则短时间内没有哪个国家能够压制秦国，这也是苏秦不希望看到的。但是一封书信能起到的作用有多大？齐国五年伐楚、三年攻秦、覆灭宋国，连续多年的征战已经让其国力过度消耗，而吞并宋国的红利还没有显现出来。此时乐毅的奋力一击正好打在齐国旧力已竭、新力未生之时。在巨大胜利的刺激之下，五国联军继续向齐国内地推进。乐毅不听剧辛控制战争规模的建议，决意深入齐国境内，让战事持续了5年，完全背离了苏秦“弱齐”“存燕”维持天下均势的战略预想。

从战略眼光上看，乐毅不如苏秦，彻底击破齐国对燕国并没有实际的好处。彻底衰败的齐国不但无法牵制秦国，导致天下大局的失衡，也无法牵制住赵国，使得齐、赵、燕三国间的小平衡也被破坏。赵国将接替齐国成为燕国最大的敌人，并封死燕国进取中原的通道。天下“东极”的崩塌必然导致“西极”的独大，若乐毅有能力为燕国控制齐地，弥补齐国倒下的真空也就罢了，但是燕国没有这个实力，燕国决策层更没有这个格局。结果燕国白白消耗尽多年的积累，却连边城之功都未能获得，最终为秦国做了嫁衣。

乐毅率领的燕国军队即将围攻临淄的前夕，齐王地终于弄明白苏秦这个间谍真正的目的是什么。在技击甲士破门而入的前一刻，苏秦可能还在焚毁一些机密信件与文书，竹简木牍燃烧所产生的浓烟，让苏秦看不清来者是什么人，但苏秦心里清楚自己的使命与生命都将迎来终结。次日苏秦被车裂于市，中国历史上第一位名载史册的伟大间谍，腰挂燕、齐两国相印，拜燕、赵、齐三国“武安君”封号的孤胆英雄，死在了胜利的前夕。

回顾苏秦纵横列国的手段，全都是光明正大的外交手段。每次的游说都是有理有据，以精湛的分析服人，使得被游说者虽以自己的利益出发却都能顺从游说者的意志，为其所用，这才是真正的纵横大家。苏秦所有谋划都是为了实现“存燕”这一最终目标，可谓矢志不渝，一诺千金。虽有他国高官厚禄却矢志不渝，为完成使命最终献出生命，绝不是腐儒所攻击的“反复不信之人”。何为忠？为社稷大业竭心尽力方为忠。束手木偶般的愚忠，只是后世对忠的概念的庸俗化，伪忠实奸尔。

燕昭王既以国士之礼待苏秦，苏秦则以国士报之。战国与春秋，人们的精神风貌发生了一些变化。春秋时，必须有士（贵族）的身份，才能去追求士的行为方式；到了战国，哪怕是一介布衣，只要在精神上有对士的追求，心中有士的行为准则，能为了坚守自己的行为准则不惜豁出性命，不会因为富贵或贫苦而放弃坚守，做到士的风骨水准，那么其他人也会将其视作士。“报君黄金台上意，提携玉龙为君死”，虽然士与主君的关系带有一定的功利色彩，但战国之士确实是人性最灿烂的绽放。

现在一些所谓文艺，凡提人性，尽是些不伦之爱、同性之恋、贪生怕死、情欲至上，诸如此类，将这些动物趋利避害的本性无限放大并大肆鼓吹，胡乱地将历史人物的闪光之处统统抹杀，还美其名曰进行所谓的历史角色再塑造，号称揭露英雄不为人知的一面，自吹所谓重视真正的人性。殊不知，人性绝不只是蝇营狗苟，还有着守护与信念的辉煌：钟仪楚囚之冠、齐国太史在屠刀前秉笔直书、荆轲为太子丹国士之礼慷慨赴死、苏武牧羊十九载永不放弃汉家旌节、耿恭与十三将士共守疏勒归玉门、花木兰替父从军、文天祥“留取丹心照汗青”、于谦固守北京城、邓世昌喊出开足马力撞沉吉野[①]，还有那支为保卫人民以血肉之躯组成

① 从近年来对更多实物证据的分析来看，致远舰实际要冲击的目标应当为日本联合舰队本队，并非坊间传闻中的吉野舰。然而这一台词冲击力更强且影响太过深刻，故此处继续沿用。

长墙堵决口挡洪峰的军队[①]，这些才是人性真正的光辉！在这爆发的一刻他们没有遵从所谓的“本能”，而是以信念超越了自身，以自己的坚守与牺牲点亮了真正的“人性”之火。这也是历史长河中闪亮的明珠，是支撑起一个伟大民族的真正脊梁！永恒的荣光属于那些为抗击侵略与压迫、保卫人民与国家、守护华夏文明传承而牺牲的英雄们！

▲开足马力撞沉吉野（电影《甲午风云》剧照）

## 乐毅伐齐与齐国复国

公元前 284 年，秦、赵、韩、魏、燕五国合纵誓师伐齐，随后五国联军在济水之西击败齐军主力，杀齐将触子。燕将乐毅率军攻破齐国都城临淄。短短 6 个月，乐毅连下齐国七十余城，齐国陷入灭亡的边缘。不过就此认为齐国只有七八十座城池未免太过武断，况且被认为是最后孤城的即墨与莒城，还位列齐国“都邑”之列。

不如让我们在地缘政治与军事地理的角度来分析一下乐毅破齐实际的战果有多大，同时也分析一下为何齐国在遭受如此惨重的打击之后，还能以一己之力完成复国壮举。最直观来看，今天的山东省被自西向东的泰山、鲁山、沂蒙山（后面我们将这些山岭所共同组成的山系称为“泰—沂山脉”）、五莲山大致分割成了两个相对独立的地理单元：群山之北为齐国，南则是鲁国，故山东省也常被称作齐鲁大地。诗圣杜甫名篇《望岳》中“岱宗夫如何，齐鲁青未了”“造化钟神秀，阴阳割昏晓”两句，就是对这个神奇地质构造的概叹。

---

① 汉武帝元封二年（公元前 109 年），黄河在瓠子决口，汉军在两千年前第一次以血肉长城来对战洪峰。汉武帝感怀堵塞决口的战斗场面之壮烈、汉军将士之无畏而作《瓠子之歌》：“河汤汤兮激潺湲，北渡回兮汛流难。搴长茭兮湛美玉，河伯许兮薪不属。薪不属兮卫人罪，烧萧条兮噫乎何以御水。颓林竹兮楗石菑，宣防塞兮万福来。”虽然汉军出于皇命而行抱薪堵决口之壮举，但根本出发点还是为了保护百姓，其人性的闪光点绝不容许被磨灭。

此时的济水恰巧流经泰山东侧，泰山西南方正是当时闻名天下的大野泽。这些山泽呈一个巨大的倒放U字形，在这个U字开口偏东又有一片较小的被称作尼山[①]的丘陵山地。尼山之西就是孔丘的故里曲阜城。曲阜城所在的整个小盆地与旁边的鲁西南平原一部，即为鲁国曾经的核心统治区。

泰山与鲁山之间的结合部海拔较低，地势也较为平坦，是沟通齐鲁之间道路上一处重要的隘口型节点，莱芜市即坐落于此。这里也成了齐鲁两国之间博弈的一个关键节点，我们在第一章所介绍的长勺之战、第四章所介绍的艾陵之战的古战场都在这个区域。从军事地理的角度来看，鲁国所处的地理位置与齐国相比更加利于防守。但或许是这种相对安全的处境，让鲁国公室逐渐失去了开拓进取的雄心，西周之时曾为诸侯之首的鲁国，春秋时却逐渐沦为邻居齐国的“出气筒”——春秋中期齐国霸权衰落后，晋楚两国争雄，后来吴国也加入争霸中原的游戏当中，每次齐国在遭受打击后，都会去鲁国身上找回自信。

齐国最初的核心区是以临淄城（齐最早的都城为营丘，在今山东昌乐县以东，后西迁至临淄）为中心的鲁北平原。更准确地说，临淄城处于鲁北平原正中偏南的位置上，背靠鲁山向北突出的延伸段。沂蒙山与五莲山之间存在一块较为宽阔的谷地，中间流淌着沂水与沭水，我们暂且称之为“沂沭河谷平原”。商周之际此地曾存在一个叫作莒国（商周时曾为东夷部族中的一个强大方国）的国家，齐桓公即位之前曾到莒国避难，公元前431年莒国为楚国所灭，后齐国从楚国手中夺得莒地，并建“莒都”。我们暂且将此地称为“莒地”（请留意这个地方，此地在齐国复国中起到了重要的作用），齐人在征服这片土地后建立了都邑进行管理。整个山东大地都曾是东夷部族的家园，除去齐、鲁两国，周边多为东夷系文明建立的国家。齐、鲁两国早期的扩张行动主要针对的就是这些东夷系小国。

与鲁国相比，齐国在面对东夷部族袭扰时常处于无险可守的境地（我们从此也能看出，当初周王室封吕太公望于齐，背后的动机并不纯粹）。但反过来看，若齐国能保持国力与军力的强盛，那么东夷族人建立的这些小国正是放在齐国嘴

---

① 当地传说尼山最初叫作尼丘山，相传孔子父母祷于此而得孔子，故孔子名“丘”，字“仲尼”。

▲战国“明刀”（作者收藏）
因刀身上铸有“明”（照片中类似人眼的图案）铭文而得名，为战国时期燕国的主要货币。在乐毅占领齐国的数年中，齐地也曾短暂铸造并流通。

边的肥肉。由于“泰—沂山脉”对山东的地理分割，齐国天然上比鲁国能更容易地去进攻和吞并东夷系诸国。鲁北平原之西有济水（现在已不存在），将当时的鲁北平原与河济平原划分为两个不同的地理单元。鉴于东夷部族的军事压力，齐国选择了先对东边下手，然后再图谋西边的河济平原。

根据《清华简·系年》的记载，春秋中后期陷入衰落的齐国沿着“泰—沂山脉”与五莲山的山脊线修筑了齐长城，以应对楚国这个庞大的“江汉怪物”咄咄逼人的北上之势。鞌之战后，晋国甚至还要求齐国不得再修长城。也是由于这个因素，齐国未在济水之西的平原上修筑防御体系。到了战国时期，田氏代齐之后的齐国焕发出了全新的光彩，齐长城成了攻伐鲁国的前进基地。由于进入了第二个扩张期，以“必攻不守”战略思想为指导（也有廪丘之战后与三晋所签订条约的约束）的齐国不再考虑于济水之西修筑长城，导致其西境存在严重的防御漏洞。

因为“泰—沂山脉”的倒放U字形结构未能继续向东延伸到大海，所以造成了一个有趣的情况：齐鲁两国东境在未扩张至沂蒙山以东时，两国隔山对立并全力争夺莱芜地区这个“唯一的通道”。春秋齐桓公时期的乾时之战、长勺之战便是

▲ 齐长城

两国就这一区域进行争夺的必然结果。然而沂蒙山东段却向南转向，这就造成其东部又成为另一个相对独立的地理单元。更有趣的是，在沂蒙山之东还有另一座大山五莲山：若两座山系间距较小的话，则只需要修几座关城便能控住孔道，可偏偏这个“缝隙”实在是太宽了，导致此地（即上文中提到过的“沂沭河谷平原”）还能孕育出一个实力不弱的国家——莒国。齐鲁相争时，该国则可以左右逢源，并影响局势的平衡。

更有趣的是，鲁北平原之东有一条名为胶莱河的南北向河流，这条河不但与其支流一起造就了一块面积不小的平原——胶莱平原，更是在地理上将胶东半岛与鲁北平原分割开来。胶东半岛又被称作“小山东半岛”，其核心即为胶东丘陵地带。由于在鲁北平原与胶莱平原之间缺乏地理上的阻碍，分别建立在这两个地区上的不同政治势力只能是不死不休的斗争关系。鲁北势力强大时，必然会对胶莱势力进行压制和侵吞；胶莱势力强大时，必然首先攻击鲁北势力，以求得西进中原的道路。这一过程反映到历史现实中，就是几百年来姜氏齐国对东夷残余势力的吞并。而先一步控制了胶莱平原与沂沭河谷的齐国，不但在国力上超越了老邻居鲁国，更在地缘上实现了对鲁国的两面包夹。之后的一百多年间，齐国更是利用了这一地缘优势不断地蚕食鲁国。

而在胶莱平原更东边的胶东丘陵地带，则又是另一个相对独立的地理单元了。我们从今天的山东地名上可以发现这么一个特点：胶东半岛上的诸多地名都带一个“莱”字，这是因为在先秦之时该区域内活跃着一批被称作“莱夷”的东夷部族群体。由于胶东丘陵地带在地缘上的独立性较强，齐国在征服这片土地后，将该地的军事、行政中心设立在了靠近胶莱平原的即墨①。

鲁北平原之西为古济水，济水之西有河水（黄河），在这两条河流中间的这块南北向平原，我们可以称之为“河济平原”。河济平原之西为中原“陆海”，河济平原之北为华北平原。齐国与魏国各自保有河济平原的一部，且两国之间没有明显的地理分割线。为了加强军事防御，齐人在河济平原中部建立了阿城都（在今山东省聊城市阳谷县附近），并在其北偏西距离约 240 里（战国里，约合 110 千米）处建立了高唐都作为其侧翼掩护。高唐都的建立在军事上更多是为了防备赵国，作为黄河上的重要渡口，高唐还是齐国出兵中原的主要通道之一。

---

①先秦即墨城与现代的青岛市即墨区并不在同一个位置上：先秦即墨位于今山东省平度市古岘镇大朱毛村一带，直到隋代才迁至今址（青岛市北部）。成书于明代的历史小说《东周列国志》并未考虑到这点，因此将即墨描写成了一座靠海的孤城（不得不说，我国传统历史题材小说虽然是文化的瑰宝，但对历史研究常会起到一些负面的干扰作用）。作为齐国都邑之一的即墨实际上位于胶东半岛正中偏西的位置之上。

战国时，齐国经过不断扩张，其南线已经越过了“泰—沂山脉”。齐王地统治时期，鲁国的生存空间被压缩到了极限，仅剩下都城曲阜以及尼山周边各城邑，且其国土基本为齐国所包围。齐国在曲阜西偏北约 120 里（战国里，约合 55 千米）处建立了平陆都，以统治从鲁国手中抢夺到的大片土地。平陆城与鲁国国都曲阜在同一个小地理单元之内，且直线距离仅百余里，若无五国伐齐之事，鲁国必将亡于齐人之手。

齐国的地缘政治与军事地理就说到此处，我们再回到乐毅破齐之役。

五国合纵军在济水之西大败齐军，成功地将齐国几乎全部的野战兵团一扫而空。齐军主将触子阵亡，副将达子率残兵退守临淄。与齐国不接壤的韩、秦两国首先退兵，秦国丞相魏冉借机侵占了原属宋国的陶邑。魏国割走了河济平原的南部作为自己的酬劳。但是陶邑这个济、菏（菏水）之间的战略要点被秦国控制，让魏国如芒在背——秦人控制了陶邑，等于在河济平原、中原陆海与鲁中山地丘陵这三个地理单元之间插入了一颗钉子。差不多 30 年后，魏公子无忌（信陵君）率军攻占陶地。赵国则分得黄河以北、浮沱河中下游一带的土地（此处也被称为“河间之地”)，将自己在东方的国土防线进行了完善。全程“打酱油”的鲁国也收获了一些好处：拿到了位于泗水流域的上邳（当年齐、魏徐州相王之地，在微山湖之侧）之地，突破了齐国在地理上对鲁国的包围态势。楚国表面上援助了齐国，实则也趁机将势力范围渗透到了沂沭河谷平原，为日后吞灭鲁国打通了进军道路。

燕军在乐毅的率领下直趋齐国都临淄，此时丧失了军队的齐王地只好放弃国都,最终逃至莒地。乐毅攻克临淄后,将齐国数百年积累的物质财富尽数运至燕国。燕王职亲至济水劳军。此时乐毅向燕王职提出将原本的“破齐”之策改为“灭齐”，在巨大胜利的刺激下，燕国决策层迅速通过了乐毅的灭齐提议。接下来的 6 个月时间里，燕军分兵扫荡了齐国国土之内的数个地理单元，史称连下齐国七十余城，仅有莒、即墨、聊（聊城最终被燕军攻克）三城坚守不降。

现在让我们再回到地图上，来看看乐毅的战果究竟有多大。首先，我们来研究一下齐王地逃跑的路线。《史记 · 田敬仲完世家》中记载：“湣王出亡，之卫。卫君辟宫舍之，称臣而共具。湣王不逊，卫人侵之。湣王去，走邹、鲁，有骄色，邹、鲁君弗内，遂走莒。”齐王地逃命的第一站是卫国都城，这就比较有意思了。

按常理而言，燕军自济水西来，最佳的逃亡路线应该是向东。可能是出于安全的考虑，齐王地反其道而行之，不与东逃的人流混杂在一起，而是沿着“泰—沂山脉”南麓向西南，逃至卫国国都帝丘（在今河南省濮阳市南）。魏国、赵国获得土地后已经心满意足，也不知晓齐王地逃跑的路线，故未有任何举动，聊邑尚在齐国控制之下，因此该条路线可谓是有惊无险。可能是燕军或魏军继续侵攻河济平原，且与卫国闹翻，齐王地又向东越过原宋国地界，逃至邹地（今山东省邹城一带）、鲁地，再被驱逐，最后抵达了莒都邑。整条路线如同写了一个巨大的C字，我们

**泗水之地**

泗水一带在春秋时期堪称一块“无主之地”，该地仅有薛、滕、郑、邳、费等百乘小国。距离上最近的鲁国几乎全部精力被恶邻齐国牵制在北线。南方的楚国也仅仅将势力范围延伸至江淮中部，对泗水一带鞭长莫及。西边的宋国被各大春秋霸主折腾得毫无力气，更无法吞并泗水之地。

直到春秋后期，大败了楚国的吴人为打通争霸中原的道路才将目光投向泗水之地，并开凿了数条运河沟通南北。吴国败亡后，越国趁机接手了吴国在淮泗的土地，并将国都迁至琅琊[①]以便争霸中原。但限于经济落后与实力不足，越人还是在战国之初进行了势力收缩，放弃了泗水一带。经历过“田氏代齐”的齐国从廪丘大败的阴影中全面复苏后，将目光投向了泗水流域，在吞并该地后实现了对鲁国的三面包围。五国伐齐之后，鲁国分得了泗水之地，勉强从齐国包围圈中逃脱。但是积弱的鲁国还是没有逃脱灭亡的命运，楚国在完成对沂沭河谷平原的渗透后，展开了对淮泗的渗透，并最终吞并了鲁国。

①战国越都琅琊城城址为今江苏省连云港市锦屏山九龙口古城遗址，至今仍有一条长约1300米的城墙遗迹。注意与秦汉时的琅琊郡（今山东省临沂市）相区别，战国后期楚国在今临沂地区设兰陵县，著名学者荀子曾在此讲学。

▲ 乐毅画像

也可以依此来推断燕军攻伐齐国的大致路线。

济西之战后，燕军扫荡了河济平原东北部，扫清了通往临淄的道路。然后再从北偏西的方向上，南下直取齐都临淄，而后向东、西两线分兵。其中燕国主力部队在东线自鲁北平原向胶莱平原发展。至胶莱河后再次分兵：东向攻打包含东胶莱平原与胶东丘陵的胶东半岛区域；南向则沿胶莱河南下，攻占平原南部，进取沂沭河谷地区。

燕军西路偏师沿着与齐王地逃亡的同一条路线，先攻取高唐都与阿都所属领地，然后向东进入鲁中山地丘陵地带，避开被秦人占据的陶邑之地，攻占了平陆都，与北上观望的楚军相持。此时齐国领土内的6个地理单元仅剩下胶东丘陵（含胶莱河平原一部）与沂沭河谷（后来该区域被楚人渗透侵占）两处尚在齐人手中。

齐国在行政上实行的是“都邑制”，齐国兵书《司马法》里是这样描述该制度的：“王国百里为郊，二百里为州，三百里为野，四百里为县，五百里为都。”齐国设立“都”这一级军政区划，以“都大夫”为最高军政长官，以适应在技术条件不足的前提下统治数个相对独立的地理单元的需求。而且齐国应该不止有五都，现在能留下名字的就有临淄、高唐、阿、平陆、莒、即墨六都，恰好能与齐国国内的6个地理单元相匹配。其中，由于无险可守的河济平原不但面积广阔，且需要直面两个强大对手——赵、魏的军事压力的需要，齐国设立了高唐都、阿都以分别应对来自赵国与魏国的军事压力。齐城都即临淄，在今山东潍坊地区出土有“齐城左冶所汉造”铭文铜戈，其他地区还出土有“齐城右造车戟冶期”字样铭文铜戟，这些戈戟便为当时临淄的齐国官营作坊所生产。

临淄为齐国都城，地处鲁北平原中央，影响力可以辐射至胶莱平原与北方的河间之地。平陆都之兵可以伐鲁，还需要应对来自淮泗方向上的楚国势力。莒都与平陆都一样有防备楚国北上的职责，同时也是控制胶莱平原南部的重要据点。即墨都用来控制“大后方”胶东半岛，同时也是齐军最后的战略预备队所在。齐王地逃至莒地，楚国的“援军”在淖齿的率领下也进入了莒地。结果齐王地没有死在燕军手中，却死在“盟友”楚将淖齿的酷刑之下。回顾齐王地的一生，他既带领齐国走向了“东帝”的巅峰，又带领着齐国陷入了亡国的悲惨境地，功过是非只能留待后人评说。

乐毅灭齐之战进行到了第三年，然而即墨与莒两地一直未能被燕军攻克。作为齐国的都邑，两城平时就储备有大量军械物资，可以武装大批部队，同时这两邑也分别是各自所在地理单元的核心城市。换言之，莒地与胶东半岛两地依然高举着齐国的战旗与燕军拉锯。这也就解释了为何齐国复国会如此迅速：以都城沦陷为标准看，齐国已亡，但是从剩余国土与人口的角度来看，齐国未亡，其残余势力远不是势单力薄的燕国一家可以吃下的。为了维持在齐地的控制权，乐毅只

▼ 脊兽

我国古代大型建筑上，垂脊兽（垂脊吻）中排在第一位的骑鹤仙人据说就是齐王地的化身。

能将燕军拆散，在齐国广袤的领土上“撒胡椒面”。并且放弃了原定的武力征服策略，改行怀柔之策。但是当年齐军在燕国犯下的种种暴行让燕军士卒对齐人充满怨恨，乐毅的怀柔之策在基层已完全变样。原齐国统治核心区的民众们内心不断积攒着怒火，只等一个触发性事件的到来。

公元前 279 年，燕王职病逝，谥号昭。其子惠王立。在新即位的燕惠王看来，乐毅能以 6 个月亡齐国，却用了 3 年时间都不能拿下莒地与胶东，并非不能，实为不愿——以此为借口领大军常驻齐地，意欲自立为齐地之王。因此燕惠王以将军骑劫代乐毅。田单以火牛阵斩断了燕军最后的进攻矛头，吹响了复兴齐国全面反攻的号角。齐国民众在新王法章（齐襄王，原名田章，后秦灭齐，其后人改田为法，故称法章）的旗帜下再次团结起来，与燕国占领军战斗。经过两年的复国战争，齐国的胶东军与莒地军收复了鲁北平原，并重新控制了鲁中丘陵的部分地区。然而齐国实力已大不如前，现在的统治区仅剩下莒地北部、胶莱半岛、鲁北平原、河济平原北部。可以说，整个齐国上至国君下至平民都已经失去了对战争的兴趣，只愿偏安一隅苟延残喘于乱世。

最后，让我们再回到七十余城这个问题上。从地缘角度来分析，齐国即便是在最危急的时刻，依然保有胶东半岛与莒地（后被楚国侵占）两大地理单元，但从国土面积上看，沦陷区面积约占全部国土的三分之二，因此，齐国绝对不像某些人所认为的那样，全国只有“七十二城”。白起为大良造时攻魏河东之地，曾连取“六十一城”，也不见魏国有“几亡其国”的说法。作为更加强盛、人口更多的齐国，城邑数量只会多过魏国。战国时期的城邑有大有小，魏国丢失的这 61 座城邑，其中必然有一大部分就其人口与规模而言放到现代属于只能算作村镇的小邑。而齐国丢失的七十多座城的含金量应该比魏国的这“六十一城”要高，太小的城邑并未算入其中，推测齐国全国应该有中型以上（含）城邑百座左右。

燕国不能吞并齐国，除了国力与人口对比的因素外，地缘上的因素也很关键。其实这也与齐王辟疆统治时期齐国放弃对燕国的控制是同一个道理。某国在吞并一个地区后，想要稳固对该地区的统治，就必须在一定时期内隔绝其他国家将势力投射至该区域。

齐、燕两国均与赵国存在较长的国界线，齐国欲控制燕地，那么首先要将赵国的影响力彻底排除。但是问题也就出在这儿：对于燕地而言，赵国比齐国能够更容易地将对方与燕地的联系切断。赵国与燕国同样处在华北平原这个大地理单元之内，而且其北部燕山—太行山之间的各个盆地也有河谷相连，这就形成了一条其他国家根本无法切断的双向交通线。而齐国只有狭窄的“河间之地”与燕国相连，且这个南北向通道还为济水、河水两条东西走向的河流所切割。更要命的是，河间之地完全暴露在西方的赵国面前，我们完全可以想象到，利用这样一条随时可能被赵国切断的通道来维持对燕地的统治，对齐国而言成本（经济成本与机会成本）会有多高。因此，面对在赵国引导下逐渐形成的对齐国不利的国际局势，齐国决策层最终被迫放弃了已经变为“毒丸”的燕国。

同理，强盛的齐国都无法利用河间之地为通道来统治贫弱的燕地，那么实力贫弱的燕国更不可能利用同一条通道来实现对广阔的齐地的控制。况且在济西大战之后的五国灭齐分赃会上，赵国割取了河间之地的大半，使得齐燕两地之间的联系变得更脆弱。对燕国而言，已经占领的齐国故地更像是一块飞地，燕国无法投射足够的影响力在故齐地。更何况，就算联系畅通，燕国也无法拿出足够的力量以实现对齐故地的消化。这也直接解释了为何燕惠王会怀疑乐毅欲自立为齐王：赵国占据河间之地大部后，燕齐两地间联系被大大削弱，一个手握重兵的将军，在天高皇帝远的富庶之地享受独一无二的军政大权，生出异心实在太正常不过了。

第六章

# 列国步兵的发展

## 韩国“材士”步兵

韩国可谓是战国七雄中存在感位列倒数第二名的国家，关于韩国军队的文字也十分少见。然而就是这么一个居于天下腹心，被视为军力孱弱的国家，却拥有列国中最优质的兵器——“天下宝剑韩为重”，这是对韩国出产铁剑（各地发掘的战国末期墓葬中，已经出土了为数不少的铁质长剑）的评价。《战国策·卷二十六·韩一·苏秦为楚合从说韩王》载：“韩卒之剑戟，皆出于冥山、棠溪、墨阳、合伯膊、邓师、宛冯、龙渊、大阿，皆陆断马牛，水击鹄雁，当敌即斩坚。甲、盾、鞮、鍪、铁幕、革抉、㕹芮，无不毕具。”

韩国宝剑驰名天下，韩国士兵有着优质的近战兵器与护甲、防具，但韩国最出名的还是弓弩：“韩卒超足而射，百发不暇止，远者达胸，近者掩心。”（《战国策·卷二十六·韩一·苏秦为楚合从说韩王》）这是对韩国劲弩威力的直观描述。《战国策·韩策一》中有“天下之强弓劲弩皆从韩出”一句，更让很多现代人认为韩国的军队基本是由弓弩手构成的。这应当是一种过度解读的误区。自魏国建立魏武卒以来，各国均参照武卒的标准建立了各自的精锐常备军，韩国亦未能免俗，建立了一支被称作“材士”的精锐步兵。纵横策士称这支部队“以韩卒之勇，被坚甲，跖劲弩，带利剑，一人当百，不足言也”。这也让后来许多人误以为韩国步兵以剑与弩为主战装备。事实上，这两种兵器是当时韩国军工的拳头产品，对于韩王来说也是值得自豪的，但是就此认为韩军步兵只装备了剑、弩两种兵器，未免太过片面。曾经纵横天下的魏武卒也号称善开“十二石之弩”，也未见有魏武卒以弓弩为主战兵器的说法。《尉缭子》中记载，有一名士兵以勇力著称，在吴起未下令出击时擅自出击斩杀两名敌兵。吴起下令行军法将其斩首，军吏称此人为“材士”，可见在战国时期，常将力量超群、勇武过人的士兵称作“材士”，与其是否使用弓弩无关。后来，秦、汉两代多将地方部队中的步兵称作“才士”“材官”，其含义也是在地方选拔力量比较出众的人作为士兵。汉代将地方军的兵种构成分为“骑士”与“材官”，很显然“材官”就是对步兵的称呼。综合各种材料来看，韩国存在一支比较精锐的步兵部队，其以重铠防护而著称；这支部队中的士兵也是专门遴选出的才力[①]出众者。而国内生产的强弓劲弩、铁质长剑这类最优质的武器也是优先装备给材士步兵。作战时，韩国材士步兵的主战兵器还是战国时期最常见的矛、戟，很可能因其强弩装备的比例比其他国家要高，才给纵横策士们留下韩军多强弩的印象。

弩，可谓先秦时代最具技术性的武器。设计精巧的弩机一直是中原民族对抗传统草原敌人的不秘之传。弯弓射箭，需要长期的力量[②]与技巧练习，将有基本射箭基础的普通人训练成一名合格的军中弓箭手至少需要一年以上的时间，而将一名毫无基础的普通人训练成一名合格的弩手只需要3个月就足够了。

弩的发明可能也与“玦”（鸿门宴上范增曾特意向项羽展示手中玉玦，取其音暗示项羽要早下决断）这种器物有关。那么玦是一个什么样的器物呢？其与小块的玉璧十分相似，只是玉璧是一个完整的环形，玦则是一个断开了一小段的环形，而且尺寸较小可握于掌中。是一种为便于开弓专门制作的辅助工具。

可能有人会奇怪：古人是如何使用这样一个缺了口的小玉璧来辅助引强弓的？这个器物又和弩的发明有什么关系？

说到可以帮助引强弓的用具，有常识的人都会想到扳指（又被称作“韘”）。扳指的使用方法很简单：使用时，将之套在勾引弓弦的指头上，弓箭扣在扳指上而不是像之前那样直接勒在指头上，如此可以降低弓弦对手指部位的压强，使得引弓的痛感变小，也能防止弓弦割伤或刮破手指。

玦的使用方法完全不同。就形制来看，谁也无法将玦套在手指上去开强弓。

---

① 先秦“才”一词多指人的力气大，而非后世所常指的文才、才能。有古籍称商纣王“才气逼人”，意思就是商纣王其人力大无穷。

② 很多人长期存在这样一个误解：弓弩手都是身材纤弱之辈，只能使用弓箭战斗，一旦被使用近距离战斗兵器的敌人近身，弓弩手只会面临被屠杀的命运。实际上因为要开强弓劲弩，弓弩手的上肢力量极强，臂膀、胸背部的肌肉群十分发达。为发挥出强弓的最大力量，军中还会特意挑选上肢较长的士兵以大拉距引弓。上肢长的人一般身高也较高，可以说弓箭手应该是普通步兵中身体素质最好的那部分人。试想一下，一名身材高大、臂展修长、上肢力量远超常人的士兵会是身材纤弱之辈吗？这样的士兵使用合适的近战兵器时，格斗效能也是不弱的。事实上，唐、宋、明军队都曾让弩手们兼有近战肉搏的职能，并给其配发了手斧、钢铁鞭锏等重型打击兵器。

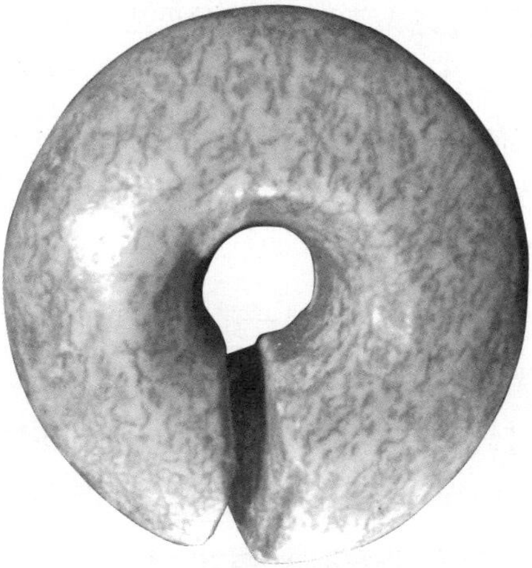

▲玉玦

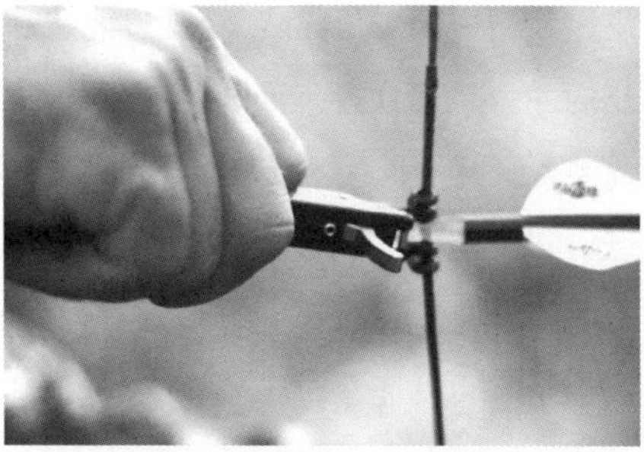

▲现代弓箭运动用撒放器

首先，将弓弦穿过玦上的缺口；然后，将玦的缺口从弓弦回弹方向偏移开，引弓手正手平握住玦引弓；最后，将弓引满后轻轻拨动玦，让缺口对准弓弦回弹方向，弓弦随之立即被释放，并将羽箭激射而出。从工作原理来看，玦与配合现代复合弓所用的撒放器类似。握着玉玦也可以有效地减轻弓弦对手指的压迫，但是从使用的便捷程度而言，玦远不及扳指好用，因此被淘汰。

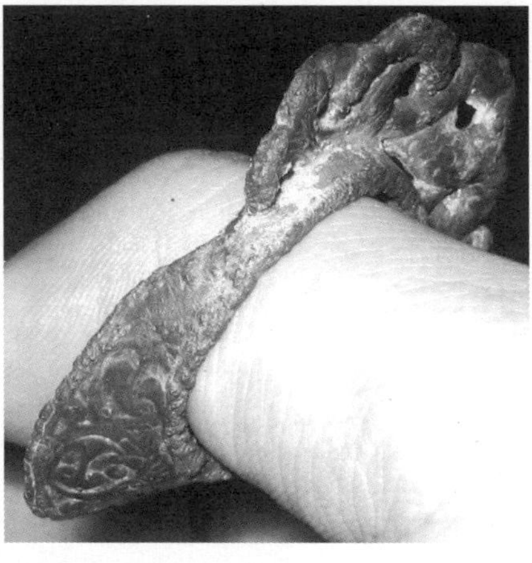

◀▲先秦青铜扳指——韘

我们观察玦的使用方法，是否会生出一种似曾相识之感？没错，弩机也是先将弓弦引开之后进行锁止，再另行瞄准，随后释放弓弦，实现一个完整的射击循环。从某种程度上说，玦可能就是弩机的原型之一，只是继续沿用了人的双臂作为弩干，弩机的弓弦释放做得不够完美。

当然也有观点提出，弩最初是由生活在中国南部丛林中的渔猎部族发明的。这种观点认为：与中原广阔的平原不同，中国南方多丘陵地形，地面上覆盖有浓密的原始深林。在这样视野狭窄的环境下进行狩猎，如果使用弓，则可能因为需要临时张弓搭箭而无法在第一时间射击，导致猎人丧命于突然出现的猛兽爪下，因此需要使用弩这种可以预先做好射击准备，遇到野兽只需扣下扳机即可实现杀伤的武器。这种说法也存在一定问题，要知道现代中原平原地区缺少树木多为数千年的不断砍伐所造成，先秦之际，中原的森林覆盖率并不逊于现在的云贵山区。说弩与狩猎有关应该没问题，但就此认定弩的发明者是活跃在南方山林中的狩猎部族则有失妥当。

弩与弓最大的不同点在于，弩将开弓搭箭装填的步骤与瞄准撒放的步骤做了分离，让人可以在最大限度上使用力量更强的弓臂。先秦到汉代的弩与唐宋的弩也有比较大的区别：唐宋的弩是作为破重甲的特种兵器来使用的，因此在设计上更突出对重甲的穿透能力；先秦的弩更像是一具有架的强弓，考虑了如何加强拉力、提高射程。战国时代的弩机堪称当时最为天才的创意了：只需轻轻扣动悬刀，勾住弓弦的“牙”就会立即下沉，释放出弓臂蓄积的强大力量。

弩的拉力直接决定了弓弦给予羽箭的初始力量，而拉力则是由弩弓臂形变所提供的。战国时期的弩弓长度普遍较大，这就使得弩臂可以做得更粗更有力量；在较长弩干的配合下，弩弓拥有更大的拉距，可以提供更大的拉力。春秋时期，中原地区已经可以稳定且大量地生产筋角复合弓了。那么此时的强弩所使用的弩弓应该也是筋角复合弓，而且因不再需要顾忌士兵臂膀肩背部肌肉的承受能力，弩弓的拉力可以更强。根据对原（弩臂长度）尺寸复制实物（由于一些关键性制作技术的断代缺失，现代制作的筋角弓拉力可能不及古代原品）的测试，秦兵马俑坑出土弩的拉力至少为 45 千克，换算为现代常用衡量弓拉力单位，则约合 100 磅，属于十足的强弓。这样的强弓，对人体大小的目标的直射射程（忽略水平面

## 先秦青铜弩机

青铜弩机是一件设计精巧而高效的联动机械装置。其主要部件包括牙、望山、悬刀、牛、键，汉代又出现了整体的“郭”结构以安装固定所有部件，并将之固定在弩干后部开好的凹槽之内。

牙一般为左右对称的两片，中间的空间可以容纳弩箭的箭杆部位，两牙负责勾住弩弓弦。望山多与牙连铸在一起，在瞄准时起到了现代步枪缺口与标尺的双重作用。河北满城中山靖王刘胜墓出土弩机的望山上发现刻有5条辅助确定提前量的刻度，考古界在一段时间里对先秦弩机望山上是否存在有作为标尺的刻度没有定论，直到对战国燕下都遗址中出土的战国青铜弩机做了深入的研究之后，人们才惊讶地发现其中一件弩机上也有5条与汉代弩机一样的刻度。更为重要的是，这批弩机上存在因为使用而产生的磨损痕迹，可以推断这一批弩机均为实战用具。除了刻度式标尺外，燕下都出土弩机中还存在一种凸出的钉式标尺，从实战的角度上讲，其确定提前量的效果也很好。

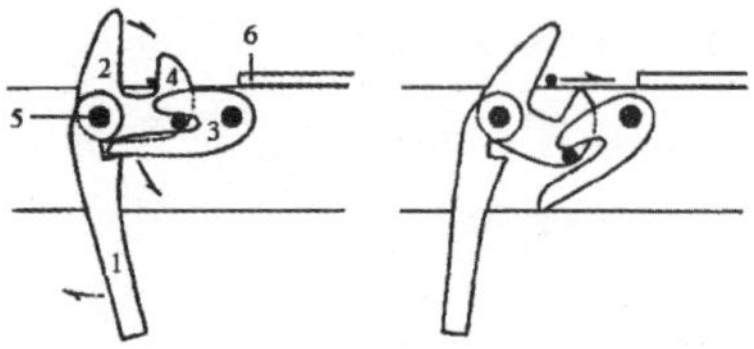


1. 悬刀 2. 望山 3. 牛（垫机）4. 牙 5. 键 6. 矢

▲ 先秦弩机结构和发射示意图

悬刀则是弩的扳机，其与牙以“键”为轴销进行联装，前部有缺口可以与牛伸出部互相锁止。牛前部有键为转轴固定；牛向后有两个伸出的部位，下部较

▼ 满城汉墓出土带刻度标尺的弩机

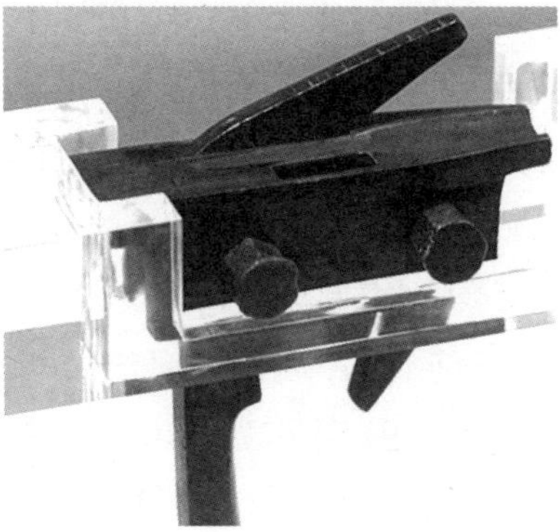

▲ 燕下都遗址出土战国带凸出式钉式标尺的弩机

长，与悬刀配合，上部稍短，搭在牙上铸出的销子上，两部之间的凹槽与牙根部上的销子相互配合。

上弦时，弓弦带动望山和牙立起，牙根部的销子则带动牛沿键向上转动，牛下方长凸起再带动悬刀复位，而后与悬刀上的凹槽达到锁止，上弦（即弩机的复位动作）完成。射击时，则扣动悬刀，悬刀中的缺口解除对牛的锁止，牛在自身重力的作用下向下转动，带动牙一起向下转动，忽然释放弓弦。这样的设计让撒放动作与勾动扳机的动作分离，也就是说使用者只需要一点稳定而相对小的力量就能成功完成射击。如果直接扳动被弓弦扣得十分紧的弩牙则需要施加很大的力，在释放的瞬间，由于力量的巨大变化，将会导致射手的射击状态严重失稳，容易造成射击脱靶。青铜弩机这样的设计就是为了避免上述情况的发生。

在材料上，弩机一般使用青铜铸造。铁虽然有更好的韧性与强度，但就所需承受的力量而言，青铜已经足够了，况且青铜材料自身有着不可替代的优势——“自润滑性”。不过战国的青铜弩机并非没有缺点，与后来的弩机相比，战国弩机缺乏金属制作的郭，直接由木制的弩臂上开出的木制孔洞来承受弩机所受到的巨大应力。在长时间的使用中，弩干极容易发生损坏，而这种损坏在挂弦后随时可能发生。虽然在战国后期金属制的郭就已经出现——在中山国故地、包山战国楚墓就出土了带有金属郭结构的战国青铜弩机，而秦陵兵马俑坑出土弩机则无金属郭结构——但是直到汉代才普遍装备。也许正是这个因素的限制，拉力更强的单兵用弩以及威力巨大的床弩同样要到汉代才正式登场。虽然先秦典籍如《墨子》（作为当时手工业者的学派组织，其对先秦科技发展描述的可信度较高）曾提到过大型弩，但在缺乏出土实物为佐证的情况下，

▲有郭弩机

还是应该更谨慎地做出推论。

此外，《汉书·艺文志》中提到当时有专门的教材类书籍讲解弩的射击技巧。这些书籍的原文已经散佚，仅在史册中留下书名，难以确定其成书年代，更难以知晓其内容。

▲秦兵马俑坑第三次发掘中出土的弩

前提量以平直的出射角度对相对高差为0、高度1.6米的目标进行射击，且能上靶的最远距离，毕竟弩箭的弹道也是一个抛物线）至少在100米上下！筋角复合弓还可以在一定范围内通过增加弓背部铺筋层厚度的方式来提高拉力。换言之，战国弩的实际拉力是可以轻松超过45千克这个范畴的。

我们衡量弓弩的威力，不能只分析弩本身，更要对其使用的弹药——弩箭进行研究。箭矢对弓弩最终杀伤力的重要性并不逊于弓弩本身，只有合格的箭支才能将弓弩所赋予的杀伤力完全释放出来。一支好的羽箭，在制作中需要将合规的箭镞、箭杆与箭羽完好地组装在一起。

箭羽起到了稳定羽箭飞行稳定性的作用，通常而言，箭羽需要选用猛禽的硬羽。箭羽稳定飞行姿态的方式，除了在箭支发生偏航时产生的反向风阻所提供的纠偏作用之外，还可以利用空气掠过箭羽时所产生的偏向力，让羽箭在飞行中获得具有一定角速度的自旋，以抵御横风与重力所造成的不利影响。

现代坦克滑膛炮使用的尾翼稳定脱壳穿甲弹（APFSDS）也是利用了同样的原理。线膛炮会赋予弹丸每分钟数万转的极高自旋角速度，其对长杆式弹丸的侵彻威力是有害的。配合滑膛炮，长杆型穿甲弹的尾翼所赋予弹丸每分数百转的自旋速度已经足以保证长杆式弹丸在有效射程内的稳定需要。三翼或四翼箭羽所能提

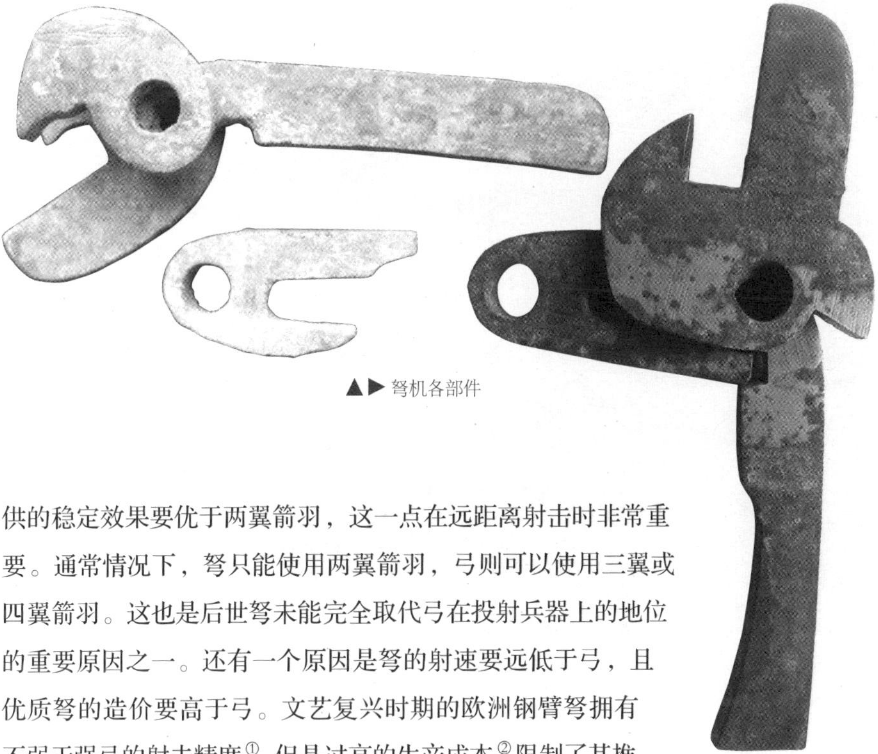

▲▶ 弩机各部件

供的稳定效果要优于两翼箭羽，这一点在远距离射击时非常重要。通常情况下，弩只能使用两翼箭羽，弓则可以使用三翼或四翼箭羽。这也是后世弩未能完全取代弓在投射兵器上的地位的重要原因之一。还有一个原因是弩的射速要远低于弓，且优质弩的造价要高于弓。文艺复兴时期的欧洲钢臂弩拥有不弱于强弓的射击精度[1]，但是过高的生产成本[2]限制了其推广，更何况此时火枪已经开始大量装备军队，生产成本过高的钢臂弩便退出了战场。

箭镞是羽箭杀伤力最直接的载体，其重要地位不言而喻。最早的箭镞材料是经过打制与磨制的石头、骨片或动物牙齿，造型多为扁平三角状或菱形。在金属冶炼技术出现后，青铜箭镞出现了。早期的青铜箭镞延续了石质或骨质箭头的扁

① 钢臂弩不像角弓那样畏惧潮湿天气，即使上弦后在水中浸泡一天也对射击毫无影响。意大利某地区至今还存在一个庆典性比赛，内容就是使用钢臂弩进行中远距离射准。而这一活动的起源正是一次围城战中，守城的一名弩手以远距离精确射击杀死了对方的指挥官，迫使围城方撤军。由此可见钢臂弩在中远距离上也具有优良的射击精度。

② 钢臂弩的弩臂必须使用经过反复锻打与精细热处理生产出的“弩钢”制作。这种钢材可以说是当时所能生产出的最优质的钢铁了，其意义与生产成本不亚于现代高性能特种合金。早期火枪则只需要使用相对廉价的熟铁进行锻造。而为了拉开越来越强的弩，又不得不配合使用一些精巧的机械辅助张弦，进一步提高了全弩的制作成本。

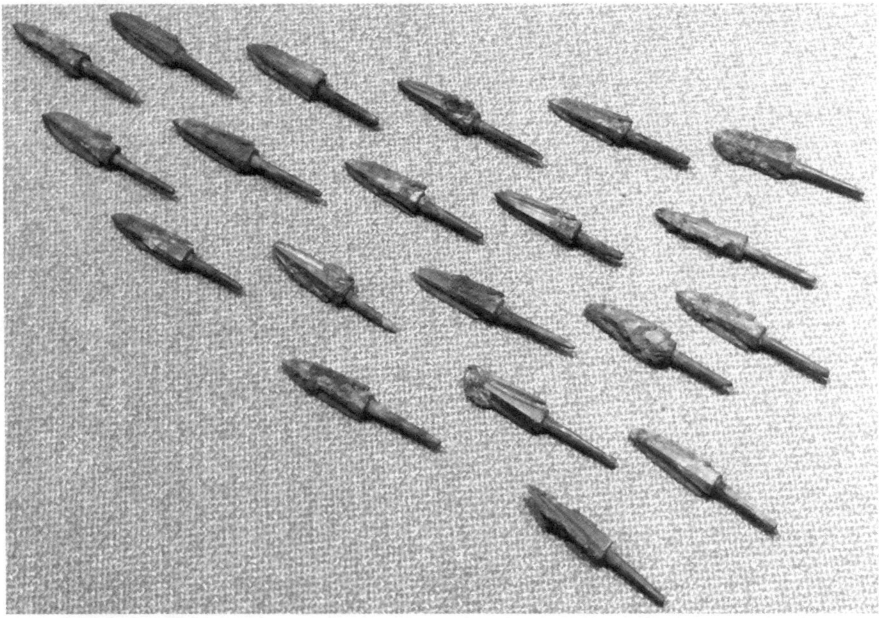

▲西周箭镞

平外形。这种箭镞被称作两翼镞，这种两翼有铤镞一直使用到了春秋初期。一般而言，中原地区使用有铤的插入式安装箭镞，草原文明更喜欢使用有筒的套装式箭镞。后一种箭镞可以安装于各种材质的箭杆上，且不需要特殊加工处理；前一种则必须配套头部有一定的安装空间的箭杆，如竹制箭杆，或者使用篾条包裹再以丝麻线缠绕加固[①]的木制箭杆。

这种青铜箭头有尖锐的锋，两侧有翼，中央有起脊，最后为用于插入安装的铤。铤除了起到与箭杆连接的作用之外，还起到了加强连接处强度、平衡全箭重量的作用。对弓弩而言，拉力越强其弓臂回弹力量越大，但是受限于较粗的直径，

①将木杆用篾条包裹，篾条稍长出一节形成空管，以插入箭镞的铤。包裹篾条需先在木制芯材上涂抹生物胶做黏合剂，包上篾条后再使用丝线或麻线紧密缠绕，再做髹漆处理。其工艺类似长兵的“积木柲”。这样的复合结构的箭杆有出土实物作为证据，其价格相对较贵，但复合木箭杆与强弓的适配性要强于简单的竹制箭杆。

会使弓臂的回弹速度受到一定影响。越是强弓则越是需要使用合适重量与刚性的羽箭，否则等于“空放”，对弓弩本身的损害极大。[①]一般而言，强弓配重箭，重箭可以在最大限度上承载弓臂回弹所提供的力量。而且在远距离上重箭因为动能损耗较少，具备更强的破甲能力。当然箭重绝非越大越好，而是要在一定限度之内，否则羽箭初速过低会导致射程下降，威力也随之急剧下降。

双翼箭在演化过程中还出现了一个变化，双翼尾端向外延伸，形成了一个倒钩结构。从空气动力学的角度来讲，倒钩会影响羽箭的飞行性能，但是其所能造成的强大二次杀伤力还是让使用者十分满意。流行于春秋中期之前的这种两翼镞，可以使用最简单的两片式合范来进行铸造，而且可以使用类似于铸钱陶范的铸造模具来批量制作。但是材料性能的限制让两翼式箭镞的破甲性能无法达到极致。青铜合金配方中锡含量过低则使得偏软的箭镞前锋在射击硬质目标时会出现箭头变形弯曲而不能继续深入侵彻护甲的情况；锡含量过高则材料偏脆，容易在侵彻硬质目标（如披挂了经过表面优良硬化处理的皮甲或金属护甲的士兵）的过程中有较大概率出现前锋折断碎裂的情况。以上两种情况都会导致羽箭在面对有防护的目标时杀伤力被严重削弱。

到了春秋中期至战国时期，箭镞的外形发生了巨大变化。此时中原地区盛行两种箭镞：一种是三翼式箭镞，另一种是无翼的三棱式箭镞。前者是双翼镞的进化产物，后者则是前者异化之后的产物。我们都知道三角形是结构最稳固的形状（特殊受力情况除外），其在撞击到硬质物体后的形变也是最小的，因此这种形状的箭镞对有防护目标的侵彻力也是最强的。在后世花样繁多的钢铁箭头中，专门用来射击重甲目标的“破甲锥”型箭头基本均采用了三角形的横截面设计。

战国三翼镞相对于之前的箭镞，其铤加长了，这就使得其重量更大。我们也可以从这个侧面推测：战国时期强弩的拉力远胜于春秋时期——如果弓弩的拉力没有得到巨大的进步，那么使用重箭只能造成射程与杀伤力双双退步。从空气动

---

① 弓臂回弹瞬间会爆发出极大的力量，如果没有羽箭将绝大多数能量吸收，那么如此强大的力量将会直接作用于弓臂，轻则将材料间的连接震开，重则直接造成弓臂折断。“惊弓之鸟”这个成语中提到的空放强弓，在实际使用中基本不可能出现，盖因其有故意损坏良弓的嫌疑。

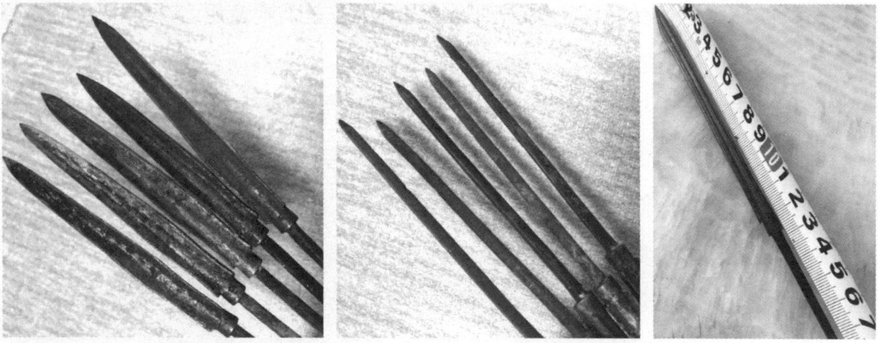

▲ 春秋时期特种箭镞
为了提高箭镞对盔甲的侵彻力，先民们发明了最早的“破甲锥”箭头。这种箭头是在两翼式箭镞的基础上进行拉长的产物，凭借增大的重量与优化过的弹头外形，提高了对着甲目标的杀伤力。

力学的角度上看，造型更加圆润的三角形飞行性能更好，且其独立于主体之外的三翼也起到了类似于箭羽稳定飞行轨迹的效果。从杀伤机理上看，三翼镞所造成的创口要大于双翼镞，杀伤力强于后者。此外三翼的尾端也被做成了小型的倒钩，增强了杀伤后效，加大了中箭后的救治难度。三翼镞的造型相对双翼镞复杂很多，需要使用三片式夹范来进行铸造。在铸造技术进步的前提下，辅以优秀的管理体系，战国三翼镞的生产效率得以超越春秋时期双翼镞。

还有一点很值得一提：出土实物表明，赵国与燕国的箭镞在使用了箭头与铤分开生产然后组装为一体的工艺的同时，还使用了不同的材料来分别制作箭头与铤部分。其中箭头是青铜铸造的，铤部则使用了铁来制作。作为冶铁业更为发达的韩国，也极有可能使用了这种铜镞铁铤，这样既利用了自身冶铁业发达的优势，也能节省宝贵的铜。由于缺少出土实物的证明，尚不能确定战国时期是否存在全铁质箭镞。当然，如果能够发现一枚可明确断代为战国的铁质箭镞，那么，这将会是对中国古代军事技术发

▼ 三翼式箭镞

▼两翼带倒钩式箭镞

展史的一次重要改写。

三棱无翼镞是一个经过异化之后的三翼式箭头。其舍去了所有附属结构，造型简洁。三棱箭头简洁的外形可以让夹范的设计和制作更加简单，战国时期翻砂铸造工艺已经出现，三棱镞也能用翻砂法来铸造。合理的翻砂工艺设计甚至让三棱镞的大批量铸造比原始的双翼镞更加便捷。与三翼镞一样，三棱镞也采用了箭头与铤分别制作，然后组合成品的生产工艺流程。由于三棱镞尺寸小、造型简单，其箭头重量相对三翼镞要轻得多，因此使用了更长、更重的金属铤来补齐重量上的缺失。相对于三翼镞，三棱箭镞优点仅在于生产简便、成本低廉，以及异常简洁的造型所带来的侵彻力增强。然而，三棱箭镞杀伤效果不佳——创口更小，产生的内部创伤同样较小，伤员救治过程中拔箭时几乎不会产生二次伤害。但是能够为秦国以及后来的西汉军队所长期采用，这就证明了三棱箭镞的性能必有不凡之处。很显然，作为消耗品的箭镞，三棱无翼的造型在生产加工上更加简便，良品率也较高，在军队统帅与国家最高统治者看来，这已经能够弥补三棱镞相对三

▲▶ 三棱箭镞

翼镞杀伤力偏弱的不足。

现代人也对几种类型的箭镞——有铤式插入安装与套管式安装、三棱型箭头与四棱型箭头——进行了复原，并用这些现代复制箭矢进行了实弹试射测试。实际试射结果为：三棱箭镞的穿透能力要明显强于四棱箭镞，使用有铤式箭镞的羽箭在与相对较硬的目标撞击中比套管式箭镞坚固。射击测试的结果也解释了为什么战国时期三翼/三棱有铤镞成为主流箭镞，甚至有些长铤箭镞全长可达30~40厘米（配平重量，同时加强全箭强度）。可见，一件实战兵器的最终型制也是古人经过了大量实战，对各种经验进行总结，并通过不断地改进才最终确定的。能够被军队大量装备的兵器，可以不是各个方面均为最优的，但绝对是最合适的。

在羽箭三大组件中，箭杆应当是其中最为关键的部位。箭杆需要有良好的挠度（直杆在弯曲变形时横截面形心沿与轴线垂直方向线位移的大小）、直度、强度、韧性与长度，在一支羽箭的三大部分中，箭杆才是使用成本最高，也是最重要的部分。整箭要配重合理才能保证飞行中的姿态稳定，发挥出最大威力，而箭杆的长度与性能是这一最根本要求的先决条件。箭体通直的羽箭才能保证在撒放时不会向错误的方向前进，更不会在射出后四处乱飞。良好的韧性与强度保证了在撒放瞬间箭杆不会因为短时间内的强大作用力发生断裂或“爆裂”现象，更不会在箭镞撞击到目标所穿铠甲时，箭杆由于不堪重负瞬间折断，将所蕴含的能量提前释放，未能作用于箭镞的侵彻过程中。

▲ 箭镞的锋与铤分离结构

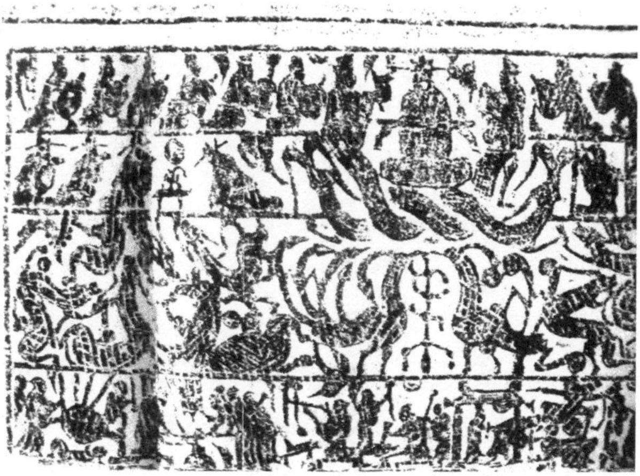

▲ 滕县弘道院出土的冶铁图画像石

在撒放时，箭杆承受弓弦忽然释放出的强大力量，其尾部会获得一个巨大的加速度，但首部则因为惯性的作用产生了一个向后的阻力。因此羽箭在飞行之初并非处于直线运动状态，而且其自身也不能保持通直状态，会发生一定程度的弯曲变形。箭杆必须具备良好的挠度，才能使羽箭在极短的飞行距离上完成自我调整，让飞行路径与箭杆姿态转为直线。如果使用高速摄影机进行观察，我们会发现：在未离弦与刚离弦的一小段距离上，羽箭因为后部受力会发生弯曲，其运行轨迹横向上如同在“抖动”。在大约 10 米的距离上，羽箭完成自我调整转入稳定飞行状态——事实上，现代枪炮类火器发射的弹丸，在最开始出膛的飞行状态也不是一个完美的弹道线，通过高速摄影机可以发现其呈现出一个在三维空间内波动的复杂曲线。经过一段距离之后，弹丸飞行姿态与路径才趋于稳定——初始的加速度较强，在加速度作用停止后，进入相对匀速的运动状态，箭矢或弹丸才进入严格意义上的外弹道飞行状态。

从全寿命使用成本来看，箭杆才是最昂贵的部件。箭镞发生损坏的概率并不高，而些许的损坏并不会影响其杀伤作用的正常发挥。箭杆则不同，每一次使用都会受到强大的应力，造成其内部结构发生微小破损；过多地使用会直接导致其在撒放过程中就出现断裂，并让使用者受伤。在与硬质目标发生撞击后，其对箭杆结构所造成的破坏更大，更何况使用竹木材料的箭杆还会因气温或湿度的变化产生自然的朽坏过程。箭镞无论新旧，只要外观上没有严重损坏就能继续使用；箭杆如果因朽坏出现变色，则只能做报废处理。可以说，从造价上看，箭杆并不比金属的箭镞便宜，使用寿命上却远远低于箭镞。也就造成了箭镞的供应量（库存 + 新造）相对箭杆（只能新造）富裕，一枚箭镞全寿命下可以被用到多根羽箭之上，而一根箭杆只能用在一支羽箭上——精工制作的箭镞分摊到每次使用上的成本，实际低于箭杆。

可以说，强弩（与其配套的箭矢）在古代是一件使用成本较为昂贵的兵器。如此强力而又贵重的兵器，统治者在考虑给军队提供装备时，必然会优先提供给自己最信任的部队。由此可以推断，韩国“材士”步兵是直接听命于韩王本人的精锐中央军。

强弩对于韩国材士步兵而言是最忠实可靠的伙伴。韩国材士步兵曾经利用手中的强弩击退了当时被视作不可战胜的魏武卒，还在济水之西的战场上击败了以“技击”而闻名天下的齐国军队。

韩国材士步兵手中不但有着当时列国中最负盛名的强弩，还手持着铁质的长剑。“韩卒之剑戟，皆出于冥山、棠溪、墨阳、合伯膊、邓师、宛冯……”，其中冥山在今天的河南省信阳市境内，太阿位于河南省西平县境内。考古工作者在对太阿的实地发掘中发现了液态生铁的冶炼遗迹。相对于块炼铁，液态生铁减少了加工过程中对锻打次数的要求，产量更高，出产的铁质量也更好。[①]

但是想实现液态生铁的冶炼，必须先解决两个技术难题：一、搭建足够高、足够大且足够坚固的冶炼炉，让炉料有足够时间与空间进行热传导，发生氧化还原反应并进行渗碳；二、鼓风能力必须充足，让炉内有足够多的氧气供应，产生

---

① 块炼铁是在 800℃ ~1000℃的较低温度下，以固体状态矿石利用木炭直接还原得到含有较多杂质的铁。这种铁多为海绵状固体，故也被称作“海绵铁”。这种铁的杂质较多，且分布极不均匀，含碳量较低，质地偏软。这样获得的铁料只能锻造成型，而难以采用铸造工艺。必须经过加热多次锻打，挤压出其中杂质，才可制成机械性能合格的成品铁器。块炼铁由于冶炼技术的限制，取料时炉体会被破坏，因此必须每次重新搭建炼铁炉，故生产效率较低。块炼铁也可进行炼钢，在反复的加热过程中，块炼铁与炭火接触，让还原反应中多余的碳元素渗入铁料中，使得这部分成为块炼渗碳钢。我国直到西汉中期，块炼铁与块炼渗碳钢技术才被液态生铁与生铁炼钢法所彻底取代。

出足够高的炉温（1150℃ ~1300℃）。当然，液态生铁技术的优点足以弥补其工艺要求较高的缺点：一、铁料含碳量高，降低了材料加工所需的熔炼温度（纯铁的熔点为 1535℃），且铁质更加坚硬；二、方便造渣，铁料与杂质的分离更加容易与彻底，并且利于铁料的脱硫（由于我国自古多用含硫煤冶铁，且国内的铁矿基本仅能出产含硫量较高的低品位铁矿石，这一点是十分重要的）；三、出炉产品呈液态，可直接浇铸成型，且炼炉可连续生产，生产效率远高于块炼铁技术（冶炼块由于成品是固体，故而在取料时必须打破炼炉，每次冶炼都必须重新搭建炼炉，只能进行单次生产）；四、出产铁料更利于进一步炼钢所需。

从现存遗址上看，我国自春秋时代已经开始进行人工冶铁了，且在战国时期就掌握了液态生铁冶炼技术，技术进步速度相对于欧洲（早在公元前 9 世纪块炼铁技术在欧洲便已普及，但液态生铁的冶炼直到 14 世纪才在德意志地区出现）而言是十分迅速的。这也与我国发达的青铜冶炼与铸造技术密不可分：考古工作者在洛阳发现高达 1.7 米的西周时期熔铜炉，该炉设有多个风口；铜绿山春秋炼铜熔炉高约 1.5 米，并使用了专门的鼓风设备。这些都可以被视作促使高炉液态生铁冶炼技术出现的重要“前置科技”。就现有考古成果来看，战国时期的铁器（多为农具与生活用器）各地均有出土，而铁质兵器的出土主要分布于燕地与楚地。

▲反映冶铁技术的古代壁画

该壁画为西夏—榆林窟3窟东壁南侧五十一面千手观音经变局部。图中为炼铁高鼓风的立柜式单木风箱，唐宋时代始用于冶铁。我国古代的鼓风技术大致经历了这样一个过程：自然鼓风—皮囊鼓风—立柜式单木风箱—立柜式双木风箱—活塞式木风箱。

从某种程度上看，中国早期的冶炼技术的发展多采用了其他行业的相关成熟技术。在世界范围内做横向对比，我国的青铜冶炼起点是比较低的，但我国的青铜铸造业的发展却很快达到了一个高峰，这与我国相对发达的陶器烧造技术有着直接联系。而我国古代液态生铁的冶炼技术的产生则根植于当时已经登峰造极的青铜冶炼铸造技术。或者可以说，液态生铁冶炼技术诞生于我国古代工匠们将当时最高水准的炼铜技术首次用于炼铁的尝试之中。

韩国步兵依靠发达的冶铁业与手工业，拥有当时最精良的单兵装备，但其军队的表现却让人大跌眼镜。

吴起曾评价韩国军队：“民疲于战，习于兵，轻其将，薄其禄，士无死志，故治而不用。”没错，中原丰富的物产将士兵们滋养得体格强壮，但是频繁的战事也让士卒们对战争十分厌恶。将领在士卒心目中缺乏足够的威望。相对于中原较高的物价，官府发给士卒们的食禄与赏赐并不算多，这导致了军队士气普遍不高。这样的军队虽然装备精良、作战技能娴熟，但是在对方扩张战争中表现得乏善可陈——新增加的领土又不会给士卒们分多少，好处基本被贵族们拿走了。韩国历经五代国君（韩武子、韩景侯、韩烈侯、韩文侯、韩哀侯），耗费了足足49年的时间才攻灭郑国，甚至期间很长一段时间还是郑国略占上风；五国伐齐之役中，韩国军队也没有什么值得一提的战绩；救援魏国的华阳之战中，韩军被劳师远征的秦军打得大败；伊阙之战中干脆给秦军“献上”了近20万颗头颅的战功。

但是在保卫家园的战斗中，韩国军队经常可以爆发出惊人的战斗力。马陵之战期间，韩国虽然被名震天下的魏武卒围攻，但是韩军却坚持到了最后一刻也未屈服，直到魏太子申战败的消息传来，韩魏两国才被迫和解。宜阳之战，韩军坚守孤城数个月，给予秦军较大的杀伤，间接导致了甘茂倒台。韩国虽然贫弱，依然在晋南地区坚守了数十年的时间。六国中韩国直接堵在秦国东出之路的门户之上，但韩国还是坚持到了最后，韩国军队在防御战中的实力不容小觑。

### 齐国技击步兵

“齐人隆技击”，这是著名思想家荀子对齐国军队最具概括性的定义。

因为旧有军事体制依然能够凭借齐国强大的经济实力而在战场上有不俗表现，所以齐国忽视了对常备军与预备役队伍的建设。且齐人好勇，平时爱好练习技击之术，被视作天然的后备兵源，一旦战事开启有扩军需要，官府只需张榜出钱募兵，订立好斩获敌兵首级的奖赏标准，就不用发愁招募不到足够的士兵成军出征。在五国伐齐之前，齐国官府从来没有想过会找不到可用之兵。齐国的建军思想或许就可以称为：官府“当街买勇”。

我们在翻阅史料时可以发现，乍一看关于齐国步兵部队的描述很少，但实际上关于齐国步兵部队记述的古籍并不少，只是这些内容不容易被我们注意到。春秋战国时期，最重要的几部兵书皆为齐国人所著，而这些兵书中就有大量对齐国军队编制与战术的记载。

“维师尚父，时维鹰扬。凉彼武王，肆伐大商，会朝清明。”（《诗经·大雅·大明》）姜姓齐国的始祖姜尚是一位著名的军事家，号称“兴周八百年”。先秦兵法《六韬》一书便托名为其所著。其中有这样一段文字：

> 武王曰：“车骑之吏数，陈法奈何？”
>
> 太公曰：“置车之吏数，五车一长，十车一吏，五十车一率，百车一将。易战之法，五车为列，相去四十步，左右十步，队间六十步。险战之法，车必循道，十车为聚，二十车为屯，前后相去二十步，左右六步，队间三十六步；五车一长，纵横相去二里，各返故道。置骑之吏数，五骑一长，十骑一吏，百骑一率，二百骑一将。易战之法，五骑为列，前后相去二十步，左右四步，队间五十步。险战者，前后相去十步，左右二步，队间二十五步。三十骑为一屯，六十骑为一辈，十骑一吏，纵横相去百步，周环各复故处。”
>
> 武王曰：“善哉！”

周武王、姜太公的时代，华夏文明军队骑兵的地位低且数量稀少，很显然不可能出现像文中后半段这样的编制情况。不过，文中前半段关于军队编制的文字却能在另一本兵书中得到验证。《司马法》中就提到车9乘为小偏，与《六韬》十车设一吏一条接近。反映到实战列阵上，小偏可以列出一个三线布置的小型方阵，应该是十车编制的一个变形。50乘为偏，也与“五十车一率”相对应。如果按照一乘下有百人算的话，百车为万人，正与万人为军并设将一条相对应。

《司马法》一书中还记录了齐国步兵分队的人员构成情况：“一车甲士三人，

▲齐国始祖姜太公吕尚

步卒七十二人，炊家子十人，固守衣装五人，厩养五人，樵汲五人。轻车七十五人，重车二十五人，故二乘兼一百人为一队。”基础的战术单位为乘，有 3 名军官、72 名战斗步兵，以及 25 名直属后勤保障人员。当然，也有人会说，这是车战时代的军队编制情况，而非专业步兵部队的编制模式。但是，从实战的角度来看，车上甲士在战斗中难以直接指挥车下步卒作战，如果战斗中步兵们与直属上级相分离，那么如何进行指挥？又让谁来负责协调军阵的运作？因此在车战模式中，车下步卒由 3 名徒步作战的两司马直接指挥（即车上 3 人，车下 75 人，战斗人员共计 78 人），车上甲士只需要将战术决心下达给两司马，便可放心在战车上与敌军周旋。更何况《司马法》还将军队最基础的编制情况也列了出来——“五人为伍，五伍为队”“百人为卒，二十五人为两”，综合来看，一乘下含军官计有战斗兵 75 名，分为 3 个步兵两，3 名甲士必须与步卒一起加入步阵，编制才算完整。那么可以推测，在战国中早期，步兵部队沿用了之前的战车部队编制模式，并做了一定微调。车上甲士已经加入步战，因此取消了原有的车下甲士——两司马；或者说是取消了在纯粹步战中略显多余的 3 名车上甲士，让原来的两司马们乘车行军、徒步作战。此编制方式应为战国早期包括齐国在内的各国军队通用的编制方式。

此外还有一点颇为有趣，《司马法》中无比细致地介绍了乘直属辅助人员的分工：炊事兵 10 人、物资管理 5 人、马夫 5 人、樵采兼汲水等杂役 5 人。此外还将随军常用的辎重与建筑野战的常用工具也列了出来：“辇有一斧、一斤、一凿、一梩、一锄，周辇加二版、二筑。”能够把这一情况描述得如此清晰，作者必然经历过较长时间的军旅生活。《司马法》一书，虽然托名为春秋时司马穰苴所著，但从行文上看应该成书于战国中前期。齐国商业发达，学术气息也很浓厚，有著名的“稷下学宫”，在军事科学上，齐国也很可能开始仿照各个学派的授业模式，推行了系统化的兵法与军事学教育，并总结数百年的战争经验，编写了专门的军事教材，即《司马法》《六韬》等书。

这两部书着重讲解了齐国的基础军事制度、军队编成以及动员体制，可以说是诸多中低级军官以及各城邑大夫必读的军事学教材。尤其是《司马法》一书，将军队的编成方式和战时动员标准无比翔实地记录了下来。当国君下达动员指令时，城邑大夫可以按照自己下辖土地面积与治下人口户数参照书中标准进行动员，可以说，即使是一个军事门外汉，也可以对照着书中内容完成一支春秋战国时代军队的编成与物资准备工作，成为一名合格的春秋战国时期齐国的“县人武部”主任。

更有趣的是，《司马法》还总结了各个不同时期军队编成的情况：“三百家革车一乘，士十人，徒二十人。”这是西周初期的情况，周天子的虎贲军就是按照这一模式编制的：车300乘，甲士3000人，徒卒6000人。而后面的内容中则介绍了魏舒方阵中的编制情况，注明了《左传·昭公元年》中提到的两、专、偏、参、伍这几个编制方式。

“五人为伍，十伍为队，一军凡二百五十队”与“五人为伍，五（此处应为十，误作五）伍为队，万二千五百人为队二百五十”两句更是将战国中后期齐国步兵部队的编制方式无比清晰地展露了出来。5人为伍，为军队最基本的行政单位，类似于现代的“班”。50人为一队，士兵都从一乡镇中征发，日常训练时也在一起进行，这一级建制将拥有自己的小旗帜为辨识。两队（100人）为一个基础战术单位，其长官执铎为号令；20队，合计2000人，设司马统一指挥，设鼓乐建旗；250队，合计士兵12500人，即万人之军，设将军一人，有大鼓，建将旗。

同时，《司马法》还讲解了军营的构筑原则与军一级建制的战术展开原则。将七成即8750名士兵作为“正兵”，然后以剩余的75个小队（合计士兵3750名）为中军预备队（文中称其为“奇兵”），展开后正面宽度为6000尺（约合1400米），其余士兵以中军为核心展开。正兵则被分作8个分队，其中两个分队各有1650人，为前后阵；另外6个角阵每阵有900人，居于各方。

那么这样的军阵应当如何运作呢？我们需要再到另外一本齐国军事著作中去寻找答案。《孙膑兵法·十阵》卷中提到了方、圆、数、疏、锥形、雁行、钩形、

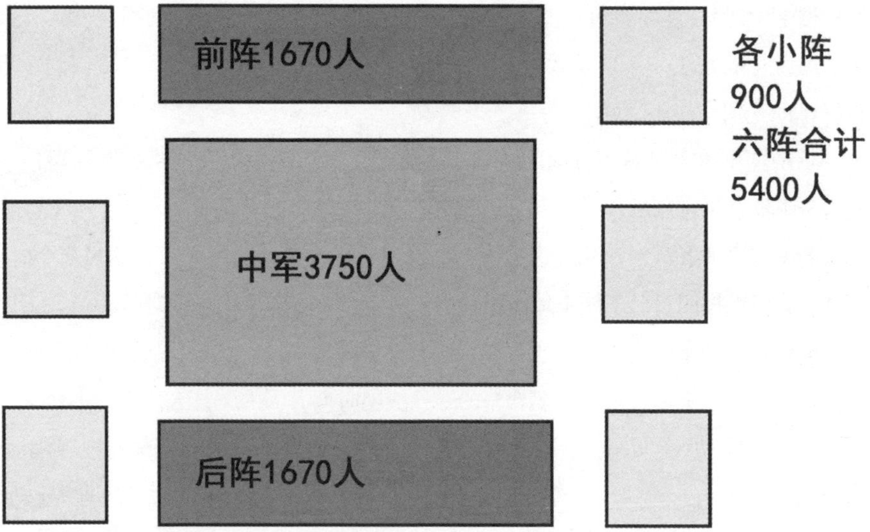


▲ 编制为12500人的军的展开示意图
前后阵各1650人，各小（角）阵900人（合5400人），中军3750人，合计12450人。“六阵各减一人，以为一阵之部署”，其余的6人应为从各阵里抽调到中军听令的传令兵，再计入主帅的近卫侍从，全军合计12500人。

玄襄、火、水十个军阵，其中水火二阵分别为水战与火攻的战术，另外8个则为军队常用的战阵。

方阵为最常见的军阵，布阵时讲究“薄中厚方”，将大多数兵力用于对敌作战，并保留一支少而精的预备队在中央随时待命。圆阵则是方阵的一个变形，多用于防御战中：将大部分兵力按圆周布置在周围，形成一个严密的防线，圆阵内部的空间布置预备队。这两个军阵在基础的战术单位列阵中可以摆出，也可以在合成大阵时按照同样原则排出。

疏阵与数阵则是用来迷惑敌军的战术。疏阵是用少量的兵力多设旌旗以虚张声势，吓阻敌军的进攻态势。摆疏阵讲究拉开各个分队之间的间距，并巧妙地布置各个分队的位置，让对方无法看清已方的兵力虚实，在四周布置适于防守的短兵，以应对敌方的试探性攻击。阵中士卒需要表现得镇定自若，不需奔跑与驰车。这样的阵形也利于向圆阵进行变阵。数阵则是隐藏自己实际兵力，示弱于敌的战术。将各个分队之间的距离缩小到满足战术调动所能允许的最低标准，外围部队要摆出毫无防备的态势，引诱敌军轻率地发起攻击。集中兵力后，数阵可以发起猛烈的进攻，或者构筑坚固的防线。

锥形阵则是在进攻战中用于击穿敌方战线的阵形，需要将最精锐的士兵放在前阵作为进攻矛头。前阵缩小正面，便于机动向前；在前阵的两翼梯次布置掩护部队；将主力方阵隐藏在前阵与掩护部队阵形的内部，随时准备支援前方，或者在时机成熟时发起一锤定音的攻击。

雁行之阵，将主力部队布置在中央，两翼机动部队在战斗过程中逐渐前突，如同大雁在空中飞行时所排出的“人”字形队列。作战时，两翼与中央先成一条平行的战线。中军排出方阵与敌军对峙，两翼同时机动向前以形成包抄之势，或者中央在战斗中慢慢后退，两翼顶住。引诱对方削弱两翼向战线中央投入更多兵力，慢慢落入陷阱面临三面合围，就像迦太基名将汉尼拔曾在坎尼会战中所做的那样。

钩形阵的作用与雁形阵类似，唯一不同的是钩形阵可以不用讲究两翼同时完成包抄，只需加强一侧的进攻矛头即可。这就需要包抄部队与后续部队拥有更强的战场机动能力。战斗中，己方悄悄地加强一侧的兵力，并逐渐形成包抄之势。完成包抄后，加强这个方面部队的兵力，从对方侧翼发起强有力的冲击，迫使对方阵形崩溃。

与前文中的数阵类似，玄襄阵也是一个迷惑敌人的军阵，它综合了疏阵与数阵的特点，整个阵形更加混沌，对敌军的迷惑效果更好。但是玄襄之阵不便于迅速转变为别的阵形，因此在布阵时指挥官应对战局多做预判，在重点方向布置更多兵力。

孙膑还十分认真地论述了单个步兵分队的战术，这是大部分古代兵法所忽略的领域，也是取胜的关键。敌强我弱时，可以将长兵置于阵前，摆出突击的姿态以迷惑敌方；我强敌弱时，应当果断地发起攻击，尽快打破对方的阵形。步兵分队要摆出锥阵时，应当注重选锋，让精壮士兵在最前。列方阵时，弓弩在最前，长兵随后为主力，短兵于两翼护卫。

《孙膑兵法》一书的主要内容集中在了战术的层面上，大量讲解了各种军阵的运作模式、变阵时的注意事项，以及各种地形中战斗应当采取的策略，其操作性较强。很可能被齐国的军事界视作珍宝，不轻易传出，导致了该书的流传范围较

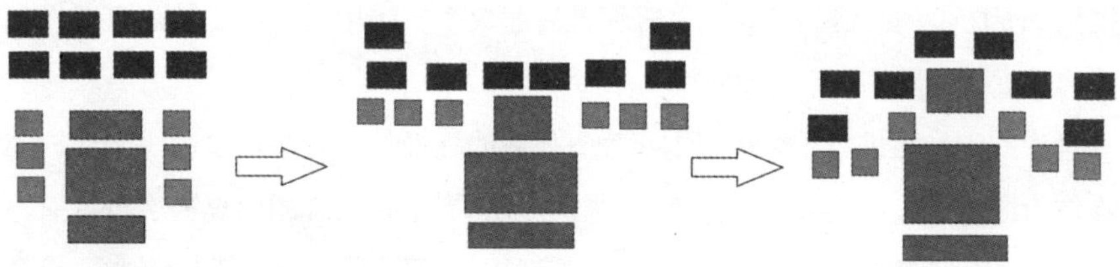

▲ 锥形阵变阵方法示意图

将精锐士兵放入前阵，战斗开始时，以两翼部队先骚扰敌军，诱使其前出，并将战线加宽。前阵转为进攻阵列发起攻击，找到敌人因为调动兵力至两翼而造成的薄弱点，发起突击。中军作为预备队，后军则看情况决定是否加入两翼。贯穿敌军后迅速分割敌人，解决战斗。

▲ 雁行阵变阵方法示意图

会战开始时，加强两翼，前锋示弱，引诱对方攻击己方中央。必要时可以让前锋伪退，中军与敌军相持，待敌军主力被彻底黏住之后，从两翼发起进攻，预备队做好包抄敌军的准备。

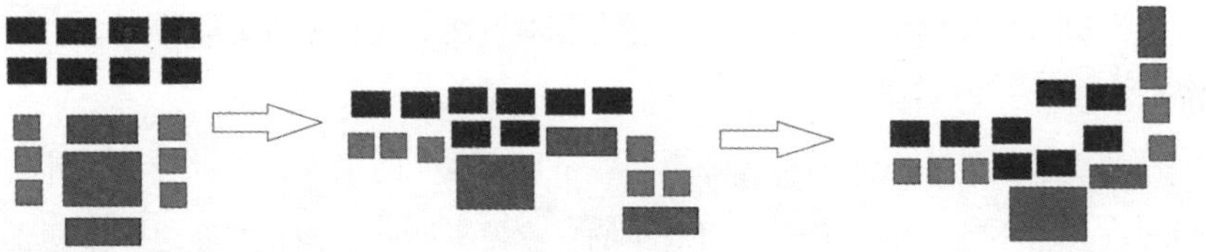

▲ 钩形阵变阵方法示意图

钩形阵与雁行阵类似，均需要预先引诱对方在中央投入更多兵力，然后实行包抄，一步一步地挤压对方，使其秩序崩溃。

小、传抄量严重不足，最终散佚失传。《司马法》一书的大量篇章散佚应当也与此类似。此外由于该两本兵书内容的实用性过强，战争形式进化后，将对军队构成、训练以及装备模式提出全新的要求，使得两本兵书的指导意义逐渐丧失，因此后世的军事家也逐渐不再传抄修习其内容，这同样导致了其篇章的大量散佚。

结合诸多齐国军事著作，我们可以看到：齐国太公望受封齐地建国后，由于面临较大的军事压力，因此在行政体制架构上也体现出了众多的军事化色彩。《司马法》中托言管仲为政之事介绍了齐国基本军制，将当时的齐国按地理单元分为三个大的行政区划，每个行政区划在军事上则对应着一个“军区”。由此也可以推测《司马法》一书的大致成书年代：此时齐国国内应只有三都，推测应为临淄、即墨与高唐三处，此时齐国正处于全面扩张的前夜，之后齐国将国土扩张到了6个都的庞大规模。

在这样的行政体制内，以5户为一轨，每户出一人为兵，故军中以5人为一伍；10轨合作一里，故军中50人为一队；4里为连，故200人为一卒（此处需要注意，齐国正规军中的步兵卒编制为200人，已大于吴越春秋时期的编制规模，而在吴起镇守河西的时代，魏国一个满编的步兵卒下甚至拥有600名士兵）；10连为乡，因此2000人为一旅。然后在更大的行政单位上，实现征召一个军的兵力。

可见齐国与诸国一样实行的是广泛的征兵制。而我们又从其他典籍中了解到：著名的技击步兵的军制为募兵制，两者似乎存在矛盾。其实这也是诸国常见的情况：军队的主体构成还是广泛的征兵，但在常备军中会以一些职业化的募兵为骨干力量。技击步兵就是这样一支在招募时以技击之能为标杆进行选拔的职业化精兵。与魏武卒略有不同，魏国招募魏武卒时给予的酬劳是田宅土地，而齐国因为工商业发达，官府直接给予金钱作为士兵的酬劳。

笔者推测，齐国驻守在边防要地的军队平时以适量募兵与少量征召兵构成，各都平时只维持一支招募兵，即“技击步兵”，只有在面临较大战事时才会动员征召兵。动员征召兵也是一个循序渐进的过程，首先会对都邑的直属武装力量进行动员，然后再动员各都周边城邑下辖的部队。大量动员征召兵之前，官府先招募更多技击步兵为骨干，减少对农业生产的影响，只有面临如同合纵攻秦、灭宋、五国伐齐等较大战事时，才会在全国范围进行大规模动员。

如果齐国能够控制好每次战争的规模与节奏，那么不至于对国力过度消耗。然而将齐国霸业推向顶点的齐王地并没有意识到这点，最终导致了齐国的破败。反观齐王因其时期的桂陵之战不过动用甲兵8万，齐王辟疆时的马陵之战用兵也不过10万，灭燕之战也仅在5个都邑进行了有限动员，成建制动用的只有北地边防军，其手段相比好大喜功的齐王地要高明许多。

另外，齐王辟疆在出兵燕国之前还征询了诸位将军的意见，而并非只单纯听取相邦这样的政府高层官员的意见。那么这是否意味着此时的齐国已经组建了一个以高级将领为主导的专业战争决策机构——后世常说的总参谋部呢？

不如让我们再回到齐国古兵法中去寻找答案。《六韬·龙韬·王翼》篇中有这样的描述：

> 武王问太公曰："王者帅师，必有股肱羽翼以成威神，为之奈何？"
>
> 太公曰："凡举兵帅师，以将为命。命在通达，不守一术。因能授职，各取所长，随时变化，以为纲纪。故将有股肱羽翼七十二人，以应天道。备数如法，审知命理，殊能异技，万事毕矣。"

接下来，文中便介绍了这72人的分工与具体职责。其中有对天气情况进行分析的专业人员（"天文三人，主司星历，候风气，推时日，考符验，校灾异，知人心去就之机"），有专门负责情报搜集与分析工作的专业人员（"权士三人，主行奇谲，设殊异，非人所识，行无穷之变；耳目七人，主往来听言视变，览四方之事、军中之情"），也有专门对地理情况进行侦查与分析的人员（"地利三人，主三军行止形势，利害消息，远近险易，水涸山阻，不失地利"），还有负责士兵训练、后勤保障、伤员救治的专业人士（"兵法九人，主讲论异同，行事成败，简练兵器，刺举非法；通粮四人，主度饮食，蓄积，通粮道，致五谷，令三军不困乏；奋威四人，主择才力，论兵革，风驰电掣，不知所由；方士二人，主百药，以治金疮，以痊万病"），甚至还提出应有5名专业人员负责关注士兵的心理状态（"爪牙五人，主扬威武，激励三军，使冒难攻锐，无所疑虑"）。

这些专业人士可以对应到现代总参谋部中各个职能部门中的专业参谋，如作战参谋、后勤参谋、装备参谋。文中甚至还提出了应在军队内部建立独立的财务会计与审计部门（"法算二人，主计会三军营垒粮食、财用出入"），其制度设计的先进性令人惊叹！另外该篇中还特别提出，统帅应有一名心腹，负责所有情况的综合总结与分析，其地位与职权与现代军队中的参谋长高度一致。可见齐国在战国时期已经尝试建立一个专业化、系统化的总参谋部体系。可以说，齐国的"东帝"霸业不但建立在发达的社会经济之上，更建立在齐国专业化的参谋部体系与已初步成型的军事教育体系之上。只可惜在当时的条件下这些体系依然必须屈从于君主的个人意志，导致其会时常背离军事科学的基本原则，最终导致五国伐齐之役与齐国衰败。

### 楚国步兵

楚国作为春秋时最强势的国家，进入战国之后却像一个泄了气的皮球。原本积极扩张、力压中原诸侯、最富有侵略性的强国，成了一个虚胖的典型。三晋分裂时期，被新生的赵、魏、韩三国打得节节败退，三晋军队数次攻破“方城”防线。魏国崛起时，又向新一代的霸主贡献了大量土地，连魏国的新都大梁与南部重镇襄陵都是从楚国手中夺下来的。从齐国重夺霸主之位到五国破齐的这段时间里，楚国对东方强齐也没有大的举动。西垂秦国崛起时，楚国再次奉送了大片的领土，甚至还把国都郢城都丢给了秦国。

然而楚国在战国时新获得的领土并不比在春秋时少。越国、鲁国皆为楚国所灭，楚国成功地将领土延伸到了东海之滨。上海市的别称“申”，正是源自战国时的楚国春申君（上海地区曾是春申君封地，称申城）。楚国早在春秋后期就已经组建了一支专门的步兵部队，在与吴人的交战中，这支步兵部队遭到毁灭性的打击。楚国在新一轮军事改革中“起了大早，赶了晚集”，进入战国后，列国都完成以步兵军团为核心的军事改革后，楚国才迟迟地建立起被称作“选练之士”的正规步兵部队。

吴越两国相继败亡后，大批手艺精湛的工匠流落到了楚国，楚国的兵器制造业也因此上了一个台阶。兵器的生产水平仅仅是军队战斗力的一个构成方面，没有完备的训练体系与军事体系架构，空有一堆先进的武器只不过是让对手在统计战果时能计入更多的缴获量。

那么楚国的步兵编制是什么样的呢？鸠兹之战中，楚国的第一支专业步兵部队以 300 名组甲与 3000 名被练组成。东周时期，各国的专业步兵部队编制都脱胎于战车部队，楚国也不例外。楚国战车部队以兵力 15 乘的“广”为基础战术单位，看上去与中原军队中的偏相同，但是，楚人一乘之下的兵力远远高于中原军队。根据《左传·宣公十二年》记载，楚国车属步兵以 50 人建制的偏构成，区别于中原常见的 25 人建制步兵两。一乘下配属两个步兵偏，即 100 名车属步兵，列阵时居于战车的两翼，与车辕相平行。楚国步兵分队也沿用了 50 人的建制规模，鸩兹之战楚军的 3300 名步兵正好可以划分为 66 个步兵偏。一偏之内有 40 名被练步兵与 10 名组甲，可以划分为 10 个伍。这一编制方式相对于中原的步兵部队而言是比较先进的，但是在面对吴军百人规模的步兵卒时，就会显得有些力不从心了。

后来楚国军队将一乘之下的步兵数量从 2 个步兵偏扩充为 3 个步兵偏。一乘之下兵力为 150 人的楚军较一乘下仅有 75 名战斗兵的中原军队享有两倍的兵力优势，因此楚军经常能在与中原军队对战时占到上风。

进入战国后，楚国可能沿用了这一编制模式来编练步兵部队。但是面对已经完成新一轮军事与政治改革的中原诸国，楚国军队显得越来越力不从心：大量的国土被新生的三晋夺取；早已被视作盘中餐的郑国被韩国吞并；原本被压制在齐长城一线的齐国也焕发出活力，逐渐将楚人的势力驱逐出鲁南山地。吴起曾评价说“楚陈整而不久”，这与春秋时中原军人常说的“楚师轻佻”表达的是同一个意思。楚国军队虽然善战，但缺乏韧性，经常在一场大战之后选择“夜遁”。

这时转机突然出现在楚国面前——战国前期最强悍的军事家、政治家吴起离开了效忠二十余年的魏国，南下来到了楚国。楚王类（楚悼王）如获至宝般地接待了吴起，并任命其为宛郡太守，次年又任命其为令尹。

吴起主政楚国推行变法，在军事上提高军人待遇，选练能战之士。吴起将自己从魏国学到的法家经验结合楚国的实际情况，制定了一系列的变法措施。作为一个无敌战将，吴起将自己在军事上压箱底的本事拿了出来，仿照魏武卒旧制，为楚王类建立了一支新军。从实际效果来看，楚国的这支新军战斗力不俗，同时这支新军对楚王本人的忠诚度也极高——若没有一支忠诚的强军在手，楚王类根本无法推行执政改革，甚至可能会如同其父楚声王那样被贵族们密谋弑杀。楚王类去世后，太子臧即位，是为楚肃王。凭借吴起一手创建的选练之士，楚王臧在即位之初便成功清洗了反对派贵族势力，坐稳了王位。

结合各种资料来看，吴起鉴于楚国的分封制现实，以强化楚王直属领地军事力量为目的，压制楚王领地内中级贵族；以争取社会中下层的平民为手段，推行职业募兵制。在原有征召军的基础上，以从旧贵族手中夺回的土地财富为资本招募平民，组建直属于楚王的精锐部队。春秋之时，楚王有直属的精锐——贴身卫队左、右两广，但这支军队以出身王族的甲士构成，且兵力仅60乘（左、右广各30乘，兵力与楚军战车部队中特有的卒建制相同），已经不能应对新时期的军事挑战。楚国人口众多，但政出多门，常朝令夕改，民众疲于奔命。鉴于这一现实，吴起特意统一军政大权，梳理了楚王直属领地的征召兵系统，并遴选精壮编组常备职业军，为楚王解决了可随时调用的军队数量不足的难题。

据《后汉书·卷八十六·南蛮西南夷列传》记载，吴起变法之后，军力恢复强盛的楚国南并蛮越之地，建立了洞庭（今湖南省中部）、苍梧（今湖南省南部的永州市一带）两郡。然而吴起的功业绝不止于此，周安王二十一年（楚悼王二十一年，公元前381年），魏、卫两国攻赵，赵国向楚国求援，吴起率领楚军北伐魏国以救赵，与魏军大战于州西，并饮马黄河。

可惜同年楚王类病逝，吴起入内祭拜时被围杀于楚王灵柩之前。为泄愤，旧贵族们还车裂了吴起尸身。这场轰轰烈烈的变法戛然而止，楚国也失去了变法图强的最后机会。

### 燕国军队

燕国，这个由周王室重臣召公奭所建立的国家，在战国时期经常带着几分黑色幽默的色彩而见诸史册：燕王哙为了赚取名声，炮制了一出禅让闹剧，最终导致身死国破，燕国也险些成为第一个被彻底灭亡的万乘之国；长平之战后，燕王喜决定对赵国落井下石，结果被赵将廉颇击败，好不容易拼凑出的20万大军损失惨重，主将栗腹战死沙场；燕王喜之子太子丹不思富国强军，异想天开地派出刺客荆轲，欲以小博大扭转局面，结果惹得秦国改变军事打击顺序，兵伐燕国。

不过，对于曾经造就了破齐军事奇迹的燕军，却也不得不提。

1975年3月，考古工作者在北京市昌平区白浮村附近发现了三座保存基本完好的西周早期墓葬，断代时间与房山区琉璃河燕都墓葬基本属于同一时期。三座墓葬均为土坑竖穴墓，墓内搭建有墓椁，椁底及四周以厚度约20厘米与60厘米（墓室底部）的白膏泥封填。M1号墓，残存木椁长1.8米、宽0.6米，墓主为一老年男性；M2号墓，墓室长3.35米、宽2.5米，墓主为一中年女性；M3号墓，墓室长4.35米、宽2.9米，墓主为一中年男性。三座墓葬内出土了大量青铜兵器，

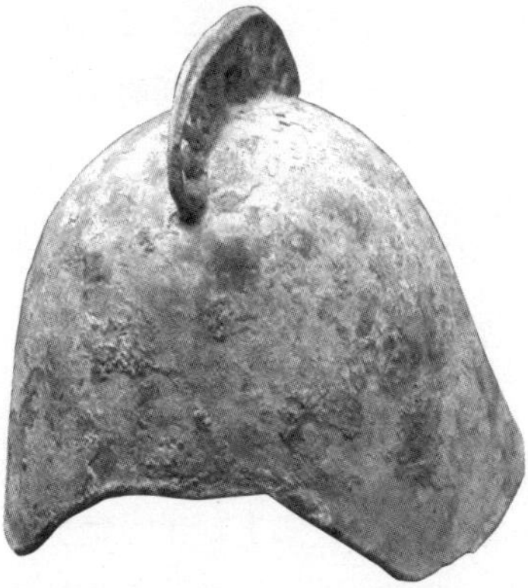
▲白浮村西周墓葬中出土的素面青铜头盔

其中 M2 与 M3 号墓各出土战车一辆，木制部分已腐朽，仅存金属车马器，据推测，该战车下葬时应放置于墓室上层，木椁朽坏后掉入墓室下层。

在三座墓葬中出土了大量铜戈、铜戟、铜矛、铜钺，以及青铜短剑等兵器。同时，考古队员还在墓中清理出了铜制甲泡饰、青铜头盔以及铜制盾饰等防护型兵器，其中 M2 号墓中出土盾饰 6 件，M3 号墓中出土盾饰 10 件。

经过清理盘点后，我们可以发现，西周时期一辆战车附属的装备有盾牌 10 面、短剑 1 柄、短戈 9 支、弓 2 张、矛 2 支、短戟 1 支、钺 1 个。这样的装备正好可以武装 10 名甲士，这与西周初年一乘战车配属 3 名车上甲士以及 7 名步战甲士的编制情况相符。每名甲士拥有盾牌一面、短戈（戟）一支，车左与步战甲士之首持弓矢，车右持夷矛，酋矛插在车尾充作旗杆。墓主人作为车左地位尊贵，可以佩带当时还很罕见的精致青铜短剑，并拥有象征军事指挥权的斧钺。

▲燕国武阳台遗址

战国时期燕国的生存环境相较于春秋时期有所改善，横行于中原大地的戎狄势力基本被清洗一空，仅剩一个被华夏高度同化的中山国。但在燕王职统治之前，燕军的战绩乏善可陈。燕王职即位后，重用乐毅、秦开等外国人才，在辽东避开齐国耳目秘密训练军队。后来，就是这支军队，在乐毅的带领之下击败齐国大军，攻陷了齐国近六分之四的领土。后来秦开又带领着这支军队剩余的精华，于辽东击败东胡与箕子朝鲜，拓地两千余里，在塞上设立上谷、渔阳、右北平、辽西、辽东五郡。

20 世纪 70 年代，考古工作者针对河北易县燕下都遗址进行了更加深入的考古发掘，并于城址之南发现了 14 座大型人头骨丛葬墓。研究者对丛葬墓遗迹进行深入研究后，根据各个大型丛葬墓的相对位置与间距推测应该另有 3 座丛葬大墓被彻底破坏，在燕下都南侧应有共 17 座大型人头骨丛葬墓。其中 C5 号丛葬墓现存封土规模东西长 28 米、南北宽 30 米，最高处高出地面 3.5 米（向地下延伸 1 米），共清理出人类头骨 1448 颗（推测原有 2000 余颗，估计 17 座丛葬墓总计应有遗骨 3 万多具），大部分头骨存在明显的砍杀痕迹，部分还遗留有青铜箭镞。这些遗骨经过体质人类学家的鉴定后发现：死者绝大多数为男性（仅发现一例女性），基本为 18~35 岁的青壮年男子，占比在 80% 以上，其中未发现未成年个体。

相信大部分读者已经能够猜出这 17 座大型头骨丛葬墓的真实身份——京观，文明的一个污点，以战死者的尸骨为材料修筑的可怕“纪念碑”。从性别、年龄与尸骨上的伤痕来看，这些死者的身份也十分明显——军队的现役士兵。那么这些阵亡军人是什么身份？又是谁为了纪念自己的武功而修筑的？考古工作者提出了四个假说：一、子之之乱的死难者；二、秦开东征的战果；三、乐毅破齐的战果；四、秦灭燕的遗迹。

根据死者仅有的一些遗物来看，第四个假设首先被排除：死者身上遗留的青铜箭镞不是秦军普遍装备的三棱箭镞，而是燕赵之地流行的三翼式箭头，而且以这些“京观”的建筑时间来看，也应与秦国灭燕无关。从仅埋头颅，且建筑规划得如此有序，与燕下都遗址有着明显的关系来看，第一个假设也可以排除：作为死难者的同胞，燕国人绝不会用这样（带有侮辱性和纪功性质）的方式来掩埋子之之乱中的死难者。

排除这两个可能性之后，我们不难得出这些京观是为纪念燕军战果而特意修筑的这一结论。从京观现存的规模与死者的数量来看，当年的燕军一定是在取得了一次重大的胜利后，将代表自己战功的“甲首”骄傲地带回了国都，在国君的诏命下修筑了这 17 座巨大的京观。我们今天也从森森白骨之下窥探到当年燕国军队的强大战斗力。

那么燕国军队如何能爆发出如此强大的战斗力呢？第一个因素：铁质兵器的应用。近年来发现的诸多考古成果刷新了我们对先秦时代的一些认识。古籍曾告诉我们，战国时期，韩国与楚国以铁质兵器著称，但是根据考古发掘的结果来看，燕赵之地出土的铁质兵器数量更多，且种类与样式也更加丰富。现存保存状态最好的一顶战国时代铁质头盔就出土于燕下都的一座墓葬之中。

在燕下都遗址中还出土了铁质的长剑与矛头。战国末期铁质锻造长剑并不少见，在秦地、楚地、燕赵之地均有出土，但铁质矛头的出土量相对较少。矛头，作为一件偏消耗性的武器，使用当时技术更成熟、成本更低廉的青铜铸造工艺来生产，无疑可以降低武器价格，提高产量，但是燕国人却使用了当时冶炼成本依旧很高的铁来锻造矛头，可见其从改进武器装备的角度来提高军队战斗力的决心。

如果说使用铁来锻造矛头只是略显奢侈的话，那么用铁来制作护甲，在当时无疑是一种为追求性能而不惜工本的举动了。现阶段的考古发掘成果显示，燕国的护甲制造业已经发展到了一个较高的水平，开始制式化地生产铁质甲片与胄片。在燕下都遗址区的数个墓葬中都出土了一批铁质甲片与胄片，从尺寸和形制上看，这些甲片应当是按照一定的统一标准制作的。因为考古界传统上对兵器（除高等级青铜剑与帝王将相使用的佩剑佩刀外）的不重视，仅对其中一件保存状态最为完好的铁盔进行了修复，大批珍贵的战国铁质兵器与护甲甲片尚在各地文物保护部门的仓库的厚厚尘灰中沉睡着。

战争中，人始终是第一位的，装备的先进有赖于优秀的军人。东周时期，燕国的大片领土并不适于农耕的发展，为果腹，燕人在农耕之余，除了会举家进入森林采集野果，男人们也会带着弓箭、猎矛等工具上山捕兽、下河叉鱼。这样的生产方式造就了燕国男人悍勇的性格，与野兽相搏也锻炼出了他们强健的体魄与娴熟的格斗技艺。“燕性悫（诚实，憨厚），其民慎，好勇义，寡诈谋，故守而不走。”

燕国军人心中没有多少弯弯绕，很少会生出使用诈术的念头，上阵之后就一个念头，与敌人正面硬碰硬，看谁先撑不住。因此吴起评价燕国军队“其阵守而不走”，擅长正面对决，但不懂得机动作战。

吴起提出：“击此之道，触而迫之，陵而远之，驰而后之，则上疑而下惧，

▲战国燕长城遗迹

谨我车骑必避之路，其将可虏。”对付燕国军队，不应该与之硬碰硬，需要诱使对方不断地机动，让这些“缺心眼”的燕国军人们产生疑虑，在运动战中消耗对方的锐气，然后再寻求击溃对方的机会。很显然，如果能够弥补这一缺陷，燕国军队的战斗力将难以估量。名将乐毅以高妙的战术调动，迫使齐军与燕军陷入硬碰硬的正面对决，让燕军有机会发挥出自己的优势；良将秦开对付装备落后、仅凭一腔蛮勇战斗的东胡部众，可谓扬长避短；箕子朝鲜由于与世隔绝的时间太久，导致其文明衰退，在面对装备更加精良、英勇无畏的燕军时，有再多精妙的计谋也无处施展。

战国中后期，战争的规模越来越大，也越来越残酷，这迫使各个国家对军事政治体制做出了相应改革，建立了征召兵与招募兵并行的军事体制，以应对大规模消耗战与边境冲突战。可能有一个情况会让今天的人感到费解：尚处于相对友好时期的两国之间也时常发生边境冲突，且君主还不以为意，并解释这只是边将争利之举。其实只要考虑到当时社会正处于转型阶段的大背景，便不难理解了。先秦时代，地方贵族势力相对独立，君主都默许其可以在一定程度上自行攻伐，反正中央力量不受损就可以了，没准还能趁着地方势力受损之机将之并入中央体系。在这样的时代背景下，各国君主以直属领地的财力供养一支精锐的听命于君王本人的常备军成为一种必然选择。在史册上留下名字的各个精锐之师，也就是这些君主们直属的常备军。

在各国君主和将军们的推动下，华夏大地基本完成了以步兵为核心的新一轮军事改革。以全新的编制模式、更加先进的步兵分队战术与合成军阵战法提高了军队的整体战斗力。同时，手工业完成充分的技术积累之后，在军事需求的刺激之下获得了巨大的进步。代表手工业生产者学派的墨家完成了《墨经》的撰写工作。官方也极度重视技术的革新与推广，《考工记》一书的问世则代表了规范化生产管理的诞生。手持先进兵器的战国步兵即将迎来一个又一个战争高峰。

# 第七篇

战记 7

# "人屠"白起升官之路

武安君白起，战国四大名将之首。战国两百多年，各国战死军人共计 200 多万，可以说其中大概有一半死于白起之手。论歼敌战绩，可能直到第一次世界战才有将领超过这一可怕纪录。白起是秦国军功爵位制度最成功的写照，究其一生，斩首近百万，拔城七十余座，他的升官之路，可以说是用六国将帅士卒们的头颅所铺就的，故他常被后世之人称为"杀神"或"人屠"。

▲ 白起

关于白起的出身，存在两种说法：其一，春秋时秦将白乙丙的后人，现已考证此说法为误。其二，楚国王孙胜（又称白公胜，故其后人为白氏）之后。王孙胜，楚平王之孙，太子建（因费无极陷害被废，后死在郑国）之子。《左传 · 哀公十六年》子西语："吾闻胜也信而勇，不为不利。"《史记》评论："白公好兵而下士。"

如果白起真是白公胜后人，那他在军事上的天赋要远超其先祖。白起的一生是令很多人神往的，同时也是充满了血腥的。白起的杀戮为许多人诟病，在后世文人的笔记小说中，白起因其杀戮过多要世代受罪，永不为人，可见人们对其成见颇深。平心而论，白起只是秦王手中最锋利的一把剑，杀俘之事必然出于秦王示意，将所有罪责都归咎于白起一人，"何异于刺人杀而杀之，曰：非我也，兵也"。单论战果，可以说秦国一统的军功章中，有一半是用白起的战绩铸造的。

**战国时期秦军重要对外战役战果表**

| 时间 | 战役 | 战果 | 秦军主将 | 对手 |
| --- | --- | --- | --- | --- |
| 公元前 364 年 | 石门之战 | 斩首 6 万 | 章蟜 | 魏国 |

续表

| 时间 | 战役 | 战果 | 秦军主将 | 对手 |
| --- | --- | --- | --- | --- |
| 公元前 333 年 | 雕阴之战 | 斩首 8 万（魏国方面自称被斩首 4.5 万） | 庶长章 | 魏国 |
| 公元前 317 年 | 修鱼之战 | 斩首 8.2 万 | 樗里疾 | 韩、赵、魏、燕、齐、匈奴 |
| 公元前 312 年 | 丹阳之战 | 斩首 8 万 | 庶长章 | 楚国 |
| 公元前 307 年 | 宜阳之战 | 斩首 6 万 | 甘茂 | 韩国 |
| 公元前 293 年 | 伊阙之战 | 斩首 24 万 | 白起 | 韩国、魏国 |
| 公元前 278 年 | 伐楚之役 | 斩首 30 余万 | 白起 | 楚国 |
| 公元前 273 年 | 华阳之战 | 斩首 13 万、赵军淹死 2 万 | 白起、魏冉 | 赵国、魏国 |
| 公元前 260 年 | 长平之战 | 斩首 45 万 | 白起 | 赵国 |

## 伊阙之战

伊阙之战是白起的成名之战。此战中他带领秦军突袭强行，连拔五城，斩首韩魏两军 24 万，俘虏魏国大将公孙喜。韩国的材士步兵与魏国仅剩的一部分武卒也在此战中被一扫而空。韩国士兵号称装备了战国时期最强劲的弩，魏国武卒的战斗力也如前辈一般强悍，两国联军在伊阙一战中却为秦军贡献了 24 万颗头颅的军功，而这一切居然是在秦军兵力只及韩、魏两军一半的情况下发生的。白起到底使用了什么样的战场魔法来完成这个看似不能完成的任务？

伊阙位于今河南省洛阳市与伊川县之间，为伊河流水在龙门山与香山之间切割出的峡谷。因其两端是相对耸立的高峻山崖、伊水中流如天然门阙而得名。

崤函之道自崤山东出函谷关后，分为南北两条。

第一条是继续沿黄河岸边径直向东而去，中间夹着一个难以逾越的阻碍——东周洛阳王城。虽然周天子的地位早已日薄西山，权威不再，但是天下共主的名号还是让诸国不敢轻犯，唯恐给予他国道义上的借口而招致联合攻伐。另外，这条道路上魏、韩、赵、周各股势力犬牙交错，并不通畅。

另一条道路，出函谷关向东南经崤陵关，可至韩国宜阳城，宜阳城有数条大道可沟通东西南北的交通：向北可至渑池；向东过新城（今河南省伊川县）又分出

▲伊水

两条道路——向正东为韩国国都新郑，向东南可至楚地；宜阳东北、新城之北即为洛阳。伊阙正处于宜（阳）—新（城）—洛（阳）这个三角形布局中，临近洛阳顶点的要害之地。可以说，在不能吞灭周王室的前提下，伊阙是宜阳—新城—洛阳三角布局中最关键的一个点。东周洛阳不可轻易触动，那么只能退而求其次，必须成功控制住伊阙才能保证通行于宜阳、新城之间的秦楚、秦郑、晋楚之道为秦国所有。只有控制了这个隘口要地，秦军东出中原的大门才算真正地敞开，富庶的中原之地便会暴露在秦国贪婪的目光内。反之，若韩魏两军能成功地守住此地，那么秦国则既不能东出晋楚，又不能独占宜阳铁山之利。

宜阳，天下著名的冶铁之都。韩国据此而获铁器之利，农业生产中铁器牛耕的逐渐普及，让人均粮食产量走向了第一个高峰。生产中锋利坚韧的铁质工具让劳动效率与产品加工精度再上一个台阶。铁质兵器将取代青铜兵器，称霸战场两千多年。零星的陨铁，那是酋长和大祭司手中“神明的馈赠”；原始的人工冶铁，铸造了国君与大将手中的国宝利刃；炒铁法普及、灌钢法得到应用，铁的年产量达到数万斤之后，钢铁是军国利器；炼铁高炉与炼钢平炉发明应用后，钢铁年产量以百万吨计算时，钢铁深入了人们生活的方方面面。可以说，钢铁产量是计算

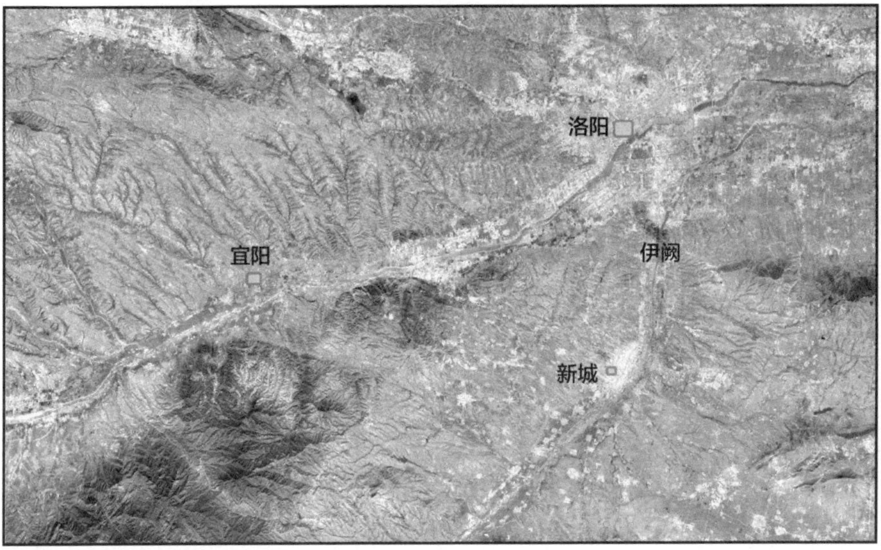


▲ 宜阳、新城、洛阳地区

一国国力强弱的重要指标之一。

周安王十一年【齐康公十四年（齐太公元年），秦惠公九年，公元前 391 年】，发生了两件大事。

第一件，田齐太公田和将姜姓国君齐康公放逐到了海边的一座小城邑，田氏家主和成为事实上的齐国君主。5 年后（公元前 386 年），周天子正式册封田和为齐侯，终于完成了“田氏代齐”之业。

第二件大事，三晋（此时三家尚未正式分晋，但三家各自拥立一晋公室子弟为晋公）联军攻打楚国，双方在大梁、榆关（在大梁之西）展开大战。三个新生的国家展现出强大战斗力，将昔日霸主楚国击败，并将国境线向南边平推。楚国自觉只凭一国之力无法扭转局面，因此向秦国奉上重金求援。秦惠公也觉得此时三晋的主力部队都陷在大梁附近，若出兵伐韩可得其利，于是出兵函谷关袭击重要冶铁中心宜阳。然而，作为韩国西境最重要的城邑，宜阳城防十分坚固，秦军攻城不利，只攻克了沿路的 6 座小城邑。秦国此番置国防意义更重要的河西不顾，却远道出击宜阳，可见秦国对这个出产铁器的重要手工业城市

▲秦东陵，一代雄主秦昭襄王长眠于此
2010年10月，秦东陵发生盗墓案，破案后考古工作者根据被追回的陪葬品最终确定秦东陵一号亚字型大墓及秦昭襄王的陵墓。

垂涎已久。[①]

周显王三十四年（秦惠文王三年，韩昭侯二十八年，公元前335年），秦国再次出兵伐韩，攻克宜阳城，但该城很快又被韩军收复。同年韩魏两国君主朝见齐王因其（齐威王），次年齐魏"徐州相王"，两国结盟。同时，韩侯武（韩昭侯，亦称韩厘侯、韩昭厘侯）任用了著名的申不害为相，开始了变法改革。申不害精通法家"术"的治国手段，加强了韩国的中央集权。也是在他的密切关注下，韩国的手工业获得了巨大发展，奠定了日后韩卒之装备精良，"有强弩、利剑、铁幕之属"的基础。

周郝王七年（秦武王三年，公元前308年），客卿甘茂挂帅率领秦军第三次围攻宜阳城。现在的秦国经过了商鞅变法后几十年的发展，国力军力早已不可同日而语。秦王荡（秦武王）为实现"通三川，窥周室"的目的，令客卿出身的左相甘茂与庶长封共同领兵出征，攻取韩旧都宜阳。血战持续了整整5个月，直到第二年秦军歼灭6万韩国守军，终于攻克宜阳。自此之后，宜阳铁山出产的铁器成为秦国这部战争机器最重要的组成部分。同年，秦军主力渡过黄河，攻克了韩国旧都平阳之侧的军事重镇武遂。在东进之路上已无障碍的情况下，秦王荡入洛阳，后因举鼎绝胫而亡。继承兄长之位的秦王稷在扫除国内动乱后，带领秦国开始了新一轮的军事扩张。

① 今陕西省境内煤矿与油气资源较为丰富，但铜矿、铁矿却十分匮乏。关中平原范围内仅有数个小型铜矿，而未见铁矿。现探明具有开采价值的铁矿均位于秦岭大山深处，以先秦时的技术条件基本无法勘探与开采，因此秦国才对向外扩张如此迫切，若不能获得可靠的铜铁金属制品来源，那么秦国甚至要后退到使用骨、木、石制工具的地步。

周赧王十五年（秦昭襄王七年，楚怀王二十九年，公元前300年），秦国可谓双喜临门：蜀地的叛乱当年被司马错平定；秦将庶长奂率军攻克楚国新城，斩首楚军2万，杀楚将景缺。宜阳—新城—洛阳这个三角架构已经有两个顶点归属秦国，对秦国而言，函谷关前的障碍即将被彻底扫清。同时，通过新城之战，秦国还获得了两个好处：巩固了对新获得的重要冶铁中心宜阳的防护；获得了另外一条通往楚国的通道。

秦昭襄王十一年（公元前296年），齐、韩、魏、赵（包括中山国，此时中山已臣属赵国，中山国军队属赵军战斗序列）、宋五国合纵攻秦，秦国被迫向韩魏两国割地求和。[①]《史记·韩世家》中称秦国归还了武遂与河外之地予韩，但没有明确提到新城的归属。秦昭襄王十三年（公元前294年），秦将向寿攻韩，取武始。当年年底，穰侯魏冉推举了此时尚名不见经传的左更白起替代向寿为将继续攻韩之役，并在次年年初攻克了韩国的新城。据此可以推测，五国合纵攻秦之时秦国或被迫割让了新城，或主动放弃了位于函谷关之外包括新城在内的部分土地，而被韩国占领，不过重镇宜阳依然在秦国的控制之下。同年，被秦国扣押的楚王槐（楚怀王）病逝于秦国。

周赧王二十二年（秦昭襄王十四年，韩厘王三年，魏昭王三年，公元前293年），秦国为了报复韩魏两国参与合纵军而发动的攻韩之役已经打到了第二年。魏国派兵支援韩国与秦交战，著名的伊阙之战就此打响。

史书中对伊阙之战的记载十分简略，仅以短短二十来字将一场斩首24万、拔城5座的大战一笔带过。然而这一战正反映出了白起战争艺术的最大特色。现在我们只能根据白起的寥寥数语，来复盘这惊心动魄的一战。

周赧王二十二年（公元前293年），魏将公孙喜[②]率领魏军百里驰援，韩将暴鸢则率领韩国最精锐的材士据守洛阳之南的龙门伊阙，感到自己切身利益受到秦

---

①战国之时，列国互相割地求和属正常情况。这次为求和割让出去的土地没准下次打场胜仗就能连本带利地夺回来。苏洵在《六国论》中认为六国之败弊在以地赂秦，这种借古讽今之说有些过于双重标准了。

②在《史记》中又被称作犀武，有人根据曾经主导列国合纵与张仪对战的魏人公孙衍又名犀首猜测魏将公孙喜是公孙衍之子，又或是其同宗子弟。

## 宜阳韩城

韩都宜阳故城位于今天河南省宜阳县城西25千米处的韩城镇东侧。沿着宜阳县韩城镇城角村村道向东走，可以看见一条南北走向、3米多高的城垣遗迹。据宜阳县文物管理所工作人员介绍，这一段城墙便是韩都宜阳故城的东城墙北段。

宜阳曾是战国七雄之一韩国的早期都城。史料记载，周考王三年（公元前438年），晋哀公去世，赵魏韩三家始分晋国。韩国本都平阳（今山西临汾市），周威烈王二年（公元前424年），韩武子迁都宜阳，到韩景侯时（公元前408—公元前407年在位）又迁都阳翟（今河南禹州市），周烈王元年（公元前375年），韩哀侯（公元前376—公元前374年在位）灭郑国，迁都新郑。

宜阳作为韩武子、韩景侯时期的韩国都城，是当时韩国的政治、经济、军事、文化、交通中心。当时天下闻名的宜阳铁山，也是历代韩国国君苦心经营宜阳的根本出发点。此后该城一直使用逾千年，至北朝时期因战事才遭废弃。北朝末年的齐周攻战中，北齐后期三大名将的最后一次联手，就是以南部宜阳城为核心争夺点的汾北—宜阳之战。现代宜阳仍以矿产丰富闻名：据地质勘探，宜阳共有各类矿产35种，其中煤矿探明储量4.2亿吨、铁矿远期储量3000余万吨（为沉积变质岩，中等品位）、石灰岩6.5亿吨、铝矾土远期储量2000万吨。韩国早期被称为“劲韩”，也是仰仗了当时产量冠绝天下的宜阳铁山。可以说宜阳这座城邑是凭借交通便利与盛产铁制品而建立的。

20世纪80年代末90年代初，洛阳市第二文物工作队对韩都宜阳故城进行了初步的调查、勘探和试掘。结果显示，韩都宜阳故城平面略呈长方形，南北长1510~2150米，东西宽1630~1843米，总面积310万平方米，整座古城可分为宫城和郭城两部分。其中宫城位于故城的西北角，北部向外突出，坐落在山坡上，南部与郭城相连。郭城位于故城的东南部，城内西北高、东南低，正中有一条东西走向的断崖将郭城分为南北两部分。

该城城垣均由夯土筑成，其中东墙与北墙保存较好。东墙全长 1515 米，宽 18~36 米，现存高度为 3~6 米；北墙全长 1843 米，宽 18~38 米，现存高度为 1.5~8 米。西墙长约 2150 米，南墙长约 1630 米。考古队在郭城东、北两面各发现一座城门遗址，在两面城墙外发现有明显的护城壕遗迹。在北墙外侧还发现有 5 个“马面”（冷兵器时代，为加强城墙的防御能力，消除城头弓箭火力死角，修筑城墙时参考远射兵器射程，每隔一定的距离就修建一座突出于城墙之外的矩形墩台，利于防守者从侧面攻击突进到城墙底部的敌人，这种城防设施俗称为“马面”，或称为敌台、墩台、墙台。同样的城防工事在进入火器时代后进化为多面棱堡）遗迹，这是目前我国已发现的最早的“马面”遗迹。另外，考古人员还在一些城墙的外围发现大量夯土建筑遗迹，可能为敌楼建筑。

在郭城西北部，考古人员发现了大型建筑基址 3 处、烧窑群 1 处，东西、南北方向的大道各一条。在郭城的周围还分布着许多与之相关的墓葬、烽火台等遗迹。此外，在城区内外农田里发现了大量的青铜戈、矛等春秋战国时代的兵器和空首布（春秋战国时期晋、郑、卫等国铸造发行的一种金属货币，也是我国最早的金属铸币之一，到战国时期依然沿用）。

宜阳韩城现存挹秀门（南门）、通贤门（小南门）和凝瑞门（西侧偏门）等三座城门和南门西侧的一段土城墙。挹秀门仅存下半部，上部为后世改建。通贤门保存较完好，由单拱青砖筑成，面阔 12.9 米，拱门宽 3.2 米，进深 10.4 米，南有护城河。凝瑞门破坏严重，上有同治年间书“凝瑞门”三个字，城墙由夯土筑成，夯层厚 0.12~0.15 米，夯土中夹杂有碎石。

从整体来看，韩都宜阳故城是东周列国都城旧址中保存较好的一座。城墙东、北两面至今大多数仍高出地面 3~8 米，城内 85% 的面积尚未被村庄或建筑物破坏，且地下文化层丰富，保存较好。该遗址规模宏大，布局完整，结构严谨，保存完好，出土文物丰富，是东周时期韩国历史沿革的客观见证，对于研究当时的政治制度、经济水平、建筑艺术、社会风俗以及古代都城发展史都具有重要价值。

▲宜阳韩国古城考古发掘现场

韩都宜阳故城规模宏伟，工程浩繁，该城应该是在韩国迁都之前就已修筑了较长时间。韩都宜阳故城是战国时期著名的商业城市。当时的宜阳城规模宏大，人口稠密，储物丰富。近年来，该城周围出土了大量战国时期各国货币，也足以证明当时宜阳的商业繁荣、经济发达。

韩都宜阳故城也是韩国的军事要塞。《战国策·东周策》中记载：“宜阳城城方八里，材士十万，粟支数年。”公元前308年，秦武王“欲车通三川，以窥周室”，派相国甘茂“攻宜阳，五月而不能拔”“秦死伤者众”，直观地说明了宜阳战略意义重大，且城池坚固、易守难攻。大量史料也证明，该城不仅在战国时期战略地位显著，在之后的两汉、两晋及南北朝时期仍旧是军事重镇。

此外，韩都宜阳故城还是我国古代重要的交通枢纽。历史上，曾有3条交通要道在此交会。其一为两京大道：从春秋战国至唐宋时期，连接洛阳、西安两京，出函谷关，自陕往东南走崤山南麓，经雁翎关、宫前、河底、韩城，东至洛阳，或者至郑、宋、齐鲁等地，这是一条东西大道。其二为秦楚孔道：自秦出函谷关，沿崤山南麓东下，在韩城南渡洛河，再渡伊水，可达南国。这条大道西通秦陇，南下吴楚，是一条商旅大道。其三为晋楚通道：自晋南下，从今三门峡北岸过河，沿陕县、韩城到达南国。历史上，河东的池盐便是经过此路运销到南方的。这三条大道都是以宜阳韩城为枢纽，直到民国初年陇海、京广铁路通车前，宜阳的交通枢纽地位都未曾变过。

当年韩武子定都宜阳，一是为了获得铁山之利，其次就是为了占据宜阳这个重要的交通结点。宜阳不但是洛阳盆地的西南大门，更是西周至春秋时的“陆浑戎”盘踞以袭击中原诸侯的主要通道。韩国以宜阳为都，则可较为便利地沿着当年“陆浑戎”穿越嵩山与箕山之间的通道袭击郑国，并且以此切断了郑国与楚国之间的联系。结合在三家分晋中获得的虎牢一地，韩国可以对郑国实施两面夹击。周威烈王十八年（韩景侯元年，公元前 408 年），韩国伐郑获得了颍水之阳的阳翟（并迁都于此），韩国完成了对郑国的“C”字形包围（郑国唯一未被韩国包围的东面，其毗邻的也是韩国的朋友魏国），无险可守的郑国在 33 年后（公元前 375 年）为韩国彻底吞并。

国威胁的东周君也决定出人出力支持韩魏两军抵挡秦军。三方共同推举魏将公孙喜为主将，韩魏联军利用伊阙的地形驻防，堵住了秦军北上洛阳盆地的主要通道，进据伊阙迎击秦军。联军据险扼守，和秦军呈对峙态势。

《史记》中各处文字（《秦本纪》《韩世家》《魏世家》《楚世家》等篇）均只有对战役结果的简单记录：秦左更白起率军与韩魏两军在伊阙大战，斩首 24 万，俘虏魏将公孙喜，并攻下 5 座城池。[①] 具体到双方参战兵力、战前两军布局情况、战役经过却均无具体的记录。

《战国策·中山策·昭王既息民缮兵》中记录了白起与秦王稷的一段对话，才让我们对伊阙之战的具体经过有所了解。

秦王稷说：“韩、魏相率，兴兵甚众，君所将之不能半之，而与战之于伊阙，大破二国之军，流血漂卤，斩首二十四万。韩、魏以故至今称东藩。此君之功，天下莫不闻。”提到了双方的大致兵力对比情况。白起则回复：“伊阙之战，韩孤顾魏，不欲先用其众。魏恃韩之锐，欲推以为锋。二军争便之力不同，是以臣得设疑兵，以待韩阵，专军并锐，触魏之不意。魏军既败，韩军自溃，乘胜逐北，以是之故能立功。皆计利形势，自然之理，何神之有哉！”可以看出白起是在战前对敌我态势与战区地形进行了深刻的了解与分析之后，制定了疑兵惑韩，主攻魏军，然后驱赶魏军冲破韩军营寨的策略。

①《史记·卷四十·楚世家》：“六年，秦使白起伐韩于伊阙，大胜，斩首二十四万。”《史记·秦本纪》：“十四年，左更白起攻韩、魏于伊阙，斩首二十四万，虏公孙喜，拔五城。”

▲伊阙今貌
到北朝时期，伊水河畔的悬崖石壁逐渐成为一处重要的佛教崖窟造型地。

不过战役具体的过程还需要我们再回到战场实地进行分析。首先梳理一下已知的条件：

秦昭襄王十三年（公元前294年），秦将向寿领兵从宜阳出发攻韩，拔武始。次年，穰侯魏冉举荐左庶长白起替换了向寿成为攻韩主将。白起攻克了当时属于韩国的新城，并以功晋爵左更。新城在今河南省伊川县，曾归属楚国，属于韩楚两国边境重镇。控制了宜阳—新城一线后，秦国等于拥有了一条可以通往南阳盆地的通道，但是这条通道是一个有毒的香饵。通行能力不足，路程遥远，因此秦国并未选择此条道路继续攻击南阳盆地。

韩军与前来驰援的魏军分别建立营寨坚守要点。韩军在位置更加靠前的伊阙隘口处屯驻了相当大一部分兵力。魏军与韩军都希望对方先出击，那么魏军与韩军营地应该成犄角之势与秦军对立，即相对于秦军，韩、魏两军应该采取了“一左一右”的布阵方式，而非“一前一后”的布局模式。

白起分兵，一部分疑兵在韩军面前大张旗鼓迷惑韩、魏两军，精锐主力则迂回到魏军侧翼发起攻击。

此战，秦军兵力不到韩、魏联军一半。此时巴蜀发生叛乱，老将司马错率军十数万入蜀平叛。直至秦昭襄王二十七年（楚顷襄王十九年，公元前280年），秦军才从蜀地顺江南下，攻取了楚国的黔中郡。这期间，秦国应该在蜀地驻扎了大批军队，因此伊阙之战秦军兵力严重不足。

这里，就让我们用代入法对战役的经过进行研究。

首先，我们可以确定秦军的出发点是新城，由此向北进军。那么作为防守方的韩魏联军，应该如何布置防御阵地呢？首先，两军的营地是分开的，而且之间有一段距离，因此秦军佯攻韩军时，魏军因不知秦军虚实而放松警惕。也是出于同样的原因，在秦军猛攻魏军侧翼时，韩军却不知道秦军主力根本不在自己面前，还与白起留下的疑兵保持着对峙的状态。

其次，韩军与魏军分别把守了两条可供秦军北上的通道，且韩军的位置更突出一些。从示意图中我们可以看到，从新城出发有两条道路通往洛阳盆地：一条是沿伊水河谷向北过伊阙，直接进入洛阳盆地；另一条则是先向西往宜阳方向前进，然后转向东北沿洛河河谷进入洛阳盆地。那么我们可以推断：韩军以伊阙为核心构筑营垒，设立防御阵地；魏军则在位置相对靠后的洛河南岸设立营寨，位置在伊阙西北方距离大约 7 千米处。这样才会出现两军都希望对方先出击与秦军交战的情况。韩军认为魏军武卒的战斗力强于自己，应该先出击攻击秦军侧翼，自己再从正面突击。而魏军认为韩军装备更好，兵力也更雄厚，应该先在正面黏住对手，然后自己再从侧翼发起攻击，一举击溃对手。

让我们再将视角切换到白起这一边，看看秦军如何来打这一仗。北上的两个主要通道为韩、魏分兵把守，通过侦查可知：韩军总兵力大概有 20 万（战国策曾提到宜阳之战中，宜阳城内有 8 万驻军，在周边地区有公仲统辖的 20 余万韩军）驻防伊阙。魏军兵力应为 5~8 万，驻防龙门山之西、洛河南岸一带。公孙喜与暴鸢两人早在垂沙之战就开始了合作，击败楚军并斩杀楚将唐昧；孟尝君主导连横，齐、韩、魏联军函谷关前陈兵 3 年（公元前 298—公元前 296 年），又是这两位老搭档最终攻破了函谷关。天下人都认为，此前名不见经传的白起会与齐、楚两国一样，成为面前这对统领近 30 万大军的“黄金搭档”的又一个新战绩。

斥候侦查韩魏两军的驻防情况后，回报白起：韩军兵多，驻守狭窄的伊阙隘口，魏军兵少，驻防远处较为安全的洛河河谷，两军无合兵一处的迹象。白起从对方的布置中嗅出了一丝奇异的味道：如果两军合作亲密无间的话，那么韩军兵多完全可以分兵同时防御两个要点，并让战斗力更强的魏军来协助韩军守卫伊阙隘口，韩魏两军各自在隘口左右扎营共同御敌。但现在这样的布局更像是双方互不信任，唯恐自己被友军暗算一般。双方之间的关系可谓貌合神离，谁都不愿啃硬骨头先出击。很显然，韩、魏联军虽然继续由这对多次合作的搭档来指挥，但这并不代

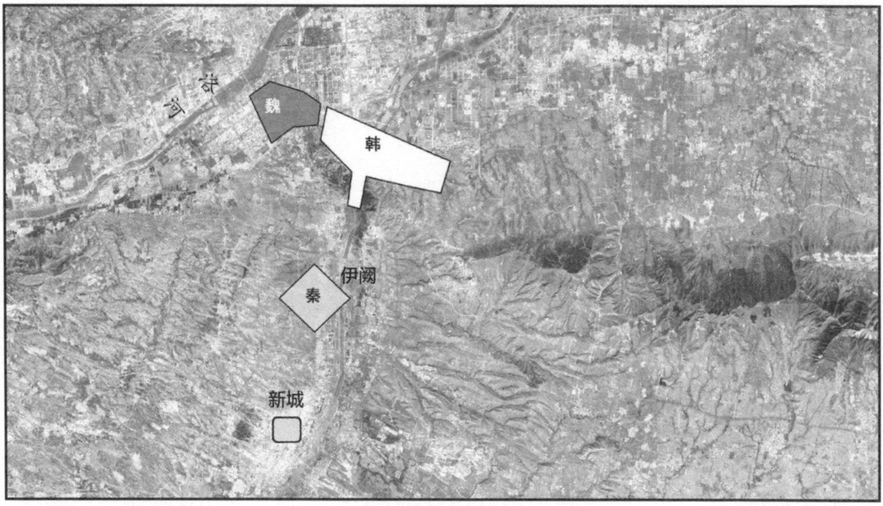


▲ 伊阙之战战前态势

▼ 白起分兵

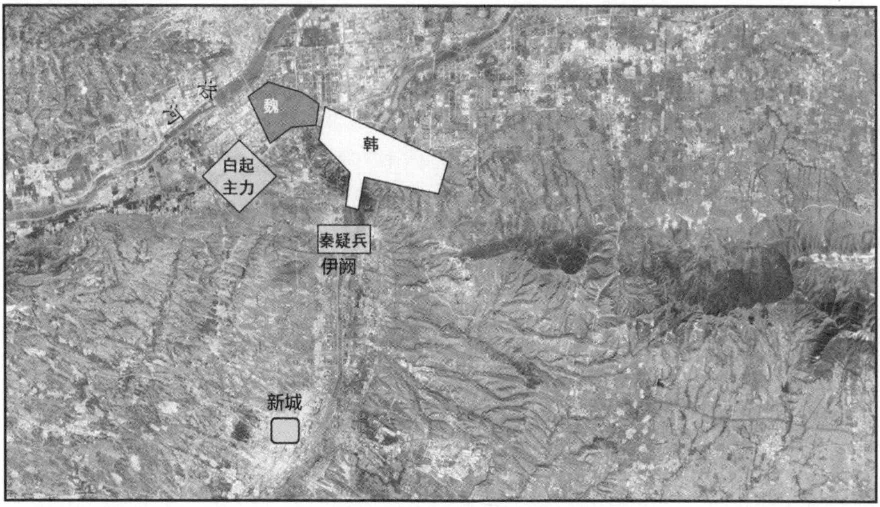


表韩魏两国在此战中的利益一致，只要两者间存在矛盾就有机可乘。

从细微之处发现战机的白起决定弄险分兵：以少量部队为疑兵，大张旗鼓地主动前往伊阙韩军大营门前挑战；自己则率领主力精锐向西迂回，秘密地抵近魏军营地。龙门山之南是一片高地，将南部战区划分为了伊水谷地与洛水谷地东西两个部分。翻越这个高地对于秦军而言并不困难，但是这个高地却能阻挡韩军的视线，让其无法发现白起军的异动。根据此战韩魏两军被斩首 24 万可推断战前两军全部兵力应超过这个数字，最多可能为 30 万，那么秦军的兵力就大概为 12 万 ~15 万。分兵时白起应该自领 10 万兵力迂回魏军侧翼，剩余数万兵力作为疑兵在伊阙隘口之前列阵。

为了确保分兵计划不被韩魏两军提前发现，白起当天清晨全军出动，一路向北推进，并派出精锐斥候扫荡联军散布于伊洛的哨兵与斥候。败退的联军哨兵逃回伊阙大营，报告公孙喜与暴鸢，秦军倾巢出击，正向伊阙隘口攻来。联军紧急军议后，大营中的韩军立即整军备战。史册中并未记录作为统帅的公孙喜此时是留在伊阙大营，还是回到了洛河魏军营地，不过从战斗中魏军缺乏戒备的情况来看，留守魏军明显缺乏有力的指挥，故主将公孙喜在伊阙大营坐镇的可能性更高。联军完成布置之后，秦军在白起的带领下开赴伊阙大营门前，发起了试探性的攻击。精神紧张的韩军士卒们张开强弩，在军官的号令下不停地向秦阵射出羽箭。联军以为秦军被堵在伊阙隘口之前难以推进，双方鼓号齐鸣，喊杀声不断。

白起见时机成熟，立即率领后阵主力向西方登上小高地，并在北侧的缓坡上进行战术展开。此时的魏军听见东南方传来的响动，在韩营打探情况的军吏也回来报告秦人正在攻击韩营，便认为秦军已经与韩军陷入激烈交战而不会再来魏营触霉头了，因此放松了警惕。在经过一连串沉重的打击之后，在这里的数万军队几乎是魏国（在西部国境内）最后的一支精锐武卒了，魏王对这支宝贵的部队十分重视，严令诸将保存实力，不许轻易出战。留守的魏将认为既然秦、韩两军已经交战，那么自己不用着急出击，让双方消耗之后再出手捡便宜方为上策。至于秦军分兵来攻的可能性，魏将认为秦军兵力仅有联军一半，兵法上从来只有“倍而分之”的说法——兵力占优的一方才会选择分兵夹击对手，从来没见过兵力稀少的一方敢分兵玩两面出击。

以有心算无心，局部兵力占优的秦军（大概 10 万）用较短的时间攻破了缺乏战意的魏军（兵力 5 万 ~8 万）营寨。白起特意让部队主力在魏营西侧向北深入穿插，待杀透魏营后再转向东迂回包抄，形成一个半包围圈，驱使魏军溃兵从侧后冲击东南方的韩军大营。伊阙两侧为龙门山与香山，两山及其延伸出的山岭在隘口北侧成喇叭状，韩军的营地主体就在这个巨大的喇叭口之中。隘口南部，韩军正面与秦军疑兵保持着中低烈度的胶着，这时却从背后忽然跑来大批的魏国溃兵，不但冲破了韩军的防御布置，更将恐惧与疑惑“传染”给了大营中的韩军。随后秦军严整的大阵也跟随着魏国溃兵的脚步出现在韩军士卒的面前。更为可怕的是，秦军不光现身于魏营所处的西方，连北面都是秦军的黑色战旗——韩军大营已经被秦军两面包围了！

这样的情况，让联军上至统帅下至普通士卒的所有人都被吓蒙了。每一个人的心中都被两个恐怖的可能所冲击：难道秦国秘密从函谷关方向调来了大批援军？秦军此时的总兵力已经超过了两国联军？北部的秦军攻击前进，挤压着韩军与魏国残兵所占据的空间，让两军的建制进一步被打碎。陷入混乱的联军士卒慌不择路地四处乱窜。大批失去理智与判断力的士兵自发地向南奔逃，准备从看上去秦军防备兵力更少的伊阙隘口处逃生。就这样，大营中的韩军秩序彻底崩溃，基本无法再组织起来，以进行有力的反击。隘口南部的秦军则转为防御，堵截从隘口

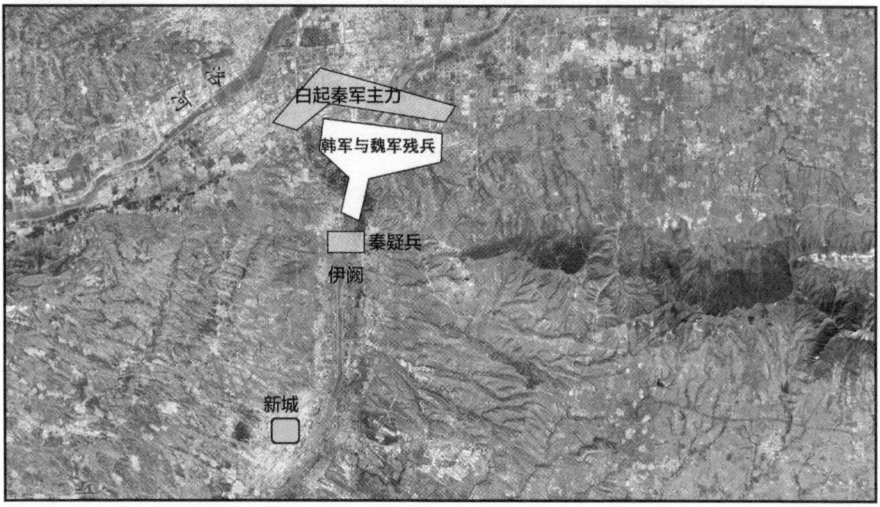


▲会战第二阶段，秦军合围圈的形成

突围的联军。

北线，秩序井然的秦军主力在白起的调度下，如同一柄巨大的铁锤将韩、魏两军原本还算规整的战阵一下一下地捶扁砸碎，两军的指挥领导体系逐渐失去控制力，大军秩序全无，包围圈里的士兵们狼奔豕突。南线，数万秦军紧邻隘口列阵，控制着战线的宽度，以数万兵力不但实现了局部的以多打少，还能保持一线战斗人员的轮换，随时以体力充足的士兵来迎战从谷口涌出的韩、魏士卒。除了少数在秦军北部合围圈彻底封闭前就仓皇东逃的联军部队，大部分两国士卒都变成了秦军的战绩。主将公孙喜被俘，后可能因伤重身故。韩将暴鸢则逃出生天，之后还领军参加了五国伐齐之役。周郝王四十年（秦昭襄王三十二年，韩厘王二十一年，魏安厘王二年，公元前 275 年），秦穰侯魏冉领军攻魏，直逼魏都大梁城下。韩国以暴鸢为将来救，被秦军击败斩首 4 万。暴鸢率残军逃入大梁，自此之后史册中就再无关于韩将暴鸢的记载。

会战结束后，白起率领秦军继续北上，将函谷关前的韩国领土一举收入囊中，史书称白起连拔五城。一年后（公元前 291 年）因战功成为大良造的白起攻克了韩国的宛城。为了求和，次年韩王咎只能将原本失而复得的武遂及周边的 200 里土地尽数割让给秦国。

关于武遂城的所在地，学界一直存在诸多说法，这主要是因为战国时期有 4 座城邑都叫武遂，其中两座在今河北省（徐水县、武强县）地界，另外两座在今山西省境内。《战国策》中曾提到：“秦破韩宜阳，而韩犹复事秦者，以先王墓在平阳，而秦之武遂去之七十里，以故尤畏秦。”很显然，秦军攻克的这座武遂城，距离韩国旧都平阳只有 70 里（战国里，约合 30 千米）左右的路程。那么，秦军攻克的武遂城只可能在山西省境内。山西省境内的第一个武遂城在今运城市垣曲县东南，第二个武遂在临汾市浮山区辛城村（当地发掘出一座战国时期古城遗址），两地南北相距约 75 千米。那么，到底哪处才是我们这里要寻找的武遂城呢？我们先将这两个地点都在地图上标出，然后代入已知条件——武遂距离平阳仅 30 千米。故韩平阳城在今山西省临汾市，那么距离在 30 千米这个范围之内的，就只有与平阳城直线距离约为 25 千米（毕竟实际路程要比直线距离长一些）的浮山区辛城村这一处了。至于垣曲县的武遂城，可能是韩国在丢失原浮山村武遂城后，在其南

▲ 今山西境内的两座武遂城与平阳城位置示意图

▲故宫博物院馆藏韩“武遂大夫”钵
铜鼻钮“武遂大夫”钵，战国·韩，印面1.3×1.3厘米，通高1.2厘米。钵为铜铸，鼻钮。钵文为战国古文字体，朱文，右上起顺读。钵文中的“大夫”二字写作“大＝”，是当时的一种简写，常在相通的两字连写时出现。

相隔 75 千米处新建的要塞城邑，且沿用了武遂之名，并以该城控制王屋山南北交通要道，作为沟通韩国河东、上党、河内三郡的关键节点。因此也可以推测：《史记·秦本纪》中“拔宜阳，斩首六万”与“涉河，城武遂”两句应该分开断句，分别记录的是当年差不多同时发生的两次不同的战事。因此，在《史记·樗里子甘茂列传》中，只有“拔宜阳斩首六万”的文字，却没有关于甘茂拔武遂城的记录。

### 伐楚之役

伐楚之战可谓秦王稷主持的一场豪赌。赌赢了，秦国将一飞冲天；赌输了，变法强国数十年的积累将会赔得一干二净。孙子兵法有言：“上兵伐谋，其次伐交，其次伐兵，其下攻城。”为了打赢这一战，秦国首先在外交战场上展开了一系列孤立楚国、争取有利的国际局势的行动。

此时秦国最重大的外交举动莫过于发生于秦昭襄王二十八年（赵惠文王二十年，楚顷襄王二十年，公元前 279 年）的渑池之会。会上秦、赵两国达成协议：双方保持边境现状，默许对方在他处征伐扩张而不行干扰。秦国可以放心地从河东等地抽调军队出武关，至丹阳一带秘密集结。其实此举颇为冒险，作为战国第一弄险好手的秦王稷与白起君臣二人却在这个危险的举动中看到了潜藏的机遇：正是因为足够危险，才更具有突然性。况且在军事地理的角度上，秦国还有两条保险丝为此次行动的风险兜底。

蓝田之战以秦国被迫归还楚国汉中（安康盆地）、上庸两地而告终。但是秦国还是保留下了丹阳这个重要的前进基地。更重要的是，在垂沙之战中，秦人再次对楚国趁火打劫，将以析邑为核心的十五座城邑弄到手中。自此之后，整条秦楚武关之道都归秦国单方所有。

然而，秦国在地缘上对楚国形成的战略优势还不止于此。周慎靓王五年【秦

### 垂沙之战

周赧王九年（楚怀王二十三年，公元前306年），越王无疆北上伐齐，途中听信谗言，率领大军调头攻楚，不料中埋伏兵败身亡。楚国趁机灭越，在接下来的几年中获得了肥沃的江东之地与宁绍、太湖两处平原，即“三楚”中的东楚之地。春秋时期，这里是吴国与越国的核心区域，人口相对密集，水热条件上佳，农业、手工业发展良好。吞并越国这个二流国家后，楚国的战争潜力必然上了一个台阶，打破了各国间现有的微妙平衡。战国之世，若一国有所得，则邻国必群起而攻之。

果不其然，魏襄王十六年、【韩襄王九年，秦昭襄王四年，齐宣王十七年，公元前303年】冬季，齐、魏、韩三国派出自己最得力的大将联军伐楚。由于当年冬秦国伐韩、魏，故三国暂时息兵。次年，三国联军再次出兵，并推进至楚方城，与唐眛率领的楚军在垂沙对峙。齐将匡章在探明适合渡河的路线后，夜袭楚军，斩楚军2万，杀楚将唐眛，突破了楚国的方城防线。战后韩、魏两国分别获得了宛、叶两地。

为向秦国求援，楚国以太子质秦。于是，秦国为救楚出兵伐韩、魏，攻陷韩国武遂与魏国蒲阪、封陵（风陵渡）、临晋（今山西省运城市临猗县，区别于河西的临晋）。后因楚太子杀人事件，以及韩、魏对秦国摆出拉拢姿态，共同促使了秦楚反目。三国继续联军伐楚，秦国趁火打劫，以庶长奂领兵攻陷秦楚武关之道南出口的析邑，斩首楚军2万。楚国获得了吴越之地与大量人口，却失去了南阳盆地的北大门，列国形势就此再次恢复了平衡。

惠文王更元九年，公元前316年】，当天下人的目光都为燕国的禅让闹剧所吸引时，秦将司马错则率军拿下了一直被中原人视作蛮夷之地的巴蜀。

汉朝初年的武都大地震（公元前186年）之前，关中的渭水与汉水、嘉陵江均有较为方便的水路沟通。秦军可以在雍地溯新江南下，利用今陕西省瀓县、成

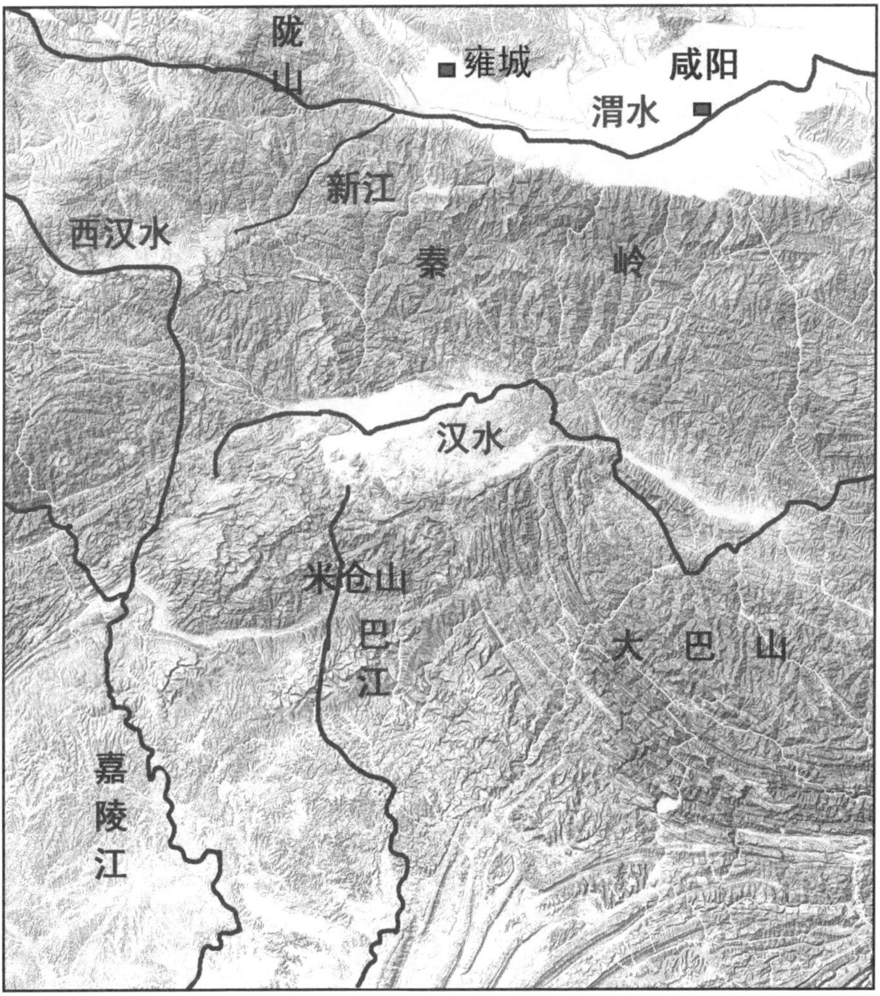


▲关中—汉中—蜀北

县盆地间的大泽行船至西汉水。先秦古汉水，西汉水（嘉陵江上游）与汉水（今汉江）是相互沟通的。《汉书》记载："春正月乙卯，地震，羌道、武都道山崩。"汉初的武都大地震造成陕西省宁强县汉王山一带发生严重的山体滑坡，西汉水与汉水之间联系方被彻底截断。秦国可以利用水路绕开楚国控制的汉中郡，自关中直达蜀地，这也就是古"金牛道"；秦国还可以利用这条水路自西攻取整个汉中—

▲ 诸葛亮塑像

为报茅庐三顾之恩，慰开太平之愿，诸葛亮转战半生耗尽心血，克复中原的宏愿却终成幻影。军事上的事情就是这么残酷无情，诸葛亮作为智慧的代表也无法在技术条件的限制下克服地理上的阻碍。

安康河谷盆地地区。当年韩信走陈仓道攻击关中，便是依靠了这条水运通道。而三国时由于该条道路已被地震滑坡体截断，因此季汉丞相诸葛亮数次北伐，只能绕走岐山道针对陇右地区下手，而难以直接大举攻击关中。

拿下巴蜀之地后的秦国，在关中、蜀地、商於形成了对楚汉中的三面包夹之势，并获得了一条自巴蜀顺江而下，攻击楚国腹地江汉平原的新路径。当然，获取巴蜀之地还为秦国提供了一种宝贵的战略物资——食盐（“盐巴”一词中的巴字便得名于巴地）。李冰父子营建都江堰后，巴蜀成了秦国的第二个“天府之国”。

此时秦楚之间有 4 条通道相互连通：最北端为自宜阳南下，过楚之方城至南阳盆地北部。中线自关中蓝田出发，过武关出淅川而至南阳盆地。中线还有一条线路，即从汉中出发，过上庸沿汉水东出至南阳盆地西部，与前一条道路目的地接近，在其南侧。走中线两条通道伐楚都必须以拿下丹阳—淅川一线为前提，否则很可能被楚军堵截在山中孔道。南线自巴蜀途经三峡东出，至江汉平原。这四条道路，前三条均通至南阳盆地，最后一条则通往江汉平原。

想要弄清楚白起伐楚之役秦国做出的一系列战略决策的根本原因，我们就必须先从军事地理的角度来评估这几条道路对军事行动的支持能力。秦昭襄王十六年（楚顷襄王八年，公元前 291 年），秦大良造白起率军攻取韩国宛邑，彻底打通了自宜阳至南阳盆地的通道。但是要走这条路伐楚，实际的出发点还是关中盆地，不但需要绕道中原，行军距离最长，且侧翼还为韩魏所威胁。即使是自宜阳出发，整条路线也太过绵长，按照当时的秦国国力，进行战略进攻能够支持的一线战斗部队不会超过 5 万人。

第二条道路与第三条道路虽然终点基本一致，但出发点却不一样：分别以关中和汉中为出发点。伐楚之战的前一年（公元前 280 年），秦国重新从楚国手中夺取了楚汉中（今陕西安康）、上庸之地，打通了汉中至丹阳的道路。两条道路通行能力接近，武关道稍好一些，但是出发点的支持能力却大相径庭。很明显，前者的支持能力强很多，而且可以利用商、武关、淅等城邑预先转运和囤积军用物资，保证军事行动的突然性。

第四条道路，首先，出发点巴蜀之地的农业开发不完善，粮食出产相对不足，一旦有战事便需要从别处调集物资储备；其次，自巴蜀东出距离上偏远，容易给对方预警时间；最后，此时的长江水运并不发达，三峡更是行船人口中的“鬼门关”。若用此道出兵，出发时要防止因江水流速过快可能导致的撞船事故；回撤更要逆水而上无比困难，《孙子兵法 · 九地》篇中称这种情况为“挂”——己方易进而难出。对比江汉平原与南阳盆地，虽然后者是楚国的核心统治区，但和秦国多面接壤，战事顺利则可取，不利也能从容进退。江汉平原堪称楚国的后花园，若孤军深入，即便战事顺利，后续支援也难以到达，这样就会面临楚国利用内线作战的优势，在未能对新征服地区建立稳固统治的情况下，就要直面楚国举国之兵，对于进攻军团而言可谓死地。

如果先攻南阳盆地，虽然需要先与楚国正面较量，但是风险尚处于可控范围之内，即使战事不顺利，也能极大地消耗楚国的战争潜力。且攻陷南阳盆地后，江汉平原就会面临唇亡齿寒的处境。只要能迫使楚国放弃南阳盆地，其最合适的撤退路线只能是一路向东，南部的江汉平原自然瓜熟蒂落般地落入秦王手中。因此，

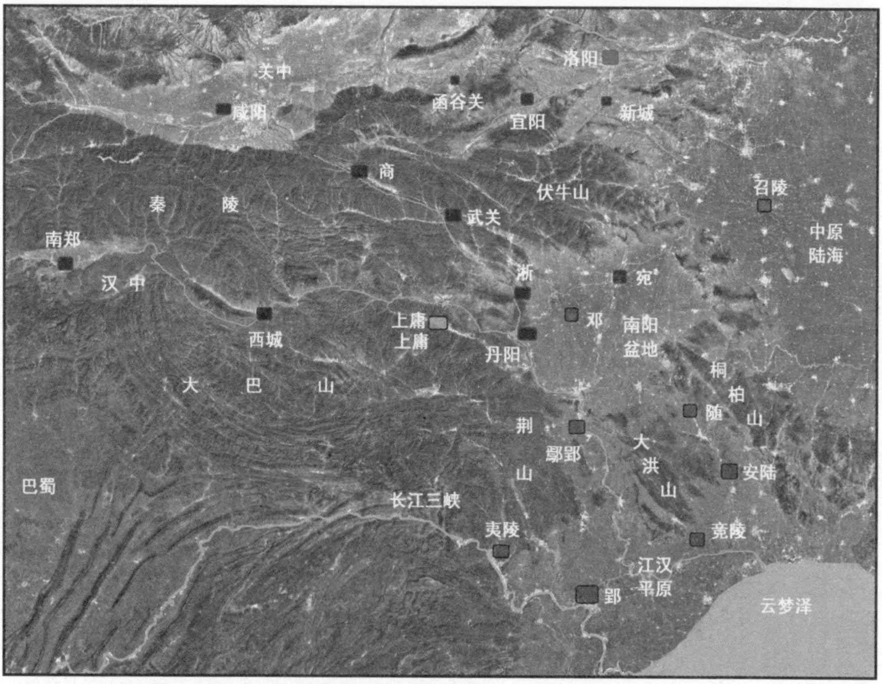

▲ 白起伐楚（图中南郑为今汉中市，西城为今安康市，宛为今南阳市）

秦国最终达成决议：以武关道为支撑，进攻楚国的南阳盆地，并以宜阳—宛、汉中—上庸两条通道为保险丝，若战事不利，则利用这两条道路牵制楚国，或增兵支援或协助伐楚大军安全撤退。

渑池之会后，秦国立刻开展了对楚国核心统治区的军事行动。已抵达丹阳邑的白起，召集诸将商议进攻的路线，秦军秘密营地的中军大帐内，悬挂着根据秦国间谍用各种方法打探到的消息而绘制出来的地图。白起注视着地图上一个名为邓（在今河南省邓州市）的大城邑，33 年前的蓝田之战中，正是韩魏两军袭击此地，促使 50 余万楚军被迫撤退。控制此地，则宛、淅、丹阳三处便可连成一片。经过一场血战，秦军顺利拿下楚国邓邑，然后白起下令分兵：麾下的裨将（可独立领军的中高级军官）们各自率领部队，攻略散布于南阳盆地中的诸多楚国城邑；白起亲率一支精锐部队南下，威慑楚鄢郢都（位于今湖北省宜城市附近）防止其派出救兵，同时封堵位于桐柏山与大洪山之间的枣（阳）—随（州）通道北口，彻底孤立南阳盆地与楚国内地的联系。

在完成对南阳盆地的攻略后，白起下令不用驻守各处的军队全部到他的中军处集结，准备啃本阶段行动中最后的“硬骨头”——楚国鄢郢都（楚立国800年间，数次迁都，但是每次都顽固地将新都城命名为“郢”，即便该地已有名称。此时的楚国都城位于旧鄢地，故被称作鄢郢。在南阳盆地之南的江汉平原上，还有一座楚国旧都郢。楚国这种建都就改称郢的习惯，对研究这段历史造成了不少麻烦）。鄢郢西有荆山，东为大洪山，两山在其北部各延伸有一条小支系，如同一面坚固的城墙，汉水自两山之间川流为鄢郢北大门。在白起看来，这个地形与他成名之战的伊阙颇有几分相似。只不过这次的敌人意志坚定且踞雄城而守，十分棘手。

鄢郢久攻不下，秦军士卒死伤无算，眼看战事即将陷入僵局，白起决意“以水代兵”，水淹鄢郢，好尽快结束战事。在南阳与江汉平原的汉江中下游分布着诸多支流，接到白起的请求后，秦王迅速从国内派遣数名“水工”（主管水利设施设计与修建的技术型官吏）前往白起军中，勘察附近河流山川形势。很快，水工们汇报：自荆山东流的长谷水可用。白起以精锐士卒佯攻鄢郢城，令抽调各处兵丁在水工的指导下围堰挖渠，只待完工后一举攻陷郢都。

某日清晨，当鄢郢都中军民以为秦将白起又将例行公事般前来攻城，没想到却等来了滔天的洪水。整个城池如同一个封闭且易碎的水杯被不停地加压注入过量河水，直至受不了强大的水压自行碎裂。城中数十万百姓淹死，数不尽的尸体被洪水冲到东城墙脚下，城东的空气中弥漫着尸臭。

凭借这种极不光彩的手段，白起成功完成了伐楚之役的第一阶段作战的收尾。在阵阵扑鼻的尸臭中，白起的官爵再次得到晋升，由大良造成为列侯。作为一个秦国的将军，只有战役的胜败与己国士卒的伤亡情况在他的考虑范围内，至于有多少敌国军民因之伤亡，有多少敌国城邑因之崩毁，只要不影响到自己和手下将士的加官晋爵，白起丝毫不会去关心。白起水灌鄢郢留下的长渠被后人加以扩展利用，称为“白起渠”，到北魏时发展为可灌溉宜城3000顷良田的水利工程。古今多少功过是非，谁又能说得清。

为稳固对南阳盆地的统治，秦王特赦了一批正在服刑的官吏与民众[①]以及社会地位低下的赘婿与隐官中民[②]，将之迁入故楚地。经过半年多的稳定，南阳之地属秦。修整了大半年的秦军再次集结于白起的战旗之下，准备发动攻楚之役的第二阶段战事。公元前278年农忙时节后，秦军兵分两路，开始向江汉平原继续推进。西路直接从旧鄢郢南下；东线渡汉水沿枣（阳）—随（州）通道一路平推，连下随、安陆等县邑，扫荡大别山区以西的广阔土地。此时的西楚之地早已是风声鹤唳，楚王横（楚顷襄王）早在白起兵临鄢郢之前便已逃至南边的旧郢。当年年底，楚王横更是带着楚国中央决策层的贵族们顺江而下，到了陈国故地重新建都。

眼看楚王与贵族们逃走，被留在故地的楚人心气已散，经过敷衍的抵抗后，各县邑被秦军控制。为了进一步瓦解楚人的抵抗意志，消除楚文化在民间的影响力，白起又做了一件几乎所有征服者都会做的事情——捣毁旧王朝的祖庙陵寝等可以代表其文化的标志性事物。[③]一把大火将数代楚王的陵园烧成一片焦土，楚王族在南阳盆地与江汉平原的痕迹被逐一抹除。数十年后，此地之民都为秦人。也是在这里，出土了大批关于秦朝的第一手文字材料：有私人的编年回忆录，有基础的教学材料，有政府的存档文书，有秦法的律令条文，还有普通人的家书。这些文字，也成为现在的我们去了解两千多年前的秦国最直接的一个窗口。

白起完成攻楚之役的主要任务后，回到了关中。然而伐楚之役尚有一些收尾工作并未完成。次年秦国蜀郡太守张若率军顺江而下，攻取了楚国巫、黔中二郡，秦国在两地设立郡县，并在行政上将之合二为一。自此，蜀地与外界交流的通道被彻底打通，秦国对巴蜀的开发更加深入。凭借关中、巴蜀、江汉平原这三个大粮仓，秦国终于在综合国力上对关东六国具有了压倒性的优势。

---

① 秦法中有将犯了一些非死罪又交不起罚款的罪犯罚作隶臣妾、城旦舂的法令。这些罪人在官府的管控之下从事舂米、修补城墙、兴修水利等苦役，服刑时间或数年或终身不等。

② 遭遇冤案的平民或从敌国逃来的奴隶等不能被列入平民户籍的一些人。

③ 周人灭商，毁殷商祖庙，掘历代商王之墓。项羽入关中，杀秦宗室，烧咸阳宫及骊山陵。两汉之间，绿林军发西汉帝后之陵。唐定中原，毁隋洛阳宫。朱温亡唐，拆长安城而营汴梁京。元朝灭西夏、南宋后，毁帝王之陵辱先帝之尸。明太祖匡复神州，毁元大都为景山。欧洲殖民者为了在新大陆建立对当地人的统治，将所有能找到的印加、玛雅文明留下的文字材料全部焚毁。

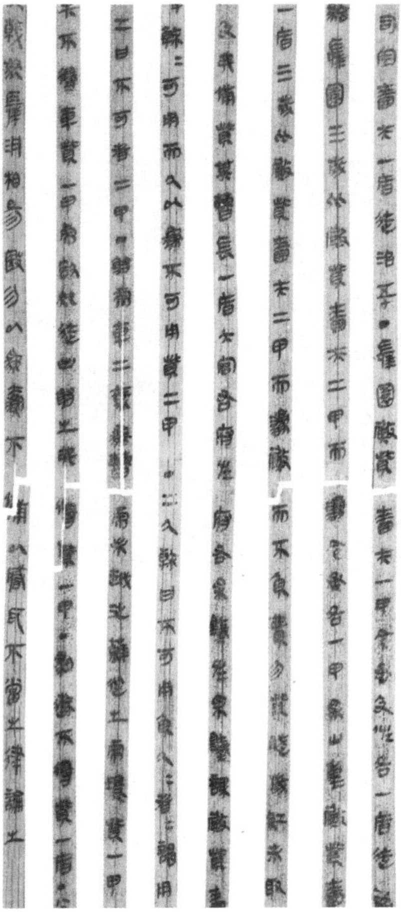

▲睡虎地秦简

就在白起征服江汉，秦设立南阳郡、南郡、洞庭郡之时，著名诗人屈原在汨罗江畔选择了结束自己的生命。屈原作为一个将全部的爱都献给了祖国的理想主义者，为自己深爱的国家以及深爱的土地殉道而死。楚国未亡，楚王横也重新建都于陈郢①，为何屈原却绝望而死？在我们的印象中，屈原只是一个浪漫主义诗人，事实上屈原还是一个具有较高战略眼光的政治家。

楚国核心区的南阳盆地与江汉平原已经丢失，秦楚传统的地缘关系已经发生了根本性的变化。从地理上来看，秦楚新形成的分界线为：北起伏牛山、桐柏山，南至大别山、罗霄山。这条分界线上可供突破的缺口相对较多，且孔道的通行能力更好，秦国还有顺流而下的优势。此外，新建的陈郢直面中原腹地，楚国的精力也会被中原诸国严重牵制。

更为重要的是，楚国的体制与中原诸国均不太一样。楚王与封君贵族之间的关系，更类似于西周时的周天子与诸侯国之间的关系。楚王族是楚国国内最强大的政治、经济与军事力量，楚王统御全国的依仗为其掌握了国内面积最大、人口最多同时也是最富裕的直属领地，还拥有最多的直属军队。楚国的封君贵族们手中

①在今河南省淮阳县，楚顷襄王二十一年（公元前 278 年）迁都于此，三十六年（公元前 263 年）秋，楚王横病逝，其子太子完继位，迁都寿春（今安徽省淮南市寿县寿春镇一带）。后陈郢被王贲率秦军攻占。该处也是秦国最终灭楚的重要前进基地。

▲屈原祠

掌握的权力远高于中原诸国的同行们，不但拥有独立性更强的封地，封地内的赋税、行政、执法、军事权均彻底归属贵族自己。楚王只能任免贵族在朝堂的官职，但不能随意剥夺贵族们的封地，更无法将触手伸到贵族的封地内部。楚声王被“盗”所杀，很有可能就是其施政触碰到了诸多贵族的“奶酪”而被封君们合谋杀死，或许正因为此，即位之初的楚悼王未有何杀贼为先王复仇的举动，反而是后来重用吴起对国中反对派贵族们开刀。

失去了南阳盆地与江汉平原，楚王直属的土地与人口锐减至不及原先的三分之一，直接导致其对楚国的控制能力大大下降。之后的历代楚王也就没有实力与魄力再推行政治改革以中兴楚国。可以说，迁都到陈郢的楚国和丢失了宗周王畿东迁洛阳的周王室一样，失去了在政治上至高无上的话语权。看透了这一点的屈原，对楚国的贵族政治彻底死心，他已经预先看到了楚国灭亡的景象。但百足之虫死而不僵，偏安一隅的楚国在五十多年后才彻底灭亡，临近亡国还给秦国制造了一个巨大的麻烦，但也只是麻烦而已。

不由得感慨，200 年前为复仇第一次灭楚的伍子胥是楚人；此番，定下破楚之策的秦王稷，其母是楚人，他又娶了一个楚国公主为王后，算得上半个楚人；带兵破楚的白起又是楚平王的后人——从某种程度上看，两次击破楚国的主使者全都是楚人或者楚人的后裔，最终灭掉楚国的秦王政也带有楚国血统。或许，历史无意间给曾经强盛无比的楚国开了一个带有黑色幽默性质的玩笑。

### 从合纵连横到远交近攻

白起一生的征战，最有意思的地方在于：他见证了秦国的外交国策由以连横对抗合纵（联合中间国家以及次级强国，攻伐其他一流强国）转变为远交近攻的大略（交好不接壤国家，对邻国开始了从边境地区逐步向纵深推进的蚕食策略）。《战国策·秦策三·范雎至秦》中范雎向秦王稷进言："王不如远交而近攻，得寸则王之寸也，得尺亦王之尺也。今释此而远攻，不亦缪乎。"相信大部分人在初读这一段话时都不由得拍案叫绝，可随后又不禁疑惑：秦国要统一天下，肯定要从邻国开始，吞灭一国则前进一步，最终横扫六国而并天下，这么简单的道理，为何堪称雄才大略的秦王驷看不到，掌权的宣太后看不到，秦王稷此前也没有想到？难道真的是古人太笨吗？虽然说任何伟大的人物均有其历史局限性，事实上我们如果处在当时的情况下，就一定会比战国的那些王侯将相们更加高明吗？

会出现这样的情况，主要还是因为作为后人的我们处于"上帝视角"。总是在已知结局的情况下，习惯性地从结果来反推经过，而忽略了当时参与者和决策者所处的时代背景。因为秦国统一天下，而商鞅变法之后秦国国力大增，秦王驷执政后又遇到数次合纵伐秦（以此认为秦国已强大到列国联合攻伐的地步），所以现代人多觉得秦国国力在商鞅变法成功后就飞速跃升为战国第一。这样的想法显然与实际情况不符，没有以发展的眼光辩证地看待历史事件。

▲ 秦惠文王（电视剧《大秦帝国·纵横》剧照，饰演者富大龙）

秦国虽然因商鞅变法国力大为提升，但在秦王驷时期只能算次等强国中的拔尖者，勉强算是一只脚迈入了第一流强国的门槛。虽然秦国有着光明的前途，但在眼下还缺乏与当时东方的传统强国一较高下的资本与底气，地处南方、幅员辽阔、资源丰富的楚国与位于东方、人口繁多、商业发达的齐国才是当时的第一流强国。战国早期迅速崛起的魏国身处四战之地，却以晋国功业的继承人自居，四处兴兵与邻国生怨，而致精锐尽丧、国势大衰这个教训也让秦国的当权者不得不引以为戒。秦国虽然利用了魏国衰落的机会收复河西之地，并将一只脚伸入黄河以东，取得了争霸中原的跳板和桥头堡，并在地理单元上首次建立了关中—河东一体的战略体系（后世北周和李唐的统一战争策略也是先完成了这一体系的构筑才东出天下的），保证了关中腹地的安全。但是秦国没有过分地打击魏国，继续侵占其核心领地，相反，还修好了与魏国的关系，秦王驷为此迎娶魏国公主为王后。

秦、楚两国王室之间的关系一直以来都比较亲近——双方王室通婚频繁。春秋时秦哀公还出兵帮助事实上已被吴军灭国的楚国再次复国，并流传下来“秦庭之哭”与“无衣之赋”这样的典故。秦王稷之母、权倾一时的宣太后芈八子与其弟权臣魏冉都是楚国人，然而秦王驷时期新获得的土地却主要是从楚国的势力范围内抢来的巴蜀两国。之所以如此，是由秦国的既定扩张战略和各国实力对比所共同导致的。魏国身处三晋之地，直接与秦军对峙，是秦军东进的直接对手。秦军一旦从函谷关出击，无异于宣告自己要“逐鹿中原”，势必刺激山东六国，同处三晋的赵、韩更加不会坐视不理，正面作战的压力会骤然增大。从此出击，不啻以一国之力对抗山东六国，属于投资大、风险大、收益小的无意义行为。相比之下，吞下一直被中原各国视作蛮荒之地的巴蜀，难度就要小得多。秦惠文王更元九年（公元前 316 年），司马错率军灭蜀，轻取蜀国全地，不仅取得了丰饶的巴蜀之地，还获得了大量宝贵的人力。等到秦昭襄王二十七年（公元前 280 年）巴蜀太守张若出兵伐楚之时，大船载着满满的军粮沿江而下。

从秦王驷时期到秦王稷统治前期，秦国主要的打击对象一直是楚国。因为伟大的文学家屈原，后世的我们一直觉得秦国专抓着楚国欺负，故而楚国在我们的印象中总是一个受气包的形象。楚王槐对外被张仪这样的舌辩之士哄骗，在内被子兰这样的国中奸臣欺瞒，最终被骗到秦国，客死他乡。似乎楚国一直是个弱者，

## 张仪欺楚

张仪以600里土地欺楚一事，事实上可能并非我们想象的那样，秦国以600里土地的名义诈取楚国，断绝齐楚联盟。同为超级大国的齐、楚，这种联盟本来就貌合神离。并不能说是张仪欺骗了楚国，反倒更像楚国用一个没什么用的诺言欺骗秦国土地。

如果不好理解的话，我们可以假设一些现代的情况来进行类比：齐、楚就好比冷战时期的美、苏这两个超级大国，而中原列国好比欧陆各国，秦国则相当于联邦德国（西德）。齐、楚联盟则可以看作某一天美、苏两国忽然宣布结成军事联盟。欧洲各国闻讯后均非常恐慌，唯恐两个超级大国达成一致从而瓜分欧洲。于是地处对抗第一线的联邦德国私下对苏联说，我愿意与贵国结成军事同盟。为示诚意，特将西柏林归还东德，并割让汉堡港在内的600平方公里的土地（实际上西德不可能将汉堡港割让给苏联，就像秦国也不会向楚国割让武关等地一样，双方都心知肚明但不明言），以换取苏、美两国断绝联盟关系，并同时希望获得苏联的核保护伞。苏联肯定愿意做这场买卖，超级大国之间怎么会存在什么真正的友谊，有的只是一个缓和矛盾的姿态而已。如果能在获得一个强有力盟友的同时，又平白获得一块战略意义不小的土地，那何乐而不为呢？

张仪以商於600里土地换取齐楚绝交也是如此。其实楚王槐真正在意的是秦、楚两国邦交，不管是否存在齐楚盟约，齐、楚两国之间暂时都是斗而不破的局面；此刻秦、魏、韩等国连横盟约明显是针对楚国，如果能从这个链条上把秦国撬到自己的阵营中，显然十分有利于打破目前的不利局面。显然，真正让楚国愤怒的是秦、楚两国盟约刚刚缔结，秦国就背信弃义攻下与商於之地在南部接壤的楚国重镇丹阳，这根本不是寻求两国友好的态度。更何况丹阳之战，秦军出兵也有救援韩国的因素存在，是敌是友不言而喻。

从地图上就能直观地看出，如果秦国想进一步攻占楚国领土，就必须拿下丹阳，否则南下大军很有可能被堵在武关道中前进不得。此外丹阳地处丹江北岸，水陆交通方便，秦国拿下丹阳就意味着之后的伐楚大军行军路线和补给线完全可以依托汉江水路，在古代，水运始终是最便捷、运输损耗最小的运兵和补给方式。一旦秦国将丹阳作为据点经营，相对靠北的邓地将无险可守。秦军可以轻易掐掉邓地通往楚国内陆的补给线。这样秦军出武关之后就可以以淅、丹阳和邓（邓就在丹阳附近，大军出关后顺手就能拿下）为转运枢纽进行物资囤积，军队也可以进行整编和休整补给，进攻距离相对以前缩短了一半，不管防守还是进攻都获得了一定的先手优势。

依托丹阳的水运交通，秦国可将丹阳经营成攻楚的一个前进基地：从关中运输来的粮食兵器等军需物资可以在丹阳预先囤积起来（从关中出发经武关的秦楚之道通行能力一般，如果等到开战后才开始转运物资，显然不够支撑大战消耗，因此必须在前进基地进行预先储备。秦军伐楚最关键一点在于速度，绝对不能让部队等补给的情况发生），军队也可以先相对隐秘地在此地完成集结，待开战之时突然发动，自然可以打楚国一个措手不及；占领丹阳还可以使秦军的粮船、运兵船从此地出发一直到鄢郢附近再下船，不仅快捷方便，而且运量大。更重要的是，这一路上没有较大的楚国郡县，楚军水师自然也难以截断秦军的补给线。占据丹阳还可以一定程度上切断楚汉中郡与楚国大本营之间的联系，当秦国取汉中之地时，秦军可以依托丹阳阻击楚国东来的救兵，关中、蜀中出兵南北夹击齐取汉中。秦惠王这种将前线推进到楚王卧榻之侧的行为，无异于公开宣布：交好楚国的宣言只是欺骗和麻痹楚国的手段，秦国下一步的策略就是攻楚。用拳头向自己的连横盟友们宣告，秦国始终是连横抗楚的中坚力量。因此，在天下人眼前丢尽颜面的楚王槐才盛怒到要用举国之兵伐秦。

另外也说一下商於600里的土地是个什么样的地方。这里并不是土壤肥沃的膏腴之地，而是秦岭与伏牛山之间的狭长（丹江）河谷地带，单从经济角度看没有多少价值。但是从地缘政治和军事地理的角度上看此地意义非凡：商於600里地实际上是沟通了关中盆地与南阳盆地之间的秦楚古道沿线的北段与中段，秦国声称割让此地，就是将自己南部国境的大门向楚国敞开，以示与楚国结盟的诚意。当时，楚国保有武关之道最南端的析邑等地，秦国则握有处于孔道中央的武关—商邑，以及北端的蓝田原之前的峣关。若交割商於之地，则秦国只剩下峣关一隅。

一般而言，一个合格的关隘需要具备两个条件：前有通道中唯一的险隘之处为地利，后有小型盆地为屯兵聚粮之所。秦函谷关的建立就是背靠灵宝这块小型山中盆地，天下第一雄关——山海关也是仰仗了河北平原的支持。但是商於600里山地之中则缺乏这么一个可以同时满足两个必要条件的地方，因此取武关之险隘，另以商邑为屯兵积粮之所，将一个关隘必备的两个军事职能分离。但这两处之间尚有一段不小距离，因此武关才会成为“关中四塞”中最薄弱的一环。

但真实情况绝非如此：秦楚蓝田原大战，秦王驷甚至因为战事紧急，专门写了一篇诅楚文祈求上天保佑。《史记·秦本纪》中将蓝田原大战写得好像是秦国大胜一样，但是如果注意到一系列会战的战场所在地，我们就可以发现其中端倪：丹阳（今湖北丹江口市附近，属楚地）→武关→蓝田，这分明是一条从楚国往秦国内部前进的道路。

周赧王三年（秦惠文王更元十三年，楚怀王十七年，公元前312年），张仪欺楚，盟约墨迹未干，秦国突然发兵攻占堪称楚国北大门的丹阳（丹阳位于秦楚之道的南出口，城邑旧址在今丹江口水库附近），斩杀楚军8万，俘虏屈匄以下楚将70余员，并吞下了楚国的汉中之地。激得楚王槐大怒，尽起举国之兵兴师50万（这一数字已经超过长平之战时赵国投入的总兵力）伐秦。经过秦楚之道间的一系列激战，秦军主力终于在蓝田原勉强挡住了楚国大军的一路强攻，双方激战数日未果。蓝田原就在今陕西省西安市东南方的蓝田县[①]附近，与咸阳直线距离

---

① 关于蓝田有两个说法：一个是楚蓝田，在今湖北钟祥市以西；另一为秦蓝田，在今陕西蓝田县附近。楚蓝田在楚国国都鄢郢城的东南方向，可以说是楚国的后花园，显然楚国主动出击攻秦不可能在这个地方和秦军发生大战，更何况韩魏偷袭楚国也只是打到了邓附近，在楚蓝田以北160千米之外。因此蓝田之战应该发生在地处陕西的秦蓝田。

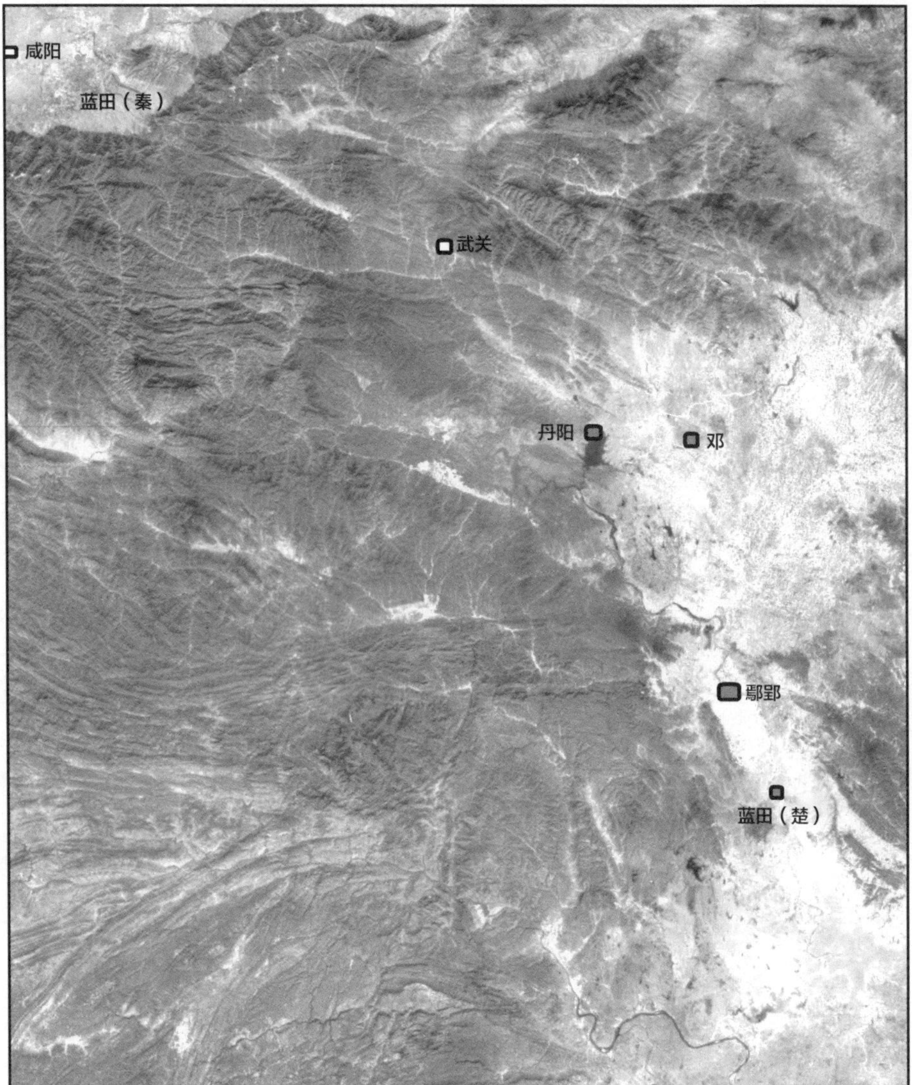


▲ 蓝田之战前秦楚两国边境形势

仅仅 50 多千米，可以说此时的楚军虽然一只脚尚在商於山地，另一只脚却已经踏入了关中平原内，显然此时的秦国已经面临着生死攸关的严重局面。关中四塞东为崤山函谷关、西为陈仓大散关、北为萧关、南为武关，其中武关所在地距离关中核心地区路程最远，消息不便[①]，一旦被攻破，难以及时出兵支援；商於地区水系发达，敌军还可以利用水运提高后勤效率，减少后勤运输中的损耗。秦末刘邦就是破武关进入关中，先于项羽一步到达咸阳。刘邦破武关的战略创意，很有可能就是出自楚王槐伐秦之役。

战役的关键时期，韩魏两国出兵攻占召陵（在今河南省漯河市附近），兵锋抵达楚国邓邑（在今河南省邓州市附近），直接威胁到楚国攻秦大军的后勤补给线，韩魏两军即将切断楚军的补给线。失去秦楚之道南北两个出口控制权的楚军将被堵在秦岭山系的狭长谷地之中，因此楚军必须迅速反身击退韩魏两军，才能保证自己不致成为游荡于神农架山区之内的孤魂野鬼。因此，楚王槐不得已答应了秦国以归还楚国汉中之地为条件的求和，引兵而退。此战中秦楚两军在战术层面与伤亡交换比上至少应该是平手（在战略层面上更有可能楚军占优），否则史册里不会没有一点关于此战中楚军损失情况的记载。与之相比，较早时的丹阳之战楚军阵亡人数、被俘将领的姓名与人数都记载得非常清楚。除了败仗，秦军所有大型战役的战绩战果在《史记》中基本都留下了较为明确的文字记录。司马迁撰写《史记·秦本纪》等内容时参考了大量秦国官方留下的记录材料，因此在与秦国相关的大事件的记述中可能会对秦国战绩带有一定偏向性。蓝田之战中秦军损失之大，实在无法在文字上隐瞒，故秦国方面干脆对此战的具体情况闭口不谈。

韩、魏此时出兵伐楚虽然有浑水摸鱼的嫌疑，若不是秦国已与三晋缓和关系，魏韩两国完全可以落井下石直接攻秦，但是出于连横同盟的关系，也为了将祸水

---

① 虽然几乎所有关隘都是借险要地利而成，但坚固的关隘不但要借助山谷地形之利，更需要背后有一片足够大的平坦之地做积粮屯兵之所，武关之地恰巧不能满足这一点，因此相对其他三关而言较易被攻破。过武关后，又缺少合适地区布置纵深，且山间谷地通道较多，所以武关被破后的后果更为严重。与之相比，萧关距关中腹地虽然远，但是有合适的积粮屯兵之所，可以布置足够多的驻军为调集主力救援争取时间；萧关之后又是泾水河谷，利于防御方布置梯次防御。因此武关即便借助了商於山地的险要地利，其却是关中最为薄弱的一点。

南引（秦、楚两国对掐，那么就都没有多余兵力来打韩、魏两国了），以及打压楚国的需要（这一点才是最关键的因素，若秦国被灭，楚国势力必然会膨胀到谁也无法应对的地步，那么地处中原，堵在楚国家门口的韩魏两国注定是下一个倒霉者），两国在关键时刻选择了出兵袭楚，帮助秦国渡过难关。之后秦王驷之子太子荡（即后来举鼎绝胫而亡的秦武王）也迎娶了魏国宗女为妻，可惜即位后的秦王荡早逝无子。

张仪欺楚，虽然手段恶劣，但是为秦国营造了良好的战略环境，三晋愿意接受连横也是出于自身安全考虑，楚齐（此时的天下两极）结好，则其他各国都会不安全。秦国此时国力完全不亚于三晋中的任意一家，但较齐楚而言尚不是一个档次，也属于齐楚联盟的针对目标之一。张仪用计拆散了齐楚联盟，客观上帮助了除两国之外的所有国家，因此连横才会有市场。对于“列弱”而言，如果有谁能带头行动，领着大家一起攻击顶尖强国，那么“列弱”是很愿意参加的——只有联合行动才能从强国身上割肉，削弱强国后自身的国防安全局势也能得到改善。完璧归赵事件与秦赵渑池之会，也是在这一时代背景下发生的：秦王稷准备兴兵伐楚，但是担心赵国会趁机偷袭秦国，故欲与赵国修好。

渑池之会与完璧归赵两次事件中，赵国在脸面上占尽上风，蔺相如还自吹秦国不敢攻赵是因为有自己存在，但我们将秦国即将伐楚这一大背景放进来，就能清楚地发现：老谋深算的秦王稷利用完璧归赵事件试探出了赵国的外交态度，确信自己出兵伐楚国内空虚期间赵国不会趁机出兵攻秦；又利用渑池之会再次恫吓赵国，使其不敢对秦国进行军事冒险，颇有几分后世空城计的意味。

▲渑池之会

有伐楚这等大事要做，渑池会上秦王稷自然愿意服软——实利既然已经拿到，让赵王何（赵惠文王）在面子上好先秦时华夏诸国的国君们到他国领地内去参加会盟是一件十分正常的事情。各国国君参加会盟，虽然一路上可以率领一支军队沿途护送，但接近会盟地点之后军队只能原地停下等候，只有国君与外交团队才被允许进入目的地参与会盟。邯郸之战后，原本兵戎相见的魏、赵两国国君甚至将会盟地点选择在了魏国领土最西端紧邻秦国边境的阴晋（今陕西省华阴市）。也就是说，为参加会盟，赵侯语必须亲自率领外交队伍，要自东北至西南横穿几乎整个魏国国境！当然，此时的赵国在晋南地区尚保有部分领土。赵侯语一行可以尽量行走在本国境内，但还需要穿越相当距离的他国领地。

虽出现过一些特例，譬如齐鲁柯城之会上，曹刿挟持齐桓公要求退还汾阳之田；盂地会盟上，宋襄公被楚成王武力威胁并扣押，最终还是被放回；赵襄子（赵无恤）在王屋山之会上谋杀亲姐夫代王，事后赵襄子也因此举多被人诟病。除此之外，通常情况下，华夏列国基本不需担心参加会盟的国君人身安全遭到侵害。但在秦王稷扣押楚王槐之后，秦王在国际上信誉扫地，他的会盟邀请自然引起他国忌惮。有扣押楚王槐（从某种程度上看，楚王槐被扣押，算是偿还了当年楚成王扣留宋襄公以攻宋的历史旧债）的劣迹在前，赵国朝野唯恐秦王稷会在渑池之会上故技重施。

廉颇认识到，假若赵王不参加此次渑池会盟，将导致赵国被排斥在连横之外，可能会遭到韩、魏的联手攻击，因此力主赵王参与会盟。渑池会前，廉颇亲自带领军队护送赵王何，并约定如果秦国敢扣押赵王，廉颇等就拥立太子即位以断绝秦国不轨之心。敢在这样的时候说出这样的话，可见廉颇是个为国赤心一片之人；渑池会结束后，赵王何没有因此怪罪廉颇，恐怕也是深知廉颇一心为国。廉颇以军功一层一层升至高位，他的上卿官爵可以说是在死人堆中搏出来的——廉颇在赵王前自称“老卒”，一个老兵。与廉颇凭多年军功得爵相比，蔺相如可以称得上幸进，故才引起廉颇不满。

将相和的故事中，蔺相如既不主动和解又故作高深（故意避开廉

▲老将廉颇

颇，不当面解释却私下操纵舆论），还是廉颇更识大体，听到市井传闻（从故事原文看，这些言论可能是蔺相如有意散布）认识到将相失和的危害后主动服软，还与蔺相如结为至交（这里不得不说蔺相如确实很高明，能够看透赵王何与廉颇等人看不透的秦赵局势，更擅长为自己谋利。看透秦国虚实后以看似莽撞的行为将自己利益最大化，毕竟直接说出秦国虚实赵国也不见得能从中获利，蔺相如还可能会被迁怒。将相和中，蔺相如也是看透了廉颇必然服软才会进行一番运作），维护了赵国政局的稳定。

看些也是应该的。另外不得不说赵王何赏罚实在不明，完璧归赵，蔺相如只是保住了赵王个人的珍宝（可能有人觉得蔺相如为赵国赢得了脸面，就算如此赵国也没有什么实际的收获，反倒是一副弱者心态，但是从当时的国力对比来看，没有获得楚地的秦国并不具备国力优势，赵国更不是弱者），若不是秦王稷竭力维护，差点就被蔺相如的个人行为毁掉了秦、赵两国关系，导致两国提前决战。仅仅因为在渑池会上为自己挣得了个人的一点面子，就再次越级提拔蔺相如，完全不管蔺相如是否为赵国争得了实际上的好处①，是否立下了可以匹配受封官爵的功劳。

① 当然，赵国也并非一无所获，至少利用了秦国伐楚的机会进攻齐、魏两国。不过即使秦国不去伐楚，赵国也可以去攻打齐、魏两国，只是行动的规模要小一些罢了。赵国在地缘上与多国接壤，必须在国内保留更多军队来应急，不像秦国敢于以倾国之兵进行军事冒险。最后的结果我们都知道了，秦人在鄢郢之战将强大的楚国打成半残，并一举吞掉南阳盆地与江汉平原；赵国仅仅从齐魏处获得了几座城邑。两相比较，秦国获得的收益远大于赵国。

赵王何性格较为软弱（作为赵武灵王次子，沙丘之变时目睹兵变将领杀死其兄，软禁其父，只因其年幼好控制才勉强保住王位，这对他的性格产生了一定影响），不能看破秦国的恫吓策略，而蔺相如应该已经看破了秦国虚实才敢放手一搏。

这样的情况一直持续到五国伐齐与白起破楚之后。齐、楚两国破败，唯独秦国国力蒸蒸日上，成为天下至强，列国们自然要把打击的焦点放在秦国身上，连横之策也就不会再有接受者了。秦国此时必须调整国家战略与外交策略，此时范雎献上的远交近攻之策刚好符合秦国下一步的发展方向。此外，秦王稷重用范雎也是从宣太后、魏冉手中夺权的手段，让范雎冲到前台为自己办事，利用完了就果断抛弃，秦王稷不愧为历代秦王中手段最老辣者。

## 野王—长平之战

在范雎远交近攻之策的指导下，秦国开始了蚕食策略。三晋首当其冲地承受着秦国的连番打击：秦昭襄王三十九年（公元前268年）攻魏，取怀城（今河南焦作武陟）；四十二年（公元前265年）攻赵，取三城；四十三年（公元前264年）攻韩陉城，拔五城，斩首5万；四十四年（公元前263年）攻韩南阳，夺轵关道，绝太行道；四十五年（公元前262年）白起攻韩野王（今河南省沁阳市），取十城，绝郑道；四十六年（公元前261年）攻韩，取缑氏（今河南偃师缑氏镇附近）、蔺。

不过很快秦国的这一轮扩张即将走到顶点。克劳塞维茨在《战争论》中指出："大多数战略进攻只能进行到它的力量还足以进行防御以等待媾和的那个时刻为止。超过这一时刻就会发生剧变，就会遭到还击甚至全线崩溃，这种还击的力量通常比进攻者的进攻力量大得多，我们把这个时刻叫作进攻顶点。"秦国的国力和各国实力对比情况决定了此时的秦国在战国七雄中还做不到压制六国并吞灭任何一国。

我们先来梳理一下此时的秦国有几处可以选择的扩张方向：首先，最北方的北地郡和赵国云中郡接壤，周围多为草原与荒漠地貌，基本处于400毫米年降水量线边缘，不适于发展农耕，行军不便（大军在草原行军途中难以获得补给，如果不能迅速实现破口而入，大军孤悬于外是极为危险的），更不适于扩张（扩张的目的就是为了获得适合农耕的土地，而草原并不适合农耕，何况草原上生活着匈奴、娄烦、东胡等游牧部族，因此我们可以看到历朝历代没有任何一家中原势力会选择从塞外绕道攻击来实现统一的策略）。

我们把视线向下转移，从少梁东渡黄河就是山西中南部，秦国已在此占据了一块根据地。秦昭襄王三十八年（公元前 269 年）阏与之战，秦国选择从山西南部的河东郡出兵伐赵，意图攻陷赵上党，以切断赵国晋阳、邯郸两核心区域之间的联系，为下一步占领山西北部全境做准备。但是阏与之战的大败，让秦军晋南兵团在接下来的几年中失去了主动进攻的能力，直到 9 年后的秦昭襄王四十七年（公元前 260 年），秦国晋南军团才恢复了进攻能力。除去幅员辽阔人口众多的楚国，天下次强当属赵国，扩张策略伊始就选择最强的敌人去硬碰硬，显然有些不明智（可能是之前伐魏的顺利让秦国过于自信，觉得自身军力能够重创赵国；赵奢的战术欺骗也起了很大作用，秦军是在没有防备的情况下遭到突袭的），于是秦王稷将目光继续向南移动，选择了三晋中最薄弱的一环——韩国下手。选择伐韩还是有一些顾虑，因为自函谷关东出中原扩张意图实在太过明显，容易引来他国干涉。

同时，由于三门峡的存在，导致此时的黄河水运不够顺畅。这条道路的通行能力难以支持一场规模宏大的战役，反而是利用汾河沟通东西，在晋南之地囤积物资攻略三晋更加便利。

经过一番权衡后，秦王稷的目光落到了一条不会引起他国注意的路线上：从晋南向东出轵关陉，迂回攻取韩国河内、上党两郡。

对韩上党郡的攻略也是分三步走：第一步，攻韩南阳，夺得太行陉通往河内之地的道路；第二步，自轵关陉东出，攻占韩国河内郡的野王等地，控制“郑道”（包括太行山中的太行陉、白陉以及南下进入平原后以野王为核心的这片区域），切断韩上党郡与韩国本土之间的联系；第三步，河内军团配合恢复实力的晋南军团攻取韩上党。这一策略与之前伐魏和伐赵阏与的方略如出一辙，也十分老辣。这也可以是“远交近攻”策略的战场演绎版：“远交近攻”的精髓就在于通过各种手段切断对手的后援，最大限度地孤立对方，然后凭借自身的优势来渗透、攻击、蚕食与自己地理相接的对手。必须注意：远交近攻这一手法只适合大国扩张使用，小国妄图使用这一策略，那么只会结怨身边的强国，招致灭国之祸。比如二战前的波兰，自己国力弱小缺乏国土防御纵深，却异常敌视东西接壤的苏德两大强国，而去亲近遥远的英法两国，甚至还愚蠢到逆国际潮流公开声援日本对外侵略。如此不智，波兰自然会成为战争爆发后第一个被灭亡的国家。

韩国在黄河以北保有的土地还有河内、上党、陉城、武遂（垣曲县）等地，秦昭襄王四十三年（韩厘王九年，公元前 264 年），武安君白起攻打位于上党西部的陉城，让上党直接暴露在秦国面前。秦昭襄王四十四年（公元前 263 年），白起率关中秦军从风陵渡进入晋南，攻打韩国南阳之地（武遂及其周边），从韩国手中夺得了太行陉控制权，为下一步的切割打通路径。第二年，白起再次率军直接穿越太行山南麓过轵关进入上党之南的河内地区，拿下韩国所属的野王等城邑，完成了对上党的 C 字形包围。秦国如同做外科手术一般一步紧接一步地将上党从韩国的身上切割下来。

同样的打法，在一千多年后的齐周攻战中也有人尝试使用过。北周保定四年（北齐河清三年，公元 564 年）冬，北周行三道伐齐之策，杨檦率北周晋南地方军（北周时二十四卫府军是北周的中央军，地方驻守部队尚未隶属于这一系统。伐齐之役北周精锐的中央军基本投入了洛阳中心战场，杨檦只能从当地驻防军中四处

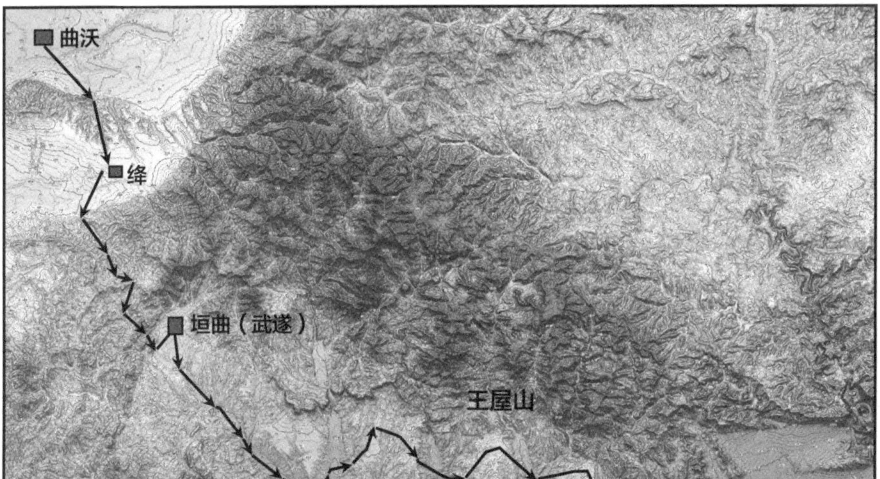


▲ 轵关陉

抽调兵力，拼凑出一支 1 万人的机动部队出击）出轵关，结果让北齐娄太后的外甥娄睿打得大败，杨檦本人还被生擒。虽然杨檦战败有其自身不做防备、麾下军队战斗力较弱的因素，但是最主要的原因还是轵关道太过险要，穿越孔道的行动较易被对方侦知从而做好应对准备。但是白起这个弄险好手丝毫没有犹豫，在韩国反应过来之前率领全军穿越太行山进入了河内之地。

秦军以最快的速度攻下韩野王，沟通韩国都城与上党间交通的最后一条通道——羊肠坂道被秦国切断。上党与韩国本土的联系被彻底隔绝，孤悬在外，可以说韩上党郡这个海贝已被秦国撬开硬壳，只等蘸料吃下嘴了。韩王然（韩桓惠王）准备献出韩上党郡以向秦国求和，但是最大的变数却出现了：上党郡守冯亭认识到，韩国已经没有力量再次打通交通线支援上党，单凭自身的力量，上党无论如何也撑不过秦军的下一轮战略进攻。出于对秦军的恐惧以及对地缘政治的了解，上党韩民不敢又不能归降于秦。于是郡守冯亭决定派出使者去寻求当时仅次于秦国的军事强国——赵国的保护，并将上党全郡土地人口献与赵国。赵国朝廷认为不用耗费一兵一卒（赵国曾数次想出兵从韩国手中夺得东上党），可平白获得一郡 17 城的人口与土地，极为有利，且机不可失，期间虽有平阳君赵豹持反对意见，但被赵王丹（赵孝成王）主动忽略掉了。最终赵王丹决意出兵接收上党。

后世常认为赵国君臣愚蠢，为如此小利引得秦国朝野恼怒出大军决战，最终丧军失地。然而我们换一个角度，从军事地理的角度来分析，就可以看出赵国对上党郡的渴求是十分合理且必要的。首先，从地图上我们能直观地看到，上党与赵都邯郸之间的距离是如此之近。上党堪称赵国都城邯郸的门户——此前的阏与之战已经充分地反映出上党山区对赵国国防的重要意义，长平战后，秦军正是从上党一路出击兵围邯郸的。如果能在秦国之前获得上党全境，赵国便可以得到更大的国土防御纵深。从地缘政治的角度来看，赵国可以接受积弱的韩国保有上党郡，但是绝对不能接受强势的秦国将上党地区纳入自己的势力范围。当秦国攻陷野王、切断郑道之后，赵国朝野都能够看出秦军下一步棋就是攻取上党，威胁赵都邯郸。可以说，如果历史上不是冯亭主动向赵国献上韩上党郡，那么在秦国战车向上党开动之前，赵国很有可能会迫不及待地先下手夺取韩上党。

我们可以尝试对秦赵两国态势进行推演。

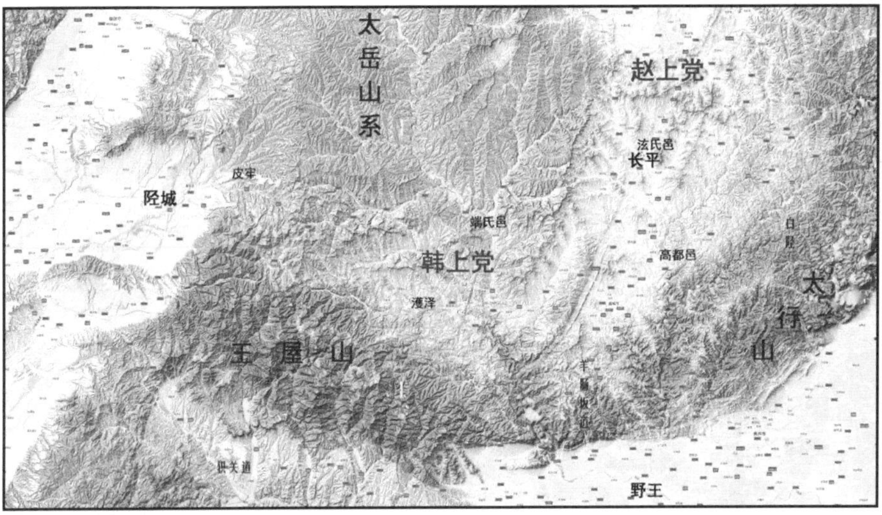

▲ 上党地区全境图

设定一：赵国未做出任何反应，秦国顺利拿下韩上党，这样秦国就能将其野王、离石、上党连为一体，则下一步能够更为便捷地攻取赵国在山西与河北的土地。利用上党这个钉子，秦军可以轻易隔断晋阳与邯郸两地间的联系，如同之前分割韩魏国土一样分割赵国领土。这时候，秦国可以随意挑选进攻的方向。按照秦国一贯采取的先切断一片区域与本土的联系，然后吞噬被包围区域的手段，首先赵国的龙兴之地晋阳将不保，接下来，国都邯郸在秦国的兵锋之下也朝不保夕，赵国要么选择以举国之力（长平之战与邯郸之围）拼死一战，要么就像楚国那样选择迁都了事。上党山地号称“中原屋脊”，得上党则可分割南北，俯视中原及河北，利可争雄，之后的统一战争中，秦国就是利用这一优势将三晋逐个击破。

设定二：赵国如果能够扛住秦国的几次猛攻，成功坚守上党直至秦国不得不退兵，则赵国侧翼有魏国、韩国相助，三晋就能协同锁住秦军在晋南—豫北方向上的所有进攻路径。如此，秦国就算攻取部分上党的城邑也难以久踞，同时新获得的河内郡三面受敌，也要牵制相当兵力以御敌。

然而从政治与外交的角度来看，赵国在冯亭投降时接收上党是绝对的昏着。秦国已经攻取陉城与野王，获得了两条西、南进军路线，兵锋直指上党。赵国很上党位于山西省东南部，地处太行山系南段的群山环抱之中，以“居太行山之巅，地形最高，与天为党也”而得名。上党为山中高地，因其地势险要，自古以来为兵家必争之地，素有“得上党可望得中原”之说。战国秦赵长平之战、汉末袁曹壶关之战、五代十国后周北汉高平会战、解放战争上党战役都围绕这一片地区展开。上党地区的主体由长治盆地与晋城盆地构成，两块盆地以丹朱岭、羊头山和发鸠山等山脉为界（泽、潞两州的传统界山）。东有太行山与河北河南接壤，西屏太岳山，南为王屋山，中间有丹水、少水（沁水南北向支流）、潞水三条主要南北向河流。

在长平之战前夕，韩赵两国各自设有上党郡，将整个上党地区瓜分。但是在之前的三家分晋至陉城之战爆发前的一百多年时间里，上党地区的主权归属发生了数次变化：三家初分晋时，韩国分得了东上党郡、河内郡、河东郡东南以及后来灭郑后统合原有属地设立的三川郡；魏国则分得了西上党郡、河西郡（实际仅有少梁一城）、河东郡、上郡、汝南郡、上蔡郡以及部分河内郡；赵国则分得了晋阳盆地、晋中以及原晋国在今河北省的大片土地，这些地区内尚散落居住着大量胡、狄部族，其中还有中山国、代国这样的已进化为城邦国家的狄人部族。后来三晋经过数次易地和战争，上党最终为韩、赵两国所分别拥有，韩国占据以晋城盆地为核心附属西部山地的西、南上党，赵国占据以长治盆地为核心的东北上党。秦国通过伊阙之战后韩、魏两国的赂秦求和事件，获得了武遂与河东郡，与韩、赵上党接壤。

上党在战国之际为一块出名的富庶之地。《史记·魏世家》卷中记载，公孙颀游说韩侯若山（韩懿侯）时说：“魏罃与公子缓[①]争为太子，君亦闻之乎？今魏罃得王错，挟上党，固半国也。”公元前370年，在位25年的魏武侯在尚未指定王位继承人的情况下骤然离世。魏国国内一片动

①《史记》作“公中缓”，误。

荡，其子公子罃与公子缓均宣称拥有王位继承权，因而引发剧烈内斗。处于下风的公子缓跑到邯郸请求赵侯种出兵助其夺位，而大夫公孙颀则游说韩侯出兵攻魏。上面这段对话就是在这个时候发生的。其言魏公子罃据守了上党，就相当于拥有了半个魏国的国力，可见当时上党之富庶、人口之繁盛、战略位置之重要。当然，这里应当理解为公子罃得到上党后，能够稳固其对大半个魏国的统治，并非上党一地拥有抗衡半个魏国的实力。

韩赵两国军队联合讨伐魏国，联军在黄河以北集结会合，然后一举攻克魏葵邑（今河南省焦作西北），然后挥兵西进，攻打魏都安邑。魏公子罃在公叔痤的扶助下坐镇都城，派出军队在浊泽迎战两国联军。此时韩赵两国国君就战后对魏国处置策略的不同发生激烈争执，各自引军回国。浊泽之战魏国不战而胜，安邑之围解除。可见魏公子罃就是依靠其所掌握的上党郡的雄厚实力和地利，与联军周旋并战胜对手公子缓，最终成功继承魏国国君大位的，他就是后来著名的魏惠王。

如果对上党之地进行细分的话，可以将之视作三个相互独立的小地理单元：西上党山区高地、东南上党晋城盆地与东北上党长治盆地。会战前韩国拥有西上党与东南上党两部分，赵国则保有北上党之地。从地缘上看，长治盆地为上党的精华所在，此地土地开阔平整，有数条河流可以灌溉农田。晋城盆地被诸多小山系切割，农业发展天然弱于长治盆地，但这里却是上党重要战略地位的源泉所在，其对河内、东北上党、华北大平原呈俯视之态。西上党则是东南上党大门外一道针对西面的“防盗门”，其经济基础最为薄弱，更像是东南上党的“添头”。

难抢在秦军之前行动，在上党建立稳固的统治：此时的上党虽然是块富庶之地，但没有数年的经营与积累，其产出不足以供养一支规模上可以独立抵御秦国的军队以自守，一旦秦国大军压境则只能依靠外部援军来救。这就使得赵国难以获得之前在推演中提到的优势。实际情况也是如此。可以说赵国选择了一个最糟糕的时间点来接收上党地区。

赵国若能在秦伐韩野王之时就积极干涉，以出兵救韩之功而获上党，形势将大为不同。这样整个上党—豫北地区就都在己方及盟友的控制之下，尤其是河内野王之地，正是上党的南大门。若想真正实现设定二的局面，那么赵国主动出兵干涉局面的最理想时间点应该为公元前 264 年秦伐韩陉城之时。如果赵国能在秦国为夺取太行道发起陉城之战时便出兵果断协助韩国在晋南击退秦军，那么秦军在下一次进攻时面对的将是在地理单元上较为完整的一条稳固防线，韩、赵两国可以凭此防线更从容地抵挡秦国大军。但是赵国在秦国攻韩的三年间里无动于衷，最终使得秦将白起获得了一个可以在长平之战中将 40 余万赵军绝杀的大好机会。

秦昭襄王四十五年（赵孝成王四年，公元前 262 年），赵国派出战国四公子之一的平原君赵胜为代表，出面接受上党郡。结合史料来看，赵国此次接受上党仅派驻部分军队增强韩上党防务，没有派出成建制的官吏队伍接管当地政务，只是令冯亭继续担任东上党太守一职，并赐予当地军民官爵与财货以笼络人心。

秦昭襄王四十六年（公元前 261 年），秦国派兵攻取韩国颍川郡的缑氏、蔺两邑，以武力威胁冯亭、赵胜二人看清形势撤出上党——两邑位于黄河南岸，与野王等河内诸城邑隔河相望。秦军将之攻占后，等于将韩上党与新郑间的隔离带再次加宽加大。秦国用再次加强套在上党周边的军事枷锁的行动，向天下释放了这样的信号：为了拿下上党，秦国不惜动用举国武力，昭示上党之地我秦国势在必得。不过，这番举动对于赵国君臣而言，不过是媚眼抛给瞎子看，完全怀抱一副“你秦国攻打韩国，和我赵国有什么关系”的心态，没有引起赵国君臣一丝警惕，既不增派军队进入上党支援，也没有在将来的战区内预先囤积粮食等战略物资。

经过两年的相安无事，秦昭襄王四十七年（公元前 260 年）四月，秦左庶长[①]王龁率领已恢复进攻能力的秦国晋南军团从河东郡出发溯汾河支流浍水东进，

---

①事实上，秦国的爵位与军职并非一一对应，军功爵制度仅仅是类似现代军衔制，军功爵并非一一对应的军衔。虽然在战场上低爵位军官要服从高爵位军官的军令，然而统军数量多的高级别军官并不一定拥有二十级爵中的高等级爵位。同样的，低级别军官的爵位只会更低。秦国军人获得低等爵位不算困难，但想要获得高等爵位却十分困难。伊阙之战时统领十多万秦军的白起，爵位也不过是位列第十二级的左更。

途经陉城、皮牢，由沁水河谷穿越王屋山进入西上党地界。很快秦军就攻下了上党西部重镇端氏城，成功地打通了进攻通道。端氏城位于少水与端氏水之畔，王龁命令麾下秦军分别向河流的上下游一同发起进攻，攻陷了另外16座城。

赵王丹闻之大惊，即刻下令：大将廉颇引赵军20万火速前往救援。然而当廉颇赶到西上党东部时，秦军已基本完成了对西上党的攻略行动，廉颇此时能做的只有收拢从西边逃亡而来的上党地区军民。一旦选择接受上党，必然成为抗秦第一线，赵国未得其利先受其害，秦军调转方向攻击赵军，直接引发了中国古代历史上规模最大的围歼战——长平之战。

可以看出，从攻克野王（秦昭襄王四十五年）到进取长平（秦昭襄王四十七年）的这三年里，秦国将主要精力用于稳固已获取的韩国陉城及河内郡各地的统治。同时以陉城为前进基地囤积了大量的战备物资，为攻略上党做准备，秦昭襄王四十七年（公元前260年）才遣大将王龁进取上党。据推测，秦王稷与重臣范雎、大将白起、王龁早在数年前就已制定好了攻取韩国上党郡、河内郡的全套行动计划，甚至连上党投降赵国的可能性都留有应对预案。从秦军的行动时间表上可以清晰地看到：秦国在晋南—豫北方向的扩张，每次只使用部分兵力在一个战线上发动攻击，其他战线保持守势。这既能保持军队的战斗力，又可以大大减轻秦国所面临的后勤压力。韩国却左右为难：连续进行大规模动员耗费太过巨大；不进行大规模动员，又只能眼睁睁地看着大量领土被秦国蚕食。秦国利用完美的行动计划，轻松地控制着战争的节奏与规模，以避免突然的大规模动员对国内经济造成巨大冲击。

**公元前264—公元前260年秦军行动时间表**

| | 公元前264年 | 公元前263年 | 公元前262年 | 公元前261年 | 公元前260年 |
|---|---|---|---|---|---|
| 北线 | 攻韩陉城等九邑 | 修整、备战 | | | 攻西上党 |
| 中线 | 备战 | 攻韩南阳，夺轵关道 | 攻韩野王，绝郑道 | 修整 | |
| 南线 | 备战 | | | 攻韩颍川郡，取缑氏、蔺 | 修整 |

面对王龁麾下秦军咄咄逼人的进攻态势，为取得先机，廉颇派遣裨将茄进取长平以西的少水邑地区，以抢占一块凸出部，建立防线阻止西来的秦军进入长平

山地。很偶然的，赵将茄的部队遭遇了前来探路的秦军斥候，双方就这样第一次交上了手。赵军试探性的举动却引起了秦军的剧烈反应，秦军锐士发挥出了强悍的战斗力，一举击败了赵军前锋并斩杀赵将茄。秦军顺势继续进攻，将一只脚踏进了东南上党地区。单从文字上我们可能看不出来什么端倪，甚至可能会以为就是这么一个偶发的小事件直接酿成了一场规模庞大的会战。但是如果我们将战斗发生的地点在地图上标出，就会发现事情的真相并不是那么简单。

双方的这场前哨战是在端氏邑以东山道间隘口高平关附近发生的。廉颇派出裨将茄的目的很明确：在这里建立防御阵地，挡住秦人继续向东上党进兵的脚步。廉颇已经看清此时赵军实力不足以将秦军从韩上党逐回，那么只有加强防御减少损失一策可用。然而在前哨战中取胜的秦军立即进入了长平地区，这直接表明一个廉颇极不愿意看到的情况发生了——秦军此次行动的目标不仅仅是冯亭献上的西上党，还将贪婪的目光投向了南部上党与赵国占领的东北上党，否则一个简单的前哨战后，秦军不会这么轻率地就向东推进，显然这些秦军斥候的身后跟随着一支主力部队，其身负的军令正是向高平关以东区域推进。秦赵两军，一方是要抢占山口继续推进，另一方则是要堵住孔道建立防线。双方如同街亭之战中的魏蜀两军一般，向着同一个目的地拼命奔跑，只不过这次是身为战略进攻方的秦军获得了赛跑的胜利。① 赵裨将茄为何会“犯”秦斥候？因为这是他的任务所在——挡住秦军继续东进的脚步，只可惜该部赵军仓促迎战秦兵被击溃。一旦王龁攻占东上党之地，邯郸将会笼罩在秦军的阴影之下。9 年前，在阏与之战中被赵奢打伤的那头猛兽已养好伤口卷土重来了！

---

①研究三国历史，必须先将《三国演义》小说情节对思维的干扰彻底排除，而后重新审视原始资料才能得到正确的结论。街亭之战的战场所在地并非诸葛亮所预先设计的阻援阵地，根据出土汉简与《读史方舆纪要》等文献记载推测，街亭真实的所在地为今甘肃省庄浪县张棉驿乡附近，而非当地旅游部门所宣称的龙山镇附近。要想成功阻截从番须道前来支援的张郃部，诸葛亮为马谡安排的最佳据守地点在陇山孔道番须口——也只有这里才能将魏国援军堵截于陇西战区之外，无论是张棉驿乡还是龙山镇都不行——距离街亭尚有一日左右的路程。换言之，马谡原本身负的任务与据守街亭之间根本没有任何必然联系，只不过在会战当天，马谡部刚行进到街亭附近时，斥候报告，张郃的骑兵前锋已经穿过山谷西口，马谡自觉依靠步兵无法在平地打败魏国骑兵，于是选择上山据守，结果忽略了军中饮水消耗情况，导致速败。实际上，街亭原名街泉亭，原本为街泉县番须道上一处重要的取水点，后因番须道衰落人口流失而被降级为亭并入略阳县。而这也是一些人将街亭所在认作龙山镇的原因，将街泉亭小城与东汉略阳县城混作一谈，两处实际相距数十里。

得知初战失败后，廉颇令赵军在长平地区梯次修筑各种类型的堡垒以抗秦兵。此时王龁已经突破了高平隘口，留给赵军构筑防线的时间并不多。此时有两个秦国重兵集团可以随时进入长平战区：西边是已经占领了西上党的王龁晋南兵团，南边则是白起攻打韩南阳、野王后原地留守的中央兵团。王龁部可以从东西上党分界处的高平关突入，南边的白起部可以沿着郑道北上经界牌岭进入长平战区。对于作为防御一方的赵军来说，廉颇所规划构筑的防御体系绝对不只会集中在高平关或者界牌岭这两个点上。在构筑防线的时候，所有合格的将领都会沿着敌人可能的攻击路线分层次地修筑堡垒与战地防御工事，用梯次防御逐渐消耗掉进攻方的人员、物资与士气。

高平关后，向东前进的道路被一道并不高大的山岭分成了南北两条，赵军在两条道路中间各修筑了一座堡垒，即东、西二障城。这就是廉颇在长平地域自西向东构筑的第一条防线。丹水以西，北部以空仓岭为核心、南部以光狼城[①]为突出部的则是赵军的第二条防线——丹水西壁垒防线。赵军根据廉颇的命令又在大粮山、韩王山、将军岭、丹朱岭的脚下，丹水河东岸修筑了第三条防线——丹水东壁垒。最后一条防线则是依托丹朱岭—羊头山山脊线修筑的百里石长城。

面对筑垒防御的赵军，秦军没有停下攻击的脚步。从记载来看，王龁部主力破高平关东进，于当年六月攻取了东西二障城，期间杀赵军四尉——也就是说成建制歼灭了 4 支赵军部队，估计赵军损失兵力在 2 万左右（包括战兵及配属辅兵）。但赵军在这两个点上的抵抗也并非没有意义，至少廉颇充分地利用这段时间，指挥赵军在丹水东西两岸之地又分别构建了两条筑垒壁防线，形成梯次防御。

突破了赵军二障城防线，秦军进行短暂修整后再次发动全线进攻，面前的赵军第二道防线要比第一道防线坚固多了。第一道防线实际并不完整，秦军可以选择南北两条道路中的任意一条主攻，另一边佯攻。而赵军却无法分辨秦军动向，

---

① 光狼城位于今山西省高平市区西南约 7 千米的康营村一带。《史记》中曾记录：白起在公元前 282 年便已攻取了赵国的光狼城。那为何在长平之战中秦军又会再次攻击光狼城呢？以战线与国境的变动来解释并不合理。白起在 20 年前攻克的“光狼城”，很有可能是狼孟城的笔误，赵狼孟邑在阳曲之地，为晋阳北门户。光狼城只是长平战区内一个不太起眼的小城，以白起当时的地位，攻克此城不值得在史书中留下一笔；但狼孟城是一个军事意义重大且经济实力也较为雄厚的城邑，作为白起的战绩之一，值得被《史记》记录在案。

只能将兵力平分驻守两处，这就是进攻一方的优势。秦军可能会采取这样的策略：同时出兵攻打二城，然后突然加大力量攻击其中一座，吸引赵军预备队前来。如果赵军上当，那么将预备队投入另外一边猛攻并夺下该城；如果赵军不上当，那么就顺势拿下面前这座堡垒。只要能打通其中一条道路，秦军后续部队就可以迅速通过，并从后方包抄另一座堡垒，彻底攻陷赵军的第一道防线。

面对相对完备的赵军第二条防线，秦将王龁决定先攻击该条防线南方的突出部——光狼城。拿下光狼城后，秦军此时可能用了正面牵制、侧翼攻击的方式来进攻丹水西壁垒。正面让部队面对赵军壁垒平行展开保持压力。主攻部队利用攻克光狼城所打开的突破口，从南向北依次攻击西壁垒沿途的各个赵军营寨。由于不敢忽略正面秦军带来的压力，当侧翼阵地受到攻击时，赵军不敢轻易分兵去救。王龁就这样像拆线头一样将赵军第二条防线上的堡垒逐个拔除。廉颇见情况不妙，派出部队接应坚守西壁垒的赵军后撤。双方爆发了第一次大规模野战，赵军被击退，又有“二尉”战死（又是两队赵军被成建制消灭），赵军彻底退至丹河以东。当年七月，王龁成功控制了整个丹水以西的赵军壁垒。这里我们可以整理一下王龁部此时的行动进度：四月出征，花了大概两个月的时间攻陷了整个西上党 17 座城池，然后东进攻破高平关进入东上党，此时已经是六月了。接下来王龁又快速攻克二障城防线，然后用了大概一个月的时间攻克了丹河西壁垒，战事也随之延续到了当年七月。

廉颇麾下的赵军兵力约 20 万，王龁的兵力应该不会少于这个数字。我们就按 20 万来计算，那么这样一支大军一天需要消耗多少粮食物资呢？我们就按每人每天 3 斤（秦制，1 斤为 250 克，对于重体力劳动者而言，每天 750 克口粮已经算偏低的标准了）口粮及副食（军官才能享用到）计算，20 万军队一天需要消耗口粮 60 万斤（约合 15 万千克）成品粮[①]。二战中，斯大林格勒（今伏尔加格勒）被围的 30 万德军一天最低物资消耗标准为 30 万千克，与这个标准相近（平均每人

①此处的成品粮是指完成舂米脱壳的小米。一般而言，以古代的粮食保鲜技术无法实现成品粮的长期保存。无论是官府的粮仓还是百姓的存粮，基本以经过晾晒的带壳原粮为主，运输途中的粮食也基本是带壳的原粮。原粮去壳后才能食用，但会损失一定的重量，此处未计算这部分损耗。

每天分得1千克的物资，去掉弹药类作战物资后，口粮大概也为750克。此外德军士兵还能享受油脂类食品，按其标准计一日摄入的热量还更高一些）。秦军从出兵到占据丹河西岸共历时4个月，总计需要消耗粮食1800万千克。根据余也非《中国历代粮食平均亩产量考略》一文的研究结论，先秦粮食平均亩产约为36.6千克/市亩，那么此役秦军所消耗的粮食至少需要大概491803市亩农田一年的全部产出！考虑到税率以及相应损耗问题，这个数字至少还需翻上十数倍。而在这492万市亩农田的背后，则又是大约169248个壮劳力（秦律一夫有田百亩，100秦亩约合29.07市亩）一整年的辛勤劳作，这169248名壮劳力则意味着相同数量的家庭以及676992的社会人口（仅以一家四口计）。20万人3个月的粮食消耗已经需要近67.7万人才能勉强供养，而这20万大军又有近60万的家属，一场战役就使得差不多140多万人被直接牵扯其中。

这样的计算已经忽略了路途上的损耗（当然，部分粮食可以在战区内获得，上党毕竟是富庶之地，仓促东逃的原住军民不可能将全部粮食带走。不过府库可能已被放火焚烧，所以这些故韩民才会逃命般地离开，唯恐遭到秦军的报复），以及军用牲畜所需要的精饲料。除了粮食之外，军队还需要替换兵器、各种耗材辅料、饮水和燃料（基本能够在战区内获得，可以节省相关的运力，国力不仅仅是生产能力，运力也是国力最重要的组成部分）。赵国也负担着同样沉重的后勤压力。但比起王龁，廉颇还要面对一个更麻烦的问题——如何在长平一地安置众多上党逃民。好在先秦文武不分家，身为上卿的廉颇还是懂得一些民政手段，又有原上党太守冯亭从旁协助，总算安置好了所有前来投奔，或者说是被有意裹挟而来的上党故韩民（当然，属于赵国固有领土的长治盆地也被迫进行了总动员，全体民众被征发从军），并按性别与壮弱标准进行区别后对其进行军事化管理，编练成数支民兵部队参与工事的建设，其中一些精壮之军还会与赵军一起执行各项军事任务。

看到长平之战初期阶段秦军洪水一般的攻势与拔城战绩，我们可能会产生这样一个疑惑：在秦军面前，廉颇手下的赵军怎么如此不堪一击？廉颇不是位列战国四大名将之一么，他在和燕国、齐国交战时战绩还是很好的，怎么到了秦将王龁面前就“虚”了呢？廉颇这名将的成色怕是有些问题——2000年前的赵王丹也是这样想的，否则就不会考虑换将了。这时候就需要我们以怀疑的眼光来发现问题了，首先我们应该注意到：在二障城防线失守时，赵军的损失是四尉及其所统领的 2 万士兵，而到了西壁垒攻防时，赵军却只有二尉战死，虽然没有士兵伤亡情况的统计数字，在双方伤亡交换比上，应该是身为防御方的赵军占优。按常理来说，丹河西壁垒攻防战的规模要远远大于东、西二障城攻防战。而且赵军在西壁垒坚守的时间长达一个月，更何况赵军后撤时还与秦军打了一场面对面的野战，但看上去赵军的损失（先是四尉后是二尉）似乎比先期还低些。为什么会出现如此奇怪的情况？

其实原因很简单，秦军推进的速度超过了廉颇的预期，为了加强防御能力，赵军需要大量时间来赶筑工事。前哨战时，赵军刚刚修筑好东、西二障城，正在加快工期进行构筑丹水西壁垒的最后收尾工作，但是赵裨将茄的战败身死，让赵军没有时间继续完成工事的修筑。于是廉颇下令二障城守将必须死守防线，为身后的战友争取宝贵的时间。在秦军优势兵力的围攻下，坚守第一道防线的 4 位赵军尉死战未退，2 万赵军无一人逃跑，全员阵亡。秦军攻击赵军西壁垒防线时，廉颇则在加紧监督丹水东壁垒与最后防线百里石长城的建造工作，坚守丹水西壁垒的意义就在于给修筑最后两道防线赢得足够时间。利用坚守西壁垒的一个月时间，廉颇完成了丹水东壁垒的修筑。此时秦军的攻势太过猛烈，为了节约宝贵的兵力，廉颇派部队接应西壁垒守军撤退。因此西壁垒攻防战中，赵军没有遭受较严重的损失，军官的阵亡率也低于之前。

秦军在前期能推进得这么顺利，其原因也在于廉颇将大部分的兵力留在后方修筑防御工事，而没有在前方布置太多兵力。细心的读者可能注意到了一个有趣的细节：二障城防线是廉颇手中的弃子，丹水西壁垒也是用来争取时间的工具。一共 4 条防线，前两条防线在廉颇的战役规划中属于注定要被放弃的。可是，就算是防御战中常用的“肉磨盘”战术，这放弃得也未免太主动、太轻易了一些。于是，新的疑问又产生了：为何在廉颇的计划中前两条防线是注定要被放弃的？为何到了第三条防线廉颇才选择真正地坚守？

要回答这两个问题，就必须将目光从几条防线的局限中摆脱出来，站在更高的位置上来审视整个战局。长平之战最初的起因是白起率领的秦军攻占了韩国河内郡的野王并切断郑道，韩上党太守被迫选择率土投奔赵国。战后白起率领的秦军有相当一部分就地驻守，以稳固秦国对当地的统治。换言之，在长平战区之南的野王地区存在着一支秦军精锐部队，这支秦军可以随时利用羊肠坂道（即被绝的“郑道”）北上进入战区。而更加危险的是，这支秦军进入战场的位置位于高都邑附近的界牌岭，正好处于丹水西壁垒南部防线的背后！秦军实际上可以从西、南两路展开进攻。在这种情况下，赵将廉颇就算能够确定秦军在哪一个方向主攻，也不敢忽视来自另一个方向的威胁。

尽管老成持重的廉颇自知，就手中这些兵力，自己并没有多少把握能将西、南两个方向上的秦军完全封堵在长平地区以外，但是数条依据长平地区错综山地地形所新构建的防线也为赵军的逐级抵抗提供了信心。廉颇的策略就是利用四条防线来拖延时间，拖到秦国不得不将大批被战事占用的劳动力重新释放回农业生产之时，让现实逼秦军自行退兵。廉颇成功地利用丹水东垒壁暂时挡住了秦军潮水般的攻势，还利用这段时间完成了最后一道防线——百里石长城，可以看出廉颇的最低目标是保住以长治盆地为核心的赵国东北上党。

必须认清，空间换时间不是一个战略而是一种策略，制定任何策略必须根植并服务于战略。在策略的执行上，必须有明确的战役目标规划，比如在哪里构筑防线，每条防线需要坚守多长的时间，预期杀伤多少敌军，防线中的哪些据点一旦丢失就必须组织后撤，以保存兵力用于后续的战斗。后撤的节奏、路线以及掩护后撤的必要准备，应该在战术策划时就确定好。另外，换取来的时间用来做什么也必须事先考虑清楚。比如：是为构筑下一条防线争取时间，还是要拖到对手士气与物资耗尽被迫后撤，又或是为后方转入战时体制争取时间，以调集和组建反击部队？为此需要拖延多长时间？在这段时间内，又应在内政与外交这两个战场之外的战场上做些什么？

1941 年夏季，德国以闪击战全面进攻苏联。由于战略预想的严重失误，导致苏军在国境线交战中蒙受了惨重的损失。同时，苏联由于其工业布局主要集中在欧洲部分，基本处于德国空军的战略打击半径之内。苏联最高统帅斯大林以冷血无情的态度，将一个又一个未完成战争准备的师送到战场一线。尽管连德军将领都评论说，德军的铁钳如同夹核桃一般将这些苏军师一个一个碾碎吃掉，但是到了 1941 年冬季的第一场大雪降临时，德国人却惊奇地发现，越来越多完成整备的苏军新式师进入了战场。而且苏联还利用这短短的半年时间完成了战时经济体制转型。并将无数工厂搬迁到了安全的东部，这些工厂以前所未有的速度完成了安装调试，并立刻生产出无数的火炮、坦克、飞机与弹药支援前线。这就是一个用空间换时间的成功实例。然而想用空间来换取时间，有时需要更多无畏、无悔的牺牲。就像二障城中赵军阵亡的四尉，就像布列斯特要塞，就像潘菲洛夫 28 勇士，就像徒步带领战士们突围的卢金中将。

即使考虑了廉颇将大部兵力布置在防御纵深的后部，但是从秦军前期如潮水

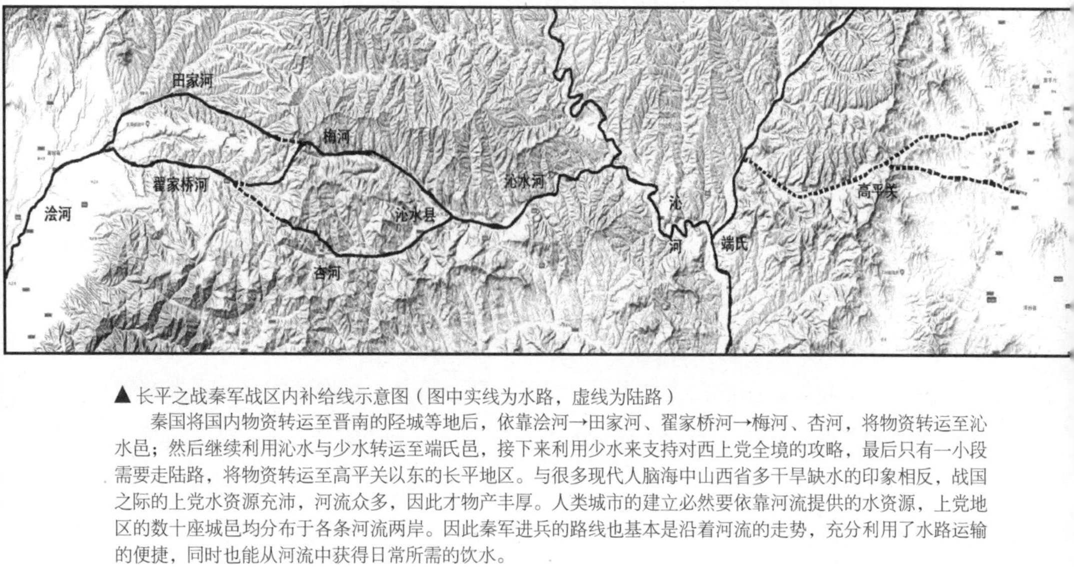


▲长平之战秦军战区内补给线示意图（图中实线为水路，虚线为陆路）

秦国将国内物资转运至晋南的陉城等地后，依靠浍河→田家河、翟家桥河→梅河、杏河，将物资转运至沁水邑；然后继续利用沁水与少水转运至端氏邑，接下来利用少水来支持对西上党全境的攻略，最后只有一小段需要走陆路，将物资转运至高平关以东的长平地区。与很多现代人脑海中山西省多干旱缺水的印象相反，战国之际的上党水资源充沛，河流众多，因此才物产丰厚。人类城市的建立必然要依靠河流提供的水资源，上党地区的数十座城邑均分布于各条河流两岸。因此秦军进兵的路线也基本是沿着河流的走势，充分利用了水路运输的便捷，同时也能从河流中获得日常所需的饮水。

以秦国常见的“万斤船”（载重略多于现在的2500千克，属于比较常见的中小型船只）为运输工具，一艘船可以运送1000人部队3日所需的口粮。为维持整条补给线，平均每艘船所需的劳动力最多为10人，每单位运力消耗成本相对于陆运而言可谓极低，就算出现船只翻覆导致的损失，出库量与运达量之差也是很小的。与陆运那至少一半以上的损耗量比起来，水运的优势不言而喻。更何况水运的单次运量又远超出只能依靠人力与畜力的陆运。在考虑到路途消耗时间、分段运输以及船只来回的后备所需等情况下，800艘船基本可以支撑起20万秦军的补给需求—— 一艘船大概要用10天完成一个来回，那么一天将有80艘船将所携带的20万千克物资运抵目的地。

秦国虽然地处西北，但是其对水上力量的建设一直倾注了大量心血。早在春秋中期的泛舟之役中，秦国就已经做到了由秦都雍城（今陕西省凤翔县南）出发，沿渭水自西向东500里水路运送粮食，横渡黄河以后再改山西汾河北上进入浍水，直达晋都绛城（今山西省侯马市西）。自雍城至绛城期间800里舟楫首尾相连，绵延不绝。如果将泛舟之役的路线与长平之战的秦军补给线一起放在同一张地图上，我们可以惊奇地发现，泛舟之役的路线正好与进入上党战区之前阶段的秦军补给线基本重合。

般连绵不绝的进攻来看，此时秦军的总兵力尤其是战兵数量恐怕要多于赵军——赵国翻越太行山转运物资需要占用大量人力，廉颇率赵军 20 万，其中战兵的比例可能要低一些。王龁部的兵力略高于赵军，再依托水运的便捷，其中的战兵比例与总人数也会高于赵军。然而，长期的进攻作战让秦军疲惫不堪，更让秦国消耗了大量物资储备。大兵团连续两年陈兵于外不断征伐，而今又不得不与赵军对峙于山地之中，尽管可以利用水路的便捷，但是秦军的补给线还是太长了（秦军补给线，取其最远路线：粮食在关中装船，直下渭水走黄河入汾水，然后在山西溯浍水与少水北上进入战区），再对峙下去迟早生变。秦国此次出征投入的兵力与物力堪称空前，如果不能尽快结束会战，大量劳动力就不能回到农业生产中去，接下来几年秦国很难有能力实施较大的行动，甚至有面临饥荒的危险。

然而攻克了赵军两道防线后，秦将王龁失望地看到面前还有丹水东垒壁，后面群山中更加坚固的百里石长城也隐约可见。真的要这样一路强攻下去，就算能取得最后的胜利，对国力和军力的损耗也是极大的。有鉴于此，秦军非常迫切地希望能够让赵军放弃这种保守战术主动出击，以求在野战中迅速消耗掉赵军的有生力量。

一封一封赵军后退的战报放在书案上，年轻的赵王丹此时也有些动摇了。自从廉颇统军与秦军在长平交战以来，一直是败多胜少。原本一个完整的韩上党地区还在赵军手里，怎么短短几个月时间就只剩下长平山地一隅了。长期的对峙中，20 万大军在外的消耗也让赵国有些吃不消了。赵王丹希望能够尽快结束在长平的战事，大臣楼昌此时提出应当与秦国议和。议和原本只是秦、赵两国之间的事情，但是老辣的秦王稷却从中找到了可以利用的机会。秦王稷故意款待赵国使者，并向楚、魏、齐等国大肆宣扬秦、赵已经和解，借以让诸国不做救赵的准备，因此议和失败后，列国都来不及出兵相助，赵国在国际上更加孤立。

和谈失败后，赵王丹只能选择继续战事。失去耐心的赵王丹决定向长平地区增兵，用绝对优势的兵力以尽快战胜秦军，重新夺回上党，向列国展示赵国的实力。必须注意，此时距离天下统一尚有数十年的时间，诸侯们尚不能确定，究竟会是谁来终结这 600 年的乱世。秦、赵两国此番各兴师数十万，可谓两虎相争。在其他国家看来，此次战役最后的胜利者无疑会成为那个最后一统天下的王者，因此，列国只会习惯性地对可能的胜利者使绊子，削弱胜利者的实力，这样才能够保证本国的安全。赵国这番高调地宣布增兵长平，无异于自绝了与天下诸国交好之路，赵国已被彻底地孤立。此时的赵国府库物资储备近乎见底，不得不向列国借粮，但无一国愿意响应。与赵国的高调不同，秦国在决战前故意示弱，让列国都甘愿做旁观者，直到40余万赵军尽没后，那些冷眼旁观的诸侯国才反应过来。

历史上著名的反间计也在此时上演了。秦国派出间谍在赵国散布流言：廉颇老矣，胆气尽失，消极防御只会让赵国失去更多领土，秦军一点都不惧怕“年迈体衰”的廉颇，只怕当年在阏与之战中击败过秦军的马服君父子。赵奢已逝，蔺相如也病重，能够带兵支援并总揽全局的人选只剩下一个赵括。赵括并非完全没有军事经验，其熟读兵书，可能还充当过其父赵奢的参谋，他最大的问题是缺乏一线实战的锻炼，容易在军事指挥上犯按兵法“见招拆招”本本主义的错误。

作为即位时间尚短、斗争经验不足的政治新人，赵王丹急需向所有人表现出自己的锐意进取，更希望借助一次战争的胜利来树立自己的政治威信。我们可以再看看长平之战前夕赵国的政治格局：相邦平原君赵胜、上卿廉颇、内史蔺相如、平阳君赵豹基本是些赵惠文王留下的老臣，年轻的赵王丹在朝中缺乏自己的可靠班底。秦人奸细提到的赵括，在赵王丹心目中不就是一个可以成为其在军中最为得力的助手的人选么。受到了这样的心理暗示，急于建立自己班底的赵王丹自然会选择重用赵括这样的年轻人。只要赵括能够在长平立下战功，赵王丹就会亲自给予相应封赏，并以此对军中势力进行调整，那么赵国的军事大权就能牢固地掌握在赵王丹的嫡系手中。可以说，反间计谣言有意抬高赵括，也是迎合了赵王丹内心的愿望。

在赵王丹看来，赵括是一个充满干劲与智慧、英气十足的年轻人（很多人觉得赵王轻易任命年轻气盛的赵括为将之举十分荒唐，不过回想老将廉颇因攻齐取阳晋之功被拜为上卿并以勇气闻名诸侯时还不到30岁，此时以赵括为将也不算什么太离谱的举动），可以委以重任。但是此番将几乎举国之兵都交给一个人，赵王丹心底还是有一些说不出的担忧。几十年后，秦王政将60万大军交给王翦时，心中也是怀着同样的担忧：声望极高的将领统领了全国的军队，若其生出异心当如何是好？这时赵括之母的劝策让赵王下定了决心：“赵括不像其父赵奢，赵奢善待士卒，君王但有赏赐必分给下属们；赵括则将大王赐予的财货看得紧紧的，又四处购买庭院田产，真是子不类父。”一番话彻底打消了赵王丹心中的疑虑，决心拜赵括为将。

赵括的行为表明自己除了金钱以外别无他求，借此消除赵王对他拥兵自立的疑惧。没准王翦灭楚前屡次向秦王政“请美田宅园池甚众”“以请田宅为子孙业耳”的举动就是借鉴了赵括的故智。兵战凶危胜负难料，赵王还大度地承诺，若赵括战败，可免除其家人连坐之罪。这些话恐怕是赵括有意让母亲去对赵王说的，为的就是获得上阵杀敌的机会。为了家族计又让赵王许下战败不连坐的诺言。赵母也是真心不希望儿子去战场搏命，话讲得情真意切，但儿子作为马服君之子当为赵国尽忠，再不舍也只能放儿子去实现自己的理想。赵国法律严苛，将军战败问罪，家人也要连坐，这一条让很多有心报国的将领望而却步。兵战凶危，赵括却能勇

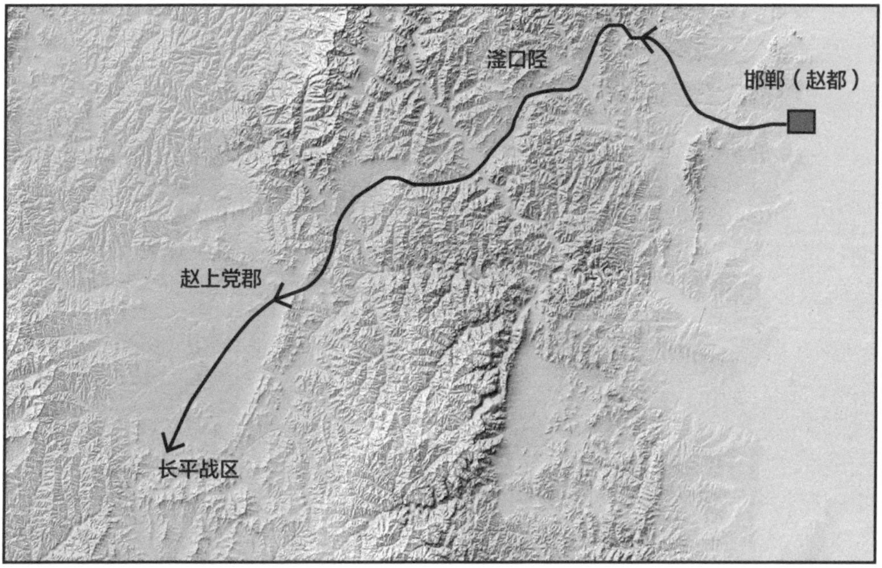


▲赵军补给线示意图
如果以国都邯郸作为赵军补给线的起点，那么其线路是从邯郸出发后经过滏口陉，翻越太行山，进入今天山西长治盆地北部，然后再向南走进入战区。期间经过滏口（即滏口陉得名所在，系滏阳河上横切山地形成的峡谷，平均宽约200米，长约300米）、赵国重镇武安（阏与之战导火索）、涉县、东阳关，沿途多崇山峻岭，只能依靠人、畜来携带物资。

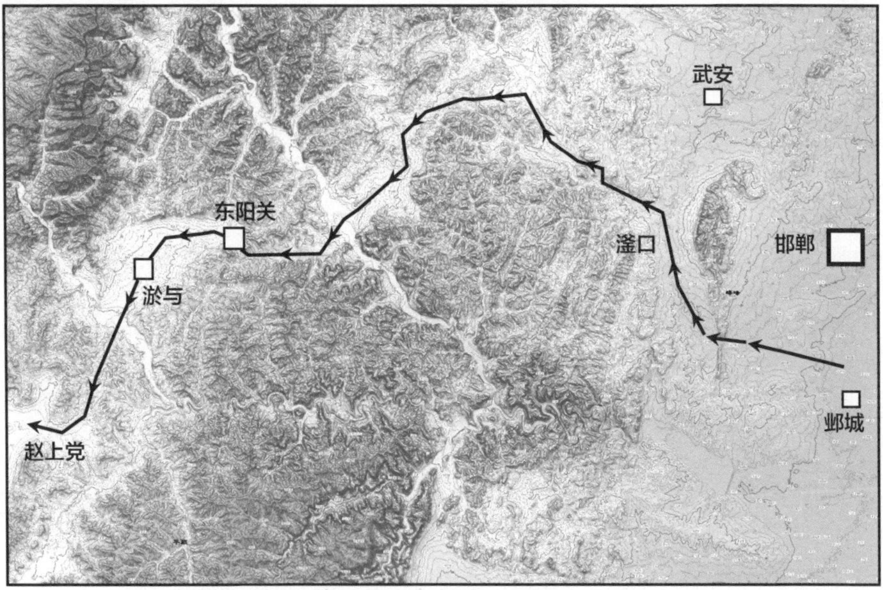


▲滏口陉

敢地站出来，这一点就比所有只知明哲保身之辈高尚。

赵括带着援军和赵王丹赐下的兵符、任命诏书向长平进发。此时长平战场上的赵军总兵力达到了45万之众，赵王丹希望赵括能够以泰山压顶之势迅速击败王翦，恢复上党全境。所谓反间计实际上是迎合了赵王丹内心的愿望，20万大军4个月的巨大消耗已经让赵国吃不消了：长平之战前，赵国的对外战事就没有停过，府库之储早已消耗殆尽。长平一地如果不增兵，战事可能还要再拖几个月，甚至可能会战败。此时列国又不愿借粮，如果不能速战速决，赵军只能撤退。如此秦军便可顺利地占据上党，将赵国领土分割，并把剑锋顶在赵国心脏邯郸之上。如果这样，还不如押上所有本钱赌上一把，更何况我有兵力优势，应该能在一月内就结束战事，好让赵国歇口气。赵王大张旗鼓地增兵，正是想凭此战让天下诸侯看看：都说赵国是天下次强，若我打败了秦国那就是天下至强了，到时候就由我赵国大合天下。

此时秦国也有所动作了，反间计的根本目的是让赵军主动出击。秦王稷与范睢知道，赵王也希望双方迅速决出高下，反间计只是促使赵王丹最终下定决心的一个触发性因素而已，就算没有反间计，赵王在不知晓秦军虚实的情况下还是会决意出击，只不过出击的时间就不好把握了。所以反间计的最重要任务是让赵王将一个不熟悉廉颇防御策略的将领派来接替指挥，并且让赵军在自己所希望的时间段内出击。面对赵国的增兵举动，秦王早已密令上将军白起赶赴前线。司马迁在《史记》中留下了这样的一句话："乃阴使武安君为上将军，而王龁为裨将。令军中有敢泄

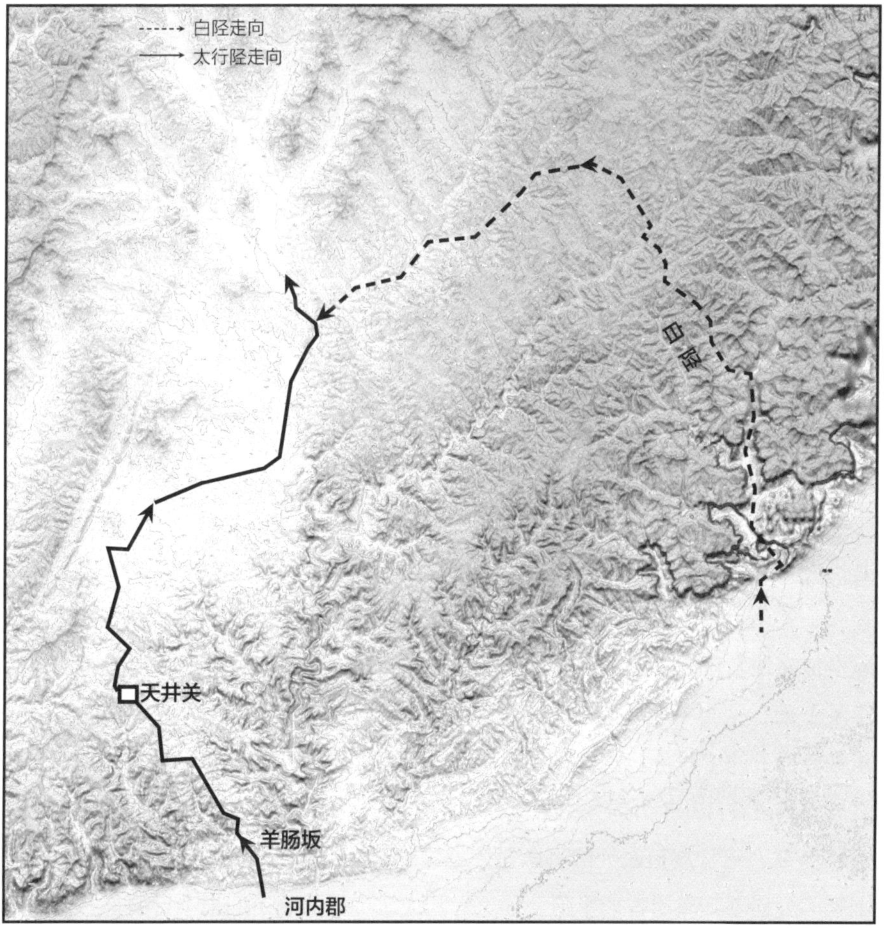


▲白陉，羊肠坂道

武安君将者斩！”

在六国眼中白起确实极具凶名，但是任命白起为主帅为什么要秘密进行？有人可能会说，赵括在与赵王的问对中曾言秦国以王龁为将他能应付，但是秦国若以白起为将则不能敌。秘密换将，就是怕赵括得知白起前来指挥而不敢出击。不过这样理解就太过演义化了，实际上太史公此句真正想表达的意思是：秦国进行了一次秘密增兵行动！野王之战后，秦国的一支精锐部队一直留守在河内地区修整，白起此去将新完成动员的部队伪装成运输队，先赶往河内与留守部队会合，然后一起沿郑道秘密开赴长平以南的界牌岭附近隐蔽驻扎。自此长平之战双方兵力从各自 20 万上升到各自 40 多万，近 90 万人规模的决战即将打响。

长平之战的规模就是这样双方为了能够在兵力上压倒对方不断投入筹码逐步扩大起来的。事实上，在战役进入对峙阶段之后，战局已经失控。双方均骑虎难下，只能无可奈何地向长平这块原先并不起眼的地方不断地投入兵力、物力——战争一旦开始，就只会沿着其自身的规律发展下去，而不会因战争双方主观意愿发生转移。

战国时期这种动辄十几万甚至近百万之众的军队规模可谓空前，之后仅有隋炀帝征高丽才算勉强超过。按照司马迁的记述，长平之战中，赵军光阵亡人数就达到了骇人听闻的 45 万之巨！那么将之包围，并最终获得胜利的秦军总兵力至少应在 50 万左右甚至更多。现在很多研究者都在质疑这一数字的真实性，认为是古代人的夸张。时间　　　与今日更接近的明清两朝，一场大战中的军队规模一般也不过数千上万，最多不过数万。因此还有人怀疑，史书中的“万”字一词含义是当时军队编制名称，实际规模为数百人到千人不等，故战役中的实际兵力为数万人，并认为这样较为合理。但是我们如果到长平战场所在地进行实地考察的话，就会惊奇地发现：两千多年前双方修筑的部分野战工事的遗迹至今依然较好地保存了下来，这些工事基本是在最后的决战阶段内修筑完成的，在这么短时间内完成如此巨大的工程量，若非投入数十万的人力根本不可能做到。司马迁记载长平之战中双方各自几十万的兵力规模，应该是没有问题的。

那么，这种规模超大的军队是怎么组建起来的？战国后期至秦汉统一时期，国家的性质基本属于古典军国，国家一切大政方针的制定的根本目的都是提高军队战斗力。夸张一点说，秦国就是一个有国家的军队，而不是有军队的国家，政府的所有职能都是为军队服务而存在的：鼓励生育增加人口是为了有更多的劳动力生产战争物资，并作为军队的人力来源；收取田税口赋充作军粮军资，鼓励生产推广农业技术是为了增加军粮的供应量，组织手工业生产，也只是为了给军队提供足够的装备；提高行政效率，保证了军队的运作不会受到其他因素干扰。

这样的战争体制下，政府的控制力可以直接向下延伸到每一个乡镇。绝非后世封建国家的“皇权不下县”模式——乡村的统治，只能依靠那些被称作“乡贤”的乡绅地主阶层来维持——这就是儒家政治理念中“家国一体”思想的社会历史背景，同时也是儒家强调“忠臣孝子”概念的根本原因：在家能遵从宗族长辈的指令，习惯了服从上级之后，入朝就能遵从皇帝的指令。实际上王朝的利益与宗族的利益往往是互相冲突的，所谓的孝子们为了维护家族利益，可以做出各种没有底线的事情来，这样的案例在史册中屡见不鲜。

战国时期这种国家政权直接贯彻到基层的强悍行政能力，直到 19 世纪前期进化到现代民族国家的欧洲诸列强才再度实现并超越（拿破仑战争时期，法国征俄之役中双方仅正规军的兵力就分别达到了 60 万与 30 万）。先秦古典军国可以将行政能力投放到统治区内的每个村镇。

秦统一后，统计天下人口约有 2000 多万，这个数字可能只统计了成丁男子[①]的人数。那么算上其他未统计的人口,战国时天下总人口可能有 5000 万 ~7000 万。战国七雄，一国人口应该有 500 万 ~1000 万。据学者考证，长平之战前后秦国人口大概为 700 多万，在这 700 多万人口中，适龄男子（15~55 岁）人数在 200 万左右。每年农闲时，政府将组织所有的成丁男子进行为期一个月左右的劳役，期间也会对这些男丁们进行基本的军事训练，一般情况下只有经历过 3 个月以上训练（即傅籍后 3 年）的男丁才会被编入军队走上战场。算下来，秦国男子也多是在十七八岁时第一次上战场，这和现代军队中士兵的年龄基本相当。

① 虚岁满 15 岁算成年，即成丁。政府每年登记成丁人口数量，成丁男子需要缴纳赋税、服徭役与兵役，即傅籍。西汉时期修改了这一条法令，始傅籍年龄仍然为虚岁 15 岁（汉景帝统治后期曾被短暂改为 20 岁），但服兵役的年龄下限则被调整为虚岁满 20 岁，同时不合适参军的身体条件标准也被放宽。进入和平年代后，政府不再需要将人力压榨到极限。

▲秦俑千面，由无数没留下姓名的普通人组成的无敌军队

一些身体素质良好、在训练中表现优秀的男丁会被选拔进入脱离生产的常备军中服役一段时间，普通民夫的训练则由这些在常备军中服役过的士兵来负责。常备军士兵在服役一定年限后，如果没有升到一定军职或爵位，则会离开常备军编制复员返乡转预备役。等到下一次出兵时又会被征召入伍，成为新组建部队中的基干老兵。一个普通秦人的一生就是这样度过的，以一场场战争作为岁月的注脚。睡虎地秦墓的主人在墓中陪葬了自己的笔记自传，让今天的我们了解到当年那支无敌的军队就是由一个个这样的普通人组成。

战国的军队就是这样，官府平时供养一支精锐的脱产常备军，其余所有男丁则是不脱产的预备役士兵，平时进行生产，农闲时训练。如果遇到连续数年丰收，国库比较充实，国家可以在农闲时节征调大量的预备役士兵转为现役，与常备军一齐出征参战。同时军队还会沿途征发一些人口作为民夫负责后勤转运工作。其中将包括女性，以及体弱而不适于参与一线战斗的男性。《商君书·兵守第十二》中就有这样的文字："三军：壮男为一军，壮女为一军，男女之老弱者为一军，此之谓三军也。壮男之军，使盛食、厉兵，陈而待敌。壮女之军，使盛食、负垒，陈而待令；客至而作土以为险阻及耕格阱；发梁撤屋，给从从之，不洽而毯之，使客无得以助攻备。老弱之军，使牧牛马羊彘，草木之可食者收而食之，以获其壮男女之食。而慎使三军无相过。”战国就是这样一个将一国的人力压榨到极限的时代。杜甫名篇《石壕吏》中也描写了类似的内容：老翁为了躲避强行征发不得不翻墙逃跑，老妇则被抓走，为沿途去河阳服役的征夫们开灶做饭。唐军的数次大败导致关中可用人力匮乏，官府甚至需要强征老妇支援前线。

召集军队的时候，平时的行政机构将有一大部分直接转化为军队各级指挥系统。有学者认为，行政系统将占用部分青壮年男子，影响成军规模：行政机构会占据成丁人口的3%~5%，而且还是脱产的，必须政府供养。但占绝大多数的基层行政人员（里正、亭长、求盗之流的小吏）平时是参与生产的，真正脱产的比例很低。这些学者还忽略了先秦文武不分家的情况，部分文职官吏在接到动员令后也将自动转为武职，成为各级军吏。行政机构占用的人口并不会对军队兵员数量产生多少负面影响。解决大量行政人员参战出征，本地行政力量不足可能导致社会治安水平下降的问题，完全可以在征召民众成军时，将社会不稳定因素（比如游侠、罪犯、赘婿等）也征发参加远征（当然这也有赖于法家思想主导的官府对基层极强的控制力），这样后方的社会秩序问题也在一定程度上得到了解决。战国大军的出现也具有较为明显的“季节性”，如果注意翻阅史料，我们会发现，春秋战国的大型战役基本发生在夏收后与春耕前这样的农闲时节。同样的，大规模军事行动基本也会在春耕开始前后结束。如果不能及时地将被军队占用的大量劳动力释放回农业生产，那么，这个国家在接下来的几年中基本无力再主动发起大规模军事行动。实际上，一国出动几十万“大军”，这样的军队里面真正的精锐脱产战兵比例并不高，通常是以一部分常备军士兵为核心，加上大量临时征召的“预备役转现役”士兵，构成战兵部队，辅助以人数更加庞大的辅兵（或者称之为民夫，这里面的成分会非常复杂，甚至会包括大量妇女）随军转运物资、修筑野战工事。当然，战国时期的辅兵与普通战兵的区别并不是很大，都接受过基本的军事训练（战斗力应当还强于两宋时期的普通厢军），武装之后便能作为步兵方阵中的炮灰用于战场消耗，先秦时代的“全民皆兵”也就是这个含义。长平之战被白起坑杀的40万赵军就是这样一个大杂烩：易帜的原上党郡韩军、平原君带来的接受军及其辅

## 千乘之国与万乘之国

春秋大国常被称作千乘之国，到了战国，“千乘之国”只能算作中等国家。从千到万，军队的规模膨胀了足有10倍之巨！难道战国时期的人口规模是春秋时期的十多倍吗？战国顶峰时期，列国人口总和为5000万上下，那难道春秋时期华夏列国人口总计只有500万左右？

很明显，我们需要从另一个角度来重新解读“千乘之国”与“万乘之国”的真正含义。春秋早期，大国能出之兵不过400乘（繻葛之战）；进入春秋中期后，争霸战争的规模出现了一次剧增：城濮之战前夕，楚国甚至动员出了上千乘的总兵力；到了春秋后期，晋、楚、齐、秦这样的大国都可出兵千乘。一乘战车之下的士卒数量也从最初的30多人膨胀到100人。换言之，春秋后期一国若能满足拥兵10万这一指标，即可算能争霸天下的大国。吴王夫差敢于争霸中原的底气就在于其在艾陵之战中拿出了十万之师。

我们继续沿用一乘之下有士卒百人这一标准来计，那么万乘之国拥兵之数则达百万了！这明显与现实情况不符。马陵之战前后，魏国不过有甲兵36万；长平之战的决战阶段，秦、赵双方各自出兵四五十万；秦第二次灭楚之役，秦国出兵也不过60万。“千乘之国”的含义应该是没有异议了，问题的关键点就在于对“万乘之国”一词的解读。

我们再将前文中列国人口总数为5000万上下这一条件代入，那么按一等强国有万乘（超级大国甚至保有2万乘的实力），二等国家有千乘（宋、中山、越最多时拥兵可达5000乘，卫、滕这样的小国不足千乘）来算，列国总计有“兵”1000万左右，即兵民比例为1 ∶ 5。不知各位读者对这个比例是否感觉到异常的熟悉？1 ∶ 5分明是一般状态下壮丁人数与社会总人口之间的比例。也就是说，战国时期的“万乘之国”实际衡量的是该国的成丁人口总数。在当时兵民一体的基础上实现的广泛征兵制，在最高统治者看来，凡“胜兵者”[①]都可被视作士兵，都要接

① 秦汉称身高满6尺、年龄不超过60岁、身体无残疾的男丁为“胜兵者”。

受训练并服役。

一个万乘之国拥有适龄（15~60 岁，身体健全，且在官府控制之下）男子 100 多万口，总人口则为 500 万 ~600 万。这样的国家进行一次大规模动员，可以征召出一支规模为 30 余万的常备军，这也与马陵之战、伊阙之战时三晋军队的总兵力相当。当然，只要一个君主不是发了疯，就绝对不会把国内的所有军事力量都投入一场会战之中，至少会在国内各重要城邑保留一部分军队。

同理，秦王政发起第二次灭楚之役，此时秦国算得上是一个实力两万乘的超级大国，即全国总人口约为 1000 万，“胜兵”男子数量为 200 万 ~300 万。此时动员出 60 万大军，等于是将国中五分之一到三分之一的男子都带去前线。为了不过分影响农业生产，避免第二年在全国范围出现饥荒，秦国最多能做到二丁抽一或三丁抽二（即现役军队总规模为 100 多万）。这等于说王翦直接指挥的军队数量比此时秦王政留在手里的还要多，我们也就不难理解秦王政内心的忧虑了。

类似的例子还有汉唐时期的史料对西域地区小国的记录。我们常会看到这样的文字：西域小国人口数万，拥兵数千；或有一城中民众一千余，有兵二百人。比如《汉书·西域传》中曾记载：大月氏人口 40 万，胜兵者 10 万；康居国人口 60 万，胜兵者 12 万。乍一看好像没什么不对的，但仔细推敲其兵民比例就会发现其中端倪：这种以绿洲农业与畜牧业（粮食产出水平要低于中原地区）为支撑的小国，其征兵比例居然高达 1 ∶ 10~1 ∶ 5！可以说几乎每户人家中至少有一人当兵。实际上，这里的拥兵数量，只不过是这个国家进行极限动员下身体条件允许参军的男丁人数，非实际拥有士兵的数量。

兵、廉颇的援军及其辅兵、赵括的援军及其辅兵、韩赵两国上党郡百姓（人数可能还比较多）——战争就是这么一个用无尽鲜血孕育出的可怕怪兽，每次出现一定要吞噬掉数不尽的鲜活生命后才会小憩一时，等待下一次被唤醒。

与赵括勘验过虎符和国君的任命诏书后，老将廉颇带着自己的幕府军吏和卫队黯然地走上了回邯郸的道路。赵括接管全军后，发现自己的军队构成实在太过繁杂了：45 万人分别来自赵、韩两个国家，占绝对数量的赵军又分别来自数个完全不同的系统。任何一个有自知之明且有一点军事常识的人都绝对不敢带着这样的一支军队去主动招惹号称虎狼之师的秦军。

首先我们站在赵括的角度来看看眼前的情况：营地里本该剽掠如风的赵军如今都变成了工兵部队，在对峙中不断地筑垒修建完善工事。这 4 个月中士兵们每天干得最多的事情就是挖沟、砍树、采石、烧砖、砌墙、盖房，天天忙于修理地球，堪称一支不打仗专门开发地产的部队。大部分士卒士气低落，看上去根本不像是一支可以取得胜利的军队，显然必须先将自己的军吏队伍派下基层去整顿大军。

首先，为了自己能够真正掌握军队的控制权，赵括撤换了部队中的大批军官，然后将属于自己开府的军吏下派到各个部队中，在人事系统上控制了大军的各个建制，重新建立了一套属于自己的指挥体系。但是这还远远不够。古代战场与现代不同，现代军队可以依靠无线电台、电话线路、光纤网络、通信卫星、信号中继点、信息处理中心等技术装备建立一整套战场信息与指挥神经网络，各个建制单位之间可以随时利用数据链系统共享信息。但先秦这个“交通基本靠走，通讯基本靠吼”的时代里，如果所有指令全部依靠传令兵的来回奔波，那么就不仅仅是延误战机这么简单了。

“击鼓前进，鸣金收兵”是大家都知道的常识，但是利用音乐信号来传达军令存在一定的局限性：一是不能传递相对复杂的信号，只能涵盖进攻、撤退、准备发起攻击等信息，外加控制一下进攻节奏；二是在距离稍远的情况下声音传递衰减情况严重；三是士兵们难以区别命令发出单位的级别高低，造成错误的举动。《尉缭子》中曾提到过：将鼓的声调是商音，帅鼓的声调是角音，中级军官使用小鼓，基层军官用铎、铃。战时军令从主将的军鼓向下级依次传达，以指挥军阵完成不同级别的战术。这样看来，士兵在军事技艺训练的同时，还需要进行音乐上绝对音感的练习。大家可以试想一下，在上万人的战斗中，耳边是兵刃互相撞击的金属打击声、兵器刺入肉体的声音、被刺中的士兵发出的哀嚎、双方的士兵为了给自己鼓气的大声嘶吼……在如此嘈杂的环境中，谁能竖起耳朵从音色分辨出此时听到的鼓声是由最高统帅发出的还是自己所在小队的百夫长发出的？指挥官需要某个位置上的部队立即向某个位置进攻，单纯依靠金鼓又该如何传达自己的指令呢？

很显然，不同的鼓声在大战打响之前调动部队的过程中可以起到一定的作用，但是战斗开始之后，战鼓更多起到了协调士兵步伐、鼓舞士气的作用。咚咚的鼓声如同人的心跳，当心跳的节奏随着鼓声加速时，热血与勇气也会涌上心头。即使到了线性战术时代，基层部队也是依靠随队的小军鼓与短笛来协调士兵行军步伐与火枪装填节奏的。那么更加具体的军令应该如何传达？答案很简单——旌旗金鼓配合使用。主将与各部队之间军官的沟通可以使用各种旗帜与原始的旗语，中级军官得到将领的军令后，使用不同类型的战鼓与本队队旗来指挥麾下士兵的战术行动。

我们都听说过，古代军队大战之前会有“应旗”这个仪式，实际上这不单是简单的一个鼓舞士气的仪式，还是统帅在临战前对指挥系统进行的最后一轮测试。主将依次测试各部之间对统帅“旗语”的理解，当主将以旗鼓信号示意某部队接受军令时，若对应部队成功接收并完成军令解读，则应立即予以相应回应并挥舞旗帜示意。

战斗中，指挥官还可以根据麾下各部战旗的情况来判断战局发展。战场上，各部队的士兵都是跟随着本部战旗行动的：军旗前指则前行，军旗左指则向左推进。战斗中，该队士兵也要保护本队的旗帜，并设法杀死对方指挥官夺取其旗帜——斩将夺旗是也（斩将与夺旗的功劳相当，因此经常连用，实际意义也相当，摧毁了对方指挥节点的核心，并严重打击对方的士气）。统帅如果看到本某阵中低级别战旗数量减少了，那么就可以推测出此处己方伤亡情况严重；若看到己方的数面军旗深入到对方阵形中，则说明己方可能在某处打开了一个突破口，可以投入预备队扩大战果。前出于主力方阵之前的陷阵小队，在敌人阵形中找到了一个可利用的薄弱点，也可以将特定的信号旗树立起来引导主力方阵发起突击。但是这样的指挥信号通常不是全国统一的，而是带有很鲜明的统帅个人特质（这也就是后来兵为将有、世代将门出现的主要原因之一），只有将领自己的旗鼓卫队与常年跟随征战的部队才会熟悉。

“赵括既代廉颇，悉更约束，易置军吏。”后世常认为赵括变更军吏人员、更改军中约束是取乱之道，但实际情况是廉颇带走了自己的幕府与旗鼓队，赵括带来了自己的一套班子，如果不下派军吏，不但难以掌控大军，更无法在全军推行自己的“指挥语言”来实现战阵指挥。如果不变更旗鼓号令，赵括根本无法正常指挥赵国大军，更何况这支大军成分复杂，不但有赵国人还有韩国人，即便同为赵人也来自全国各地，赵括只有用变更旗鼓指挥信号、变更各级部队中的军吏人员的方式来统一此地40余万大军的军令指挥系统。

虽然秦军也面临换将，但是秦军大将都曾为白起部下，各部士兵也是接受国家统一训练的，旗鼓号令很可能用的是同一套体系，没有什么指挥上的问题。更何况大战中白起用了一个更巧妙的办法来解决原王龁部与新来援军的指挥问题——分责、分权。白起为上将军的内情只有王龁等少数将领知道，原王龁部的官兵们只当是和之前一样不做任何改变，继续服从王龁指挥。白起带来的援军和原王龁部在合围圈形成之前不需要会面，也就不牵涉统一指挥的问题。王龁只需要在战前的军议中充分了解自己的职责，战斗中按照白起的战略规划，在合适的时间做出预定的举动即可。

战前军议，将领们聚在一起对敌情进行分析，并制定相应的作战计划与各种应对预案。在指挥只能依靠旗鼓信号的时代，必须在战前对战斗经过有所推演，制定好相应计划，方能使用最简单的信号传递方式让军队发挥出复杂的战术。众多旗帜中每面旗帜均代表一个不同含义，就是命令麾下部队根据在军议上商议好的各项战术预案做出此时将领需要的那一种。这样的指挥方式还会带来一个隐藏的好处——军事指令的保密性，敌人只能看到一面面旗帜迎风招展，却无法知道这面旗帜究竟代表了什么意义。将领运筹帷幄的能力也就反映在军议上制定战术预案以及实现战役决心上。

经过一段时间的整顿，是时候发起攻击了。此时就应考虑：在长达数十里的战线上，应该从哪一点发起主要攻击？我们再回到战场，仔细观察：两军自北到南对峙，整个丹河河谷地形如同一个喇叭口，北方狭窄，往南则逐渐开阔起来，两军各占据了丹河东西畔一系列的山岭。北边谷口狭窄，不宜摆开大军，仰攻秦军壁垒也比较困难；南边虽然开阔，然而西、南两个方向上都有秦军的营寨，轻易出击很有可能被对方三面包围。应该找一个平衡点来发起攻击。

同样的问题也萦绕在白起的脑海中。站在赵军的立场上，到底应该攻击什么位置更有利？或者换个说法：秦军的第一个陷阱应该设在什么位置？用什么样的诱饵可以吸引赵军全力来攻，保证能够不被攻克，黏住赵军主力，吸引赵括全部的注意力？同时还有两个问题：如何形成对赵军的合围圈？需要控制住哪几个要点才能把整个长平地区变成一座牢笼？又该如何拿下这几个要点？

既然要合围赵军，那么必须先考虑诱敌。既然说到了诱敌，那么我们不得不先分析一下在长平战区内的赵国 40 多万大军是如何驻防的。一直以来，人们都认为 40 余万赵军主要是驻守在丹水东垒壁与百里石长城之间的大小东仓河谷等谷地之中。但实际上，这么一块区域的空间难以容纳一座可供 40 多万赵军驻防的防御工事型营地。如果全军硬挤在这么几块被山岭所分割的狭小谷地中，那么其拥挤程度恐怕和踩踏事件中的人群没有太大区别。

而且这样的布置，也根本不符合廉颇制定的分梯次设防的防御策略。赵军的布置应该是这样的：第一线以丹水东垒壁布置防御部队，在几个山岭与谷地间的合适位置修筑堡垒，囤积部分粮草与替换兵力，在韩王山上设立前敌指挥所。以百里石长城作为最后防线，将大部兵力与辎重物资布置在沿线后方的位置，当一线需要支援时，预备队可以迅速沿河谷赶到需要的位置上。赵括的援军部队则驻扎在长治盆地南部，在紧邻战区的位置上建立营寨。当前线需要时，可以随时抽调部队通过东边的故关或者距离更近的长平隘口直接进入战区，填补防线漏洞或发起反击。显然，吃掉聚集于丹河东垒壁的赵军并不困难，但是想全歼此处 40 余万赵军，就是一个无比艰难的任务了。

在战场上，如果想围歼敌军，那么就必须暴露一个薄弱点给对方。这个薄弱点要有足够的价值让对方投入主力，而且要保证不会造成己方崩溃。当然了，这个薄弱点可以只是一个假象。当敌军落入陷阱，主力部队投入混战后，我方当以机动兵力截断其与后方的联系，形成合围。

作为统帅在会战中必须注意，设陷阱的时候绝对要保证己方机动兵力和预备队的隐蔽性。如果一开始己方预备力量就被敌军主力黏住了，那么在后续的行动中很难再有足够兵力去完成合围圈——敌人没有落入陷阱，而是摧毁了你的陷阱。

完成合围的过程中一定要干扰敌军的判断，让对方在合围圈完全成型之前迟疑不定。不去主动突围，用一系列小规模的进攻打断敌军的节奏。在最后的阶段一定要保证封堵住敌军的突围与解围部队。

两千年前，双方的统帅分别站在空仓岭与韩王山上对望，丹水平静地流淌着，山上的森林面积因为双方伐木取材而日渐缩小。出发前赵王丹深切的目光和一定要尽快取胜的叮嘱变成了一个每天都在加重的担子压在年轻的统帅心头。忽然间，赵括注意到对面空仓岭山顶上的秦将王龁的帅旗，据斥候回报，秦军在空仓岭一带营建粮仓，正在屯粮。“对，就是这里，全线出击，主力突击空仓岭，冲击秦军帅旗。在几个谷地上打开突破口，一举夺下秦军粮秣。为支持大军作战，我国已经搬空了国都及附近所有城邑的府库。如果是白起来了，我自不敢托大，但是王龁勇夫一个，我若全力进攻，他只有招架的分。”

确定了攻击目标的赵括召集军议，与诸将商议应从何处发起攻击，谁来负责主攻，又如何安排掩护部队，若主攻方向进展不顺利，又以什么次序让备选主攻方向发起攻击。现在的敌我态势是这样的：秦人大约 20 万，凭借丹水西垒壁占据了战区西面；赵军 20 多万在东边的谷地中梯次布防，另外 20 万部队则在战区之后的长治盆地待命。

赵军此时可选的攻击路线可分为两大方向、五条备选路径。东线从南往北分别是大东仓河谷谷口、小东仓河谷谷口、韩王山与将军岭之间的谷地，北部有长平隘口以及端氏河在发鸠山中切割出的峡谷通道。利用西线的三条道路出击，必须在渡丹水后迅速夺取被秦军占领的西垒壁，但是双方围绕这一线进行了数月的战斗与对峙，已基本达到平衡。单纯地在这条战线上投入更多兵力，就算取胜也必然消耗掉大量的物资、生命以及更加宝贵的时间。

那么从东北面进攻如何呢？首先，发鸠山上这个孔道被赵括等人排除了——其通行能力实在太差，最多可以支持 2 万多人的军队前行。赵国引以为傲的骑兵更是难以利用这条道路快速机动，若是对方有所防备，那包抄部队必然有去无回。这条道路的终点却颇有诱惑力，正好可以直通高平关之东，如果其通行能力再强一些，或许可以尝试由此直插秦军背后切断其补给线。正因为其通行能力较差，秦将王龁在攻略长平的初期便放弃使用该条道路迂回进入长治盆地，以切断廉颇的后路。

长平隘口是沟通长治盆地与运城盆地最方便的道路，这里必然会成为双方争夺的一个焦点。此时秦军仅仅是借助地势，将原本的西壁垒向北延伸至隘口西侧，没有表现出夺取隘口的迹象，而是针对长治盆地中的赵军摆出了防御姿态。但是此处距离空仓岭又有一段距离，正利于秦人布置梯次防御，用鲜血来换时间。只从一个方向上发起攻击，显然会因战线宽度的缘故无法发挥出赵军兵多的优势（白起率军增援长平是秦国最高机密，赵军完全不知道此事，只当自己仍然享有两倍的兵力优势），就算不顾一切地前突破，所消耗的时间与人命也不会少。那么，就从两个方向上协同发起攻击：以北线长平隘口为主攻，以东线将军岭、小东仓河谷为策应。北线先在秦人的西壁垒上打开突破口，然后东线赵军渡河协同扫荡秦军各营垒。从两个方向上一同发起攻击，让秦军难以应对。

次日，为了协同指挥两个方向上的赵军，赵括特意在将军岭上树起自己的将旗，并领中军幕府随员们在山岭上俯视长平。伴着清晨的阳光与鼓号声，赵军开出营寨在丹水河谷列阵。看见连日避战不出的赵军竟然主动前来挑衅，秦军士卒兴奋异常：“可等到你们这些缩头乌龟出来了！快点把脖子洗好给老子砍，这些首级正好可以获爵，给家里多换百十亩田宅！”

秦军很快在丹水河谷的北段完成了列阵，甲衣上装饰着数量不等的花节、头戴着板冠或鹖冠的军官们在阵前进行着最后的动员喊话。士卒们甚至可能会听到这样的话：“前面，是40万颗头颅——不用抢！人人——都有份！谁要是乱了阵形——老子，亲手剁了他的狗头！”在这样的喊声中，军官们拔出铁质长剑，朝对面的赵军大阵挥舞着。秦军士卒们按捺着兴奋的情绪，幻想着立功之后可以获得的赏赐。此刻白起却躲在暗处，用阴沉的目光扫视着秦军方阵。在他的计划中，这些人中的一大部分注定不会活过今晚，他们只是白起计划中用来引诱赵括上钩的诱饵。白起需要用诈败的手段，以引诱赵括将发鸠山与丹朱岭之后的那20万军队也带入晋城盆地这个他预想中的牢笼之内。虽然白起知道赵括在赵王丹的严令之下必须出战，但是白起还是不打算留下破绽让赵括起疑。因此，迎战的秦军只被告知必须坚守阵地不得后退，然而他们将得不到主力的援助，只能凭一己之力来迎战赵军先头精锐。

为将者不但要对敌人狠，有时对自己人要更狠，可以做到毫无愧疚感地给某支部队布置下必死的任务，心里永远将战局的胜负排在士兵的伤亡之前。河谷最北端的这些秦军将士们很快与赵军交手，士兵们奋力刺出手中的长矛或大戟，两军一线方阵都想向前推进挤压对方的周旋空间。就在战线呈胶着态时，将军岭上再次鼓号齐鸣，赵括的大纛开始有节奏地挥舞起来，旁边几面战旗招展后也指向了前方。秦军战线右翼负责掩护方阵的剑盾兵似乎感觉到河对岸好像有什么动静，随即几个倒霉的家伙被突如其来的羽箭射倒在地——东岸的赵军开始强渡丹水了！赵军弓弩手们以最快速度射出几轮覆盖式箭雨掩护主力步兵们登岸，很快更多的赵军步卒登岸，列好方阵，发起了对秦军侧翼的突击。秦将立刻抽调手中的可用部队沿着河岸以防御阵形展开，今天的赵军是要来玩命的——秦将心中默念。求援的使者已经派出几波了，但援兵迟迟未到。王龁将军传来口信，赵军在多处渡河（应当是事实，但战斗的烈度远不及北线），主力已投入战斗，无法抽调出兵力支援。

战斗进行了半日，赵军以雷霆万钧之势夺取了丹水西岸北部，自长平隘口南下的通道被彻底打通，赵军成功地在河西站住了脚，越来越多的赵军纷纷从丹河以东（即丹朱岭以北）涌入战区。赵括为了方便指挥下一步的进攻作战，迁幕府与中军旗鼓亲卫至将军岭之南的韩王山。入夜后，赵军大营中，士卒们露出了连续几个月来第一次开心的笑容。中军大帐内，赵括尽量压抑着激动的心情，好使握笔的手不至于抖动得无法写字。数日之后赵王收到了期盼已久的捷报，尺牍中赵括提到了首战中秦军表现出的英勇，更着重叙述赵军以压倒性优势战胜了秦军的经过，并表达了对赵王知遇之恩的感谢。奋笔疾书的赵括回忆着白日战斗的经过，秦军锐士的战斗力果然名不虚传，就算是普通的戍卒也拥有极高的战斗热情。若不是仰仗着兵力上的优势，发起了全线攻击（佯动为主）将秦军牵制在各处无力支援北线，若不是凭借兵力优势实行两面夹攻之法，恐怕赵军难以取胜。明日就要发起更大规模的进攻，那么需要调集全军的力量才行。为此，赵括下令，屯驻于长治盆地内的赵军做好开拔准备，除留守补给线的必要部队外全部开进东南上党。

此时的秦军大营内，王龁也面对着部下们眼中不解的目光。明明营中尚有足够的预备队，为何白日战斗中将军不愿去营救在北线苦战的弟兄们？赵军的全线出击分明是想牵制我军，为何王左庶长却要下令全军戒备，不得轻举妄动，还回绝了自己要去支援北线的请命？面对诸将的质问，王龁并没有做出解释，只是布置了第二天各部队的战术任务，并重申了军法。秦法威严，军法更是如此，诸将们只得各自回营准备第二天的战事。空荡荡的大帐中，王龁喃喃自语道："武安君，末将已经遵照您的安排，将赵军放进来了。您下一步的计划是什么呢？"

第二天的阳光照耀在丹水与两岸的群山之上，秦赵两军的士卒们吃完了早食，穿戴好甲胄，拿起兵刃，跟随着本队战旗行进，逐渐汇聚为一个个方阵。主将首先敲响了巨大的战鼓，随后各级军官的战鼓、小鼓、铜铃也逐级被敲响，应和着中军那如春雷般的鼓号之音。士卒们脚踏着鼓声跟随队旗前行，当距离敌阵百步时，弓弩手们举弩张弓射出羽箭。步兵方阵之内，没人理会中箭倒地的士兵是否还活着，身后的士兵立刻快走几步填补了前人留下的空当。双方的战线继续接近，双方士兵逐渐可以看清对方的长相了：有满脸沟壑、须发花白的小老头，也有身高才过6尺、一脸懵懂的半大小子。此时身后的战鼓忽然敲出一个重音，随即戛然而止，所有士卒心头一震，军官手中长剑前指，他身旁那个身材高大的旗手猛地将旗杆挥向前方，士兵们也跟随着战旗平端矛戟。这时战鼓再次敲响，节奏逐渐加快，士兵们也加快了步伐慢慢跑动起来，步兵方阵发起了突击。

两军在平坦的河谷上列阵激战，会战从清晨一直打到正午，秦军的战线虽然没有被击穿，但是已摇摇欲坠。赵括兴奋地下令在秦军战线中央谷口位置投放预备队，命令随着招展的统帅大旗和其他旗幡传达了下去。但是后续部队的动作慢了一个节拍，秦军及时地从营寨中抽调了几个方阵堵住了宽度仅有几百米的谷口。赵括恼怒地丢下手中的长策，在指挥环节上，赵军总是比秦军滞后了一个节拍——更换军令约束后，下面的将领还没有习惯新的旗鼓信号。此时，就在主战场的南边，意想不到的变故发生了，白起的撒手锏即将祭出。

赵军已经将战线前推，成功地占据了原先廉颇所营建的东垒壁；秦军依仗着山岭线与营垒，将赵军死死挡住，战线发生了胶着。赵括沉吟道：从现在这个态势来看，第一线的秦赵两军都到了极限，战线就像一根紧绷的弦，如果谁能先在上面敲一下，就能敲断这根弦。

"传令！全军压上，帅旗向前移动。我们要像一座大山一样压在秦军头上，直到碾碎他们！帅帐接管所有预备队，全体出击。"自信的赵括还不知道，老辣的白起就是在等待他做出这一决定。

王龁在东垒壁与赵括部死战。王龁现在的身份已经不是秦军主帅，白起给他的任务就是在空仓岭一带拖住赵军主力，能吸引到的赵军越多越好。必要时王龁可以后退让出更多的谷地，好让赵括将更多的部队从后方抽调到一线来。一线的赵军越多，则秦军后续的行动就越方便。只要能把赵军留守在发鸠山以北、羊头岭西北的部队全部吸引至以丹水河谷为中心的这片区域来，那么赵军越多，可供秦军士卒们砍下记功的人头也就越多。

用相等的兵力围住赵军的办法只有一个——将赵军彻底引入谷中，控制几个方向上可以作为出路的谷口，利用山岭为墙、谷口为门、秦国锐士为锁，将赵国40余万大军关进长平这个巨大的牢笼里。当赵军主力攻秦军大阵不克时，拿下北部长平隘口，截断长治盆地与长平隘口间的联系；西南绕过赵军主力，攻克赵军营垒后的故关，控制廉颇修筑的百里石长城，锁住其退路；南边完善界牌防御，让赵军四处碰壁。

此时的赵军没有一个人会想到，自己对面的秦军绝非仅有20余万。在白起的指挥下，总兵力达到了四五十万之众的秦军已经开始编织起一张天罗地网。秦军南北各派出奇兵一支，大胆而快速地进行穿插迂回。

为了这次任务，白起不但将秦军中最精锐的锐士部队编入迂回部队，为了加强兵力，还特意在全军范围内按建制抽调了一些在突袭战中表现良好的部队，凑出25000人。他们的任务是以最快的速度从大东仓河谷南侧圣佛山的反斜面隐蔽行军。靠近关岭山后立即转向西北潜越百里石长城赵军防御的薄弱点，然后转身拿下位于关岭山、羊头山结合部，连接大小东仓河谷的枢纽点——故关。白起要求带队的秦将必须在日中前后拿下故关，否则赵军会反应过来而全力回攻。只要奇兵能够按时完成任务，白起就能派出后续部队协助25000名奇兵固守百里石长城。从战区南部界牌出发到百里石长城的路程大概为25千米，从潜越点到故关又有大概10千米的距离。考虑到山路的问题，即便穿插部队在拂晓之前出发，日中

▲长平之战古战场今貌

时分赶到关岭山也是比较有难度的，白起给穿插部队安排的时间表十分紧凑。

北线封堵长平隘口也同样有着很高的难度，这次的难度不只来自地形与距离，且此处是赵军进入战区的主要通道之一，封堵该处隘口无异于在40余万赵军腹心虎口拔牙。显然需要用更巧妙的方法来完成这个任务。白起将目光投向了战前被双方舍弃的一条道路：沿端氏水支流上游穿越发鸠山进入长治盆地，翻越发鸠山后，只需走很短的一段路就可以到达长平隘口背后。秦军可以预先在河谷处待命，等白起发出行动命令后只需要行进最后一小段路程。南路全程大部分时间可以借助米山与圣佛山挡住赵军的视线，然而北路只要开始行动必然会暴露在赵军面前，因此北路奇兵不能太早发起攻击，否则会被韩王山上的赵括发现，两军定将拼死争夺。根据简单估算，北路奇兵夺取长平隘口的行动需要一个时辰左右，南北两路最好能同时行动，但南线的时间相对难以控制，因此白起最快也要等到南线完成潜越后才会给北路奇兵下达出击命令，所以白起才会给南线穿插部队设定一个比较紧张的行动时间表。

当然也可以尝试只从北线出击，经长平隘口过丹朱岭羊头山之后，再迂回故关隘口。但是北线迂回部队受制于道路通行能力，一次所能出动的兵力有限，难以做到在夺取和封堵长平隘口之后还能再分出一支兵力去奔袭故关隘口。我们就当北线有25000名精锐，那么赵括得知长平隘口失手后，必然会命令长平赵军与长治赵军两面夹击以夺回隘口，驻防于各处的赵军都会向长平隘口这个焦点汇聚，此时从长平隘口前往故关隘口的秦军迂回部队势必要与赵军迎头相遇。就算未相遇，从这25000人中抽调多少兵力奔袭故关隘口也是一个难题：抽调的人少了，无法拿下故关隘口；抽调的人多了，又可能守不住长平隘口。而且时间上也不允许：迂回部队清晨出发，到拿下长平隘口差不多快到日中了。从长平隘口奔袭故关大概需要半日时间，然后夺下隘口还需要一些时间。此时故关赵军定然已得知长平隘口失陷的消息，势必要提高警惕加强戒备。秦军奔袭部队需要花费更多时间与精力才可能攻克故关。

因此，白起计划先利用赵军的疏漏，以精锐部队从南线奔袭故关隘口，利用故关失陷的消息将赵军的注意力引向东南方向后，北线立即发动攻击攻克长平隘口。白起以巧妙的计划，确保秦军能在极为接近的时间夺取两个隘口，让赵军在猝不及防间被关进牢笼。

两路奇兵可谓神来之笔，尤其南线要克服更多的难题——虽然北线的突击路线较短，但是完全是在赵军的眼皮子底下动手，必须做到快准狠，好在这里方便派出后续部队协助巩固防线。南线需要侦查线路是否正确，还要防止赵军堵截（南线前往突破口的部分道路依然处于赵军防线监视之下），如果被赵军发现并堵截，则该路的行动基本失败。但是南线成功的关键也在于赵军的布置——赵括率全军在前与北线秦军大战，韩王山到米山之间的赵国后勤辎重部队由冯亭统领，南线缺少有力的将领来坐镇——若老帅廉颇能坐镇大粮山，或许赵军能够发现秦军的穿插部队，并将之击退，然而廉颇老帅怎么可能屈居年轻的赵括之下为副将，何况先期的退却让赵王丹失去了对他的信任，同时为了确保长平赵军能够信服赵括（也有凭赵括夺得军队控制权的考虑），更不会让廉颇继续留在长平。

为了保证在最后围攻阶段前最大限度地削弱赵军战斗力，白起还决定派出5000名骑兵强行凿穿赵阵，穿越韩王山与米山间的山谷袭击赵军后队，伺机突入山岭上空虚的赵国壁垒，焚烧其粮草辎重，让一线的赵军断粮。最后这支骑兵还要设法赶到故关，支援南路奇兵稳固对故关的控制。这一支秦军所要完成的任务堪称是最困难的，但是5000这个数字让赵括没有放在心上，就像是牦牛被蚊子叮咬了一口。但再微小的伤口也会造成致命的伤害。

当从王龁、王陵、蒙骜、司马梗等处飞奔而来的传令兵汇报行动成功时，白起不由得大喜，令在界牌一带潜伏的剩余秦国大军立即北上封闭长平战区南部。天黑之前，看着发鸠山上飘扬的赵军大旗已被秦军黑色战旗所取代，白起亲率主力从光狼城以南迂回攻击赵阵侧翼，开始完善心中预想的合围圈。

为了迷惑赵括，防止其立即突围，白起决定还是要利用一下赵括的“纸上谈兵”，先将之前一直隐藏的自己的帅旗明明白白地打了出来。白起的旗帜果然能抵数十万大军，无论是赵括还是普通的赵军将士，均瞠目结舌地望向白起那流露着无边杀气的帅旗在秦阵中央飘舞。秦军大阵在一片“秦王万岁，武安君万岁”的欢呼声中，展开了对赵阵的反击。

看管粮草辎重的冯亭率领最后一批驻防在大小东仓河谷的部队与赵括会合。然而，辎重营地的粮食已经没剩下多少，冯亭没有给赵括带来希望，反而增加了更多要吃饭的嘴，赵括这时还没明确意识到自己的大军面临断粮的危险。接下来的许多天中，在弩箭的掩护下，一个又一个新的秦军方阵出现在赵军面前。此刻，即使是再迟钝的人也该反应过来了：秦军的兵力并不亚于赵军。秦军怕是有百万之众，否则怎会为了尽快解决战斗而不顾伤亡地对困兽发起主动进攻？

只见秦兵端平长矛大戟向着赵阵发起一轮又一轮进攻，逼迫赵军结成防御阵形，抵御秦军几乎没有断绝的小规模攻击。出于熟读兵法后的惯性思维，赵括按照抵御秦军进一步攻击的要求布置好了营地，暗自庆幸秦军暂时无法攻破自己的防御。常言道，旁观者清，胶柱鼓瑟，这是赵括拜将前蔺相如对赵括的评价；赵奢对自己的儿子也有比较清楚的认识，他在世时常查考赵括兵法，虽然赵括答得头头是道，但赵奢深知赵括只会“纸上谈兵”，不能独自领军作战（“尝与其父奢言兵事，奢不能难，然不谓善”）。在陷入绝境后的巨大压力下，赵括只会按照兵书上的内容单纯地应对，在合围圈尚未稳固时，赵括为秦军的轮番攻击所迷惑，立即命令赵军就地转入防御而不是尽快突围。虽然在初期的伤亡交换比上赵军还能占到一些便宜，但赵括根本不知道从总攻开始那一刻起，自己已逐渐成为白起手中所操控的悬线木偶。

作为“应试教育”下的好孩子，白起“考”哪个“知识点”，赵括同学就按照兵书上的标准答案来“应答”——白起退守赵括就进攻，白起进攻赵括就马上转为防守，丝毫不去思考这场残酷的“考试”意义何在。当彻底陷入绝境后，“优等生”赵括才知道，“主考官”白起所出的试卷是多么不怀好意——获得这份试卷“满分”的奖品是免费的地府旅行券一份——单程，45 万赵军专用。

当然，赵军主力进入合围圈并不代表秦军便已稳操胜券。长平隘口之北还有一批驻防的赵军没有进入长平山地。这些部队正在各自主官的率领下冲击秦军防线，希望能救出自己的战友与统帅。百里石长城上的秦国守军兵力还是太少，虽然白起可以用进攻来迷惑与牵制对手，但合围圈内的赵军兵力足够多，依然可以分派出一些兵力去试图收复故关。更何况白起也不能确定自己的小手段可以迷惑住赵括多长时间。于是，白起再次向秦王稷去信，一方面是报喜，另一方面告诉秦王，虽然现在利用地利合围了赵军主力，但是这个牢笼并不够坚固，他还需要更多的士兵。

看见秦军修建的野战营垒显形于秦阵之后，赵括终于明白这些日子秦军连续冲击赵军营寨究竟是何目的了。合围圈业已完成，赵军已经失去了突围的最佳时机，但不管怎么样，都必须拼死突围，既然是他把赵国的大军带进了死地，那他就应该亲自把大军带出去。赵括立即下令巡视全军，整顿部队，为突围做准备。

被合围 40 天的赵军已经变成野兽。随身携带的粮食早已吃完，军马和拉车的牛也被尽数宰杀吃掉，丹河里的鱼虾都绝迹了，已经有人开始掏老鼠洞。还发生了更骇人听闻的事——营地中有饥饿的士兵偷偷杀害伤兵，吃人肉苟活，饥饿和恐惧如同瘟疫一般在赵营内肆意蔓延——这正是白起所希望看到的。再消极防御等待救援无异于等死，赵括认识到应当展开突围行动。然而长平这个巨大的牢笼在他犹豫摇摆的这段时间里变得更加坚固了。

秦王稷收到白起的密信后异常兴奋，全然不顾自己是个年近古稀的老人[①]，立刻亲自率领属臣与精锐卫队前往河内区域（三年前攻占的韩国野王之地），征发当地所有 15 岁以上男子从军支前。为了使这些几年前还是韩魏之民的征夫们甘心为秦国出战，秦王还给所有河内民赐爵位一级（按秦法，无军功不得赐爵，二十级军功爵所对应的政治经济权力全都是实打实的），令其再成一军，以隔绝赵国为长平被围的 40 万大军调派的支援部队和救济粮食。这支新组建的秦军从白起手中接管了百里石长城，挡住了试图翻越太行山前来救援的赵国军队，形成了又一道纵深防线，彻底阻隔了东西直线距离不到 10 千米的生与死。

赵括用兵虽然只会按照兵法条文机械照搬，但这时他也明白一味困守根本行不通，必须立刻突围。不得不说虽然在战略和战场直觉上赵括严重缺乏经验，但是在治军统御和战阵调度上赵括还是很有一手。断粮 40 余天，赵军的建制非但没溃散，还保有相当战斗力。赵括开始组织军中尚存的所有可用兵力，编组成 4 个大梯队，轮番对秦军临时修筑的野战阵地发起攻击。但是进攻不利，于是赵括调集所有精锐再成一队，亲自上阵轻装突围，试图打开一条生路。冲锋的路上，赵

① 秦王稷出生于公元前 325 年，长平决战阶段时（公元前 260 年）已 65 岁。春秋战国时期，男子平均寿命还不到 35 岁。

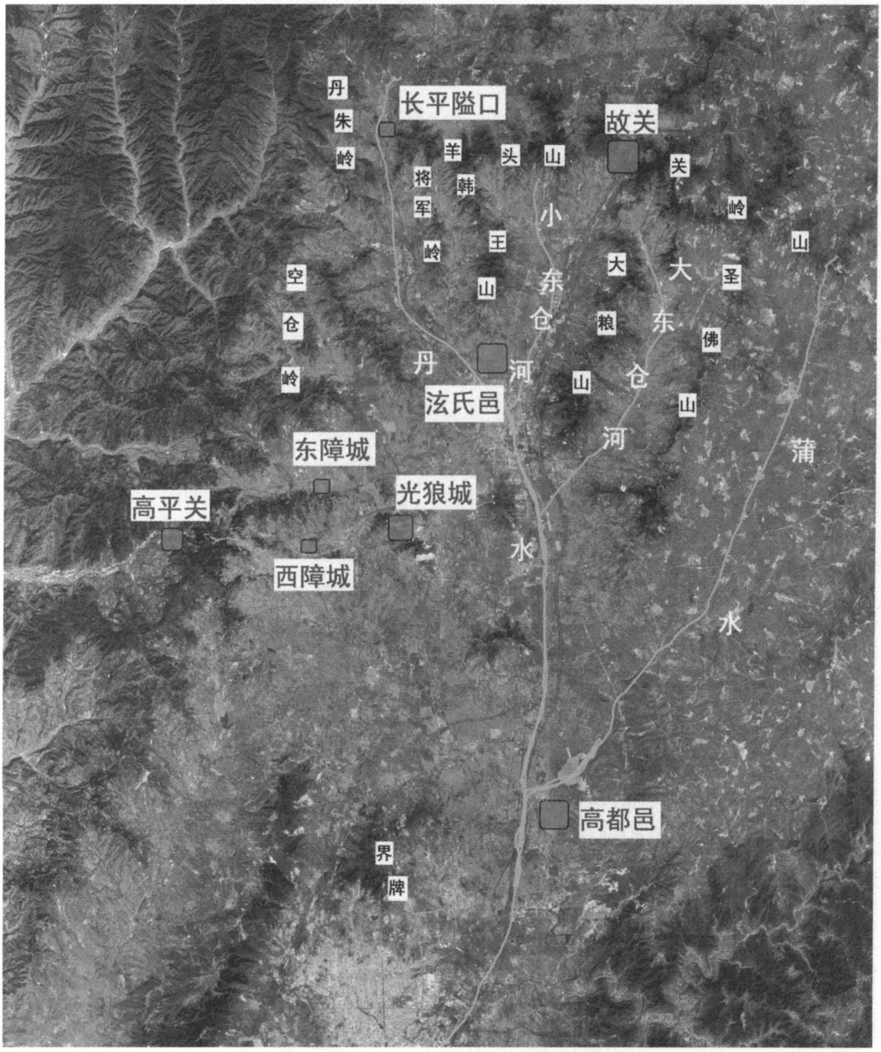


▲长平之战战场示意图

括已经虚弱的身体为秦军弩箭贯穿。赵括阵亡，之后数十万赵军向秦军投降。

当然，长平之战赵国的真实损失虽然巨大，但并不见得有司马迁在《史记》中所说的45万，赵括也绝非彻底的无能之辈。白起在长平之战一年后拒绝了秦王要其挂帅攻打赵都邯郸的要求，并劝策秦王稷，长平一战秦卒死者半。此处应该解读为秦军（常备军中）战兵损失数量较大，发生在长平、故关两处隘口的争夺战中尤为惨烈。然而，实际损失不会达到总兵力一半的二三十万。白起战后曾说，如果当初能一鼓作气地去攻打邯郸，则可以利用大胜的气势与赵国丧胆之机，在列国均无准备的情况下攻破赵国，从此处也可看出秦军当时并没有失去战斗力。但是经过一年的时间，列国都做好了援救赵国的准备，秦国却未从大战的消耗与损失中完全恢复过来，可见在赵括的指挥之下，被围40多天的赵军并未失去秩序，还能给予秦军重大的杀伤，甚至可能还有一些合围圈内的赵军突围成功。

《史记》的《秦本纪》与《赵世家》中，均称长平一战赵国损失了40余万大军，他国史册也留有相同的记录。这一数字应当是秦军在战后统计并向列国宣称的；赵国方面在总结赵括等人遗留的军报后，认可了这一数字，也向天下宣告本国损失40多万人。这也是春秋战国时期的惯例，各国要在接到事件参与国的通报后才将某一事件记录在本国史册之内，否则就不会记录。“凡诸侯有命，告则书，不然则否。师出臧否，亦如之。虽及灭国，灭不告败，胜不告克，不书于策。”因此秦军的总战绩为40余万这点应该没有大问题，但是这40多万人中，并非全部都是赵军。上文中我们曾提到过，长平一地还涌入了大量被赵军收编的上党故韩民（已被廉颇编组成军并计入赵军战斗序列），而这些人也被秦军不分青红皂白地杀掉记功。根据韩上党郡下辖17县邑推测，其人丁数量最低应为5万，最多则为10万上下。按此推测，长平一战，赵军阵亡30多万、故韩民编练之军死10万。[①]赵国总计有兵四五十万，战后全国（包括各主要城邑驻军，以及北境防御匈奴的部队，东线防备齐、燕两国的部队）剩余军队20万不到，其中邯郸一带驻军与长平败军总计10万上下，这也就是邯郸血战中的赵军总兵力。

长平战后秦军围攻邯郸，列国又抱着消耗两国的态度，未及时出兵救援赵国。

---

①这一点在白起战后唯一的仁慈之举中也有所验证，长平之战秦军坑杀赵军40余万，但将包括前上党太守冯亭之子在内的240名未满15岁的娃娃兵放归赵国。血战后，还有240名儿童幸存，那么战前赵国大军中的儿童人数应该更多，毕竟大战与之后断粮中，儿童的存活率要远低于成人。赵国分两次增兵救援上党，其中不太可能会夹杂大量的娃娃兵，这些孩子更有可能是原韩上党郡的居民。

还是赵国自己拼凑出了10多万守军，扛住了秦军长达一年多的围攻。燕王喜见赵国遭受如此惨重的损失，决定落井下石出大军20万（另有说法认为，燕军出动的总兵力达到了30万）偷袭赵国，结果为廉颇率领的赵军击败，燕国主将栗腹阵亡。

两次大战赵军能够取胜，赵国必然不是如同字面意义那样“国内空”。那么这些兵力是哪儿来的？只有一个可能——长平之战的残余兵力。长平之战最后阶段，秦王稷发河内民从军的主要目的就是“遮绝赵救兵及粮食”。那么可以确认一点：赵国除赵括大军与边防军之外，还另外保留了一定的兵力。之后的邯郸保卫战与赵燕鄗邑之战，赵军的构成应为：邯郸留守部队、长平之战幸存部队、长治留守军——长平一战实际被围的并不是赵括全军，应当有一部分兵力留守于长治盆地维持后方交通线，外加一些临时动员起来的部队。赵国最后依靠这样的军队，在李牧的高超指挥下，给予了秦军数次惨痛的教训，让秦国统一天下的脚步不得不放缓几年。

白起作战不以攻城略地为第一目标，而是有意在野战中杀伤对方有生力量，每战斩首必以万计，不愧“人屠”之号。白起在会战中多采取以防守反击的打法，先拖垮和消耗敌军，而后用出人意料的手法完成对敌军的分割包围，再一举歼灭。对逃窜之敌绝不手软，坚决追击，斩首一级是一级。战场上杀人无数尚属正常，大不了下次打赢再杀回去，偏偏最可怕的是，白起出战未见失败过。因此，白起逐渐成了压在六国人头顶一个噩梦般的存在。没准当时的人相互赌誓都会说：“若我背弃誓言，改天就在战场上遇到白起。”

▲长平战场遗迹——永录尸骨坑

造成这一结果的原因主要有两个：第一，军功爵制度的刺激，这一点我们将放在下面的篇幅来讲解；第二，尽可能多地杀伤敌国有生力量，以最大限度破坏对方战争潜力。战国七雄单个一国人口不过数百万，一场大战被斩首 10 万，那么这个国家几乎整整一代的青年劳动力（假设军队中战兵与辅助民夫队伍都是由青壮年男性组成）基本上就消失了。经过如此惨烈的打击，没有三五年以上的时间根本缓不过劲来。

但是白起并非生性嗜杀滥杀，之所以一定要杀这么多人，一方面是战国的军功爵位制度，不带回敌军首级，难以计算功绩，事实上各国军队都是以斩首数量来给军人们计算功勋的。另一方面是秦国欲占地却难以长久。齐国借口平定子之之乱伐燕，虽然占其都城几灭燕国，结果因为列国的干涉不得不退兵。在对邻近数国具有绝对压倒性优势之前，贸然的蚕食扩张可能只会导致剧烈的反弹。春秋之际，楚国数次灭亡陈、蔡两国，又不得不让两国复国，也是这样的原因。这个时期，战争最佳的策略并不是攻城略地（部分价值极大的战略要地除外），而是尽可能杀伤对方的有生力量，破坏对方国力与发展潜力，而后利用敌人的虚弱期更快地发展起来。当强弱差距足够大时，就可以转变战术思想进入统一进程。正如野王之战时，史册记录的秦军战果只看到拔城的数量，而未见最常见的斩首数量。长平之战时，秦国能成功动员河内百姓支前作战，显然其对秦国并未怀有多大的怨恨，可以推断此战中秦军并未大肆杀戮制造仇恨。原定计划中，秦国的战役目的就是占领该地，让河内彻底成为秦国的领土，自然不可滥杀一气。河内民能成为长平之战最后一锤定音的力量，显然动员出的人数较为可观。秦国才占据此地三年，人口繁衍不可能很多，也未见秦廷有大规模移民到河内的举动。只能说明一点：此地的原韩民并未因战事出现大规模死亡，还比较乐意接受秦国的统治。

长平之战后的第二年，秦军才恢复对上党的占领，发起邯郸之围却被魏军击败，这既有国内空虚的因素，更与突然的扩张引起列国强烈的警惕有着直接关系。可以说野王—长平之战是秦国这一阶段扩张的顶点，之后的秦国进入了蛰伏期，六国也借机再次合纵联军攻秦，甚至攻破了函谷关防线深入关中腹地（如蕞之战），迫使秦国吐出了部分土地。直到秦王政统治中期，秦国才重启了统一天下的进程。

第七章

# 战国中后期步兵的发展

## 铁兵器的应用

东方军队虽然重视军队的规模，但是对装备质量的要求并没有降低，这就对提高产能、降低装备的单位成本提出了很高要求。战国中前期，铁器已经广泛用于农业生产，然而此时的铁器因为冶炼技术的不过关，刚性和韧性不适于制作合格兵器。另外，成本的高昂（冶炼温度更高，还需要反复锻打）也限制了铁器在兵器制造上的应用。单个铁质农具用铁量较少（例如铁犁，只需要做一个铁质的犁头套在木质框架上。生产效率得到显著提升，农具整体成本提升不多，发生严重磨损也仅需要换一个铁犁头就能够继续使用），还能在不堪用时回收重新回炉制造。政府向民众出借铁农具还可以收取一定的使用费用，进一步降低了铁农具普及的成本。兵器本来损耗率就高于农具，且铁质兵器因为回收不便，容易造成遗失，通常情况下，战后只有胜利一方才有机会组织打扫战场，但兵器的回收率不高，损坏的铁质兵器更可能会被士兵私藏，带回家乡后熔炼做生产用具。

这样的情况在战国中后期开始发生变化。铁兵器在史籍上第一次出场是在《吕氏春秋》对赵武灵王伐中山国之役的描写中："赵氏攻中山，中山之人多力者吾丘鸠衣铁甲、操铁杖以战，而所击无不碎，所冲无不陷，以车投车，以人投人也。几至将所而后死。"中山国，也是前面魏舒方阵篇幅中所提到过的狄人部族建立的国家。中山国地处燕国和晋国之间，其国土范围主要在河北北部及山西西部。中山国生命力也颇为旺盛，春秋时白狄人占据了山西北部、河北北部的大片土地，建立了后来的中山国。后来晋国六卿不断向北攻伐驱逐戎狄部族，将这片地区占据为自己家族的势力范围。三家分晋之后，魏文侯任用名将吴起、乐羊历时三年方攻灭中山国。后来中山桓公复国，国力再次达到鼎盛，军力号称拥兵千乘，俨然战国时期二等强国（从军事实力上看，中山可能还强于宋国、鲁国）。国家政权高度中原化，统治阶级学习周礼文化，军事上在保留原有步兵战术的基础上学习了中原的车战技巧。可以说，在面对已实行了胡服骑射改革的赵军时，驾着兵车作战的中山国军队反倒更像是一支中原文明的军队。

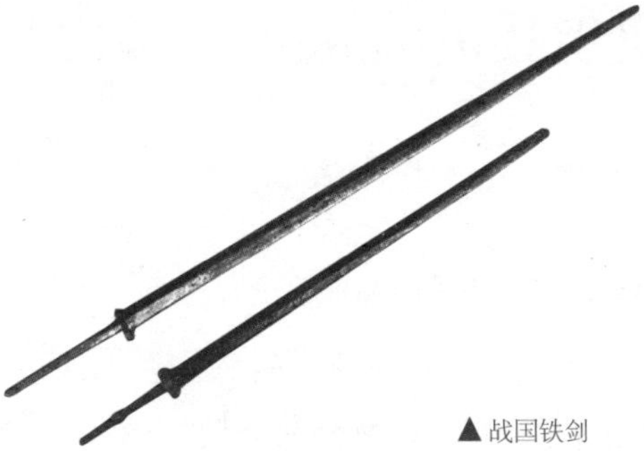

▲战国铁剑

在中山国灭亡前最后的余晖中，我们可以看到中山国军队已经列装了铁兵器，并少量装备了铁甲。一个原本落后的中等国家已经能够做到给军队装备铁兵器和防具，那么其他大国的情况呢？我们可以看看在各地发现的出土实物。

益阳楚墓出土铁剑两式两柄：

I式，扁平茎，附铜剑首、剑格，全长78厘米，茎长14厘米，剑刃宽3.5厘米。表面虽然锈蚀严重，但去锈后仍然具有金属光泽。经湖南省钢铁研究所进行金相分析，此剑硬度HRc20—22；金相组织为铁素体+珠光体，推测制作工艺为块炼铁经反复锻打脱碳后成块炼钢。

II式，造型基本同I式，剑身两边开刃，尖锋，有铜剑格，无剑首。全长88厘米，茎长13厘米，刃部宽3.6厘米。

这两把剑属于常见的单手用长剑。

《史记·范雎蔡泽列传》中就曾提到楚国铁剑：

> 昭王临朝叹息，应侯进曰："臣闻'主忧臣辱，主辱臣死'。今大王中朝而忧，臣敢请其罪。"昭王曰："吾闻楚之铁剑利而倡优拙。夫铁剑利则士勇，倡优拙则思虑远。"

秦昭王时，楚国的铁剑便已闻名天下。楚国的铁剑锻造技术可能源于吴越之地。有观点认为，专诸刺杀吴王僚时所用的鱼肠剑就是一把铁质的短剑，鱼肠剑之名取自铁剑在锻造过程中在剑刃表面中产生的金属纹路。

河北省易县燕下都遗址M44号墓出土了一批钢铁兵器，其中有钢铁矛头、削刀、长剑。燕下都共出土铁剑12柄，其中完整或基本完整的共计8件，形制基本一致，全长73.2~100.4厘米。

陕西凤翔县高庄秦墓出土铁质长剑5件，形制全部一致，尖锋双刃，剑体修

▲▶ 楚国铁剑

楚地出水铁剑，剑体依然保持通直，剑尖部有折损，全长76厘米，剑刃最宽处为4厘米。可以从其锈蚀分层剥落的状态看出折叠锻打的痕迹。铜剑首与铁剑茎之间采用了套铸的工艺，连接更为坚固，在该类型铁剑中比较少见。

▼ 秦代铁剑（也可能是长铍）

长，扁平茎，无首。完整通长约 105 厘米，茎长 21 厘米，剑身宽 3.2 厘米，出土时有木制剑鞘朽痕。宜昌前坪战国墓葬中也出土了一柄秦代铁剑，通长约 120 厘米，其他数据基本与高庄秦墓出土铁剑相同。从样式上看两者均属于单双手通用长剑，与秦俑坑出土青铜长剑对比，我们惊讶地发现，三者的造型十分接近：扁茎剑身纤细，剑刃横截面均为扁八面体，不同部位截面厚度与宽度变化趋势一致。唯一不同的是全长，青铜因为材料性能限制，90 厘米基本已达到极限，不像铁剑全长能做到超过 1 米。或者可以说，秦兵马俑坑出土的青铜长剑，实际上是按照实战用铁剑样式专门制作的陪葬用明器。汉代的墓葬中就出土过青铜制的缳首长刀，很显然，青铜完全不适合制造长刀这样的劈砍武器，该把青铜刀是仿照钢铁

▲燕下都出土铁兵器

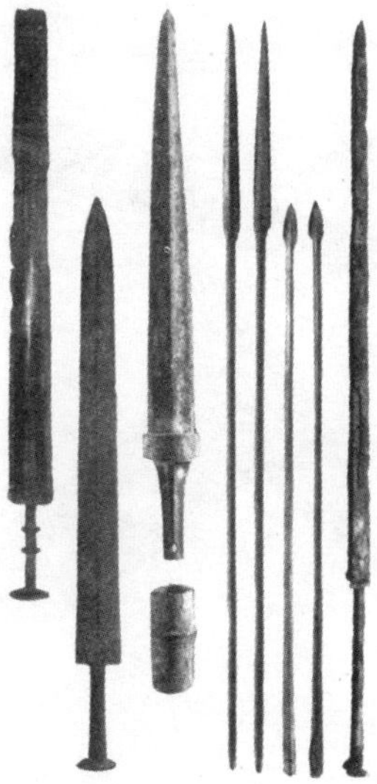

▲战国秦墓出土兵器

缳首刀式样专门制作的陪葬明器——秦汉时人们认为青铜能通阴阳，特制的陪葬品必须用青铜来做。如果我们在纵向上对战国末期、秦代、汉代的钢铁长剑进行对比，可以清晰地发现：这三种剑在设计思路上是一致的，均采用了较窄的宽幅，且剑身轻利，长达 1.1 米的钢铁长剑剑条重量竟然只有 600 克左右，而且锻造十分精良，刚性与韧性均十分优越。铁剑还继承了青铜剑在不同位置上采用不同截面厚度与宽度的设计，改善了刺击时剑身的受力情况。重心落在不会超过护手前 10 厘米处，利于在格斗中快速改变挥舞方向，剑尖指向准确，特别方便快捷地发起突刺。可以说出现在战国末期的钢铁长剑就是生产量巨大的汉代钢剑的直系祖先。战斗中，长达 1 米的钢铁剑威力远胜于最大长度仅为半米左右、重量却相当的青铜剑。铁质长剑可以用更短时间刺中对手，击杀动作也更加快捷精准，面对有防护的士兵时有更好的侵彻力，同时更加耐用。

此外，在燕国、楚国故地还发现了一些铁质的矛头，因为铁质易锈蚀，保存情况并不佳，部分细节已经缺失。这一点也很好理解，先秦时期尚武之风浓厚，

▲战国铁剑

▼汉代青铜环首刀

▼战国末期钢铁长剑

男子墓中随葬剑属于十分常见的情况，如果未经盗扰，其保存条件是比较好的，现发现的青铜剑基本出土于墓葬之中。在铁质长剑出现后，自然会有部分人将自己随身的铁质佩剑一起陪葬，但是矛属于军队才会装备的兵器，一般人不许随便拥有，也就不能随葬。即使有陪葬情况，也会放在墓室中不太重要的位置，保存条件不及宝剑等，故铁质锈蚀严重，以至于出土时只见一堆与泥土混杂在一起的碎渣。还有一个因素导致现存战国铁质兵器数量较少：考古界与一般民众对兵器这类出土文物缺乏重视。人们对考古成果的关注，往往集中在某王侯的大墓中出土了什么钟鼎礼器，或者金玉宝物、名贵瓷器，对兵刃，尤其是军队大量装备的普通兵器缺乏兴趣。甚至还有一些人将科学考古与盗墓破坏混作一谈，只能说科普教育任重道远。

▲中国军事博物馆收藏的战国铁质矛头

战国时期已经出现了铁质的盔甲，《战国策》中曾提到韩国士兵装自从20世纪70年代秦陵兵马俑坑出土的青铜长剑面世以来，就有不少有关其性能的各种流言长期流传。

第一个流言：某一柄青铜长剑在出土时曾被一具重达150千克的陶俑压弯至45度，当考古队员将压在长剑上的陶俑搬开后，长剑立刻反弹通直，自动还原。这个流言的出处已难以查证，然而在兵马俑坑的考古发掘报告中根本没有这样一段文字。据当时参与过发掘工作的考古队队员回忆，并无此种情况发生。从青铜长剑的材料性能来分析，这一情况根本不可能出现。俑坑共出土长剑17把，除其中3把长度约为80厘米，其余14把均长达90厘米以上，剑身起脊处最大厚度在8毫米左右。如此细长的剑体，使用青铜材料制作显然是有问题的。更何况经过金相分析后发现，长剑所用青铜合金配方为铜73%、锡21.40%、铅5.5%，以及微量的其他元素，这样的配方用来制作尺寸较小的戈矛尚可，如果制作全长接近1米且横截面狭窄的长剑，则很容易因为其硬脆特性导致剑体在刺杀过程中发生折断。

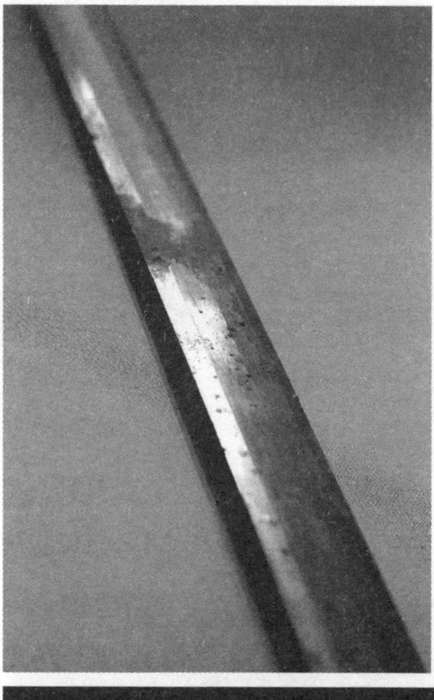

实际出土时，青铜长剑多为剑身折断的残破节段。从这个角度来看，青铜长剑绝非实战兵器，应该是模仿实战钢铁长剑造型的陪葬明器。秦汉之时人们认为青

◀▼秦俑坑青铜长剑

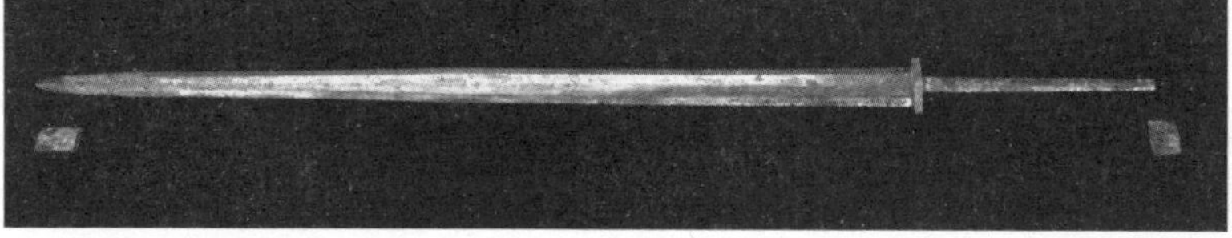

铜能"通阴阳"，故常用青铜来制作专用的明器兵刃，比如汉代古墓中就曾出土过青铜制环首刀实物，环首刀兴盛的时代，青铜兵器基本已被淘汰，出土的这柄环首刀显然是为墓主人专门制作的陪葬用器，外形上则完全仿照实战钢铁环刀。

当然，也存在另外一种可能：这批青铜长剑是专门制作的礼仪性兵器，金光灿灿的青铜比灰白色的钢铁更加美观。考古发掘中发现，青铜长剑基本出土于无甲、头戴介帻的兵俑旁边，这些陶俑可能反映的是秦代宫廷中的宿卫士兵（郎卫）。与大部分人固有的印象相反，历朝历代的宫廷卫士，在内宿卫期间是不穿甲胄的，只有在随君主出巡时作为皇家仪仗才会身披重甲。汉代、南北朝、唐代（唐代礼仪典籍明确记载：宿卫军士在宫廷中执勤时不穿甲胄，武器则只携带横刀与弓箭，并未装备矛、弩等重型兵器）、明代等时期的文字记录与实物画作均能证明这一点。从列阵上看，这些不穿甲胄只持有青铜长剑的士兵，其队列也与其他士兵的阵形相互独立，很可能在隶属关系上从属于不同的系统。先秦有为宫廷宿卫士兵制作专门的礼仪兵器的惯例，比如我们在前文中提到的带有华美装饰的礼仪性戈戟。

第二个流言：秦兵马俑坑出土的青铜长剑深埋地下两千余年，出土后依然光亮如新、锋利无比，几乎没有锈蚀的痕迹。其标本据多种技术分析后显示：其表面附着有一层厚度在10~15微米的致密含铬氧化层。就是这样一层薄薄的含铬氧化物层隔绝了岁月的侵蚀。直到20世纪30—50年代，德国与美国才发明了使用铬酸盐氧化技术对金属零件表面进行处理，使得零件可以防腐防蚀防锈，同时也更加坚固耐磨。因此有学者推断中国人在两千年前便掌握了这一先进技术。

不过，这可能只是一个无意中产生的美丽误会。秦陵陪葬俑坑青铜长剑在出土时均附有首、格、璏、摽等装具。其中璏、摽两件（安装在剑鞘上的配件）附于剑身之上，可以推断这些长剑是在入鞘的状态下被埋入地下。剑身上所附着的致密含铬氧化物来源于木质剑鞘表面髹漆中矿物颜料的污染。秦人使用的黄色染料成分中含有较高比例的铬酸铅，考古发掘证明秦兵马俑坑曾经历过焚烧破坏与水分浸入，木质剑鞘的残骸在土壤中的腐朽过程中受下渗水分的影响，造成铬酸铅成分附着于金属表面。随后在土壤中的还原剂的作用下生成了三氧化二铬，即剑身表面附着的致密含铬氧化层。

当年被送检的标本应当是出现了上述情况，据后来的数次检测表明：只有少数样本的表面上附有含铬氧化层，且附着层的分布并不规则，该层致密氧化膜并非人工有意制作，而是在上述的条件下自然生成。另外，从兵器使用的角度上也可以推翻含铬氧化层是人工制作的观点。实战兵器需要时时打磨修补，一经磨砺，任何镀层都会被磨掉。也就是说费时费力制作的保护性镀层，在实际使用中很快就会消失，那么失去保护作用且制作烦琐的镀层工序完全没有存在的意义。

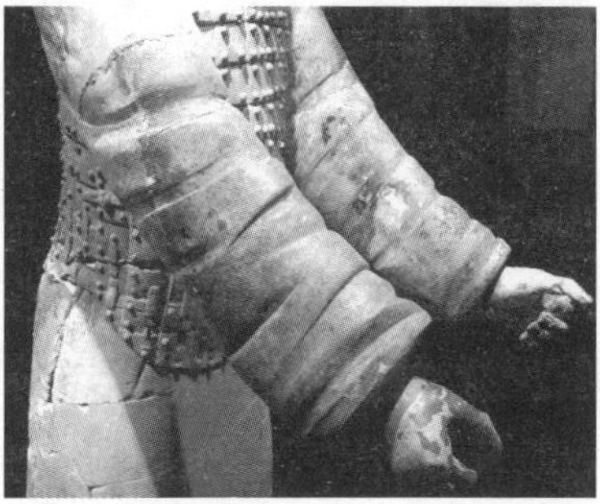

▲ 穿紫色战袍的驭手俑

▼ 彩色将军俑现代复原图，其穿着的也是紫色战袍

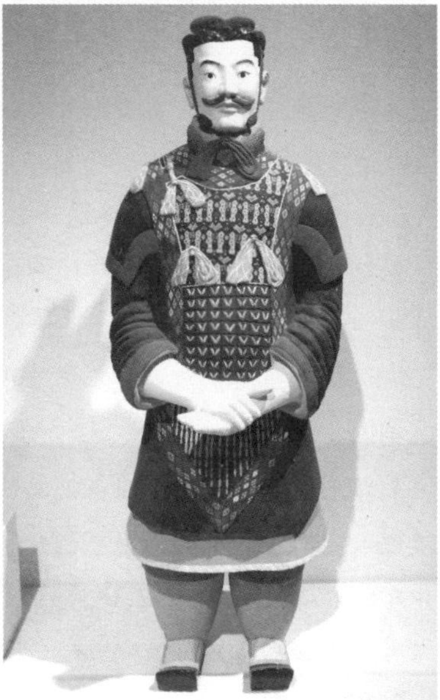

不过我们也不能因此就妄自菲薄，其实秦人还掌握了一项在当时可以被视作黑科技的原始化工技术。在一些还残留着彩绘颜料的秦俑身上，我们可以看到部分中高级军吏（在驭手俑身上就有发现）竟然身着鲜艳的紫色袍服！在人工合成苯胺紫色染料发明之前，天然紫色染料因其极其罕有，所以长期以来都无比昂贵：古代西方人每制作一克紫色颜料，至少需要耗费 12000 只染料骨螺。因此紫色衣服也就成了富豪显贵

们用来炫耀财富与地位的最佳工具。在我国唐代，只有一品官员才有资格身穿紫色袍服，次一等官员的服饰只能使用大红或绯红色。

这么不易得的紫色，两千多年前的秦俑身上却出现了，且经过化验，我们惊奇地发现：秦俑使用的紫色染料竟然是人工合成的！其有效成分为硅酸铜钡（BaCuSi2O6）——一种在自然界中并不存在的化合物，20世纪80年代方被寻找高温超导材料的科学家意外合成。然而两千多年前秦人就已掌握了该种染料的生产工艺，而且其价格并不十分昂贵，甚至连战车驭手（据分析应该是百夫长级别的军官）这一级别的军吏都可以购置（根据出土资料显示，秦国士兵服装是自备的）。此外，古籍记载齐国也有衣着上崇尚紫色的风俗，百姓们上行下效，好穿紫衣。其发现可能源于炼丹术或者原始铅钡玻璃的生产。该种染料在汉代继续沿用，因此也获得了“汉紫”这个名号。

备了甲、盾、鞮、鍪、铁幕等护具，其中鍪（兜鍪）是铁质的头盔，铁幕是铁质的护臂甲。那么是否存在铁质盔甲的实物证据呢？ 1964年考古队在对河北省易县燕下都遗址东城墓葬区进行的考古发掘工作中，于编号为M44的墓葬内清理出了一顶保存情况较为完好的铁质头盔。该顶铁盔由圆形盔顶件及7排共计89枚铁质胄片穿缀而成。在编号为M21的墓葬中，考古队员又清理出了261片铁质甲胄片。根据甲片型制可以判断其分别来源于铁甲与铁胄，但因保存状态不佳，研究人员未能复原该套铁甲胄。

对比秦始皇陵陪葬坑出土石甲胄中的头盔与燕下都出土的铁质头盔，两者在整体造型和所使用胄片形制上几乎如出一辙。可以据此推测秦始皇陵陪葬石质明器头盔实际所模仿的实用器物就是与燕下都出土铁胄同一类型的铁质头盔。两种头盔都使用了尺寸相近的圆形盔顶件，面部留出的开口与护面结构形状也基本类似，此外，两种头盔在圆形盔顶件边缘往下一层一层排列胄片的编缀方式也十分相似（当然这种编缀方式一直沿用到了汉代，只不过使用的胄片更加精细，编缀工艺也更好）。我们可以以此大胆推测：秦陵陪葬石胄明器的原型就是燕下都出土的这种铁胄。

▲秦陵陪葬坑出土石甲胄

我们再从当时的工艺角度来进行考量：小片的皮革胄片拼合的头盔在生产成本与防御力上是否具有优势？与春秋晚期即战国早期的大块胄片拼合头盔相比，小块胄片盔在成本上看不出有什么优势：虽然形状有些接近皮甲的甲片，但两者完全不能通用；秦岭兵马俑甲衣常见甲片尺寸为3.5×5厘米、陪葬石铠甲身甲上常见甲片尺寸为4×6厘米，而石胄片每一排尺寸均略有不同，且两者形状也不相同，身甲甲片基本为矩形，制作头盔主体所用胄片却多呈梯形；此外两者的打孔模式也完全不同。换言之，胄片与身甲用甲片的制作需要区别后各自生产——甲片的裁剪与打孔应有简单模具，否则难以统一尺寸与形状，穿缀拼合时容易出现严重错位，导致无法成品。此外头盔上还要制作大量样式各异

▲燕下都遗址出土铁胄

▲秦始皇陵陪葬石甲胄出土时的原貌

▲石胄佩戴效果

的异形胄片。皮革制作的甲片与胄片并不能实现互换，也就不能采用通用的方式生产来降低平均成本。从生产的角度上看，制作大块胄片拼合的头盔可能还更加便捷，所需的裁剪工序更少，缝合连缀也更加省事。

那么在防护力上，小胄片盔是否更有优势呢？一般而言，牛皮经过鞣制之后，整体硬度相对生牛皮会有所下降，但强度会有所上升。而制作鳞札式护甲时用尺寸更小的甲片可以让甲胄组件具有一定的灵活性。不过甲片的尺寸并非越小越好，尤其是皮革甲片。对铁质甲片而言，在一定限度下越小的甲片越坚固，但是对皮革材质而言，尺寸过小反倒会削弱甲片的防御力。使用较小胄片的头盔，因为采用了绳索编缀的工艺，很有可能会出现壳体结构偏软的问题，防御力反而不如之前更大的胄片制作出的头盔。尤其是在面对弓箭打击时，在箭矢冲击力下，采用大胄片的头盔的壳体整体形变率较小，对力量分散得更好，而单个小胄片之间的连接均为绳索编缀，皮革胄片可能会出现位移，暴露出可供箭头进入的缝隙。即使没有发生这个情况，由更小尺寸的胄片单独承受箭矢冲击力时对人体造成的附带损伤可能更大。也就是说，小块皮革胄片制作的头盔不比壳体结构更加牢固的大胄片头盔在制作成本与防御力上表现得更好。这也是随着技术的发展后世铁质头盔逐渐使用更大尺寸胄片来制作的根本原因。铁制头盔的发展历程为：西汉鱼鳞胄片盔→东汉长条胄片盔→北朝末期至隋唐四片、五片胄片式盔→明清“一片铁”式盔。

换个角度来思考，这种类型的头盔如果是使用铁胄片来制作的，那么一切问题就都能解释得通了。在水力锻压技术成熟之前，古代工匠们难以制作出整片的钣金铠甲。且因为金属冶炼工艺的关系，早期冶铁产品多为铁条。块炼铁的冶炼加工过程中，需要工匠对原料进行反复锻打，铁条是最方便成型的。液态生铁冶炼技术得到应用后，生铁液体被引入模具冷却凝固后成品（工艺类似于现代的“地条钢”）。铁条也是最便于成型的模式。铁质甲胄片的制作是将铁条进行再次加工，锻打为合适的厚度，然后裁剪为设计中的尺寸与形状。同样的冶铁水平下，使用鳞片或札片甲片拼合的铁甲防护力最佳，因此在世界范围内铁质鳞甲与札甲十分常见，当然出于地域特色或者技术的限制，各地的铁鳞甲具体形制也各有不同。

不过历史上也出现过两个特例：日本古坟时代出现的使用铆接技术将多片铁条拼接成一个环绕躯干来穿戴的整体式身甲的短甲（同时期的朝鲜半岛上也有装备），以及罗马进入帝国时期后出现的同样使用了铁条与铆接技术来制作、被现代人戏称为“龙虾壳”的板条甲。与人们普遍印象不同，实际上早期的古罗马士兵主要装备的是青铜制作的希腊风格“肌肉式胸甲”，后来则主要装备锁甲，还有一部分鳞甲。板条甲被沿用的时间虽然很长，但总体装备比例并不算很高。

罗马板条甲的出现更多是为了减少甲片裁剪工序中的剪切次数，制作起来可以节省大量工时。其使用的铆接技术也十分有趣：罗马板条甲并非像日式短甲那样直接将铁质的防护板条铆接在一起，而是以按上压下的原则把铁板条依次横向铆在皮条上，利用数根平行排列的皮条进行连接，这样做的好处是身甲还可以保持一定的活动性，减少对穿戴者动作的妨碍。当然，其制作工艺缺点同样十分明显。罗马板条甲在实际战斗中应对刀剑类兵器的劈砍尚可，但面对突刺时，对方的刀剑很容易顺着铁条间的缝隙刺入人体。当然，配合可以完全遮挡躯干的大尺寸盾牌，这也不算一个严重的问题。

日本短甲使用固定铆接技术，部分解决了对突刺的防御。但是这样的整体式身甲（即便留有一定的活动空间，但设计不够合理）会造成穿着者行动不便：试

▲ 日本古坟时代短甲

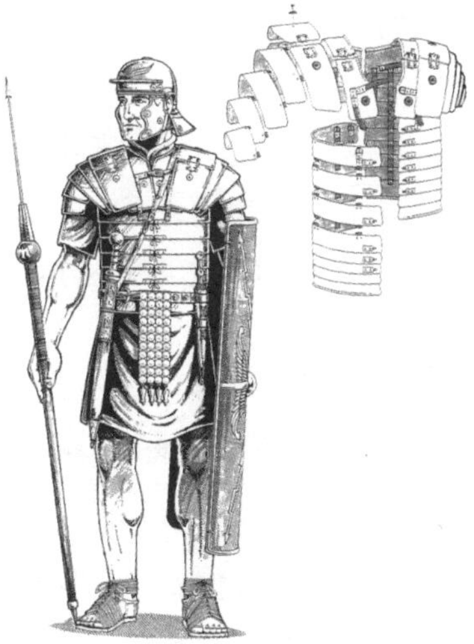

▲ 古罗马板条甲

想一下，把一个长形的大纸箱套在身上，其前胸、后背部分基本与身体贴紧，那么在做出像弯腰这样的动作时将会有多困难。此外，日本短甲还有严重的防御隐患：局限于当时的金属加工技术水平，日本铁质短甲各部件间的铆接质量存在问题，其整体强度并不足以应对较大冲击力。韩国的一部历史纪录片中，剧组人员利用弓箭对亚洲大陆上常见的鳞札甲与日本短甲的现代复制品进行过防护力测试，测试结果表明：在皮革衬底的协助下，铁质鳞札甲成功防御住了弓箭的打击；而在同样的箭矢的冲击之下，日式短甲则出现了铁条严重变形破损的情况，将直接导致穿着者受到致命伤。我们知道，中原王朝军队最喜爱的武器之一就是各色强弩，很显然，在严格意义上的整体式钣金铠甲出现之前，合格的铁质鳞札甲的综合防御能力是最好的。因此使用铁质札甲片的挂甲、大铠彻底取代了短甲。东罗马帝国军队也大量装备了铁鳞甲作为主要护具。

可以推测，战国晚期出现的这种铁胄正是在当时的冶铁技术限制之下做到了最优化。因为无法稳定生产出足量且性能达标的大片钣金来制作整体式头盔，于是工匠们另辟蹊径，制作较小但是更加坚固的铁胄片，然后利用圆形的盔顶件维持住头盔的整体结构，防止其因为活动性过剩所造成的防御力下降。我们从秦陵兵马俑上可以看出，此时士兵装备的基本是皮甲，而因为头部受伤更加容易致命，所以更早地应用了铁来制作头盔以提高防御力。这也是综合实战防护力与生产便利性等角度考虑所得出的结果。同时根据考古发掘报告，燕下都铁胄下端还应附有垂缘（出土时已缺失）来增加防护面积。秦陵陪葬石胄最下层也附有一排垂缘，编缀用开孔与燕下都铁胄开孔方式基本一致，也基本实现了对面颊部、颈部的防御。此外燕下都铁胄还有一些修理过的痕迹，很显然这顶铁质头盔不止一次在战场上保护了墓主人，从这个侧面我们也可以了解到其防护效果。

另外，现阶段的考古成果反映出了一个奇怪现象，值得在此处一提：盛行于东周时期的一体铸造式素面青铜盔，未见在秦地的战国文化层中出现。按常理来说，这种防御力良好且生产并不算复杂的头盔，应该更符合秦国军工业这种追求产能与高度可复制化、规范化的风格。不过考虑到秦国本土严重缺乏金属矿藏，宝贵的青铜首先需要保证兵刃的生产，秦国不使用整体铸造青铜头盔也比较合理。不过，秦国这种缺乏金属的情况在夺得宜阳铁山后得到了部分改善。

▲秦始皇陵陪葬石胄展开图

▼汉代铁胄复原品

相对于头盔，身甲材料由皮革到钢铁的进化步骤走得要慢一些。秦陵兵马俑坑所反映的盔甲从型制上看，已经区分了步兵、骑兵与战车兵用护甲，从制作材料上看基本都是皮甲。那么，战国时期是否已经有铁甲了呢？史料中记载：赵武灵王灭中山国时，中山国勇士吾丘鸠便身着铁甲与赵军奋战。从考古发掘的成果来看，似乎也是地处河北的赵国与燕国更大程度地在兵器上运用了铁。为何会出现这种情况？可能是因为当地缺乏铜资源，反倒存在一些相对好开采的铁矿，所以燕赵两国会比较多地使用比如铁铤铜箭镞、铁盔、铁矛等铁质兵器。

那么中原国家是否装备了铁甲呢？应该有，至少秦陵兵马俑坑中出土的几尊将军俑所反映出的将军穿戴的应当就是铁甲。

▲ 秦将军俑

在较早的研究中，考古学者认为秦国全军不分等级都装备的是皮甲，只不过高级军官的皮甲制作得更加精致一些，在装饰上也更华美一些。而且兵马俑坑的将军俑似乎也能证明这个观点，将军俑身甲的胸甲部分是由一个整体的有一定柔性的材料制作的，上面还缝缀有可以表示军阶的花结。从身甲侧面可以看出，其整体厚度并不小，还带有包边，可能是皮革制作的。将军甲的批膊也是由一整块带有弧度的柔性材料制作的，从实物厚度与防御力的需求考虑，也应该是采用了皮革材料。

不过，如果我们仔细观察将军俑胸腹部的小型甲片，并与汉代甲胄做纵向对比，就会发现一个有趣的现象：这种奇特的小甲片在尺寸上与徐州汉楚王墓、满城汉中山靖王墓、长安武库遗址，以及西安北郊汉墓出土的铠甲的小型鱼鳞甲片十分相似。更有趣的是，两者在使用丝麻绳索作为甲片穿缀材料的同时，还利用其在甲片特定位置的开孔编缀出了能起到一定装饰作用的图案——汉代铁甲片上

▲汉代鱼鳞铠

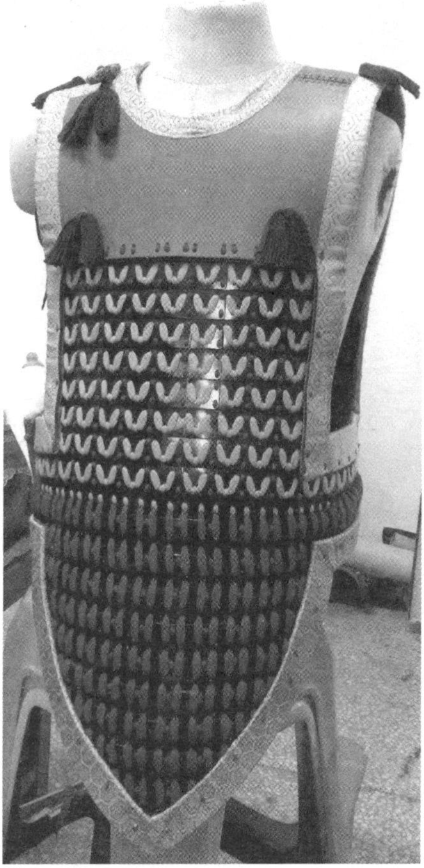
▲现代再现秦将军俑铠甲

编缀出的是双菱形图案，秦将军俑甲片上编缀的则是V字形图案。

当然，仅凭此一点还不能有力地证明秦将军甲使用的是铁甲片，我们应该将之还原到实物上来进行推理。在上文中我们已经提到过，在确保防护力的前提下，皮质甲片可用最小尺寸要大于铁甲片可用最小尺寸：皮甲片如果尺寸过小则会出现刚性不足、强度下降的问题，尤其是存在较多开孔的情况。而我们看到，秦将军俑身甲甲片不但尺寸小且开孔数量比较多，显然使用这样的小尺寸皮甲片制作的身甲不但防护力弱，且会因甲片数量过多造成整体重量的上升，可谓得不偿失。

此外还有一个细节也证明了秦俑将军甲使用的是铁甲片：甲片与包边或者胸部的整片覆盖材料连接的部位上可以清晰地看出护甲的整体厚度较大，但负压在甲片之上的材料厚度却非常薄，可能仅是一层织物而非皮革。换言之，整套铠甲都是使用这种小尺寸甲片穿联制作，并由其提供全部的防御效果。出于装饰和减少磨损的需要，在铠甲边缘订上了一层包边。在胸部位置上，为了装饰同时也让表示军阶的花结更加明显，增加了一层织物作为覆盖。换言之，这种小甲片所能提供的防护力要远超其他兵佣身甲上的大尺寸甲片，那么小甲片只有可能是铁质的。同时，我们还应该注意到这样一个细节：反映普通士兵的兵俑所穿护甲的大尺寸甲片都具有一定的弧度，因为其所模仿的皮甲片具有一定柔性，而将军甲的小甲片却没有半点弯曲，只是一个简单的平面，而且在实物反映出的厚度上小甲片也薄于大甲片（秦陵兵马俑在细节的制作上可谓一丝不苟，即使是最细微的发丝走向、绳索编制细节、麻制鞋底的手衲痕迹都与实物并无两样，那么在铠甲的塑造上更不会马虎大意），很显然两种甲片使用了不同的材料来制作。由此可以推断：将军俑小甲片就是柔性几乎为零、强度与硬度更高的铁质甲片。

▲ 秦俑鞋底细节

秦陵考古队针对陪葬石甲胄坑最新的清理与文物修复成果也证明了这一点。在最新修复的数套石甲中，发现了一套与秦俑将军甲外形几乎一致的精致鱼鳞铠。其上半身、肩部使用与其他部位规格全部相同的精细鱼鳞甲片穿缀而成。换言之，将军用铠甲胸部及批膊部的整体式结构与护甲周边的包边一样，就是一层较薄的绢布，秦汉时的惯例，只有铁甲才会使用布帛包边，防止甲片对穿着者的肌肤造成损害。同样的包边与覆盖情况也出现在另几种军吏护甲上。更有趣的是，在修复的石甲胄中也发现了数套与中级军吏俑样式相近的石铠甲，且所用甲片也是与将军护甲类似的精细鱼鳞甲

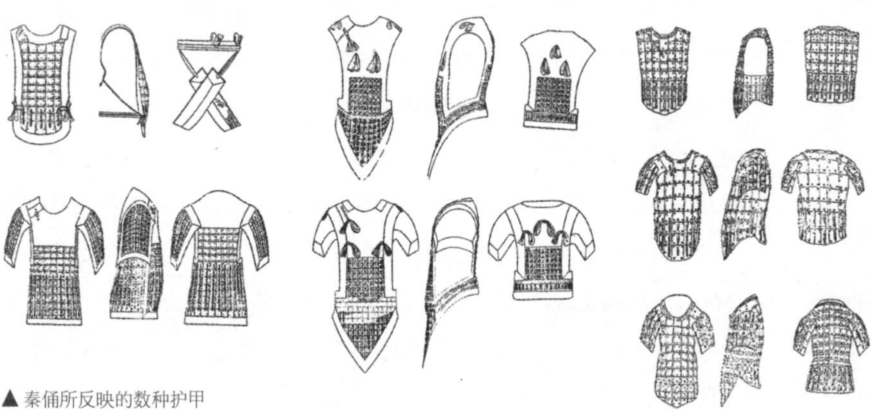

▲ 秦俑所反映的数种护甲

片。我们或许可以这样推断：将军俑和军吏俑所模仿的实物就是铁质铠甲，秦军中层（含）以上级别军官已经装备了铁质铠甲。

### 标准化武器生产

秦兵马俑的出土，举世震惊之余，考古工作者还有着更多意外的发现。全国各地的秦军兵器和陪葬俑坑中出土的兵器，其外形与尺寸几乎完全是同一个模子刻出来的。无论是出土于远在中国南部的楚地，还是北方的长城防线上，哪怕生产时间跨度长达数十年。经过初步研究，我们还发现，除箭镞这种尺寸太小无法铭文之外，其他每一件秦国兵器上都刻有制作者姓名、生产时间以及管理系统信息等——“物勒工名”堪称世界上已知的最早的生产责任制系统。我们在其他六国的制式兵器上也发现了同样的生产信息铭文：赵国的兵器上就常见“左得工”“右得工”字样的铭文（“左得工”“右得工”是赵国主管兵器生产的官方机构），又如燕国的“左司库”“右司库”，齐国兵器上也常见“齐城左”字样的铭文，可见这项制度在当时是多么普及。春秋时期的兵器，铭文多为使用者（王公贵族）的姓名，战国时期的铜兵器铭文则多是生产信息，这也是社会变迁一个有趣的小注脚。

如果从制度的细致程度上来看，还是秦国略胜一筹。这一项制度可能是法家最先提出的，各国在进行变法后均执行了这一法令，变法最为彻底、执法最为严格的秦国，在实行“物勒工名”制度时也执行得最为严格。如果一件兵器出现生产质量问题，可以通过兵器上的铭文直接追究所有的相关责任人。从工匠本人到“车间主任”，再到兵工厂负责人（工师），最终到“寺工”（秦国主管兵器生产机构的最高行政官员），直至政府机构最高负责人——相邦。当然，这样严格的管理制度能让秦国做到更清晰地考核每一间兵工厂的产量与武器质量情况，更容易查询到武器调拨、出入库与消耗情况。

有人可能会问：冷兵器时代，士兵对兵器的要求是趁手好用（练习过武术的人都会产生这种认识：兵器应该与使用者的身高与臂长相匹配），每个人的体质与身高都有差异，最合手的兵器的尺寸也不尽相同，且即便是有极大的生产公差，也不见得会让士兵无法正常使用，恰恰相反，士兵还可以根据自身的身体条件选择最适合的尺寸的兵器。那么统一兵器尺寸有什么意义？甚至有人觉得，非标准化生产可以提高武器产量。事实上这个观点是错误的。

我们先看弓弩这种冷兵器时代最具技术含量的武器。精巧的弩机如果能做到所有零件通用互换，那么其在军事上的意义是非凡的。当然，除弩机之外，同一批弓弩，弩臂、弩干若都能做到规格一致，那么就可以将这一批弩的拉力控制在一个误差较小的范围内，若将这一制度在所有工坊进行推广，那军中装备的弩均会具有较为接近的性能。同时，弩箭做到统一规格的话，可以进一步保证射击的准确性。弩箭在“外弹道”阶段的飞行性能取决于箭长、箭重与配平，如果能将这三点控制好，那么配合拉力近似的强弩，任何一个合格的弩手都能确保自己射击的精度。这样做不但有利于军中弩手的训练，弓弩部队的指挥官也能更好地指挥射击。

在现代，提高步枪射击精确度的各种方法实际都是在枪和弹两个地方下功夫。提高每颗子弹的平均加工质量——包括弹头重量、中心位置与外形规整度，确保弹头飞行的稳定性，精确装药质量与分量，保证每颗子弹中发射药提供的推动力足够相近，提高步枪结构的稳定性，减少各部分间的游隙，提高枪管的质量。总而言之，就是优化弹丸的内、外弹道性能，以保证弹丸的散布范围足够小。

如果以这个思路来考量先秦的标准化生产，就能明白其中蕴含的军事意义。长度、重量、重心位置等规格相同的羽箭等于对弹丸飞行性能进行了优化与规范:强弩相近的拉力范围等于提供了相同的推进力，等长的弩臂与弩干则保证了箭矢在受力过程中的内弹道品质（加速度）相似，这两点相配合就能有效地缩小箭矢落点的散布范围，即提高了射击精度。对于军队广泛装备的制式武器而言，其精度的指标就是多次射击后的弹丸落点散布情况，即多次射击后弹丸主要落点所在圆面的半径大小，以及同一种武器的大量不同样本的总体散布水平，即弹丸落点圆面半径的相似程度。

此外，进行标准化生产还可以保证装备出现损坏时士兵可以在野战修理所内以零件互换的方式快速完成修理，比如弩机的悬刀折断了，可以随意找来一个完好的悬刀换上便能继续使用；长戟的戟刺遗失了，只需从库存中拿出一个新戟刺装上，不必再对木柲顶端多做处理。

同时，如果使用同样的规格来铸造青铜兵器，那么一套模范可以多次使用，从而降低了平均生产成本。而且还可利用简单机械来辅助生产，比如生产矛、戟等近战兵器时，可以利用同一套母样翻砂铸造毛坯，然后使用类似今天用来配钥匙的简易联动式机械配合砂轮（从出土兵器的平行研磨痕迹来看，战国后期的秦国已经使用砂轮来对兵器毛坯进行表面精加工处理），一次就能打磨加工多个矛头，降低了对人力的消耗，提高了单位时间与单位人工的产量。兵工厂的工人必须脱离农业生产，每一名工匠都需要数位农夫的劳作来供养，如果能减少所需工匠的数量，那么等于节省下大批的粮食用于其他方面。

秦国对有手艺的工匠极为重视，《秦律·均工》中就有这样的条文："隶臣有巧可以为工者，勿以为人仆、养。"一般而言，奴隶刑徒会被发配做有爵者的仆役，但如果这名罪犯有手艺，那么就可以不被发配，虽然需要在官营作坊中劳作，但待遇也强过普通刑徒。同时秦律还规定了学徒工匠出师的标准，第一年需要达到老工匠一半的产量，第二年则要求达到与老工匠相同的水平。如果学徒能提前出师，那么官府还会给予奖励。

《秦律·工律》篇中有这样一句话："为器同物者，其小大、短长、广狭必等，为计，不同程者毋同其出。"再结合商鞅变法后统一全国度量衡的举措，我们甚至可以说：秦国以成文法律的形式强行推广了世界上第一套工业标准化生产体系。虽然在公差的控制水平上，秦国的手工业完全不能和现代工业相提并论，还有人嘲笑称这个雏形中的标准化生产根本不能算作是真正的标准化，但是谁又能保证，现在这些我们看来已经很高的加工精度与公差标准在千年之后未来人的眼中不是粗制滥造，根本算不得是标准化水平？而后人也将如同我们嘲笑秦人一样，嘲笑现在的工业根本算不上工业，只能算"儿童手工课作品"。

通过一系列规章制度，加之官府对手工业的重视，秦国的军工生产效率与产品质量控制水平居于战国七雄前列。可以说秦国的这套军工生产体系就是为大规模消耗战而特意设计的。以其代表作三棱箭镞来说，其简洁的造型对工艺与加工工时的要求被降低到了极致。同时，通过精巧的设计，三棱箭镞还拥有不弱的坚固性与对皮革护甲的侵彻力。这种平衡了战斗性能与生产性的思路，显然是对长期战争经验进行总结的结果。二战时期苏联最为著名的T-34中型坦克同样是在这种思路的指导下设计出来的：以适用为前提，努力降低武器的生产成本与工艺难度，适于大规模制造。可以说先秦时代这种雏形中的标准化生产是基于青铜铸造工艺的大前提下为尽可能提高合格武器产量而做出的最优化选择。

## 秦国军功爵位制度

《荀子·议兵》中有这样一句话，常被引用来证明齐、魏、秦三国军队战斗力的高低排名：“故齐之技击，不可以遇魏氏之武卒；魏氏之武卒，不可以遇秦之锐士。”然而荀子本来想表达的可能并非这个意思。在研究历史时，为证明自己的观点而有意对史料进行断章取义极为常见。为了更好地理解荀子想表达的原意，不如我们来看一下此段全文：

> 好士者强，不好士者弱；爱民者强，不爱民者弱；政令信者强，政令不信者弱；民齐者强，民不齐者弱；赏重者强，赏轻者弱；刑威者强，刑侮者弱；械用兵革攻完便利者强，械用兵革窳楛不便利者弱；重用兵者强，轻用兵者弱；权出一者强，权出二者弱。是强弱之常也。
>
> 齐人隆技击，其技也，得一首者，则赐赎锱金，无本赏矣。是事小、敌毳则偷可用也，事大、敌坚则焉涣离耳，若飞鸟然，倾侧反覆无日，是亡国之兵也。兵莫弱是矣，是其去赁市佣而战之几矣。
>
> 魏氏之武卒，以度取之。衣三属之甲，操十二石之弩，负服矢五十个，置戈其上，冠軸带剑，赢三日之粮，日中而趋百里。中试则复其户，利其田宅，是数年而衰，而未可夺也，改造则不易周也，是故地虽大，其税必寡。是危国之兵也。
>
> 秦人其生民也陿阸，其使民也酷烈，劫之以势，隐之以阸，忸之以庆赏，鰌之以刑罚，使天下之民所以要利于上者，非斗无由也。阸而用之，得而后功之，功赏相长也。五甲首而隶五家，是最为众强长久，多地以正。故四世有胜，非幸也，数也。
>
> 故齐之技击，不可以遇魏氏之武卒；魏氏之武卒，不可以遇秦之锐士；秦之锐士，不可以当桓、文之节制；桓、文之节制，不可以敌汤、武之仁义。有遇之者，若以焦熬投石焉。

▲荀卿

按照战斗力排名的观点，难道春秋时代的齐桓公、晋文公的军队比战国时的魏武卒、秦锐士战斗力更加强悍？难道商周之际的周文王、周武王指挥下的西周军队战斗力还要高些？很显然，荀子在后两句中想要表达的还是儒家学说一直以来所倡导的“仁者无敌”的理念，而对齐、魏、秦三国军队的评价，则集中在了各自制度建设对激发士兵士气效果的分析上。荀子此段文字与其说是在议兵，还不如说是在议政。

荀子认为，齐国军队中的士兵就像一群特殊的生意人，君主出钱换取这些人打仗，颇有几分近现代雇佣兵的做派。士兵在战场上斩杀几个敌兵，战后官府按照一颗敌兵头颅价值一锱黄金（应该并非现代意义上的黄金，很可能是铜或者等价值的其他财物）的比价，发放“计件工资”，看上去就像国君花钱向士兵购买敌人头颅一般。甚至在齐国的军营中还有可能出现这样的令人瞠目结舌的情景：士兵们一手拎着人头，一手握着兵器，就杀敌格赏的金额标准与上官讨价还价。如果没有遇到战争，那么士兵们便得不到军饷与赏赐。

这样的军队在面对弱小的敌人时还能鼓起勇气与之战斗，杀死敌人以挣得赏金，士兵甚至为了获得更多赏金而相互争抢在军阵中方便割取首级的位置，还可能会在战斗中因擅自割取敌兵首级而造成阵形混乱。故吴起称之为“其政宽而禄不均，一阵两心，前重后轻，故重而不坚”。又或者在战后，相熟的战友为争抢割取死尸头颅的机会而大打出手。当遭遇强大的敌人时，为了保住自己的性命，这种“头颅商贩”式的士兵一定会溃散奔逃。

对于士兵来说，打仗不过是一门形式特殊的生意。手中的兵器就是做买卖的工具，技击武艺就是做生意的手段，国君就是唯一的买主。遭遇弱小的敌人就是遇上了好买卖，自然要和生意对手们相互竞争一下；如果遇到强大的敌人，那就是一笔不好做的生意，这时候应该先保住自己的本钱——身家性命，只要能活着回去，没准下次还会遇到能回本的好买卖。为了挣得国君给予的黄金，齐国士兵们聚散反覆就像争食的麻雀一样。这样的军队每次打仗，会事先评估敌人的战斗力与君主的赏金是否足够丰厚，如果敌人比较好对付，才会选择拼尽全力。国君为了维护军队的士气，不得不在战时撒出大量的金钱，造成国家收支难以平衡。由这样一群士兵组成的军队自然不可能强大，所以荀子称之为“亡国之兵”。

实际上，齐军这种情况并非个例。北宋禁军在初期集成天下精兵，行募兵制按期分发军饷。但经过长期和平的侵蚀，与文官集团对军人社会地位的严重压制，导致这支原本淬炼于战火的精锐中的一大部分逐渐退化成了穿着军装的苦力、商贩与泼皮的集合体。靖康之耻，河北、汴梁等地禁军在金人的铁骑之下溃败，甚至还上演了2000余人（以厢军为主）被一个只有17名骑兵的小队击溃的“战场奇观”。仅有一些驻防陕西等地、常年征战的部队还保有战力，后来这支被称作“西军”的部队——北宋王朝所拥有的最后一支精锐——也葬送于文官们的瞎指挥。

统治中后期的清朝军队也是如此，虽然所有军队都是按脱产标准招募的职业士兵，然而八旗早已腐败不堪，绿营与其说是军队，倒不如说是警察。唯一能战的甘陕绿营，也不过是从各个哨讯处抽调一两成精壮拼凑而成，最终这支军队在第一次鸦片战争和太平天国运动中出尽了洋相。清朝的国防重任只能由“地方团练”（如湘军、淮军）这种民兵组织来承担。

荀子说，魏国最负盛名的武卒，选拔时有着严格的体能和战斗素养考核，堪称战斗力超群。参加选拔者若是通过测试，就给予特殊的待遇：首先魏武卒的家庭被算作特殊户籍，每年户口普查不再要求该家的男子傅籍；其次，魏武卒的家庭成员们也不需要去服徭役（但不清楚在该名武卒死后，其家中其他适龄男丁是否会被强制训练加入军队）；最后，国家给予每个武卒成员一套房产，此外给予该名士兵一定的田产作为其平时的生活经济来源，武卒本人平时参加训练脱离农业生产，农田可以由其家人耕种或者雇人耕种。每一个魏武卒都是一个小地主，最差也是一名自耕农。

正所谓“有恒产者有恒心”，魏武卒不必担心自己老去或者战死后家庭会失去生活依靠，只需在战场上服从指挥，发挥出最大战斗力即可，战斗中士气高昂。

若干年之后，老的武卒成员即使年老体衰不能再去打仗，官府也不能夺去他的优越待遇，否则会使人心寒，无人再敢参与武卒的选拔，唯恐战死或年老后自己和家人的生活毫无着落。这就逐渐造就了一批占据大量资产（农业社会最大的财产就是土地）、掌握着武力又不需要缴纳赋税的特权阶层。君主想要针对这种情况进行改革基本上是不可能的——没有哪个国君敢对掌握着国家武力的特权阶级动手，否则很有可能第二天就会死于兵变。

只要国家需要选拔武卒，就必须给予武卒新成员同样的待遇，但是国家的领土面积是有限的，治下人口也是有限的，每进行一次武卒选拔，就会造成一次民籍户口与官府直接掌握土地的流失，国家的税收来源因此而减少。如果不能成功地开疆拓土，获得更多人口与土地，则这一套体系最终只能迎来崩溃的局面。魏国凭借武卒之制在获取强大武力的同时，国家的发展潜力也被削弱了一个层次，这是危国之兵。

在荀子看来，秦国向来贫弱，土地出产不足，这片土地上的民众贫苦而剽悍。商鞅变法就是利用这两点来激发民众对耕战的积极性，使秦民“怯于私斗而勇于公战”。商鞅之法重刑法而轻赏赐，以酷烈的刑罚让人对法令产生天然的畏惧，当民众畏惧法令与官府之后，就可以以较少的恩赏来实现更大的激励效果。

秦国士兵斩首一级可以获得一级爵位，爵位可以换来相应的经济与政治待遇，连日常饮食标准都可以得到提升，睡虎地秦简记载：有大夫爵的官吏每日可食粳米半斗、酱四分之一升、菜羹与肉食各一盘；上造爵位的官吏每天可以吃粳米一斗、菜羹一盘，并给盐十一分之一升。爵位还可以用来抵罪（这也是秦民渴望获得爵位的一个重要原因）或者解救被罚作奴仆的直系亲属。然而秦人基本只能在战场上获得爵位，这就迫使秦民对战争充满了渴望。限制高爵位的出现，同时建立爵位回收机制，使得军功爵不会无限制扩张。秦法虽严苛但允许以爵顶罪，也就是说爵位对普通民众而言最主要的作用之一是抵罪，官府利用此将爵位回收，这样就防止了爵位的泛滥（太平天国失败的一个重要原因，就是官爵王位的滥封），秦国官府的负担便不会过重。

这是最能使国家与军队维持战斗力强大且持久的方法，既保证了军队士气与战斗力以征服更多土地，又保证了不会产生一个庞大的利益群体导致税源萎缩财政失衡，所以秦国能够保持四世扩张的强势绝非侥幸，是顺理成章的。秦国军功爵制度可以看作是商鞅对魏武卒制度进行修改后的产物，为了防止出现尾大不掉的情况，特意设计了一些预防性措施。可以推测，商鞅做魏国相邦公叔痤的中庶子，就有系统性学习魏国李悝之法的目的。但是荀子认为秦法严苛，使用酷烈刑罚恫吓民众守法，以威逼利诱为手段驱使人民走上战场，这支军队只知一心向利而鄙陋无文，缺少圣王之礼乐教化。

荀子将以上三种军队合称为"盗兵"。在这样的军队中，士兵参军打仗只是为了掠夺战利品与胜利后的赏赐，军队没有政治理念，士兵也缺乏使命感与理想，在战场上为了争夺军功可以做出一些不理智的举动，在战斗结束后劫掠战区内的他国百姓可谓是家常便饭，杀良冒功也屡见不鲜。

那么，荀子推崇什么样的军队呢？儒家理想中的军队是商汤、周武王、齐桓公的军队，并称之为"王者之师"，以王道而服天下。作为战国晚期儒家学派集大成者，荀子在自身学术体系之中融入了一些法家学派的观点，但是在根本出发点上还是偏重儒家的仁、礼思想。荀子在军队建设上提出了士兵应该有使命感，军队应该有政治理想，军纪与军人作风的养成以社会发展水平作为基础，这些观点在今天看来也是具有先进性的。

当然儒家思想有些过于排斥暴力这一军队最基本的元素。大儒孟子以其所谓的至仁伐不仁，将牧野之战想象成比团体操比赛还要和谐的场面。只因"血流漂杵"一词不符合其"仁者无敌"的政治观念便随意删改《尚书》，将《武成》这篇有着重大历史参考价值的文章从中删去。若不是此文另有遗存，差点让现代学者失去了对牧野之战发生时间进行断代的重要佐证。而后世儒家思想变得越来越"文弱"，其根源可能也在于此。

那么秦国的军功爵位制度真的可以让一个普通的百姓凭借在战场上砍敌兵首级，最终成为坐拥万顷良田的侯爵吗？答案是否定的。商鞅在制定军功爵位制度之时，第一个要解决的问题是旧贵族势力对国家的侵蚀。战国之时，有邑贵族占有了大量的土地与人口，这些封君们拥有私人军队，会为自身利益私自出兵。赵魏韩三家最初也仅是晋国的有邑贵族，随着实力的发展，最终成长到可以直接瓜分晋国，列土称王。战国时期，魏惠王曾一次性大量赐田给贵族大臣们：丞相公叔痤 40 万亩，吴起后人 20 万亩，巴宁 10 万亩，爨襄 10 万亩。而反观秦国军功爵制度，即便是大良造这样的高爵，法理上允许所能拥有的田产也不过 1800 亩，食邑仅千户。可以说，商鞅设立军功爵制度最大程度为秦国中央政府节省出了大量土地，制度设计上优先保障低爵军民的权益，并限制贵族阶层过分膨胀。如此严重损害其最根本利益（能控制的人口与土地），可以说是直接挖贵族阶层的老底，旧贵族们自然恨之入骨，最终给商鞅冠上了谋反的罪名，并处以车裂之刑。

**秦汉二十级爵对照表**

| 爵级 | 秦爵名 | 汉代爵名 | 商鞅初定十六级爵 |
| --- | --- | --- | --- |
| 一级 | 公士 | 公士 | 上造 |
| 二级 | 上造 | 上造 | 簪袅 |
| 三级 | 簪袅 | 簪袅 | 不更 |
| 四级 | 不更 | 不更 | 大夫 |
| 五级 | 大夫 | 大夫 | 官大夫 |
| 六级 | 官大夫 | 官大夫 | 公大夫 |
| 七级 | 公大夫 | 公大夫 | 公乘 |
| 八级 | 公乘 | 公乘 | 五大夫 |
| 九级 | 五大夫 | 五大夫 | 客卿 |
| 十级 | 左庶长 | 左庶长 | 正卿 |
| 十一级 | 右庶长 | 右庶长 | 大庶长 |
| 十二级 | 左更 | 左更 | 左更 |
| 十三级 | 中更 | 中更 | 中更 |
| 十四级 | 右更 | 右更 | 右更 |
| 十五级 | 少上造 | 少上造 | 少上造 |
| 十六级 | 大上造 | 大上造 | 大良造 |
| 十七级 | 驷车庶长 | 驷车庶长 | |
| 十八级 | 大庶长 | 大庶长 | |
| 十九级 | 关内侯 | 关内侯 | |
| 二十级 | 彻侯 | 列侯 | |

商鞅的军功爵法规定，无爵的士兵只要斩获敌兵首级（商君书中称“甲首”，有人认为一定是“甲士”身份的敌兵，不过战国时期，传统的甲士阶层已日渐消亡，此处的甲首应该是指甲兵之首，特指敌军正规士兵），斩首一级晋爵一级，并且可以成为月俸50石的官吏（最基层的伍长），斩首二级就晋爵二级，可以做百石的官吏，当然也可以不做官吏只要爵位。当一名士兵成为带兵的军官（士官）之后，想继续获得更高的爵位，除本人斩首之外，还会增加一个考核指标——全队杀敌数。全队杀敌数高于自身损失才记军功，杀敌和损失相当则无功无过，损失多于杀敌则全体有罪。当军职升迁到屯长和百将级别的主官之后，若在战斗中全队未能斩杀一名敌军，则队主有罪要被问责，队主可能会因此被斩首。而且就算麾下的部队有斩首也不见得一定有功，更不能确保自己能晋爵，因为商鞅的军功爵法还规定，如果是百人队，则必须取胜并斩首敌军33人以上，才能“盈论”（达到奖励条件），百将和屯长才能晋爵一级。等到了将军一级的高级指挥官，盈论标准就会变为攻城战要斩首至少8000，野战中则须斩首2000（野战中，敌兵更容易逃跑成功，战场上也可能出现各种不利于打扫战场割取首级的情况，因此斩首考核数字相对攻城战要低得多）。可以看出，在秦国的军功爵制度之下，获得低等级爵位算不上困难，但是想凭借军功获得高等级爵位却无比困难。秦惠文王时期攻灭蜀国的大将司马错，担任邦尉时爵位不过左庶长；白起的爵位从左庶长升为武安君，用了整整16年时间；长平之战初期的秦军统帅王龁，其爵位也只是左庶长。秦国统一的最大功臣王翦都对秦王政抱怨，想在秦国封侯实在太难了。

▲商鞅变法，徙木立信

秦军旺盛的战斗热情就是这样被激发出来的，战败即有罪，无过亦非功，有功则厚赏。后世人常在一知半解的情况下认为秦国为政刻薄寡恩，实际上，如果做横向对比，列国之中秦国却是对普通民众最宽厚的：不剥夺最基本权利，有功必赏无条件兑现，可以用爵抵轻罪（对于国家而言劳动力是宝贵的，滥刑滥杀属于纯粹的自我毁灭行为）。

不仅可以自己享用，还可以福泽亲族后裔——只要一个首级，成为罪奴的双亲就可以获得自由，或者让自家获得田宅奴婢成为小地主；如果战死了也无后顾之忧，爵位可以由一名直系后代继承。其他国家民众几乎完全没有上升渠道，而秦国则给出了一条明确且有希望的道路——耕、战。不仅秦军士兵可以以斩首记功获得爵位，民间百姓也可以凭耕作收获之功获爵。反观齐国，普通士兵斩获首级在获得赏金之后便什么都没有了。秦国以法令限制了除最高统治者外的其他权贵阶层对民众的压榨盘剥，这样国家就可以最大限度地御使民力。而民众因为不用忍受层层盘剥所造成的加码，压力反倒还在可接受范围之内。秦法真正限制和打击的目标是最为后世诟病的官吏集团与权贵势力，以及依附其上的传统文人阶层，而在封建社会，社会话语权往往也掌握在这些人的手中。这些人自然要对秦国及秦法大加批判，极尽抹黑之能事。而现代人不加思索地一味照搬被传统文人阶层错误“解读”过的法家思想，并将之奉为管理学的“武林秘籍”，以所谓“重刑寡恩”的思想来指导现代企业管理，背离了管理学的根本原则，最后只会得到离心离德的结果。

### 胡服骑射

赵武灵王实行“胡服骑射”改革后，赵军并没有像很多人想象中那样以骑兵作为军队的主力。恰恰相反，广大的步兵自始至终一直是赵军的中坚力量。胡服骑射在军事上的影响实际上是这样的：骑兵崛起，逐步取代了战车兵的地位，为军队提供了一支可以更加灵活机动的战场突击力量。相比笨重的战车，骑兵所需要的投入和成本更小，最直观的一点，一名骑兵只要一匹战马和该名骑士的单兵武器即可，但武装一乘兵车至少需要4~6匹战马、数头牛、至少3套甲士的单兵装备、一辆合格的战车——可以说是东周时期手工业顶级的成果。相比战车兵，骑兵在成本更低的前提下，部队的战场机动能力却大幅提高。不过此时初生的骑兵还不能像后辈们那样使用马刀与长矛发起强力的冲击战术，他们的作战方式更多是投射火力，对敌人进行骚扰和杀伤，解放了步兵在战场骚扰、掩护、信息遮蔽与追击上的任务负担。

从此，战场上的兵种从步兵+战车转变为步兵+骑兵+战车，骑兵开始逐渐替代战车原本承担的部分角色。到了西汉时期，军队中常将车骑二字连用，如车骑将军，又如七国之乱时，吴少将桓将军指出："吴多步兵，步兵利险；汉多车骑，车骑利平地。"车骑混编这种模式，以互补的方式勉强解决了早期骑兵因缺乏合适马具造成的冲击力不足与战车因较为笨重而在速度和灵活性上的不足的问题。直到东汉时期，战车才被获得了合适马具与马上兵器的突击骑兵所彻底取代。

胡服骑射改革，不单单是服装和军事技术的改变。赵国一直以来就是一个多民族聚居的国家，甚至赵氏的数位家主均为胡狄族女子所生（赵盾、赵无恤为狄女所生）。赵国的主要势力范围内生活着大量的胡族人群，这些胡狄势力甚至曾强大到让赵氏不得不以多次联姻进行拉拢和安抚（不仅赵氏的家主们会迎娶狄人贵族的女儿为妻，还将自己的女儿嫁给胡族贵族，比如著名的"磨笄夫人"就是家主赵无恤的亲姐姐）。第一次灭中山国后，赵氏名下的领土得以扩张，但领土内的胡狄各族人口也迅速增多。这已经造成了一定的不稳定因素，如果不能迅速让这些胡狄族人口归心赵国，万一有强国来犯，那么赵国就不得不一面抵抗入侵，一面防备着国内的不安定因素受内外部刺激而爆发。

胡服改革表面上看只是一个服饰问题①，实际却是文化认同上的问题，是赵国统治阶级从上到下地表示对胡狄人群文化上的认可与对其民族的接受，不再将之视作"另类"，而是同居一国的手足同胞。赵国自上而下地在政策上努力消除双方在文化与习俗中的隔阂，促进民族的大融合。赵国政府实际可控制的人口因此剧增，兵源的范围也得到了扩大，大大地增强了对新扩张土地的控制力。大量胡狄各族出身的士兵积极地加入赵军，让赵军学会了新的战术——骑射。正是因为胡服骑射的改革，让赵国可以稳定地统治领土内的大量胡狄各族人口，也让中山国这样曾经由戎狄族群建立的政权彻底失去了复国的号召力，分裂势力的魔爪就此被斩断。随后，赵国在对抗北方新崛起的东胡、匈奴势力的战争中也表现出了极强的战斗力。

---

① 从考古证据上看，胡服实际也是胡族人学习中原人服饰之后的产物，短衽窄袖等特征一方面是为了适应其生产生活方式，另一方面则是为了节约宝贵的布料。

最初的赵军骑士应该是直属于赵王本人的特殊部队。战国七雄军队在体制上被分为至少两个不同的系统——中央直属兵团、地方驻防部队。如果再进行细分，还可以将中央军划分为国君（王族）直属部队与政府管辖军队，地方军有地方官府掌握的军队，也有封君、有邑贵族的私兵。胡服骑射改革这一有利于提升赵国军力与国力的政策，会遭遇大批贵族的抵制的原因也在于此：赵武灵王借用改革之机，吸收了大量游离于传统有邑贵族体制之外的人口，编练了大批直属于赵王的军队。赵武灵王以此为政治资本展开了集权制改革，让旧贵族阶层觉得赵王的大刀已向自己举起——秦国变法的例子就在眼前——自然会产生严重的反弹。因此赵国的有邑贵族集团在改革初期以“华夷之辨”为借口抵制变法，后来干脆利用赵章、赵何两公子之间的矛盾导演了一出名为“沙丘宫变”的军事政变。最终赵国虽然拥有了仅次于秦国的强大军事实力，然而综合国力与行政效率却远远落后于秦国。

《战国策·上》曾提到，魏国军队由武卒、奋击两大系统组成，其中武卒是直接隶属魏王的中央军，奋击则是地方驻守正规军。

秦国的变法较为深刻，中央集权做得更加到位，因此秦国建立了一支强悍的中央直属部队——锐士。秦王本人只保留了一支郎卫禁卫军作为直属护卫，其规模远小于魏武卒，且选拔机制也不同。更大的区别在于，郎卫在卸职之后会有更广阔的发展空间。秦国在地方的主要军事力量则是各郡县兵（秦国中央政府对郡县的控制力也远超列国）。赵国的“百金之士”类似于魏武卒，其为直属赵王个人的雇佣兵，也可以算作（职业化）募兵的范畴。作战时，君主赐予统帅兵符为号令军队的凭证。到了后期，赵国骑兵应该同时存在于边郡地方军和政府中央军的战斗序列之中。赵

▲ 内蒙古博物院镇馆之宝——战国匈奴金冠，该金冠出土于战国时的赵国边境附近

▲赵武灵王雕塑

武灵王曾率领赵国骑士们东征西讨，大将李牧在边郡时也有资格自行招募擅骑射者为军中骑士。

结合文献来看，除赵国外，中原列国都保有一定数量的骑兵。比如魏国：阴晋之战中吴起统御下的魏军就有 3000 名骑兵，苏秦也曾说魏国有骑 5000 匹，长平之战中秦军以 5000 骑凿穿赵军阵形。然而这些骑兵是直属于中央军序列的，不像赵国那样在全军范围内大力推广。

当然，骑兵在中国的起源之早，也远超一些持有不同历史观的人的主观臆断。传统观点认为，中国骑兵起源于赵武灵王的胡服骑射改革，但在殷墟遗址中就有证据表明，早在商中后期，中国骑兵便已登上了战争的舞台，比赵武灵王的时代足足早了 800 多年！在殷墟的一座武士墓葬中出土了区别于战车的骑兵用马具（原始鞍鞯），以及墓中采用单人单马的埋葬方式，昭示着墓主人是一名商代骑兵，另通过体质人类学等学科的分析得知，墓主人属于中原族群。出土的甲骨文字中也显示，商军中有以 300 骑为建制的原始骑兵部队，主要负责战场追击与骚扰任务。

在春秋时期的秦国贵族墓葬中，还发现了模仿骑兵形象的陶俑。考古队员还在战国秦咸阳宫遗址中发掘出一副破碎的宫室壁画。经过拼接还原后，人们惊奇地发现了一名秦国骑士矫健的身影。这名骑士身着戎装，头戴黑色护胄（也可能是皮弁或帽子），骑乘一匹棕色的战马。只见他伸展左臂张弓，右臂弯曲引箭，呈驰马骑射之态。另外在另一块壁画残片上绘有数匹骏马，有一匹战马的马背上附有柳叶形的鞍鞯。事实上，秦国作为一个靠牧马起家、与戎狄血战 300 余年的军事族群，在骑兵传统的起源上绝对不会晚于（同属嬴姓族群的）赵国。

相对于后辈们，此时的骑兵只能作为步兵方阵的附庸进行作战。在战斗打响的前夕，骑兵们可以凭借机动力以弓弩骚扰对方的行军队列，并干扰其由行军队列转为战斗队列的变阵过程，好让己方主力步兵先一步完成列阵发起突击。当对方的步兵完成列阵后，己方车骑也可以先发起冲击迫使对方步兵就地结阵防御，暂时失去机动能力，此时己方的步兵方阵就可以上前对其实现包抄。

当然，早期的骑兵在使用以上的战术对阵精锐步兵时很可能最终自身伤亡惨重却无法撼动对方的阵形，但是骑兵可以利用其战场机动自由地选择对手，这一点是步兵难以做到的。当然骑兵想发挥自身的机动力优势，必须依赖己方步兵方阵构筑的大本营。而步兵也需要骑兵为自己探查行军道路，并阻止敌方骑兵对己方的袭扰。但限于装备的落后，早期的骑兵很多时候仍需下马步战，比如长平之战中 5000 名秦国骑兵最重要的任务是在凿穿赵军阵形、破坏赵军营寨，并支援故关，到达故关后这些秦国骑兵只能下马加入步兵的序列作战。

此时的骑兵装备与步兵中的精锐散兵类似（在战术体系中的职责也类似，避实就虚，以良好的战场机动能力打击对方的薄弱点），身穿精制护甲、手持短戟或铁质长剑，同时背着一具臂张弩（也可能是弓）和若干支羽箭。作战时，骑兵们首先会用弩进行一两轮射击，然后以小型横队发起攻击。骑兵们可以挥舞着兵刃从两侧向对方方阵的侧翼发起突击，诱使对方的弓弩手提前射击（提前射击的杀伤力往往不够大），然后以最快的速度突入到格斗战的距离，从步兵方阵两翼略过，此时骑兵可以用弓弩进行近距离驰射。此时己方的步兵方阵可以借机推进，己方的弩手也可以进行数轮齐射（对方步兵方阵为了应对骑兵的突击，会缩小士兵的

▲秦骑兵俑

间距），以获取较好的杀伤效果。

双方的步兵方阵交手后，己方的骑兵与突击战车可以从侧翼再次发起突击，并利用方阵之间的空隙（或整体战线的侧翼）突破至敌军背后，然后尝试从背后发起对敌方方阵的突击，以击破对方的阵形。此时骑兵也可选择下马步战，以小群组为单位攻击对方军阵的背后。若敌方没有足够的车骑来应对我方的车骑，那么只能用减少步兵军阵纵深的方式来拉长正面宽度，以弥补各个方阵之间的空隙，拉长战线整体的宽度以防止暴露出侧翼。但如此必然降低单个步兵方阵的韧性，容易被己方的步兵方阵贯穿击破。

可以说，此时骑兵战术还是围绕步兵方阵而展开的，更不能离开步兵方阵独立成体系作战，骑兵只是作为步兵方阵伸出的触手而存在。

战国中后期虽然骑兵已经正式登场，但是决定战场胜负的关键还是步兵。精锐步兵在对战中远胜此时突击战术未成形、专门的马上兵器也未出现的骑兵。而从最为关键的机动能力上看，由于马具的落后，骑兵仅能在部分地形上的战役的机动力胜过步兵，在最为关键的战略机动能力上，步兵反而优于骑兵。李牧所获得的数次战术胜利，应该说是建立在提高了步兵部队的机动能力之上。白起所获得的胜利，也多是建立在精锐步兵部队的韧性与高机动能力之上。比如华阳之战，秦国步兵在白起的带领下以每日平均百里的速度长途奔袭，8 日之内自咸阳直趋华阳城下，一举击败魏、赵两军，取得了斩杀 15 万的巨大胜利。

战国中期，传统车兵已然走向黄昏，骑兵迎来了属于自己的曙光，而步兵则步入了全盛时期。这一时期传统的封君贵族阶层被新兴的地主阶层所取代，旧的以血亲为纽带以周礼为制度的部族式国家也被以职业官僚体系为骨架的律令式国家所取代。在空前的开放中，在思想与铁血的熔炼中，中华文明走向了初步的成熟。

# 第八篇

战记 8

# 秦灭楚之战

## 虚胖的巨人

楚国是战国时期疆域最为辽阔的诸侯国，南达百越，北接齐国，横跨当今中国最富饶的东南部，也曾是当时统一呼声最高的国家。秦军风头正劲时，也只有强大的楚国能与东出函谷关的秦军一较高下。楚国方圆万里，持戟百万，擅长山地丛林作战的山越一族、悍勇无畏的荆楚子弟等强军皆听命于楚国大旗。即使强悍如秦，灭楚的初战也被崩掉了一颗牙——李信以 20 万大军伐楚，先胜后败，被楚将项燕（项羽的祖父）追击三天三夜，破垒二，斩七尉，士卒死伤无算。最后还是秦王亲自请出了托病在家的老将王翦再次出山，以 60 万人的举国之力，摆出斗势不斗智的架势，历时 5 年才彻底将之灭亡。

但是将战国七雄混战的卷轴缓缓打开，我们却可以发现一个十分有趣的问题：曾经在春秋时代力压群雄，让自齐桓公一直到晋景公的数位北方霸主都视作最大威胁的南方大国——楚国，军力曾经强盛到以一族私兵就可以在大战（城濮之战）中对阵三国联军的军事大国，在战国时代这个相互攻伐杀戮的乱世之中，其动员能力远远低于我们的预估。纵观战国 200 余年，不管是魏国四面出击，凭武卒之利打遍天下，还是齐国凭借桂陵、马陵两次大胜重登强国首位，又或是燕国借势伐齐破国，各国都曾有过称雄一时的时候，哪怕是存在感最弱的韩国，也曾凭借申不害变法，在楚国面前虎口拔牙般地攻灭春秋小霸郑国，以劲韩威慑天下。但楚

▲ 王翦

国呢？终战国一世，楚军除了蓝田之战与秦两次灭楚的时候有过大规模的动员，以举国之力动员了五六十万的兵力来与秦军对抗，其他时候再也没能看到楚军进行过如此大规模的动员了。为何楚国的动员能力在战国时期如此贫弱，连国土面积与人口都差了一个量级的赵国、魏国都远远不如？时间仅仅过去了几十年，为何会出现如此天差地别的变化？

这就要从楚军的军制和国家结构说起了。首先必须说明，楚国的动员能力相对于春秋时期并没有变弱，而是更强了，只是这增强的幅度远不及中原各国那么大。春秋时期，楚国最多可以单次出动 10 万兵力，北方各国只能动员出七八万的兵力；到了战国时期，中原各国一次可能动员出十几二十万的兵力，楚国还是单次只能动员 10 万出头的兵力。两相比较，看上去楚国的动员能力便不如春秋时期了。那么为什么楚国的动员效率一直未能得到提升？

因为楚国一直实行的是比较彻底的分封制，国君将国家的土地、人口、城池等分封给臣下，封主们有义务响应国君的命令纳税、出兵。虽然楚国是最早对封君制度下手的国家，但是楚国的封君权力却又是战国七雄中最强盛的，这不得不说是一个颇为奇怪的情况。

春秋之时，楚国国君为了限制封君们的发展，增强中央政权的实力，特意在行政体制上第一次设立了郡县制。面向中原进行扩张时，新获得的土地不再作为功臣封地，而是设立为楚王直属的县。行政上，以有任期的职业官僚来进行管理；

▲ 楚国铁质长剑

军事上，组建了以楚王为最高军令长官的县师。县之下细分为郡，后来两者地位颠倒，以郡为高级行政单位，统辖各县。

中原各国学习了楚国首创的郡县制，并将之发扬光大。反观楚国，则逐渐变成了一个怪胎，有邑领主的封地与国君直属的郡县并行发展，而在争霸中原的势头被削弱后，国君能够直接管理的郡县数量再也得不到增加。楚国内部的屈、黄、景、昭、项等大家族，基本都是楚王族芈姓的分支，熊氏作为王族嫡系，从法理上来讲并不比其他各家高贵多少，因此，为了维持统治的稳固，熊氏楚王必须在为政上维护各大家族的利益。其第一要务，就是必须继续保持封主封君制度，维护有邑贵族们的最根本利益。

春秋时期，楚国颇有朝气的对外扩张也是基于维护有邑贵族体系稳定的需求。只有积极扩张才能获得更多土地，给各个大小贵族进行“分红”。出征前，楚王与各大家族家主商议好新征服土地的分配方式，然后各家按照预期收益的大小和自身实力情况出兵。楚怀王伐秦之役应该就是以此种模式进行的举国动员。灭秦，这块蛋糕大到可以让楚王和所有家族都能吃到心满意足，因此楚国动员出了前所未有的 50 多万军队。但是韩魏军队袭击邓地，让自带军队的有邑贵族们担心自己的军事实力被楚王有意消耗掉（真有这样的机会，楚王绝对很乐意），因此迫切地要带着自己的军队撤回封地，所以在战局并没有出现根本性逆转的时候楚国就全军撤退了。春秋时，中原人常称楚师“轻佻”，也就是这个意思。

理论上，国君对封主的封地有着最高的处置权，但楚国国内由于历次变法和改革最后都流于表面，导致国君对封邑贵族的约束力不足。就好比一个需要进行大手术治疗的病人，只是走入按摩馆进行了几次推拿理疗，吃下了几片止疼药。虽然经过如此一番治理后这个巨人变得容光焕发，所有人都被其庞大魁梧的体型所震慑，但是他终究还是个重疾在身的病人，经不得真正的苦斗。

吴起变法也未能触及楚国封君贵族政治的核心。仅仅是每代递减降低爵位减少食俸一项就激起了贵族们的巨大反扑，而要将贵族重新封建迁徙至边疆一条更是让封君贵族们对吴起恨之入骨。最后，在一场发生在灵堂内的混乱厮杀中，吴起与楚悼王的尸体一起被乱箭射成了刺猬。即位的楚王臧则利用这个机会，向贵族中的铁杆反对派开刀，稳固了自己的统治。然而文武之道在一张一弛，虽然有

70多家楚国贵族在楚王臧主持的“灵堂大肃反”中被灭门，但是楚王臧并没有将改革继续下去的魄力，最终与贵族势力达成了妥协。楚国在死水微澜之后，又回到了贵族政治的沉疴之中。

事实上，吴起死后，新即位的楚王臧便已与守旧派势力相互达成了妥协。被灭门的70余家贵族的遗产被楚王臧当成收买守旧势力的“资本”，新王拿走部分好处，剩下的大头则用来酬劳“倒戈”的势力，最后的残羹剩饭或可用来收买，瓦解其他反对者。双方对变法之事闭口不谈，楚王臧加强了自己的实力，守旧势力们得到了不再变法的许诺。政治上有一种说法叫作“统治阶级的自我毁灭”，在工业时代之前，各国的特权阶级宁可被外敌灭国，也不愿意变法图强。在农业社会中，统治集团难以将自己的控制力投射到基层，对于旧有特权阶级而言，亡国只不过是换了一个新的主子，基层的统治还要依靠他们，因此就有特权阶级并不反对换一个最高统治者，只会反对那些触碰到自身特权利益的举动。

更可怕的是，这个“壮汉”不仅身有隐疾，还是虚胖——楚国政体的根本点是大族分治。这个壮汉身上最壮硕的肌肉都是各大世家经营的成果，一旦遇到纷争，各家更愿意为了保住自己的利益，做出一些损公利私的举动。

在战争状态下，楚国的贵族们绝对不会轻易损耗自己的实力——毕竟打没了

▲ 楚都寿春遗址

国君给不给补充都是两说，这种预先垫付大笔投资的事情风险太大，还是不要做为好。于是乎国君每次战争动员必然大多仅能局限在自己的直属领地之内，其他的世家或者虚与委蛇或者直接找理由拒绝。而这种大家之间盘根错节、百年以上的利益大网不仅分割了楚国这个巨人的躯体、束缚了他的力量，还牵扯了它的神经，在遇到攻击的时候，就像个反应迟钝的呆子，许久之后才能感觉到疼痛，再许久之后才能做出反击。

楚国封闭落后的体系，意味着这个国家不能离开强势而英明的君主，一旦君主软弱不能有力压制并分化贵族群体，那么世家大族将会立刻反扑，轻则架空君主，重则弑君操纵王位废立。但是进入战国之后，楚王却一代软弱过一代，一代昏聩过一代，不仅连年失地，最后楚怀王还被秦国扣押客死他乡，故而后继者们变得越来越软弱，不思进取，对天下大势的把握也就逐渐脱节。

更为重大的打击来自身上都带着楚人血统的一对君臣——秦王稷、将军白起。白起破楚，将楚王在南阳盆地与江汉平原的直属领地一举拿下，并极大地杀伤了听命于楚王本人的楚中央军。楚王横带着残余势力迁都陈郢后，楚王室在楚国内部的地位一落千丈，再也无法压制屈、黄、景、昭、项等大家族。相反，为了维系楚王的统治地位，熊氏王族还得讨好同属芈姓的这些大家族，小心地利用这些家族之间的矛盾，对之进行分化、拉拢。可以说其与繻葛之战之后的周天子、安史之乱后的大唐皇帝境遇十分相似。

## 昌平君的暗战——第一次灭楚失利

说来有趣，战国之时打击楚国最厉害的是秦国，最后给了秦王朝致命一击（巨鹿之战）的项羽又是楚人，但是在蓝田之战前，列国中能将友好关系维持时间最长的却是秦、楚两国。春秋时，由于晋国的巨大压力，秦、楚两国第一次走到了一起。吴军攻破郢都后，又是秦国出兵帮助楚人复国。秦、楚王室之间通婚频繁，至秦王驷这代两国的联姻已长达十八代（《诅楚文》中提到过）。秦王稷之母为楚女，秦王政的亲祖母（夏姬）与养祖母（华阳夫人）都是楚国公室女，据说公子扶苏也是楚女所出。

楚人的触手不但伸入了秦国的后宫，还堂而皇之地立足于秦国的朝堂之上。

秦国历史上最为重要的一位权臣魏冉就是楚人，之后又有昌平君[①]、昌文君兄弟二人担任秦国的重臣。其中昌平君还因协助秦王政（秦始皇）扫平嫪毐叛乱，实现亲政的大功，被任命为秦国相邦。但就是这位秦国相邦，却在十数年后摇身一变成为末代楚王，坚持抗秦直至战死。

秦王政十七年（公元前 230 年），韩国灭亡。这时发生了一件奇怪的事情。按常理来说，攻灭一国必须稳妥地处置亡国之君及其宗族，或将之迁至战胜国的国都附近方便监视，如西晋灭季汉、东吴后将两国君主迁至洛阳，北周武帝灭北齐后将齐国高氏宗室迁至长安，北宋灭南唐后宋太祖封李煜违命侯并将之软禁于汴梁；或将之迁至另一个方向上的边疆，彻底切断其与各色遗老遗少们的联系，让亡国之民忘却旧王室的存在，如国人暴动后共伯和将周幽王驱逐到彘地，靖康之耻后金军将宋徽宗、宋钦宗迁至五国城（今黑龙江省依兰县城北）。但是这一次，秦王政却将韩王安流放到陈郢，楚人曾经的都城！

《史记》中缺乏关于这一事件的直接描写，睡虎地墓葬秦简中却有一篇文章记录了大量线索。当时的一位名叫喜的基层法官离世后，在其墓穴中随葬了大量有关秦代法律制度的简牍。其中有一卷简册的内容与众不同，这部被命名为《编年记》的书以编年体例记载了从秦王稷元年（公元前 306 年）至秦王政三十年（公元前 217 年）秦国对外的重大战事与墓主人的生平，这是迄今被发现成书年代最早的私人修史作品。

书中记载，秦王政十七年（公元前 230 年）“攻韩”，秦王政二十年（公元前 227 年）“韩王居□（缺字）山”，秦王政二十一年（公元前 226 年），“韩王死。昌平君居其处，有死□（缺字）属”。结合其他史料，我们可以梳理出这样一条时间线：公元前 230 年，秦王政令内史腾攻韩，俘虏韩王安，灭其国而设颍川郡，之后迁韩国王室于陈郢。当初秦王政为何将韩王安一家流放至楚国旧都现已不可考，但从之后发生的事情来看，这似乎是秦国朝内的楚派势力运作的结果。当然，

① 关于昌平君的出身众说纷纭，有观点认为是秦王稷时代楚太子完在秦国做人质时留下的子嗣，后楚太子完回国即位，将昌平君等留在了秦国，也有观点认为昌平君、昌文君兄弟是楚国公子一级的贵族，跟随华阳夫人入秦。

秦王政能同意这一举措，可能也与其意欲发起对楚战争，因此在陈郢集聚兵马物资，派遣重臣镇守有关。

公元前 227 年，新郑爆发了意图复兴韩国的叛乱，秦王政下令将韩王安囚禁于陈郢附近的某山严加看管。次年，昌平君作为秦国重臣，自告奋勇地去处理韩国叛乱事务，因此重获秦王政的信任（之前昌平君因其楚人身份被罢相），得以坐镇陈郢，等待一个可以做大事的时机。

此时韩、赵[①]两国灭亡，燕国被击破，魏国苟延残喘，齐国不理世事“独善其身”，秦王政的目光自然转向了南方的楚国。秦王政二十一年（公元前 226 年），名将王翦之孙王贲攻楚连下二十余城，使得秦国上下对灭楚之役产生了盲目乐观的情绪。很可能是出于平衡军中势力的需要，秦王政舍名将王翦、猛将王贲不用，选择了少壮派将领李信[②]、蒙武领 20 万军队攻楚。

虽然此时的楚王已经没有多少直属领地，但楚国还保有广阔的疆域，其中包含淮北、淮南、泗上、江东、江南半壁（鄱阳湖平原与洞庭湖平原的一部），这一片广阔的区域内分布着诸多楚国封君贵族。平心而论，秦军仅凭 20 万兵力也可以做到攻破寿春，生俘楚王负刍，如果按照中原的标准，做到这两点基本可以算作成功灭楚，只剩下一些收服四方的扫尾工作。但是我们在上文中介绍过，现在的楚国是一个奇怪的混合体。攻破国都寿春俘虏楚王一家，对其他封君们的影响并没有想象中那么大。之前楚国的虚弱表现，只不过是封君不愿出力为楚王火中取栗打退秦军，如果此时楚国能出现一个强力人物，能够“说服”各个封君一同抵御秦人的灭国之战，将楚国暂时“捏”为一个整体，那么战局将会向着秦国无法控制的一面发展。

这时候，真的有一个强力人物站了出来，此人就是楚国上将军项燕。项燕自知楚国此时动员的军队虽然规模庞大，但实际是一个由无数贵族私兵所组成的大杂烩。凭借这样的军队在无险可守的江淮平原与 20 万秦军精锐正面对决无异于以

---

① 公元前 229 年，王翦攻破邯郸，俘赵王迁，灭赵国。赵王迁嫡兄公子嘉逃亡至代郡自立为王，其国称代国。

② 汉代著名飞将军李广的先祖。

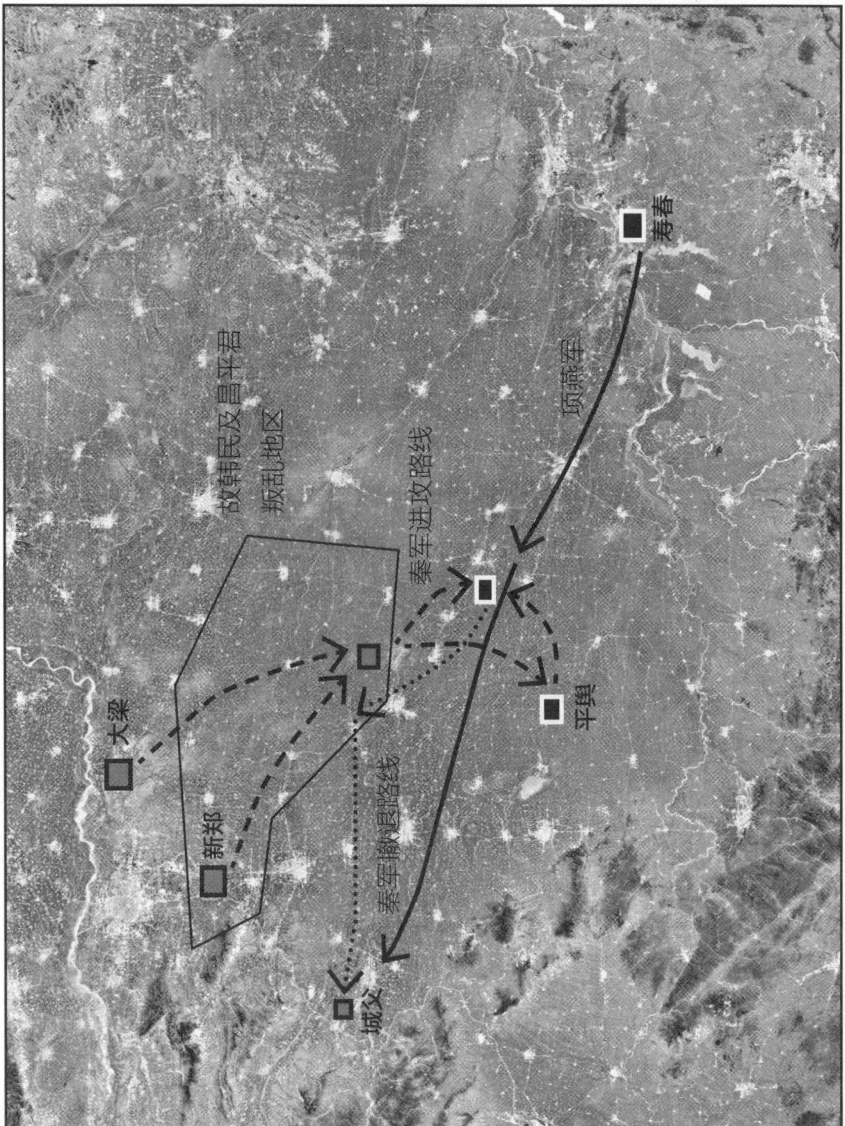


▲第一次灭楚之战

卵击石，因此，深思熟虑后项燕决定发挥出楚国的优势，限制住秦军的战斗力。此时一个意外之喜来临，坐镇陈郢的昌平君秘密联系项燕，表示自己将有重大举动，请上将军项燕配合。

20万秦军在李信与蒙武的率领下，自南阳盆地出发，经过汝南地区至陈郢修整补给，随后展开了灭楚之战。当大军经过陈郢时，昌平君或许还十分友好地接待了二位秦将，并表示自己将竭尽全力支援大军作战。如此出色的演技，成功地迷惑了李信、蒙武二人，于是两位秦将按照预先的计划，分别发起了针对平舆（今河南省平舆县）和寝（今河南沈丘县与安徽临泉县相交处）这两座楚国城邑的进攻。

秦军初期的进展十分顺利，李信攻克平舆，蒙武攻克寝邑，楚国在淮北地区的两个重要节点已为秦军所有。接下来秦军要做好两件事情：其一，继续在淮北之地发展，将淮北与之前已被征服的中原之地连成一片，建立一个更加前出的支撑点；其二，在建立并巩固好行动前进基地后渡淮河，攻击位于淮、颍之南的寿春。

就在战事的关键时刻，昌平君终于挥动了手中的“暗箭”，领导陈郢、鄢陵（即春秋时晋楚鄢陵之战古战场）等地发起了反秦叛乱。此举直接让李信大军陷入两线作战的窘境——如果能够控制正面宽度对楚国进行进攻，那么20万军队是足够的，但是作为南征大军重要后勤节点的陈郢发生叛乱，李信就必须返身先解决掉背后的大患，才能再回头继续灭楚之役，然而正面的项燕一直虎视眈眈。

年轻的李信处于两难的境地：一方面是不愿因放弃淮北之地导致前功尽弃，另一方面是背后叛乱必须扫平。如此看来，只有分兵一条路可行了。如果分兵，那么应该按照什么比例进行分兵？又该由谁去平叛，谁来与项燕对峙？李信做出了最后的抉择，留下部分兵力交由蒙武统领，保持与项燕大军的对峙，自己则亲率主力迅速北返，镇压陈郢的叛乱。李信故意放出要迂回项燕大军的风声，希望能够迷惑住对方一段时间，自己则用最快时间扫平叛乱然后重返南方前线，打出一个时间差来。

但是李信的这些谋划都在昌平君与项燕的预料之中。如果你的下一步行动已经被对方成功预判，那么恭喜，你距落入对方陷阱的时间已经不长了。李信回师陈郢平叛，却没有想到昌平君凭借自己楚人的身份获得了广泛的支持，陈郢叛军与李信玩着捉迷藏游戏，诱引李信继续向西北方向运动。李信忽然发觉自己与蒙武军之间的距离越来越大，这时更加糟糕的消息传来了，故韩地再次发生叛乱，而且故韩叛军还与昌平君叛军相互配合。我们有理由相信，秦王政二十一年（公元前 226 年）韩王安之死绝对另有隐情，否则为什么韩国遗民愿意舍命配合一个素不相识的秦国重臣的叛乱行动。

很有可能昌平君特意将潜逃的故韩重臣以及楚国派来的密使夹带于自己的卫队中，再去陈郢与韩王安会面。三方避开了秦王政的耳目，在陈郢附近的某山中密谋，最终达成协议：昌平君与故韩重臣们相约，在秦军深入楚境后发起叛乱，迫使秦军分兵或全军后撤平叛，项燕则亲率大军尾随秦军寻找适合决战的机会，三方一同在无险可守的江淮平原某处围歼南征秦军。至于韩王安之死是自然死亡，还是为了掩护昌平君已叛秦的隐情而舍生取义，就不得而知了。

李信眼看陈郢、鄢陵及故韩地的叛乱愈演愈烈，于是下令蒙武放弃南征，向自己靠拢，合兵后撤。鉴于阳翟、新郑等韩地叛乱造成交通不便，身后又有如同附骨之疽的项燕大军，兵力对比上己方处于绝对劣势。李信与蒙武商议一路向西，沿叛乱地区南沿尽快进入相对安全的洛阳盆地。秦军连续后撤三天三夜，希望甩掉项燕这个“尾巴”，但楚军还是如影随形般地一路跟踪，最终双方抵达城父[①]附近。人在绝境中往往能够透支出超过身体所能承受的力量，而在即将脱离险境时心气一散，被严重透支的身体马上就支撑不住了。

城父位于环绕洛阳盆地的南部山系之侧，秦军可以利用这里的地形缩短防线长度，只要再有几天的路程便可以脱离险境。然而项燕这些天的引而不发，等的就是这个机会。入夜后，项燕组织起部队突袭秦军两座大营（李信与蒙武分营而居）攻破秦军营垒，杀秦 7 尉，这 7 人中可能包含县尉与郡尉，推测秦军遭受的永久性损失[②]将近总兵力的一半。项燕成功地挫败了秦王政针对楚国的第一次灭国之战，陈郢、鄢陵等地复归楚国。

---

① 一般观点认为，该地在河南省平顶山市宝丰县境内。

② 包括阵亡人员以及即使伤势康复后也不适合再回到军队作战的伤员。

## 无路可退——王翦灭楚

大败的消息传回咸阳，秦王政首先是大怒，随后立即冷静了下来。战前，秦王政本欲遣上将王翦出征，但王翦坚持要60万兵力才肯出征。王氏父子两次获得了灭国的不世之功，朝中已无人可以压制其风头，这对内心缺乏自信的秦王政而言无疑是一个巨大的威胁。从秦王政的行事作风来看，恐怕其内心深处是缺乏自信（这或许与其幼年时在邯郸的人质生活有着直接关系，回国后又遭遇丧父与秦国本土势力对其血统纯洁性的不认同，这些因素一起加剧了这一点）的，所以才有意在各个方面表现出无比的自负。随着权势的日益上升，其内心最深处的不安反而愈加强烈，因此也愈发好大喜功。

出于平衡军中各派势力的需求，秦王政才不得不有意培养出一位“新星”——李信，以形成王氏、蒙氏、李氏的三足鼎立之势，更容易形成平衡，秦王在选择可供扶持的目标的时候也多了一个选项。李信在灭赵与破燕之战中的表现让秦王政欣慰，在灭楚之战中，仅要求20万军队的举动也更能让秦王本人安心。但是一次灭楚的失败让秦王政不得不重新启用王翦，并清醒地认识到一统天下的大业远比维持所谓朝局的平衡更加重要。

▲秦始皇

秦王政放低了姿态，以礼恳请王翦出山，王翦却坚持非60万大军不可出兵伐楚。有了第一次灭楚失败的惨重教训，秦王也只能答应王翦，并交给他举国之军。60万大军这个看似夸张的要求，是王翦基于对楚国及其军事力量进行深入思考之后提出的。楚国看似国力衰微、军队战斗力低下，实则是其国体、政体拖了后腿。楚国幅员辽阔、人口繁盛，国内各阶层之间存在着深刻的矛盾，故空有巨大的体量，却未能将之相应地反映到国力与军力之上（现代的印度看起来与楚国有几分相似，都是空有

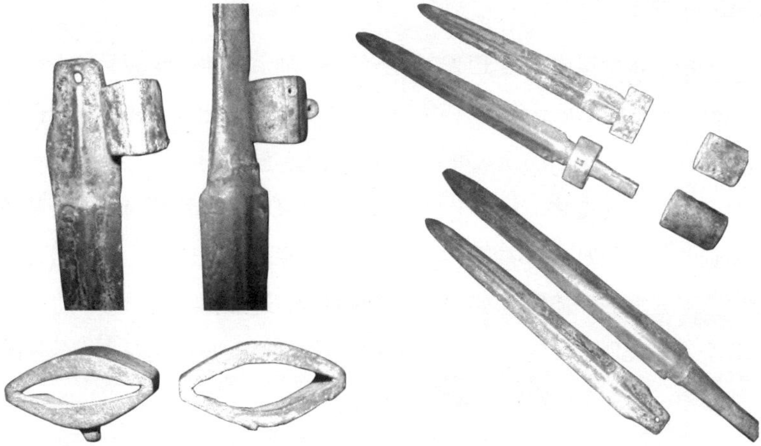

▲ 楚式扁茎铍

巨大的体量和众多的人口，但限于行政能力不足而未能在印巴冲突中发挥出巨大的国力优势）。从地理上看，楚国现在保有淮北、淮南、江南、江东四个地理单元，这四者几乎是从北向南梯次排布的。而南北之间除了长江可算作天险之外，再无任何明显的地理阻碍，面临秦国的征楚大军，楚国处于无险可守的境地。

然而，在军事上，所有的原则都是对的，只不过它们都有各自的前提；而所有的原则又都是错的，因为它们有各种各样的限制。优秀的将帅能够根据战场的形势，使用不同的手段来引导战争发展的方向，达到自己的目的。楚地虽无险可守，但其拥有无比广阔的战略纵深。《孙子兵法·九地篇》中有云："我可以往，彼可以来者，为交地。"并提出"交地则无绝"（指在机动方便的地区行军序列不可断绝）的作战策略。李信伐楚就是因为没有在"交地"上做到"无绝"才招致失败的：广阔的江淮平原上，秦军仅凭 20 万兵力没有能力做到断绝楚人的交通，同样也没有足够力量夯实基础使自己做到"无绝"，结果被昌平君叛军与项燕大军前后夹击。没错，楚国是无险可守，秦军可以轻易突进到楚国纵深，但楚国也可以将力量投射到秦军侧翼与背后，实现包抄。面对 60 万秦军，项燕还能使用诱敌深入这招来促使秦军暴露出自己的弱点吗？

楚国松散的政治架构导致楚王已失去了统御全局的能力，但这也代表着迅速攻破该国都城、擒获中央决策层就能算作胜利的“斩首式”灭国[①]在楚国身上并不适用。楚国如同一只生命力顽强的蚯蚓，即使头部被砍掉也不会死亡，还会长出新的头部来，甚至将楚国这只“大蚯蚓”切作数段，这些残段也能自行长出头尾来，变成一条条蚯蚓继续存活，所以200多年前便被伍子胥带领的吴国精锐灭国的楚国依然能够成功复兴。秦末主导复兴楚国的不是楚王族熊氏家族而是项氏家族正说明了这一点。更为有趣的是，反秦“首义者”陈胜、吴广最初也是扯着项燕的“虎皮”做大旗。战国时期的楚国更像一个缩小版的西周王朝，内部由楚王室与诸多封君贵族们“共天下”，更何况这些封君家族多出自芈姓分支，在他们看来由谁做楚王的差别并不是特别大。

作为主导了灭赵之役的老将，见识过李牧那神鬼莫测的战役机动，王翦自然知道如何来应对这种机动作战。敌人既然将希望寄托于其宽阔的战线以及广阔的战略纵深，利用庞大的兵力制约己方机动能力，再释放出精锐机动到自己的侧翼，那么解决之道就是拿出与之相比毫不逊色的兵力规模，占据整个战线宽度，完全填满对方让出的纵深，挤压对方的活动空间，让其无处下手。王翦虽然宣称自己“斗力不斗智”，但他实际却是个能做到走一步看三步的智者。秦国比楚国强的地方就在于其行政系统的高效与动员能力的强大，那么就应该拿出自己的优势来对阵敌方的劣势。

第二次灭楚之战就此拉开了序幕，王翦在南阳盆地完成了60万大军的集结整编工作。沿着李信之师败退路线的反方向东征，首先攻取了以陈郢为核心的叛乱地区，将战场的局势恢复到了第一次灭楚之战发动前夕的态势；随后，沿着与第一次灭楚之战相同的路线攻克楚国北部军事重镇平舆；再一路向东继续扫荡淮北之地，从侧翼将战线宽度拉到了最长。此举与一战时西线战场初期著名的“奔海之役”颇有几分相似。

楚国人原本引以为傲的辽阔幅员被王翦用“一力降十会”的方法破解了。想

---

①韩国、赵国就是死于这种斩首式灭国，在新郑、邯郸被秦军攻陷后，两国宣告灭亡。燕国也差点死于这种斩首式灭国，秦军在攻击蓟城前出于政治原因转变了战略进攻方向，燕国才算躲过一劫。

迂回王翦大军的侧翼？楚军首先要想办法保证自己的侧翼不被迂回。想要用纵深空间吸引王翦进攻，断其后路？王翦60万大军一线平推，战术与战略机动能力均不占优的楚军根本无法利用机动来调动秦军，并将秦军的战线分割。有些战争奇迹之所以被称作奇迹，就是因为其具有一定的不可复制性。在老将王翦面前用战略退却的方法来玩诱敌深入这一招根本是班门弄斧。

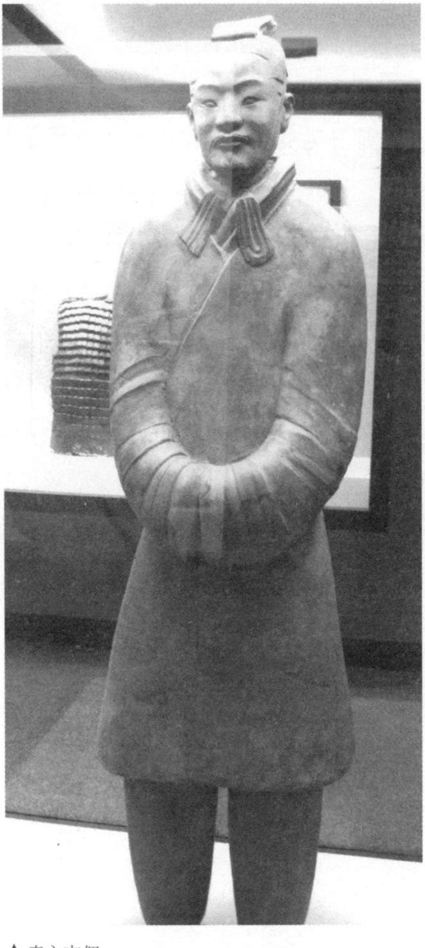

▲秦文吏佣
秦国政府高效运作的背后，是无数像这样不知名的官吏们的辛劳与汗水。

更可怕的是，王翦故意用“藏拙”之策与楚军对峙，迫使楚国一步一步地进行更深入的战争动员。自陈郢至平舆—寿春一线的多个城邑已落入秦军之手。刀就架在脖子上，容不得封君与有邑贵族们保存实力，他们只得自备武器给养，带着家族私兵从各自的封地出发赶赴一线。这一切都是王翦希望看到的，用一场主力决战，将楚国诸多的地方势力武装力量一扫而空，那么在下一步的战略追击阶段，秦军就能在一定程度上避免陷入与楚地各色反抗武装大打“治安战”的泥潭之中（齐宣王灭燕失败的重要原因之一就是当时的齐国无法在外部环境不佳的前提下承受“治安战”的巨大消耗）。此外，如果能够在可控的范围内进行战略决战，上下一体的秦军绝对比一支“大杂烩”般的楚军更能占到上风。

此外，王翦看似笨拙的策略中还隐藏着一个令楚国更加无法解开的算计——国力之争。国力是什么？国力是一个政权在其统治范围所能组织的人力、生产能力与物资调配能力的总和。国力依靠疆域面积、人口规模、自然资源、科学技术、管理制度与物流体系等方面来共同支撑。秦楚两国实际统治疆域的面积接近，楚国的水热条件稍好一些。从自然资源与治下人口来看，两国似乎处于同一个水平。但是楚国的人口与土地被诸多贵族家族分割，而秦国的土地、人口几乎全部被列入了中央直属的郡县之下。秦国官府高度重视农业发展，积极推广新技术，结合秦国高效的行政效率，让秦国拥有了更高的粮食产量与库存。举一个直观的例子：江汉平原本为楚国数百年的统治核心，但经过秦国短短几十年的统治，当地百姓均以秦人自居。江汉平原与南阳盆地出产的粮食支援了前线大军，当地百姓踊跃参军，成为伐楚大军的重要构成部分。后世人总将脏水泼在秦国身上，并冠以残暴之名，但实际上列国中秦国是对普通民众最优厚的：贵族不敢随意欺压，官府不但教导农桑技艺，还为民众提供了一条明确的进身渠道。所谓的严刑峻法实际维持了较好的社会治安水平，并促使政府高效运作，绝非是后世所说的爱好刑杀。秦律的大部分法令集中在规范官吏日常工作与行为准则上，并对官吏的工作提出量化考核要求。针对平民的法令主要作用在基本道德规范（诸如禁止乱丢垃圾、不得见死不救、限制家暴、不许因私愤斗殴等）与刑事责任的处置之上，只是手法过于机械生硬了一些。

让我们再从物资的调配能力上来看看两国的差距。秦国郡县直属中央，所有的战略物资均在一个相对统一的体系中储存与调配。战事需要时，各县粮仓中的粮食由郡统一组织转运，以降低转运过程中的损耗，然后统一输送到相应的前进基地，分配给各个战斗部队。楚国则是另一番景象：有邑贵族们带着自己的私兵，有官职的大贵族则率领上自己的县卒，按照各自的家族、封邑为单位前往一线。这些部队只能获得本邑出产的物资为给养，同样也只能征发本封地内的百姓（在对峙过程中，大量的劳动力不但被迫脱离农业生产，同时还要消耗大量粮食，这就直接造成该贵族封邑内出现严重的收支平衡问题）来转运粮食。这很容易造成大军中粮食的分配极为不平衡的情况。这时候，只能由楚王将自己府库内的粮食拿出来，补贴那些运输路途遥远或封地产出不足而缺粮的贵族私兵。

秦军利用国力的优势保持着对楚军的压力，不但导致楚国各国地方武装力量被尽数吸引到一线，造成后方的空虚，更利用楚国落后的后勤补给体制让楚国更加疲敝，即便此次决战不利，楚国在下一轮的攻击中也绝对撑不住，如同长平决战前夕的赵国，只不过当时的赵国还能从列国处获得支持，而此时已经没有谁能够帮助陷入绝境的楚国了。

更可怕的是，王翦知道楚国部队的战斗力参差不齐，在大军对峙中，项燕绝对不敢也不能派出小股部队去袭扰秦军后方；齐国又站在秦国这边，给予楚国东部边境一定的压力（实际上齐国的存在仅仅是牵制了楚国的一些机动兵力，秦国并不相信齐国会直接参与战事，最多在楚国倒下时上来抢夺一些残羹剩饭）。而王翦却能派出一些精锐部队去袭扰楚军的后方，在王翦的袭扰下，一些贵族的私兵得不到来自后方的给养物资，又有一些贵族的封地因靠近战区而遭到破坏。楚国的军心日渐动摇，大批贵族无力承受近一年的对峙中所造成的消耗，要求带着自己的部队返回封地休养。作为楚国的上将军项燕，即使保有战胜秦军的巨大威望，也难以承受住贵族们要求后撤的压力。楚国大军被迫后撤，秦军则跟随着楚军的脚步前进。楚军在濉水西南的蕲地被秦军追上，双方爆发激战。本就士气低落的楚军被濉水阻碍了退却的路线，士气进一步下降，想要逃命的念头压倒了拼死一战的勇气。是役楚军惨败，上将军项燕阵亡。

秦军顺势攻陷楚国最后的都城寿春，俘虏楚王负刍一族，灭其国。漏网之鱼昌平君则带着余部逃至淮南地区，并让项氏家族中的一名成员冒称上将军项燕，好假借项氏的名号"拥立"昌平君为末代楚王（实则是昌平君自立为王），继续打着楚国的旗号与秦军作战。可是此时的楚地已经在与王翦的对峙中精力消耗一空，无法支持昌平君的军事行动。于是昌平君一行被迫渡过长江，在江南地区坚持抗秦，并英勇战死。直到秦王政二十五年（公元前 222 年），秦军才平定江南地区的反抗，彻底完成灭楚大业。

可以说楚国是败在了落后的政治与军事体制之上。事实上楚人并非不想改革，但是唯一一次变法却因为触动了世家大族的利益只得半途而废，发起者吴起横死于楚王灵柩之前，尸身还被车裂。世家大族利益交错所织成的大网依旧牢牢地套在这个先天不足的巨人身上。

这一切都决定了楚国既不肯也不能完成一次真正意义上的举国总动员。牢固的大网让这个巨人无法大展拳脚，先天的顽疾让他有力难使，疲软的大脑和浑浊的眼神让他看不清前路，导致昏着连连。虽然第一次对抗秦军的战争在项燕父子的指挥下获得胜利，但外患一除，世家大族的先天惰性和软弱就开始在庙堂之上作祟，开始了内斗，并相互扯后腿。

反观秦军，虽然暂时失败损失惨重，但已经稳固成型的中央集权制体系和强大的动员力让他可以从惨败流血中迅速恢复——20 万军队不够，那就动员 60 万大军，如果 60 万人还不够，那我下次再拿出更多军队！年轻将领太过冒进，那就亲自将有灭他国之功的老将请出山来。国内的兵马钱粮都归秦王政一人所有，要多少都能拿出。于是秦军迅速从惨败中恢复过来，以空前的 60 万人马在老将王翦指挥下在秦楚边境对峙。而在这样的长期对峙中，楚军中世家大族纷纷打起小算盘，号令不一根本无法指挥，短期内尚可勉强以统帅的权威压制，但是进入长期对峙后就免不了分崩离析。

回顾两千年前的那场大战，我们不得不为楚军的失败扼腕叹息——在这场战国后期规模最大的战争中，楚军以一国之力，对抗挟席卷天下之势滚滚而来的强悍秦军，第一场就击败了对手，战果甚至超过了信陵君救赵。但一时的胜利不能保证维护已经走向没落的王国，虽然刚烈的楚人以自己的勇气和忠诚为我们展示了他们最后的荣耀，然而这已经持续了 600 年的乱世，终究要由秦人和他们强悍的军队来画上一个带血的句号。

▲秦虎符

## 从“信陵君窃符救赵”事件看魏国必亡

长平之战后，秦国大军兵围赵都邯郸，赵国向魏国求援。魏将晋鄙领王命出兵，但魏王圉又密令晋鄙在邯郸之侧的邺城驻兵不前。魏公子无忌（信陵君）忧心不已，故多次谏言请速救赵，但魏王出于一些原因没有下令继续进军，在救与不救之间犹豫，只留一副冷脸面对“碍眼”的信陵君。

信陵君在谋士侯嬴的献计下，指示魏王宠妾如姬趁魏王圉酒醉之际偷得调兵虎符。并凭虎符进入魏军大营，杀老将晋鄙，接管了营中的10万魏军，并猛攻秦军侧翼而解邯郸之围。事后，窃符的主谋侯嬴自尽，信陵君则流亡赵国避嫌。数年后信陵君得以返回魏国，还一度成为魏国上将军，并主持了又一次合纵攻秦。

一直以来，人们在读到这个故事的时候，更多只是关注了信陵君及其门客的“义气”，而忽视了这个故事所隐含的合规化的暗线内核。按照先秦制度设计，调动军队必须要同时持有调兵诏书与符节——诏书为命令内容，符节为凭证。这一制度设计从合规性上来讲是很合理的。平时虎符被分为两半，国君与统兵之将各持一半。国君但有军令，则命一使者持符节为凭，以诏书为令，向军队传达自己的意志。将领合符验令后执行君命。使者完成使命后，带回所持兵符的一半归还国君以复命。信陵君为达成私自调兵的目的，不得不让如姬偷取兵符，才能进入军营。在这一步上，信陵君使用违规的方法取得了合规准入的凭证——兵符，可以看出魏国在合规的制度设计上还是做得比较合格。魏将晋鄙在核实调兵命令时，要求信陵君同时出示兵符与诏书，这是一种认识到了合规性重要的表现。可以说，在李悝变法之后，魏国的合规意识与制度建设还是有一定成效的。

但是，接下来发生的事情就反映出了巨大问题：信陵君让门客朱亥杀死晋鄙，并利用兵符接管了大营内的所有军队，顺利出兵救赵。首先，这里我们可以看到：晋鄙有合规意识，但是缺少合规制度的建设——在核实出兵意图的时候，没有安排复核人员以及相应的安全保卫措施。其次，大部分魏军将领缺乏合规意识，在主将无端被杀、只有兵符而无出兵诏书的情况下只因信陵君位高权重就轻信了其伪令。信陵君以自身的地位与威信，又让士兵轻信了其出兵指令。很显然，魏国的合规建设流于表面，没有产生广泛且深刻的作用。

而事后，信陵君只是流亡赵国，轻松逃脱了相应的惩处。老将晋鄙作为整个事件中唯一维护合规制度的人，不但没有得到保护，在其被杀后，一国中秩序的最高维护者——魏王圉也未就其无辜被杀给出一个合情合理的说法。更令人心寒的是，违反合规制度的一干责任人（信陵君与听信伪令出战的诸将）也没有得到应有的惩处，侯嬴的自尽更多是因为他给信陵君出谋划策惹恼了魏王，并非其触犯了魏国之法。甚至是最应该维护合规制度的魏王圉，自己根本也没有维护合规制度——兵符如此重要的合规凭证轻易被盗，被盗后也没有立刻采取如追查丢失兵符下落、宣布符节丢失各处谨防伪命、宣布原符节作废、重新下发新式符节等补救措施。从整个故事可以看出，魏国的合规制度执行得很差。可以说魏国的合规制度执行力度不足，也是魏国衰落和灭亡的根本原因之一。

我们可以看一个相对应的例子：秦国长信侯嫪毐作乱，欲偷兵符不得，以封官许愿、金钱贿赂的方式结交将领不得，最后只能以门客作乱，很快就被秦王政出兵平灭。与《信陵君窃符救赵》的故事相对比，我们可以看到：

第一，秦国的兵符管理更加有效，在合规上防止了重要凭证被盗用。

第二，地位再高、权势再大的人，也必须遵守合规要求，不能“刷脸”办事——从封地的面积上看，长信侯可以称作战国时期最大的封君，同时还能仰仗太后权势，朝中党羽甚众。然而这么一个位高权重的大人物作乱的时候只有几百门客可以驱使，没有一个将领依附，没有一名正规军士兵听从其号令，哪怕是其封地的驻军士兵。

第三，秦王下令调集军队平叛的行政效率很高，军队迅速出击，将全部作乱人员成功抓获，无人敢私放涉案人员。

第四，嫪毐作乱却不能仿制兵符、诏书，也不能以太后诏令调集军队，可见秦国合规制度建设之完备、合规制度执行之严格。

两相比较，我们可以看出秦国能最终一统中国，其合规制度建设的完备功不可没，这才是真正的“战胜于庙堂”。

第八章

# 秦军步兵装备与战术

## 步兵武器

秦始皇似乎十分担心后世的我们无法通过简单的文献来了解秦国军队最终的发展状况，因此特意准备了几坑多达数千件以秦军将士为原型的“手办”。为了追求极致的仿真效果，不但让工匠们严格按照实物的样式进行雕塑，还特意将之以1∶1的比例进行制作，并以真实兵器为附属装备。做完这些还感不足的秦始皇又下令准备了更多随葬坑，继续用1∶1的比例，复刻了皇家动物园（铜鸟兽）、皇家马戏团（百戏俑）、中央武器库（石甲胄坑）、政府机构（文吏佣），并将上述一切全部放入了秦始皇陵园这个巨大的“时间胶囊”之内。

可以说，通过对秦始皇陵这个巨大的宝库的深入发掘，我们逐渐还原了当年那支纵横天下的大军的真实面貌。陶俑将士兵们的发饰、服装、护甲刻画得无比细致，仿佛这些陶土的士兵马上就要追随着他们的统帅继续征战天下。

经过细致的清理发掘，人们发现，在这些陶土战士的身边散落着大量秦代实战兵器，有青铜长剑、戈、矛、戟、铍、殳等长兵，还有大量的弩机与青铜箭矢。经过两千多年的岁月侵蚀，这些兵器的木质部件虽早已腐朽，但还是在泥土中留下了清晰可辨的痕迹。

正是秦陵兵马俑坑的巨大发现，让今天的我们终于知道了铍与殳这两种兵器的真实面目。铍为剑作长兵装，由于其锋刃长度（通长35厘米左右）远超一般矛头且为平脊两刃的造型，故而常被人误认作扁茎无首的青铜短剑。当铍的真面目显露在我们面前之后，这种有些奇特的长柄兵器又引起了人们的一些猜测。有人甚至认为，始于西汉，流行于魏晋南北朝数百年间的经典长兵——槊正是铍的直系后代。从锋刃造型上看，两者均体态修长，截面宽而薄，中央有起脊，横截面呈四边形或六边形。但是这忽略了辨识长柄兵器最基本、最关键的要素——安装方式。与矛所采用的木柲（积竹柲或积木柲）插入矛头尾部套筒的连接方式不同，铍首是将茎插入木柲首部预留的开槽中进行安装的，有些铍还会用中空的金属銎格对结合部进行加固。以增大压力的方式加强木柲与铍茎间的摩擦力，同时防止

▲被误认作短剑的青铜铍

木柲从开槽处崩裂。

事实上，槊这种重型长柄兵器是钢铁长矛发展的特例产物。由于采取了锻造工艺来制作，原本短粗圆润的矛头自然而然地将转变为扁平造型。西汉至魏晋时期，铁质护甲的发展十分完备，为了刺穿越来越坚固的铁铠，枪矛的金属头部在变得扁平的同时也变得细长。这一时期，钢刀的发展更加迅速，劈砍力登上了一个全新的台阶。为了避免因对方钢刀将木柲削断导致长矛的失效，将矛头的金属部分加长也是十分合理的，这就直接促使槊这种兵器的诞生。

铍的插入式安装模式相对矛的套接式安装连接强度明显不足，那为何铍这种长兵还能与青铜矛并存数百年？不如我们看看手持长铍的士兵在军阵中的位置：俑坑军阵中，手持长铍的士兵独立列队于巨大方阵两翼的战车之前（秦俑坑军阵并非作战队形，应当为模拟了作战阵形的检阅队形）。能够在兵车（这也是笔者认为秦俑一号坑模拟的是检阅队列而非实战军阵的主要原因。这样的编组方式，战车既不能快速冲击，步兵队列又相对单薄，不利于发挥战斗力，此外，士兵之间的间距、士兵与战车之间的距离实在太近，过于密集的队形也是无法用于实战的）前列队的士兵必然是最精锐的战士——在大型步兵方阵中，精锐士兵多居于阵形四角和正面前排：正面是全阵的刀锋所在，四角则是维持阵形的重要节点，打破一个步兵方阵最佳的着力点就是其四角，因此需要以精锐士兵对四角进行加强。这些战士穿着防护良好的盔甲，手持既有利于结阵作战又能够发挥个人武艺的兵器，长铍显然能够满足这一需求：作为全长 3.5 米（木柲残留痕迹长度多为 3~3.5 米）的长柄兵器，无疑很方便结阵以战；另外，铍因为其锋扁平狭长，可以在一定程度上施展出挥砍、挑刺等格斗招式，能让武艺精湛的士兵发挥出个人才华，必要时，士兵还可以将金属铍锋从长柲上取下，作为一柄战斗匕首来使用。铍锋全长 35 厘米，茎长 12 厘米，便于单手握持格斗；或许，返乡时，锐士们还会将铍锋从木柲上取下，作为短剑佩戴以标榜身份（秦法规定普通士兵不许私自携带长兵返乡，但允许百姓日常佩剑）。这些使用长铍的战士也许就是传说中的大秦锐士，秦卒中的精华。《史记·刺客列传》中记载专诸刺吴王僚时，吴王僚的近卫甲士手持长铍夹住了猛士专诸，或许也佐证了长铍是一件更适合具有精湛武艺的战士使用的兵器。

与造型圆润的青铜矛相比，长铍的细长尖锋无疑具备了对厚重盔甲（尤其是使用双层皮革制作的合甲）更强的穿刺能力，这或许也是长铍能与矛在战场并行数百年时间的原因所在。在更加锋利的钢铁长矛出现之后，铍依然顽强地存在了

▲ 青铜长铍

▲汉代钢铁长铍

一段时间，甚至材料也进化为了钢铁（西南地区曾出土过汉代钢铁长铍实物）。但是铍插入式的安装方式也有一个严重的弊端——连接不稳固。当足以在破甲能力上取代长铍的钢铁矛槊出现后，盛极一时的铍彻底退出战争舞台。

秦俑坑中还出土了矛、戈、戟等长柄兵器，因此人们一直认为戈这种古老的兵器直到西汉才退出战争舞台。又兼在秦俑坑中出土了一批青铜戈首，更加证实了这一点。然而对秦俑坑中戈首进行更加深入的研究后，我们发现上述观点并不正确——秦兵马俑坑出土的戈首实则为联装式戟的构成部件之一。从保留较为完好的痕迹上看，并没有一件单独使用戈首的长柄兵器。只要是有戈首出土的地方，通常都能在其附近对应位置上找到一件作为戟刺的铜矛头。换言之，戈矛联装式戟已经彻底取代了戈在战场上的位置。这一观点可以从出土兵器的数量上得到佐证，矛头的数量要多于戈首。此外战国策士也称诸侯强国的军队为“持戟 X 万”，而不称“持戈 X 万”，秦汉之时也多将士兵称作“持戟之士”。

秦国军阵的主力由长矛与长戟构成，从木柲残留的痕迹来看，矛通常约为 4.5 米（传说中 7 米长的矛柲更有可能是旗杆，也可能是将两支相邻的木柲误认作是一根折断的长柲，最后成了博物馆讲解员口中的“都市传说”），戟则全长 2.5~3 米，两者混编在主力方阵中，列阵时，全长较短的戟排列在前面，长度更大且刺出便捷的矛（隔着人墙进行突刺时，戟横出的小枝很有可能干扰到前排的战友）则在后方，这样可以让金属尖刺组成的“丛林”更加密集。

面对车骑冲击须全阵变换为防御阵形时，林立的矛戟使得敌方战车与原始骑兵不得不大大放缓冲击速度。前排士兵可以在合适的时机用手中的长戟将原本“高高在上”的敌军车骑兵钩下来，这时持盾伏于阵前的肉搏兵就可以前出将跌倒的敌兵杀死。

殳，这件在五兵中最早衰落的兵器秦俑坑也有出土。殳作为棍棒的加强，是锤类打击兵器的始祖，周人还在青铜的殳头上铸造了尖刺以提升杀伤力。曾几何时，网络上有部分人还认为槊这种兵器是在铁质枪头之后附带一个原始殳头样式的刺球，而某些游戏或动漫作品中的槊造型与曾侯乙墓中出土的矛殳联装式长兵几乎一致，这些幻想中的槊很有可能是创作者按照曾侯乙墓异形矛殳绘制的，为何会出现这种情况？大概是这种异形矛殳“凶残”的造型更加吸引眼球，且槊（shuò）与殳（shū）的现代读音也有些接近。

秦俑坑出土殳共计 30 件，且全部出土于三号坑中，规模更加宏大的一号、二号却未发现一件殳。这一奇特的现象或许暗示了一个真相：殳在战国末期已经完全沦为了一件礼仪性兵器，成了统军将领才能享有的仪仗用具。殳金属头的造

▲秦陵兵马俑三号坑

型也已经退化到类似于“金箍棒”上的金箍，基本失去了作为实战兵器的功能。秦陵兵马俑三号坑模仿的是秦军的中军幕府，为显示将领的威仪，彰显其执掌兵杀的权力，卫士们会手持专门的仪仗兵器护卫。

诸多证据表明，秦俑坑在埋藏早期遭遇过有组织的洗劫（如一号坑中出土的铁质矛头等证物），大量兵器被闯入者（身份为反秦武装的可能性很高，如果是章邯带领的骊山刑徒，应该不会有意破坏兵佣，并在俑坑内放火）带走，仅有少量被遗落于俑坑之中。而三号坑中仅出土长剑1把、矛1件、箭镞4支，而出土的殳则多达30件，只能说明在俑坑被盗之时殳已经彻底退出了战场，因此急需武器的入侵者们才会尽可能多地拿走实战可用兵器，而将“无用”的殳弃之不顾。

曾经有一些文学作品将秦弩的威力夸大到了极致。在这些人口中，秦代强弩的威力与射程已经超过了使用中威力弹的现代突击步枪。但从出土实物上看，秦国的弩可能并不是列国中最先进的。单论弩机，韩国、赵国已经给强弩安装了带有金属郭的弩机，而反映秦统一后军队状况的秦俑坑中出土的弩机均未发现有金属郭结构，销钉直接安装于木制弩干的开孔之中。从受力上看，弩机结构中销钉承受的应力最强，而受力面积却又最小（有一篇名为《弩机机械学性能研究和受力分析》的论文对此进行过专门研究，有兴趣的读者可以自行查阅）。金属弩郭虽然是一个看上去不太起眼的结构，但这一器物的出现却使得弩的性能得到了巨大的提升。弓弩是一件集合了大量人类智慧的兵器，很多时候仅仅是一个简单的小改动都能造就一个地区军事强国，比如反曲的运用、弓背铺筋方式的改进、弓耳上增加的角质垫片以及弓弦减震球的使用等。

还有一个有趣的细节值得我们注意：披挂重型护甲的跪射佣。重装弩手堪称秦陵兵马俑的一张名片了。弩手的射击动作相对复杂，但是征召与训练成本却相对较低，可以说给弓弩手装备重甲是一件略显多余的事情（宋代弩手披挂重型护甲完全是迫于辽金那规模庞大、装备精良的正规骑兵军团，在此之前纯粹的弓弩手并不需重甲化）。使用长兵的士兵，只要双手握持好木质长柲，用腰部发力就能施展出有力的突刺，期间肩膀几乎不需要做出较大幅度的动作。在给长矛（戟）兵设计护甲的时候，应当考虑增加批膊结构以提高肩臂处的防护，避免长矛手因肩膀负伤失去战斗力；但弩手在射击循环中手臂会有较大幅度的动作，这时批膊

▲重装弩手俑

会妨碍到其开弩与上箭。

事实上，俑坑中出土的立射佣均不着护甲，这才应该是弓弩手的常态。在对射中，不穿护甲的弓弩手因动作灵活可以更快地射出更多的箭枝。对于一支军队来说，这比提高弓弩手的防护水平更有意义。那么秦俑坑为何会出现这种重甲弩手呢？存在两个可能：第一，这名跪射佣是一名主管一个弓弩手小队的基层军官；第二，这名弓弩手是兼职陷阵小队的一名成员，需要随时准备持剑盾加入肉搏战。

事实上，一支军队中不可能人人都有盔甲护身。纯粹的弓弩手不会穿戴盔甲，用盾牌护身的士兵也可以不穿戴笨重的护甲，主力方阵中，除最前面的几排，后面的士兵可以不穿甲或者只穿戴轻便一些的护甲。结合各种文字与实物资料来看，汉代步兵的着甲率在40%左右，到了唐代，军队的着甲率才达到60%以上，军事技术与社会生产力的发展可见一斑。相比前两者，我们可以看到，秦陵兵马俑坑中士兵的着甲率达到了惊人的80%以上！可以说，除了前排可能象征仪卫的无甲士兵与轻装弩手之外，所有的将士都穿戴了各型轻重护甲。如此高的着甲率可能与这支部队的性质有关——直属秦始皇本人的精锐近卫军部队（卫尉军）。当然，汉唐军队的士兵多装备铁甲，含金量要比秦军（只有部分军官装备了铁甲，其余均为皮甲）高多了。

秦俑坑中每一名陶土战士特有的服装发饰能够反映出该名士卒在军中的身份地位。重甲弩手没有佩戴表示爵位的冠，只是简单地扎着发髻，衣甲上也没有可以反映军阶的花结装饰，很显然，他只是一名普通士兵而非弓弩手的指挥官。那么只剩下另一种可能，这名士兵因随时准备投入近身肉搏战才穿戴重甲。我们可以做出这样的推论：立射佣所反映的无甲弩手是纯粹提供远程火力的弓弩手，跪射佣则是兼职肉搏近战的散兵，也就是唐代名将李靖所提到过的“奇兵”“跳荡”。

近战肉搏兵的兵器则显得五花八门，除了盾牌之外，有用青铜短剑的，有使用钢铁长剑的，也有使用短柄矛戟（汉代军队还有保留）的，还有一些士兵使用了奇门的吴钩。如果不是秦陵兵马俑坑的伟大发现，可能人们至今也无法知晓吴钩这件兵刃的真容。吴钩看上去像是一把放大的镰刀，其反曲逆刃的造型赋予了它强劲的挥砍与切割力（使用类似造型的还有古代色雷斯民族的成名兵器逆刃大刀，这件兵器以其恐怖的劈砍力让罗马军团终生难忘）。吴钩堪称是一件专用的人头收割工具。当然，由于青铜材料难以承载这件兵器所需的同时具备坚韧和轻利的特性，环首钢刀问世之后，吴钩便消失了。

我们将在下一节探讨上述这些使用各种不同兵器的士兵是如何在军阵中发挥出各自的战斗力的。

## 秦军步兵编制与战术

秦国步兵在商鞅变法之后深入地学习了以魏国为代表的中原新式军队编制方式，并在全军范围内加以推广，形成伍长—什长—屯长—百将—五百主—两五百主为基础建制的领导体系。在此之上，有都尉、校尉（此军职可确定秦代已有，但不能确定其具体设立时间）、裨将、将的设置。

伍作为华夏文明最古老、最基础的建制单位，一直被沿用到了魏晋时代。5人为伍，即使在五兵混用的模式已被淘汰数百年后，这种最基础的建制依然活跃；两伍合作一什，由一名伍长兼任什长。这样的编制方式与现代步兵班有些相似，什长为班长，另一名伍长为副班长。

▲秦陵兵马俑一号坑

在什伍之上为屯，《商君书·境内》提到过："五人一屯长，百人一将。"根据考证，此处的"五人"应为"五十人"之误笔，5个什合成一个屯。那么当一个屯列队时，正好可以列成一个10×5的小方阵，每横排为一什，规模类似于今天的步兵排。两屯由一名百将指挥。屯长这一官职更像是为百将设立的副手。100人规模的建制单位是战场上最基础的一个点，也是可独立列阵作战的最小单位。古罗马军队步兵最基础最重要的战术单位就是一个个由百夫长统领的百人队。

在狭小的战场环境下，罗马人的百人队可以独立作战；在较宽广的战场中，5个百人队合成一个步兵大队进行战斗。东方的秦军也采取了同样的编制方式，在百人建制之上直接设立500人的建制。这一点十分合理，冷兵器时代的军队主要还是依靠近战格斗来解决战斗，因此不需要将军阵与军队编制划分得太过细致，过小或过于复杂的编制只会给组织与指挥带来麻烦。在500人建制之内，可以合成长兵方阵主力兵、弓弩兵与短兵肉搏兵。战斗中，500人组成的方阵成了统帅直接命令所能到达的最低点，五百主队的建制可能学习自魏国军队600人规模的卒建制。

与罗马人所习惯的环地中海战场环境不同，华夏大地广阔的平原与更加稠密的人口，使得战争的规模更加宏大。500人的方阵被投入战场之中，就如同一瓢水被泼入湖海之中，转眼便不见踪迹，因此秦军需要组建更大的编制以适应大规模交战，如果直接在五百主编制之上设立如同罗马人的军团[①]那样5000人规模的建制单位，则会导致指挥调动灵活性不足与部队机动能力严重下降两个问题。罗马人的军团实际上已经是其最大的固定建制单位了，由于其面临的战场环境，各步兵大队直接下辖于军团是合理的。一场大战中，罗马人所动用的军团数量通常也不会超过20个。秦人在总结战场经验之后，设立了“两五百主”一职统一指挥两个五百主队作战。商鞅变法之后的秦军以当时无敌于天下的魏武卒为学习范本，建立了一套全新的军事体系。事实上，秦军五百主队这一单位的设立应该就是学习了吴起编练魏武卒时所组建的600人编制的步兵卒，只不过秦人在战斗中发现，想在战场上与一卒魏武卒的抗衡中取得上风，需要设立一级规模更大但机动力不至于下降过多的建制单位，因此两五百主应运而生——以1000名士兵组成的方阵来对抗600名魏武卒的战斗方阵。

我们在前一章中曾提到过，作为古典军国主义的典型，秦国是一个有国家的军队，国家的一切架构都是为军队服务的。在行政体系上，秦国实际上是将一套军队的动员体系改头换面后架构于全国。郡县的基础上实行广泛的征兵制来组建军队，郡县中的各级武职在战时也是相对应的军制，县尉就是军中的都尉，郡尉就是军中的校尉。有学者认为，都尉应该高于校尉一职，但结合西汉时期官职（汉承秦制，在官职设立、行政法律与兵制军事上更是如此，西汉军制，校尉下设都尉）来看，应当是校尉的级别更高。西汉时，校尉为“秩比两千石”[②]的高级官员，与

① 罗马人的一个军团实际兵力往往上万，每个5000人的正规军团在作战中都会配属1~2个辅助军团支援。

② 西汉官员的品秩以每年发放的粮食数量多少来表示，共分为十六级，最高一级为万石，仅“三公”可以享受到，每月实领粮米350斛；中两千石，每月实领粮米180斛；两千石，每月实领粮米120斛；比两千石，每月实领粮米100斛；千石，每月实领粮米90斛；比千石，每月实领粮米80斛；八百石，每月实领粮米不详；六百石，每月实领粮米70斛；比六百石，每月实领粮米60斛；五百石，每月实领粮米不详；四百石，每月实领粮米50斛；比四百石，每月实领粮米45斛；三百石，每月实领粮米40斛；比三百石，每月实领粮37斛；二百石，每月实领粮米30斛；比二百石，每月实领粮米27斛；百石，每月实领粮米16斛。

▼秦国步兵

一郡太守待遇相当，在地方应为郡尉，掌一郡之兵。西汉制，校尉可以下辖都尉，因此推测地方上都尉等同于县尉，掌一县之兵。

秦国在每年年初之时，将会统计治下当年所有年满 15 岁（虚岁）男丁的人数，并将这些新成丁的男子编辑入册。官吏们同时也会督促家中有较多成丁并完婚男口的家庭（成年儿子数量在三名以上者）尽快分家别居，令其自成一户，单独耕田纳税服役。对于任何一个中原王朝而言，自耕农家庭的户数始终是最重要的：自耕农有一定家产，也有亲缘的牵制，相对官府又处于劣势（大世家在地方上往往会比官府更加强势，动辄对族丁实行“家法”私刑，或组织大量族人与他姓械斗，经常不交赋税、不服役、隐匿人口、兼并土地，干脆直接架空官府，在自己的坞堡中做“土皇帝”），因此其也是国家的主要税源，以及可用人力的主要来源。拥有一定家产的自耕农不至于经常忍饥挨饿，故体格较好，能够成为优良的兵源。又由于家产和亲属的羁绊，自耕农也不会轻易逃亡，只要立功后能获得足够的好处，自耕农军队的士气也很好。可以说任何一个兴盛农耕文明的背后都站立着一支由广大自耕农步兵所组建的强大军队。

每年农闲时节，秦国官府都会以里、县为单位组织治下已傅籍的男丁们服役，服役期间这些男丁被称作“更卒”。更卒的主要任务包括兴修水利、修补城防，并进行基础的军事训练，如最基本的队形变换、队列行进（与今日的学生军训科目相似），伍、屯等的基础单位在鼓号的协调下进行军阵的作战操练。值得注意的是，秦法还规定，一户有两名男丁的家庭，两名男丁不能同时服役，以减少对农业生产的影响，降低征兵的社会总成本。根据《岳麓秦简》的记载：“凡三乡，其一乡卒千人，一乡七百人，一乡五百人。”秦国的县按户数设乡，5000 户以上 1 万户以下设三乡，总人口约 5 万人，其征兵总额为 2200 人，兵民比例约为 1 ∶ 22~1 ∶ 25。正常情况下，真正脱产服役的只有 1000 人上下，兵民比例约为 1 ∶ 50。可见秦国征兵向来量力而行，绝非穷兵黩武。

以今天的眼光来看，秦国更卒属于不脱产的民兵组织。平时进行农业生产，定期组织基本军事训练，国家仅需负担更卒们服役期间（一个月左右）的食宿。一名新成丁男口经过数年的更卒生活后，将被征为戍卒，到正规军中服役 1~2 年。在这段时间内，士兵将系统性地接受更多训练，比如辨认更复杂的旗鼓信号，熟练掌握常用兵器的格斗技巧，合练在五百主队、两五百主队的大型军阵中的战术展开与变阵。这两年间，戍卒们也免不了要随大军出征参战，与列国军队正面较量。出征期间，兵器、护甲与口粮由官府承担，服装则由士兵们自备。与北朝隋唐时期的府兵相比，秦国的戍卒属于在固定期限内脱产的士兵，军备负担要轻一些，但士兵的家庭还有纳税义务。总体而言，戍卒与今天的义务兵类似。

服完两年的戍役，只要不是处于战斗状态，大部分戍卒便可退伍回乡。其中一些表现良好或有爵位者在返乡后成为预备材官、骑士（中产以上之家）。预备材官与骑士平时在家从事农业生产，每年农闲时节的一个月也要被组织起来进行纯粹的军事训练，每次演练结束后，官府将对其训练成果进行考核。以今天的眼光来看，预备材官、骑士属于基干民兵或预备役部队。秦代考察预备材官、骑士训练水平的标准现已不可考，但我们可以根据后世的一些标准来进行推测。

根据居延汉简的记载，西汉官府每年会对士兵的射击水平进行考核。考核的具体办法是让弩手自己引开拉力 4 石的强弩，并对一定距离上的立靶进行射击，要求发 5 箭至少命中 3 箭。如果能够命中超过 3 箭,则会被记“劳”,平时积劳（战时记功）可获得晋升机会。后世考察骑兵的训练水平，多要求士兵奔马劈砍立靶或驰射，以一轮冲击的中靶数为考核标准，我们可以推测，秦国应该用了相近的办法来考核士兵的战斗技能水平。

在日常训练和战斗中表现最为优秀的秦军士兵将会被选做“锐士”。关于锐士的身份与待遇，缺少相关的文字材料。对比堪称战国精兵模板的魏武卒来推测，秦国锐士应该带有募兵的性质。国家免除锐士家庭的一部分赋税与徭役，并支付士兵一定的军饷。锐士服役期间完全脱产，专注于军事技能的训练与外出征战。锐士在秦军中的地位大致相当于今天中国人民解放军的志愿兵或者说士官。另外，秦军中还存在一种特殊的“募兵”：有些士兵在服役期间欠了官府的钱财，会被罚戍还债。[①] 秦简中也有士兵在罚戍结束后继续应募戍边的例子。

秦国的军队可以按照是否脱离生产为标准，区分为正规常备军与预备兵。常备军由作为核心的锐士与充实建制的大批戍卒共同组成，该支部队的总规模在 30 万上下。预备军则由普通更卒与预备材官骑士组成，更卒主要负担徭役与一些辅助性的军事行动，有时也要协同当地官吏维护治安。预备材官骑士则是军队的主要后备力量。遇到战事时，秦军将以一支常备军为核心，征召在乡的预备材官、骑士为骨干，并征发大量更卒填充编制，组成一支临时性的军队与常备军一同出征。

动员令下达时，各郡尉、县尉首先会将辖下的预备材官、骑士召集在郡县治所，然后再下令动员更卒，并将武库中的兵器分发给士兵们。出征后郡尉自动转职为军中校尉，县尉则为都尉；亭长、游徼之流的中下级官吏也自动转职为屯长、五百主这样的基层军官。大泽乡起义时，900 名戍卒就是由两名尉[②] 来带领，这一

---

① 从出土竹简的记录来看，秦代戍卒的口粮被分为“禀食”与“贷”两种情况：前者为士兵应招报到后，朝廷按期发放的口粮；而后者是士卒自备口粮已吃完未获得“禀食”之前，以预借的方式从官府申请来的。获得“贷”之后，负债的士兵需要以实物或延长服役期限的形式进行偿还。

② 先秦时期，军官都可被称作尉，但具体军阶与所属兵力都不一样。先秦史书中通常都将军官笼统地称作尉，而不提其具体军职。

▲大泽乡起义

条也证实了两点内容：秦军的基础战术单位是五百主队与两五百主队；戍卒已属于常备军序列，为现役军人。秦法民法中对更卒、吏、民“失期”（服徭役者没有按照官府规定的日期到达）的处罚只是“赀甲盾”（一种经济处罚方式，若受罚者交不起钱，则需服劳役偿还），而戍卒失期则是行军法斩首，因此《史记·陈涉世家》篇中才会有“会天大雨，道不通，度已失期。失期，法皆斩”这样的文字，与睡虎地秦简中的相关内容并不矛盾，故而陈胜、吴广二人能以“今亡亦死，举大计亦死，等死，死国可乎”这样的理由煽动戍卒们造反。

这里说两句题外话：其一，汉与匈奴战争时，李广因为失期差点导致漠北决战的失败，并让匈奴的大量有生力量逃脱了汉军合围。事后大将军卫青虽然没有对其执行“失期当斩”的军法，但李广还是因为羞愧而自尽。若李广没有自尽，那么以汉武帝那刻薄寡恩的性格，李氏全族必难逃大难。其二，古人云：“军法不可治民，民法不可入军。”军队是特殊的暴力机关，需要有专门的法律法规进行约束，现代有些管理者动不动就搞什么军事化管理，实际是完全偏离了管理的真谛。

以军法治民，尤其自作聪明地以古军法中支离破碎的几个条例来管理现代企业，根本就是缘木求鱼。

秦国步兵以两五百主队建制从行军队列变换为战斗阵形时，装备盾牌短兵和弓弩的散兵迅速前出一段距离列队，形成一道临时的屏障。手持长铍的精锐战士在大阵的四角列阵，将大阵的正面宽度确定下来。随后使用长矛大戟的主力方阵士兵在各自长官的率领之下完成列阵最后也是最关键的步骤——填充好整个阵形的主体。

那么这样的军阵是如何作战的呢？《尉缭子》一书给了我们答案："杀人于百步之外者弓矢也，杀人于五十步之内者矛戟也。"双方的军阵相互推进，当距离接近 100 步（约合 140 米）时，阵前的弓弩手们开始放箭，然后就地再次开弩装填。从秦陵兵马俑坑看，秦军弩兵会按所处的横排序列进行分组，每个横排都是一个单独的战术小组。可以推测，第一排在听到射击的指令止步放箭后原地张弩上箭；后排的士兵继续前进，从第一排士兵间隙中穿过，之前的第二排弩手此时成为新的第一排，然后齐射，停下进行再装填作业……以此类推，全队完成一次射击循环；最后一排完成再装填的士兵将快步前进，以跟上部队的推进脚步，直到成为第一排后射出第二轮箭矢。临战不过三矢，也就是在推进的过程中，弓弩手最多发出三轮齐射，对方骑兵就冲到跟前了。

这时候，两军的距离已经缩短至 50 步（约合 70 米），此时用来协调士兵脚步的鼓声发生了一些变化，节奏逐渐加快，士兵的脚步也随着鼓点的加快而逐渐加速。方阵开始进入冲击状态，弩手们这时会退到大阵的两翼或者背后，采用抛射（在秦陵兵马俑坑中发现，此时已有弩手中近距离抛射时使用的专门加重型弩箭，推测该种箭矢在战国后期已出现并大量装备）与侧射来干扰对方军阵的推进。短兵肉搏兵以小群组贴着大阵两翼列队，还有一些在大阵前两角前出列队，掩护本阵两翼，并寻找机会袭击对方的侧翼。

两个方阵碰撞在一起，双方的士兵奋力向前刺出长矛，有时候在第一次碰撞中就能分出高下。但更多时候，两个方阵会陷入下一轮苦战，主力方阵中的士兵们用长兵的木柲拦下对方的突刺，立刻反刺回去；肉搏兵则开始试探攻击对方的侧翼，以求快速杀伤对方士兵，打破其大阵秩序。当然对方的肉搏兵也会与己方针锋相对，这时候就看是谁的士兵更加优秀了。陷阵先登，说的就是这些肉搏短兵。陷阵小队不是简单的敢死队，而是主力大阵前出的触手，如果能试探出敌方的薄弱点，方阵指挥官则会向这一点投入后续兵力，以求打垮对方的军阵。

陷阵小队所要负担的任务较重，因此其中混编了使用盾牌的短兵，有些士兵还携带了弓弩，另外有一些使用长柄武器的士兵也被编入了陷阵小队。“花装”的陷阵小队中的士兵大多穿戴有护甲，以提高格斗战中的敌我伤亡交换比。前面提到过的重装弩手应该就是陷阵小队中的一名成员，他既要射出干扰性的弩箭，也要投入近身格斗中。唐宋之时的弩手也与他们的秦朝前辈一样，身负发弩与近身肉搏的双重任务，战场上的一些原则具有普遍适应性。

一场大战，可以被分解为无数个方阵之间的相互对决。当然从更宏观的角度来看，这些方阵也要讲究相互的配合掩护。不过即使规模再大、战况再复杂的战役，也是以双方步兵方阵的较量为着眼点，因此列国莫不重视对步兵的训练，“将已鼓，而士卒相嚣，拗矢、折矛、抱戟，利后发。战有此数者，内自败也，世将不能禁。士失什伍，车失偏列，奇兵捐将而走，大众亦走，世将不能禁”。《尉缭子》中也指出了步兵作战中最大的忌讳，强调加强步兵战术的演练，提高步兵在战阵中的技战水平。

### 最后的进化

秦王朝最终在六国旧贵族的复辟战争中崩溃，随后的楚汉争雄则逐渐演变成了两种政治体制的决战——继承了秦大一统集权体系的汉终于战胜了代表贵族政治的分封建国体系的楚。经考据，垓下之战中，最后杀死了西楚霸王项羽的几名汉军骑兵军官原本的身份就是秦国骑士，这几位前秦国骑士还在史册上留下了姓名——杨喜、李必、骆甲。汉承秦制，天下再次以郡县制为主体完成一统。作为一名秦法制度下的基层官吏，刘邦本人对律令式郡县制国家怀有一种本能的、仰望式的遵从。虽然其出身属于秦法所限制的游侠阶层，但刘邦本人因并未接触过先秦贵族政治，故只会采取自己所熟悉的“秦制”。更何况刘邦能够仅用短短几年时间击败数位强悍的敌人，最大的依靠就是“秦制”强悍的军政组织能力。

在白登山之围与扫平异姓王之乱后，汉王朝进入了全面的休养生息，历经文景两代皇帝的“无为而治”[①]，汉王朝的物质财富与军力终于积累到了一个顶峰。虽然自汉武帝统治时期，军方更加重视骑兵，尤其是突击骑兵的发展，但已完全走上精兵之路的步兵才是汉军的支柱力量。

汉代步兵与先秦步兵最大的不同在于，汉代步兵走上了一条彻底的精兵之路。已持续数百年的大规模战乱的战火最终熄灭，虽有一些波折与小的战乱，还是可以说华夏大地终于第一次真正沐浴在了长久的和平与繁荣之中。和平的环境，让官府第一次可以不用将民力压榨到极致来使用，十来岁的娃娃兵终于第一次在战场上绝迹，按汉法，男子年满二十岁后才需要从军参战。

长期的和平并没有让汉朝政府忘记军队的重要性，在手工业发展与官府的重视之下，汉军终于摆脱了青铜兵器，普遍装备上了钢铁制作的战刀、矛戟与盔甲。与先秦时代相比，汉军的兵力规模明显减少了，尤其是步兵部队的规模。当然，有一些制度设计还是延续了下来，比如全民的军事训练体系与广泛征兵制，比如中央军中政府统辖与皇帝直属两大体系的并立统一。

西汉王朝的中央军分南北两军，南军主要负责宫廷宿卫，其兵员多来自全国各个郡国之中。士兵远道而来，与地方信息阻隔，这样士兵们就不会被家乡的事务变动所影响，安心守卫工作。在人生地不熟的长安，南军士兵也较不容易被野心家所策动。这些士兵返乡后，自然会对乡里乡亲们诉说帝都长安的繁华与皇帝的威仪，增强地方百姓对王朝的认同感。

北军士兵多征自关中、陕北、陇上等地，为汉朝政府的精锐直属力量。七国之乱中，汉北军以绝对的战斗力优势，仅用了3个月的时间就击败了号称数十万的吴、楚、胶西、胶东、淄川等国的叛军。吴王刘濞虽在起兵文书中吹嘘自己拥有50万军队，但这只是战国时期那种全面征发式的大军（从14岁的少年到60岁的老翁都被搜罗到军营中），其中核心精锐数量稀少，在彻底实行了精兵政策的大

① 汉初的“无为而治”实际上还是继承并维护了秦王朝的遗产。比如律令上大量继承了秦法的规章制度，并酌情宽免；比如国体上沿用了经过改良的郡县制；又比如对秦代遗留基础设施的使用与日常维护。“无为”更多体现在了对豪强势力的打击与对民众的扶助：行政上减少大规模工程的建设，以此减轻民众的徭役和税收负担。简而言之，就是政府在职能上维护好社会基本秩序前提下的“不折腾”。

◀ 杨家湾出土的汉代步兵俑

汉南北军面前不堪一击。可以说，此时的汉朝常备军中的普通士兵的精锐程度完全可以与魏武卒、秦锐士这样的战国头号精兵比肩。

汉文帝三年（公元前177年）五月，匈奴入侵汉北地郡，丞相灌婴率兵85000人至高奴（今陕西省延安市）反击匈奴。汉文帝十四年（公元前166年）冬，匈奴老上单于率14万骑入侵朝那（今甘肃平凉西北）、肖关（今宁夏固原东南），汉文帝以张相如为大将军，董赫、栾布为将军，率军10万迎击。

相对于先秦，汉军部队的规模下降得很快，尤其各个建制单位下的兵力数量远低于先秦时期。至汉武帝时，汉军基本编制情况为部→曲→屯→队→什伍。部又称校，长官为秩比二千石的校尉，直属兵力1000人；曲长为秩六百石的君侯，统兵500人；屯长秩比二百石，有兵50~100人；队的长官称队史或队，秩比百石，下辖兵力不详。看上去，汉军中各级建制的规模变小了，但是其士兵均为长期服役、完全脱产的职业士兵，战斗力大大提升。必要时，像南北军这样的精锐部队中的士兵完全可以充当各级军官；充实了征兵后，一个“部”的北军完全可以将兵力规模扩充至万人。

另外，汉武帝还在北军的编制下另设了司隶校尉、城门校尉、中垒校尉、屯骑校尉、越骑校尉、长水校尉、胡骑校尉、射声校尉、虎贲校尉这8位直接听命于皇帝本人的高级军官，各自统御一支精锐部队。这也是先秦君王亲军制度的延

▲汉高祖长陵

续，这 8 名校尉皆秩二千石，高于其他校尉，且不归属北军最高长官中尉（后称执金吾）管辖。

另外，西汉保留了秦朝设立的郎卫[1]作为皇帝的贴身卫队。此外，汉武帝时期，又设立了期门与羽林两军作为皇帝直属部队随行护卫力量的重要补充部分。西汉时期北军的规模相对较大，《汉书》中记载，王温舒为中尉时曾彻查北军兵员情况，结果核查出有数万士兵逃役！可以估计北军实际兵力至少是逃役数字的两倍，推测总兵力应在 10 万上下。

西汉王朝在地方军中继续沿用了秦朝的材官与骑士并立的体系。并在南北部边境设立了边郡体制，以加强对边境军事威胁的反应速度。郡守为最高军政长官，当外敌大举入侵时，边郡可以自行展开军事行动，不必等中央的诏令，国家也会在边郡之后的关键节点上设立大型武库，以应对战事需要，比如著名的东海郡武库集簿，记录了该武库中储藏有数以万计的弓弩、箭矢、矛、戟、刀剑、皮甲、铁铠、盾牌，以及修补甲胄所需的海量铁质甲胄片。

可以说汉朝步兵已经将从春秋后期开始萌芽的大陆式步兵战术发展到了一个最高峰，而长治久安下的经济与技术发展又为这支部队提供了充足的给养、精良的装备以及丰厚的酬劳。作为社会的上升期、文明的定型期，无论是君王、将军还是普通民众都展现出一种朝气蓬勃的精神面貌。这支部队喊出了“宜县（悬）头槁街蛮夷邸间，以示万里，明犯强汉者，虽远必诛”的战斗口号，并在人类文明史上第一个击败了草原军事强国。还第一次将中原文明的直接影响

▲汉代重步兵

① 其成员被称作郎中，长官为九卿之一的郎中令，汉武帝时改名光禄勋。著名的奸臣赵高就身兼中车府令与郎中令两职，汉代“飞将军”李广也曾以郎中令之职率领 4000 骑兵出塞攻击匈奴。

▲秦末汉初的骑兵

力扩张至今天的中亚地区。

汉代骑兵的兴起，并未取代步兵在军队中的中坚地位。实际上，白登山之围是因为刘邦率领的兵力较少的近卫部队（白登山的面积并不大，其空间连万人的步兵部队都容纳不下）过于冒险深入才被围困，汉军主力则在其后缓行。陈平之谋实则为：令汉皇的近卫步兵部队摆出严整的阵形推进，利用步兵大阵的严整性贯穿匈奴不够严密的封锁，与前来接应的后续部队会合。让自知无利可图（冒顿原计划让开一个缺口，以为汉军士兵为了活命会通过这个缺口不顾军纪四散而逃，成为匈奴骑兵最佳的追猎目标。陈平看透冒顿的阴谋，整顿军纪，让汉军保持着严整的战斗队形突出合围圈。匈奴骑兵见汉军以强弩应对，自知占不到便宜后，只能目送汉军离开）的冒顿单于在得到和亲互市的许诺后自行退兵。

骑兵相对步兵的优势在于其更优良的机动性与冲击力，但在精锐步兵面前，骑兵并不能发挥出多么优秀的战斗力。主力对战中，骑兵起到的主要作用是快速撬动战争支点的平衡，并成为战果的“放大器”。

与匈奴的作战中，因为汉军对北方草原的不熟悉，导致步兵难以捕捉对方的有生力量。匈奴骑兵入侵也是利用了骑兵部队在短时间内的爆发力：匈奴入侵的主要目的是掠夺各种生活生产物资，通常仅随身携带可以进入长城防线的给养，剩下的就纯粹靠抄略汉地的乡野（无防护的居民点或防备不佳的城邑）来获得物资补给。匈奴骑兵能够更快地在这些“物资孤岛”之间完成转移与抄略，追击而来的汉军步兵则难以掌握到匈奴人的动向——匈奴会掳掠或杀死当地居民，幸存的百姓也无法准确判断匈奴人的去向，导致情报来源的匮乏与混乱——又必须自己携带物资补给（汉军不能以劫掠本国百姓来解决后勤问题），导致跟丢了匈奴主力，甚至有时候被匈奴骑兵伏击。所以匈奴骑兵看上去飘忽不定，且破坏力巨大。

漠北决战之时，汉朝方面以大批步兵为“骑兵母舰”，为骑兵部队携带补给物资，并提供驻地与掩护，骑兵则被撒出去寻找并咬住对方主力，寻求决战机会。如果没有强大的步兵部队，汉朝难以单凭骑兵击败尚处于强盛期的匈奴军队。

从殷商灭亡到秦统一天下 800 余年，步兵，这个人类历史上第一个出现的兵种，实现了从战车附庸到战场主角的华丽变身。从吴越争霸到大汉王朝，精锐步兵统治战场的时间长达 700 余年。中华文明更是依靠强大的步兵部队，将疆域扩展到了今天这样的规模。正如《过秦论》所描述的那样："威震四海。南取百越之地，以为桂林、象郡。百越之君，俯首系颈，委命下吏。乃使蒙恬北筑长城而守藩篱，却匈奴七百余里。胡人不敢南下而牧马，士不敢弯弓而报怨。"

虽然在汉朝突击骑兵兴起之后，对步兵的重视程度有所下降，但作为一个拥有广大自耕农阶层的强大集权制国家，优秀的步兵始终是中华文明保持兴盛的基石所在。《司马法·人本》篇有云："故国虽大，好战必亡；天下虽安，忘战必危。"我们应始终牢记：任何一个兴盛民族的背后，必然站立着一支强大的军队。

# 后记

在完成本书的正文部分后，编辑建议我简要地写一下写作此书的因由。说来也有几分滑稽，最初想到要写先秦主题的动因却是网络上的一段有关乡村械斗的视频。视频中优势一方村民利用农用车冲破了另一方临时构筑的障碍，随后大批手持毛竹的村民利用农用车“打开”的突破口冲入了对方的村子。看到这一幕时，我的大脑里忽然灵光一现：先秦时的战争不就是这样的吗？战车利用自身的强大冲击力成为先秦战场的主角，而步兵则是战车的附庸。当年的小城邑和当今的乡村在人口规模上相当，两座城邑为了争抢春耕所急需的水源而爆发一场小型战斗也十分正常。很多历史中的故事并没有我们想象的那般“高高在上”，有时这些事情会改头换面地在今天重演。

当然，写作也是将脑海中各色“碎片化”知识进行梳理的最好方式，另外还能利用写作的契机让自己下定决心去看那些想看但一直没决心看的书籍。当然决心写本书之后，我还是希望能够写得和别人不太一样。因为近年来诸如《大秦帝国》《芈月传》这些电视剧的热播，先秦历史题材历史类读物也层出不穷，然而大部分的作品却只关注一些简单的爱恨情仇，非但没有表现出人物的春秋风骨，甚至还杜撰了一些违背基本常识的情节。

而以先秦步兵的发展为题则是受到《春秋时代的步兵》一书的影响。在贵族社会中，由广大平民组成的步兵属于长期被忽略的对象，然而战国时期的巨大社会变革与军事变革却造就了步兵在当时难以撼动的地位。不过，直到动笔之后才真正意识到自己要面临的是一个多么繁重的任务，在最初的设想中本书只有不到

20 万字的篇幅，写到魏武卒时留意到篇幅已超出了原有的计划。本书虽然以步兵为主题，但会涉及有关东周时期军事发展各个方面的内容，另外还提到一些与军事关联不大的故事。当然有些结论可能与传统观点不同，不过传统观点就一定正确吗？研究历史也需要以质疑的眼光来发现问题。这也是笔者加入这些故事的初衷，希望广大读者也会以质疑的眼光来审视历史，从而得到一些启发，正如学习的过程就是从接受到否定再到肯定一样。研究历史不只是去了解一些被时间尘封的故事，更需要从中学习祖先的智慧，吸取前人留下的教训，从英雄的人格魅力中感受真正的人性，从而提高自己。